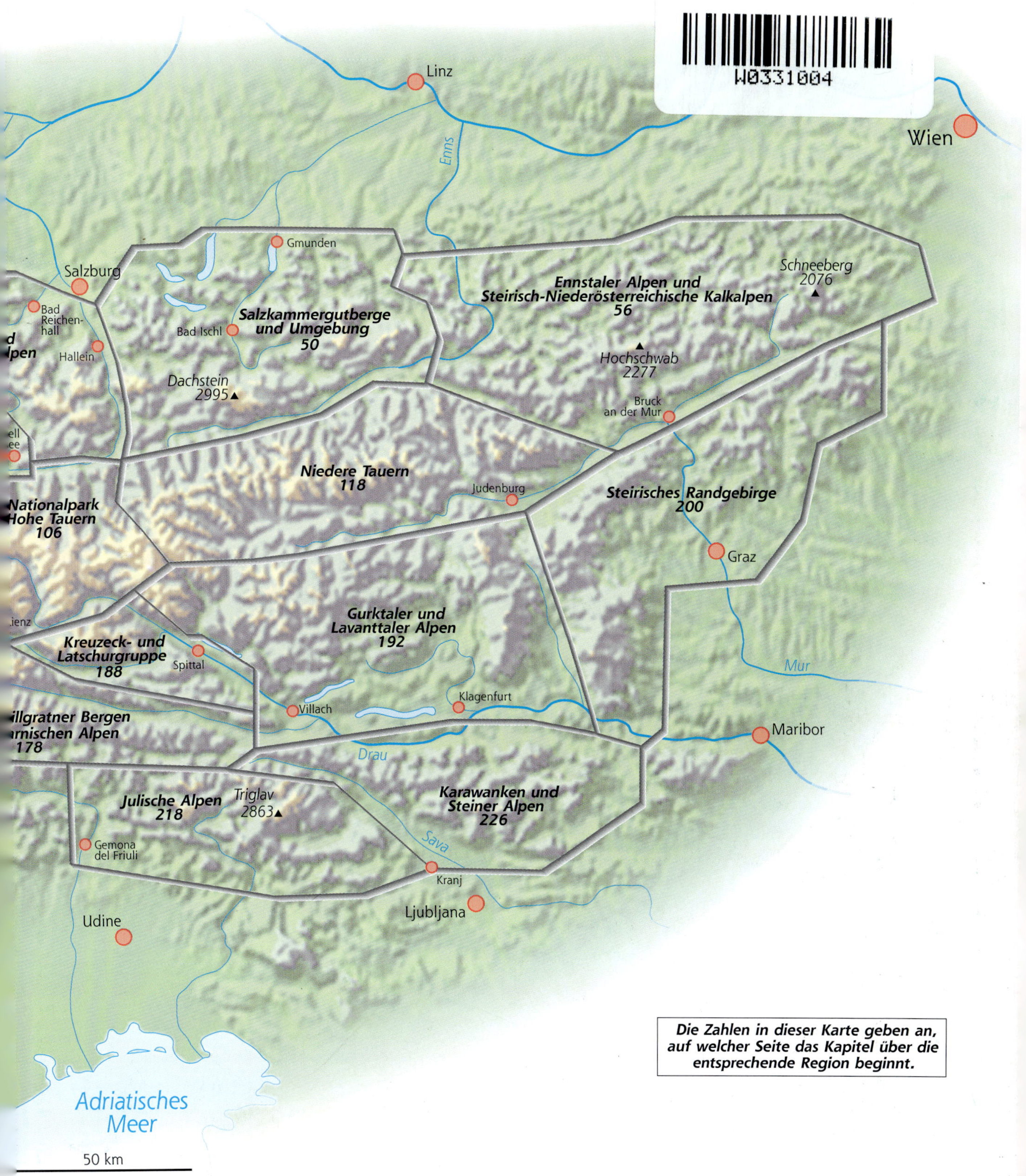

Die Zahlen in dieser Karte geben an, auf welcher Seite das Kapitel über die entsprechende Region beginnt.

BRUCKMANNS

SKITOUREN ATLAS

OSTALPEN

Rudolf und Siegrun Weiss

Günter und Luise Auferbauer

Siegfried Garnweidner

Rainer Petek

Die 500 schönsten Skitouren zwischen Wien und Davos, Garmisch und Cortina

Bruckmann

Inhalt

Einführung

Unser »Skitourenatlas Ostalpen« stellt in 25 Regionen ein weites Gebiet vor. Über 500 Tourenbeschreibungen informieren beispielhaft über die Eigenart der jeweiligen Tourengebiete.
Die Einführung will offenlegen, wie die Autoren in diesem Buch wichtige Begriffe wie »Aufstiegszeit«, »Schwierigkeit«, »Lawinengefahr« usw. definieren. Dadurch sollen Mißverständnisse vermieden werden, die beim Tourenskilauf bzw. Skibergsteigen zu Unannehmlichkeiten führen, ja sogar gefährlich werden können.

Jede Tourenbeschreibung besteht aus drei Teilen:
- Tourenauswahl: Was muß ich wissen, um eine für mein skitechnisches und alpines Können, meine Kondition, meine persönlichen Vorlieben passende Tour auszuwählen?
- Ablauf des Tourentages: Die »4 A« einer jeden Tour, nämlich Anfahrt, Ausgangspunkt, Aufstieg, Abfahrt
- Tourenplanung: Hinweise auf weitere Informationsquellen (Tourismusverbände, Führerliteratur, Landkarten, Schutzhütten / Berggasthöfe / Einkehrmöglichkeiten)

ZUR TOURENAUSWAHL

Aufstiegszeit und Höhenunterschied

Die Angabe der *Aufstiegszeit* ist eine ebenso wichtige wie für den Autor schwierige Information. Wir neigen dazu, uns als »Maß der Geschwindigkeit« zu sehen. Wer uns überholt, der ist ein »Renner«, wen wir überholen, ein »Schleicher«. Die Angabe der Aufstiegszeit bedarf deshalb einer Erläuterung.

Die Gehzeiten sind eher knapp berechnet und setzen einen für diese Tour ausreichenden Trainingszustand und normale Bedingungen voraus (z. B. keine schwere Spurarbeit, keine »Wolke« von einem Rucksack). Nicht eingeschlossen sind in unseren Zeitangaben Rastpausen und Manipulationen (z. B. Anfellen bei Gegenanstiegen, Anseilen vor Kletterstellen oder auf Gletschern).
Die Zeitangaben erfolgen in Stunden und Minuten, z. B. 3:30 Std. für »3 Stunden und 30 Minuten«. Wird der Aufstieg durch eine Hüttennächtigung aufgeteilt, gibt die Information die Zeit für Hütten- und Gipfelaufstieg getrennt an, z. B. 3:30 + 2:15 Std. Das gilt sinngemäß für den Höhenunterschied.

Der *Höhenunterschied* gibt – deutlicher als die Aufstiegszeit – einen Hinweis auf die Anstrengung, die zu erwarten ist, bzw. die Kondition, die erforderlich ist.
Eine metergenaue Angabe – als einfache Differenz der Höhen von Ausgangspunkt und Gipfel – wäre eine Scheingenauigkeit. Wir runden deshalb bei kleineren Höhenunterschieden (unter 1000 m) auf den nächsten Zehner, bei größeren (über 1000 m) meist auf den nächsten Fünfziger auf. Größere Höhenverluste durch Gegensteigungen werden zusätzlich berücksichtigt.

Skitechnische Schwierigkeiten

Grundsätzlich hängen die skitechnischen Schwierigkeiten von der Steilheit des Geländes und vom Spielraum ab, den wir für unsere Schwünge haben. Die Schneeverhältnisse bedingen die Schwierigkeiten in hohem Maße mit. Sie können nicht berücksichtigt werden. Der Benützer unseres Buches muß selbst entscheiden, ob die Verhältnisse als »normal«, »ungewöhnlich günstig« oder »ungünstig« zu betrachten sind.

Im »Normalfall« verstehen wir unter
- »leicht«: Hänge mit einer Steilheit von weniger als 30°, keine Engstellen
- »mittel«: längere Steilhänge bis zu 35°
- »anspruchsvoll«: längere Steilhänge bis zu 40°, kurzzeitig auch etwas darüber
- »extrem«: Steilhänge über 40°

Engstellen, die den Spielraum für die Schwünge einschränken, können durch ein Bachbett geschaffen werden, durch einen Hohlweg, einen steilen Wald oder eine schmale Rinne. In diesen Fällen wird die Schwierigkeit um eine Stufe »aufgewertet«.
Anmerkung zu »extreme Abfahrten«: Das skiläuferische Können der Skibergsteiger hat zugenommen. Deshalb wurden auch extreme Abfahrten aufgenommen (z. B. Königsspitze-Südostflanke, Fuscherkarkopf-Nordflanke,

Skitechnisch extrem: die Nordflanke der Ötztaler Wildspitze. Man sollte extreme Steilflanken auch im Aufstieg begehen, damit man vor Überraschungen sicher ist

Super-Tiefschnee am Hinteren Hörnle in den Ammergauer Alpen – der Lohn für mühsamen Aufstieg

Schrankogel-Nordostflanke). Diese Abfahrten werden verhältnismäßig häufig befahren. Sie erfordern eine hervorragende Skitechnik und günstige Verhältnisse, wenn das Risiko vertretbar sein soll. Steilwandabfahrten sind eine gefährliche Spielart innerhalb der alpinen Sportarten!

Klettertechnische Schwierigkeiten

Die Angabe der klettertechnischen Schwierigkeiten erfolgt bei *Felskletterreien* nach der UIAA-Skala für den I. und den II. Schwierigkeitsgrad (z. B. Gipfelaufstieg: Fels II). Noch schwierigere Gipfelanstiege wurden nicht aufgenommen, weil solche Unternehmungen nur mehr mit Vorbehalt als »Skitouren« zu werten sind.

Bei *Eisflanken* (im Rahmen einer Skitour in der Regel: Firnflanken) oder Eisgraten (im Rahmen einer Skitour in der Regel: Firngraten) wird die Steilheit angegeben (z. B.: 42°). Natürlich hängt die klettertechnische Schwierigkeit in hohem Maße von den Verhältnissen (Schneelage, Vereisung) ab, die der Benützer selbst einschätzen muß. Was bei aperen Felsen als »leichte Kletterei« gilt, kann bei ungünstigen Verhältnissen schwierig und gefährlich werden.

Im Gegensatz zu den klettertechnischen Schwierigkeiten sind die eistechnischen bei Skitouren zumeist geringer. Bei günstigen Verhältnissen kann man z. B. über die Fuscherkarkopf-Nordflanke in einer Stapfspur zum Gipfel aufsteigen, während es sich im Sommer oder Herbst bei Blankeis um eine Eistour handelt, die entsprechende Ausrüstung und Ausbildung erfordert.

Lawinengefahr

Eine sinnvolle Aussage über die tatsächliche Lawinengefahr auf einer Skitour ist unmöglich. Eine an sich lawinensichere Tour kann nach einem starken Schneefall mit Windverfrachtung gefährlich sein, eine lawinenbedrohte Steilrinne im späten Frühjahr und nach einer kalten Nacht völlig sicher. Daher gibt es weder stets »lawinensichere« noch »lawinengefährdete« Skitouren.

Die Angaben über die Lawinengefahr können sich nur auf die Wahrscheinlichkeit von Lawinenabgängen im Laufe eines Winters beziehen.

In diesem Sinne bedeuten unsere Abstufungen:

- »kaum lawinengefährdet«: Dieser Anstieg kann fast an jedem Tag des Tourenwinters begangen werden, und nur bei extremen Wetter- und Schneeverhältnissen drohen Gefahren
- »mitunter lawinengefährdet«: Für diesen Anstieg sind einigermaßen günstige Verhältnisse erforderlich, man kann z. B. nach einer weiten Anreise nicht sicher sein, diese Tour tatsächlich unternehmen zu können
- »häufig lawinengefährdet«: Der Anstieg kann nur bei besonders günstigen Bedingungen unternommen werden (Anstiege dieser Art sind oft erst im Frühjahr nach einer kalten Nacht und mit rechtzeitiger Abfahrt möglich).

Anriß einer trockenen Schneebrettlawine. Ist eine Lawine abgegangen, ist eine sichere Abfahrt in ihrer Bahn möglich

Wichtig vor jeder Tour: Lawinenlagebericht!
Wichtige Entscheidungshilfen sind die Lageberichte der *Lawinenwarndienste.* Sie sollten vor jeder Skitour über Rundfunk, Fernsehen, Telefon oder Internet eingeholt werden. Rufnummern, Faxnummern und E-Mail-Adressen können den aktuellen Heften der Bergsteiger- und Alpinzeitschriften entnommen werden.

Sonstige Gefahren
Abrutschgefahr: Auf steilen Hängen besteht bei Hartschnee Abrutschgefahr. Das Abrutschen kann in einen Absturz übergehen, wenn der Hang in einem Felsabbruch endet. In beiden Fällen besteht die Gefahr schwerer, u. U. tödlicher Verletzungen. Bei Skitouren, bei denen diese Gefährdung in besonders hohem Maße vorliegt, wurde darauf verwiesen.
Oft reicht eine gute *Gehtechnik* allein nicht aus, um Abrutschen auszuschließen. Dann sind *Harscheisen* eine wichtige Hilfe. Mitunter ist man bei Hartschnee im steilen Gelände am sichersten (und schnellsten!) unterwegs, wenn man die Ski aufschnallt und mit *Steigeisen* aufsteigt. Der Aufstieg erhält dadurch den Charakter einer leichten bis mittelschweren Eistour und darf nicht unterschätzt werden!
Spaltengefahr: Viele Anstiege bzw. Abfahrten, die in diesem Buch beschrieben werden, führen über Gletscher. Ihre Begehung bzw. Befahrung setzt wegen der Spaltengefahr Erfahrung, entsprechende Ausrüstung und Übung (Abfahren am Seil, Techniken der Spaltenbergung) voraus.
Unsere Einstufung »geringe Spaltengefahr«, »erhebliche Spaltengefahr«, »große Spaltengefahr« ist als allgemeiner Hinweis zu verstehen. Auch bei an sich geringer Spaltengefahr kann es zu einem Spaltensturz kommen, insbesondere, wenn von der üblichen Anstiegsspur abgewichen wird.

Anspruchsvoll bereits im Aufstieg: Eisbruch am Vadret Pers, am Piz Palü

Hangrichtung
Der Lawinenlagebericht bezieht sich auf bestimmte Hangrichtungen. Seine Anwendung bei der Beurteilung der Lawinensituation auf einer bestimmten Skitour setzt daher die Kenntnis der Hangrichtungen voraus.
Aus der Hauptrichtung der Abfahrt kann der erfahrene Tourengeher aber auch schließen, in welchem Monat, bei welchen Schnee- und Wetterverhältnissen und in welcher Höhenlage ungetrübter Abfahrtsgenuß zu erwarten ist.
In beiden Fällen sind schneekundliche Kenntnisse erforderlich, um die Information »Hangrichtung« nützen zu können. Verbindliche Richtlinien gibt es nicht. »Rezepte« könnten gefährlich werden!

Beste Jahreszeit
Als »beste Jahreszeit« betrachten wir die Monate, in denen ein bestimmter Gipfel im Normalfall bestiegen werden kann. Dabei handelt es sich natürlich nicht um verbindliche Richtlinien. In einem schneereichen Winter können manche Touren schon einen Monat früher unternommen werden. Andererseits ist es immer möglich, auch noch einen Monat später zu einem Gipfel aufzusteigen. Das bringt bei steilen und schwierigen Touren größere Sicherheit, erfordert aber mitunter eine Anstiegsstunde (oder mehr) im aperen Gelände mit aufgeschnallten Ski.

ZUM ABLAUF DES TOURENTAGES
Die Schilderung der *Anfahrt* bezieht sich auf den Weg vom nächsten bedeutenden, allgemein bekannten Ort ins Tourengebiet.
Als *Ausgangspunkt* betrachten wir den Ort, von dem ab wir zu Fuß unterwegs sind. Das kann ein Parkplatz sein, ein Bahnhof, eine Bushaltestelle – oder auch die Bergstation einer Seilbahn.
Aufstieg und *Abfahrt* werden knapp geschildert. Die große Zahl der Tourenbeispiele dieses Buches läßt eine ausführliche Darstellung nicht zu.

ZUR TOURENPLANUNG
Touristische Infos: Mitunter müssen »vor Ort« Informationen (Schneeverhältnisse, Lawinengefährdung, Hüttenbewirtschaftung) eingeholt oder Quartiere bestellt werden. Die lokalen Tourismusverbände (auch als Verkehrsbüros, Verkehrsvereine, Fremdenverkehrsverbände oder -ämter, Tourismusbüros bezeichnet), manchmal auch gut informierte Wirte sind gerne behilflich. Wir nennen sie deshalb mit Anschrift, Telefon- und ggf. Faxnummer. Achtung: Bei den Telefon- und Faxnummern ist in vielen Regionen mit Änderungen zu rechnen!

Literatur, Gebietsführer: Die Ostalpen umfassen ein sehr großes Gebiet. Bei über 500 Skitouren mußten wir uns auf Beispiele beschränken. Wir nennen deshalb bei fast jeder Skitour Bücher, die wesentlich mehr Skitouren für

Wedelteppiche zeigen die Zunahme des skitechnischen Könnens bei Tourengehern: Abfahrt von der Schneegrubenspitze, Kitzbüheler Alpen

ein bestimmtes Gebiet beschreiben und ausführlichere Informationen liefern (z. B. Kärtchen und Fotos mit eingezeichneten Skirouten). Diese Informationen verstehen wir auch als Anregung für einen längeren Aufenthalt, der ein besseres Verhältnis des Aufenthaltes im Gebirge im Vergleich zu den aufgewendeten Reisezeiten im Auto, im Zug oder im Bus ermöglicht.

Karten: Für jede Tour führen wir eine Karte (meist im Maßstab 1:50000) an, in der Regel die jeweilige Landeskarte; soweit für ein bestimmtes Gebiet vorhanden, auch die entsprechende Alpenvereinskarte (meist im Maßstab 1:25000). Die Maßstäbe werden aus Platzgründen bei den Karten nicht angegeben.
Die verbreiteten Wanderkarten (z. B. Kompass) sind für Skitouren wenig geeignet, weil die Geländedarstellung zu wenig detailreich ist und der Höhenlinienabstand 100 m beträgt.

Für die Karten werden folgende Abkürzungen verwendet:
- AV-Karte: Alpenvereinskarte, Maßstab 1:25000, in wenigen Fällen auch 1:50000 (z. B. Innsbruck Umgebung)
- Bayer. LVA: Topographische Karte des Bayerischen Landesvermessungsamtes, Maßstab 1:50000
- Carta d'Italia: Carta ufficiale dello Stato, Maßstab 1:25000
- Freytag & Berndt WK: Wanderkarte des Verlags Freytag & Berndt, Maßstab 1:50000
- LKS: Landeskarte der Schweiz des Bundesamtes für Landestopographie, Maßstab 1:50000
- mapgraphic-Karte: Wanderkarte der mapgraphic-edition in Eppan, Maßstab 1:25000
- Mayr Winterkarte: Skitourenkarte des Kartographischen Verlags W. Mayr, Innsbruck, Maßstab 1:50000
- ÖK: Österreichische Karte des Bundesamtes für Eich- und Vermessungswesen, Maßstab 1:50000
- Tabacco: Wanderkarte der Casa Editrice Tabacco, Maßstab 1:50000 und 1:25000

Einkehr und Übernachtung: »Jausenstationen« wie auf Wanderungen sind auf Skitouren kaum zu finden. Meist handelt es sich bei den Einkehr- auch um Übernachtungsmöglichkeiten. Schutzhütten (und Alpengasthöfe in ähnlicher Funktion) sind für Skibergsteiger wichtig. Wir informieren deshalb über die Anzahl der Schlafplätze, Bewirtschaftungszeit (»bew. von – bis«), Winterräume, Anschrift und Telefonnummer. (Achtung: In vielen Regionen werden in nächster Zeit die Telefonnummern umgestellt!)

Naturschutz – Wald und Wild

Die Bewegungsfreiheit des Tourengehers wird auf Skitouren wenig eingeschränkt. Wir bitten gerade deshalb alle Tourengeher und Skibergsteiger, sich dem Wald und dem Wild gegenüber rücksichtsvoll zu verhalten, um das im allgemeinen gute Einvernehmen mit Waldbesitzern und Jägern nicht zu gefährden.

Es sollte sich von selbst verstehen,
- Aufforstungen zu umfahren, um junge Bäumchen nicht mit den Stahlkanten zu gefährden
- dichten Wald zu meiden, der dem Wild Einstand bietet
- in Zweifelsfällen eine Forststraße für Aufstieg und Abfahrt zu benützen

Zuletzt noch eine Bitte

Die Auswahl der Skitouren war natürlich subjektiv. Wir bitten daher um Verständnis, wenn ein Leser einen seiner Lieblingsgipfel vermißt, und hoffen, daß er dafür neue Touren entdeckt und schätzen lernt.

Wir wünschen unseren Lesern viel Freude auf Skitouren in den Ostalpen – und eine gute Heimkehr nach erlebnisreichen Tagen.

Günter und Luise Auferbauer · Siegfried Garnweidner
Rainer Petek · Rudolf und Siegrun Weiss

Vorarlberg
Allgäuer und Lechtaler Alpen
Mieminger Gruppe

Siegfried Garnweidner

Die Gebirgsgruppen in diesem Kapitel sind von sehr unterschiedlichem Charakter. Während im *Bregenzer Wald* (wie schon der Name vermuten läßt) und im *Lechquellengebirge* die Touren überwiegend im Waldbereich stattfinden, was selbstverständlich auch felsige Gipfelhöhen nicht ausschließt, gibt es in den *Allgäuer Alpen* ein buntes Potpourri von Routen, die von rassigen hochalpinen Bergfahrten bis hin zu lieblichen Hochwintertouren im Oberallgäu reichen.
Fast durchwegs hochalpin und vor allem lawinengefährlich sind die Skitouren in den *Lechtaler Alpen.* Bis auf die scharfen Gipfelkämme ziehen sich steile Grasflanken hinauf, die in früheren Zeiten von unerschrockenen Bergbauern mit Steigeisenhilfe gemäht wurden. Diese Hänge sind zum Großteil ideale Gleitbahnen für bisweilen gewaltige Lawinen, die nicht nur Skitourengeher, sondern auch Straßen, Alphütten und Siedlungen bedrohen. Die *Mieminger Gruppe,* bekannt für absolut rassige Skitouren, bietet neben wirklich anspruchsvollen Routen (wie Wannig oder Hohe Munde) auch durchaus gemütliche »Skiwanderungen«, wie beispielsweise an der Wankspitze.

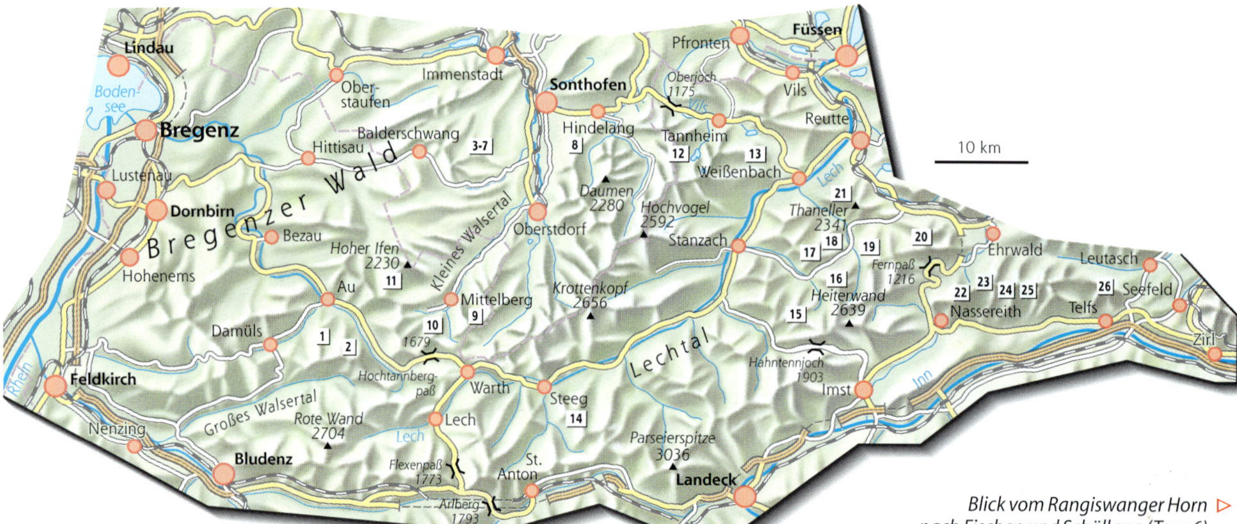

Blick vom Rangiswanger Horn ▷ nach Fischen und Schöllang (Tour 6)

Anreise Die Anreise mit dem Auto in den Bregenzer Wald und das Lechquellengebirge verläuft aus dem Rheintal von Feldkirch bzw. vom Bodensee ab Bregenz auf guten Straßen bis Au und dann Richtung Schoppernau. Wenn die Straße über Lech – Warth (wegen Lawinenrisiko) nicht gesperrt ist, kann man von Südosten her auch über den Hochtannbergpaß bzw. von Osten aus dem Lechtal anfahren.
Die Allgäuer Alpen (Oberallgäu und Kleinwalsertal) werden von Norden her auf der Autobahn über Kempten angefahren, während der Tiroler Teil der Allgäuer Alpen aus dem Lechtal über Füssen – Reutte oder über Tannheim (Gaichtpaß) bzw. Lech – Warth zu erreichen ist. Ähnliches gilt für die Lechtaler Alpen, in die man auch über Garmisch-Partenkirchen bzw. den Fernpaß über Lermoos kommt.
Die Mieminger Berge erreichen wir über Garmisch-Partenkirchen bzw. von Imst her. Dann wird die Routenbeschreibung ein bisserl schwierig. Zu den südlichen Bergen kommen wir auch aus dem Inntal bzw. über den Fernpaß und Nassereith zum Holzleithensattel. Die westlichen Touren liegen oberhalb des Fernpasses, sind also über Nassereith bzw. Ehrwald anzufahren, und zur Hohen Munde müssen wir (ab Mittenwald bzw. Telfs) nach Leutasch hinauf.

Touristische Informationen gibt es bei: • Bregenzerwald Tourismus, A-6863 Egg, Tel. (0 55 12) 23 65, Fax (0 55 12) 30 10 • Kleinwalsertal Tourismus, A-6992 Hirschegg, Tel. (0 55 17) 5 11 40, Fax (0 55 17) 51 14 21 (Vorwahl aus Deutschland: 0 83 29) • Talverband Lechtal, A-6654 Holzgau, Tel. (0 56 33) 52 04, Fax (0 56 33) 53 58 • Tourismusgemeinschaft Tannheimer Tal, A-6675 Tannheim, Tel. (0 56 75) 6 25 30, Fax (0 56 75) 66 49 • Ferienregion Reutte und Umgebung, A-6600 Reutte, Tel. (0 56 72) 6 23 36, Fax (0 56 72) 6 54 22.
Außerdem bei • Landratsamt Oberallgäu, Oberallgäuer Platz 2, 87527 Sonthofen, Tel. (0 83 21) 61 20, Fax (0 83 42) 91 15 44 • Urlaubsregion Tiroler Zugspitze, A-6632 Ehrwald, Tel. (0 56 73) 23 95, Fax (0 56 73) 33 14 • Werbegemeinschaft Sonnenplateau Obsteig-Mieming-Wildermieming, A-6414 Mieming, Tel. (0 52 64) 52 74, Fax (0 52 64) 50 45.

1 Annalper Joch (1997 m)

Vom Bregenzer Wald ins Lechquellengebirge Lechquellengebirge

Gesamtcharakter Wegen der nordseitigen Ausrichtung der Hänge gibt es oft schönen Pulverschnee. Vom Charakter eine Voralpentour, die von eindrucksvollen Felsbergen eingerahmt ist. Auf den Jungwald achten!

Aufstiegszeit 3:15 Std.
Höhenunterschied 1200 m
Schwierigkeit skitechnisch leicht
Lawinengefahr kaum lawinengefährdet
Hangrichtung Norden
Beste Jahreszeit Januar – April

Anfahrt *Auto:* B 200 ab Dornbirn oder über den Hochtannbergpaß; *Bus:* ab Dornbirn oder Hochtannbergpaß.
Ausgangspunkt Liftstation in Argenau (rd. 815 m).
Aufstieg Beim Liftparkplatz die Fahrstraße queren und auf der Skipiste gegen Südwesten hinauf. Vom oberen Liftende im Wald zu einem Fahrweg. Auf ihm zu den weiten Hängen bei der Godlachen Alpe. Nun in weitem Bogen um einen Höhenrücken herum zur Brendler Alpe oder (bei sicheren Verhältnissen) direkt steil zur Brendler Alpe. Noch kurz auf dem Fahrweg gegen Südwesten und dann rechts schwenken, gegen Norden durch schütteren Wald weiter und nahe eines Höhenrückens links abbiegen. Auf dem Höhenzug gegen Südwesten zum Brendler Lug. Weiter am breiten, freien Rücken in mehrmaligem leichten Auf und Ab, zuletzt steiler, über den Grat zur Kuppe des Annalper Jochs.
Abfahrt Entlang der Aufstiegsroute. Bei sicheren Verhältnissen steile Hänge zur Säckel Alpe (1727 m) hinunterwedeln, anschließend 10 Min. Gegenanstieg, oder vom Brendler Lug (stellenweise etwas steil) nach Norden hinab und dann in weitem Rechtsbogen zur Aufstiegsroute weiter. Auf ihr ins Tal.

Touristische Infos Tourismusverband A-6883 Au, Tel. (055 15) 2288, Fax (055 15) 2955
Literatur, Gebietsführer Dieter Seibert: Skitourenführer Vorarlberg, Steiger Verlag
Karten Freytag & Berndt WK, Blatt 364

2 Toblermannskopf (2010 m)

Über die Hochalpe Lechquellengebirge

Gesamtcharakter Bis zur Hochalpe ist die Tour einfach. Der Übergang zum Toblermannskopf darf nur bei sicheren Verhältnissen durchgeführt werden und ist für den Skifahrer kaum interessant. Die Route ist von eindrucksvollen Felsbergen eingesäumt und deshalb landschaftlich sehr reizvoll.

Aufstiegszeit 3 Std.
Höhenunterschied 1100 m
Schwierigkeit skitechnisch leicht
Lawinengefahr mitunter lawinengefährdet
Hangrichtung Norden
Beste Jahreszeit Januar – April

Anfahrt *Auto:* B 200 ab Dornbirn oder über den Hochtannbergpaß; *Bus:* ab Dornbirn oder Hochtannbergpaß.
Ausgangspunkt Elektrizitätswerk an der B 200 zwischen Schröcken und Schoppernau (rd. 950 m), kleiner Parkplatz; Bushaltestelle in der Nähe.
Aufstieg Neben dem kleinen Kraftwerk beginnt ein Fahrweg. Auf ihm gegen Westen durch einen Bachgraben und in Kehren auf eine Anhöhe. An einer Hütte vorbei, gegen Südwesten und beim Wegweiser nach rechts die Straße verlassen, um auf einem Rücken zur Gräsalpe aufzusteigen. Ein Stück gegen Norden und später wieder gegen Westen. In dieser Richtung auf einen Gratausläufer oberhalb der Hochalpe und auf ihm gegen Süden zu seinem höchsten Punkt (1911 m) aufsteigen. Dort ist der skifahrerisch interessante Teil dieser Unternehmung beendet.
Der Übergang zum Toblermannskopf führt über den schmalen Gratrücken, dreht dann etwas auf die Südwestseite des Grats, steigt über ein paar Erhebungen an, fällt in einen tiefen Sattel ab und steigt steil (ohne Ski) zum Gipfel an.
Abfahrt Entlang der Aufstiegsroute.

Touristische Infos Tourismusverband A-6886 Schoppernau, Tel. (055 15) 2495, Fax (055 15) 249519
Literatur, Gebietsführer Dieter Seibert: Skitourenführer Vorarlberg, Steiger Verlag
Karten Freytag & Berndt WK, Blatt 364

Tour 2: Übergang von der Hochalpe zum Toblermannskopf

3 Bleicherhorn und Höllritzereck (1669 m)

Beschauliche Skiwanderung mit Blick zur Nagelfluhkette Allgäuer Alpen

Gesamtcharakter Leichte, aber etwas weite Skitour. Die monotonen Forst- und Alpstraßen lassen sich oft umgehen. Landschaftlich ist die Tour, vor allem oberhalb der Unteren Wilhelmine Alpe, besonders schön. Beide Gipfel können im Rahmen dieser Tour bequem bestiegen werden. Die Tour ist gut für Skitourenanfänger geeignet.

Aufstiegszeit 3 Std.
Höhenunterschied 870 m
Schwierigkeit skitechnisch leicht
Lawinengefahr kaum lawinengefährdet
Hangrichtung Nordosten
Beste Jahreszeit Dezember – April

Anfahrt *Auto:* Kempten – Immenstadt – Blaichach – Gunzesried; *Bus:* ab Bhf. Blaichach bis Gunzesrieder Säge.
Ausgangspunkt Gunzesrieder Säge (920 m).
Aufstieg Von der Gunzesrieder Säge auf dem Fahrweg im Aubachtal zur Alpe Vorsäss (955 m). Von dort links auf dem Fahrweg gegen Südwesten hinauf. Bei der Wegverzweigung unterhalb der Rappengeschwendalpe geradeaus über die weiten Hänge zur Alpe hinauf. Anschließend den Hang unter dem Tennenmooskopf queren und auf dem Sommerweg in den Wald hinein. Den Waldgürtel queren, mehrmals auf und ab, über einen Bachgraben und in einer Lichtung, wieder zur Straße.
Auf ihr zur Unteren Wilhelmine Alpe. Auf dem Fahrweg weiter und auf den Höhenrücken oberhalb der Höllritzer Alpe. Im übersichtlichen Gelände gegen Südwesten zum Gipfelgrat und oben entweder links, zum Höllritzereck, oder nach rechts zum Bleicherhorn.
Abfahrt Entlang der Aufstiegsroute. Bei guter Schneelage muß man kaum auf der Straße fahren, weil das weitläufige Gelände eine Fülle von Alternativen anbietet.

Touristische Infos Gästeamt D-87544 Blaichach-Gunzesrieder Tal, Tel. (083 21) 800836, Fax (083 21) 26481
Literatur, Gebietsführer Dieter und Uli Seibert: Skitourenführer Allgäu, Steiger Verlag
Karten Bayer. LVA, Blatt Allgäuer Alpen
Einkehr Manchmal ist die Rappengschwendalpe auch im Winter bewirtschaftet.

4 Grauenstein (1640 m) und Dreifahnenkopf (1628 m)

Am Nordhang des Riedberghorns — *Allgäuer Alpen*

Gesamtcharakter Voralpentour, die man zwar bei zweifelhaftem Wetter, aber nur bei lawinensicheren Verhältnissen riskieren darf. Nach einem relativ langen, ziemlich ebenen Talmarsch schwingen sich die Gipfelhänge einigermaßen steil auf.
Aufstiegszeit 2:30 Std.
Höhenunterschied 640 m
Schwierigkeit skitechnisch leicht
Lawinengefahr mitunter lawinengefährdet
Hangrichtung Norden
Beste Jahreszeit Dezember – März

Anfahrt *Auto:* Autobahn über Kempten, B 19 bis Blaichach und durch das Gunzesrieder Tal zum Ausgangspunkt; *Bus/Bahn:* Linienbusverbindung vom Bhf. Blaichach nach Gunzesried.
Ausgangspunkt Parkplatz unter der Angerhütte im Ostertal, bei der Straßenverzweigung (996 m), oberhalb von Gunzesried im Oberallgäu.
Aufstieg Am Sträßchen durch das lange Ostertal nach Süden eben dahin. An der Schwandalpe vorbei und zum Forsthaus Grafenalpe. 200 m hinter dem Forsthaus am Sommerweg nach rechts abbiegen und durch einen kurzen Waldgürtel. Anschießend in einer Lichtung etwa 1 Std. gegen Süden und über einen breiten Rücken zum Waldende. Links halten, über eine Rippe kurz gegen Osten, dann wieder rechts und über den immer steiler werdenden Hang den Sattel zwischen den beiden Gipfelzielen aufsteigen. Dort rechts (Nordwesten) zum Dreifahnenkopf oder links (Südosten) zum Grauenstein. Bei guten Bedingungen kann vom Grauenstein (gegen Süden über den Rücken) sogar noch das Riedberghorn (1787 m) bestiegen werden.
Abfahrt Entlang der Aufstiegsroute.

Touristische Infos Gästeamt D-87544 Blaichach-Gunzesrieder Tal, Tel. (08321) 800836, Fax (08321) 26481
Literatur, Gebietsführer Uli und Dieter Seibert: Skitourenführer Allgäu, Steiger Verlag
Karten Bayer. LVA, Blatt Allgäuer Alpen

5 Großer Ochsenkopf (1662 m) und Rangiswanger Horn (1616 m)

In der Hörnergruppe — *Allgäuer Alpen*

Gesamtcharakter Leichte, bis zur Oberalpe etwas eintönige Skitour. Darüber gibt's schöne Skihänge und eine makellose Abfahrt vom Rangiswanger Horn, das man sich allerdings mit einem satten Gegenanstieg erarbeiten muß.
Aufstiegszeit 2:30 Std. (zum Großen Ochsenkopf) + 0:45 Std. (Gegenanstieg zum Rangiswanger Horn)
Höhenunterschied 1000 m
Schwierigkeit skitechnisch leicht
Lawinengefahr mitunter lawinengefährdet
Sonstige Gefahren Wächten am Gipfelgrat des Rangiswanger Horns
Hangrichtung Norden und Westen
Beste Jahreszeit Dezember – März

Anfahrt *Auto:* Autobahn über Kempten, B 19 bis Blaichach und durch das Gunzesrieder Tal zum Ausgangspunkt; *Bus/Bahn:* Linienbusverbindung vom Bhf. Blaichach nach Gunzesried.
Ausgangspunkt Parkplatz unter der Angerhütte im Ostertal, bei der Straßenverzweigung (996 m).
Aufstieg Kurz auf der Fahrstraße zurück, über den Ostertalbach gegen Südosten durch einen kurzen Waldgürtel. Dann über einen freien Hang gegen Süden, an der Holzschlagalpe vorbei und leicht ansteigend in den Alpentobel. Auf der Ostseite des Tobels auf dem Sommerweg zur Oberalpe (1386 m). Vor dem bewaldeten Höhenzug zwischen Weiherkopf und Großem Ochsenkopf nach Westen (rechts) abdrehen, den relativ steilen Hang queren, über eine Rampe an den Gipfelaufschwung heran und leicht zum Kreuz hinauf.
Abfahrt Zur Oberalpe entlang der Aufstiegsroute oder – nur bei sicheren Verhältnissen – direkt vom Gipfel nach Norden rasant hinab und gegen Osten zur Oberalpe. Von dort Gegenanstieg über den Westhang. An der Rangiswangeralpe (1316 m) vorbei und in den Sattel südlich des Rangiswanger Horns. Am Grat auf das Rangiswanger Horn. Felle abnehmen und zunächst gegen Norden in den Wald abfahren, dann durch Lichtungen und nach etwa 200 Höhenmetern gegen Westen weiter zu einem freien Rücken, der gemächlich gegen Norden abfällt. Auf ihm weiter, bis der Hang etwas links schwenkt und zur Aufstiegsroute leitet. Auf ihr zurück zum Ausgangspunkt.

Touristische Infos Gästeamt D-87544 Blaichach-Gunzesrieder Tal, Tel. (08321) 800836, Fax (08321) 26481
Literatur, Gebietsführer Uli und Dieter Seibert: Skitourenführer Allgäu, Steiger Verlag
Karten Bayer. LVA, Blatt Allgäuer Alpen

6 Rangiswanger Horn (1616 m)

Kleine Genußtour im Oberallgäu — *Allgäuer Alpen*

Gesamtcharakter Sehr beliebte Skitour in prächtiger Landschaft; Aufstieg von (fast) allen Seiten möglich; Höhepunkt der Hörnertour.
Aufstiegszeit 2 Std.
Höhenunterschied 770 m
Schwierigkeit skitechnisch leicht
Lawinengefahr kaum lawinengefährdet
Hangrichtung Osten
Beste Jahreszeit Dezember – März

Anfahrt *Auto:* Autobahn Kempten – Sonthofen, Kreisstraße Richtung Bolsterlang bis Sigishofen; *Bus:* RVA-Bus ab Busbahnhof Sonthofen.
Ausgangspunkt Bushaltestelle in Sigiswang (848 m).
Aufstieg Vom Ausgangspunkt auf dem Fahrweg gegen Westen, etwa in Höhe des Sägewerks auf eine Wiese und zu einem Hof hinauf. Von dort gegen Südwesten, bei einer kleinen Waldgruppe den Bach queren und gegen Westen steiler hinauf. Zunächst noch auf der Straße, später auf dem Sommerweg zur Alpe Geschwend (oder Kahlrückenalpe; 1320 m). Durch muldiges Gelände in gleicher Richtung zur Moselalpe (oder Sigiswanger Hornalpe; 1408 m). Vom Aussichtspunkt vor der Hütte auf einen Geländebuckel. Den Waldgürtel rechts umgehen (nördlich) und durch eine Lichtung bergwärts.
Dann wieder links halten und neben der Gipfelflanke über einen Rücken bequem zum Kreuz hinauf.
Abfahrt Entlang der Aufstiegsroute mit etlichen Varianten im weitläufigen Gelände.

Touristische Infos Fremdenverkehrsamt D-87527 Ofterschwang, Tel. (08321) 89019, Fax (08321) 89777
Literatur, Gebietsführer Dieter und Uli Seibert: Skitourenführer Allgäu, Steiger Verlag
Karten Bayer. LVA, Blatt Allgäuer Alpen

Tour 6: Der Gipfel-Osthang des Rangiswanger Horns

7 Wannenkopf (1712 m)

Im Dunstkreis des Riedberghorns — *Allgäuer Alpen*

Gesamtcharakter Nette Voralpentour auf einen aussichtsreichen Voralpengipfel; die Schattenhänge sind erstaunlich schneesicher.
Aufstiegszeit 3:30 Std.
Höhenunterschied 700 m
Schwierigkeit skitechnisch leicht
Lawinengefahr kaum lawinengefährdet
Sonstige Gefahren Wächten am Gipfel
Hangrichtung Osten und Nordosten
Beste Jahreszeit Dezember – März

Anfahrt *Auto:* B 19 bis Fischen im Allgäu, dann Richtung Riedbergpaß weiter; *Bus:* ab Oberstdorf bzw. Sonthofen.
Ausgangspunkt Parkplatz etwa 200 m südwestlich des Tunnels der Fahrstraße zum Riedbergpaß (870 m).
Aufstieg Vom Parkplatz die Riedbergpaßstraße queren und am Wanderweg über die Brücke am Schönberger Bach. Dann nach rechts zur Fahrspur. Auf ihr (links) etwa 10 Min. dahin und zu einer breiten Asphaltstraße. Dieser Straße zu ihrem Ende folgen. Auf dem Sommerweg gegen Westen weiter. Über Mulden, durch Waldlichtungen und in steilem Hochwald zum Gipfelgrat hinauf. Über ihn in wechselnder Steigung in freies, flaches Gelände und zuletzt nochmals steil zum Kreuz hinauf.
Abfahrt Anfangs entlang der Aufstiegsroute. Am Waldrand, etwa auf 1600 m nach links in die Schattenhänge hinein und nördlich des langen Grates zum Fahrweg zurück. Den Rest am Aufstiegsweg.

Touristische Infos Gemeindliches Verkehrsamt D-87538 Obermaiselstein, Tel. (083 26) 277, Fax (083 26) 9408
Literatur, Gebietsführer Dieter und Uli Seibert: Skitourenführer Allgäu, Steiger Verlag
Karten Bayer. LVA, Blatt Allgäuer Alpen

8 Sonnenkopf (1712 m)

Kleine, aber feine Voralpen-Skitour — *Allgäuer Alpen*

Gesamtcharakter Beliebte Skitour über zügige, mäßig steile Hänge. Der Bergkamm oberhalb von Schöllang im südlichen Oberallgäu wird »Sonnenköpfe« genannt, obwohl alle drei Gipfel dieses Voralpenrückens eigene Namen haben.
Aufstiegszeit 2 Std.
Höhenunterschied 690 m
Schwierigkeit skitechnisch leicht
Lawinengefahr mitunter lawinengefährdet
Sonstige Gefahren Wächten am Gipfelgrat
Hangrichtung Nordwesten
Beste Jahreszeit Dezember – März

Anfahrt *Auto:* Autobahn Kempten – Sonthofen, weiter über Altstädten bis Hinang – Sonnenklause; *Bus/Bahn:* RVA-Bus ab Sonthofen oder Oberstdorf bis Hinang. Nächste Bahnhöfe in Altstädten und Fischen.
Ausgangspunkt Gasthof »Sonnenklause« (1030 m), Parkplätze, auf schmaler Asphaltstraße (16% Steigung) erreichbar (Schneeketten!).
Aufstieg Vom Wanderparkplatz entlang den Markierungstafeln über einen Forstweg ein Stück gegen Osten. Das Sträßchen schwenkt gegen Südosten ab, in eine weite, aber steile Lichtung hinein. Dort geradewegs hinauf, bis sich die Lichtung immer mehr zusammenschnürt. Bei 1340 m durch einen schmal ausgeholzten Durchschlupf. Der Hang legt sich zurück. An einer Jagdhütte vorbei und in einer Waldschneise zur Grathöhe »Auf der Schnippe« (1530 m).
Am Grat nach rechts, also gegen Süden, an einem Wegkreuz vorbei, ein paar Meter leicht abwärts und wieder steiler zum Gipfelkreuz.
Abfahrt Entlang der Aufstiegsroute. Bei gutem Schnee lohnt sich eine kurze Zwischenabfahrt in die herrlichen Hänge östlich des Grates »Auf der Schnippe«. Allerdings muß man die gleiche Strecke wieder mit Fellen aufsteigen.

Touristische Infos Gästeamt D-87527 Sonthofen, Tel. (083 21) 615291, Fax (083 21) 615293
Literatur, Gebietsführer Dieter und Uli Seibert: Skitourenführer Allgäu, Steiger Verlag
Karten Bayer. LVA, Blatt Allgäuer Alpen

9 Hammerspitze oder Schüsser (2170 m)

Rassige Genußtour in prächtiger Landschaft — *Allgäuer Alpen*

Gesamtcharakter Relativ anstrengende Frühjahrsskitour auf einen wenig besuchten Skigipfel. Es gibt atemberaubende Ausblicke auf die scharfgeschnittenen Berggestalten, die das Kleine Walsertal säumen. Bei Sonnenschein kann man auf der ganzen Abfahrt schon im März traumhaften Firn erwarten, weil sich die Hänge so drehen, daß sie mit zunehmender Höhe immer mehr der Sonne ausgesetzt sind.
Aufstiegszeit 3:15 Std.
Höhenunterschied 950 m
Schwierigkeit skitechnisch anspruchsvoll
Lawinengefahr häufig lawinengefährdet
Sonstige Gefahren riesige Wächten am Gipfelkamm
Hangrichtung Nordosten bis Süden
Beste Jahreszeit Februar – April

Anfahrt *Auto:* Von Kempten über Sonthofen – Oberstdorf in das Kleine Walsertal bis Mittelberg, Wildentalstraße, am Gasthaus »Schwendle« vorbei; *Bus/Bahn:* Oberstdorf – Mittelberg.
Ausgangspunkt Bergheim Moser (1225 m); der kleine Parkplatz ist für die Gäste des Bergheims bestimmt, also sollte man nach der Tour beim Moser einkehren.
Aufstieg Vom Bergheim am (leider gestreuten) Wanderweg im Wald dem Wildenbach entlang zur Unterwiesalpe. Weite Wiesenhänge gegen Südosten queren, durch einen Bachgraben und links in eine breite Lichtung. Diese geradewegs immer steiler hinauf. Einem Graben nach rechts ausweichen und in schütteren Wald hinein. Auf rd. 1750 m gegen Südosten weiter und einen steilen Graben queren (Lawinen!). Anschließend flacht das Gelände ab. Gegen Osten zur Wannenalpe (1821 m) und durch muldiges Gelände gegen Norden zum Gipfelgrat. Auf ihm zum Gipfel.
Abfahrt Wie Aufstiegsroute.

Touristische Infos Tourismusverband D-87569 Mittelberg im Kleinen Walsertal, Tel. (055 17) 51140, Fax (055 17) 511421
Karten Bayer. LVA, Blatt Allgäuer Alpen

10 Seekopf (2039 m)

Im Schatten des Widdersteins — *Allgäuer Alpen*

Gesamtcharakter Schöne Skitour auf einen unbedeutenden Berg in wilder Felsenlandschaft. Auf der zitierten Karte ist er namentlich nicht mal erwähnt. Man hat die wilde Südwand des Widdersteins vor Augen, die man bei optimalen Bedingungen sogar im Winter durchsteigen kann. Bis auf zwei Steilstufen ist diese Tour makellos.
Aufstiegszeit 3 Std.
Höhenunterschied 800 m
Schwierigkeit skitechnisch mittel
Lawinengefahr häufig lawinengefährdet
Hangrichtung Norden
Beste Jahreszeit Februar – April

Anfahrt *Auto:* Kempten – Sonthofen – Oberstdorf – Kleinwalsertal; *Bus:* Bhf. Oberstdorf – Baad.
Ausgangspunkt Gebührenpflichtiger Parkplatz in Baad im Kleinen Walsertal (1244 m).
Aufstieg Von der Bushaltestelle in Baad nach Süden durch das Bärgunttal zur Bärgunthütte. Schräg rechts zum Waldrand und auf dem Sommerweg nach Süden kurz durch den Wald. An die untere Steilstufe heran. Den Auslauf des Steiltals queren, rechts schwenken und in Spitzkehren gegen Südwesten. An geeigneter Stelle links abdrehen, in eine breite Talmulde. Einen weiteren Steilhang hinauf. Vor einer Steilrinne links ab und in flachere Hänge. Dort etwas nach rechts (Südwesten), oben nach Süden. Aus einem weiten Tal (rechts zum Höferberg) links heraus, südlich der Hangkante, später am Gratrücken, an der Bärgunt-Hochalpe vorbei und über einen Vorgipfel zum Seekopf.
Abfahrt Wie Aufstiegsroute oder bei der Bärguntalpe am Wanderweg rechts abbiegen und hinter der Brücke kurz aufsteigen. Den Hang entlang und in freie Wedelwiesen. Dann durch das Bachtal entlang Aufstiegsroute zurück.

Touristische Infos Tourismusverband D-87567 Riezlern, Kleinwalsertal, Tel. (055 17) 51140, Fax (055 17) 511421
Karten Bayer. LVA, Blatt Allgäuer Alpen
Einkehr Bärguntalpe (1391 m), keine Übernachtung, bew. von 10 bis 17 Uhr, Di Ruhetag

11 Hälekopf (2058 m)

Am Rande des Pistenrummels am Hohen Ifen — *Allgäuer Alpen*

Gesamtcharakter Lange, aber landschaftlich schöne Skitour, die sich enorm hinzieht. Die vorgestellte Abfahrt ist wesentlich zügiger. Weite Bereiche der Tour verlaufen durch ein Wildschutzgebiet. Es gibt eine markierte Skiroute, die man nicht verlassen darf.
Aufstiegszeit 3 Std.
Höhenunterschied 800 m
Schwierigkeit Aufstieg skitechnisch leicht, Abfahrt skitechnisch mittel
Lawinengefahr mitunter lawinengefährdet
Sonstige Gefahren Wächten in Gipfelnähe
Hangrichtung Osten und Süden
Beste Jahreszeit Januar – März

Anfahrt *Auto:* Kempten – Sonthofen – Oberstdorf – Kleinwalsertal; *Bus:* ab Bhf. Oberstdorf zum Ausgangspunkt.
Ausgangspunkt Talstation des Skigebiets »Ifen 2000« (1275 m), Bushaltestelle, riesiger Parkplatz für die Liftbenützer.
Aufstieg Auf dem Fahrweg von der Sessellift-Talstation gegen Südwesten hinauf. Dann lange auf dem Sträßchen gegen Westen zur Galtöde und weiter zur Jausenstation Melköde (im Winter geschlossen). Dort schwingt sich der Hang etwas auf. Durch die Kehren des Fahrwegs gegen Südwesten und wieder flacher dahin. Erst kurz unter der Schwarzwasserhütte wird es nochmals etwas steiler. Von der Hütte nördlich des Steinmannls gegen Nordwesten weiter und leicht ansteigend in den Gerachsattel (1745 m). Dort rechts (gegen Norden) über den Südhang, mit vielen Mulden und Mugeln direkt auf den Gipfel zu. Die letzten Meter rechts neben dem Grat steil hinauf.
Abfahrt Entlang der Aufstiegsroute. Interessanter ist es, vom Gipfel nach Osten in die weite Mulde oberhalb der Ifersguntenalpe zu schwingen. Das ist anfangs sehr steil, doch schon bald sind den Tiefschneefreuden keine Grenzen mehr gesetzt. Oberhalb der Ifersguntenalpe gegen Norden über eine steile Stufe hinweg und anschließend gegen Osten, durch einen Talgrund, dann durch einen breiten Waldgürtel auf dem Sommerweg und über einen freien Südhang zum Melkboden hinunter. Den Rest entlang Aufstiegsroute.

Touristische Infos Tourismusverband D-87567 Riezlern, Kleinwalsertal, Tel. (055 17) 511 40, Fax (055 17) 51 14 21
Literatur, Gebietsführer Dieter und Uli Seibert: Skitourenführer Allgäu, Steiger Verlag; Rudolf und Siegrun Weiss u.a. (1997): Genuß-Schitourenatlas Österreich-West, Schall Verlag
Karten Bayer. LVA, Blatt Allgäuer Alpen
Einkehr in der Schwarzwasserhütte (1651 m)
Übernachtung Schwarzwasserhütte, bew. von Weihnachten bis Ostern und von Pfingsten bis Mitte Okt., Tel. (0663) 5 26 42

12 Geißhorn (2249 m)

Anspruchsvolles über Tannheim — *Allgäuer Alpen*

Gesamtcharakter Diese Tour erfordert allerbeste Verhältnisse und einen hervorragenden Skitouristen, der die Brettl bei Anstieg und Abfahrt zuverlässig beherrscht. Absolut sichere Aufstiegs- und Abfahrtstechnik notwendig. Das Geißhorn (oder Gaishorn), im Sommer als Wandergipfel durchaus anspruchsvoll, kann man auch mit Ski besteigen. Wer den Berg kennt, weiß, daß die Tour nichts für Anfänger ist.
Aufstiegszeit 3:30 Std.
Höhenunterschied 1150 m
Schwierigkeit skitechnisch extrem
Lawinengefahr häufig lawinengefährdet
Sonstige Gefahren Absturzgefahr in den felsdurchsetzten Steilhängen und am Gipfelgrat; Wächten am Gipfelkamm
Hangrichtung Norden und Nordosten
Beste Jahreszeit Februar – April

Anfahrt *Auto:* Von Pfronten nach Süden ins Tannheimer Tal, aus dem Lechtal über den Gaichtpaß oder aus dem Allgäu über das Oberjoch.
Bus/Bahn: ab Reutte – Weissenbach am Lech, Pfronten oder Hindelang.
Ausgangspunkt Tannheim – Wiesle (1100 m).
Aufstieg Von Wiesle auf dem Fahrweg gegen Südwesten durch das Tal des Älpelebachs zur Jausenstation Älpele (1526 m; im Winter geschlossen). In der Mitte des Talgrunds dahin, nach Süden schwenken und über den Steilhang mit perfekten Kickkehren zum Gipfelgrat hinauf. Dort abschnallen und Ski nach Osten über den ausgesetzten, stellenweise vereisten und überwächteten Grat hinweg an den Gipfelfuß bis vor den letzten Aufschwung tragen, wo nach links eine Steilflanke abbricht. Ski abstellen. Zu Fuß (leicht) zum höchsten Punkt.
Abfahrt Entlang der Aufstiegsspur oder die extrem steile, von Felsen und Abbrüchen durchsetzte Flanke vom Skidepot geradewegs hinunter. Weiter unten links abdrehen und nach rd. 350 Höhenmetern waghalsiger Abfahrt zur Aufstiegsroute. Auf ihr zurück.

Tour 12: Gipfelanstieg auf das Geißhorn

Touristische Infos Tourismusverband A-6675 Tannheim, Tel. (05675) 62200, Fax (05675) 6649
Literatur, Gebietsführer Rudolf und Siegrun Weiss u.a. (1997): Genuß-Schitourenatlas Österreich-West, Schall Verlag
Karten Bayer. LVA, Blatt Füssen

13 Krinnenspitze (2002 m)

Firn extrem über dem Gaichtpaß — *Allgäuer Alpen*

Gesamtcharakter Landschaftlich sehr schöne Skitour, die sich vor allem bei Firnschnee lohnt. Von Nordosten, also von Nesselwängle herauf, führen an den Berg Skiliftanlagen, die aber den Tourengeher nicht weiter stören dürften, weil sie die hier beschriebene Route nicht tangieren. Die Krinnenspitze kann mit Ski auch von Haldensee durch das Strindenbachtal bestiegen werden.
Aufstiegszeit 2 Std.
Höhenunterschied 870 m
Schwierigkeit skitechnisch mittel
Lawinengefahr mitunter lawinengefährdet
Hangrichtung Südosten
Beste Jahreszeit Februar – März

Anfahrt *Auto:* Über Reutte – Weissenbach – Gaichtpaß; *Bus/Bahn:* ab Reutte – Weissenbach am Lech.
Ausgangspunkt Rauth (1140 m) an der Gaichtpaßstraße.
Aufstieg Vom Bergdorf Rauth gegen Westen. Am Holzplatz, bei einer Hütte, rechts (gegen Nordosten) weiter, bis der »Enziansteig« in den Wald abzweigt. Bei üppiger Schneelage auf dem markierten Sommerweg weiter. Ansonsten auf dem Forstweg, bis kurz unter die Rauther Alpe. Die Straße in einer Rechtskehre nach links verlassen, bei den Wegtafeln etwas abwärts, und im Wald schräg rechts hinauf, bis der Sommerweg erreicht wird. Im Bachgraben aus dem Wald heraus, einen Wasserlauf queren und zu einer Rippe, die sich immer steiler zum Gipfelgrat hinzieht. Am breiten (abgeblasenen) Gratrücken gegen Nordosten zum Gipfel.
Abfahrt Entlang der Aufstiegsroute. Bei gutem Firn gleich unter dem felsigen Gipfel durch die steile Südostflanke abfahren. Das macht Spaß!

Touristische Infos Tourismusverband A-6671 Weissenbach am Lech, Tel. (05678) 5303, Fax (05678) 5265
Literatur, Gebietsführer Dieter Seibert: Alpenvereins-Skiführer Allgäuer Alpen, Bergverlag Rother
Karten Bayer. LVA, Blatt Füssen

14 Feuerspitze (2852 m)

Anspruchsvolle Frühjahrstour

Lechtaler Alpen

Gesamtcharakter Klassische, rassige Frühjahrsskitour, die gute Kondition, sicheren Firn und einen frühen Aufbruch erfordert. Eindrucksvolle Tour in wilder Hochgebirgslandschaft zwischen schroffen Felsengipfeln. Entsprechend beeindruckend ist die großartige Gipfelschau. Die Feuerspitze darf man erst angehen, wenn die großen Grundlawinen in das Kaisertal abgegangen sind.
Aufstiegszeit 5 Std.
Höhenunterschied 1350 m
Schwierigkeit skitechnisch anspruchsvoll
Lawinengefahr häufig lawinengefährdet
Hangrichtung überwiegend Süden
Beste Jahreszeit April – Mai

Anfahrt *Auto:* Ab Lech am Arlberg oder von Reutte durch das Lechtal bis Steeg, dann auf einer steilen Straße bis Kaisers; *Bus:* Lech am Arlberg – Steeg – Reutte.
Ausgangspunkt Bergdorf Kaisers (1518 m).
Aufstieg Vom Gasthaus »Vallugablick« auf dem Fahrweg nach Südosten durch das Kaisertal zur Kaiseralp-Hütte (1689 m). Von dort gegen Osten am nördlichen Rand eines von Lawinen bedrohten Talbodens dahin. Vor der scharfgeschnittenen Vorderseespitze aus dem Talgrund nach links und – nun steiler – gegen Norden in eine weite Senke. Über sie hinweg und auf die markanten Felsen der Feuerspitze zu, dann eine steile Bergflanke nach Süden queren, und zum Stierlahnzug. Nach Osten auf den Südgrat des Stierlahnzugjochs und über einen (meist aperen) Rücken zum Stierlahnzugjoch (2596 m). In kurzer Abfahrt in den Sattel zwischen Stierlahnzugjoch und Feuerspitze und geradewegs nach Norden zum Gipfel der Feuerspitze hinauf.
Abfahrt Vom Gipfel nach Süden in den weiten Sattel hinunter, dort rechts gegen Westen, immer steiler zu einem Felsband hinab. Über dieses Hindernis vorsichtig hinweg (abschnallen) und rasant durch eine sehr steile, aber relativ breite Firnrinne zur Aufstiegsspur. Auf ihr nach Kaisers zurück.

Touristische Infos Tourismusverband A-6655 Steeg im Lechtal, Tel. (05633) 5308, Fax (05633) 5714
Literatur, Gebietsführer Rudolf und Siegrun Weiss u.a. (1997): Genuß-Schitourenatlas Österreich-West, Schall Verlag
Karten AV-Karte, Blatt 3/3; Freytag & Berndt WK, Blatt 351

15 Namloser Wetterspitze (2553 m)

Klasse- Rasse Tour über Fallerschein

Lechtaler Alpen

Gesamtcharakter Ernste Skitour, die eine gute Kondition und einen guten Skifahrer fordert. Erst im späten Frühjahr anzuraten, wenn alle großen Lawinen abgegangen sind und nach kalten Nächten, wenn sicherer Firn zu erwarten ist. Die Abfahrt ist rassig und lang.
Aufstiegszeit 4:30 Std.
Höhenunterschied 1400 m
Schwierigkeit skitechnisch anspruchsvoll
Lawinengefahr häufig lawinengefährdet
Hangrichtung Norden, Westen und Südwesten
Beste Jahreszeit April – Mai

Anfahrt *Auto:* Über Reutte, Stanzach bis Namlos oder von Ehrwald – Bichlbach – Berwang – Namlos.
Ausgangspunkt Fahrstraßeneinmündung 200 m nordwestlich der Brücke bei Straßenkehre am Sommerbergbach bei Namlos (1178 m).
Aufstieg Am Sträßchen zur Feriensiedlung Fallerschein (1302 m) und durch das Sommerbergtal nach Süden das extrem lawinengefährdete Tal hinauf. Zur östlichen Bachseite queren und auf den markanten Ortkopf zu. Noch vor den Steilhängen links abdrehen und über den Sommerberg Richtung Putzenjoch hinauf. Dort abermals links schwenken und gegen Nordosten über einen mächtigen Steilhang empor. Nahe einer Felsenscharte Ski abstellen und in 5 Min. zu Fuß zum Gipfelkreuz.
Abfahrt Wie Aufstiegsroute.

Touristische Infos Tourismusverband A-6642 Stanzach, Tel. (05632) 268, Fax (05632) 28231
Literatur, Gebietsführer Rudolf und Siegrun Weiss u.a. (1997): Genuß-Schitourenatlas Österreich-West, Schall Verlag
Karten AV-Karte, Blatt 3/4; Freytag & Berndt WK, Blatt 352

16 Engelspitze (2291 m)

Anspruchsvolle Tour für absolut sichere Schneeverhältnisse

Lechtaler Alpen

Gesamtcharakter Rassige Skitour, die wirklich absolut sichere Schneeverhältnisse erfordert. Nur guten Skifahrern zu empfehlen. Die Engelspitze ist eine Berggestalt, wie sie für die Lechtaler Alpen bezeichnend ist: In Talnähe ein bescheidener Waldgürtel und supersteile, hochgradig lawinengefährdete Grasflanken, die nach oben bis zu den Gipfelkämmen hinaufreichen.
Aufstiegszeit 3:15 Std.
Höhenunterschied 1100 m
Schwierigkeit skitechnisch anspruchsvoll
Lawinengefahr häufig lawinengefährdet
Hangrichtung Westen
Beste Jahreszeit März – April

Anfahrt *Auto:* Über Reutte, Stanzach bis Namlos oder von Ehrwald – Bichlbach – Berwang – Namlos.
Ausgangspunkt Namlos (1263 m).
Aufstieg Östlich von Namlos auf dem Sommerweg zum Amselboden hinauf. Leicht ansteigend gegen Südosten bis 1455 m (Wegweiser). Kurz durch Wald, dann einen steilen Hang queren und über den Engelbach hinweg. Gleich nach dem Bach steil hinauf und auf einem Ziehweg in den Wald. Dann durch eine relativ steile Lichtung und auf etwa 1600 m aus dem Wald heraus. Zunächst arg steil, dann flacher, an einigen Heustadeln (Am Egg) vorbei und auf einen steilen Rücken. Immer in der Nähe der Schulter nach Osten zum Kreuz hinauf. Vom Kreuz ein paar Meter nach Osten hinab, einen weiten Sattel queren und das letzte Stück ohne Ski zum felsigen Gipfel.
Abfahrt Normalerweise entlang der Aufstiegsroute. Nur bei absolut sicheren Verhältnissen vom Gipfelrücken nach Süden hinab, gegen Westen weiter und aufpassen, daß man rechtzeitig wieder den Rücken erreicht, um zur Aufstiegsspur zurückzufahren.

Touristische Infos Tourismusverband A-6642 Stanzach, Tel. (05632) 268, Fax (05632) 28231
Literatur, Gebietsführer Rudolf und Siegrun Weiss u.a. (1997): Genuß-Schitourenatlas Österreich-West, Schall Verlag
Karten AV-Karte, Blatt 3/4; Freytag & Berndt WK, Blatt 352

Tour 15: In der Gipfelflanke der Namloser Wetterspitze

Tour 16: Aussicht von der Engelspitze zur Namloser Wetterspitze

17 Hintere Steinkarspitze (2215 m)

Ins Herz der Liegfeistgruppe — *Lechtaler Alpen (Liegfeistgruppe)*

Gesamtcharakter Oberhalb der Waldgrenze sehr schöne Skitour mit einem ziemlich langen und steilen Gipfelhang. Die Tour zählt zwar insgesamt noch zu den einfacheren der Lechtaler Alpen, ist aber doch nur Tourengehern zu empfehlen, die Erfahrung im freien alpinen Gelände haben, bei Aufstieg und Abfahrt sicher auf den Brettln stehen und die aktuelle Lawinensituation richtig einschätzen können.
Aufstiegszeit 3 Std.
Höhenunterschied 1050 m
Schwierigkeit skitechnisch mittel
Lawinengefahr mitunter lawinengefährdet
Hangrichtung Nordosten
Beste Jahreszeit Februar – April

Anfahrt *Auto:* Von Reutte oder Ehrwald über Bichlbach – Berwang – Rinnen; *Bus:* ab Reutte über Bichlbach – Berwang – Rinnen.
Ausgangspunkt Parkplatz am kleinen Skilift Rinnen (1271 m).
Aufstieg Von Rinnen rund 100 Höhenmeter in das Rotlechtal abfahren. Dann über eine Brücke auf dem Fahrweg den Rotlech queren und nach Südwesten weiter. Bei der Wegverzweigung links und im wesentlichen dem Rotbach folgen. Kurz durch Wald und dann in eine weite Lichtung. Auf das Kelmer Jöchl zu, vor dem Jöchl etwas nach rechts und über steilen Gipfelhang nach Westen zum höchsten Punkt.
Abfahrt Entlang der Aufstiegsroute.

Touristische Infos Tourismusverband A-6622 Berwang, Haus Nr. 82, Tel. (05674) 8268, Fax (05674) 8436
Literatur, Gebietsführer Robert Demmel und Norbert Schneider: Rother Skiführer Bayerische Alpen, Bergverlag Rother; Rudolf und Siegrun Weiss u. a. (1997): Genuß-Schitourenatlas Österreich-West, Schall Verlag
Karten Freytag & Berndt WK, Blatt 352

18 Galtjoch (2112 m)

Nette Hochwintertour, die mit einer Abfahrt beginnt — *Lechtaler Alpen (Liegfeistgruppe)*

Gesamtcharakter Hochwintertour, mit schönen, freien Gipfelhängen und leider auch engen Stellen im Wald.
Aufstiegszeit 3:15 Std.
Höhenunterschied 950 m
Schwierigkeit skitechnisch leicht
Lawinengefahr kaum lawinengefährdet
Sonstige Gefahren Wächten am Gipfelgrat
Hangrichtung Osten und Südosten
Beste Jahreszeit Dezember – März

Anfahrt *Auto:* Von Reutte oder Ehrwald über Bichlbach – Berwang – Rinnen.
Bus: ab Reutte über Bichlbach – Berwang – Rinnen.
Ausgangspunkt Parkplatz am kleinen Skilift Rinnen (1271 m).
Aufstieg Von Rinnen gut 100 Höhenmeter über steile Wiesenhänge zum Rotlech abfahren. Auf der südlichen der beiden Brücken den Rotlech queren und auf dem Sträßchen in geringer Steigung gegen Südwesten dahin. Bei der Verzweigung rechts halten und über freie Wiesen nach Rotbach (1371 m).
Am oberen Rand der Lichtung durch eine Öffnung im Weidezaun und kurz auf einem Fahrweg dahin, in der Folge diesen bald nach links (gegen Norden), der Skiroutenmarkierung folgend, verlassen.
Anschließend auf dem Sommerweg bzw. der Skiroute durch den Wald zur Ehenbichler Alm. Dort links und am südostseitigen Hang unter der Abendspitze zur tiefsten Stelle des Grats zwischen der Abendspitze und dem Galtjoch. Am Grat links und gegen Westen zum Gipfel des Galtjoch, wo man die Aussicht genießt.
Abfahrt Entlang der Aufstiegsroute und 100 m Gegenanstieg nach Rinnen hinauf (Felle).

Touristische Infos Tourismusverband A-6622 Berwang, Haus Nr. 82, Tel. (05674) 8268, Fax (05674) 8436
Literatur, Gebietsführer Robert Demmel und Norbert Schneider: Rother Skiführer Bayerische Alpen, Bergverlag Rother; Rudolf und Siegrun Weiss u. a. (1997): Genuß-Schitourenatlas Österreich-West, Schall Verlag
Karten Freytag & Berndt WK, Blatt 352

19 Joch (2052 m)

Geheimtip für schneearme Winter — *Lechtaler Alpen*

Gesamtcharakter Wenig anstrengende Halbtagesskitour. Der Gipfelgrat ist oft verblasen oder überwächtet, aber die Route dort ist weitgehend lawinensicher. Wer den Gipfelgrat auf die Südseite verläßt, setzt sich einer extremen Lawinengefahr aus! Die Tour ist wegen steinfreier Wiesenhänge selbst bei ziemlich geringer Schneelage möglich. Jungwald schonen!
Aufstiegszeit 2 Std.
Höhenunterschied 710 m
Schwierigkeit skitechnisch leicht
Lawinengefahr kaum lawinengefährdet
Sonstige Gefahren Wächten am Gipfelgrat
Hangrichtung Südwesten
Beste Jahreszeit Dezember – März

Anfahrt *Auto:* Von Reutte oder Ehrwald über Bichlbach – Berwang – Rinnen – Brand; *Bus:* ab Reutte über Bichlbach – Berwang – Rinnen – Brand (keine Busverbindung bis Mitteregg).
Ausgangspunkt Mitteregg (1348 m).
Aufstieg Von Mitteregg über südseitige Wiesenhänge zum Waldrand und durch eine breite Lichtung relativ steil zum langen Gratrücken hinauf. Dort rechts, an einigen Hütten vorbei und immer am Höhenzug gegen Osten dahin.
Der Rücken schwingt sich auf und schnürt sich zusammen. Kurz unter dem Gipfel weitet sich der Grat wieder.
Abfahrt Entlang der Aufstiegsroute. Bei guten Bedingungen gibt es etliche Varianten, die alle wieder zum Ausgangspunkt führen.

Touristische Infos Tourismusverband A-6622 Berwang, Haus Nr. 82, Tel. (05674) 8268, Fax (05674) 8436
Karten AV-Karte, Blatt 4/1; Freytag & Berndt WK, Blatt 352

20 Bleispitze oder Pleisspitze (2225 m)

Durch das Gartner Tal — *Lechtaler Alpen*

Gesamtcharakter Erstaunlich, daß dieser relativ anspruchsvolle Skiberg relativ häufig besucht wird. Man sollte ihn nicht unterschätzen. Besonders schön ist an klaren Tagen der Gipfelrundblick. Schaumagnet ist die Zugspitze, die sich über dem Ehrwalder Becken erhebt.

Aufstiegszeit 3:30 Std.
Höhenunterschied 1200 m
Schwierigkeit skitechnisch mittel
Lawinengefahr häufig lawinengefährdet
Hangrichtung Osten und Süden
Beste Jahreszeit Februar – April

Anfahrt *Auto:* B314 von Reutte oder Lermoos bis Obergarten; *Bus:* ab Reutte bzw. Imst. Unmittelbar nach der Straßenabzweigung von der Bundesstraße 314 (bei der Bushaltestelle Obergarten) gibt es am Holzplatz ein paar Parkmöglichkeiten.
Ausgangspunkt Obergarten (1064 m).
Aufstieg Vom Holzplatz in Obergarten durch den Ort und nach Südosten in den Wald hinein. Gegen Südwesten durch das enge Gartner Tal dahin. Bei der Gartner Alm (1399 m) endet der Wald. Eine Viertelstunde später etwas rechts abdrehen und auf der rechten Seite des breiten Tals dahin. Weiter oben etwas links zur Talmitte und auf einen schütter bewaldeten Höhenrücken. Bis vor das Sommerbergjöchle in dieser Richtung weiter, dann nach Norden zum Gipfelrücken.
Über ihn relativ steil zum Kreuz hinauf.
Abfahrt Entlang der Aufstiegsroute.

Touristische Infos Tourismusverband A-6631 Lermoos, Tel. (05673) 2401, Fax (05673) 2694
Literatur, Gebietsführer Robert Demmel und Norbert Schneider: Rother Skiführer Bayerische Alpen, Bergverlag Rother
Karten AV-Karte, Blatt 4/1; Freytag und Berndt WK, Blatt 352

21 Thaneller (2341 m)

Im nordseitigen Thanellerkar — *Lechtaler Alpen*

Gesamtcharakter Landschaftlich sehr ansprechende Skitour, die beste Schneeverhältnisse verlangt. Sie ist nur für hervorragende Brettlartisten geeignet. Keinesfalls nach Schneefall angehen! Das letzte Stück zur Scharte, das bei Vereisung heikel ist, erfordert Trittsicherheit und Schwindelfreiheit. Wegen des großen Lawinenrisikos sollte man mittags wieder im Tal sein.

Aufstiegszeit 3:30 Std.
Höhenunterschied 1300 m
Schwierigkeit skitechnisch extrem
Lawinengefahr häufig lawinengefährdet
Sonstige Gefahren Abrutschgefahr in den obersten Hängen, Wächten am Gipfelgrat
Hangrichtung Norden
Beste Jahreszeit Mai

Anfahrt *Auto:* B314 ab Reutte oder Lermoos, Parkplatz am Karlift.
Bus/Bahn: Busverbindung ab Imst – Lermoos – Reutte, Bahnstation Heiterwang – Plansee in der Nähe des Ausgangspunkts.
Ausgangspunkt Talstation des Karlifts am Thaneller (rd. 1050 m).
Aufstieg Von der Talstation des Skilifts die Piste hinauf, die bald nach links abbiegt.
Die Piste verlassen und auf dem Sommerweg nach Süden in das Thanellerkar.
Das Kar weitet sich und wird immer steiler. In der Karmitte, zwischen zwei Steilrinnen, am sogenannten »Brotzeitfelsen« links vorbei und durch eine enorm steile Rinne.
So weit möglich mit Ski, dann zu Fuß weiter. Bei guten Bedingungen Ski in die kleine Scharte unterhalb des Rintljochs mitnehmen. Dann (ohne Ski) links abbiegen und am Grat nach Osten bis zum Thanellergipfel.
Abfahrt Entlang der Aufstiegsroute.

Touristische Infos Tourismusverband A-6611 Heiterwang, Tel. (05674) 5103, Fax (05674) 5608
Literatur, Gebietsführer Dieter Elsner und Michael Seifert: Lechtal Skitouren – Skibergsteigen, Panico Alpinverlag
Karten Bayer. LVA, Blatt Füssen und Umgebung; AV-Karte, Blatt 4/1

22 Wannig (2493 m)

Extratour durchs Wannigkar — *Mieminger Gruppe*

Gesamtcharakter Rassige Frühjahrs-Skitour (über 35° steil); Mut zum Umkehren haben. Wer abfährt, sollte sich unbedingt überzeugen, daß er weiter unten Aufsteigende nicht gefährdet. Die Tour ist nur bei sicherem Firn zu verantworten.

Aufstiegszeit 4:30 Std.
Höhenunterschied 1450 m
Schwierigkeit skitechnisch anspruchsvoll
Lawinengefahr häufig lawinengefährdet
Hangrichtung Nordosten
Beste Jahreszeit April – Mai

Anfahrt *Auto:* Von Süden über den Fernpaß, von Norden über Reutte – Biberwier oder über Ehrwald; *Bus:* von Ehrwald über Biberwier oder von Nassereith über den Fernpaß.
Ausgangspunkt Parkplatz an der Straße von Biberwier zum Weißensee, unter dem Gasthaus »Talblick« (rd. 1080 m).
Aufstieg Vom Parkplatz auf dem Sträßchen zur Mittelstation der Seilbahn; kurz über die Piste, rechts abbiegen. Auf dem Sommerweg zum Grat zwischen Branntweintal und Ringtal. Am oberen Ende vom Rücken links abzweigen und (stellenweise steil) gegen Süden in das Wannigkar hinein. Ab etwa 2250 m nach links durch eine steile Rinne in eine enge Scharte. Von ihr zum Gipfelkreuz hinüberqueren.
Abfahrt Entlang der Aufstiegsroute. Es lohnt sich, vom unteren Teil des Wannigkars mit etwas Gegenanstieg ins Pistengebiet am Marienberg zu wechseln. Die Abfahrt auf der Piste ist bequemer.

Touristische Infos Tourismusverband A-6633 Biberwier, Tel. (05673) 2922, Fax (05673) 3494
Literatur, Gebietsführer Christian Schneeweiß: Skitouren in Österreich, Bruckmann Verlag; Rudolf Weiss: Skitouren Nordtirol – Osttirol, Steiger Verlag
Karten AV-Karte, Blatt 4/1 und 4/2; Freytag & Berndt WK, Blatt 352
Einkehr im Waldhaus Talblick bei der Seilbahn-Mittelstation (1158 m; Biergarten!)

23 Höllkopf (2194 m)

Grünsteinumfahrung — *Mieminger Gruppe*

Gesamtcharakter Trotz Liftunterstützung ist die Tour auf den Höllkopf lang und anstrengend.
Aufstiegszeit 3:30 Std.
Höhenunterschied 1050 m
Schwierigkeit skitechnisch mittel
Lawinengefahr häufig lawinengefährdet
Sonstige Gefahren Absturzgefahr in der Rinne nordöstlich der Grünsteinscharte
Hangrichtung Norden, Osten, Süden und Westen
Beste Jahreszeit März – April

Anfahrt *Auto:* Von Süden über den Fernpaß, von Norden über Reutte – Biberwier oder über Ehrwald; *Bus:* von Ehrwald über Biberwier oder von Nassereith über den Fernpaß; Rückfahrt nach Biberwier ab Ehrwalder Alm.
Ausgangspunkt Marienbergjoch (1789 m), mit Seilbahn ab Biberwier (989 m) zu erreichen.
Aufstieg Von Biberwier mit der Seilbahn und mit Fellen in das Marienbergjoch (1789 m). Über das Arzbödele gegen Südosten zum Hölltörl und gegen Süden zum Höllkopf hinauf. Abfahrt ins Hölltörl. Aus ihm gegen Osten durchs Kar bis kurz vor die Hölle. Links halten und in der langen Höllreiße zur Grünsteinscharte (2272 m) hinauf. Von der Scharte 30 Höhenmeter durch eine felsige Rinne gegen Nordosten hinab. Das weite Kar gegen Nordosten queren und auf einem Rücken in das Tajatörl (2259 m).
Abfahrt Vom Tajatörl nach Nordosten abfahren, links schwenken und im Brendlkar teilweise steil nach Norden bis zur Loipe hinab. Rechts, auf dem Sträßchen (Loipe) zum Gasthaus »Alpenglühn«. Auf der Piste nach Ehrwald.

Touristische Infos Tourismusverband A-6633 Biberwier, Tel. (05673) 2922, Fax (05673) 3494 oder A-6632 Ehrwald, Tel. (05673) 2395, Fax (05673) 3314
Literatur, Gebietsführer Robert Demmel und Norbert Schneider: Rother Skiführer Bayerische Alpen, Bergverlag Rother; Rudolf und Siegrun Weiss u. a. (1997): Genuß-Schitourenatlas Österreich-West, Schall Verlag
Karten AV-Karte, Blatt 4/2; Freytag & Berndt WK, Blatt 352
Einkehr Marienberghaus und Ehrwalder Alm (Liftstationen)

24 Grünsteinscharte (2272 m)

Durch die Höllreiße — *Mieminger Gruppe*

Gesamtcharakter Besonders schwierig ist diese Tour nicht, wenn auch der obere Abschnitt der Höllreiße ziemlich steil ist. Die Höllreiße wird als »Filetstück« der Grünsteinumfahrung normalerweie nur hinaufgestiegen. Also lohnt sich diese Etappe als eigenständige Tour mit einer flotten Firnabfahrt. Markante Felswände – typisch für die Mieminger Berge – verleihen dem landschaftlichen Rahmen einen hochalpinen Charakter. Eigentlich handelt es sich um eine Frühjahrstour, die aber (nur bei sicheren Verhältnissen) schon im Hochwinter durchgeführt wird.
Aufstiegszeit 3:30 Std.
Höhenunterschied 1150 m
Schwierigkeit skitechnisch mittel
Lawinengefahr häufig lawinengefährdet
Hangrichtung Süden
Beste Jahreszeit Januar – März

Anfahrt *Auto:* Aus dem Oberinntal über den Holzleithensattel oder über den Fernpaß und von Nassereith Richtung Holzleithensattel; auf schmaler Asphaltstraße zum Parkplatz in Arzkasten; *Bus/Bahn:* Linienbusverbindung von Innsbruck bzw. Reutte (Haltestelle bei der Straßenabzweigung nach Arzkasten).
Ausgangspunkt Arzkasten (1151 m).
Aufstieg Auf der Rodelbahn anfangs nach Nordwesten, im Wald (neben der Rodelbahn durch weite Lichtungen) gegen Nordosten zum Lehnberghaus (1554 m). Dann ziemlich eben auf einem Forstweg ins Lehnbergtal. Durch dieses gegen Norden zur Hölle (1780 m) und die sonnige Höllreiße zur Grünsteinscharte steil hinauf.
Abfahrt Entlang der Aufstiegsroute.

Touristische Infos Tourismusverband A-6416 Obsteig am Sonnenplateau, Tel. (05264) 8106, Fax (05264) 8230
Literatur, Gebietsführer Rudolf Weiss: Skitouren fürs Wochenende, Nordtirol – Osttirol, Steiger Verlag
Karten AV-Karte, Blatt 4/2
Einkehr im Lehnberghaus
Übernachtung im Lehnberghaus (1554 m), Tel. (0663) 054228 (fast das ganze Jahr über offen)

Tour 24: Blick aus der Grünsteinscharte über die Höllreiße zur Hölle

25 Wankspitze (2209 m)

Über das Lehnberghaus — *Mieminger Gruppe*

Gesamtcharakter Diese Tour ist haupsächlich bei einheimischen Skitouristen sehr beliebt. Sie ist landschaftlich großartig, fordert aber – wegen der Südlage – eine üppige Schneedecke. Besonders schön bei Firn!
Aufstiegszeit 3:30 Std.
Höhenunterschied 1100 m
Schwierigkeit skitechnisch leicht
Lawinengefahr kaum lawinengefährdet
Hangrichtung Süden
Beste Jahreszeit Januar – März

Anfahrt *Auto:* Aus dem Oberinntal über den Holzleithensattel oder über den Fernpaß und von Nassereith Richtung Holzleithensattel; auf schmaler Asphaltstraße zum Parkplatz in Arzkasten; *Bus/Bahn:* Linienbusverbindung von Innsbruck bzw. Reutte (Haltestelle bei der Straßenabzweigung nach Arzkasten).
Ausgangspunkt Arzkasten (1151 m).
Aufstieg Auf der Rodelbahn anfangs nach Nordwesten, im Wald (neben der Rodelbahn durch weite Lichtungen) gegen Nordosten zum Lehnberghaus (1554 m). Dann gegen Nordosten durch eine Lichtung hinauf, rechts abdrehen und zum Aussichtspunkt auf 1704 m.
Über die breite Hangkante gegen Nordosten bis in den kleinen Sattel westlich des unauffälligen Vorgipfels. Dort links abdrehen und steil zum Gipfelkreuz der Wankspitze hinauf.
Abfahrt Entlang der Aufstiegsroute.

Touristische Infos Tourismusverband A-6416 Obsteig am Sonnenplateau, Tel. (05264) 8106, Fax (05264) 8230
Literatur, Gebietsführer Rudolf Weiss: Skitouren fürs Wochenende, Nordtirol – Südtirol, Steiger Verlag
Karten AV-Karte, Blatt 4/2
Einkehr im Lehnberghaus
Übernachtung im Lehnberghaus (1554 m), Tel. (0663) 054228 (fast das ganze Jahr über offen)

26 Hohe Munde (2592 m)

Klasse- aber Rasse-Tour — *Mieminger Gruppe*

Gesamtcharakter Die steile Gipfelflanke ist das »Markenzeichen« der Hohen Munde. Sie setzt eine ausgezeichnete Skitechnik voraus – und gute Nerven. Daß auch stabile Schneeverhältnisse erforderlich sind, versteht sich von selbst. Genußvoll und sicher bei Firn nach einer kalten Nacht und (Ostlage!) rechtzeitiger Abfahrt.
Aufstiegszeit 3:30 Std.
Höhenunterschied 1430 m
Schwierigkeit skitechnisch extrem
Lawinengefahr häufig lawinengefährdet
Sonstige Gefahren Abrutschgefahr bei Hartschnee.
Hangrichtung Osten
Beste Jahreszeit März – April

Anfahrt *Auto:* Von Bayern über Mittenwald und Scharnitz, von Innsbruck über Seefeld in die Leutasch. Öffentliche Verkehrsmittel: Bus.
Ausgangspunkt Parkplatz beim Sessellift »Hohe Munde« (1170 m) im Ortsteil Moos (Hinweisschild).
Aufstieg Möglichst früh auf der Piste (Betriebsbeginn des Lifts viel zu spät) zur Rauthhütte, 1605 m, nur in der Liftsaison bew., Nächtigungsmöglichkeit, Tel. (0663) 9256684. Nach rechts ausholend in einem Bogen über die zunehmend steile Flanke – bis knapp über 40° – zum Ostgipfel (2592 m). Bei Hartschnee angenehmer und sicherer mit Steigeisen und aufgeschnallten Ski. Auf den Übergang zum deutlich höheren Westgipfel wird zumeist verzichtet, um keine Zeit zu verlieren. Die Tageserwärmung könnte gefährlich werden!
Abfahrt Wie Aufstieg.

Dieser Text ist von Prof. Rudolf Weiss

Touristische Infos Tourismusverband A-6105 Leutasch, Tel. (05214) 6207, Fax (05214) 6965.
Literatur, Gebietsführer Robert Demmel und Norbert Schneider: Rother Skiführer Bayerische Alpen, Bergverlag Rother; Rudolf und Siegrun Weiss u.a. (1997): Genuß-Schitourenatlas Österreich-West, Schall Verlag
Karte AV-Karte, Blatt 4/3 (Wetterstein-Mieminger Gebirge, Östliches Blatt)

Bayerische Alpen

Siegfried Garnweidner

Das hier abgehandelte Gebiet zieht sich am Nordrand des Alpenbogens etwa vom Lech bis zum Chiemgau hin. Dieser Alpenbereich südlich von München liegt für die vielen Tourengeher aus der bayerischen Landeshauptstadt quasi vor der Haustür und wird entsprechend stark besucht. Da gibt es kaum einen Mugel, der nicht jedes Wochenende mehrfach bestiegen wird.
Die Bayerischen Voralpen sind zu einem riesigen Erholungsgebiet geworden, wo die Natur kaum zur Ruhe kommen kann.
Deshalb sollten wir verantwortungsbewußten Tourengeher auf den üblichen Routen bleiben, die zum Teil – wie im Naturschutzgebiet Ammergebirge am Scheinberg zum Schutze des Auerwilds – sogar besonders markiert sind. Dann läßt sich ein harmonisches Miteinander von Natur und Freizeit praktizieren.

Zu den Skitouristen kommen Winterwanderer hinzu. Sie werden in den letzten Jahren immer mehr, sehr zum Leidwesen der Skifahrer. Eigentlich dürfte es ja keine Konflikte geben, denn Tourengeher bevorzugen – vor allem bei geringer Schneelage – die Nordhänge und Winterwanderer naturgemäß die Südseiten der Berge, damit sie nicht im Schnee stecken bleiben.
Doch leider weichen viele Wanderer auf Routen aus, die von Skitourengehern mühsam gespurt worden sind, und trampeln die sauberen Fellspuren einfach nieder, ohne meist nur einen Gedanken daran zu verschwenden, was sie damit anrichten.

Abfahrt vom Meirtljoch, mit Blick ▷ zur Zugspitze (Tour 2)

Blick von der Aueralm zum Fockenstein (Tour 14)

Anreise Die Ammergauer Alpen erreichen wir über Füssen – Reutte bzw. ab Garmisch über den Ettaler Sattel Richtung Oberammergau bzw. ins Graswangtal. Auch in der Nähe von Lermoos gibt es ein paar Routen, zu denen wir durch das Zwischentorental (ab Reutte) bzw. ab Garmisch über Griesen kommen. Das Estergebirge steuert man auf der Autobahn Richtung Garmisch bzw. von Süden her über Krün – Wallgau an. Die Anreise in den Isarwinkel führt von Norden her über Bad Tölz bzw. von Süden über die Achenseestraße und entlang dem Sylvensteinsee über Fleck – Lenggries. Die wichtigsten Touren im Mangfallgebirge werden von Norden her über den Tegernsee bzw. den Schliersee bzw. von Brannenburg über die Tatzelwurmstraße erreicht. Von Süden her kann man aus dem Inntal über Landl anreisen.

Touristische Informationen gibt es bei: • Ferienregion Reutte und Umgebung, A-6600 Reutte, Tel. (0 56 72) 62336, Fax (0 56 72) 6 54 22 • Kur- und Ferienland Garmisch-Partenkirchen, c/o Kurverwaltung, Postfach 1562, D-82455 Garmisch-Partenkirchen, Tel. (0 88 21) 18 00, Fax (0 88 21) 1 80 50 • Landratsamt Bad Tölz-Wolfratshausen, Gästeinformation, Postfach 1360, D-83633 Bad Tölz, Tel. (0 80 41) 50 52 06, Fax (0 80 41) 50 53 75 • Kur- und Tourismusverband Wendelstein e.V., Rosenheimer Str. 5, D-83098 Brannenburg, Tel. (0 80 34) 88 42, Fax (0 80 34) 77 10 • Kuramt Schliersee, Postfach 146, D-83722 Schliersee, Tel. (0 80 26) 40 69, Fax (0 80 26) 23 25 • Tegernseer Talgemeinschaft Marketing und Tourismus, Hauptstr. 2, D-83684 Tegernsee, Tel. (0 80 22) 1 80 1 49, Fax (0 80 22) 37 58.

1 Pfuitjöchle (2133 m) und Pfuitjoch (2196 m)

Auf pfundigen Südhängen am Rande des Daniels

Ammergauer Alpen

Gesamtcharakter Landschaftlich schöne Tour in interessantem Skigelände. Oberhalb des Karbodens »Im Grubig« nicht lawinensicher. Hohe Schneelage ist erforderlich (Südhänge). Die Abfahrt über weite, freie Hänge ist gerade richtig, nicht zu steil und nicht zu flach. Bei gutem Firn kann sie kaum schöner sein.
Aufstiegszeit 3:30 Std.
Höhenunterschied 1100 m
Schwierigkeit skitechnisch mittel
Lawinengefahr mitunter lawinengefährdet
Hangrichtung Süden
Beste Jahreszeit Januar – März

Anfahrt *Auto:* Über Lermoos oder Reutte bis Lähn; *Bahn:* Verbindung München – Garmisch – Reutte, Haltepunkt Lähn.
Ausgangspunkt Lähn (1112 m).
Aufstieg Von der Bahnhaltestelle in Lähn gegen Nordwesten, um einen steilen Buckel herum und auf dem breiten Rücken zwischen Wiestal undBöstal hinauf. Bei knapp 1500 m einen steilen Grataufschwung rechts in einer schmalen, stark geneigten Waldlichtung umgehen und wieder auf den Rücken hinauf. Auf ihm in Kehren nordwärts, am Farenegg durch die Waldgrenze und über einen breiten Wiesenhang in die breite Senke »Im Grubig«. Durch sie geradewegs zum Pfuitjöchle oder bei etwa 1900 m Höhe scharf nach rechts abbiegen und über eine steile Flanke mühsam gegen Osten und in flacheres Gelände unter dem Hebertaljoch. Am Gratrücken links, soweit möglich mit Ski. Zu Fuß zum Gipfel.
Abfahrt Entlang der Aufstiegsroute mit vielen Varianten im übersichtlichen Gelände.

Touristische Infos Tourismusverband A-6631 Lermoos, Tel. (0 56 73) 24 01, Fax (0 56 73) 26 94
Literatur, Gebietsführer Robert Demmel und Norbert Schneider: Rother Skiführer Bayerische Alpen, Bergverlag Rother; Rudolf und Siegrun Weiss u. a. (1997): Genuß-Schitourenatlas Österreich-West, Schall Verlag
Karten AV-Karte, Blatt 4/1; Bayer. LVA, Blatt Karwendelgebirge, Werdenfelser Land

2 Meirtljoch (1983 m)

Geheimtip mit Zugspitzblick

Ammergauer Alpen

Gesamtcharakter Einsame, wenig durchgeführte Skitour mit rassiger Abfahrt. Der gut 35° steile Schlußhang ist ostseitig exponiert und mitunter stark lawinengefährdet. Enge Walddurchfahrten, deshalb hohe Schneelage erforderlich. Sicheres Gespür für die beste Routenfindung notwendig. Ein Gipfel wird nicht erreicht.
Aufstiegszeit 3 Std.
Höhenunterschied 770 m
Schwierigkeit skitechnisch anspruchsvoll
Lawinengefahr häufig lawinengefährdet
Sonstige Gefahren Abrutschgefahr im Schlußhang; Wächten im Meirtljoch
Hangrichtung Osten
Beste Jahreszeit Februar – März

Anfahrt *Auto:* Über Garmisch-Partenkirchen – Griesen oder von Lermoos bzw. Ehrwald. Die Parkmöglichkeiten am Ausgangspunkt sind sehr begrenzt; *Bahn:* Bahnverbindung München – Garmisch-Partenkirchen – Reutte, Bhf. Ehrwald.
Ausgangspunkt Brücke über die Loisach (ca. 950 m), nördlich von Ehrwald, noch südlich von Ehrwald-Schanz.
Aufstieg Am Sträßchen zunächst gegen Süden, anschließend lang nach Norden. An der Häselgehralm vorbei und zum Althüttenboden (1212 m). Dann auf dem Sommerweg nach Westen durch den Wald. Weiter oben steil gegen Nordwesten und nur kurz auf einer Forststraße, dann wieder auf dem Sommerweg. Etwas rechts (nördlich) eines Rückens durch eine malerische Landschaft. Oberhalb der Waldgrenze schwingt sich der Hang enorm auf. Die letzten Meter bis ins Joch meist ohne Ski.
Abfahrt Entlang der Aufstiegsroute.

Touristische Infos Tourismusverband A-6632 Ehrwald, Tel. (0 56 73) 23 95, Fax (0 56 73) 33 14
Karten AV-Karte, Blatt 4/1; Bayer. LVA, Blatt Karwendelgebirge, Werdenfelser Land

3 Scheinbergspitze (1926 m)

Skitour mit »luftiger« Gipfeleinlage

Ammergauer Alpen

Gesamtcharakter Sehr beliebte, lange und auf den Forststraßen im unteren Bereich etwas monotone Skitour mit einem ziemlich ausgesetzten (und bei Vereisung gefährlichen) Gipfelanstieg. Großartige Gipfelaussicht.
Aufstiegszeit 3:30 Std.
Höhenunterschied 970 m
Schwierigkeit skitechnisch leicht; alpinistisch: Gipfelanstieg Fels (I), ausgesetzt und oft vereist, dann sehr gefährlich!
Lawinengefahr kaum lawinengefährdet
Sonstige Gefahren Absturzgefahr am Gipfelgrat
Hangrichtung Osten und Nordosten
Beste Jahreszeit Januar – März

Anfahrt *Auto:* Von Eschenlohe über Oberau – Ettaler Sattel – Graswangtal oder von Oberammergau – Graswangtal bzw. über Reutte – Plansee; *Bus:* ab Oberammergau nur bis Schloß Linderhof.
Ausgangspunkt Parkplatz an der Fahrstraße durch das Graswangtal, beim Eingang in das Sägertal (ca. 960 m) westlich von Linderhof.
Aufstieg Vom Parkplatz auf der Forststraße über die Linder, bei der Straßenverzweigung unmittelbar hinter der Brücke links und den Markierungsschildern folgen. Auf dem Fahrweg oder mit Abkürzungen zum Hundsfällgraben. Nach der Hundsfällbrücke nach rechts auf dem Sommerweg gegen Westen weiter. Beim Markierungsschild nach links in eine Lichtung abdrehen und durch sie mäßig steil hinauf. Am oberen Rand der Lichtung wieder links, einen Waldhang queren und in einen steileren Stockhang hinein. Mühsam zum Rücken, zwischen Scheinberg- und Hundsfällgraben. Dann flacher aus dem Wald heraus und am breiten Höhenzug soweit möglich mit Ski zum letzten Grataufschwung. Nur bei sehr guten Bedingungen um den Gratmugel links herum und im steilen Osthang zum Gipfelgrat aufsteigen. Bei optimalen Verhältnissen am Gipfelgrat, zuletzt am Drahtseil, zum Kreuz hinauf.
Abfahrt Entlang der Aufstiegsroute. Lohnender ist es, wenn auch auf längere Strecken ziemlich steil, dem breiten Rücken hinab zu folgen. Beizeiten muß man sich links halten, in schönen Schattenhängen durch den Wald. Unten rechts, den Hundsfällgraben hinaus fahren. Man stößt wieder zur Aufstiegsroute.

Touristische Infos Fremdenverkehrsamt D-82488 Ettal, Tel. (0 88 22) 35 34, Fax (0 88 22) 63 99
Literatur, Gebietsführer Robert Demmel und Norbert Schneider: Rother Skiführer Bayerische Alpen, Bergverlag Rother
Karten Bayer. LVA, Blatt Karwendelgebirge, Werdenfelser Land

4 Hochplatte (2082 m)

Ammergauer Skitourenklassiker

Ammergauer Alpen

Gesamtcharakter Sehr lange, stellenweise langweilige, dann wieder ziemlich rassige Skitour. Sie darf keinesfalls unterschätzt werden, denn es geht streckenweise ziemlich anspruchsvoll zu.
Aufstiegszeit 4:45 Std.
Höhenunterschied 1200 m
Schwierigkeit skitechnisch anspruchsvoll
Lawinengefahr häufig lawinengefährdet
Hangrichtung Osten und Norden
Beste Jahreszeit Januar – März

Anfahrt *Auto:* Von Eschenlohe über Oberau – Ettaler Sattel – Graswangtal oder von Oberammergau – Graswangtal bzw. über Reutte – Plansee; *Bus:* Busverbindung ab Oberammergau nur bis Schloß Linderhof.
Ausgangspunkt Parkplatz an der Fahrstraße durch das Graswangtal, beim Eingang in das Sägertal (ca. 960 m) westlich von Linderhof.
Aufstieg Vom Parkplatz auf dem Fahrweg über die Linder und bei der Straßenverzweigung geradeaus weiter. Das lange Sägertal auf der Straße leicht ansteigend dahin und unter den Hundsfällköpfen bei der Straßenverzweigung (1199 m) links. Den Lösertalbach entlang und in den steilen Hasentalgraben. Mühsam neben dem Bach steil nach Südwesten hinauf bis etwa 1300 m Höhe. Dann auf dem Sommerweg den Bach nach links queren, um die östlichen Ausläufer des Scheinbergjochs herum und in das Lösertalmoos hinein. Durch das Lösertal in das Lösertaljoch

(1682 m) hinauf. Aus dem Joch 60 m nach Süden (links) in das »Beinlandl« hinab. Durch die Senke in eine Gratmulde unter dem Schlössel. Aus ihr rechts weiter und in das schöne Skigelände am Schlössel. Dort rechts, durch den »Wilden Freithof« und über die Flanke zum Grat. Dort evtl. Skidepot. Über den scharfen Grat beim Gamsangerl zum höchsten Punkt.
Abfahrt Wie Aufstiegsroute.

Touristische Infos Fremdenverkehrsamt D-82488 Ettal, Tel. (08822) 3534, Fax (08822) 6399
Literatur, Gebietsführer Dieter und Uli Seibert: Skitouren Bayern, Steiger Verlag
Karten Bayer. LVA, Blatt Karwendelgebirge, Werdenfelser Land

Tour 4: Die Gipfelschau von der Scheinbergspitze zur Hochplatte

5 Hirschbühel (1935 m)

Über der Stepbergalm — *Ammergauer Alpen*

Gesamtcharakter Kaum bekannte Skitour. Besonders empfehlenswert, wenn Firn zu erwarten ist. Lohnend wegen des pfiffigen Gipfel-Südhangs, vor allem bei Firn oder wegen der Pulverschnee-Nordabfahrt bei sicheren Verhältnissen. Auch der Gipfelrundblick ist eindrucksvoll.
Aufstiegszeit 4 Std.
Höhenunterschied 1150 m
Schwierigkeit skitechnisch anspruchsvoll
Lawinengefahr Aufstieg: mitunter lawinengefährdet; Abfahrtsvariante über die Enningalm: häufig lawinengefährdet
Sonstige Gefahren Wächten am Gipfelgrat
Hangrichtung Westen, Osten, Norden und Süden
Beste Jahreszeit Januar – März

Anfahrt *Auto:* Von Garmisch Richtung Ehrwald bis zum Parkplatz Ochsenhütte an der Loisach; *Bahn:* Bahnverbindung Garmisch – Reutte, Haltepunkt Griesen.
Ausgangspunkt Ochsenhütte (800 m).
Aufstieg Vom Parkplatz auf dem Fahrweg, bis nach rechts ein Waldweg abzweigt. Auf ihm zur Rotmoosalm queren und – auf einem Sträßchen – gegen Nordosten in den Sattel zwischen Hirschbühel und Vorderem Ziegspitz (1660 m). Zwischenabfahrt knapp 100 Höhenmeter gegen Osten zur Stepbergalm. Dann in vielen Spitzkehren nach Norden zum Hirschbühel-Ostrücken. Auf ihm nach links, ein kurzes Stück sehr schmal und zum Kreuz hinauf.
Abfahrt Entlang der Aufstiegsroute mit Varianten neben der Straße (nur oberhalb der Rotmoosalm möglich). Ein besonderes Schmankerl ist die zackige Nordabfahrt zur Enningalm, die aber beste Verhältnisse verlangt und auch mit einer recht anspruchsvollen Waldabfahrt von der Alm gegen Südwesten zur Fahrstraße aufwartet (hohe Schneelage erforderlich). Leider muß man bei der Abfahrtsvariante über die Enningalm ein längeres Stück auf der ebenen Straße zur Rotmoosalm die Ski schieben.

Touristische Infos Fremdenverkehrsamt D-82467 Garmisch-Partenkirchen, Tel. (08821) 1806, Fax (08821) 18055
Karten Bayer. LVA, Blatt Karwendelgebirge, Werdenfelser Land

6 Ochsenälpeleskopf (1905 m)

Flotte Osthänge für Pulver und Firn — *Ammergauer Alpen*

Gesamtcharakter Wenig bekannte und selten begangene Skitour im Herz der Ammergauer Alpen. Der lange, steile Gipfelrücken über gut 200 Höhenmeter verlangt Skitourenerfahrung. Dort muß man aufpassen, daß man nicht zu nahe an die Steilabbrüche herankommt. Die lawinengefährdeten Hänge am Gipfel lassen sich bei kritischen Verhältnissen durch ein Ausweichen auf den Gipfelgrat vermeiden. Die Abfahrtsvariante ist recht steil.
Aufstiegszeit 2:45 Std.
Höhenunterschied 830 m
Schwierigkeit skitechnisch anspruchsvoll
Lawinengefahr häufig lawinengefährdet (auch im Wald!)
Hangrichtung Osten
Beste Jahreszeit Januar – März

Anfahrt *Auto:* Über die Verbindungsstraße durch das Graswangtal (Ettal – Linderhof – Ammerwald – Plansee – Reutte).
Ausgangspunkt Hotel »Ammerwald« (1079 m), an der Straße zwischen Ettal und Reutte.
Aufstieg Vom Hotelparkplatz gegen Nordwesten auf dem Fahrweg zum Jagdhaus an der Staatsgrenze. Von dort auf dem Schützensteig durch steilen Wald in den weiten Sattel auf 1431 m. Nun links, durch Wald gegen Süden zu einem breiten Rücken hinauf und ziemlich flach zur Hirschwängalpe (1565 m). Durch einen Graben und zum Gipfel-Ostgrat. Über ihn zum Gipfel.
Abfahrt Möglich entlang der Aufstiegsroute. Besser, aber nur bei guten Bedingungen: Vom Gipfel über den 40° steilen Nordosthang. Dann vom Auslauf des Gipfelgrats auf einem Rücken in den Wald und auf einer schmalen Waldlichtung (Grenzverlauf) – immer steiler – gegen Osten zum Schützensteig. Auf ihm nach Ammerwald zurück.

Touristische Infos Tourismusverband A-6600 Reutte und Umgebung, Tel. (05672) 62336, Fax (05672) 65422
Karten Bayer. LVA, Blatt Füssen und Umgebung

7 Pürschling (1566 m) und Teufelstättkopf (1758 m)

Beliebte Hochwintertour mit zackigem Gipfelanstieg — *Ammergauer Alpen*

Gesamtcharakter Oft begangene Hochwinter-Skitour. Der Übergang vom Pürschling zum Teufelstättkopf und der Gipfelanstieg erfordern gute Bedingungen. Das gleiche gilt für die Abfahrtsvarianten.
Aufstiegszeit 2:30 Std.
Höhenunterschied 920 m
Schwierigkeit skitechnisch leicht, Gipfelanstieg ausgesetzt (Drahtseil oft schneeverdeckt.)
Lawinengefahr mitunter lawinengefährdet
Hangrichtung Osten und Norden
Beste Jahreszeit Dezember – März

Anfahrt *Auto:* B23 Schongau – Unterammergau oder München – Garmisch bis Eschenlohe, auf der B2 bis Unterammergau; *Bus:* Garmisch – Füssen; Garmisch – Schongau und Garmisch – Murnau. *Bahn:* Unterammergau.
Ausgangspunkt Parkplatz beim hinteren Skilift am Heiglesberg.
Aufstieg Vom Liftparkplatz auf der Rodelbahn nach Süden zur Verzweigung bei etwa 1050 m. Dort links, auf dem Fahrweg deutlich steiler und zur Langenthalalm. Auf dem Fahrweg zum Pürschlinghaus oder auf der nordwestlichen Seite des Plattenberggrabens durch Wald in die freien Hänge über dem Pürschlinghaus. Gegen Nordwesten steil zu einer Gratschulter. Auf ihr ein paar Meter links und auf dem Sommerweg weiter (kurz abschnallen). Durch eine Mulde gegen Westen, Skidepot unter dem felsigen Gipfelzahn. Zu Fuß steil zum Gipfel.
Abfahrt Entlang einer der Aufstiegsrouten. Lohnend ist die Abfahrt durch den Kurztalgraben (nur bei sicheren Bedingungen). Möglich auch die Abfahrt durch das steile Kar zwischen Teufelstättkopf und Laubeneck und über die Kühalm. Von der Rodelbahn nach rechts zur Piste abbiegen und auf ihr zum Skilift.

Touristische Infos Fremdenverkehrsamt D-82497 Unterammergau, Tel. (08822) 6400, Fax (08822) 7285
Karten Bayer. LVA, Blatt Pfaffenwinkel, Staffelsee und Umgebung

8 Mittleres Hörnle (1496 m) und Hinteres Hörnle (1548 m)

Spritztour für üppige Schneelage — *Ammergauer Alpen*

Gesamtcharakter Die Route ist stark besonnt und deshalb nicht schneesicher. Also muß man eine hohe Schneelage abwarten, die es nicht in jedem Winter gibt. Wenn die Bedingungen passen, dann ist diese Route sehr beliebt, und daß eine Seilbahn von der anderen Seite heraufkommt, stört die Tourengeher nicht …

Aufstiegszeit 2 Std.
Höhenunterschied 740 m
Schwierigkeit skitechnisch leicht
Lawinengefahr kaum lawinengefährdet
Hangrichtung Südwesten
Beste Jahreszeit Januar – Februar

Anfahrt *Auto:* B23 Schongau – Unterammergau oder Autobahn München – Garmisch-Partenkirchen bis Eschenlohe, weiter auf der B2 über Oberau – Ettaler Sattel – Unterammergau – Kappel; *Bus/Bahn:* Buslinien: Garmisch-Partenkirchen – Füssen; Garmisch-Partenkirchen – Schongau und Garmisch-Partenkirchen – Murnau.
Ausgangspunkt Kappel (859 m).
Aufstieg Von Kappel mit der schönen Kirche über flache Hänge gegen Nordosten zum Punkt 1283 m der zitierten Karte. Dort etwas links abdrehen und neben dem Jungwald weiter. Später durch dichten Fichtenwald zu einer Lichtung. Der Länge nach hindurch, wieder in den Wald über den kurzen Schlußhang zum Mittleren Hörnle. Gegen Osten abfahren und aus dem Sattel neben der Hörnlealm zum Hinteren Hörnle hinauf.
Abfahrt Entlang der Aufstiegsroute.

Touristische Infos Fremdenverkehrsamt D-82497 Unterammergau, Tel. (08822) 6400, Fax (08822) 7285
Literatur, Gebietsführer Dieter und Uli Seibert: Skitouren Bayern, Steiger Verlag
Karten Bayer. LVA, Blatt Pfaffenwinkel, Staffelsee und Umgebung

Tour 8: Aussicht vom Mittleren Hörnle auf das Hintere Hörnle

9 Heimgarten (1790 m)

Von Ohlstadt über zackige Nordhänge — *Estergebirge*

Gesamtcharakter Auf und Abstieg sind lang. Hohe Schneelage erforderlich. Wer gute Bedingungen erwischt, wird von dieser wenig durchgeführten Tour begeistert sein. Großartige Gipfelaussicht ins Karwendel und ins Oberland.
Aufstiegszeit 3 Std.
Höhenunterschied 1100 m

Schwierigkeit skitechnisch mittel
Lawinengefahr mitunter lawinengefährdet
Sonstige Gefahren Wächten am Gipfelgrat
Hangrichtung Norden und Osten
Beste Jahreszeit Januar – Februar

Anfahrt *Auto:* Autobahn München – Garmisch bis Ohlstadt; *Bahn:* München – Innsbruck, Bhf. Ohlstadt.
Ausgangspunkt Parkplatz am südöstlichen Ortsrand von Ohlstadt (694 m).
Aufstieg Am Sträßchen (Rodelbahn) gegen Südosten durch den Wald, bei der Abzweigung am Leonhardstein (1170 m) rechts, durch einen Bachgraben und dann steil auf dem Sommerweg auf einer Hangkante zur Bärenfleckhütte hinauf. Gegen Süden in die Talmulde östlich des Rauhecks, dann links und über steile Hänge zur Gratschulter. Auf ihr zum Gipfelrücken, über ihn hinweg und zum Gipfelkreuz.
Abfahrt Vom Gipfel kurz gegen Norden in einen Sattel hinab, ein paar Meter aufsteigen und nach rechts durch einen nordseitigen Steilhang. Links vor dem Rauchköpfl in eine enge Mulde und durch ein paar Bachgräben. Zur Käseralm weiter und über den Almboden zum Fahrweg Richtung Ohlstadt. Bei der Wegabzweigung links und entlang der Aufstiegsroute zum Ausgangspunkt.

Touristische Infos Fremdenverkehrsamt D-82441 Ohlstadt, Tel. (08841) 7480, Fax (08841) 7825
Literatur, Gebietsführer Dieter und Uli Seibert: Skitouren Bayern, Steiger Verlag
Karten Bayer. LVA, Blatt Bad Tölz – Lenggries und Umgebung

10 Simetsberg (1840 m)

Firntour mit Walchenseeblick — *Estergebirge*

Gesamtcharakter Diese Tour wird nur wenig durchgeführt. Auf den Südhängen am Gipfel kann es schon zu Weihnachten Firn geben! Die Abfahrt durch den Wald erfordert eine relativ hohe Schneelage. Wer sich lieber auf den freien Gipfelhängen austobt, kann ja die obere Etappe mehrmals runterschwingen …

Aufstiegszeit 2:45 Std.
Höhenunterschied 1050 m
Schwierigkeit skitechnisch leicht
Lawinengefahr kaum lawinengefährdet
Hangrichtung Osten und Süden
Beste Jahreszeit Dezember – Februar

Anfahrt *Auto:* Autobahn München – Garmisch bis Eschenlohe, weiter über Kochel – Kesselberg – Walchensee – Einsiedl.
Bus: RVO-Buslinie Garmisch-Partenkirchen – Mittenwald – Wallgau – Einsiedl – Walchensee – Urfeld – Kochel.
Ausgangspunkt Einsiedl am Südwestzipfel des Walchensees (807 m).
Aufstieg Vom Parkplatz auf der Forststraße gegen Südwesten in den Wald. An beiden Straßenverzweigungen links und nach Süden, später Südwesten zur Sommerweg-Abzweigung (etwa 1130 m). Im Wald nach rechts und auf dem Sommerweg zur Tyroler Hütte.
Weiter auf dem Wanderweg in eine steile, breite Lichtung. Über den Steilhang zur Simetsberg-Diensthütte, gegen Westen weiter zur Scheitelstrecke eines breiten Höhenrückens.
Auf ihm nach rechts und geradewegs gegen Norden zum Gipfel.
Abfahrt Entlang der Aufstiegsroute.

Touristische Infos Fremdenverkehrsamt D-82432 Walchensee, Tel. (08858) 411, Fax (08858) 275
Literatur, Gebietsführer Dieter Seibert: Skitourenführer Ostalpen, Bd I, Bergverlag Rother (vergriffen)
Karten Bayer. LVA, Blatt Bad Tölz – Lenggries und Umgebung

11 Blomberg (1248 m) und Zwiesel (1348 m)

Isarwinkler Vorbergduo — *Isarwinkel*

Gesamtcharakter Voralpen-Skitour, die sich für zweifelhaftes Wetter eignet. Als Skitour recht bescheiden, aber einen »Skispaziergang« durchaus wert. Vor allem, wenn die Lawinensituation kritisch ist und größere Ziele zu riskant wären. Auf den Blomberg fährt eine Seilbahn, die aber weit ab von der hier vorgestellten Route verläuft.
Aufstiegszeit 1:45 Std.
Höhenunterschied 600 m
Schwierigkeit skitechnisch leicht
Lawinengefahr kaum lawinengefährdet
Hangrichtung Süden bis Osten
Beste Jahreszeit Dezember – Februar

Anfahrt *Auto:* B 11 über Bad Tölz – Lenggries, abzweigen auf schmale Straße bis Lehen; *Bus:* RVO-Bus ab Lenggries.
Ausgangspunkt Lehen: Gasthaus »Waldherr« (760 m).
Aufstieg Vom Parkplatz unter der Wirtschaft auf dem Fahrweg nach Südwesten. Unmittelbar vor der Brücke rechts abbiegen. Bei der Wegabzweigung (rechts ging's zum Heiglkopf) geradeaus und ziemlich eben im Wald gegen Nordwesten. Beim Skilift an der Sauersberger Alm in freies Gelände, am Bergwachtdepot vorbei, links abbiegen und zum Blomberghaus. Auf dem Fahrweg am Blomberg vorbei (Antennenanlagen), später über einen breiten Höhenzug mäßig steil nach Süden zum Zwiesel-Gipfel.
Abfahrt Kurz am Gipfelrücken zurück und dann rechts, über einen weiteren Rücken gegen Osten zur Schnaiter Alm (1245 m). Nicht lange durch den Wald und auf schönen Lichtungen gegen Südosten bis zum Waldrand. Von dort auf dem Sommerweg kurz durch Jungwald, dann durch ziemlich steilen Hochwald hinab, und über eine Metalltreppe (abschnallen!) zur Brücke über den Großbach. Ab dort auf einem Sträßchen zum Ausgangspunkt.

Touristische Infos Fremdenverkehrsamt D-83662 Lenggries, Tel. (08042) 500820, Fax (08042) 500840
Literatur, Gebietsführer Robert Demmel und Norbert Schneider: Rother Skiführer Bayerische Alpen, Bergverlag Rother
Karten Bayer. LVA, Blatt Bad Tölz – Lenggries und Umgebung
Einkehr im Blomberghaus

12 Schönberg (1620 m)

Isarwinkler Aussichtskanzel — *Isarwinkel*

Gesamtcharakter Auch wenn der Schönberg für den Skifahrer mit freien Wedelhängen nur im oberen Bereich ein bißchen auftrumpft, weil der größte Teil von Aufstieg und Abfahrt auf Forstwegen und im Wald verlaufen, so lohnt sich die Tour vor allem deshalb, weil sie eine hervorragende Gipfelrundschau bietet und auch für zweifelhaftes Wetter geeignet ist.
Aufstiegszeit 3 Std.
Höhenunterschied 910 m
Schwierigkeit skitechnisch leicht
Lawinengefahr kaum lawinengefährdet
Hangrichtung Westen bis Norden
Beste Jahreszeit Dezember – März

Anfahrt *Auto:* B 11 über Bad Tölz – Lenggries – Fleck, Stichstraße zum Waldrand in Hohenreuth (Parkplatz); *Bus:* Linienbus ab Lenggries – Fall, Haltestelle Fleck.
Ausgangspunkt Parkplatz am Waldrand in Hohenreuth.
Aufstieg Vom Parkplatz auf dem Fahrweg gegen Osten. Am Almbach links, quer über eine weite Wiese in den Wald hinein. Auf dem Sommerweg gegen Osten und in Höhe des Kaltenbrunnens (1200 m) nach einem Steilstück den Sommerweg verlassen und den Almbach nach links queren. Über ausgedehnte Lichtungen geradewegs hinauf. Unter dem Maria Eck rechts halten, gegen Süden durch Wald und zwischen eindrucksvollen Felsgebilden zum Gipfelaufschwung.
Abfahrt Wie Aufstiegsroute.

Touristische Infos Fremdenverkehrsamt D-83661 Lenggries, Tel. (08042) 500820, Fax (08042) 500840
Literatur, Gebietsführer Dieter und Uli Seibert: Skitouren Bayern, Steiger Verlag; Robert Demmel und Norbert Schneider: Rother Skiführer Bayerische Alpen, Bergverlag Rother
Karten Bayer. LVA, Blatt Bad Tölz – Lenggries und Umgebung

13 Seekarkreuz (1601 m)

Über die Schwarzentenn — *Mangfallgebirge*

Gesamtcharakter Oberhalb der Waldgrenze ist die Tour landschaftlich sehr schön. Nur der steile Gipfel-Osthang ist mitunter stark lawinengefährdet. Tiefe Wälder in Talnähe, freie Almwiesen und ein rassiger Gipfelhang charakterisieren diese typische bayerische Voralpentour. Monoton ist allerdings der Aufstieg auf der Rodelbahn zur Schwarzentennalm.
Aufstiegszeit 2:30 Std.
Höhenunterschied 780 m
Schwierigkeit skitechnisch leicht
Lawinengefahr kaum lawinengefährdet
Hangrichtung Osten und Südosten
Beste Jahreszeit Dezember – März

Anfahrt *Auto:* B 307 von Tegernsee bzw. über den Achenpaß; *Bus:* RVO-Buslinie ab Bhf. Tegernsee.
Ausgangspunkt Parkplatz »Winterstube« an der B 307 (826 m), südwestlich von Kreuth.
Aufstieg Vom Parkplatz auf dem Fahrweg (Rodelbahn) oder (bei viel Schnee westlich des Schwarzenbachs auf dem Sommerweg) gering ansteigend gegen Nordwesten zur Schwarzentennalm (1045 m). Hinter der Alm, bei einer kleinen Hütte, gegen Westen und wieder zu einem Fahrweg. Auf ihm zu den Hochböden hinauf. Dort Abzweigemöglichkeit nach links zur Hochplatte (lohnend, aber sehr steil). Zum Seekarkreuz gegen Westen, über den Gurnbach und auf freien Wiesenhängen zum Rücken vor den Rauhalmen. Auf ihm nach Nordwesten in die tiefste Stelle des Grates zwischen Brandkopf und Seekarkreuz. Zum Seekarkreuz am breiten Grat links bis zum Gipfelkreuz.
Abfahrt Entlang der Aufstiegsroute. Nur bei lawinensicheren Verhältnissen über den Gipfel-Osthang in die Mulde neben den Rauhalmen abfahren. Von dort kurzer Gegenanstieg zur Aufstiegsroute.

Touristische Infos Kuramt D-83708 Kreuth, Tel. (08029) 1819, Fax (08029) 1828
Literatur, Gebietsführer Dieter und Uli Seibert: Skitourenführer Bayern, Steiger Verlag; Robert Demmel und Norbert Schneider: Rother Skiführer Bayerische Alpen, Rother
Karten Bayer. LVA, Blatt Mangfallgebirge
Einkehr manchmal ist die Schwarzentennalm im Winter geöffnet.

14 Fockenstein (1564 m)

Zur Einkehr auf die Aueralm — *Mangfallgebirge*

Gesamtcharakter Landschaftlich schöne, aber skifahrerisch nicht berauschende Voralpentour. So gut wie lawinensicher.
Aufstiegszeit 2:45 Std.
Höhenunterschied 820 m
Schwierigkeit skitechnisch leicht
Lawinengefahr kaum lawinengefährdet
Hangrichtung Nordosten und Süden
Beste Jahreszeit Dezember – März

Anfahrt *Auto:* B 318 über Gmund bzw. B 307 vom Achenpaß über Rottach-Egern, weiter auf B 307 bis Gmund; *Bus:* RVO-Buslinien ab München und Bad Tölz.
Ausgangspunkt Sonnenbichl-Parkplatz südwestlich von Bad Wiessee (ca. 820 m).
Aufstieg Vom Sonnenbichl auf der schmalen Straße bis zum Punkt 999 m und weiter am Wanderweg zur Aueralm. In der gleichen Richtung (fast eben) zur Neuhüttenalm und in den Sattel zwischen Neuhütteneck und Fockenstein hinauf. Dort rechts halten und am Südrücken zum Gipfel.
Abfahrt Bis zur Aueralm entlang der Aufstiegsroute. Dann aber südlich der Aufstiegsroute über Waxelmooseck und Zwergelberg (meist gewalzt) mit einigen kurzen Gegenanstiegen, zuletzt auf steiler Skipiste zum Sonnenbichl zurück.

Touristische Infos Kur- und Fremdenverkehrsamt D-83707 Bad Wiessee, Tel. (08022) 86030, Fax (08022) 860330
Literatur, Gebietsführer Robert Demmel und Norbert Schneider: Rother Skiführer Bayerische Alpen, Bergverlag Rother
Karten Bayer. LVA, Blatt Mangfallgebirge
Einkehr in der Aueralm (Montag Ruhetag)

15 Schinder (Trausnitzberg, 1808 m)

Im Schinderkar — *Mangfallgebirge*

Gesamtcharakter Aufregende Frühjahrsskitour, die einwandfreie Lawinensituation und gute Kondition erfordert. Auf dieser Route muß man die Ski fast den ganzen Aufstieg tragen, trotzdem ist er einfacher als durch das Kar. Ab Mitte April ist die Lawinengefahr nicht mehr so hoch wie im Winter. Schön mit Firngleitern im Mai. Die Straße in die Valepp wird etwa Mitte April geöffnet.
Aufstiegszeit 2:30 Std.
Höhenunterschied 930 m
Schwierigkeit skitechnisch anspruchsvoll; alpinistisch I – II
Lawinengefahr mitunter lawinengefährdet
Sonstige Gefahren Abrutschgefahr beim Übergang vom Gipfel ins Kar und im obersten Stück des Kars, bis unter das Schindertor
Hangrichtung Norden
Beste Jahreszeit April – Mai

Anfahrt *Auto:* B 307 bis Rottach-Egern, Mautstraße von Enterrottach über die Monialm bis zum Ausgangspunkt; *Bus:* RVO-Buslinie ab Rottach-Egern (fährt ab Mai).
Ausgangspunkt Parkplatz bei der Brennerklamm, kurz vor dem Forsthaus Valepp (878 m).
Aufstieg Auf der Autostraße zur Brücke über die weiße Valepp, das Sträßchen kurz nach Südosten hinauf und dann auf dem Sommerweg nach Süden. Im Wald gegen Westen, über den Bach und zwischendurch nach Süden hinauf, bis nach einem weiteren Rechtsknick die Trausnitzalm (1530 m) erreicht wird. Die Talmulde gegen Süden ausgehen und (zwischendurch ziemlich steil) auf den Südostrücken des Schinders zu. Über ihn auf dem Sommerweg zum Gipfelkreuz hinauf.
Abfahrt Zwischen Latschen gegen Westen leicht auf und ab, dann nach links am Drahtseil durch eine steil abfallende Felsenrinne hinunter kraxeln. Unten rechts halten und an den oberen Rand des Schinderkars. Bei sicherer Schneelage mit Ski in den 45° steilen, felsdurchsetzten Hang hinein und links des Schindertors sehr anspruchsvoll in das Kar hinab. Bei Ausaperung oder unsicheren Verhältnissen am Drahtseil (soweit greifbar) in das Tor hinein, durch den steilen Felsendurchlaß und unter dem Tor anschnallen. Das steile, breite Kar hinab und im Graben weiter abfahren, soweit der Schnee reicht. Auf dem Fahrweg auf etwa 1250 m Höhe rechts abbiegen, zwischendurch kurzer Gegenanstieg und zum Ausgangspunkt zurück.

Touristische Infos Kuramt D-83700 Rottach-Egern, Tel. (080 22) 67 13 41, Fax (080 22) 67 13 47
Literatur, Gebietsführer Dieter und Uli Seibert: Skitouren Bayern, Steiger Verlag; Robert Demmel und Norbert Schneider: Rother Skiführer Bayerische Alpen, Bergverlag Rother
Karten Bayer. LVA Blatt Mangfallgebirge

16 Risserkogel (1826 m)

Skitourenklassiker mit rassigem Gipfelgrat — *Mangfallgebirge*

Gesamtcharakter Beliebte und lohnende Hochwinter-Skitour mit zackigem Gipfelgrat. Bei guter Schneelage auch im zeitigen Frühjahr als Firntour interessant. In den talnahen Lagen apern die südseitigen Hänge schnell aus.
Aufstiegszeit 3 Std.
Höhenunterschied 1050 m
Schwierigkeit skitechnisch mittel
Lawinengefahr mitunter lawinengefährdet
Sonstige Gefahren Wächten und Absturzgefahr am Gipfelgrat (nur für hervorragende Skifahrer bei guten Bedingungen geeignet)
Hangrichtung Westen und Süden
Beste Jahreszeit Januar – März

Anfahrt *Auto:* B 307 über Achenpaß oder vom Tegernsee bis zum Großparkplatz »Schwaigeralm«; *Bus:* RVO-Buslinie Tegernsee – Kreuth – Stuben, Haltestelle Schwaigeralm.
Ausgangspunkt Großparkplatz »Schwaigeralm« an der B 307 (Achenpaßstraße) zwischen Kreuth und Wildbad Kreuth (793 m).
Aufstieg Vom Parkplatz gemütlich auf der Straße über die Weißach und zur Schwaigeralm. An der Wildfütterung vorbei und erst auf dem Sommerweg (RK 1) nach links (gegen Osten) in den Wald. Über den Bach und in Kehren relativ steil nach Nordosten zur Scheuereralm. Am Höhenrücken an der Ableitenalm vorbei und zum Gratverlauf zwischen Risserkogel und Grubereck. Dort kann man die Tour beenden. Nur bei guten Verhältnissen über den Grat zum Kreuz hinauf.
Abfahrt Entlang der Aufstiegsroute.

Touristische Infos Kuramt D-83708 Kreuth, Tel. (080 29) 18 19, Fax (080 29) 18 28
Literatur, Gebietsführer Robert Demmel und Norbert Schneider: Rother Skiführer Bayerische Alpen, Bergverlag Rother
Karten Bayer. LVA, Blatt Mangfallgebirge
Einkehr in der Schwaigeralm

17 Schildenstein (1613 m)

Typisch Bayerisches mit »scharfem« Gipfelanstieg — *Mangfallgebirge*

Gesamtcharakter Leichte, gemütliche Skitour mit spannendem Gipfelanstieg und eindrucksvoller Rundschau ins Mangfallgebirge, ins Rofan und auf die Karwendelberge.
Aufstiegszeit 2:30 Std.
Höhenunterschied 800 m
Schwierigkeit skitechnisch mittel; der Gipfelanstieg (zu Fuß) ist steil, aber harmlos
Lawinengefahr kaum lawinengefährdet
Hangrichtung Norden
Beste Jahreszeit Dezember – März

Anfahrt *Auto:* B 307 von Tegernsee bzw. über den Achenpaß; *Bus:* RVO-Buslinie ab Bhf. Tegernsee.
Ausgangspunkt Parkplatz »Winterstube« an der B 307 (826 m), südwestlich von Kreuth.
Aufstieg Vom Parkplatz über die Weißach und auf der Straße (Rodelbahn) im Wald hinauf in flacheres Wiesengelände. Nun links (leicht abfallend) zur Königsalm (1114 m). Ein paar Meter unbequem in einen Graben abrutschen, auf schmalem Steg über den Klammbach und gegen Nordosten zum Graseck. Dort rechts abdrehen, gegen Süden am Höhenzug dahin, stellenweise steil und eng auf dem Sommerweg, bis in einen Sattel südwestlich des Schildenstein-Gipfels. Von dort links (leicht abfallend) an den Gipfelfuß heran. Skidepot und zu Fuß zum Kreuz steil hinauf. Man kann vom Sattel auch rechts abbiegen und nach einer längeren Gefällstrecke zum Platteneck (1618 m) aufsteigen, wo man vermutlich allein sein wird und unverspurte Pulverschneehänge für sich hat …
Abfahrt Entlang der Aufstiegsroute.

Touristische Infos Kuramt D-83708 Kreuth, Tel. (080 29) 18 19, Fax (080 29) 18 28
Literatur, Gebietsführer Dieter und Uli Seibert: Skitouren Bayern, Steiger Verlag
Karten Topographische Karte des Bayer. LVA, Blatt Mangfallgebirge

Tour 18: Blick vom Hirschberg zu Roß- und Buchstein

18 Hirschberg (1670 m)

Hoch über dem Tegernsee — *Mangfallgebirge*

Gesamtcharakter Beliebte Hochwinter-Skitour, die mit und ohne Ski gleichermaßen viel zur Winterszeit begangen wird. Erstaunlich schöne Rundschau, trotz der bescheidenen Gipfelhöhe.
Aufstiegszeit 2:20 Std.
Höhenunterschied 600 m
Schwierigkeit skitechnisch mittel
Lawinengefahr kaum lawinengefährdet
Hangrichtung Osten
Beste Jahreszeit Dezember – März

Anfahrt *Auto:* B 307 von Tegernsee bzw. über den Achenpaß; *Bus:* RVO-Buslinie ab Bhf. Tegernsee.
Ausgangspunkt Parkplatz am Hirschberglift in Brunnbichl bei Scharling (760 m).
Aufstieg Vom Liftparkplatz neben den Babyliften zur Talstation des langen steilen Schlepplifts. Mit dem Lift oder auf der Piste (oben arg steil) zur Bergstation. Dann in einer breiten Waldlichtung gegen Westen in einen weiten Kessel hinein. Rechts abdrehen und in lichtem Wald den Südhang steil zur Rauheckalm hinauf. Am Rücken links halten und wieder gegen Westen auf eine latschenbestandene Hochfläche, den östlichen Vorgipfel des Hirschbergs. Etwas abwärts, eben dahin und geradewegs zur Gipfelfläche hinauf.
Abfahrt Entlang der Aufstiegsroute. Nur bei optimalen Verhältnissen vom Ostgipfel zu einer kleinen Erhebung und supersteil gegen Südosten hinab. Vor der Weidbergalm links abbiegen und durch eine Schneise in den Talkessel unterhalb der Rauheckalm. Den Rest entlang der Aufstiegsroute.

Touristische Infos Kuramt D-83708 Kreuth, Tel. (0 80 29) 18 19, Fax (0 80 29) 18 28
Literatur, Gebietsführer Dieter und Uli Seibert: Skitouren Bayern, Steiger Verlag; Robert Demmel und Norbert Schneider: Rother Skiführer Bayerische Alpen, Bergverlag Rother
Karten Topographische Karte des Bayer. LVA, Blatt Mangfallgebirge
Einkehr möglich im Hirschberghaus
Übernachtung im Hirschberghaus (ganzj. bew.), Tel. (0 80 29) 465

19 Breitenstein (1622 m)

Zum Nachbarn des Wendelsteins — *Mangfallgebirge*

Gesamtcharakter Einfache Hochwintertour, die eine hohe Schneelage voraussetzt. Bei der Abfahrt muß man leider auf engen Pfaden durch dichten Wald. Das setzt Fertigkeit in der Beherrschung der Ski voraus.
Aufstiegszeit 2:30 Std.
Höhenunterschied 850 m
Schwierigkeit skitechnisch leicht
Lawinengefahr kaum lawinengefährdet
Hangrichtung Nordwesten
Beste Jahreszeit Dezember – Februar

Anfahrt *Auto:* Autobahn München – Salzburg, Ausfahrt Weyarn, weiter über Schliersee und auf der B 307 bis Aurach – Fischbachau. Aus dem Tiroler Inntal über Landl (B 174) – Bayrischzell – Aurach – Fischbachau; *Bus:* RVO-Buslinie Miesbach – Fischbachau.
Ausgangspunkt Winkl (800 m). Beim Gasthaus »Winklstüberl« gibt es einen großen Parkplatz. Skitourengeher sollten nach der Tour für die Parkplatzbenützung im Wirtshaus einkehren, was sich wegen der sprichwörtlichen Kuchen ohnehin lohnt.
Aufstieg Vom Winklstüberl gegen Südosten über eine leicht ansteigende Wiese, eine Forststraße queren und in den Wald hinein. Dann auf dem Sommerweg durch dichten Wald und über weite Lichtungen zur Bucheralm. Oberhalb der Alm etwas steiler weiter und an ein paar Felsen heran. Dort dreht der Anstieg gegen Osten ab und führt in einen weiten Sattel hinein. Zum Westgipfel (1575 m) geradewegs hinauf. Zum höheren Ostgipfel über eine fast ebene Fläche zum Gipfelfuß und am steilen Hang hinauf.
Abfahrt Wie Aufstiegsroute.

Touristische Infos Verkehrsamt D-83730 Fischbachau, Tel. (0 80 28) 876, Fax (0 80 28) 20 40
Literatur, Gebietsführer Dieter und Uli Seibert: Skitouren Bayern, Steiger Verlag
Karten Bayer. LVA, Blatt Mangfallgebirge
Einkehr lohnend im Winklstüberl am Ausgangspunkt (sprichwörtliche Kuchen)

Tour 20: Die Rotwandreibn: Ausblick vom Auerspitz zur Rotwand

20 Rotwand (1884 m)

Rotwandreibn — *Mangfallgebirge*

Gesamtcharakter Ausgesprochen beliebter, aber auch ziemlich langer und anstrengender Skitourenklassiker. Etliche Gegenanstiege mit mehreren Variationsmöglichkeiten.
Aufstiegszeit 3:30 Std. (einschl. der Gegenanstiege)
Höhenunterschied ca. 1100 m
Schwierigkeit skitechnisch leicht bis anspruchsvoll (je nach Routenwahl)
Lawinengefahr mitunter lawinengefährdet
Sonstige Gefahren Wächten am Gipfelgrat und oberhalb der beiden Rinnen neben dem Rotwandhaus
Hangrichtung Westen, Süden, Osten und Norden
Beste Jahreszeit Januar – März

Anfahrt *Auto:* Von der Autobahn München – Salzburg, Ausfahrt Weyarn, über Schliersee – Fischhausen – Spitzingsee. Aus dem Tiroler Inntal über Landl – Bayrischzell – Spitzingsee; *Bus:* RVO-Buslinie Schliersee – Neuhaus – Spitzingsee.
Ausgangspunkt Spitzingsee (1085 m).
Aufstieg Vom Südufer des Spitzingsees an der ehemaligen Mautstelle vorbei und nach links der Bergstraße zur Winterstube folgen. Dort rechts abbiegen und auf breitem Weg weiter, zur Wildfeldalm. Noch vor dem Rotwandhaus links schwenken und gegen Norden über den breiten, relativ steilen Hang zum Gipfel hinauf.
Abfahrt Nur bei optimalen Bedingungen durch den Extremhang gleich unter dem Gipfel nach links hinein zur Großtiefenthalalm. Normalerweise vom Gipfel zum Rotwandhaus und eine der beiden steilen Rinnen hinab. In der Mulde anfellen und zum Auerspitz (1811 m) aufsteigen. Von dort nach Nordwesten abfahren, durch die Kümpflscharte und den schönen Pulverschnee-Nordhang neben den Ruchenköpfen bis kurz vor die Großtiefenthalalm hinab. Links halten und gegen Westen zum Miesingsattel aufsteigen. Anschließend rasante Abfahrt zur Kleintiefenthalalm und weiterer Gegenanstieg zum Taubensteinhaus und zur Bergstation der Taubensteinbahn. Anschließend auf der Piste zum Spitzingsee hinunter.

Touristische Infos Verkehrsamt D-83727 Schliersee/Neuhaus/Spitzingsee, Tel. (0 80 26) 40 69, Fax (0 80 26) 23 25 (Schneehöhe im Internet: http://www.spitzingsee.de)
Literatur, Gebietsführer Dieter und Uli Seibert: Skitouren Bayern, Steiger Verlag; Robert Demmel und Norbert Schneider: Rother Skiführer Bayerische Alpen, Bergverlag Rother
Karten Bayer. LVA, Blatt Mangfallgebirge
Einkehr im Rotwandhaus und im Taubensteinhaus
Übernachtung Rotwandhaus (1737 m), nahezu ganzj. bew., Tel. (0 80 267) 76 83, Taubensteinhaus (1567 m), nahezu ganzj. bew., Tel. (0 80 26) 70 70

21 Aiplspitze (1759 m), Benzingspitze (1735 m), Wilde Fräulein (1660 m)

Spitzingseer Gipfeltrio — *Mangfallgebirge*

Gesamtcharakter Leichte Skitour mit Ausweichmöglichkeit über die Skipiste am Taubenstein. Der Übergang vom Tanzeck zur Aiplspitze ist nur ohne Ski zu meistern. Rassig sind auch Anstieg und Abfahrt von und zu den Wilden Fräulein, vor allem im Gipfelbereich.
Aufstiegszeit 2 Std.
Höhenunterschied 650 m (+ ca. 150 m für Wilde Fräulein und Benzingspitze)
Schwierigkeit skitechnisch leicht (Wilde Fräulein anspruchsvoll), Gipfelanstieg zur Aiplspitze ausgesetzt und relativ anspruchsvoll (II–)
Lawinengefahr kaum lawinengefährdet (Wilde Fräulein: häufig lawinengefährdet)
Sonstige Gefahren Vereisung und Wächten am Gipfelgrat der Aiplspitze
Hangrichtung Süden, Westen und Osten
Beste Jahreszeit Dezember – März

Anfahrt *Auto:* Von der Autobahn München – Salzburg, Ausfahrt Weyarn, über Schliersee – Fischhausen – Spitzingsee. Aus dem Tiroler Inntal über Landl – Bayrischzell – Spitzingsee; *Bus:* RVO-Buslinie Schliersee – Neuhaus – Spitzingsee.
Ausgangspunkt Spitzingsattel (1127 m).
Aufstieg Vom Parkplatz am Spitzingsattel kurz gegen Süden, dann links ab und über steile Wiesenhänge auf dem Sommerweg hinauf. Nach einer längeren Waldpassage in einen wenig auffälligen Sattel. Nur bei sehr sicheren Verhältnissen kann man einen Abstecher auf die Wilden Fräulein (1660 m) riskieren. Weiter gegen Osten, oberhalb der Schönfeldhütte (1410 m) links zur Schönfeldalm abdrehen und neben imposanten Felsgebilden relativ steil in einen Gratsattel. Dort links schwenken und rechts der Grathöhe zur Schnittlauchmoosalm. Von dort ist ein weiterer Abstecher gegen Nordwesten zur Benzingspitze (1735 m) möglich. Bei der kleinen Almhütte geradewegs über den weiten Hang zum Tanzeck (1703 m) hinauf. Dort endet die Tour. Möglich, aber nur selten durchgeführt: der Übergang zur Aiplspitze am Felsengrat.
Abfahrt Entlang der Aufstiegsroute. Bei geringer Schneelage quert man besser von der Schnittlauchmoosalm zur Skipiste und auf ihr hinunter zum Spitzingsee. Rückweg zum Ausgangspunkt neben der Autostraße (20 Min.).

Touristische Infos Verkehrsamt D-83727 Schliersee/Neuhaus/Spitzingsee, Tel. (0 80 26) 40 69, Fax (0 80 26) 23 25 (Schneehöhe im Internet: http://www.spitzingsee.de)
Literatur, Gebietsführer Dieter und Uli Seibert: Skitouren Bayern, Steiger Verlag
Karten Bayer. LVA, Blatt Mangfallgebirge
Einkehr in der Schönfeldhütte
Übernachtung in der Schönfeldhütte, Tel. (0 80 26) 74 96 (ganzj. bew., 15 Betten, 22 Lager)

22 Bodenschneid (1669 m)

Urbayerische Tour über dem Tegernsee — *Mangfallgebirge*

Gesamtcharakter Einst klassische Voralpentour, die jedoch aus der Mode gekommen ist. Mehr als die Hälfte der Route verläuft durch Wald. Erst oberhalb der Bodenalm gibt es – erstaunlich schöne und 30° steile – Skihänge.
Aufstiegszeit 2:30 Std.
Höhenunterschied 720 m
Schwierigkeit skitechnisch mittel
Lawinengefahr mitunter lawinengefährdet
Hangrichtung Südwesten
Beste Jahreszeit Dezember – Februar

Anfahrt *Auto:* B 307 bis Rottach-Egern, Forststraße Richtung Valepp (bis zum Ausgangspunkt im Winter frei); *Bus:* RVO-Bus ab Enterrottach.
Ausgangspunkt Parkplatz an der mautpflichtigen Straße von Enterrottach zum Gasthaus »Valepp«, kurz vor der Suttenbahn. Bushaltestelle: Kisten-Winterstube, Karteneinzeichnung: Hufnagelstube (950 m).
Aufstieg Vom Ausgangspunkt am Weglein gegen Nordwesten im Wald zu einer Wegkreuzung. Dort rechts abbiegen und gegen Nordosten hinauf. Am Forsthaus vorbei, gleich dahinter rechts und nach einem kurzen, dichten Waldstück in schütterem Wald dahin. Kurz zwischen Felsen und einer Steilreiße hinauf, dann durch Lichtungen und Wald zur Bodenalm (1400 m). Am nördlichen Waldrand des breiten Gipfelhangs steil hinauf, das letzte Stück ein bißchen felsig zum mächtigen Gipfelkreuz.
Abfahrt Entlang der Aufstiegsroute möglich. Schöner: Bei der Bodenalm nach rechts in eine Mulde hinein und durch sie hinab. Bevor es zu brenzlig wird, rechts heraus, durch eine Lichtung und in der Fallinie weiter, bis der Hang abflacht. Links halten, damit möglichst nahe am Ausgangspunkt die Straße erreicht wird. Zu Fuß zurück.

Touristische Infos Kuramt D-83700 Rottach-Egern, Tel. (0 80 22) 67 13 41, Fax (0 80 22) 67 13 47
Karten Bayer. LVA, Blatt Mangfallgebirge

23 Stolzenberg (1609 m)

Klassiker über dem Spitzingsee — *Mangfallgebirge*

Gesamtcharakter Kurze Vorgebirgstour über mitunter steile Lichtungen und mageren Wald. Auch bei zweifelhaftem Wetter erstaunlich schneesicher.
Aufstiegszeit 1:45 Std.
Höhenunterschied 500 m
Schwierigkeit skitechnisch mittel
Lawinengefahr mitunter lawinengefährdet
Hangrichtung Nordosten
Beste Jahreszeit Dezember – März

Anfahrt *Auto:* Autobahn München – Salzburg bis Weyarn. Über Schliersee – Fischhausen – Spitzingsee. Aus dem Tiroler Inntal über Landl – Bayrischzell – Spitzingsee; *Bus:* RVO-Buslinie Schliersee – Neuhaus – Spitzingsee.
Ausgangspunkt Talstation der Stümpflingbahn am Spitzingsee.
Aufstieg Auf der Piste nach Süden zu den Valepp-Almen abfahren. Dort auf schmalen Fahrweg rechts abbiegen und südöstlich des Haushamer Bachs zur Unteren Haushamer Alm. Links abbiegen (gegen Südosten) und auf dem Sommerweg in den Wald hinein. Möglich: Vor einigen Felsen nach rechts halten und durch eine breite, aber steile Waldlichtung gegen Westen auf den Stolzenberg zu. Einfacher und lawinensicherer: Auf dem Sommerweg gegen Südosten weiter, im Wald und über breite, aber stellenweise steile Lichtungen von Osten an den Gipfel heran. Zum Gipfelgrat hinauf und auf ihm zum bewaldeten Gipfel.
Abfahrt Zunächst gegen Osten hinab, und ab etwa 1500 m Höhe in lichtem Wald direkt zur Unteren Haushamer Alm. Von dort gegen Westen in die Mulde unter dem Rothkopf queren (Lawinen!) und nordwestlich des Bachs auf der Skiabfahrt zu den Valepp-Almen. Den Rest wie Aufstiegsroute.

Touristische Infos Verkehrsamt D-83727 Schliersee/Neuhaus/Spitzingsee, Tel. (0 80 26) 40 69, Fax (0 80 26) 23 25 (Schneehöhen im Internet: http://www.spitzingsee.de)
Karten Bayer. LVA, Blatt Mangfallgebirge

24 Wildalpjoch (1720 m)

Firnhänge neben dem Wendelstein — *Mangfallgebirge*

Gesamtcharakter Kurze, aber ernste Hochwintertour auf steilen, südseitigen Grashängen. Deshalb sehr große Lawinengefahr! Bei Firnschnee ist die Tour ein Genuß für den Kenner und Könner. Früh aufbrechen!
Aufstiegszeit 1:45 Std.
Höhenunterschied 720 m
Schwierigkeit skitechnisch mittel
Lawinengefahr häufig lawinengefährdet
Hangrichtung Süden
Beste Jahreszeit Januar – März

Anfahrt *Auto:* Von Brannenburg über die Tatzelwurmstraße oder von der Ausfahrt Weyarn der Autobahn München – Salzburg über Schliersee – Bayrischzell – Sudelfeld zum Ausgangspunkt fahren.
Ausgangspunkt Parkplatz bei der Brücke über den Arzbach, an der Sudelfeld-Bergstraße (rd. 1000 m).
Aufstieg Am Weglein neben dem Arzbach nach Norden und nach 200 m auf schmalem Steg nach links über ein Rinnsal. Gegen Nordwesten zur Jackelberger Alm. In lichtem Wald mäßig steil zu einer kleinen Hütte. Dort ist der untere Auslauf einer Lawinenrinne (einzeln!) zu queren. Anschließend gegen Westen etwas steiler weiter und am Waldrand auf die

lange Höhenrippe zu, die bis zum Gipfel ansteigt.
Abfahrt Entlang der Aufstiegsroute oder (nur bei absolut sicheren Verhältnissen) vom Gipfel vorsichtig über die weiten Hänge nach Osten in einen Sattel bei der Käserwand. Von dort im schütteren Wald flott und steil zur Jackelberger Alm hinab.
Den Rest in der Nähe der Aufstiegsroute zurück.

Touristische Infos Verkehrsamt D-83735 Bayrischzell, Tel. (080 23) 648, Fax (080 23) 1034
Literatur, Gebietsführer Robert Demmel und Norbert Schneider: Rother Skiführer Bayerische Alpen, Bergverlag Rother; Uli und Dieter Seibert: Skitouren Bayern, Steiger Verlag
Karten Bayer. LVA, Blatt Mangfallgebirge

25 Lacherspitz (1724 m)

Spritztour über dem Sudelfeld — *Mangfallgebirge*

Gesamtcharakter Unschwierige, aber zwischendurch steile Tour (Hangneigung bis 30°). Besonders lohnend bei Pulverschnee an kalten Tagen oder bei Firn im zeitigen Frühjahr. Kurz unter dem Gipfel kommt man mal kurz an den Lacherlift (Wendelstein-Skigebiet) heran. Großartige Gipfelaussicht, hauptsächlich hinüber zum markanten Wendelstein in unmittelbarer Nachbarschaft.
Aufstiegszeit 1:45 Std.
Höhenunterschied 650 m
Schwierigkeit skitechnisch mittel; alpinistisch: die letzten zwei Meter zum Gipfel steile Felsen (I–)
Lawinengefahr mitunter lawinengefährdet
Hangrichtung Süden und Osten
Beste Jahreszeit Januar – März

Anfahrt *Auto:* Von Brannenburg über den Tatzelwurm oder von der Autobahn Salzburg, Ausfahrt Weyarn, über Schliersee – Bayrischzell zum Sudelfeld.
Ausgangspunkt Parkplatz am Unteren Sudelfeld (in der Nähe der Larcheralm; ca. 1080 m).
Aufstieg Vom Parkplatz gegen Nordwesten, später Norden zum Mitterberg und ein paar idyllischen Almhütten. Gegen Nordosten abdrehen und unter den steilen Hängen am Tagweidkopf zur Lacheralm (1465 m). Etwas links halten und unter markanten Felsen am Tagweidkopf eine Hangmulde hinauf. Sie schwingt sich immer steiler auf, bis man unter dem Gipfelkamm den Steilhang nach rechts verlassen und auf einem Rücken zum Gipfelgrat aufsteigen kann. Dort wieder links und am Grat soweit möglich mit Ski. Das letzte Stück zu Fuß und ein paar Meter über Felsen zum Gipfelkreuz kraxeln.
Abfahrt Entlang der Aufstiegsroute.

Touristische Infos Verkehrsamt D-83735 Bayrischzell, Tel. (080 23) 648, Fax (080 23) 1034
Literatur, Gebietsführer Dieter und Uli Seibert: Skiführer Bayern, Steiger Verlag
Karten Bayer. LVA, Blatt Mangfallgebirge

26 Trainsjoch (1707 m)

Skivergnügen mit Kaiserblick — *Mangfallgebirge*

Gesamtcharakter Landschaftlich sehr schöne Hochwintertour mit relativ einfacher Abfahrt. Diese kleine, beliebte Tour verläuft zwar in Talnähe durch dichten Wald, dort aber problemlos auf einer (relativ steilen) Forststraße. Der Skiausflug läßt sich durch einige Varianten ausweiten und kann so zu einem spannenden Unternehmen werden. Eindrucksvoll ist der Blick vom Trainssattel in das Kaisergebirge.
Aufstiegszeit 2 Std.
Höhenunterschied 1000 m
Schwierigkeit skitechnisch mittel
Lawinengefahr mitunter lawinengefährdet
Hangrichtung Westen und Süden
Beste Jahreszeit Januar – März

Anfahrt *Auto:* Von Brannenburg über den Tatzelwurm oder von der Autobahn Salzburg, Ausfahrt Weyarn, über Schliersee – Bayrischzell zum Sudelfeld, von Kufstein über Landl; *Bus:* RVO-Buslinie Schliersee – Kufstein.
Ausgangspunkt Parkplatz am Eingang ins Trockenbachtal, etwa 1 km südlich vom Ursprungpaß (840 m).
Aufstieg Auf dem Fahrweg im Trockenbachtal an der Unteren Trockenbachalm vorbei und dann

Tour 26: Aufstieg vom Trainssattel zum Trainsjoch

auf der südlichen Hangseite zum Trainssattel, zwischen Ascher- und Trainsjoch. Links abdrehen und gegen Norden hinauf bis kurz unter das Gipfelkreuz. Skidepot und die letzten Meter zu Fuß.
Abfahrt Möglich entlang der Aufstiegsroute. Bei sicherer Schneelage Abstecher vom Gipfel-Südrücken (unmittelbar vor einem kleinen Felsvorsprung – anfangs arg steil) zur Trainsalm (ca. 1340 m; lohnend bei Pulverschnee!). Einfacher Gegenanstieg zum Trainssattel und zum Ascherjoch (1558 m) hinüber. Am Höhenrücken nach Westen und in einer der breiten, steilen Lichtungen zur Unteren Trockenbachalm rasant hinunter. Den Rest entlang der Aufstiegsroute.

Touristische Infos Tourismusverband A-6335 Landl, Tel. (053 76) 5880, Fax (053 76) 5849
Literatur, Gebietsführer Robert Demmel und Norbert Schneider: Rother Skiführer Bayerische Alpen, Bergverlag Rother; Dieter und Uli Seibert: Skiführer Bayern, Steiger Verlag; Rudolf und Siegrun Weiss u. a. (1997): Genuß-Schitourenatlas Österreich-West, Schall Verlag
Karten Bayer. LVA, Blatt Mangfallgebirge

27 Brünnsteinschanze (1547 m)

Zahmer Aufstieg und Abfahrt der Sonderklasse — *Mangfallgebirge*

Gesamtcharakter Leichte Hochwinter-Skitour für einen halben Tag. Es ist erstaunlich, welch schöne, umfassende Rundschau dieser kleine Mugel im Schatten des Brünnsteins bietet. Die Route ist fast immer gespurt und auch bei zweifelhaftem Wetter zu verantworten. Ein Geheimtip ist die Abfahrtsvariante.
Aufstiegszeit 1:45 Std.
Höhenunterschied 750 m
Schwierigkeit skitechnisch leicht (Abfahrtsvarianten z. T. mittel)
Lawinengefahr Aufstieg: kaum lawinengefährdet; Abfahrtsvariante: mitunter lawinengefährdet
Hangrichtung Norden, Westen; Abfahrtsvariante: auch Osten
Beste Jahreszeit Dezember – März

Anfahrt *Auto:* Von Brannenburg über den Tatzelwurm oder von der Autobahn Salzburg, Ausfahrt Weyarn, über Schliersee – Bayrischzell – Sudelfeld – Tatzelwurm.
Ausgangspunkt Waldparkplatz am Gassenbach oberhalb des Gasthauses »Feuriger Tatzelwurm« (820 m).
Aufstieg Vom Waldparkplatz am Wanderweg gegen Süden durch Wald zur Schoißer Alm. Ein Sträßchen queren und über steile Wiesen nach Süden zum Auerberg, wo wieder ein Fahrweg erreicht wird. Auf ihm in den Wald, an der Verzweigung links und kurz vor der Seelacher Alm (rd. 1300 m) wieder in freies Gelände. Auf der östlichen Hangseite durch einen langen Talboden und in eine weite Lichtung links abdrehen. Durch sie zum höchsten Punkt hinauf.
Abfahrt Es gibt einige Abfahrtsvarianten: z. B. vom Gipfel über den breiten Höhenrücken nach Norden, dann links abbiegen, zur Seelacher Alm und zur Aufstiegsroute. Besonders lohnend ist es, von diesem Rücken gegen Norden (Stacheldraht!) und dann nach Nordosten durch steile, enge Waldlichtungen an der Großalm vorbei und in den Kaserbachgraben abzufahren. Dort wird eine Straße erreicht, der man links zur Schoißer Alm folgt, wo die Aufstiegsroute erreicht wird. Für diese Variante braucht man genaue Geländekenntnis.

Touristische Infos Verkehrsamt D-83735 Bayrischzell, Tel. (080 23) 648, Fax (080 23) 1034
Literatur, Gebietsführer Robert Demmel und Norbert Schneider: Rother Skiführer Bayerische Alpen, Bergverlag Rother; Dieter und Uli Seibert: Skitouren Bayern, Steiger Verlag
Karten Bayer. LVA, Blatt Mangfallgebirge

Karwendel und Rofan

Siegfried Garnweidner

Der Wettersteinkalk hat weiten Bereichen dieser Gebirgsgruppen schroffe Felsenformen, steile Wände und scharfe Grate spendiert. Deshalb haben wir es mit mächtigen Felsgebirgen und besonders scharfgeschnittenen Berggestalten zu tun, die sich auf den ersten Blick kaum als Tummelplatz für Brettlschwinger eignen. Und in der Tat sind große Teile dieser Berge von Liftkabeln verschont geblieben.

Wer jedoch genauer hinsieht, wird etliche interessante Skirouten finden. Die kleineren, lieblicheren und selbst für den Hochwinter tauglichen Touren liegen im *Karwendel-Vorgebirge* und im *Rofan* (Schafreuter, Hochalplspitze, Schönalmjoch, Hochplatte, Demeljoch und Lerchkogel, Kotalmjoch, Unnütz). Sie verlaufen weitgehend im Waldbereich, weshalb man auch zu Saisonbeginn dort skitouristische Unternehmungen wagen kann.

Die rassigen liegen dann mehr im Kern der einzelnen Berggruppen (z.B. Wannig, Falkenkar, Gamsjoch, Birkkarspitze). Auf diese Berge darf man erst im Frühjahr mit Fellen hinauf, teilweise sogar erst im Mai oder Juni, was dann mitunter lange Fußmarsch-Zuwege zur Folge hat. Wer schlau ist, vereinfacht sich diese Zuwege mit einem Mountainbike und den Anstieg mit Firngleitern. Vor allem für das Schlauchkar unter der Birkkarspitze und die Reißende Lahnspitze (Soiernumrahmung) wird diese etwas ungewöhnliche Art eines Skiaufstiegs empfohlen. Das macht Spaß, und wenn man bei der Abfahrt den Kuckuck schreien hört, dann ist es Zeit, sich in unteren Gefilden genüßlich in die Sonne zu legen. Und wer ganz hart gesotten ist, kann vielleicht sogar in das eisige Wasser einer Gumpe hüpfen, auf dem er Stunden zuvor noch mit Ski gefahren ist …

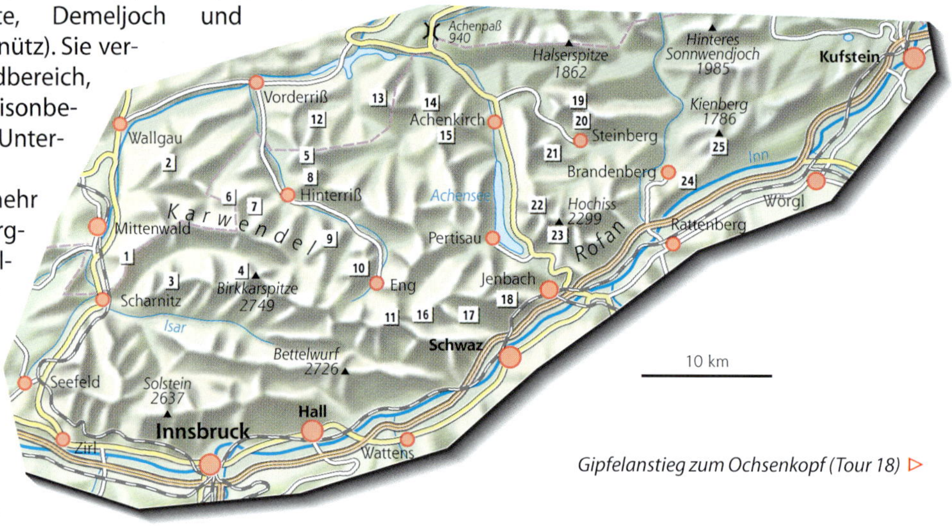

Gipfelanstieg zum Ochsenkopf (Tour 18) ▷

Auffahrt mit dem Mountainbike zum Karwendelhaus (Tour 4)

Anreise Das Karwendel ist so riesig, daß es eine Fülle unterschiedlicher Anfahrtsrouten gibt. Eine verläuft von Norden her über Garmisch-Partenkirchen nach Krün, Mittenwald und Scharnitz bzw. aus dem Inntal über den Zirler Berg nach Scharnitz und weiter bis Krün. Andere kommen über Bad Tölz durch den Isarwinkel bzw. über die Achenpaßstraße. Für die Touren zu beiden Seiten des Rißtals muß man vom Sylvensteinsee über Fall in das Rißtal, mitunter bis in die Eng fahren. Und ins Rofan gelangt man aus dem Inntal über die Kanzelkehre bzw. durch den Isarwinkel oder über den Achenpaß.

Touristische Informationen gibt es bei: • Dachverband Ferienland Inntal um Schwaz und Umgebung, A-6130 Schwaz/Pill, Tel. (0 52 42) 63 24 00, Fax (0 52 42) 6 56 30, und für den bayerischen Teil: • Kur- und Ferienland Garmisch-Partenkirchen, c/o Kurverwaltung, Postfach 1562, D-82455 Garmisch-Partenkirchen, Tel. (0 88 21) 18 00, Fax (0 88 21) 1 80 50 • Landratsamt Bad-Tölz-Wolfratshausen, Gästeinformation, Postfach 1360, D-83633 Bad Tölz, Tel. (0 80 41) 50 52 06, Fax (0 80 41) 50 53 75.

1 Linderspitze (2374 m)

Durch das Dammkar — *Karwendel*

Gesamtcharakter Seit die Karwendelbahn nur noch ausnahmsweise Skifahrer transportiert, gehört das Dammkar wieder den Tourengehern. Zuerst muß man die Ski meist ein Stück tragen, dann auf dem Fahrweg dahinschieben; im Skigelände wird es schließlich richtig steil. Der Gipfel bietet großartige Aussicht. Früher Aufbruch und gute Kondition sind erforderlich.
Aufstiegszeit 3:45 Std.
Höhenunterschied 1450 m
Schwierigkeit skitechnisch anspruchsvoll
Lawinengefahr häufig lawinengefährdet
Hangrichtung Norden
Beste Jahreszeit März – Mai

Anfahrt *Auto:* B 2, Umgehung Mittenwald, Ausfahrt Karwendelbahn; *Bahn:* Bhf. Mittenwald (München – Innsbruck).
Ausgangspunkt Mittenwald, Wanderparkplatz 500 m nördlich der Seilbahn (ca. 930 m).
Aufstieg Auf der Dammkar-Forststraße zur Talstation einer Materialseilbahn. Dann leicht links in einen steilen Hang und – wieder nach rechts – durch eine breite Hangmulde gegen Südosten, bis nach rechts das Viererkar (Vorderes Dammkar) ansteigt. Oberhalb der Dammkarhütte (1650 m) links über einen sehr steilen, lawinengefährdeten Westhang; bei einem Felsriegel zur Bergwachthütte. Durch das zunehmend schmale Kar steil hinauf, ehe es nach rechts abdreht und über abschüssige Flanken der obere Rand des Dammkars (2112 m) erreicht wird. Durch den 430 m langen Tunnel zur Bergstation der Karwendelbahn; weiter nach Süden und am rechten Gratrand zum Gipfel.
Abfahrt Über steile Hänge vom Gipfel (mit kurzem Gegenanstieg) zur Bergbahnstation. Den Rest entlang der Aufstiegsroute.

Touristische Infos Fremdenverkehrsamt D-82481 Mittenwald (912 m), Tel. (08823) 33981, Fax (08823) 2701
Karten AV-Karte, Blatt 5/1; Bayer. LVA, Blatt Karwendelgebirge, Werdenfelser Land
Einkehr Dammkarhütte, 1650 m (bew. ab Ostern bis Ende September)
Übernachtung Dammkarhütte, Tel. (08823) 8313

Tour 1: Skiabfahrt von der Linderspitze

2 Reißende Lahnspitze (2209 m)

Soiernumrahmung — *Karwendel (Soierngruppe)*

Gesamtcharakter Anspruchsvolle, sehr lange Rad- und Skitour für Spezialisten. Firngleiter oder Kurzski empfohlen. Bis zur Fischbachalm mit dem Mountainbike auffahren. Die Skiabfahrt ist sehr steil, und die Gipfelgrate müssen schneefrei sein, sonst ist das Lawinenrisiko zu hoch.
Aufstiegszeit 5:30 Std.
Höhenunterschied 1350 m
Schwierigkeit skitechnisch anspruchsvoll; alpinistisch: Trittsicherheit erforderlich
Lawinengefahr häufig lawinengefährdet
Hangrichtung Norden
Beste Jahreszeit Mai

Anfahrt *Auto:* Über Kochel – Wallgau; *Bus:* ab Kochel bzw. Garmisch-Partenkirchen; Haltestelle in der Ortsmitte.
Ausgangspunkt Wanderparkplatz am östlichen Ortsrand von Krün (865 m).
Aufstieg Vom Parkplatz auf der Fahrstraße nach Osten über den Bach, dann links und mit dem Rad zur Fischbachalm (1400 m). Zu Fuß am Lakaiensteig weiter bis kurz vor das Soiernhaus. Dann gegen Westen zur Schöttelkarspitze (2050 m). Vom Gipfel ein paar Meter am Aufstiegsweg zurück, rechts abzweigen, am Feldernkreuz vorbei, über Feldernkopf (2071 m) und Soiernschneid (2174 m) zur Reißenden Lahnspitze. Möglich, aber sehr steil (nur bei gutem Stapfschnee) ist der Aufstieg vom Soiernsee direkt gegen Süden bis zur Reißenden Lahnspitze. Lohnend und sehr schneesicher wären auch Aufstieg und Abfahrt durch das weite Kar zwischen Soiernschneid und Feldernkopf bis (fast) zum Gipfel des Feldernkopfes (2071 m); häufig lawinengefährdet.
Abfahrt Von der Reißenden Lahnspitze am Grat noch ein Stück gegen Osten, dann anschnallen und nach Norden die steilen Hänge zum Soiernsee hinab. Anschließend Aufstieg zum Soiernhaus (oder östlich darunter vorbei) und Abstieg entlang der Aufstiegsroute.

Touristische Infos Fremdenverkehrsamt D-82494 Krün, Tel. (08825) 1094, Fax (08825) 2244
Literatur, Gebietsführer Siegfried Garnweidner: Münchner Wanderberge, Bergverlag Rother
Karten Bayer. LVA, Blatt Karwendelgebirge, Werdenfelser Land
Einkehr Soiernhaus, 1616 m (bew. ab Pfingsten) und Fischbachalm, 1400 m
Übernachtung Soiernhaus, Tel. (0171) 52655858

3 Pleisenspitze (2567 m)

Am Rande des Karwendel-Hauptkamms — *Karwendel*

Gesamtcharakter Lange, anstrengende, aber technisch unschwierige Skitour mit großartiger Gipfelaussicht.
Aufstiegszeit 5 Std.
Höhenunterschied 1600 m
Schwierigkeit skitechnisch mittel
Lawinengefahr mitunter lawinengefährdet
Hangrichtung Südwesten
Beste Jahreszeit Februar – April

Anfahrt *Auto:* B 2 über Garmisch – Mittenwald, gebührenpflichtiger Parkplatz am Ausgangspunkt; *Bahn:* München – Garmisch – Innsbruck, Bhf. Scharnitz.
Ausgangspunkt Parkplatz in Scharnitz (964 m).
Aufstieg Zu Fuß oder mit Fahrrad auf der Straße gegen Osten bis kurz vor das Gasthaus »Wiesenhof«, mit Fellen auf beschildertem Fahrweg über den Wasserlegraben. Auf dem Sommerweg zur Pleisenhütte. Von der Hütte gegen Norden und in lichtem Wald bis 2050 m durch das Vorderkar. Dann über steile, latschenbewachsene Hänge auf den Rücken »Die Pleisen«. Auf ihm zum Gipfel hinauf.
Abfahrt Entlang der Aufstiegsroute.

Touristische Infos Tourismusverband A-6108 Scharnitz (964 m), Tel. (05213) 5270, Fax (05213) 5557
Literatur, Gebietsführer Robert Demmel und Norbert Schneider: Rother Skiführer Bayerische Alpen, Bergverlag Rother; Rudolf und Siegrun Weiss u. a. (1997): Genuß-Schitourenatlas Österreich-West, Schall Verlag
Karten AV-Karte, Blatt 5/1
Einkehr/Übernachtung nur an Wochenenden in der Pleisenhütte, Tel. (05213) 5491

4 Birkkarspitze (2749 m)

Frühsommertour durchs Schlauchkar auf den höchsten Karwendelgipfel — *Karwendel*

Gesamtcharakter Oft werden für diese Frühsommertour Firngleiter verwendet. Das Schlauchkar wird im oberen Bereich ziemlich steil und felsdurchsetzt. Firntage abwarten! Die Tour darf auf jeden Fall erst durchgeführt werden, wenn die großen Lawinen abgegangen sind.
Aufstiegszeit 6 Std.
Höhenunterschied 1800 m
Schwierigkeit skitechnisch mittel; alpinistisch: oberhalb Karwendelhaus und beim Gipfelaufstieg Fels I (Drahtseilsicherungen)
Lawinengefahr häufig lawinengefährdet
Hangrichtung Nordwesten
Beste Jahreszeit Juni

Anfahrt *Auto:* B 2 über Garmisch – Mittenwald. Parkplatz am Ausgangspunkt; *Bahn:* München – Garmisch – Innsbruck, Bhf. Scharnitz.
Ausgangspunkt Straßenabzweigung an der Isar zwischen Scharnitz und Scharnitzer Alm (rd. 980 m).
Aufstieg Mit dem Fahrrad vom Bahnhof Scharnitz auf dem Fahrweg gegen Nordosten das Karwendeltal zum Karwendelhaus hinauf.
Gleich neben dem Karwendelhaus auf gesichertem Steig kurz steil hinauf und nach rechts ins Schlauchkar hinein. Im Kar – immer steiler werdend – in weitem Rechtsbogen in den Schlauchkarsattel zwischen Ödkar- und Birkkarspitze.
Aus dem Sattel (ohne Ski) nach Osten weiter, an der kleinen Birkkarhütte (Notbiwak, 2639 m) vorbei und durch steilen, aber soliden Fels (Sicherungsanlagen) zum Gipfelkreuz hinauf.
Abfahrt Entlang der Aufstiegsroute.

Touristische Infos Tourismusverband A-6108 Scharnitz (964 m), Tel. (05213) 5270, Fax (05213) 5557
Literatur, Gebietsführer Siegfried Garnweidner: Münchner Wanderberge; Robert Demmel und Norbert Schneider: Rother Skiführer Bayerische Alpen, beide Bergverlag Rother
Karten AV-Karte, Blatt 5/1 und 5/2
Einkehr Karwendelhaus, 1765 m (bew. ab Anfang Juni)
Übernachtung möglich im Karwendelhaus, Tel. (05418) 5730

5 Schafreuter (2100 m)

Modetour über die Moosenalm — *Karwendel*

Gesamtcharakter Diese Skitour ist durch den Bau der Forststraße zur Moosenalm deutlich einfacher geworden. Nur am Gipfelgrat gibt es noch gewisse Herausforderungen. Eine hohe Schneelage ist wünschenswert.
Aufstiegszeit 4 Std.
Höhenunterschied 1300 m
Schwierigkeit skitechnisch leicht; alpinistisch: Gipfelgrat etwas ausgesetzt (Drahtseil)
Lawinengefahr mitunter lawinengefährdet
Hangrichtung Westen bis Süden
Beste Jahreszeit Januar – März

Anfahrt *Auto:* Über Bad Tölz – Lenggries – Fall – Vorderriß.
Bus: ab Lenggries.
Ausgangspunkt Parkplatz oberhalb der Oswaldhütte (838 m) am Anfang der Forststraße zur Moosenalm.
Aufstieg Auf dem umstrittenen Fahrweg gegen Osten zur Moosenalm.
Dann ziemlich flach gegen Süden, später Südosten, am Kälbereck vorbei über den langen, breiten Rücken des Schafreuters.
Auf einer unbedeutenden Erhebung kurz vor dem Gipfel Skidepot und die letzten 10 Min. ohne Ski zum Kreuz hinauf.
Abfahrt Entlang der Aufstiegsroute.

Touristische Infos Fremdenverkehrsamt D-83661 Lenggries, Tel. (08042) 500820, Fax (08042) 500840
Literatur, Gebietsführer Robert Demmel und Norbert Schneider: Rother Skiführer Bayerische Alpen, Rother
Karten Bayer. LVA, Blatt Karwendelgebirge, Werdenfelser Land
Einkehr/Übernachtung Tölzer Hütte, 1825 m, bew. Mitte Mai – Mitte Oktober, Winterraum (4 Lager)

Tour 6: Am Gipfelgrat der Rappenklammspitze

6 Rappenklammspitze (1835 m) und Hochalplkopf (1770 m)

Je nach Gusto: Ein milder und ein rassiger Gipfel — *Karwendel*

Gesamtcharakter Über dem Rohntal gibt es zwei lohnende Skigipfel. Die beliebte, aber im Gipfelanstieg recht steile und ausgesetzte Rappenklammspitze und gleich daneben – kaum besucht und doch recht einfach zu besteigen – den Hochalplkopf.
Aufstiegszeit 3 Std. (für jeden Gipfel)
Höhenunterschied 910 m bzw. 850 m
Schwierigkeit skitechnisch mittel; alpinistisch: Gipfelanstieg zur Rappenklammspitze: II (stark ausgesetzt), bei Vereisung sehr gefährlich!
Lawinengefahr mitunter lawinengefährdet
Hangrichtung Osten
Beste Jahreszeit Januar – März

Anfahrt *Auto:* Von Bad Tölz – Lenggries – Fall – Vorderriß; *Bus:* ab Lenggries (Haltestelle am Ausgangspunkt).
Ausgangspunkt Bushaltestelle in Hinterriß (928 m).
Aufstieg Von der Bushaltestelle auf dem Fahrweg gegen Westen in das Rohntal, bei der Wegverzweigung links und über den Klausboden zur Rohntalalm (1266 m).
Im Rohntalboden rechts halten, an einer Jagdhütte vorbei und steil in schütteren Wald hinein. Südwestlich eines steilen Bachgrabens auf dem Sommerweg in vielen Kehren hinauf, weiter oben wieder flacher gegen Westen und in den breiten Sattel zwischen Rappenklammspitze und Hochalplkopf.
Zur Rappenklammspitze: Im Sattel links (Südwesten) und am breiten Höhenrücken zum Skidepot hinauf. Die steile Gipfelflanke zu Fuß – zuletzt am scharfen, haltlosen Grat – hinauf.
Zum Hochalplkopf: Aus dem Sattel gegen Nordosten und leicht ansteigend durch eine Geländemulde auf den Hang südlich des Kammverlaufs. Zuletzt links halten (Norden) und zum ausgedehnten Gipfel hinauf.
Abfahrt Entlang der Aufstiegsroute.

Touristische Infos Tourismusverband A-6134 Vomp, Tel. (05242) 62616, Fax (05242) 626165
Literatur, Gebietsführer Robert Demmel und Norbert Schneider: Rother Skiführer Bayerische Alpen, Bergverlag Rother; Rudolf und Siegrun Weiss u. a. (1997): Genuß-Schitourenatlas Österreich-West, Schall Verlag
Karten AV-Karte, Blatt 5/2; Bayer. LVA, Blatt Karwendelgebirge, Werdenfelser Land
Einkehr bei schönem Wetter in der Rohntalalm zu Saisonende

7 Torscharte (1815 m)

Durchs Rohntal hinauf – durchs Tortal hinab *Karwendel*

Gesamtcharakter Anspruchsvolle Frühjahrsskitour. Der Anstieg durch das Rohntal ist im oberen Bereich sehr steil (38°). Harscheisen sind kein Luxus! Die bis zu 35° steile Abfahrt durch das Tortal bleibt guten Skifahrern vorbehalten.
Aufstiegszeit 3 Std.

Höhenunterschied 890 m
Schwierigkeit skitechnisch anspruchsvoll
Lawinengefahr häufig lawinengefährdet
Hangrichtung Westen, Norden und Süden
Beste Jahreszeit Februar – April

Anfahrt *Auto:* Von Bad Tölz – Lenggries – Fall – Vorderriß nach Hinterriß; *Bus:* ab Lenggries (Haltestelle am Ausgangspunkt).
Ausgangspunkt Bushaltestelle in Hinterriß (928 m).
Aufstieg Von der Bushaltestelle auf dem Fahrweg gegen Westen in das Rohntal, bei der Wegverzweigung links und über den Klausboden zur Rohntalalm (1266 m). Dort links und im breiten Bachgraben gegen Süden in lichten Wald hinein. Immer steiler die Hänge des oberen Rohntals hinauf, dann gegen Nordosten in Spitzkehren in die breite Torscharte. Zur Rast etwas gegen Norden in die sonnigen Felsen hinein. Bei günstigen Verhältnissen sogar noch (ohne Ski) auf den Torkopf (2012 m).
Abfahrt Von der Scharte rassig nach Osten in die steilen Hänge des oberen Tortals hinab. An seinem Nordrand durch das tief eingeschnittene Tal. Neben dem Torbach das Rißtal hinaus und nahe der Fahrstraße zum Ausgangspunkt zurück.

Touristische Infos Tourismusverband A-6134 Vomp, Tel. (05242) 62616, Fax (05242) 626165
Literatur, Gebietsführer Robert Demmel und Norbert Schneider: Rother Skiführer Bayerische Alpen, Bergverlag Rother
Karten AV-Karte, Blatt 5/2; Bayer. LVA, Blatt Karwendelgebirge, Werdenfelser Land
Einkehr bei schönem Wetter in der Rohntalalm zu Saisonende

8 Schönalmjoch (1986 m)

Genußtour über Hinterriß *Karwendel*

Gesamtcharakter Etwa die Hälfte der Tour verläuft auf einer Forststraße. Nur so kann man den sensiblen unteren Bereich des Schönalmjochs für Wald und Wild schonend überwinden. Darüber aber gibt es schöne Waldlichtungen, die bei entsprechender Vorsicht gut mit Ski zu befahren sind. Keinesfalls darf man die Aufforstungsbereiche mit Ski betreten. Der Aufstieg ist etwas lang und erfordert eine gute Kondition.
Aufstiegszeit 3:30 Std.
Höhenunterschied 1100 m
Schwierigkeit skitechnisch leicht
Lawinengefahr kaum lawinengefährdet
Hangrichtung Südwesten
Beste Jahreszeit Januar – März

Anfahrt *Auto:* Von Lenggries – Fall über Vorderriß; *Bus:* ab Lenggries (Haltestelle in Hinterriß).
Ausgangspunkt Straßenanfang bei der Brücke über den Rißbach rd. 300 m nordwestlich von Hinterriß (925 m).
Aufstieg Auf der Straße gegen Südosten, durch zwei weite Kehren und durch den Schloßgraben. Weiter zur Hangkante auf etwa 1310 m und noch ein Stück gegen Nordosten, um noch vor dem Kapellengraben nach rechts in einen Stockhang einzubiegen. Über den steilen Hang zur Grathöhe und auf ihr (etwas links) weiter. Unmittelbar über einem steilen Abbruch (Vorsicht!) an den oberen Kapellengraben heran und durch den Graben weiter. Wenn der Wald dichter wird, nach rechts, aus dem Wald heraus und in den Sattel westlich des Roßkopfs. Aus ihm gegen Norden auf den langen Gipfelgrat und immer auf seiner Scheitelhöhe zum Gipfel.
Abfahrt Wie Aufstiegsroute.

Touristische Infos Tourismusverband A-6134 Vomp, Tel. (05242) 62616, Fax (05242) 626165
Literatur, Gebietsführer Robert Demmel und Norbert Schneider: Rother Skiführer Bayerische Alpen, Bergverlag Rother
Karten Bayer. LVA, Blatt Karwendelgebirge, Werdenfelser Land

9 Falkenkar (2270 m)

Extremtour für Genießer *Karwendel*

Gesamtcharakter Zwischen dem Johannes- und dem Laliderer Tal liegen die Falken. Dort ragt steil das Falkenkar auf. Es ist von gigantischen Felsen gesäumt, bleibt aber den Besten vorbehalten (bis ca. 50° Neigung). Vorsichtshalber Steigeisen mitnehmen!
Aufstiegszeit 4 Std.

Höhenunterschied 1300 m
Schwierigkeit skitechnisch extrem; alpinistisch: Fels I – II
Lawinengefahr häufig lawinengefährdet
Sonstige Gefahren Absturzgefahr im felsdurchsetzten oberen Karbereich
Hangrichtung Norden
Beste Jahreszeit Mai – Juni

Anfahrt *Auto:* Von Lenggries über Fall und Vorderriß; *Bus:* ab Lenggries (Haltestelle am Ausgangspunkt).
Ausgangspunkt Fahrwegabzweigung von der Rißtalstraße (958 m), 300 m nördlich von Hinterriß.
Aufstieg Auf dem Fahrweg über den Rißbach und dann gegen Osten leicht ansteigend nach einem Rechtsbogen am Westrand des tiefen Taleinschnitts auf das Falkenkar zu. An der westlichen Karseite durch eine Steilrinne hinauf, die sich eng zusammenschnürt (Felsen). Die erste Felsenbarriere rechts umgehen, auf die linke Karseite wechseln und den zweiten Felsenriegel östlich überlisten. Dann gemütlicher in der Karmitte weiter, bald aber immer steiler hinauf. Nach einem Rechtsbogen in extremer Steigung gegen Westen zur Grünen-Rinn-Scharte; dort die Tour beenden.
Abfahrt Wie Aufstiegsroute.

Touristische Infos Tourismusverband A-6134 Vomp, Tel. (05242) 62616, Fax (05242) 626165
Karten AV-Karte, Blatt 5/2; Bayer. LVA, Blatt Karwendelgebirge, Werdenfelser Land

10 Gamsjoch (2452 m)

Frühlingstourenrunde über der Eng *Karwendel*

Gesamtcharakter Landschaftlich prächtige, aber lange und anstrengende Skitour mit steilen Etappen und einem kräftezehrenden Gegenanstieg; überraschend schneesicher; tageszeitliche Erwärmung beachten; nicht nach Schneefällen, da teilweise sehr große Lawinengefahr besteht, insbesondere in der Gipfelflanke und unter dem Hohljoch.

Aufstiegszeit 3:30 Std.
Höhenunterschied 1400 m (mit Gegenanstieg)
Schwierigkeit skitechnisch anspruchsvoll
Lawinengefahr häufig lawinengefährdet
Hangrichtung Aufstieg: Osten und Süden; Abfahrt: Süden, Westen und Osten
Beste Jahreszeit Mai

Anfahrt *Auto:* Über Lenggries – Fall – Vorderriß durch das Rißtal bis in den Großen Ahornboden (große Parkplätze). Die Mautstraße wird meist Anfang Mai geöffnet; *Bus:* keine Verbindung mit öffentl. Verkehrsmitteln.
Ausgangspunkt Großer Ahornboden in der Eng (1218 m).
Aufstieg Vom Parkplatz nach Südwesten zu den Engalmen, auf der Brücke den Enger Grundbach queren, nach einer Almwiese in schütteren Wald hinein und zu einem meist aperen, steilen Geröllrücken. Auf ihm den Lawinengraben hinauf, steil in das Gumpenjöchl (1974 m). Gegen Nordwesten und auf der 33° geneigten Südwestflanke bis unter den Gipfel. Die letzten Meter ohne Ski.
Abfahrt Anfangs entlang der Aufstiegsroute. Vor dem Gumpenjöchl nach Südwesten, an der Gumpenspitze rechts vorbei und nördlich des Teufelskopfes durch die südliche der beiden Steilrinnen in das Laliderer Tal hinab. Gegenanstieg über die Laliderer Almen ins Hohljoch. In sicherer Distanz zu den Felswänden unter der Dreizinkenspitze nach Südosten und neben dem Bach zum Großen Ahornboden.

Touristische Infos Tourismusverband A-6134 Vomp, Tel. (05242) 62616, Fax (05242) 626165
Literatur, Gebietsführer Robert Demmel und Norbert Schneider: Rother Skiführer Bayerische Alpen, Bergverlag Rother
Karten AV-Karte, Blatt 5/2; Bayer. LVA, Blatt Karwendelgebirge, Werdenfelser Land
Einkehr in den Gasthäusern in der Eng (Sonnenterrasse!)
Übernachtung möglich in den Gasthäusern in der Eng

Tour 9: Nur den ganz versierten Skibergsteigern ist die Abfahrt im bis zu 50 Grad steilen Falkenkar vorbehalten

11 Hochglückkar (2320 m)

Trotz Massenbetrieb: Immer wieder spannend … *Karwendel*

Gesamtcharakter Bei dieser landschaftlich prächtigen, aber überlaufenen Tour wird kein Gipfel erreicht, sie endet spätestens in der schmalen Hochglückscharte. Das letzte Stück des Anstiegs zur Scharte ist 55° steil! Nur Extremalpinisten steigen auf den Gipfel des Hochglück. Von der Eiskarlspitze gehen ab Mittag oft lang anhaltende, bisweilen heftige Lawinen direkt auf die Skiroute ab. Nicht nach Schneefällen durchführen!
Aufstiegszeit 3 Std.
Höhenunterschied 1100 m
Schwierigkeit skitechnisch mittel bis anspruchsvoll
Lawinengefahr häufig lawinengefährdet
Hangrichtung Norden
Beste Jahreszeit Mai

Anfahrt *Auto:* Über Lenggries – Fall – Vorderriß durch das Rißtal bis in den Großen Ahornboden (große Parkplätze). Die Mautstraße wird normalerweise Anfang Mai geöffnet; *Bus/Bahn:* keine Verbindung.
Ausgangspunkt Großer Ahornboden in der Eng (1218 m).
Aufstieg Vom Alpengasthof gegen Südwesten, bald links abbiegen, den Bach queren und über den Lawinenhang nach Süden hinauf. Auf der Höhe der ersten Felsenbarriere links halten und ziemlich flach gegen Osten, später Nordosten. Der Anstieg verläuft wieder gegen Süden durch muldiges Gelände in eine kurze Steilstufe. Oben gegen Südwesten und unter der Hochglückscharte die Ski abstellen. Bei gutem Stapfschnee sehr steil (55°) zu Fuß in die Hochglückscharte hinauf.
Abfahrt Entlang der Aufstiegsspur. Oder (anspruchsvoll) in den steilen Hängen unter der Eiskarlspitze nach Norden an den oberen Rand eines felsigen Abbruchs, der östlich umfahren wird. Dann links und unter den Felsenwänden der Spritzkarspitze 45° steil talwärts bis zur Aufstiegsroute.

Touristische Infos Tourismusverband A-6134 Vomp, Tel. (05242) 62616, Fax (05242) 626165
Literatur, Gebietsführer Robert Demmel und Norbert Schneider: Rother Skiführer Bayerische Alpen, Bergverlag Rother; Rudolf und Siegrun Weiss u.a. (1997): Genuß-Schitourenatlas Österreich-West, Schall Verlag
Karten AV-Karte, Blatt 31/5; Bayer. LVA, Blatt Karwendelgebirge, Werdenfelser Land
Einkehr/Übernachtung in den Gasthäusern in der Eng (Sonnenterrasse!)

12 Lerchkogel (1688 m)

Individualistentour zwischen Sylvenstein und Schafreuter *Karwendel-Vorgebirge*

Gesamtcharakter Zum Lerchkogel führt ein langer, etwas umständlicher Anstieg. Aus diesem Grund ist er nie ein Modeberg geworden. Man kann deshalb, selbst an Traum-Tourentagen, allein dort oben sein und eine grandiose Aussicht genießen.
Aufstiegszeit 4:30 Std.
Höhenunterschied 900 m
Schwierigkeit skitechnisch leicht
Lawinengefahr kaum lawinengefährdet
Hangrichtung Norden und Westen
Beste Jahreszeit Januar – März

Anfahrt *Auto:* Über Bad Tölz – Lenggries; großer Parkplatz am Eingang in das Bächental; *Bus:* ab Lenggries, Haltestelle in Fall.
Ausgangspunkt Parkplatz am Eingang ins Bächental in Fall (780 m).
Aufstieg Auf der Bächentalstraße rund eine Stunde durch das Dürrachtal und bei der Abzweigung zur Stierschlaghütte rechts abbiegen. Auf dem Fahrweg zum Bachgraben hinunter, über die Geschiebesperre und am Forstweg zur Stierschlaghütte. Oberhalb der Hütte auf dem Sommerweg gegen Südosten auf einem breiten Höhenrücken durch dichten Wald, wieder in eine breite Lichtung und zum Lerchkogel-Niederleger (1337 m). Von dort gegen Südosten über freies Gelände, durch einen Bachgraben und an den Waldrand heran. Durch eine Lichtung in einen ausgeprägten Sattel und – wieder etwas links – über eine schütter bewaldete Steilstufe zum Lerchkogel-Hochleger. Von dort durch eine Mulde gegen Osten zum Gipfelkreuz.
Abfahrt Entlang der Aufstiegsroute.
Bei geringer Schneelage besser vom Niederleger auf der Almerschließungsstraße durch das Weiße Moos abfahren.

Touristische Infos Fremdenverkehrsamt D-83661 Lenggries, Tel. (08042) 500820, Fax (08042) 500840
Karten Bayer. LVA, Blatt Karwendelgebirge, Werdenfelser Land

Tour 14: Das Karwendelgebirge vom Juifen aus

13 Demeljoch (1923 m) und Zotenjoch (1881 m)

Firntour über dem Sylvensteinsee — *Karwendel-Vorgebirge*

Gesamtcharakter Für diese Tour braucht man eine üppige Schneelage auf den Südhängen, und man muß Firn erwarten. Also kann man diese Bergfahrt nicht jedes Jahr durchführen. Dafür ist sie ein ganz besonderes Schmankerl. Für die 8,5 km Zugang auf der geräumten Bächentalstraße empfiehlt sich ein Fahrrad, sonst kommt man zu spät am Berg an.
Aufstiegszeit 6:15 Std. (mit Fahrrad 1 Std. weniger)
Höhenunterschied 1150 m
Schwierigkeit skitechnisch mittel
Lawinengefahr mitunter lawinengefährdet
Hangrichtung Süden
Beste Jahreszeit Februar – März

Anfahrt *Auto:* Über Bad Tölz – Lenggries; großer Parkplatz am Eingang in das Bächental; *Bus:* ab Lenggries, Haltestelle in Fall.
Ausgangspunkt Parkplatz am Eingang ins Bächental in Fall (780 m).
Aufstieg Auf der Bächentalstraße zum Forsthaus Aquila (919 m; im Winter geschlossen). Dort links neben dem Bachgraben auf dem Sommerweg durch steilen Hochwald, am Zotenalm-Niederleger vorbei und gegen Nordosten bergwärts. In der gleichen Richtung – teilweise auf Fahrwegen – zum Zotenalm-Mittelleger (1300 m), dann gegen Norden nach einem freien Hang durch steilen, schütteren Wald. An seinem oberen Rand einen breiten Graben queren und gegen Westen, unter dem Zotenalm-Hochleger zu einem Rücken und über ihn gegen Norden bis zum Gipfel-Westgrat dahin. Die letzten Meter nach Osten hinauf. Zum Zotenjoch vom Zotenalm-Hochleger geradewegs gegen Nordosten hinauf.
Abfahrt Entlang der Aufstiegsroute. Nur bei besten Bedingungen vom Gipfel enorm steil über die Südostflanke in die Mulde zwischen Zotenjoch und Demeljoch und zum Zotenalm-Hochleger hinaus. Bei sicheren Verhältnissen durch den Graben unterhalb dem Zotenalm-Hochleger bis zum Mittelleger abfahren.

Touristische Infos Fremdenverkehrsamt D-83661 Lenggries, Tel. (08042) 500820, Fax (08042) 500840
Literatur, Gebietsführer Robert Demmel und Norbert Schneider: Rother Skiführer Bayerische Alpen, Bergverlag Rother
Karten Bayer. LVA, Blatt Karwendelgebirge, Werdenfelser Land

14 Juifen (1987 m)

Paradeskiberg über dem Achental — *Karwendel-Vorgebirge*

Gesamtcharakter Aufstieg und Abfahrt sind etwas weit, aber nicht sehr anstrengend. Ein längerer Gegenanstieg ist bei der Abfahrt zu überwinden.
Aufstiegszeit 3:30 Std.
Höhenunterschied 1050 m (einschl. Gegenanstieg)
Schwierigkeit skitechnisch leicht
Lawinengefahr mitunter lawinengefährdet
Hangrichtung Osten und Süden
Beste Jahreszeit Dezember – April

Anfahrt *Auto:* Über den Achenpaß und ab Achental bis Tiefental (nur wenige Parkplätze); *Bus:* ab Kreuth – Zollhaus (Staatsgrenze) bis Achental oder von Jenbach durch das Achental mit Achenseebus oder Postbus.
Ausgangspunkt Tiefental.
Aufstieg Von Tiefental auf dem Fahrweg gegen Südwesten in den Wald hinein und an der 1. Wegverzweigung geradeaus, bei der 2. Verzweigung im Wald rechts und ab dem Waldrand auf freien Wiesen zur Falkenmoosalm. Dann etwas steiler gegen Westen, auf der Höhe von 1500 m auf dem Fahrweg bleiben und leicht abfallend an die Lawinenhänge unter der Hochplatte. Dann zur Großzemmalm rechts abdrehen und hinter den Almhütten zum nordöstlichen Gratausläufer der Marbichler Spitze. Über ihn hinweg und in das Marbichler Joch queren (Vorsicht bei Harsch!). Am Grat etwas auf und ab und über den überwächteten Gipfelgrat zum Gipfelkreuz.
Abfahrt Entlang der Aufstiegsroute. Unter dem Marbichler Joch lockt ein Pulverschnee-Nordhang der Extraklasse, der aber zusätzlich 20 Min. Gegenanstieg fordert.

Touristische Infos Tourismusverband A-6215 Achenkirch, Tel. (05246) 6270, Fax (05246) 6780
Literatur, Gebietsführer Robert Demmel und Norbert Schneider: Rother Skiführer Bayerische Alpen, Bergverlag Rother; Rudolf und Siegrun Weiss u.a. (1997): Genuß-Schitourenatlas Österreich-West, Schall Verlag
Karten Freytag & Berndt WK, Blatt 321

15 Hochplatte (1814 m)

Zwischen Juifen und Christlum — *Karwendel-Vorgebirge*

Gesamtcharakter Nicht besonders lange, aber recht lohnende, beliebte Skitour.
Einige Etappen sind jedoch ziemlich steil.
Aufstiegszeit 2:30 Std.
Höhenunterschied 830 m
Schwierigkeit skitechnisch leicht
Lawinengefahr mitunter lawinengefährdet
Hangrichtung Norden
Beste Jahreszeit Dezember – April

Anfahrt *Auto:* Über den Achenpaß und ab Achental bis Tiefental (nur wenige Parkplätze); *Bus:* Kreuth – Zollhaus (Staatsgrenze) bis Achental oder von Jenbach durch das Achental mit Achenseebus oder Postbus.
Ausgangspunkt Tiefental.
Aufstieg Von Tiefental auf dem Fahrweg gegen Südwesten in den Wald hinein und an der 1. Wegverzweigung geradeaus, bei der 2. Verzweigung im Wald rechts und ab dem Waldrand auf freien Wiesen zur Falkenmoosalm. Dann etwas steiler gegen Westen und auf der Höhe von 1500 m links ab, am Höhenrücken gegen Südwesten aufsteigen. Am Sommerweg um einen Felsenzacken rechts herum und gleich darauf links abbiegen. Über eine breite Lichtung am Höhenrücken nach Südwesten weiter. Entweder Ski abschnallen, über eine Steilflanke hinauftragen und auf einem langen Gratrücken zum Gipfel weitergehen, oder dem Steilhang nach links ausweichen (dort Lawinen) und durch eine Hangmulde gemütlich zum Gipfelkreuz.
Abfahrt Entlang der Aufstiegsroute.

Touristische Infos Tourismusverband A-6215 Achenkirch, Tel. (05246) 6270, Fax (05246) 6780
Literatur, Gebietsführer Robert Demmel und Norbert Schneider: Rother Skiführer Bayerische Alpen, Bergverlag Rother; Rudolf und Siegrun Weiss u.a. (1997): Genuß-Schitourenatlas Österreich-West, Schall Verlag
Karten Freytag & Berndt WK, Blatt 321

16 Lamsenkar (2115 m)

An den Fuß der Lamsen-Ostwand — *Karwendel*

Gesamtcharakter Rassige Spätfrühjahrsskitour für sichere Verhältnisse und gute Skifahrer. Die Neigung im felsdurchsetzten Hang beträgt auf weite Bereiche ca. 35°. Ein Gipfel wird zwar nicht erreicht, aber dafür sind Abfahrt und Landschaft um so schöner. Früh aufbrechen!
Aufstiegszeit 2:45 Std.
Höhenunterschied 860 m
Schwierigkeit skitechnisch anspruchsvoll
Lawinengefahr häufig lawinengefährdet
Hangrichtung Norden und Osten
Beste Jahreszeit Mai

Anfahrt *Auto:* Den Ausgangspunkt erreicht man zur Skitourensaison nur mit dem Auto (Mautpflicht). Anfahrt über Maurach – Pertisau.
Ausgangspunkt Gasthof »Gramai« (1263 m), am Ende der Straße durch das Falzthurntal.
Aufstieg Vom Parkplatz in den Gramaier Grund hinein, den Bach queren und im breiten Talgrund auf die linke (östliche) Talseite. Der Hang schwingt sich steil auf, bis zu einer Hangkante oberhalb des Östlichen Lamsenjochs. Dort rechts und über den Osthang des Lamsenkars bis an den Wandfuß der wilden Lamsen-Ostwand heran.
Abfahrt Entlang der Aufstiegsroute.

Touristische Infos Tourismusverband A-6213 Pertisau, Tel. (05243) 5260, Fax (05243) 5939
Karten AV-Karte, Blatt 5/3
Einkehr in der Gramaialm am Ausgangspunkt (die Lamsenjochhütte ist zur Skitourensaison geschlossen)
Übernachtung im Gasthaus »Gramaialm«

17 Schneiderscharscharte (2027 m)

Geheimtip über der Gramai — *Karwendel*

Gesamtcharakter Kurze, prächtige, aber ziemlich steile Skitour (32° Neigung) mit einer Genußabfahrt der Sonderklasse. Die Tour darf nur bei sicherem Firn durchgeführt werden. Beliebt auch mit Firngleitern.
Aufstiegszeit 2 Std.
Höhenunterschied 770 m
Schwierigkeit skitechnisch mittel
Lawinengefahr häufig lawinengefährdet
Hangrichtung Norden und Westen
Beste Jahreszeit Mai

Anfahrt *Auto:* Den Ausgangspunkt erreicht man zur Skitourensaison nur mit dem Auto (Mautpflicht). Anfahrt über Maurach – Pertisau.

Ausgangspunkt Gasthof »Gramai« (1263 m), am Ende der Straße durch das Falzthurntal.
Aufstieg Vom Gasthaus über den Falzthurnbach und nach Süden in den Gramaier Grund hinein. Bei etwa 1500 m Höhe links halten und gegen Westen das breite Schneiderkar hinauf. Gegen Ende des Kares wendet sich die Route ein klein wenig nach links. Der Hang wird steiler, und das von Felsen eingerahmte Kar schnürt sich zusammen, bis man in der schmalen Schneiderscharscharte ankommt.
Abfahrt Entlang der Aufstiegsroute.

Touristische Infos Tourismusverband A-6213 Pertisau, Tel. (05243) 5260, Fax (05243) 5939
Karten AV-Karte, Blatt 5/3
Einkehr nur in der Gramaialm am Ausgangspunkt
Übernachtung im Gasthaus »Gramaialm«

18 Ochsenkopf (2148 m) und Stanser Joch (2102 m)

Einsamkeit über dem Weißenbachkar — *Karwendel*

Gesamtcharakter Die Skitour durch das Weißenbachkar auf Ochsenkopf und Stanser Joch ist noch ein Geheimtip. Während die beiden Gipfel vom Inntal aus öfter bestiegen werden, ist diese Route weitgehend unbekannt.
Aufstiegszeit 3:30 Std.
Höhenunterschied 1200 m bzw. 1150 m
Schwierigkeit skitechnisch mittel
Lawinengefahr häufig lawinengefährdet
Hangrichtung Norden (Gipfelbereich des Ochsenkopfs: Süden)
Beste Jahreszeit Februar – April

Anfahrt *Auto:* Über den Achenpaß oder die Kanzelkehre nach Maurach; kaum Parkmöglichkeiten am Ausgangspunkt; *Bus:* Achenseebus bzw. Postbus von Jenbach bzw. Achenkirch nach Maurach.
Ausgangspunkt Maurach – Lärchenwiese (975 m).
Aufstieg Vom Mauracher Ortsteil Lärchenwiese auf dem Fahrweg gegen Südwesten durch das Weißenbachtal, an der Weißenbachhütte vorbei und zur Weißenbachalm (1607 m). Nun das steile Kar geradewegs bis zu einer Scharte hinauf, dort links und zur tiefsten Stelle des langen Rückens zwischen Stanser Joch und Ochsenkopf. Von dort nach links (ziemlich eben) zum Stanser Joch oder auf der Südseite des Gratrückens nach rechts zum Ochsenkopf.
Abfahrt Entlang der Aufstiegsroute.

Touristische Infos Tourismusverband A-6212 Maurach am Achensee, Tel. (05243) 5340 od. 5355, Fax (05243) 5297
Karten AV-Karte, Blatt 5/3; Freytag & Berndt WK, Blatt 321

19 Schneidjoch (1810 m)

Auf Gufferts Nordtrabanten — *Rofangebirge*

Gesamtcharakter Kaum durchgeführte, etwas weite Skitour, mit langen flachen Abschnitten. Unerwartet schöne Gipfelrundschau. Interessant sind die etruskischen Felsinschriften am Berg (liegen nicht unmittelbar an der Route).
Aufstiegszeit 3:45 Std.
Höhenunterschied 920 m
Schwierigkeit skitechnisch leicht
Lawinengefahr mitunter lawinengefährdet
Hangrichtung Süden, Westen und Norden
Beste Jahreszeit Januar – März

Anfahrt *Auto:* Über den Achenpaß bis Achental und auf der schmalen Straße zum Ausgangspunkt; *Bus:* Achenseebus oder Postbus ab Jenbach.
Ausgangspunkt Bushaltestelle »Abzweigung Gufferthütte«, an der Straße von Achental nach Steinberg, am Eingang ins Ampelsbachtal (980 m).
Aufstieg Das Ampelsbachtal auf dem Forstweg ziemlich eben nach Nordosten dahin. Bei der Brücke über den Ampelsbach (rd. 1200 m), am beschilderten Weg nach Osten Richtung Ludwig-Aschenbrenner-Haus (Gufferthütte). Beim scharfen Linksknick geradeaus zur Luternalm weiter. Dann gegen Südosten zur Jagdhütte auf einem Höhenrücken (1433 m). Am Rücken an der Angeralm vorbei und nach Südwesten, nördlich des breiten Gratverlaufs, in den weiten Sattel östlich des Gipfels. Über den breiten, oft abgeblasenen Grat zum Gipfel.
Abfahrt Entlang der Aufstiegsroute. Schön ist auch die Abfahrt vom Sattel unter dem Gipfel zunächst etwas nach Nordosten, später aber steil durch lichten Bergwald, direkt nach Norden zur Luternalm hinunter.
Wer unter den scharfen Felsen links fährt, kann (nördlich des Gipfels) außerdem am etruskischen Quellheiligtum vorbeischauen …

Touristische Infos Tourismusverband A-6215 Steinberg am Rofan, Tel. (05248) 321, Fax (05248) 393
Karten Freytag & Berndt WK, Blatt 321

Tour 17: Im Schneiderkar unter der Schneiderscharscharte

20 Guffert (2195 m)

Durch steile Lawinenrinnen — *Rofangebirge*

Gesamtcharakter Die Abfahrt durch eine steile Lawinenrinne eignet sich nicht nur für Tourenski, sondern auch für Firngleiter oder Kurzski.
Aufstiegszeit 3 Std.
Höhenunterschied 1200 m
Schwierigkeit skitechnisch anspruchsvoll; alpinistisch: Gipfelanstieg etwas ausgesetzt
Lawinengefahr häufig lawinengefährdet
Hangrichtung Süden
Beste Jahreszeit Mai

Anfahrt *Auto:* Über den Achenpaß bis Achental und auf der schmalen Straße zum Ausgangspunkt; *Bus:* Achenseebus oder Postbus ab Jenbach.
Ausgangspunkt Straßenkreuzung beim Feuerwehrhaus in Unterberg (1000 m).
Aufstieg Auf dem Wanderweg gegen Norden durch den Wald, auf der zweiten Forststraßenkreuzung kurz nach links dahin und am Weg im Wald weiter. Auf schmalem Bergpfad lange und nicht sehr steil durch einige Bachgräben und zum Kotierungspunkt 1423 m. Scharf rechts abbiegen und nach einigen Kehren aus dem Wald heraus. Eine breite Rinne hinauf, Markierungszeichen nach rechts aus der Rinne folgen und ziemlich steil hinauf, über eine Geländekante und wieder in flacheres Gelände. Bei der Weggabelung neben der Rückfallschulter links, gegen Nordosten zu einer weiteren Wegverzweigung. Wieder links halten nach Nordwesten auf den etwas ausgesetzten Ostgrat zu. Über ihn ohne Ski zum Kreuz hinauf.
Abfahrt Gleich nach dem Gipfelgrat nach rechts in eine weite, aber steile Mulde hinein, die sich zu einer felsigen Rinne verengt. Durch sie bis zur Straße hinab. Den Rest zu Fuß.

Touristische Infos Tourismusverband A-6215 Steinberg am Rofan, Tel. (05248) 321, Fax (05248) 393
Literatur, Gebietsführer Robert Demmel und Norbert Schneider: Rother Skiführer Bayerische Alpen, Bergverlag Rother
Karten Freytag & Berndt WK, Blatt 321

21 Unnütz (2077 m)

Klassische Rofantour — *Rofangebirge*

Gesamtcharakter Gemessen am Höhenunterschied braucht man für diese schöne, aussichtsreiche Tour viel Zeit, weil die Wege weit sind.
Aufstiegszeit 3:30 Std.
Höhenunterschied 1050 m
Schwierigkeit skitechnisch leicht (Abfahrtsvarianten: anspruchsvoll)
Lawinengefahr mitunter lawinengefährdet
Sonstige Gefahren am Gipfelgrat auf Wächten achten!
Hangrichtung Südosten
Beste Jahreszeit Februar – April

Anfahrt *Auto:* Über den Achenpaß bis Achental und auf der schmalen Straße zum Ausgangspunkt oder aus dem Inntal über die Kanzelkehre, durch das Achental bis Achental und nach Steinberg.
Bus: Achenseebus oder Postbus ab Jenbach.
Ausgangspunkt Rofanlift in Steinberg (rd. 1050 m).
Aufstieg Am rechten Rand der Skipiste hinauf, bald nach rechts in den Wald hinein, auf breitem Weg gegen Westen und durch einen Graben. Bei den Wegtafeln rechts, gegen Westen, und dem Sommerweg neben einem Höhenrücken folgen.
Vor einem Graben den Wanderweg verlassen und über einen bewaldeten Rücken zum Schlagkopf (1688 m).
Etwa 20 m hinab, neben der Schaarwand in einem weiten Bogen gegen Südwesten, zuletzt am breiten Grat nach Norden zum Gipfel hinauf.
Abfahrt Entlang der Aufstiegsroute. Bei sicheren Bedingungen direkt vom Gipfel den steilen Osthang hinab. Möglich ist auch – nur bei allerbesten Bedingungen – eine rassige Abfahrt durch felsige Rinnen nördlich der Schaarwand, am Zwölferkopf vorbei zur Oberbergalm.

Touristische Infos Tourismusverband A-6215 Steinberg am Rofan, Tel. (05248) 321, Fax (05248) 393
Literatur, Gebietsführer Rudolf Weiss: Skitouren fürs Wochenende, Nordtirol – Osttirol, Steiger Verlag
Karten Freytag & Berndt WK, Blatt 321

22 Kotalmjoch (2122 m)

Firnfreuden … — *Rofangebirge*

Gesamtcharakter Oberhalb der Waldgrenze landschaftlich sehr beeindruckende Skitour.
Aufstiegszeit 3:30 Std.
Höhenunterschied 1250 m
Schwierigkeit skitechnisch leicht
Lawinengefahr kaum lawinengefährdet
Hangrichtung Nordosten bis Südosten
Beste Jahreszeit Dezember – März

Anfahrt *Auto:* Über den Achenpaß bis zum Ausgangspunkt.
Bus: mit dem Achenseebus ab Jenbach oder Achenkirch bis zum »Achenseehof«.
Ausgangspunkt Bushaltestelle beim Hotel »Achenseehof« an der Ostseite des Achensees, etwas nördlich des Lawinentunnels (rd. 880 m).
Aufstieg Von der Bushaltestelle auf dem Forstweg in den Wald hinein. An der Wildfütterung vorbei, durch den Labschlaggraben und zum Kotalm-Niederleger (1260 m).
Auf dem Fahrweg oder auf dem Sommerweg zur Kotalm (1608 m) und durch eine breite Mulde ziemlich eben gegen Südosten weiter aufsteigen.
Über eine kurze Steilstufe, dann etwas links und gegen Nordosten zum Kotalmjoch hochziehen. Nur bei sehr guten Bedingungen kann man mit Fellen bis zum höchsten Punkt am Kotalmjoch hinauf; sonst zu Fuß.
Abfahrt Entlang der Aufstiegsroute.

Touristische Infos Tourismusverband A-6215 Achenkirch, Tel. (05246) 6270, Fax (05246) 6780
Karten AV-Karte, Blatt 6; Freytag & Berndt WK, Blatt 321

23 Rofanspitze (2259 m)

Wiesingabfahrt — *Rofangebirge*

Gesamtcharakter Dank Seilbahnunterstützung ist der Anstieg relativ kurz. Die Wiesingabfahrt zählt zum feinsten in den Ostalpen.
Hohe Schneelage und lawinensichere Bedingungen sind Voraussetzung.
Aufstiegszeit 1:30 Std.
Höhenunterschied Aufstieg: 500 m; Abfahrt: 1700 m
Schwierigkeit skitechnisch anspruchsvoll
Lawinengefahr häufig lawinengefährdet
Hangrichtung Aufstieg: Nordwesten; Abfahrt: Süden
Beste Jahreszeit Januar – März

Anfahrt *Auto:* Aus dem Inntal über die Kanzelkehre oder vom Achenpaß auf der Achensee-Bundesstraße; *Bus:* Linienbusverbindung mit dem Achenseebus oder dem Postbus von Jenbach herauf; Rückfahrt mit dem Linienbus; vorher Fahrplan studieren!
Ausgangspunkt Erfurter Hütte (1834 m), bequem mit der Rofanseilbahn zu erreichen.
Aufstieg Von der Bergstation über die Piste mehrmals etwas auf und ab zur Mauritz-Hochalm. Dann abwärts und nach einem breiten Graben in gestuftem Gelände auf dem Sommerweg gegen Osten auf die Haidachstellwand zu. An der Wand vorbei zur Gruberscharte. Aus ihr schräg links ansteigend zum Gipfel.
Abfahrt Vom Gipfel 30° steile Hänge in die ausgedehnte Mulde zwischen Sagzahn und Gruberlackenspitze und – nun in einem engen Grund – zur Schermsteinalm. Dann über eine (stark von Lawinen bedrohte) Steilstufe in das Wiesengelände der Alpiglalm hinab. Anschließend durch steile Waldschneisen oder auf der Straße nach Wiesing. Durch den Ort und zur Bushaltestelle, etwas unterhalb der Ortschaft, bei der Straßenbrücke über die Bundesstraße.

Touristische Infos Tourismusverband A-6212 Maurach am Achensee, Tel. (05243) 5340, Fax (05243) 5297
Literatur, Gebietsführer Robert Demmel und Norbert Schneider: Rother Skiführer Bayerische Alpen, Bergverlag Rother; Rudolf und Siegrun Weiss u. a. (1997): Genuß-Schitourenatlas Österreich-West, Schall Verlag
Karten AV-Karte, Blatt 6; Freytag & Berndt WK, Blatt 321
Einkehr in der Erfurter Hütte
Übernachtung Erfurter Hütte am Ausgangspunkt, Tel. (05243) 5150

24 Voldöppberg (1510 m)

Aufs Brandenberger Joch — *Brandenberger Alpen*

Gesamtcharakter Selten durchgeführter Ski-Spaziergang (Spurarbeit!) mit erstaunlicher Gipfelaussicht.
Aufstiegszeit 2:45 Std.
Höhenunterschied 600 m
Schwierigkeit skitechnisch leicht
Lawinengefahr kaum lawinengefährdet
Sonstige Gefahren mitunter Wächten am Gipfelgrat, Rennrodler auf der Straße im unteren Bereich
Hangrichtung Norden
Beste Jahreszeit Januar – März

Anfahrt *Auto:* Inntal-Autobahn bis Rattenberg, dann auf guter, breiter Bergstraße nach Brandenberg; *Bus:* ab Rattenberg.
Ausgangspunkt Brandenberg (919 m), bei der Rodelbahn-Talstation, Bushaltestelle.
Aufstieg Auf der beleuchteten Sport-Rodelbahn gegen Südwesten, später durch einige Kehren gegen Südosten. Am Starthäuschen vorbei und nach Westen zur Straßenverzweigung kurz vor der Heumesseralm (rd. 1200 m). Dort rechts abschwenken und – auf dem Fahrweg oder abkürzend auf dem Sommerweg – nach Westen weiter. Am steilen Waldhang in jedem Fall wieder auf der Straße über die Scheitelstrecke, dann leicht abfallend dahin und bald links in einen schütter bewaldeten, steilen Hang hinein. Beherzt auf dem Sommerweg gegen Süden zum Kammverlauf hinauf. Über ihn nach Südwesten zu einem der Gipfelkreuze.
Abfahrt Entlang der Aufstiegsroute.

Touristische Infos Tourismusverband A-6234 Brandenberg, Tel. (05331) 5102, Fax (05331) 5610
Karten AV-Karte 1:50 000, Blatt 34/1

25 Kienberg (1786 m)

Allein zum malerischen Kienberg — *Brandenberger Alpen*

Gesamtcharakter Höchst selten durchgeführte, landschaftlich eindrucksvolle Skitour, die oberhalb der Waldgrenze durch malerische Gegenden führt. Meist Spurarbeit erforderlich. Steile Waldabfahrt.
Aufstiegszeit 2:30 Std.
Höhenunterschied 840 m
Schwierigkeit skitechnisch leicht
Lawinengefahr kaum lawinengefährdet
Hangrichtung Süden
Beste Jahreszeit Januar – Februar

Anfahrt *Auto:* Inntal-Autobahn bis Rattenberg, dann auf guter, breiter Bergstraße nach Brandenberg und weiter zum Gasthaus »Kink«; *Bus:* Busverbindung von Rattenberg bis Brandenberg.
Ausgangspunkt Parkplatz beim Gasthaus »Kink«, nordöstlich von Brandenberg (972 m).
Aufstieg Vom »Kink« über die weite Wiesenmulde zum Waldrand und auf der Forststraße zur Wegabzweigung. Dort die Straße nach rechts verlassen und im lichten Laubwald auf dem Sommerweg gegen Nordosten zur Jocheralm (1525 m). Unter dem Südwestrücken des Heubergs zum Sattel zwischen Heuberg und Kienberg hinauf. Links halten und in mehrmaligem leichten Auf und Ab gegen Nordwesten am breiten Rücken zum Kienberg hinauf.
Abfahrt Entlang der Aufstiegsroute. Lohnend wäre ein geringer Gegenanstieg auf den Heuberg-Südwestrücken, um über ihn zur Jocheralm abzufahren.

Touristische Infos Tourismusverband A-6234 Brandenberg, Tel. (05331) 5102, Fax (05331) 5610
Karten Freytag & Berndt WK, Blatt 321

Tour 24: Am Voldöppberg in den Brandenberger Alpen

Kaisergebirge, Chiemgauer und Berchtesgadener Alpen

Siegfried Garnweidner

In diesem Komplex sind drei vollkommen unterschiedliche Gebirgsgruppen zusammengefaßt.

Das *Kaisergebirge,* von scharfen Kalkwänden, schroffen Gipfelkämmen und steilen Rinnen geprägt, ein Dorado für Kletterfreaks, scheint auf den ersten Blick für den Tourenskilauf gänzlich ungeeignet. Man muß also genau hinschauen, um in diesem markanten Gebirge lohnende Skitouren zu finden. Der Kenner allerdings weiß um die Schmankerl in diesen beiden Gebirgszügen, die nach »Zahmem« und nach »Wildem« Kaiser unterschieden werden. Ob allerdings die Touren im Zahmen Kaiser wirklich alle so harmlos sind, wie das klingen mag, bleibt dahingestellt. Nahezu alle erfordern nämlich beste Bedingungen und gute Schneelage. Das heißt, daß es durchaus Jahre gibt, in denen etliche der Kaisertouren einfach nicht möglich sind. Am Nordrand des Zahmen Kaisers (Winkelkar und Heuberg) allerdings sind die Hänge nicht ganz so brenzlig und deshalb bei normalen Bedingungen oft möglich.

In den *Chiemgauer Alpen,* die sich bis ins Berchtesgadener Land hinziehen, finden wir eine bunte Mischung von Skitouren aller »Schärfegrade«. Liebliche Waldhänge mit netten Gipfelwiesen werden dem aufsteigenden und abfahrenden Brettlrutscher genauso geboten wie Rassiges, was neben einer gehörigen Portion Mut auch ordentliche, sprich stabile Schneeverhältnisse verlangt.

Die *Berchtesgadener Alpen* sind ein Kapitel für sich. Zunächst einmal wird man sich wundern, wie steil die Spuren auf die klassischen Skiberge angelegt sind. Das liegt daran, daß die einheimischen Skitourengeher aus dem Berchtesgadener Land durchwegs eine Bärenkondition haben und die Aufstiegsspuren halt so anlegen, wie es ihrem Verständnis einer guten Spur entspricht. Wem das zu steil ist, der muß sich selber neu spuren oder kräftig schwitzen. Dafür sorgen auch die stolzen Bergeshöhen, die man oft aus arg tiefen Tallagen angehen muß und so auf beachtliche Höhenunterschiede kommt. Belohnt wird man allgemein mit tiefgreifenden Bergerlebnissen, denn die Skiberge der Berchtesgadener Alpen haben es in sich, was die Schönheit und Vielfalt der Hochgebirgslandschaften betrifft.

Die Wolfingeralm im Anstieg zum Heuberg (Tour 5)

Der Gipfel der Hörndlwand (Tour 9) ▷

Touristische Informationen gibt es bei: • Werbegemeinschaft Kaiserwinkl, A-6345 Kössen, Tel. (0 53 75) 62 87, Fax (0 53 75) 69 89 • Werbegemeinschaft Ski- und Bergwelt Wilder Kaiser-Brixental, c/o Tourismusverband A-6306 Söll, Tel. (0 53 33) 52 16, Fax (0 53 33) 37 32 • Tourismusverband Chiemgau e.V. im Landratsamt, D-83276 Traunstein, Tel. (08 61) 5 82 23, Fax (08 61) 6 42 95 • Kurdirektion Berchtesgadener Land, D-83463 Berchtesgaden, Tel. (0 86 52) 96 70, Fax (0 86 52) 6 33 00.

1 Gruttenköpfl (1849 m) und Rote-Rinn-Scharte (2099 m)

Ein gemütliches und ein extremes Kaiserziel — *Wilder Kaiser*

Gesamtcharakter Es darf für diese beiden Tourenziele schon länger nicht geschneit haben, trotzdem ist hohe Schneelage wünschenswert. Sicherer Firn ist zwingend notwendig. Das Lawinenrisiko ist sehr hoch! Für die Rote Rinne sind ideale Verhältnisse abzuwarten, die es leider nicht jedes Jahr gibt.
Aufstiegszeit Gruttenköpfl: 2 Std.; Wandfuß des Kopftörlgrats: 2:30 Std.; Rote-Rinn-Scharte: 3 Std.
Höhenunterschied 1050 m
Schwierigkeit skitechnisch Rote Rinne extrem; Gruttenköpfl anspruchsvoll
Lawinengefahr häufig lawinengefährdet
Sonstige Gefahren in der Roten Rinne große Abrutschgefahr bei verharschtem Schnee und Steinschlaggefahr
Hangrichtung Süden und Osten
Beste Jahreszeit Februar – März

Anfahrt *Auto:* Von Ellmau am Wilden Kaiser auf einer guten Straße durch das Hausbachtal zur Wochenbrunner Alm. Der große Parkplatz ist gebührenpflichtig; *Bus/Bahn:* keine öffentlichen Verkehrsmittel.
Ausgangspunkt Wochenbrunner Alm (1085 m).
Aufstieg Vom Parkplatz auf dem Sommerweg gegen Nordwesten zur Gruttenhütte. Oberhalb der Gruttenhütte gegen Norden auf das relativ unbedeutende Gruttenköpfl. Nur bei allerbesten Bedingungen weitergehen! Zwischenabfahrt gegen Norden ins Hochgrubach und entweder immer steiler werdend durch das Kar nach Norden bis zum Wandfuß unter dem Kopftörlgrat oder aus dem Hochgrubach links (Nordwesten) in den weiten Boden abfahren, von dem sich die Rote Rinne aufschwingt. Extrem steil in vielen Spitzkehren durch die Rote Rinne zur Roten-Rinn-Scharte hinauf. Es ist keine Schande, schon vorher umzukehren!
Abfahrt Ins Hochgrubach sehr rassig hinab und unter dem Kaiserkopf in schöne Südhänge hinein, an den Schutterfeldköpfen vorbei und zum Punkt 1452 m. Dann gegen Südosten weiter (auf keinen Fall in das Sandtal!) und durch schütteren Wald (Im Wal) zum Forstweg, dem man zuletzt in geringem Gegenanstieg zum Ausgangspunkt folgt.

Touristische Infos Tourismusverband A-6352 Ellmau, Tel. (05358) 2301; Fax (05358) 3443
Karten AV-Karte, Blatt 8
Übernachtung Winterraum in der Gruttenhütte (1620 m) mit AV-Schloß (keine Heizmöglichkeit)

2 Griesenerkar (ca. 1950 m)

Frühjahrs-Skiparade mit drei verschiedenen Extremrinnen — *Wilder Kaiser*

Gesamtcharakter Die Aufstiege in die geschilderten Steilrinnen sind nur etwas für ausgesprochen sichere und mutige Skitourengeher bei bestem Firn im späten Frühjahr. Im Frühsommer sieht man im Griesenerkar viele Firngleiterfahrer. Bei ungünstigen Verhältnissen oder wenn man sich die Steilrinnen nicht zutraut, endet die Tour bei der kleinen Fritz-Pflaum-Hütte oder etwas oberhalb im Griesenerkar.
Aufstiegszeit 2:45 Std. (bis in eine der Rinnen)
Höhenunterschied ca. 1000 – 1100 m (je nach Routenwahl)
Schwierigkeit skitechnisch bis Fritz-Pflaum-Hütte anspruchsvoll; alle Rinnen extrem
Lawinengefahr häufig lawinengefährdet
Sonstige Gefahren Abrutschgefahr in den Steilhängen
Hangrichtung Norden und Osten
Beste Jahreszeit April – Mai

Anfahrt *Auto:* Von Kiefersfelden über Walchsee – Kössen – Griesenau, dann auf der Mautstraße durch das Kaiserbachtal (Straße erst ab Mitte April frei).
Ausgangspunkt Grieseneralm (988 m) am Ende der mautpflichtigen Straße durch das Kaiserbachtal.
Aufstieg Von der Grieseneralm auf dem Wanderweg über den Kaiserbach gegen Westen und auf der Russenleiten links ab. Nach Südosten hinauf und in den Wald hinein. Auf einem Rücken in der Talmitte steil hinauf. Vor dem Kleinkaiser links abbiegen und über eine Steilstufe zur Fritz-Pflaum-Hütte (1866 m; unbewirtschaftet). Die drei folgenden Alternativrouten sind nur für »Spezialisten« geeignet.
Zur Steilrinne zwischen den Törlspitzen vor dem Kleinkaiser rechts, also auf dessen westlicher Seite hinauf. Auf den Schuttkegel unter der Goinger Törlspitze und immer steiler das Kar hinauf. Zwischen den Felsen abschnallen und die Ski in die nördliche Scharte (ca. 2100 m; rechts neben dem Goinger Törl) tragen.
Ins Kleine Törl an der eben geschilderten Steilrinne vorbei und gegen Südosten durch das Griesenerkar; möglich auch über Fritz-Pflaum-Hütte. Südlich des Kleinkaisers arg steil ins Kleine Törl (2111 m) hinauf.
Aus dem südöstlichen Griesenerkar tragen Extremfahrer ihre Brettl gegen Osten ins Schönwetterfensterl (2195 m) durch eine schmale, felsdurchsetzte Steilrinne.
Abfahrt Entlang den Aufstiegsrouten.

Touristische Infos Tourismusverband A-6383 Erpfendorf, Tel. (05352) 8150, Fax (05352) 8466
Literatur, Gebietsführer Rudolf und Siegrun Weiss u.a. (1997): Genuß-Schitourenatlas Österreich-West, Schall Verlag
Karten AV-Karte, Blatt 8

Tour 1: Die Gruttenhütte

3 Ellmauer Tor (1995 m)

Durch das Kübelkar — *Wilder Kaiser*

Gesamtcharakter Von den allgemein anspruchsvollen Touren im Wilden Kaiser zählt die Route zum Ellmauer Tor zu den leichteren. Günstig ist sie nur bei Firn.
Für den Aufstieg im harten Schnee Harscheisen mitnehmen. Nicht immer möglich, da hohe Schneelage und sichere Bedingungen erforderlich sind.
Wenn die Bedingungen passen, dann ist das Kübelkar unterhalb dem Ellmauer Tor sehr beliebt, und die Abfahrt sieht dann auch gleich wie eine Buckelpiste aus.
Aufstiegszeit 2:15 Std.
Höhenunterschied 900 m
Schwierigkeit skitechnisch mittel
Lawinengefahr häufig lawinengefährdet
Sonstige Gefahren Abrutschgefahr bei Harsch
Hangrichtung Süden
Beste Jahreszeit Februar – März

Anfahrt *Auto:* Von Ellmau am Wilden Kaiser auf einer guten Straße durch das Hausbachtal zur Wochenbrunner Alm. Der große Parkplatz ist gebührenpflichtig.
Ausgangspunkt Wochenbrunner Alm (1085 m).
Aufstieg Von der Parkplatzeinfahrt am breiten Weg durch das Großtal, an der Gaudeamushütte vorbei und gegen Norden steil in das Kübelkar. Durch das gestufte Kar stellenweise steil und über flachere Terrassen nach Norden bis in das Ellmauer Tor. Von dort steigen Extremsportler gegen Westen eine felsdurchsetzte Steilflanke unter der Vorderen Karlspitze hinauf. Nur bei optimalen Bedingungen darf man den Abstecher zur Hinteren Goinger Halt (2192 m) riskieren (zu Fuß).
Abfahrt Entlang der Aufstiegsspur.

Touristische Infos Tourismusverband A-6352 Ellmau, Tel. (05358) 2301; Fax (05358) 3443
Literatur, Gebietsführer Rudolf und Siegrun Weiss u.a. (1997): Genuß-Schitourenatlas Österreich-West, Schall Verlag
Karten AV-Karte, Blatt 8
Übernachtung Winterraum in der Gaudeamushütte (1267 m; 10 Lager); AV-Schloß (keine Heizmöglichkeit)

Tour 3: Im Kübelkar unter dem Ellmauer Tor

4 Winkelkar (1538 m)

Stille Tour inmitten wilder Kaiserwände — *Zahmer Kaiser*

Gesamtcharakter Kurze, stellenweise etwas steile Tour durch eine eindrucksvolle Felslandschaft. Ein Gipfel wird nicht erreicht. Am schönsten bei Pulverschnee, den man in diesem schattigen Winkel erstaunlich lange findet.
Aufstiegszeit 2:30 Std.
Höhenunterschied 830 m
Schwierigkeit skitechnisch mittel
Lawinengefahr mitunter lawinengefährdet
Hangrichtung Norden und Osten
Beste Jahreszeit Januar – März

Anfahrt *Auto:* Von Kiefersfelden bzw. Rosenheim Autobahnausfahrt Oberaudorf-Niederndorf, bis Durchholzen.
Bus/Bahn: Buslinie Kufstein-Bahnhof – Kössen, Haltestelle Durchholzen.
Ausgangspunkt Parkplatz »Am Brand« (710 m) südöstlich von Durchholzen.
Aufstieg Vom geräumten Parkplatz am Sperrschild vorbei gegen Süden leicht ansteigend zur Großpoitneralm. Dort links und auf schmaler Straße in den Wald. Gleich wieder rechts und durch eine breite Lichtung gegen Süden hinauf.
Bald in einen freien Hang und durch diesen ziemlich steil aufwärts. Nach der Hangkante gegen Südwesten, also nach rechts zur Winkelalm (1193 m).
Südlich der Berghütte durch Jungwald in das Winkelkar. Auf der linken Karseite dahin und zu einer Kante hinauf.
Dann rechts abdrehen und zur Grathöhe. Am Grat links ab und gegen Westen bis zum Punkt 1538 m.
Abfahrt Entlang der Aufstiegsroute.

Touristische Infos Tourismusverband A-6344 Walchsee, Tel. (05374) 5 2230, Fax (05374) 5135
Karten AV-Karte, Blatt 8

5 Heuberg (1603 m)

Voralpentour mit Kaiserblick — *Zahmer Kaiser*

Gesamtcharakter Bis auf den steilen Gipfelanstieg handelt es sich um eine beschauliche Tour, für die eine hohe Schneelage wünschenswert ist. Trotz des geringen Höhenunterschieds braucht man wegen der weiten Entfernung einwandfreie Kondition.
Aufstiegszeit 2:30 Std.
Höhenunterschied 870 m
Schwierigkeit skitechnisch mittel
Lawinengefahr kaum lawinengefährdet
Hangrichtung Norden, Osten und Süden
Beste Jahreszeit Januar – März

Anfahrt *Auto:* Von Kiefersfelden bzw. Rosenheim Autobahnausfahrt Oberaudorf-Niederndorf, zum Ortseingang von Walchsee, Stichstraße zum Ausgangspunkt; *Bus:* Buslinie ab Kufstein-Bahnhof – Kössen.
Ausgangspunkt Parkplatz oberhalb von Oed, südwestlich des Walchsees (ca. 740 m).
Aufstieg Vom kleinen Parkplatz kurz nach Südwesten auf der Straße, am Waldrand links und gegen Süden weiter. Entweder zur Fahrstraße (bei geringer Schneelage empfehlenswert) oder auf dem Sommerweg (etwas links haltend) in der Nähe des Erzbaches aufsteigen, bis der Fahrweg erreicht wird. Auf ihm nach Südosten, bis bei knapp 900 m Höhe rechts der Sommerweg abbiegt. Er verläuft durch einen kurzen Waldgürtel, dann eine breite Lichtung steil gegen Süden hinauf und quert abermals ein Sträßchen. Dort rechts ab und oberhalb der Straße nach Südwesten. Die Straße wieder queren und die Hänge westlich der Wolfingeralm hinauf. An einem felsigen Köpfl vorbei und über eine Kuppe leicht abwärts zur Straße. Dann nach Südwesten zur Hageralm. Oberhalb der Hütte deutlich steiler hinauf, rechts abschwenken und ins Jöchl. Über den Südgrat steil bis fast zum Gipfel hinauf. Die letzten Meter (etwas felsig) zu Fuß.
Abfahrt Entlang der Aufstiegsroute mit etlichen Variationen.

Touristische Infos Tourismusverband A-6344 Walchsee, Tel. (05374) 5 2230, Fax (05374) 5135
Literatur, Gebietsführer Im Alpenvereins-Skiführer Ostalpen Bd 2 von Dieter Seibert (Bergverlag Rother) ist die Tour kurz erwähnt.
Karten AV-Karte, Blatt 8

6 Geigelstein (1808 m)

Chiemgauer Skitourenklassiker *Chiemgauer Alpen*

Gesamtcharakter Beliebte Hochwinter-Vorgebirgstour.
Aufstiegszeit 3:45 Std.
Höhenunterschied 1100 m
Schwierigkeit skitechnisch leicht
Lawinengefahr kaum lawinengefährdet
Hangrichtung Westen und Süden
Beste Jahreszeit Dezember – März

Anfahrt *Auto:* Autobahn München – Salzburg bis Frasdorf, über Aschau Richtung Sachrang bis zum Ausgangspunkt; *Bus/Bahn:* RVO-Busverbindung ab Bhf. Bernau bzw. Sachrang.
Ausgangspunkt Parkplatz bei der Holzer Hütte zwischen Innerwald und Huben (700 m).
Aufstieg Auf dem Weg über die Prien und nach Süden hinauf. Ab einer Forsthütte auf etwas breiterem Fahrweg gegen Südosten. Abkürzungsmöglichkeit der weit ausholenden Forststraße auf dem Sommerweg. Ab der Talalm nach Osten weiter. Den möglichen Aufstieg über die Mühlhornwand aus Naturschutzgründen nicht wählen, sondern auf der Straße zur Priener Hütte und von dort gegen Norden zur Oberkaseralm. Nun über weite, freie Hänge in den Sattel zwischen Wandspitz und Geigelstein. Je nach Schneelage zu Fuß oder mit Ski am Rücken gegen Nordosten zum Gipfel.
Abfahrt Entlang der Aufstiegsroute.

Touristische Infos Verkehrsamt D-83229 Sachrang, Tel. (08057) 378, Fax (08057) 1051
Literatur, Gebietsführer Dieter Seibert: Alpenvereins-Skiführer Ostalpen Bd 2, Bergverlag Rother
Karten Bayer. LVA, Blatt Chiemsee und Umgebung
Einkehr in der Priener Hütte
Übernachtung Priener Hütte (1410 m), außer im April ganzj. bew., Tel. (08057) 428

7 Spitzstein (1596 m)

Voralpentour für Genießer *Chiemgauer Alpen*

Gesamtcharakter Wegen der Südlage leider nicht schneesicher, deshalb hohe Schneelage abwarten. Einzigartige Gipfelaussicht ins benachbarte Kaisergebirge.
Aufstiegszeit 2:30 Std.
Höhenunterschied 860 m
Schwierigkeit skitechnisch leicht
Lawinengefahr kaum lawinengefährdet
Hangrichtung Süden
Beste Jahreszeit Dez. – März

Anfahrt *Auto:* Autobahn München – Salzburg bis Frasdorf, über Aschau bis Sachrang; *Bus/Bahn:* RVO-Busverbindung ab Bhf. Bernau.
Ausgangspunkt Südwestlicher Ortsrand von Sachrang (738 m) an der Straße nach Schweibern (Parkplatz unmittelbar vor der Brücke).
Aufstieg Am Sommerweg zur Mitterleiten und etwas gegen Westen abwärts. Dann gegen Norden in dichten Wald hinein. Auf steinigem Pfad zum Spitzsteinhaus. Am Unterkunftshaus vorbei und gegen Norden über freie Hänge und lichten Wald – zuletzt im Latschengelände etwas steiler – zur kleinen Kapelle am Gipfel.
Abfahrt Bis zur Goglalm entlang der Aufstiegsroute. Dort kann man nach Süden (etwas rechts abdrehen) und westlich des Bachs nach Stein abfahren. Zweimal über die Straße und – etwas links haltend – steil und steinig durch eine Waldschneise zum Bach hinab. Über den Bach und am Gegenhang gegen Nordosten zum Aufstiegsweg.

Touristische Infos Verkehrsamt D-83229 Sachrang, Tel. (08057) 378, Fax (08057) 1051

Literatur, Gebietsführer Dieter Seibert: Alpenvereins-Skiführer Ostalpen Bd 2, Bergverlag Rother
Karten Bayer. LVA, Blatt Chiemsee und Umgebung
Einkehr/Übernachtung Spitzsteinhaus (nur im März geschlossen), Tel. (05373) 8330

Tour 7: Auf dem Gipfel des Spitzsteins

8 Schnappen (1546 m)

Kaiserblick *Chiemgauer Alpen*

Gesamtcharakter Bescheidene, ruhige Skitour mit Voralpencharakter.
Schon während des Aufstiegs großartige Ausblicke ins benachbarte Kaisergebirge. Zum Teil freies, weitläufiges Gelände, das den skifahrerischen Ambitionen kaum Grenzen setzt.
Aufstiegszeit 2:45 Std.
Höhenunterschied 860 m
Schwierigkeit skitechnisch leicht
Lawinengefahr mitunter lawinengefährdet
Hangrichtung Süden und Westen
Beste Jahreszeit Januar – März

Anfahrt *Auto:* Von Kiefersfelden bzw. Rosenheim Autobahnausfahrt Oberaudorf-Niederndorf – Walchsee – Kössen, weiter Richtung St. Johann bis zum Ausgangspunkt; *Bus:* Bushaltestelle (Linie Kössen – Kirchdorf – St. Johann) am Ausgangspunkt.
Ausgangspunkt Einwall im Kohlental (692 m).
Aufstieg Auf der Straße nach Osten in Richtung Einwallalm. Bei der Straßenverzweigung vor der Materialseilbahn links halten, unter dem Aufzug hindurch und über zwei Bäche. Auf der Straße zum Waldrand weiter. Dort rechts abbiegen und gegen Osten zur Stubenalm. Hinter dem Zaun scharf links und durch muldiges Gelände und in weitem Bogen hoch über dem Schnappengraben nach links, durch ein Gatter und gegen Norden zur Unteren Schnappenalm. Von dort geradewegs zum höchsten Punkt hinauf.
Abfahrt Entlang der Aufstiegsroute mit etlichen Variationsmöglichkeiten im übersichtlichen Gelände.

Touristische Infos Tourismusverband A-6345 Schwendt, Tel. (05375) 6816, Fax (05375) 6816
Literatur, Gebietsführer Dieter Seibert: Alpenvereins-Skiführer Ostalpen Bd 2, Bergverlag Rother
Karten Freytag & Berndt WK, Blatt 301

9 Hörndlwand (1684 m)

Voralpentour mit anspruchsvoller Zwischenetappe

Chiemgauer Alpen

Gesamtcharakter Stellenweise anspruchsvolle Tour mit Hangneigungen bis zu 35° und sehr schöner Gipfelrundschau. Im Gipfelbereich der Skiroutenmarkierung folgen!
Aufstiegszeit 3 Std.
Höhenunterschied 1000 m (einschl. minimalem Gegenanstieg bei der Abfahrt)
Schwierigkeit skitechnisch anspruchsvoll
Lawinengefahr mitunter lawinengefährdet
Sonstige Gefahren am Aufstiegsweg kurze ausgesetzte Stellen
Hangrichtung Osten
Beste Jahreszeit Dezember – März

Anfahrt *Auto:* Autobahn München – Salzburg Ausfahrt Bergen, weiter über Ruhpolding, B305 Richtung Reit im Winkl bis Seehaus; *Bus:* RVO-Buslinie Reit im Winkl – Ruhpolding – Inzell, Haltestelle Seehaus direkt am Ausgangspunkt.
Ausgangspunkt Seehaus bei Ruhpolding (722 m).
Aufstieg Vom Seehaus auf einer Forststraße, rechts ab, über den Rommelbach und gleich dahinter nach links auf einen Ziehweg. Auf ihm gegen Westen oberhalb dem Rommelbachgraben zum Ende einer Forststraße. Auf dem Sommerweg in der gleichen Richtung dahin. Nach dem kurzen, verwinkelten Steilstück zur linken oberen Ecke einer Lichtung. Nun entweder auf dem Fahrweg und durch den Ostertalgraben in das Ostertal oder auf dem Sommerweg über die Brandner Alm. Dort links abdrehen und zur beschilderten Routenverzweigung mitten im Hochwald. Abermals links, durch gestuftes Waldgelände weiter und östlich der Hörndlwand, sehr steile Waldhänge querend (Vorsicht!), ins Ostertal. Nun durch das Ostertal immer steiler (bis 35°) gegen Südwesten hinauf. Nach der Hangkante wieder flacher den grünen Markierungstafeln folgen (Schutz der Rauhfußhühner!) über einen Rücken zum Südwestgipfel hinauf.
Abfahrt Durch den Ostertalgraben, den Rest wie Aufstieg.

Touristische Infos Fremdenverkehrsamt D-83324 Ruhpolding, Tel. (086 63) 12 68, Fax (086 63) 96 87
Literatur, Gebietsführer Dieter und Uli Seibert: Skitouren Bayern, Steiger Verlag
Karten Bayer. LVA, Blatt Chiemsee und Umgebung

10 Zinnenberg (1565 m)

Hochwintertour im Waldbereich

Chiemgauer Alpen

Gesamtcharakter Leichte, wenig anstrengende und beschauliche Hochwintertour. Nur unterhalb der Ellandalm sind einige lawinengefährdete Rinnen zu queren. Die Abfahrt ist zwar lang, aber nicht besonders aufregend.
Aufstiegszeit 3 Std.
Höhenunterschied 870 m
Schwierigkeit skitechnisch leicht
Lawinengefahr kaum lawinengefährdet
Hangrichtung Osten
Beste Jahreszeit Dezember – März

Anfahrt *Auto:* Autobahn München – Salzburg bis Frasdorf, über Aschau – Hohenaschau bis Hammerbach; *Bus:* RVO-Busverbindung ab Bhf. Bernau.
Ausgangspunkt Hammerbach (700 m) bei Hohenaschau.
Aufstieg Auf dem markierten Sommerweg mäßig ansteigend durch lichten Hochwald gegen Südwesten hinauf. Der Hang flacht etwas ab, und unter dem Zellerhorn lichtet sich der Wald. Durch eine langgezogene Lichtung zur Ellandalm. Über eine steilere Stufe zur Angerer Alm (1196 m) und zur Klausenhütte (1508 m) zwischen Klausenberg und Zinnenberg. Direkt von der Klausenhütte nach Süden zum Gipfel hinauf. Es ist auch möglich, den Gipfel-Westhang nach Süden zu queren und später links abzudrehen, um über den breiten Südrücken zum Kreuz aufzusteigen.
Abfahrt Entlang der Aufstiegsroute.

Touristische Infos Fremdenverkehrsamt D-83229 Aschau im Chiemgau, Tel. (080 52) 90 49 37, Fax (080 52) 47 17
Literatur, Gebietsführer Dieter Seibert: Alpenvereins-Skiführer Ostalpen Bd 2, Bergverlag Rother
Karten Bayer. LVA, Blatt Chiemsee und Umgebung

11 Sonntagshorn (1961 m)

Aus dem Heutal

Chiemgauer Alpen

Gesamtcharakter Beschauliche Skitour durch eine bezaubernde Voralpenlandschaft. Herrliche Wedelhänge.
Aufstiegszeit 2:45 Std.
Höhenunterschied 960 m
Schwierigkeit leicht
Lawinengefahr kaum lawinengefährdet
Hangrichtung Südwesten und Süden
Beste Jahreszeit Dezember – März

Anfahrt *Auto:* Von Inzell auf B 305 bis Schneizlreuth, weiter auf B 21 über den Steinpaß – Unken in das Heutal.
Ausgangspunkt Jausenstation Heutalbauer im Heutal (968 m).
Aufstieg Auf der Almstraße neben dem Lahnerbach gegen Nordosten am Baureggerkaser vorbei und bis zum Fahrweg bei der Hochalm. In der gleichen Richtung weiter zum Roßkarsattel (zwischen Peitingköpfl und Sonntagshorn) und gegen Norden (links) zum Sonntagshorn hinauf.
Abfahrt Entlang der Aufstiegsroute.

Touristische Infos Tourismusverband A-5091 Unken, Tel. (065 89) 245, Fax (065 89) 502
Literatur, Gebietsführer Dieter Seibert: Alpenvereins-Skiführer Ostalpen Bd 2, Bergverlag Rother
Karten Freytag & Berndt WK, Blatt 101

Tour 12: In der Hochfeldscharte über dem Sittersbachtal

12 Sittersbachtal (2342 m)

Zur Hochfeldscharte im Nationalpark Berchtesgaden

Berchtesgadener Alpen

Gesamtcharakter Stille, lohnende, aber lange, hochalpine Skitour. Schöne Ausblicke aus dem Steilkar und vom Zielpunkt der Tour, bei der kein Gipfel erreicht wird. Nur bei sehr sicherer Schneelage zu empfehlen.
Aufstiegszeit 5 Std.
Höhenunterschied 1600 m
Schwierigkeit anspruchsvoll
Lawinengefahr häufig lawinengefährdet
Sonstige Gefahren Wächten in der Hochfeldscharte
Hangrichtung Nordwesten und Norden
Beste Jahreszeit Februar – April

Anfahrt *Auto:* Ab Inzell oder Berchtesgaden auf der B305 bis Hintersee; *Bus:* RVO-Bus ab Berchtesgaden bzw. Bad Reichenhall.
Ausgangspunkt Hintersee (789 m).
Aufstieg Vom Parkplatz am Hintersee in den Nationalpark Berchtesgaden und auf der Straße im Hirschbichltal zur Wegabzweigung Richtung Ofental. Dort links abbiegen, an der Lahnwald-Diensthütte vorbei und in Kehren gegen Süden. Die Route Richtung Ofental verlassen und zur Sittersbach-Holzstube (1074 m). Von der Hütte ins Sittersbachtal hinein. Über eine lange Steilstufe auf eine kleine Felswand zu, unter dem Eishörnl gegen Süden schwenken und in das Hinterbergkar hinein. Dann wieder steiler weiter. Um die Hänge des Hinterberghorns herum, unter der Hocheisspitze auf die Wimbachschneid zu und etwas nach rechts in die Hochfeldscharte.
Abfahrt Entlang der Aufstiegsspur.

Touristische Infos Verkehrsamt D-83486 Ramsau, Tel. (086 57) 98 89 20, Fax (086 57) 772
Karten Bayer. LVA, Blatt Berchtesgadener Alpen

13 Gugel (1801 m)

Am Fuße des Watzmann-Hochecks — *Berchtesgadener Alpen*

Gesamtcharakter Leichte, aber lange Skitour. Die beschriebene Abfahrtsvariante ist allerdings rassig (bis 40° Neigung). Eindrucksvolle Landschaft. »Gugel« ist der regionale Name für eine Lederkappe mit Nackenschutz, wie sie früher die Holzknechte getragen haben.
Aufstiegszeit 3:30 Std.
Höhenunterschied 1150 m
Schwierigkeit skitechnisch mittel; Abfahrtsvariante: anspruchsvoll
Lawinengefahr mitunter lawinengefährdet
Hangrichtung Norden
Beste Jahreszeit Januar – März

Anfahrt *Auto:* Ab Inzell oder Berchtesgaden auf der B 305 zum Parkplatz Wimbachbrücke; *Bus:* RVO-Bus ab Berchtesgaden bzw. Bad Reichenhall.
Ausgangspunkt Wimbachbrücke in Ramsau (670 m).
Aufstieg Über die Wimbachbrücke und auf dem Sommerweg auf der östlichen Seite des Wimbachs dahin. Kurz auf dem Fahrweg, diesen in der ersten Linkskehre nach rechts verlassen und wieder auf dem Sommerweg gegen Südosten in die Lichtungen der Stubenalm hinauf. Dort etwas gegen Süden abdrehen, geradeaus durch eine breite Lichtung immer steiler aufwärts und im weiteren Verlauf ein wenig nach Südwesten schwenken. In der gleichen Richtung weiter und durch schütteren Lärchenwald – zuletzt ziemlich steil – zur Gugel. Aufstiegsmöglichkeit zum Hocheck (2651 m), steil und anspruchsvoll; nur bei besten Bedingungen anzuraten. Übergang durch die Watzmanngrube zum Watzmannhaus (1928 m) möglich.
Abfahrt Entlang der Aufstiegsroute mit einer Variante, die vom Sommerweg rechts abzweigt und durch eine 40° steile Waldlichtung rund 100 Höhenmeter zackig abfällt, ehe sie wieder zur Aufstiegsroute führt.

Touristische Infos Verkehrsamt D-83486 Ramsau, Tel. (08657) 988920, Fax (08657) 772
Literatur, Gebietsführer zur Zeit keine Literatur auf dem Markt
Karten Bayer. LVA, Blatt Berchtesgadener Alpen

14 Drittes Watzmannkind (2232 m)

Im Watzmannkar — *Berchtesgadener Alpen*

Gesamtcharakter Lange und anstrengende, aber oberhalb der Forststraßen landschaftlich tief beeindruckende Skitour. Wegen der tiefen Lage des Ausgangspunktes hohe Schneelage wünschenswert.
Aufstiegszeit 4:30 Std.
Höhenunterschied 1500 m
Schwierigkeit anspruchsvoll
Lawinengefahr häufig lawinengefährdet
Sonstige Gefahren Wächten am Dritten Watzmannkind. Vorsicht bei einer Doline direkt unter dem höchsten Punkt; Abfahrt im Watzmannkar sehr felsig
Hangrichtung Norden
Beste Jahreszeit Februar – März

Anfahrt *Auto:* Ab Inzell oder Berchtesgaden auf der B 305 zum Parkplatz Hammerstiel; *Bus:* RVO-Bus ab Berchtesgaden bzw. Bad Reichenhall.
Ausgangspunkt Parkplatz Hammerstiel (ca. 750 m) in Hinterschönau.
Aufstieg Auf der Forststraße (Rodelbahn) gegen Südwesten und nach links (Südosten) durch das Schapbachtal zur Schapbach-Diensthütte. Auf der Straße an der Schapbachalm vorbei und zur scharfen Straßenkehre am Waldrand. Von dort durch steile Waldlichtungen gegen Südwesten zum Kederbichel hinauf. Zwischen dem Kleinen Watzmann und dem Hocheck spurt man durch das reizvolle Watzmannkar, vor einer Felsenrippe etwas links und über eine Bergflanke direkt auf das Dritte Watzmannkind hinauf. Auch das fünfte Watzmannkind ist mit Ski besteigbar.
Abfahrt Entlang der Aufstiegsroute.

Touristische Infos Verkehrsamt D-83471 Schönau am Königssee, Tel. (08652) 1760, Fax (08652) 64526
Literatur, Gebietsführer Dieter Seibert: Alpenvereins-Skiführer Ostalpen Bd 2, Bergverlag Rother
Karten Bayer. LVA, Blatt Berchtesgadener Alpen

Tour 13: Blick von der Gugel über die Watzmanngrube in Richtung Hocheck

Tour 16: Im oberen Ochsenkar unter dem Hochkönig. Links die markante Torsäule

15 Hoher Göll (2522 m)

Über dem Königssee *Berchtesgadener Alpen*

Gesamtcharakter Langer, bisweilen arg steiler Aufstieg (Drahtseil) mit längeren Flachstrecken. Sichere Schneeverhältnisse, gute Sicht und einwandfreie Schneelage sind erforderlich. Grandiose Gipfelrundschau. Sehr beliebt.
Aufstiegszeit 4:30 Std.
Höhenunterschied 1440 m
Schwierigkeit skitechnisch anspruchsvoll; alpinistisch: Trittsicherheit und Schwindelfreiheit erforderlich
Lawinengefahr mitunter lawinengefährdet
Sonstige Gefahren ernstzunehmende Absturzgefahr bei Harsch; im Gipfelbereich senkrechte Felsabbrüche; riesige Wächten am Gipfelgrat
Hangrichtung Nordwesten, Westen und Südosten
Beste Jahreszeit März – Mai

Anfahrt *Auto:* Ab Berchtesgaden auf der Roßfeldstraße; *Bus:* RVO-Buslinie ab Berchtesgaden, Haltestelle am Ausgangspunkt.
Ausgangspunkt Parkplatz Hinterbrand (1090 m).
Aufstieg Von Hinterbrand auf der Roßfeldstraße knapp 5 Min. nach Osten hinab, bis rechts der Wanderweg abzweigt. Entweder durch eine Schotterreiße oder am markierten Alpeltalsteig hinauf. Beide Varianten vereinen sich bald. Weiter oben im Steilhang entlang einer schmalen Felsenkante (je ein Drahtseil für hohe und niedrige Schneelage). Dann durch ein steiles Kar und einen Felsabsatz rechts oder links umgehen. In lockerem Lärchenwald steil in gleicher Richtung weiter. Der Berg flacht etwas ab, dort leicht links halten und wieder in steiles Gelände. Oberhalb einer Kante mit Blick zum Kehlsteinhaus rechts abdrehen, enorm hinauf, bis bei rd. 1900 m Höhe die Umgäng erreicht werden. Ein längeres Stück fast eben dahin und ab 2000 m Höhe wieder in einen steileren Hang. Vor der Göllscharte links in steile Südosthänge und auf einen kreuzgeschmückten Vorgipfel. Von dort links neben dem Grat durch einen kleinen Sattel und über den Schlußhang mit Ski zur Gipfelkuppe hinauf.
Abfahrt Nur entlang der Aufstiegsroute sinnvoll.

Touristische Infos Verkehrsamt Berchtesgadener Land, D-83463 Berchtesgaden, Tel. (08652) 9670, Fax (08652) 63300
Literatur, Gebietsführer Dieter Seibert: Alpenvereins-Skiführer Ostalpen Bd 2, Bergverlag Rother
Karten Bayer. LVA, Blatt Berchtesgadener Alpen

16 Hochkönig (2941 m)

Über die Übergossene Alm *Berchtesgadener Alpen*

Gesamtcharakter Sehr beliebte, aber auch anstrengende Skitour in prächtiger, hochalpiner Landschaft. Unterkunftshaus direkt am aussichtsreichen Gipfel. Kräftezehrende Gegenanstiege bei der Abfahrt einkalkulieren! Am Eingang ins Ochsenkar bisweilen extreme Lawinengefahr!
Aufstiegszeit 5:30 Std.
Höhenunterschied 1600 m
Schwierigkeit skitechnisch mittel
Lawinengefahr häufig lawinengefährdet
Hangrichtung Südosten, Osten und Nordosten
Beste Jahreszeit Februar – Mai

Anfahrt *Auto:* Tauern-Autobahn bis Bischofshofen – Mühlbach am Hochkönig – Bergstraße zum Arthurhaus.
Bus: Skibus von Mühlbach zum Arthurhaus oder Linienbus von Bischofshofen über Mühlbach zum Arthurhaus.
Ausgangspunkt Arthurhaus (1502 m).
Aufstieg Vom Arthurhaus zum Parkplatz hinauf, kurz nach Westen und ab den Almhütten auf einem Fahrweg nach Nordosten zur Mitterfeldalm (1669 m). Dort links abdrehen und die lawinenbedrohten Hänge unter Vierrinnenköpfen und Schneeklamm queren. Links ins Ochsenkar abbiegen und an seinem rechten Rand das breite Kar nach Westen hinauf.
Südlich der Torsäule schwingt sich der Hang immer steiler bis zum Schoberschartl auf. Hinter dem Schartl wird der Anstieg wieder leichter. Zwischendurch fällt er sogar auf längere Etappen ab (was für die Abfahrt Gegenanstiege bedeutet). Dann wird die Übergossene Alm erreicht. Wir schieben die Ski praktisch eben über dieses Gletscherchen, drehen etwas links ab und spuren zuletzt steil zum Matrashaus am Gipfel hinauf.
Abfahrt Entlang der Aufstiegsroute.

Touristische Infos Tourismusverband A-5505 Mühlbach am Hochkönig, Tel. (06467) 7235, Fax (06467) 7811
Literatur, Gebietsführer Rudolf und Siegrun Weiss u.a. (1997): Genuß-Schitourenatlas Österreich-West, Schall Verlag; Christian Schneeweiß: Skitouren in Österreich, Verlag J. Berg bei Bruckmann, München
Karten Bayer. LVA, Blatt Berchtesgadener Alpen
Einkehr/Übernachtung Mitterfeldalm (1669 m), Tel. (0663) 69943 und Matrashaus am Gipfel, Tel. (06467) 7566

Salzkammergut-Berge und Umgebung

Günter und Luise Auferbauer

Auch bei dieser Region reflektieren die ausgewählten Touren bloß einen Querschnitt aus einem überwiegend brachliegenden Riesenangebot. Erstürmt werden die »Klischee-Gipfel«; allen voran der *Dachstein*. Abseits des vielverspurten Geländes hält sich jedoch die Lust auf individuellen Ski-Alpinismus in Grenzen. Diffizile Herausforderungen wie bei Überquerungen am Dachstein, Höllengebirge, Tennengebirge oder gar Totem Gebirge werden ja nur von einem kleinen Anwenderkreis angenommen. Das Gros der Tourenfreaks orientiert sich an den Klischees.
Der tiefere Sinn der hier ausgewählten Touren liegt deshalb darin, nach den diversen Schnuppererlebnissen in selbständiger Weise kreativ aktiv zu werden!

Etliche Tourengeher stimmen ihre Zielauswahl bewußt an ökologisch-ökonomischen Parametern ab. Deshalb sei im voraus festgehalten: In der Region Salzkammergut und Umgebung sind die logistischen Rahmenbedingungen sehr gut. Sie werden vom Angebot der Natur dermaßen übertroffen, daß der Reisezeitaufwand gegenüber Tourenlängen und Höhenmetern einem akzeptablen Verhältnis entspricht. Dazu kommen die Werte der nicht meßbaren Erlebnistiefe. Diese idealisierte Bewertung ist natürlich frei vom Einfluß jenes Zeitdrucks, der dort grassiert, wo Skitourenziele bloß im »Ruckzuck-Stil« des Tagestourismus konsumiert werden.

Das *Tennengebirge, Höllengebirge*, der *Dachstein* und das *Tote Gebirge* sind hochalpin geformte Reliefs. Diese Massive gelten allgemein als wahre »Schneelöcher«. Daß die Abfahrten am Dachstein bis zu 2400 Höhenmeter betragen, rückt den Stellenwert der gesamten Region ins rechte Licht.
Dank Seilbahnauffahrten sind etliche Abfahrten um 1000 Höhenmeter (oder gar noch mehr!) länger als die Aufstiege.
Aus der z.B. gern angewandten Kombination »Dachstein-Südwandbahn und Hallstatt-Abfahrt« sind die *Simonyhütte* und das *Wiesberghaus* ihrer historisch fundierten Bedeutung längst entwachsen. Aber der Pioniergeist des Dr. Friedrich Simony, der anno 1847 den Dachstein gleich dreimal im Winter erstieg, wird jedem Besucher bewußt, sobald er sich selber mit den Naturgewalten auseinandersetzen muß: Nebel, Sturm und Schneegestöber lassen sich von keiner Technik bannen. Aber immerhin heulen die von Toni Rosifka gezüchteten Huskys ihr Lied in jedes Winterwetter und leiten Tourengeher sicher an die Simonyhütte heran.

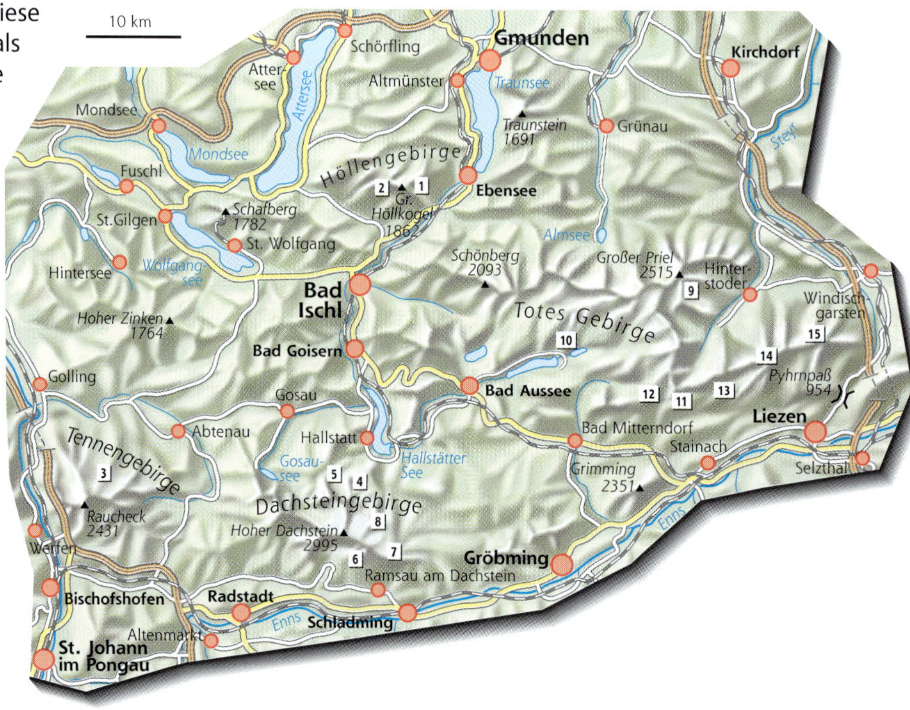

Die *Adamekhütte* hingegen ist permanent von ursprünglicher Bergeinsamkeit umgeben. Diese Stille wirkt derart, daß sich die hüttenbesitzende Sektion Austria wünscht, es käme mehr Leben in diesen Teil der Bergwelt.
Ähnliche Kontraste sind z. B. ebenso am Feuerkogel, Loser und auf der Tauplitz nachvollziehbar: Seilbahnen und Lifte dienen als Aufstiegshilfen, mit denen man sich komfortable Zugänge in eine scheinbar verschlossene Winter-Wunderwelt verschafft. Aber abseits der letzten Liftstütze verweht jeder Hauch von Tourismus. Fern von Zeit und Raum liegen die großen Seiten der Natur aufgeschlagen.

Aus südbayrischer oder westösterreichischer Perspektive betrachtet, könnte dasselbe Gebiet auch als »Skitourenarena östlich der Tauern-Autobahn« benannt werden. Die »A 10« ermöglicht, diesen östlichen Teil der Nördlichen Kalkalpen innerhalb relativ kurzer Fahrzeiten zu erreichen.
Skibergsteiger kommen zwar nicht höher hinaus als 2995 Meter – so hoch ist der Dachstein. Er und seine auf

Anstieg auf dem Hallstätter Gletscher in Richtung Dachstein (Tour 4)

steirischer, oberösterreichischer und Salzburger Seite vielbesuchten Trabanten haben sich jedoch als »Bergpersönlichkeiten« längst ihre Fixplätze in vielen Tourenbüchern gesichert. Daher ist es kein Zufall, daß unter den Münchner Kindln oder den Salzburger Mozartkugeln insbesondere die Berge der Steiermark zunehmend als Geheimtips gehandelt werden und entsprechend hoch im Kurs stehen.

Dennoch: Salzburg, Oberösterreich und die Steiermark haben ausgewogene und jeweils spezifische Anteile an diesem hochalpinen Gebiet, das einer großräumigen »Dreiländerecke« gleicht. Die Einzugsbereiche orientieren sich aber eindeutig an den besseren Verkehrsachsen.

Anreise Als Hauptverkehrsachsen dienen im Westen die Tauern-Autobahn (A 10), im Norden die West-Autobahn (A 1); im Osten die Pyhrn-Autobahn (A 9) und im Süden die überwiegend auf 70 km/h limitierte Ennstal-Bundesstraße (B 146).
Bahn und Bus: Wer Überquerungen unternimmt, wie z. B. am Bleikogel, Dachstein, Höllengebirge oder im Toten Gebirge, stützt sich in den lokalen und regionalen Bereichen auf ein aus Zügen, (Ski)Bussen, Seilbahnen und/oder Taxibussen praktikabel vernetztes öffentliches Verkehrssystem.
InterCity- oder EuroCity-Züge halten u. a. in Attnang-Puchheim, Bischofshofen, Golling-Abtenau, Gröbming, Liezen, Radstadt, Schladming, Selzthal, Spital am Pyhrn, Stainach-Irdning und Windischgarsten.
Zudem verkehren Regional- und Eilzüge der Salzkammergutbahn (Attnang-Puchheim – Bad Aussee – Stainach-Irdning) täglich und taktähnlich.
Auskünfte über Bus und Bahn in der Steiermark: Kostenlos bei Mobil Zentral, Schönaugasse 6, A-8010 Graz, Tel. (03 16) 8 20 60 60, Fax (03 16) 8 20 60 82, E-Mail: service@mobilzentral.at.

Touristische Informationen über:
- Dachsteingebirge Nord, Höllengebirge: Ferienregion Salzkammergut, Wirerstraße 10, A-4820 Bad Ischl, Tel. (0 61 32) 26 90 90, Fax (0 61 32) 2 69 09 14, E-Mail: info.salzkammergut@upperaustria.or-at
- Dachsteingebirge Süd: Tourismusregionalverband Dachstein-Tauern, Kuschargasse 202, A-8970 Schladming, Tel. (0 36 87) 2 33 10, Fax (0 36 87) 2 32 32, E-Mail: dachstein-tauern@aon.at
- Tennengebirge: Salzburger-Land Tourismus (SLT), Gästeservice Tennengau, A-5440 Golling an der Salzach, Tel. (0 62 44) 5 66 60, Fax (0 62 44) 56 66 14, E-Mail: info-tg@eunet.at
- Totes Gebirge Ost: Tourismusverband Hinterstoder, A-4573 Hinterstoder, Tel. (0 75 64) 5 26 30, Fax (0 75 64) 5 26 35 5, E-Mail: tv.hinterstoder@netway.at
- Totes Gebirge West: Tourismusverband Salzkammergut Ausseer Land, Kurhausplatz 55, A-8990 Bad Aussee, Tel. (0 36 22) 54 04 00, Fax (0 36 22) 54 04 07, E-Mail: info@ausseerland.at.

1 Großer Höllkogel (1862 m)

Eine Kombination aus Tour und Piste – kinderleicht auf Schnuppertour

Höllengebirge

Gesamtcharakter Skiwanderung, an der auch »Touren-Einsteiger« ihre Freude haben. Kurzer Aufstieg, lange Abfahrt. Die Hochfläche nur bei sichtigem Wetter begehen und grundsätzlich entlang der Stangenmarkierung.
Aufstiegszeit 2:15 Std.
Höhenunterschied 430 m
Schwierigkeit leicht
Lawinengefahr auf der Hochfläche kaum lawinengefährdet
Sonstige Gefahren besondere Vorsicht bei Nebel!
Hangrichtung am Höllkogel Norden bis Nordosten
Beste Jahreszeit Januar – April

Anfahrt *Auto:* B 145, Ebensee; Seilbahn auf den Feuerkogel.
Ausgangspunkt Feuerkogelbahn-Bergstation (1592 m).
Aufstieg Der Zugang erfolgt westwärts und entlang einer dichten Stangenmarkierung. An der Weggabelung beim Totengrabergupf (1782 m) zweigt man südwärts in die Höllkogelgrube ab; Wegweiser (1660 m). Kaum 40 Höhenmeter weiter bergwärts die nächste Weggabelung (1700 m). Man ersteigt nun den nordostseitigen breiten Bergrücken des Großen Höllkogels.
Abfahrt Anfangs wie Aufstieg; sodann eher linkshaltend, gegen Nordwesten, zur Hauptroute. Von der Rieder Hütte entlang der Stangenmarkierung in einigen Gegensteigungen zurück zum Feuerkogel. Die eigentliche Abfahrt führt südwärts, im steilen Pistengelände, zunächst zum Naturfreundehaus (1530 m), dann südostwärts zu einem Sattel (1000 m) und unterhalb einer Hochspannungsleitung nordostwärts direkt zur Talstation der Feuerkogelbahn.

Touristische Infos Tourismusbüro A-4802 Ebensee, Tel. (061 33) 80 16
Literatur, Gebietsführer Günter und Luise Auferbauer: Bergtourenparadies Österreich, Styria Verlag
Karten ÖK 66 (Gmunden)
Einkehr/Übernachtung Feuerkogelhaus, Tel. (061 33) 549 41; Naturfreundehaus Feuerkogel (an Wochenenden bew.); Rieder Hütte

2 Höllengebirge-Überquerung

Über die Hochfläche von Osten nach Westen

Höllengebirge

Gesamtcharakter 15 km lange markierte Route über eine exponierte Hochfläche; ab der Rieder Hütte ist die Skiroute eher spärlich markiert. Sichtiges Wetter unbedingt Voraussetzung.
Aufstiegszeit 5 bis 6 Std.
Höhenunterschied 900 m
Schwierigkeit skitechnisch auf der Hochfläche mittel, ab dem Hochleckenhaus anspruchsvoll
Lawinengefahr auf der Hochfläche kaum, talwärts häufig lawinengefährdet
Hangrichtung bis zur Pfaffengrabenhöhe vorwiegend Süden, danach Nordwesten bis Nordosten
Beste Jahreszeit Februar – April

Anfahrt *Auto:* B 145, Ebensee; Seilbahn auf den Feuerkogel.
Ausgangspunkt Feuerkogelbahn-Bergstation (1592 m).
Aufstieg Vom Feuerkogelhaus entlang der Stangenmarkierung zur Rieder Hütte (1752 m). Im weiteren nordwestwärts. Zwischen Hochhirn (1821 m) und Brunnkogel (1779 m) westwärts abfahrend in das Franzental (1600 m). Zur Pfaffengrabenhöhe (1691 m); Abfahrt in den Pfaffengraben (1354 m). Anstieg in den Sattel (1630 m) am Jagaköpfl. Am Sommerweg zum Hochleckenhaus abfahren.
Abfahrt Zur Kienklause durch die Schotterriese. Dabei hält man sich vom Hochleckenhaus zuerst westwärts bis auf 1450 m Höhe, danach nordwestwärts Richtung Antoniusbründl (1300 m). Nun durch einen steilen Tobel zur Niederen Rast. Auf einem Forstweg, rechts vom Zwieselbach, talaus direkt zum Gasthof »Kienklause« (621 m). Per Taxibus preiswert zurück nach Ebensee.

Touristische Infos Tourismusbüro A-4802 Ebensee, Tel. (061 33) 80 16; Gasthof und Taxibus »Kienklause«, Tel. (076 63) 202
Karten ÖK 66 (Gmunden)
Einkehr Gasthof »Kienklause« (621 m); evtl. auch Rieder Hütte
Übernachtung Feuerkogelhaus, Tel. (061 33) 549 41; Hochleckenhaus, offener Winterraum, bew. ab Palmsonntag, Tel. (076 66) 75 88

3 Bleikogel (2411 m)

Die Trickl-Abfahrt

Tennengebirge

Gesamtcharakter Die Trickl-Abfahrt erfüllt bezüglich Höhe und Gelände Ansprüche, wie sich Skibergsteiger eine selektive Tour vorstellen.
Aufstiegszeit 5 Std.
Höhenunterschied 1710 m
Schwierigkeit skitechnisch mittel bis anspruchsvoll
Lawinengefahr mitunter lawinengefährdet
Sonstige Gefahren Der steile Anstieg durch die Waldstufe enthält zwei mit Drahtseilen gesicherte Passagen; Vorsicht beim Traversieren! Im oberen Tourenteil auf Dolinen achten! Die Tour nur bei sichtigem Wetter unternehmen!
Hangrichtung Nordosten
Beste Jahreszeit März – Mai

Anfahrt *Auto:* A 10 Tauern-Autobahn, Ausfahrt »Golling«; B 162, Abtenau; von Abtenau nach Unterberg (701 m).
Ausgangspunkt Trickl- oder Zwillingbauer (700 m); am Hof um Parkerlaubnis bitten.
Aufstieg In Unterberg von den beiden genannten Gehöften südwärts, über den Talboden zum gegenüberliegenden Waldrand. Ein Jagdsteig leitet aus dem Hochtalboden an einem Schwemmkegel aufwärts in den steilen Bergwald. In ca. 820 m Höhe quert man unterhalb von Felsen nach rechts zu einer Passage, die den weiteren Anstieg ermöglicht. Nun fast 500 Höhenmeter durch steiles Waldgelände bzw. am Rande des Waldes bergan zur Schwarzkogel-Jagdhütte (1360 m). Am östlichen Rand der steilen, schrofigen Tricklalm bzw. gegenüber jenem Felsriegel, zu dem auch die Langwand gehört, aufwärts in das Gelände der Hochfläche. Unschwierig auf den Gipfel.
Abfahrt Wie Aufstieg.

Touristische Infos Tourismusregion A-5441 Lammertal, Abtenau, Tel. (062 43) 40 40; oder Salzburger Land Tourismus, Gästeservice Tennengau, Golling, Tel. (062 44) 566 60, Fax 566 60 14
Karten ÖK 94 (Hallein)
Einkehr In Abtenau
Übernachtung Frühstückspension »Feldmannhof« (Bachler), in A-5441 Abtenau, Markt 84, Tel. (062 43) 23 18

4 Hoher Dachstein (2995 m)

Randkluft und Hallstatt-Abfahrt

Dachsteingebirge

Gesamtcharakter Gipfelanstieg hochalpin; evtl. mit Bergführer. Von der Randkluft bis zu 2350 Höhenmeter Abfahrt. Empfehlenswert als Zweitagetour.
Aufstiegszeit Oberfeld – Simonyhütte 2 Std.; Simonyhütte – Hoher Dachstein 3 Std.
Höhenunterschied bis 1250 m
Schwierigkeit außerhalb der Waldzone skitechnisch mittel, in der Waldstufe anspruchsvoll
Lawinengefahr auf den Hochflächen und im Gletscherbereich kaum, übrige Bereiche mitunter lawinengefährdet
Sonstige Gefahren ab der Randkluft Eis- oder Steinschlag
Hangrichtung Norden bis Osten
Beste Jahreszeit Februar – April

Anfahrt *Auto:* B 145 und/oder B 166, Hallstatt bzw. Obertraun; per Dachsteinbahn zur Gjaidalm oder (besser) per Gjaidalmbahn zum Oberfeld.
Ausgangspunkte Bergstation Oberfeld (1832 m) bzw. Gjaidalm (1788 m).
Aufstieg Vom Oberfeld der Wintermarkierung folgend westwärts zur Ochsenwieshöhe. Nun südwärts bergan zu einem Hochtälchen und durch einen kurzen Steilhang (Lawinengefahr!) zur Simonyhütte (2205 m).
Am Fuße des Schöberls in das Gletschergelände. Auf dem Hallstätter Gletscher zur Randkluft (2870 m). Skidepot. Entlang gesicherten Felspassagen oder durch die linke Steilrinne zum Gipfel.
Abfahrt Wie Aufstieg zur Simonyhütte. Ab dem Wiesberghaus (1872 m) durch die Waldstufe zur Tropfwand (1138 m). Durch das Echerntal zum »Hirlatz« in Hallstatt-Lahn. Per Taxi zur Talstation.

Touristische Infos Tourismusbüro A-4830 Hallstatt, Tel. (061 43) 82 08
Literatur, Gebietsführer Günter und Luise Auferbauer: Schitourenparadies Steiermark, Styria Verlag
Karten ÖK 96 (Bad Ischl), ÖK 127 (Schladming)
Einkehr Gjaidalm, Wiesberghaus, Gasthof »Hirlatz«
Übernachtung Simonyhütte (Rosifka), Tel. (036 22) 523 22

5 Hoher Dachstein (2995 m)

Westgrat und Weittal-Abfahrt — *Dachsteingebirge*

Gesamtcharakter Hochalpine Rundtour in Kombination mit der Nordost- und Nordwestseite des Hohen Dachsteins. Je nach Zeit und Verhältnissen kann der Gipfel von beiden Seiten bestiegen werden. Zweitagetour.
Aufstiegszeit Hallstatt – Simonyhütte 6 bis 7 Std.; Simonyhütte – Adamekhütte – Obere Windlucke – Hoher Dachstein 5 Std.
Höhenunterschied 2500 m und Gegensteigungen
Schwierigkeit skitechnisch anspruchsvoll
Lawinengefahr mitunter lawinengefährdet
Sonstige Gefahren Orientierung nicht leicht
Hangrichtung Nordwesten bis Nordosten
Beste Jahreszeit Februar – April

Anfahrt *Auto:* B 145 oder B 166, Hallstatt.
Ausgangspunkt Gasthof »Hirlatz« (527 m) in Hallstatt-Lahn.
Aufstieg Die bezeichnete Route führt durch das Echerntal zur Tropfwand (1138 m) und durch eine steile Waldstufe zum Wiesberghaus (1872 m). Entlang der Stangenmarkierung zur Simonyhütte (2205 m).
Nun auf den Hohen Trog (2359 m), Abfahrt in Richtung Weittal bis ca. 2050 m. Über die Hoßwandscharte (2187 m) zur Adamekhütte (2196 m). Den Großen Gosaugletscher aufwärts in die Obere Windlucke (2746 m); Skidepot. Am Westgrat (teilweise gesichert) gipfelwärts.
Abfahrt Wie Aufstieg über die Hoßwandscharte in das Weittal (2050 m). Nun linkshaltend bzw. nordwestwärts abfahrend in die Zirmgrube (1830 m) und zur Hoßwandalm. Im Grabengelände zu einer Engstelle; rechts ausweichen. Über die Grubalm zur Tropfwand und wie Aufstieg zurück.

Touristische Infos Tourismusbüro A-4830 Hallstatt, Tel. (061 43) 82 08
Literatur, Gebietsführer Günter und Luise Auferbauer: Schitourenparadies Steiermark, Styria Verlag
Karten ÖK 95 (St. Wolfgang), ÖK 96 (Bad Ischl), ÖK126 (Radstadt), ÖK 127 (Schladming); AV-Karte 14 (Dachsteingruppe)
Einkehr Adamekhütte (Winterraum), Wiesberghaus, »Hirlatz«
Übernachtung Simonyhütte (Rosifka), Tel. (036 22) 523 22

6 Hoher Dachstein (2995 m)

Mit Edelgrieß-Abfahrt — *Dachsteingebirge*

Gesamtcharakter Mit »Seilbahn-Aufstieg« kombinierbare, hochalpine, jedoch relativ einfache Rundtour.
Aufstiegszeit 2:15 Std.
Höhenunterschied 400 m + 220 m Gegensteigungen
Schwierigkeit skitechnisch mittel
Lawinengefahr mitunter lawinengefährdet
Hangrichtung Osten bis Süden
Beste Jahreszeit Februar – April

Anfahrt *Auto:* B 146, Schladming; *Bahn:* IC-Bhf. Schladming. Bus in die Ramsau; Mautstraße Ramsau – Südwandbahn-Talstation; per Seilbahn (Südwandbahn) auf den Hunerkogel.
Ausgangspunkt Bergstation Hunerkogel (2687 m).
Aufstieg Kurze Abfahrt zum Dirndlkolk; Aufstieg über den Hallstätter Gletscher in Richtung Dachsteinwarte und von Osten her hinauf zur Randkluft (2870 m); Skidepot. Je nach Verhältnissen im Fels (gesicherte Passagen) oder in der linken Steilrinne auf den Gipfel.
Abfahrt Wie Aufstieg zum Hunerkogel. Sodann über den Schladminger Gletscher südostwärts abfahrend. Entlang der Stangenmarkierung um den Koppenkarstein im Uhrzeigersinn herum und südwärts in das Koppenkar (2222 m). Durch das Kar südwestwärts auf die Edelgrießhöhe (2448 m). Die steile, westseitige Einfahrt leitet in das Edelgrieß. Zu einer Steilstufe. Nun entweder zur Südwandbahn-Talstation oder zur Austriahütte. Auf einem Weg in Richtung Gasthof »Dachstein« und zum »Karlwirt«.

Touristische Infos Tourismusbüro A-8972 Ramsau am Dachstein, Tel. (036 87) 818 33; Austriahütte (Alois Huber), Tel. (036 87) 815 22
Karten ÖK 127 (Schladming)
Einkehr Bergrestaurant »Hunerkogel«, Austriahütte
Übernachtung Gasthof »Türlwandhütte« (Walcher), Tel. (036 87) 812 30

7 Scheichenspitze (2667 m)

Mit Landfriedtal und Gruberkar — *Dachsteingebirge*

Gesamtcharakter Hochfläche, nordseitige Gipfelflanke und sonn- bzw. südseitige Kare. Empfehlenswert mit Umrundung des Eselsteins.
Aufstiegszeit 4 bis 5 Std.
Höhenunterschied 1600 m
Schwierigkeit mittel
Lawinengefahr im Gruberkar mitunter lawinengefährdet (zeitgerecht abfahren)
Hangrichtung Norden, Osten und Süden
Beste Jahreszeit Februar – April

Anfahrt *Auto:* B 146, Schladming; Bergstraße in die Ramsau. *Bahn:* IC-Bhf. Schladming. Bus in die Ramsau.
Ausgangspunkt Gasthof »Feisterer« (1140 m).
Aufstieg Vom Feistererhof dem Sommerweg bergwärts folgend zur Lärchbodenalm (1406 m). Nächst der Materiallift-Trasse durch das Feisterkar Richtung Guttenberghaus (2147 m). Es empfiehlt sich, bis in die Feisterscharte (2198 m) anzusteigen; Wegweiser. Nun nordwärts, über die Hochfläche, um den Eselstein herum, in das Landfriedtal. Durch dieses dolinenförmige Gelände südwestwärts zu einem Sattel (2409 m). Daraus ansteigend auf die Scheichenspitze. Die Ski evtl. zuvor am Gratrücken deponieren, z. B. bei Harsch.
Abfahrt Wie Aufstieg oder abkürzend in das Landfriedtal. Daraus ostwärts und in die Gruberscharte (2364 m). Nun durch das breite, zunehmend steile Gruberkar zur Aufstiegsroute im Feisterkar. Wie Aufstieg zum »Feisterer«.

Touristische Infos Tourismusbüro A-8972 Ramsau am Dachstein, Tel. (036 87) 818 33; Eduard Perhab (Wirt des Guttenberghauses), Tel. im Tal (036 87) 817 77
Literatur, Gebietsführer Günter und Luise Auferbauer: Schitourenparadies Steiermark, Styria Verlag
Karten ÖK 127 (Schladming)
Einkehr/Übernachtung »Feistererhof« (Simonlehner), Tel. (036 87) 819 80

8 Rund um den Hohen Gjaidstein (2794 m)

Über die Gjaidsteingrube und durch das Eisjoch — *Dachsteingebirge*

Gesamtcharakter Karrengelände und Gletscher; am Gjaidstein ein Gratrücken.
Aufstiegszeit Oberfeld – Gjaidsteinsattel 3 Std.; auf den Hohen Gjaidstein ca. 1 Std.
Höhenunterschied bis 1150 m
Schwierigkeit mittel
Lawinengefahr kaum lawinengefährdet
Sonstige Gefahren Anstieg auf den Kleinen Gjaidstein (2734 m) relativ einfach; Übergang zum Hohen Gjaidstein mitunter anspruchsvoll; Seilsicherung empfehlenswert. Grat evtl. vereist.
Hangrichtung Norden, Nordosten
Beste Jahreszeit Januar – Mai

Anfahrt *Auto:* B 145 oder B 166, Hallstatt bzw. Obertraun; Gjaidalmbahn zum Oberfeld.
Ausgangspunkt Bergstation Oberfeld (1832 m).
Aufstieg Ab der Bergstation nach der Stangenmarkierung alsbald südwärts bergan. Zwischen dem Niederen und Hohen Rumpler zur Gjaidsteingrube, sodann westlich vom Moderstein so weit gegen Süden ansteigen, bis man rechtshaltend nahe an den Fuß des Niederen Gjaidsteins gelangt. Südwärts ansteigen zum Mitterstein (2414 m) und zur Sesselbahn-Talstation. An der Piste aufwärts zum Schladminger Gletscher. Rechts von der Schleppliftrasse in den Gjaidsteinsattel (2640 m); Skidepot. Je nach Verhältnissen auf den Kleinen bzw. Hohen Gjaidstein.
Abfahrt Aus dem Gjaidsteinsattel über den Hallstätter Gletscher zum Eisstein (2600 m). Zunehmend steil in ein Spaltengelände. Rechtshaltend zum Oberen Eissee (2070 m). Bergan zur Simonyhütte (2205 m). Der Skimarkierung folgend zum Oberfeld.

Touristische Infos Tourismusbüro A-4831 Obertraun, Tel. (061 31) 351, Tourismusbüro A-4830 Hallstatt, Tel. (061 34) 82 08
Literatur, Gebietsführer Günter und Luise Auferbauer: Schitourenparadies Steiermark
Karten ÖK 96 (Bad Ischl), ÖK 127 (Schladming)
Einkehr Bergrestaurant »Hunerkogel«
Übernachtung Simonyhütte (Rosifka), Tel. (036 22) 523 22

9 Großer Priel (2515 m)

Mit Kühkar und/oder Klinserschlucht — *Totes Gebirge*

Gesamtcharakter Der höchste Gipfel des Toten Gebirges gewährt einen beeindruckenden Blick auf die Ödnis dieses größten ostalpinen Karstplateaus.
Aufstiegszeit Johannishof – Prielschutzhaus 3 bis 4 Std.; Prielschutzhaus – Priel: durch das Kühkar 3 bis 4 Std., durch die Klinserschlucht 4 bis 5 Std.
Höhenunterschied zum Prielschutzhaus 820 m; auf den Großen Priel zusätzlich 1100 m
Schwierigkeit skitechnisch anspruchsvoll
Lawinengefahr mitunter lawinengefährdet
Sonstige Gefahren Vorsicht beim steilen Ausqueren vom Kühkar Richtung Brotfallscharte zur Grathöhe!
Hangrichtung Süden und Osten
Beste Jahreszeit März – Mai

Anfahrt *Auto:* A9 Pyhrn-Autobahn, Ausfahrt »Roßleithen« oder »St. Pankraz«; Landesstraße nach Hinterstoder.
Ausgangspunkt Parkplatz Johannishof (605 m), am Ortsende von Hinterstoder.
Aufstieg Im wesentlichen dem Sommerweg folgend zum Prielschutzhaus (1420 m); im steilen Waldgelände zumeist eine Fußspur. Vom Schutzhaus geradewegs bergan in das Kühkar; ab 2200 m Höhe die Ski tragen: In steiler Felsflanke (Drahtseile) 100 Höhenmeter Richtung Brotfallscharte. Ab dem Gratrücken wieder einfaches Gelände bis zum Gipfel.
Bei schlechten Verhältnissen benutzt man den Anstieg durch die Klinserschlucht: Am Fuße des Brotfall-Südgrates westwärts querend in die mit »Schlucht« bezeichnete Karmulde. In ihr zum Temlbergsattel und nordwärts zum Fleischbanksattel (2123 m). Nun von Westen her gipfelwärts.
Abfahrt Durch die Klinserschlucht (Rundtour).

Touristische Infos Tourismusbüro A-4573 Hinterstoder, Tel. (075 64) 52 63
Literatur, Gebietsführer Kurt Schall: Schitourenatlas Österreich-Ost, Schall Verlag
Karten ÖK 98 (Liezen), ÖK 99 (Rottenmann)
Einkehr/Übernachtung Prielschutzhaus (Eder), Tel. (075 64) 53 47, bew. ab April; Winterraum offen

10 Elm (2128 m)

Über die Vordernbachalm — *Totes Gebirge*

Gesamtcharakter Der kegelförmige Elm hat eine gut ersteigbare Südseite. Der Zugang erfolgt auf einer über 6 km langen Forststraße.
Aufstiegszeit 4:30 Std.
Höhenunterschied 1400 m und kurze Gegensteigung
Schwierigkeit skitechnisch mittel
Lawinengefahr mitunter lawinengefährdet
Hangrichtung Süden
Beste Jahreszeit Februar – April

Anfahrt *Auto:* B 145, Bad Aussee; über Grundlsee in Richtung Gößl.
Ausgangspunkt Schachen am Grundlsee (720 m), 500 m östlich vom Gasthof »Ladner«.
Aufstieg Zunächst derselben Markierung folgend wie in Richtung Pühringerhütte. Nach 1,5 km zweigt man rechts ab und folgt jener Forststraße, die nordostwärts, oberhalb der Gößler Wand, zuerst ostwärts, dann nordwärts zur Vordernbachalm (1105 m) führt. Von hier noch 1,5 km dieselbe Forststraße bergan bis zu einer markanten Kehre (1250 m) in einer Talenge. Durch lockeren Hochwald, unterhalb der mit »Liagern« bezeichneten Felswände bergan. Bei einer Jagdhütte (1380 m) vorbei und ostwärts auf eine Lichtung, das sogenannte Elmmoos (1460 m). Nun linkshaltend bzw. nordostwärts durch zunehmend schütteren Lärchen- und Zirbenwald über mäßig steile Rampen ansteigend in das Latschengelände am Rauhen Elm (1800 m). Im Südhang bzw. über die Sandweide in weiten Kehren bergan zum Gipfel; Skidepot am Wächtenrand des Vorgipfels.
Abfahrt Wie Aufstieg.

Touristische Infos Tourismusbüro A-8990 Bad Aussee, Tel. (036 22) 548 73; Berg- und Skiführer Sepp Ranner, Tel. (036 23) 33 44
Karten ÖK 97 (Bad Mitterndorf)
Einkehr/Übernachtung Gasthof »Ladner« (Grill), in Schachen, Tel. (036 22) 821 10

11 Almkogel (2116 m)

Über Steirersee und Leistalmhütte — *Totes Gebirge*

Gesamtcharakter Alpine Skiwanderung, mehrere Gegenanstiege; Mulden, schöne Hänge.
Aufstiegszeit 3 Std., Rückweg 2 bis 3 Std.
Höhenunterschied 830 m
Schwierigkeit leicht, Abfahrt durch den »Riesen« mittel
Lawinengefahr mitunter lawinengefährdet
Sonstige Gefahren am Gipfelgrat Wächten!
Hangrichtung Süden, Südwesten
Beste Jahreszeit Februar – April

Anfahrt *Auto:* B 145, Tauplitz; Sesselbahn auf die Tauplitzalm; erste Bergfahrt 8 Uhr; 250-Punkte-Karte für zwei Personen. *Bahn:* Bahn, Skibus/Bahnbus Tauplitz.
Ausgangspunkt Sesselbahn-Bergstation (1660 m)
Aufstieg Entlang der Ratrakspur ostwärts. Vor dem Linzer Tauplitzhaus im Wald linkshaltend bergab in einen Sattel, zu den Steirerseehütten und zum Steirersee (1445 m). Über den See und in einen Sattel (1600 m). Abfahrt zum Schwarzensee (1549 m), ihn längs überqueren, nordostwärts ein Tälchen bergan zur Leistalmhütte (1647 m). Linkshaltend zu kleinem Sattel (1694 m). Aus dem Steigtal zur südwestseitigen Zirbenleiten. An ihr bergan auf das Kleinfeld (1899 m) und durch die zwei Sättel am Großfeld bzw. Weitenfeld zum Gipfelhang; Skidepot am Grat.
Abfahrt Wie Aufstieg zum Schwarzensee. Nun südwärts zur Rieshöhe (1604 m). Durch schütteren Wald zu einem breiten Steilhang, dem »Riesen«. Am linken Rand in den breiten Auslauf. Rechtshaltend zu einem Forstweg. Zum Sagtümpel (990 m; Quellgebiet). 150 m danach eine Forstwegkreuzung (Sandgrube). Zur Loipe und nach Tauplitz.

Touristische Infos Tourismusbüro A-8982 Tauplitz, Tel. (036 88) 24 46
Karten ÖK 97 (Bad Mitterndorf), ÖK 98 (Liezen); AV-Karte 15/2 (Totes Gebirge Mitte)
Einkehr Leistalmhütte; Öffnungszeit erfragen: Tel. (036 88) 24 25
Übernachtung Pension »Sonnenuhr« (Derler), in A-8982 Tauplitz, Tel. (036 88) 22 56

12 Großes Tragl (2179 m)

Über die Steirerseeleiten — *Totes Gebirge*

Gesamtcharakter Einfach begehbares Gelände. Im Bereich »In den Karen« zahlreiche Dolinen; daher unbedingt der Stangenmarkierung folgen! Am Rückweg 200 Höhenmeter Gegenanstieg.
Aufstiegszeit 3 Std.
Höhenunterschied bis 750 m
Schwierigkeit skitechnisch leicht bis mittel
Lawinengefahr mitunter lawinengefährdet
Sonstige Gefahren Vorsicht wegen Dolinen!
Hangrichtung Osten, Süden
Beste Jahreszeit Februar – April

Anfahrt *Auto:* B 145, Tauplitz; Sesselbahn auf die Tauplitzalm. Erste Bergfahrt 8 Uhr. 250-Punkte-Karte für zwei Personen. *Bahn:* Bahn, Skibus/Bahnbus Tauplitz.
Ausgangspunkt Sesselbahn-Bergstation (1660 m).
Aufstieg Auf der Ratrakspur ostwärts ab und auf. Vor dem Linzer Tauplitzhaus linkshaltend in einen Sattel. Aus ihm linkshaltend, oberhalb der Steirerseehütten in einen Boden abfahren (1570 m). Nun mit Fellen an einem Felsriegel bergan in die baumfreie Steirerseeleiten. Ab 1760 m leiten Markierungsstangen Richtung Traglhals (2050 m). Wo am Fels zwei Wegtafeln sichtbar sind, nordwärts bzw. linkshaltend um einen Hang herum. Am nordseitigen Rücken zur Gipfelkuppe.
Abfahrt Wie Aufstieg. Bei guten Verhältnissen aus den »Karen« direkt südwärts, d. h. durch die steile Steirerseeleiten zur Mitte des Steirersees (1445 m). Nun bergan zu den Steirerseehütten und zur Grazer Hütte. Schlepplifte zum Hollhaus, Abfahrt nach Tauplitz.

Touristische Infos Tourismusbüro A-8982 Tauplitz, Tel. (036 88) 24 46; Berg- und Skiführer Sepp Ranner, Tel. (036 23) 33 44
Karten ÖK 97 (Bad Mitterndorf); AV-Karte 15/2 (Totes Gebirge Mitte)
Einkehr auf der Tauplitzalm
Übernachtung Linzer Tauplitzhaus, Tel. (036 88) 23 15; Pension »Sonnenuhr« (Derler), in A-8982 Tauplitz, Tel. (036 88) 22 56

13 Hochmölbing (2336 m)

Vom Schönmoos durch das Hochtor — *Totes Gebirge*

Gesamtcharakter Obwohl aus dem mittleren Ennstal gut erreichbar, liegt dieses kontrastreiche Tourengebiet recht einsam. Vielleicht deshalb, weil es eher weite Zugänge hat.
Aufstiegszeit 3 bis 4 Std.
Höhenunterschied bis 1300 m
Schwierigkeit skitechnisch mittel; Südwestrinne (»Mölbingrinne«) bis 40°
Lawinengefahr Standardroute mitunter, Rinne häufig lawinengefährdet
Hangrichtung Südwesten bis Südosten
Beste Jahreszeit März und April; nur bei Firn

Anfahrt *Auto:* B 146, Wörschach; über Wörschachberg zum Hotel »Panoramablick« (derzeit geschlossen, Öffnung vorgesehen); evtl. bis zum Schönmoos.
Ausgangspunkte »Panoramablick« (1030 m) oder Schönmoos (1138 m).
Aufstieg Der Zugang ist bis zur Langpoltenalm (1460 m) mit dem WW 09 identisch. Ab der Alm rechtshaltend und gegen Nordosten ansteigen in den Sattel »Hochtor« (1680 m). Nordwärts, nur gering ansteigend (die Liezener Hütte bleibt links), zur Steinfelder Schwarzkoppen (1841 m). An die Wintermarkierung halten. Vom Sattel bei der Kampertret (1950 m) den südseitigen Rücken bergan zum Querlstein (2084 m). Den südseitigen Rücken hinauf auf den Mittermölbing; Skidepot. Übergang zum Hochmölbing meist ohne Ski; lohnend; 15 Min.
Abfahrt Wie Aufstieg. Nur bei sehr guten Verhältnissen Abfahrt durch die Mölbing-Südwestrinne; Einfahrt am Mittermölbing direkt vom Gipfel. Die Steilrinne mündet im Hochtal der Kamperkester. Durch das »Karl-May-Tal« bzw. über die Kamperalm Richtung Liezener Hütte und Hochtor. Weiter wie Aufstieg.

Touristische Infos Berg- und Skiführer Anton Kerschbaumer, Tel. (03682) 22151
Karten ÖK 98 (Liezen); AV-Karte 15/2 (Totes Gebirge Mitte)
Einkehr/Übernachtung Cilli's Gasthaus, Kerschbaumer, am Wörschachberg, Tel. (03682) 23393

14 Pyhrner Kampl (2241 m)

Durch die Wetterlucken und das Obere Loigistal — *Totes Gebirge*

Gesamtcharakter Langer, flacher Zugang; Gipfelhang mäßig steil. Im Loigistal rassige Abfahrt.
Aufstiegszeit 3 Std.
Höhenunterschied Aufstiege 400 m, Abfahrt 1350 m
Schwierigkeit skitechnisch mittel bis anspruchsvoll
Lawinengefahr mitunter lawinengefährdet
Hangrichtung am Pyhrner Kampl Süden, Loigistal Norden
Beste Jahreszeit Februar, Abfahrt bis zum Gasthof »Schoiswohl«

Anfahrt *Auto:* A 9 Pyhrn-Autobahn, Ausfahrt »Spital am Pyhrn«; B 138, zur Talstation. *Bahn:* IC-Bhf. Spital am Pyhrn. *Bus:* Bahnbus zur Talstation. Per Standseilbahn auf die Wurzeralm.
Ausgangspunkt Bergstation Wurzeralm (1427 m).
Aufstieg Westwärts abfahrend zur Talstation des Frauenkarliftes (1400 m). Südwestwärts bergan in Lärchenwald zur Burgstallwiese (1666 m). Nördlich vom Eisernen Bergl durch kupiertes Gelände, danach westseitig um den Roßarsch. Über die Bärnalm zur Wetterlucken (ca. 2000 m). In einem südseitigen Hang zum Pyhrner Kampl. Aus dem Gratsattel links zum Kreuz am Westgipfel.
Abfahrt Wie Aufstieg in die Wetterlucken. Aus diesem Sattel mit Umsicht nordwärts in das Obere Loigistal einfahren. Nach fast 1000 Höhenmeter Abfahrt zu einer Rettungshütte. Ein Forstweg leitet zum Schafferteich (891 m). An der folgenden Weggabelung (874 m) rechtshaltend eine Forststraße zum Gaisrigl. Nordwärts hinab zum Gasthof »Schoiswohl« (680 m). Rückfahrt per Taxi.

Touristische Infos Tourismusbüro A-4582 Spital am Pyhrn, Tel. (07563) 8249; Familie Schoiswohl (Gasthof »Zum Loigistal«), Tel. (07562) 75790
Literatur, Gebietsführer Günter und Luise Auferbauer: Schitourenparadies Steiermark, Styria Verlag
Karten ÖK 98 (Liezen); AV-Karte 15/3 (Totes Gebirge Ost)
Einkehr Gasthof »Zum Loigistal«, nahe Vorderstoder
Übernachtung Linzer Haus/Wurzeralm, Tel. (07563) 8237

Tour 14: Abfahrt aus der Wetterlucken in das Obere Loigistal

15 Warscheneck (2388 m)

Rundtour mit Zellerschneise und dem Unteren Loigistal — *Totes Gebirge*

Gesamtcharakter Starke alpine Tour; insbesondere Abfahrt bzw. Abstieg vom Warscheneck-Grat nur für erfahrene Skibergsteiger.
Aufstiegszeit 5 bis 6 Std.
Höhenunterschied 1710 m
Schwierigkeit skitechnisch anspruchsvoll
Lawinengefahr mitunter lawinengefährdet
Sonstige Gefahren Vorsicht beim Übergang am Grat und bei der Abfahrt zur Zwischenwändenscharte!
Hangrichtung Norden
Beste Jahreszeit Februar – März

Anfahrt *Auto:* A 9 Pyhrn-Autobahn, Ausfahrt »Roßleithen«; Landesstraße Richtung Vorderstoder.
Ausgangspunkt Gasthof »Zum Loigistal« (680 m).
Aufstieg Am Gaisrigl bergan zu den Gehöften »Rotbuchner« und »Gütl« (860 m). Dann auf einem Fahrweg am Waldrand, anschließend auf einem Ziehweg (Weg 291) ansteigend in ein Grabengelände beim Paulboden (Päulnreith, 920 m). Entweder durch das Grabengelände oder rechts davon den Riegel aufwärts zur Talstation der Materialseilbahn. Nun entweder durch die 500 m hohe Zellerschneise oder dem WW 01 folgen zur Zellerhütte (1575 m). Ungefähr wie der Sommerweg zum Lagelsberg (2008 m) und bergan über den Arbesboden zum Gratrücken; Wegweiser (2300 m). Südwärts bergan zum Gipfelkreuz; Skidepot je nach Schneeverhältnissen.
Abfahrt Vom Gipfel Übergang am Gratrücken südwestwärts (Pkt. 2367, Landesgrenze). Durch die gebänderte, westseitige Steilflanke 360 Höhenmeter Abfahrt bzw. Abstieg in die Zwischenwändenscharte (2004 m). Nordwärts einfahren in das enge Untere Loigistal und bis zum Schafferteich (891 m); nach Gegenanstieg am Gaisrigl Abfahrt zum Gasthof »Schoiswohl«.
Oder vom Gipfel Abfahrt wie Aufstieg. Ab der Zellerhütte durch die Zellerschneise, eine beliebte »Allwetter-Abfahrt«.

Touristische Infos Tourismusbüro A-4573 Hinterstoder, Tel. (07564) 5263
Karten ÖK 98 (Liezen); AV-Karte 15/3 (Totes Gebirge Ost)
Einkehr/Übernachtung Gasthof »Zum Loigistal« (Schoiswohl), Tel. (07562) 75790

Ennstaler Alpen und Steirisch-Niederösterreichische Kalkalpen

Günter und Luise Auferbauer

Das schroffe Relief der *Haller Mauern* muß man studieren, um zu erkennen, welch skialpinen Leckerbissen die Kare und Flanken an der Sonnseite von Pyhrgas, Scheiblingstein, Kreuzmauer und Grabnerstein bieten. Spezialisten ersteigen aus der nordseitigen Laussa den Hexenturm bzw. die Bärenkarmauer.

Die nächsten, weitaus bequemeren Tourenschritte beginnen im *Johnsbachtal,* wo beim »Kölblwirt« und Gehöft »Gscheidegger« nicht selten um den letzten Parkplatz »geritttert« wird. In diesem winterlichen Pracht-Herzstück ist die Liste der Skitourenziele lang: Gesäuseberge und Eisenerzer Alpen stehen einander gegenüber und offerieren eine Allwetter-Tourenangebotsmischung. Sie spricht Schnuppergäste ebenso an wie extreme Skibergsteiger.

Östlich der Gebirgsgruppen-Trennlinie Großreifling – Hieflau – Präbichl – Leoben dominiert die »grenzenlose« *Hochschwabgruppe.* Sie liegt inmitten der Steiermark, stößt daher an kein benachbartes Bundesland und repräsentiert sich als *das* klassische Skitourengelände. Viele der Tourenstammgäste reisen aus den Ballungsräumen Graz und Wien an sowie aus Bruck und Kapfenberg.

Dem Mürzzuschlager Hotelier Toni Schruf gelang am 9. März 1895 im Alleingang die Erstersteigung des Hochschwabs (2277 m) mit Skiern. Schruf erreichte gemeinsam mit seinem Grazer Freund Max Kleinoscheg das hochgesteckte Überziel, nämlich die »Einführung des Skisports in den österreichischen Alpenländern«. Die Entwicklung des weißen Sports ist im »Wintersportmuseum Mürzzuschlag« anschaulich und weltumspannend dokumentiert.

Am *Hochschwab* ist die Nordseite speziell während des Winters fast verwaist, weil seit Kaisers und moderner Zeiten infolge Jagd und Wasserschutz faktisch tabu.
Die allwöchentlich wie neugeboren erscheinende skitouristische Aufbruchstimmung fokussiert sich deshalb an der auch verkehrsmäßig besser erschlossenen Südseite: Präbichl, Tragösser Tal, Bodenbauer, Aflenzer Bürgeralm und Seewiesen sind beständig gut gebuchte Ausgangsorte.

Der Alpenbogen im gemeinsamen Einzugsbereich von Niederösterreich und der Steiermark zeigt bis weit gegen Osten seine prächtig schneeweißen Zähne sowohl in den *Mürzsteger Alpen* – zu ihnen gehört auch das Winter-Traumgeländepaar Hinteralm und Schneealm – als auch in der *Rax-Schneeberg-Gruppe.*
Der Windberg als höchster Gipfel der *Schneealpe* könnte zwar eher »Sturmberg« heißen. Doch für dieses ostalpine Gelände ist im allgemeinen typisch: Auf eiskalte, blankgefegte Kuppen folgen tief eingeschneite Almen und Wälder sowie brusthoch stäubende Pulverschneeabfahrten in Schlägen und Gräben. Diese nur scheinbar harmlose Winter-Wunderwelt prägt sich nachhaltig in die Erinnerung der ungezählten Skitourenfreunde. Deren Anzahl wächst mit jeder Spanne Schnee, vor allem dann, wenn die weiße Pracht bis in die Tallagen reicht.

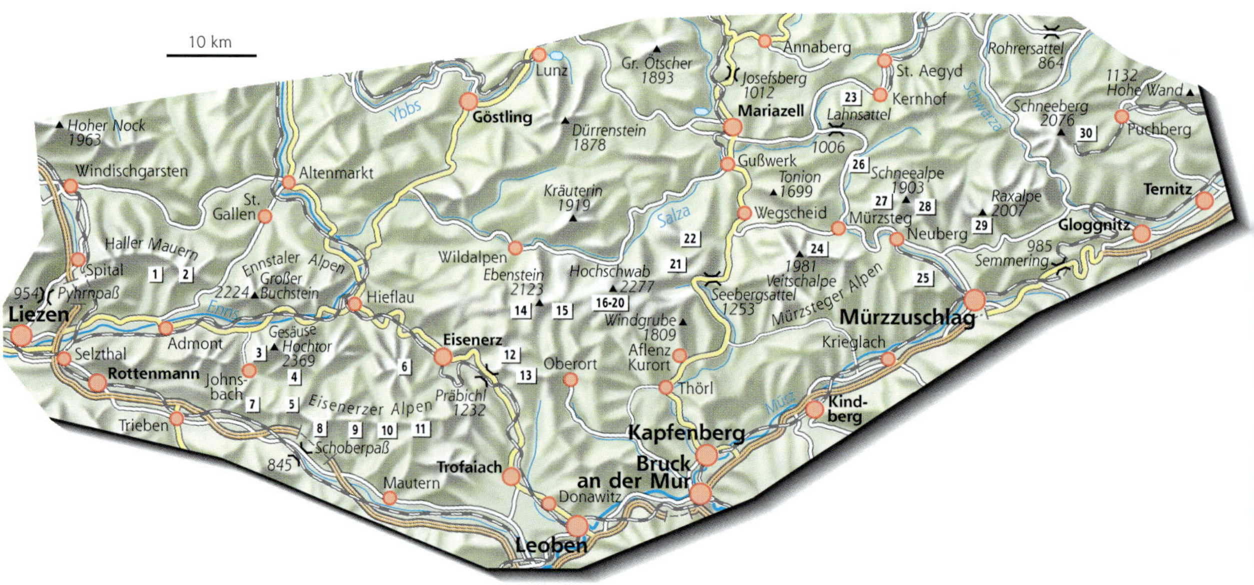

Vom Karlhochkogel gegen Zagelkogel und das Zagelkar (Tour 18)

Anreise Als Hauptverkehrslinien dienen im Westen die Pyhrn-Autobahn (A 9) und im Norden die Ennstal- bzw. Gesäuse-Bundesstraße (B 146). Im Süden bildet die Semmering-Schnellstraße (S 6) die Hauptachse; sie bindet sich beim Knoten St. Michael in der Obersteiermark gemeinsam mit der Murtal-Schnellstraße (S 36) in die A 9 ein.
Drei Bundesstraßen verbinden den nördlichen und südlichen Rand des Gebietes: Die Eisen-Bundesstraße (B 115) führt aus dem Raum Leoben über den Präbichl. Sie dient zugleich als Zubringer in die Eisenerzer Ramsau und das Radmertal; beide Gebiete stehen bei Tourengehern hoch im Kurs.
Die Mariazeller Bundesstraße (B 20), die den Seeberg überquert, ist der Hauptzubringer an der Südseite der Hochschwabgruppe.
Als östliche Spange verbindet die Lahnsattel-Bundesstraße (B 23) die Bezirksstadt Mürzzuschlag in Richtung Frein und Mariazell.
Einige regionale Straßen führen tief in Täler und Gräben hinein, wodurch die Akzeptanz für diese Tourenregion zusätzlich gefördert wird. Das Salzatal ist eine spezielle Winterreise wert, um die hochalpine Szene der Hochschwab-Nordseite kennenzulernen. Die Hochschwab-Bundesstraße (B 20) zweigt in Gußwerk (B 24) ab und führt über Weichselboden und Wildalpen nach Palfau; ab hier auf der Lunzer Bundesstraße (B 25) nach Gams und Hieflau.
Bahn und Bus: Busse bedienen auch an Sonn- und Feiertagen (!) u. a. den Präbichl und Seeberg sowie den nicht selten ausgebuchten Skitouren-Lehrgangsort Frein an der Mürz. An den InterCity-Bahnhöfen Bruck an der Mur, Leoben und Mürzzuschlag gibt es jeweils Busanschlüsse in die Region. Somit ist gleichzeitig die Logistik sichergestellt für großzügige Überschreitungen, insbesondere für jene in der Hochschwabgruppe vom Seeberg zum Präbichl.
Auskünfte über Bus und Bahn in der Steiermark: Kostenlos bei Mobil Zentral, Schönaugasse 6, A-8010 Graz, Tel. (03 16) 8 20 60 60, Fax (03 16) 8 20 60 82, E-Mail: service@mobilzentral.at.

Touristische Informationen über: • Eisenerzer Alpen, Hochschwab West: Tourismusregionalverband Steirisches Oberland, Peter-Tunner-Straße 2, A-8700 Leoben, Tel. (0 38 42) 4 81 48, Fax (0 38 42) 4 83 41, E-Mail: leoben@steirer-oberland.co.at • Gesäuseberge, Haller Mauern: Tourismusverband Alpenregion Gesäuse, A-8911 Admont, Tel. (0 36 13) 21 64, Fax (0 36 13) 36 48, E-Mail: Tourismus@admont.at • Hochschwab, Mariazeller Land: Tourismusregionalverband, Hauptplatz 13, A-8630 Mariazell, Tel. (0 38 82) 4 70 00, Fax (0 38 82) 4 70 0 47, E-Mail: region-mh@vip.at • Mürzsteger Alpen, Schneealpe, Rax: Tourismusregionalverband Waldheimat-Mürztal, Wiener Straße 4, A-8680 Mürzzuschlag, Tel. (0 38 52) 47 70, Fax (0 38 52) 53 94, E-Mail: TourismusRegionwm @netway.at • Schneeberg: Fremdenverkehrsamt, A-2734 Puchberg am Schneeberg, Tel. (0 26 36) 2 25 60, Fax (0 26 36) 2 22 56 12, E-Mail: tourismusbüro@at.

1 Kreuzmauer (2091 m)

Zweimal durch einen Tunnel — *Haller Mauern*

Gesamtcharakter Auf fast 400 Höhenmeter Waldgelände folgen eine breite Strauchzone und ein prächtiges Hochkar.
Aufstiegszeit 4 Std.
Höhenunterschied 1350 m
Schwierigkeit skitechnisch mittel; Gipfelgelände exponiert
Lawinengefahr ab der Strauchzone mitunter lawinengefährdet
Sonstige Gefahren Eis in den Tunnelbereichen. Besondere Vorsicht beim Abstieg vom Gipfel zum Skidepot!
Hangrichtung im mittleren Teil Südosten bis Südwesten, im oberen Teil Süden
Beste Jahreszeit Februar – April

Anfahrt *Auto:* A9 Pyhrn-Autobahn, Ausfahrt »Ardning«; B146 nach Admont; über Hall in die Mühlau.
Ausgangspunkt Parkplatz Mühlau (749 m).
Aufstieg Man benutzt bis zum ersten Tunnel überwiegend einen Forstweg, welcher erst in rund 950 m Höhe, im Bereich eines Bildbaumes, abgekürzt wird. Kurz danach, in rund 1000 m Höhe, erreicht man den ersten Tunnel, an welchen ein zweiter Tunnel sogleich anschließt. Die beiden Tunnels können nicht umgangen werden. Nach dem zweiten Tunnel gelangt man zu einem Wasserreservoir im Einzugsbereich einer weitläufigen Strauchzone. Nun im flacher werdenden Grabengelände nordwärts bergan bis in 1200 m Höhe. Hier linkshaltend aufwärts und aus der Strauchzone allmählich in den Auslauf des südseitigen Hochkares. Darin geradewegs bzw. in weiten Kehren bergan bis an den Fuß des Felsgürtels; Skidepot (ca. 2000 m). Bei guten Verhältnissen im schrofigen Gelände auf den Grat und links auf den Wintergipfel.
Abfahrt Wie Aufstieg.

Touristische Infos Tourismusbüro A-8911 Admont, Tel. (0 36 13) 21 64; Berg- und Skiführer Adi Weißensteiner, Tel. (0 36 13) 27 87
Literatur, Gebietsführer Günter und Luise Auferbauer: Schitourenparadies Steiermark, Styria Verlag; Günter und Luise Auferbauer: Alpenvereins-Skiführer Ostalpen Bd 5, Bergverlag Rother
Karten ÖK 99 (Rottenmann)
Einkehr Gasthof »Kirchenwirt«, Hall
Übernachtung Gästehaus »Plum«, Zirnitz (bei Hall), Tel. (0 36 13) 39 30

2 Grabnerstein (1847 m)

Ein Gipfel fast für den ganzen Winter — *Haller Mauern*

Gesamtcharakter Einfache, überaus beliebte Tour; auch im Hochwinter gerne begangen. Mit Abfahrt über die Grabneralm als Rundtour.
Aufstiegszeit 2:45 Std.
Höhenunterschied 1000 m
Schwierigkeit skitechnisch leicht
Lawinengefahr kaum lawinengefährdet
Hangrichtung Südosten bis Südwesten
Beste Jahreszeit Januar – März

Tour 2: Auf der Grabneralm. Im Hintergrund der Große Buchstein

Anfahrt *Auto:* A9 Pyhrn-Autobahn, Ausfahrt »Ardning«; B146 Richtung Admont; B117 zum Buchauer Sattel.
Ausgangspunkt Parkplatz am Buchauer Sattel (861 m).
Aufstieg Aus dem Sattel, die Hochspannungsleitung unterquerend, in den Hochwald und darin entlang der Forststraße Richtung Ehersbergeralm (1115 m). Oberhalb der Alm, aus der großen Kehre (1200 m), steigt man geradewegs bergan. Am Zilmkogel leicht rechtshaltend und durch eine seichte Mulde aufwärts. Ostseitig um die Gipfelkuppe des Zilmkogels herum in einen kleinen Sattel (1580 m). Ab ca. 1600 m Höhe erfolgt der weitere Anstieg wie auf dem Sommerweg bzw. geradewegs südostseitig bergan zum Gipfelkreuz auf dem Grabnerstein.
Abfahrt Wie Aufstieg.
Oder als Rundtour Abfahrt bis zum Zilmkogel. Aus dem Sattel hält man sich südwestwärts und durch eine mit Mischwald bestandene steile Geländestufe abwärts, die westlich vom Graben gut befahrbar ist. Von der Grabneralm (1391 m) Abfahrt entlang des Sommerweges in den Buchauer Sattel.

Touristische Infos Tourismusbüro A-8911 Admont, Tel. (0 36 13) 21 64; Gasthof »Wengerwirt« (Maunz), Tel. (0 36 13) 22 70
Literatur, Gebietsführer Günter und Luise Auferbauer: Schitourenparadies Steiermark, Styria Verlag; Günter und Luise Auferbauer: Alpenvereins-Skiführer Ostalpen Bd 5, Bergverlag Rother
Karten ÖK 99 (Rottenmann)
Einkehr/Übernachtung Gasthof »Wengerwirt«, Tel. (0 36 13) 22 70

3 Festkogel (2269 m)

Die populärste Steilabfahrt im »Großen G'säus« — *Gesäuseberge*

Gesamtcharakter Nur für Skibergsteiger. Die Tourenverhältnisse müssen vor Ort sorgfältig beurteilt werden. Gelände im Gipfelbereich über 40° steil; evtl. Steigeisen und/oder Eisgerät erforderlich.
Aufstiegszeit 4 bis 5 Std.
Höhenunterschied 1400 m
Schwierigkeit skitechnisch anspruchsvoll
Lawinengefahr mitunter bis häufig lawinengefährdet
Sonstige Gefahren in der Gipfelflanke besondere Vorsicht bei Harsch; Absturzgefahr!
Hangrichtung im unteren Bereich Süden, im Gipfelbereich Osten
Beste Jahreszeit März – Mitte Mai

Anfahrt *Auto:* A9 Pyhrn-Autobahn, Ausfahrt »Ardning«; B146 Richtung Gesäuse, Abzweigung beim Gasthof »Bachbrücke«; im Johnsbachtal bis zum Gasthof »Kölblwirt«.
Ausgangspunkt Parkplatz beim »Kölblwirt« (854 m).
Aufstieg Auf dem markierten Sommerweg durch Hochwald Richtung Heßhütte bis zum Zweiten Koderboden (1240 m), jenem Anger vor der Unteren Koderalm. Eine etwas versteckte Wegtafel weist zum »Schneeloch«. Zunächst östlich des Gamssteins rund 200 Höhenmeter bergan, danach rechtshaltend und südlich vom Festkogel durch Latschengelände mäßig steil aufwärts in Richtung Schneeloch. Ab ca. 1700 m steigt man aus dem zwischen Hochtor und Festkogel eingebetteten großen südseitigen Steilkar an, das sich allmählich verengt. Hochalpiner Anstieg zum Gipfel. Skidepot je nach Verhältnissen.
Abfahrt Wie Aufstieg. Besondere Vorsicht in der über 400 m hohen felsdurchsetzten Gipfelflanke.

Touristische Infos Gemeindeamt A-8912 Johnsbach, Tel. (0 36 11) 217; Gasthof »Kölblwirt«, Tel. (0 36 11) 216
Literatur, Gebietsführer Günter und Luise Auferbauer: Schitourenparadies Steiermark, Styria Verlag; Günter und Luise Auferbauer: Alpenvereins-Skiführer Ostalpen Bd 5, Bergverlag Rother
Karten ÖK 100 (Hieflau)
Einkehr In Johnsbach: »Donnerwirt«; im hinteren Johnsbachtal: »Kölblwirt«, Gasthof »Ödsteinblick«
Übernachtung Gasthof »Kölblwirt«, Tel. (0 36 11) 216

4 Gsuchmauer (2116 m) und Stadelfeldschneid (2092 m)

Ein »Touren-Doppelpack« über die Pfarralm — *Gesäuseberge*

Gesamtcharakter Schöne südseitige Kare; das steile Gelände an der Stadlfeldschneid ist gut befahrbar.
Aufstiegszeit 3:30 Std.
Höhenunterschied 1100 m
Schwierigkeit skitechnisch mittel
Lawinengefahr mitunter lawinengefährdet
Hangrichtung Süden
Beste Jahreszeit Februar – April

Anfahrt *Auto:* A 9 Pyhrn-Autobahn, Ausfahrt »Ardning«; B 146 Richtung Gesäuse; Abzweigung beim Gasthof »Bachbrücke«; im Johnsbachtal bis in den Talschluß.
Ausgangspunkt Gehöft »Gscheidegger« (1016 m).
Aufstieg Der Zugang beginnt 600 m vom »Gscheidegger« talaus. Auf einem Forstweg erfolgt der Aufstieg zum Gehöft »Ebner« und am besten der Forststraße folgend bergan zur Pfarralm (1302 m). Oder aus der Klamm rechts vom Klammbach hierher. Der weitere Aufstieg führt durch eine schmale Waldzone und zu den von der Pfarralm aus einsehbaren Hängen; darüber wird das Hochkar »Im Glanegg« erreicht. Aus diesem Kar bergan in die »Glaneggluck'n« bzw. in den Stadelfeldsattel (2019 m).
Nun rechtshaltend, über einen langgestreckten Rücken, auf den höchsten Punkt der Gsuchmauer. Oder aus dem Stadelfeldsattel links herum, kurz und steil (!) auf den Gipfel der Stadelfeldschneid.
Abfahrt Wie Aufstieg.

Touristische Infos Gemeindeamt A-8912 Johnsbach, Tel. (0 36 11) 217; Gasthof »Kölblwirt«, Tel. (0 36 11) 216
Literatur, Gebietsführer Günter und Luise Auferbauer: Schitourenparadies Steiermark, Styria Verlag; Günter und Luise Auferbauer: Alpenvereins-Skiführer Ostalpen Bd 5, Bergverlag Rother
Karten ÖK 100 (Hieflau)
Einkehr In Johnsbach: »Donnerwirt«; im hinteren Johnsbachtal: »Kölblwirt«, Gasthof »Ödsteinblick«
Übernachtung Gehöft »Gscheidegger«, Urlaub am Bauernhof, Tel. (0 36 11) 229

Tour 4: Stadelfeldschneid (links) und Gsuchmauer

5 Gscheideggkogel (1788 m)

Eine Allwetter-Rundtour über die Schafböden- und Neuburgalm — *Eisenerzer Alpen*

Gesamtcharakter Leicht; überwiegend Waldgelände.
Aufstiegszeit 3 Std.
Höhenunterschied 850 m
Schwierigkeit skitechnisch leicht
Lawinengefahr kaum lawinengefährdet
Hangrichtung Osten und Süden
Beste Jahreszeit Dezember – März

Anfahrt *Auto:* B 115, Hieflau; durch das Radmertal nach Hinterradmer.
Ausgangspunkt Brücke gegenüber der Hohenberg-Kapelle (959 m); kleiner Parkraum.
Aufstieg Westlich von der Kapelle, die Bergwiese ansteigend, zu einem Forstweg (1100 m). Diesem folgend und evtl. auch den Steig nutzend sonnseitig bergan zu einer Gabelung (1280 m); Wegweiser »Schafböden«. Nun dem südwärts leitenden Forstweg folgen. Man gelangt in einem weiten Bogen durch schönen, gut begehbaren Hochwald zur Schafbödenalm (1580 m); Brunnen, Almhütten; Türblatt mit Bergmann-Symbol. Nordwärts und rechtshaltend einen kurzen, steilen Rücken bergan zu einer baumfreien Anhöhe (1700 m). Entlang des schütter bewaldeten Bergrückens nordwärts. In kurzen Gegensteigungen auf die Kuppe des Gscheideggkogels; Gipfelkreuz von anno 1996.
Abfahrt Nordostwärts, den breiten Bergrücken entlang und in zwei kurzen Gegensteigungen zum benachbarten Pleschkogel. Von dessen Kuppe nordseitig durch lichten Hochwald abfahren zu einer Forststraße und darauf in den Neuburgsattel (1439 m). Nun rechtshaltend zur Neuburgalm (1400 m).
Auf dem Forstweg ostseitig um den Pleschkogel herum; kurze Gegensteigung zu einem Bildbaum, einer Lärche mit Marienbild. Den Forstweg abfahren zur bekannten Gabelung »Schafböden/Neuburg«. Auf dem Forstweg bzw. über einen Stockhang weiter talwärts.

Touristische Infos Gemeindeamt A-8795 Radmer an der Stube, Tel. (0 36 35) 21 10; Gasthof »Zum Lugauer« (Stangl), Tel. (0 36 35) 21 58
Karten ÖK 100 (Hieflau)
Einkehr Gasthof »Zum Lugauer«, in Hinterradmer
Übernachtung Gasthof »Zur Mühle« (Thallinger), A-8795 Radmer an der Stube, Tel. (0 36 35) 21 03

6 Kaiserschild (2084 m) und Hochkogel (2105 m)

Durch die Kalte Fölz — *Eisenerzer Alpen*

Gesamtcharakter Hochalpine Tour für Skibergsteiger. Im Frühjahr wird eher über den Kaiserwart angestiegen; hingegen bei hochwinterlichen Verhältnissen Richtung Kaiserkuchl und Kaiserwart.
Aufstiegszeit 4 bis 5 Std.
Höhenunterschied bis 1550 m
Schwierigkeit skitechnisch mittel bis anspruchsvoll
Lawinengefahr mitunter lawinengefährdet
Sonstige Gefahren Absturzgefahr bei Hartschnee im steilen, ausgesetzten Hochkogel-Gipfelbereich
Hangrichtung Norden
Beste Jahreszeit März und April

Anfahrt *Auto:* B 115, Richtung Jassingau; von Hieflau 7 km, von Eisenerz 6 km zum kleinen Parkplatz nahe einem Bahnviadukt.
Ausgangspunkt Parkplatz an der Bundesstraße (601 m).
Aufstieg Anfangs auf einer Forststraße in die klammähnliche Kalte Fölz. Im Graben alsbald auf einem Jagdsteig bergwärts. In rund 850 m Höhe ein erster Überblick auf die weitere Route. An dem mit Lärchen bestandenen Hang Richtung Hochturm aufwärts und an dessen westseitigen Felswänden oberhalb einer Latschenstufe zu den auffallend schönen Hängen am Kaiserwart. Nächst einer markanten nordostseitigen Rinne auf den Kaiserwart (2033 m). Kurze Abfahrt in einen Sattel in Gratnähe der Roten Rinne. Den Gratrücken an der flachen Seite bergan zum Gipfelkreuz auf dem Kaiserschild.
Abfahrt Wie Aufstieg.
Übergang zum Hochkogel lohnend: Nordwestwärts abfahren in den weiten Karsattel (ca. 1900 m). Wiederum ansteigen, auf dem anfangs breiten, zuletzt steilen und gratähnlichen Nordostrücken auf den Hochkogel.
Abfahrt Wie Aufstieg.

Touristische Infos Tourismusbüro A-8790 Eisenerz, Tel. (0 38 48) 37 00; Gasthof »Gemeindealm« (Albinger), Tel. (0 38 48) 34 10
Literatur, Gebietsführer Günter und Luise Auferbauer: Schitourenparadies Steiermark, Styria Verlag; Günter und Luise Auferbauer: Alpenvereins-Skiführer Ostalpen Bd 5, Bergverlag Rother
Karten ÖK 100 (Hieflau), ÖK 101 (Eisenerz)
Einkehr/Übernachtung Gasthof »Eisenerzer Hof« (Schopper), in A-8790 Eisenerz, Tel. (0 38 48) 25 51

7 Leobner (2036 m)

Durch den Sautrog und die Ploden — *Eisenerzer Alpen*

Gesamtcharakter Empfehlenswerte Rundtour; ideal bei Pulverschnee.
Aufstiegszeit 3 bis 4 Std.
Höhenunterschied 1020 m
Schwierigkeit skitechnisch mittel
Lawinengefahr mitunter lawinengefährdet
Hangrichtung überwiegend Norden, aber auch Osten und Westen
Beste Jahreszeit Januar – März

Anfahrt *Auto:* A9 Pyhrn-Autobahn, Ausfahrt »Ardning«; B146 Richtung Gesäuse; Abzweigung beim Gasthof »Bachbrücke«; im Johnsbachtal bis in den Talschluß.
Ausgangspunkt Gehöft »Gscheidegger« (1016 m).
Aufstieg Auf dem anfangs ostwärts leitenden Forstweg mäßig ansteigend und allmählich südwärts gehend, gelangt man zur Grössingeralm (1319 m). Nach Überqueren des Almgeländes steigt man den engen und steilen, »Sautrog« genannten Graben an. In kurzen Kehren aufwärts zu einer Strauchzone und aus ihr – leicht rechtshaltend – in das Leobner Törl (1739 m). Aus dem schönen Kargelände bergan zum ostseitigen Gipfelhang; daran linkshaltend zu einem Bergrücken und an ihm aufwärts zur großen Gipfelkuppe.
Abfahrt Vom Gipfelkreuz hält man sich zunächst nordwestwärts und fährt aus der breiten, trichterförmigen Flanke in die Westrinne ein. Sie mündet in ein grabenähnliches Gelände. Durch lichten Wald abfahrend zur Ploden (1400 m): Von diesem großen Anger zur nahen Breitenbergeralm. Im weiteren durch den Plonaugraben, wobei man die Schwarzkogel-Forststraße benutzt. Auf ihr in die Plonau. Zuletzt über die schönen Bergwiesen direkt zum Gehöft »Gscheidegger«.

Touristische Infos Gemeindeamt A-8912 Johnsbach, Tel. (0 36 11) 217; Gasthof »Kölblwirt«, Tel. (0 36 11) 216
Literatur, Gebietsführer Günter und Luise Auferbauer: Schitourenparadies Steiermark, Styria Verlag; Günter und Luise Auferbauer: Alpenvereins-Skiführer Ostalpen Bd 5, Bergverlag Rother
Karten ÖK 100 (Hieflau), ÖK 131 (Kalwang)
Einkehr In Johnsbach: »Donnerwirt«; im hinteren Johnsbachtal: »Kölblwirt«, Gasthof »Ödsteinblick«
Übernachtung Gehöft »Gscheidegger«, Urlaub am Bauernhof, Tel. (0 36 11) 229

8 Hinkareck (1932 m)

Über die Brunnebenalm — *Eisenerzer Alpen*

Gesamtcharakter Großteils Waldgelände, ab 1500 m Höhe zunächst Schläge, darüber als-bald baumfreies Gelände
Aufstiegszeit 3 Std.
Höhenunterschied bis 1140 m
Schwierigkeit skitechnisch mittel
Lawinengefahr kaum lawinengefährdet
Hangrichtung Süden, Osten und Westen
Beste Jahreszeit Dezember – März

Anfahrt *Auto:* A9 Pyhrn-Autobahn; im Norden Ausfahrt »Treglwang«, im Süden Ausfahrt »Kalwang«; in Wald am Schoberpaß beim Gasthof »Leitner« abzweigen; Straßenüberführung in Richtung Skilifte. Durch Melling bis zur zweiten Kehre.
Ausgangspunkt Mellinger Straße, zweite Kehre (995 m); Parkraum.
Aufstieg Ab dem Wegschranken die Forststraße bergan und zur Kiesgrube in der ersten Forstwegkehre. Man folgt im weiteren dem markierten Weg – er kürzt die Forststraße großteils ab – und erreicht aus dem durchwegs gut begehbaren Hochwald mehrere Aussichtsplätze. Ab der Brunnebenalm (1510 m) auf dem markierten Weg noch zu einem Kreuz und zu einem rot bemalten Stein. Rechtshaltend bergan und allmählich aus der Waldzone zur »Herberge« (1680 m), einem Sattel. Den schmalen Rücken aufwärts zum Enzianboden (1776 m) und aus dem nächstfolgenden Sattel den breiten, südseitigen Rücken bergan auf das Hinkareck.
Abfahrt Nach der Aufstiegsspur zurück zum Enzianboden. Ab hier – bei Pulverschnee extra empfehlenswert! – in den ostseitigen Hängen bis an die Waldzone (1500 m) hinunter. Gut 200 Höhenmeter zurück ansteigen. Heroben linkshaltend dem Höhenrücken durch schütteren Wald folgen, noch leicht bergan zum ersten jener Schläge, die westseitig in Richtung Sulzbach leiten. Man fährt am Hochwaldrand bis in eine Höhe von 1240 m ab. Wiederum linkshaltend gelangt man zu einer Forststraße; auf ihr abwärts zur Sandgrube und zum Parkplatz.

Touristische Infos Gemeindeamt A-8781 Wald am Schoberpaß, Tel. (0 38 34) 204
Literatur, Gebietsführer Günter und Luise Auferbauer: Schitourenparadies Steiermark, Styria Verlag
Karten ÖK 131 (Kalwang)
Einkehr/Übernachtung Gasthof »Leitner«, A-8781 Wald am Schoberpaß, Tel. (0 38 34) 213

Tour 8: Abfahrt am Hinkareck

9 Zeiritzkampel (2125 m)

Durch das Kammerl — *Eisenerzer Alpen*

Gesamtcharakter Die Route durch das »Kammerl« ist beliebt und das schattseitige Gelände schneesicher. Zumeist kann lange bis zum Parkplatz abgefahren werden.
Aufstiegszeit 3:30 Std.
Höhenunterschied 1170 m
Schwierigkeit skitechnisch mittel
Lawinengefahr ab der Kammerlalm mitunter lawinengefährdet
Sonstige Gefahren am Übergang zum Gipfelkreuz Abrutschgefahr in die steile Nordostflanke!
Hangrichtung Norden, Nordwesten
Beste Jahreszeit Februar – April

Anfahrt *Auto:* B115; 3 km südlich von Hieflau in das Radmertal abzweigen und bis in den Talschluß.
Ausgangspunkt Ende der Straße in Hinterradmer (980 m); Parkplatz.
Aufstieg Taleinwärts erreicht man als erstes einen Wegschranken. Nun auf der Forststraße weiter zu einer Gabelung (1024 m). Man hält sich links und folgt der Markierung alsbald aufwärts: In der steilen Waldstufe über kahle Stellen zur Kammerlalm (1350 m). Ab den Hütten geradewegs bergan zu einem Forstweg; Gedenkkreuz. Man geht grabeneinwärts, hält sich jedoch allmählich rechts und quert – nur bei sicheren Bedingungen! – die zunehmend steilen, mit Erlen bewachsenen Hänge des Kammerlkogels. Auf einem gut begehbaren breiten Rücken bergan zu den auffallend großen Steinmännern (ca. 1900 m).
Von Westen her auf die breite Kuppe des Vorgipfels; Skidepot. Evtl. Übergang zum Gipfelkreuz.
Abfahrt Wie Aufstieg. Oder aus dem Bereich des Vorgipfels direkt in die nordwestseitige, von der Kammerlwand begrenzte Steilflanke zur Kammerlalm. Weiter entlang der Aufstiegsroute.

Touristische Infos Gemeindeamt A-8795 Radmer an der Stube, Tel. (0 36 35) 21 10; Gasthof »Zum Lugauer« (Stangl), Tel. (0 36 35) 21 58
Literatur, Gebietsführer Günter und Luise Auferbauer: Schitourenparadies Steiermark, Styria Verlag; Günter und Luise Auferbauer: Alpenvereins-Skiführer Ostalpen Bd 5, Bergverlag Rother
Karten ÖK 100 (Hieflau), ÖK 131 (Kalwang)
Einkehr Gasthof »Zum Lugauer« (Stangl)
Übernachtung Gasthof »Zur Mühle« (Thallinger), A-8795 Radmer an der Stube, Tel. (0 36 35) 21 03

10 Kragelschinken (1845 m) und Plöschkogel (1668 m)

Über die Teicheneggalm — *Eisenerzer Alpen*

Gesamtcharakter Beliebte Hochwinter-Rundtour; überwiegend Waldgelände, die Gipfelkuppen sind baumfrei.
Aufstiegszeit 3:30 Std.
Höhenunterschied bis 1200 m
Schwierigkeit skitechnisch leicht bis mittel
Lawinengefahr kaum lawinengefährdet
Sonstige Gefahren am Plöschkogel in Gipfelnähe etliche dolinenähnliche Erzlöcher; Vorsicht insbesondere bei Neuschnee!
Hangrichtung Norden
Beste Jahreszeit Januar – Februar

Anfahrt *Auto:* B 115; in Eisenerz abzweigen Richtung Ramsau.
Ausgangspunkt In der Eisenerzer Ramsau, nächst dem Pichlerhof der erste große Parkplatz (1010 m). Große Übersichtstafel.
Aufstieg Man folgt dem Forstweg – der auch als Rodelstrecke dient – südwärts, in die Lasitzen. Noch vor einer Steilstufe hält man sich rechts, quert im Hochwald ansteigend zu Schlägen und gelangt auf einer Forststraße zur Zwiegrabenhütte (1420 m). Nun im schütteren Baumbestand bergan zur Teicheneggalm. Von den Hütten geradewegs aufwärts in das Teichenegg (1700 m), wo man sich rechts hält. Aus dem Sattel am verwächteten Bergrücken aufwärts; zuletzt über einen breiten, zumeist abgewehten Hang auf die Gipfelkuppe.
Abfahrt Vom Kragelschinken nordseitig durch z. T. steiles Waldgelände, evtl. bis zur Kohlleitenalm (1332 m). In diesem Falle Rückanstieg zum Blauen Herrgott (1580 m). In jedem Fall von diesem Wegkreuz kurzer Aufstieg zum Plöschkogel.
Abfahrt von der kleinen, jedoch aussichtsreichen Gipfelkuppe nordostwärts über Schläge und durch Hochwald in die Lasitzen und zum Parkplatz.

Touristische Infos Tourismusbüro A-8790 Eisenerz, Tel. (03848) 3700; Gasthof »Gemeindealm« (Albinger), Tel. (03848) 3410
Literatur, Gebietsführer Günter und Luise Auferbauer: Schitourenparadies Steiermark, Styria Verlag
Karten ÖK 100 (Hieflau), ÖK 101 (Eisenerz), ÖK 131 (Kalwang,) ÖK 132 (Trofaiach)
Einkehr Gasthof »Pichlerhof«, Gasthof »Gemeindealm«
Übernachtung Gasthof »Pichlerhof« (Ritzinger), Tel. (03848) 3414

11 Wildfeld (2043 m) und Stadelstein (2070 m)

Durch die Kreuzen — *Eisenerzer Alpen*

Gesamtcharakter Beliebte Hochwintertour; Waldgelände bis in die Kreuzen; darüber freies Gelände mit sonnseitigen Hängen und Mulden.
Aufstiegszeit 3 Std.
Höhenunterschied bis 1070 m
Schwierigkeit skitechnisch leicht bis mittel
Lawinengefahr mitunter lawinengefährdet
Hangrichtung Süden bis Osten
Beste Jahreszeit Januar – März

Anfahrt *Auto:* B 115; von Trofaiach beim »Jägerwirt« in den Gößgraben; die Straße ist bis in den Talschluß befahrbar. Zuletzt die Parkplätze »Wildfeld 1«, »Wildfeld 2« und »Wildfeld 3«.
Ausgangspunkt Jagdhaus »Gößgraben« (1020 m).
Aufstieg Wegen des Wildgatters beim Ramspacher führt seit dem Jahre 1997 die Wildfeld-Skiroute nur noch durch die Kreuzen. Man folgt daher jener Forststraße, die 100 m nach dem Jagdhaus, ab einer Brücke, nordwestwärts führt.
An der folgenden Gabelung (1103 m) hält man sich geradeaus bzw. in Richtung Höllgraben. An den Forstweg schließt ein Ziehweg an; er leitet rund 300 Höhenmeter durch einen nur mäßig steilen Hochwald zu den Kreuzen-Almhütten.
Nun leicht rechtshaltend bergan zum Kreuzentörl an der Waldgrenze (1520 m). Im weiteren einen Hang aufwärts.
Rechts von Felsen durch das Sauloch bergan zu jener Karmulde, die dem Arnikariedel westlich gegenüber liegt. Aus dieser Mulde, worin der Tullingerbach entspringt, linkshaltend bergan zum Gipfelkreuz auf dem Wildfeld. Der 1 km entfernte Stadelstein ist ostwärts, über den nahen Speikkogel, einfach erreichbar.

Tour 10: Vom Teichenegg auf den Kragelschinken

Abfahrt Wie Aufstieg. Oder mit folgender »Zugabe«: Nordwärts durch die breite, schöne »Wildfeldrinne« zum Nebelkreuz (1700 m). Der Rückanstieg auf das Wildfeld benötigt 300 Höhenmeter.
Vom Stadelstein auch südseitig: zum Parkplatz »Moosalm« (950 m).

Touristische Infos Tourismusbüro A-8793 Trofaiach, Tel. (03847) 2188
Literatur, Gebietsführer Günter und Luise Auferbauer: Schitourenparadies Steiermark, Styria Verlag
Karten ÖK 132 (Trofaiach)
Einkehr/Übernachtung »Jägerwirt«, Tel. (03847) 3345; »Sporthotel Schelch«, Tel. (03847) 2188; beide in A-8793 Trofaiach

12 TAC-Spitze (2019 m) und Vordernberger Griesmauer (2014 m)

Über Leobner Hütte und Hirscheggsattel — *Hochschwabgruppe*

Gesamtcharakter Gut befahrbares, überwiegend eher mäßig steiles Gelände. Jedoch steile, schroffe Gipfelbereiche; an der TAC-Spitze auch ausgesetzt.
Aufstiegszeit bis 3 Std.
Höhenunterschied bis 950 m
Schwierigkeit skitechnisch mittel
Lawinengefahr mitunter lawinengefährdet
Hangrichtung Süden, Südwesten
Beste Jahreszeit Januar – März

Anfahrt *Auto:* B 115; in Richtung Präbichl, bis 2 km südlich der Paßhöhe (1226 m).
Ausgangspunkt Almhäuser (1092 m).
Aufstieg Von den Almhäusern auf der alten Präbichlstraße zur nahen Bahnüberführung (Erzbergbahn). Aus der Straßenkurve über Wiesen bergan zur Handlalm (1220 m). Von der Handlalm leitet ein Fahrweg in den hinteren Handlgraben und zur Materialseilbahn-Talstation. Demselben Graben folgt man weiter einwärts. In einem weiten Linksbogen hinauf zur Leobner Hütte (1582 m). Im darüber liegenden Hirscheggsattel (1699 m) steht ein großer Gittermast. Aus diesem Sattel steigt man nächst den Grattürmen die südwestseitige Schuttriese an. Inmitten dieses Hanges steht ein auffallender Felsturm, der »Keppelzahn«. An ihm noch kurz bergan und allmählich in einen kleinen Sattel; Skidepot: Aus dem Sattel linkshaltend (sonnseitig) mit Hilfe eines Fixseiles auf die Techniker-Alpenclub- bzw. TAC-Spitze.
Oder aus demselben Sattel rechts bzw. schattseitig in einem Schrofenhang auf den höchsten Punkt der Vordernberger Griesmauer.
Abfahrt Wie Aufstieg.

Touristische Infos Tourismusbüro A-8794 Vordernberg, Tel. (03849) 6119; Herbert Ogris, Leobner Hütte, Tel. (03849) 246
Literatur, Gebietsführer Günter und Luise Auferbauer: Schitourenparadies Steiermark, Styria Verlag
Karten ÖK 101 (Eisenerz)
Einkehr/Übernachtung Leobner Hütte, Tel. (03849) 246; Gasthof »Langreiter« (Almhäuser), Tel. (03849) 210; am Präbichl Gasthof »Alpenrose«, Tel. (03849) 6346

13 Hochturm (2081 m)

Durch das Schneeloch — *Hochschwabgruppe*

Gesamtcharakter Anfangs ein langer, gut begehbarer Graben; darüber bis zu 700 m hohe steile Rinnen und Flanken.
Aufstiegszeit 3 Std.
Höhenunterschied 1060 m
Schwierigkeit skitechnisch mittel bis anspruchsvoll
Lawinengefahr mitunter lawinengefährdet
Sonstige Gefahren Vorsicht bei der Einfahrt in die anfangs bis zu 40° steilen Rinnen; ideal bei Firn!
Hangrichtung Süden, Osten
Beste Jahreszeit Februar, März

Anfahrt *Auto:* B 115; in Trofaiach zum Sportplatz und in den Rötzgraben; ab Trofaiach 10 km Richtung Hieslegg.
Ausgangspunkt Rötzbachbrücke (1024 m); markante Straßenkehre.
Aufstieg Das Wildgatter wird bergseitig bzw. links umgangen. Man gelangt jedoch wieder an den ursprünglichen Weg und folgt diesem, unterhalb einer Hochspannungsleitung, bis in den Grabenabschluß (ca. 1300 m). Nun mäßig steil bergan in das zwischen Leobner Mauer (links) und Hochturm eingebettete Schneeloch. In dieser Steilstufe hält man sich eher linkshaltend aufwärts. Im darüber liegenden Ochsenboden bzw. Wildfeld rechtshaltend über nur mäßig steile Böden bergan und in einer Schleife zu einem Felsriegel. Dem Sommerweg folgend um den Felsriegel herum zum Gipfelhang; an ihm aufwärts zum höchsten Punkt.
Abfahrt Man befährt jene Steilrinnen, welche vom Hochturm südwärts in den hinteren Rötzgraben reichen und ungefähr gegenüber der Pflegalm auslaufen. Aus dem Grabenabschluß nach der Aufstiegsspur zurück zum Parkplatz.

Touristische Infos Tourismusbüro A-8793 Trofaiach, Tel. (038 47) 21 88
Literatur, Gebietsführer Günter und Luise Auferbauer: Schitourenparadies Steiermark, Styria Verlag; Günter und Luise Auferbauer: Alpenvereins-Skiführer Ostalpen Bd 5, Bergverlag Rother
Karten ÖK 101 (Eisenerz)
Einkehr Gasthaus am Hieslegg (im Winter nicht regelmäßig geöffnet)
Einkehr/Übernachtung »Jägerwirt«, Tel. (038 47) 33 45; »Sporthotel Schelch«, Tel. (038 47) 21 88; beide in A-8793 Trofaiach

14 Ebenstein (2123 m)

Über die Sonnschienalm — *Hochschwabgruppe*

Gesamtcharakter Bis zur Sonnschienalm großteils Forstwege; darüber weiträumiges Latschengelände, ab dem Sonnschienbründl südseitige freie Hänge.
Aufstiegszeit Jassing – Sonnschienhütte und Sonnschienhütte – Ebenstein jeweils 2 Std.
Höhenunterschied auf den Ebenstein insgesamt 1250 m, davon bis zur Sonnschienhütte 650 m
Schwierigkeit skitechnisch leicht bis mittel
Lawinengefahr kaum lawinengefährdet
Sonstige Gefahren Vorsicht beim Queren des »Lawinengangls«! Das ist jener Bereich, wo die Russenstraße in einer steilen Berglehne an das östliche Ende der Stallmauer stößt.
Hangrichtung Süden
Beste Jahreszeit Februar und März

Anfahrt *Auto:* S6, S35, Knoten Bruck an der Mur; von Bruck-Berndorf durch das Tragösser Tal über Oberort und Grüner See in die Jassing.
Ausgangspunkt Parkplatz Jassing (884 m).
Aufstieg Die Forststraße bergan zu einem großen Felsblock, dem »Wasserstein«. Man folgt allgemein der Russenstraße, einem Forstweg, und geht zumeist die zahlreichen Kehren aus. Im oberen Teil derselben Straße gelangt man zu der mit »Lawinengangl« bezeichneten Querung. Danach einfach in das Gelände der Sonnschienalm.
Zwischen dem Jagdhaus und der Sonnschienhütte (1523 m) hält man sich nordwestwärts durch Latschengelände zum Sonnschienbründl (1670 m). Nun rechtshaltend bzw. nordostwärts über einen breiten freien Hang bergan zum Kleinen Ebenstein (1943 m).
Aus dem breiten Sattel südseitig aufwärts. Der Gipfelhang ist oft abgeweht, daher Skidepot je nach Schneelage.
Abfahrt Wie Aufstieg.

Touristische Infos Tourismusbüro A-8612 Tragöß-Oberort, Tel. (038 68) 83 30
Literatur, Gebietsführer Günter und Luise Auferbauer: Schitourenparadies Steiermark, Styria Verlag; Günter und Luise Auferbauer: Alpenvereins-Skiführer Ostalpen Bd 5, Bergverlag Rother
Karten ÖK 101 (Eisenerz)
Einkehr/Übernachtung Sonnschienhütte, bew. ab März, Tel. (06 63) 973 10 83

15 Hinterer Polster (2057 m)

Durch den Murmelboden — *Hochschwabgruppe*

Gesamtcharakter Ab der Sonnschienhütte Rundtour; weiträumiges Kargelände und Hochfläche mit zahlreichen Kuppen.
Aufstiegszeit Jassing – Sonnschienhütte und Sonnschienhütte – Hinterer Polster je 2 Std.
Höhenunterschied zur Sonnschienhütte 650 m; von der Sonnschienalm auf den Hinteren Polster 600 m
Schwierigkeit skitechnisch mittel
Lawinengefahr mitunter lawinengefährdet
Sonstige Gefahren Die Hochflächen nur bei sichtigem Wetter begehen; keine Wintermarkierungen!
Hangrichtung Süden
Beste Jahreszeit Februar und März

Anfahrt *Auto:* S6, S35, Knoten Bruck an der Mur; von Bruck-Berndorf durch das Tragösser Tal nach Oberort und vom Grünen See in die Jassing.
Ausgangspunkt Parkplatz in der Jassing (884 m).
Aufstieg Wie bei der Tour zum Ebenstein aus der Jassing auf die Sonnschienalm. Von der Sonnschienhütte (1523 m) ostseitig bergab in Richtung Sackwald bis auf ca. 1470 m Höhe; nun fast eben nordwestwärts in den Murmelboden. Das südseitige, mäßig steile Polsterkar aufwärts und in den Polstersattel (1990 m). Ostwärts, den gut begehbaren Gratrücken bergan, auf den Gipfel.
Abfahrt Wie Aufstieg.
Oder als Rundtour in folgender Richtung: Vom Hinteren Polster erst ostwärts, dann südostwärts abfahrend zum Öhler (1822 m). Nun südwärts in ein enges dolinenreiches Gelände, das »Allaloch«. Dabei wird die Seemauer ostseitig umfahren. Zwischen Allakogel und Seemauer Abfahrt direkt zum Sackwiesensee (1414 m). Am See südwärts zum Sackwald. Entlang der Markierung (Weitwanderweg 01, 05) westwärts und in kurzem Gegenanstieg zur Sonnschienhütte.

Touristische Infos Tourismusbüro A-8612 Tragöß-Oberort, Tel. (038 68) 83 30
Literatur, Gebietsführer Günter und Luise Auferbauer: Schitourenparadies Steiermark, Styria Verlag
Karten ÖK 101 (Eisenerz)
Einkehr/Übernachtung Sonnschienhütte, bew. ab Anfang März, Tel. (06 63) 973 10 83

16 Kloben (2055 m)

Mit Häuselalm und Schönbergkar — *Hochschwabgruppe*

Gesamtcharakter Rundtour mit mäßig steilem Aufstieg und rassiger Abfahrt.
Aufstiegszeit 3:15 Std.
Höhenunterschied 1170 m
Schwierigkeit skitechnisch mittel bis anspruchsvoll
Lawinengefahr mitunter lawinengefährdet; insbesondere, wo die Salzleiten (Steilflanke an der Westseite des Großen Beilsteins) in das Schönbergkar einmündet.
Sonstige Gefahren Das Schönbergkar endet oberhalb der Hundswand; daher rechtzeitig aus dem Kar queren.
Hangrichtung Süden
Beste Jahreszeit Februar – April

Anfahrt *Auto:* B 20; in Thörl abzweigen: über St. Ilgen und Innerzwain zum »Bodenbauer«.
Ausgangspunkt Parkplatz beim Gasthof »Bodenbauer« (884 m).
Aufstieg Man folgt insgesamt dem Sommerweg; ab 1100 m Höhe nutzt man evtl. den Forstweg. Am Fuße des Buchbergkogels durch einen lawinengefährdeten Einschnitt.
Ab der Häuselalmhütte (1526 m) leitet die Stangenmarkierung nordostwärts durch den Häuseltrog. Danach quert man in ein enges Tal, den »Baumstall«. Aus ihm mäßig steil bergan in die Hirschgrube und bis auf 1900 m Höhe.

In den Hundsböden rechtshaltend bzw. ostwärts ansteigend zum Kloben, jener felsigen Kuppe gegenüber dem Großen Beilstein.
Abfahrt Vom Gipfel südwestwärts bis auf ca. 1900 m; nun linkshaltend an die Geländekante (1850 m): Einblick in das Schönbergkar; man fährt bis auf 1300 m Höhe ab. Jetzt unbedingt linkshaltend hinausqueren zu den Baumgruppen und hinunter zum Trawiesweg. Auf ihm zu steilem Buchenwald, an den Fuß der Hundswand, dann über den Trawiesbach und zum Bodenbauer.

Touristische Infos Gemeindeamt A-8621 St. Ilgen, Tel. (03861) 8136
Literatur, Gebietsführer Günter und Luise Auferbauer: Schitourenparadies Steiermark, Styria Verlag
Karten ÖK 101 (Eisenerz), ÖK 102 (Aflenz-Kurort)
Einkehr/Übernachtung Häuselalmhütte, bew. im Winter an Wochenenden, Tel. (0663) 9503352; Gasthof »Bodenbauer«, bew. im Winter Freitag – Sonntag, Tel. (03861) 8130

Tour 18: Abfahrt im Zagelkar

17 Stangenwand (2157 m)

Durch das Rauchtal — *Hochschwabgruppe*

Gesamtcharakter Eine Landschaft wie in den Dolomiten. Auf den etwas mühsamen Zustieg durch eine Wald- und Strauchzone folgt ein riesengroßes, 600 m hohes Kargelände.
Aufstiegszeit 3:15 Std.
Höhenunterschied 1280 m
Schwierigkeit skitechnisch mittel bis anspruchsvoll
Lawinengefahr mitunter lawinengefährdet
Sonstige Gefahren im oberen Teil des Kares zeitweise vereiste Passagen!
Hangrichtung Süden
Beste Jahreszeit Februar – April

Anfahrt *Auto:* B 20; in Thörl abzweigen: über St. Ilgen und Innerzwain zum »Bodenbauer«.
Ausgangspunkt Parkplatz beim Gasthof »Bodenbauer« (884 m).
Aufstieg Ab dem »Bodenbauer« folgt man der nordostwärts führenden Flur- bzw. Forststraße in das Trawiestal. Man überquert den Trawiesbach (961 m) und gelangt unter die Hundswand. Entlang des Sommerweges im steilen Buchenwald aufwärts, danach bequem taleinwärts bis in eine Höhe von 1160 m. Nach dem Queren eines Gerinnes hält man sich links bergan: In der Strauch- und Latschenzone über mehrere Geländestufen aufwärts. In ca. 1400 m Höhe gelangt man in das Rauchtal, jenes mächtige, zwischen Großem Beilstein und Stangenwand eingebettete Kar. In seinem unteren, flacheren Teil steht ein mächtiger Felsblock, der »Jausenstein«. Ab dort zunehmend steil bergan – zumeist werden die Ski getragen – in den oberen Teil des Rauchtales und Richtung Hochfläche.
In ca. 2000 m Höhe in ein Tälchen. Aus dessen Boden rechtshaltend, nur mäßig steil, bergan; von Norden her auf den Gipfel der Stangenwand.
Abfahrt Wie Aufstieg. Oder in Kombination mit dem Zagelkar; siehe nächste Tour.

Touristische Infos Gemeindeamt A-8621 St. Ilgen, Tel. (03861) 8136
Literatur, Gebietsführer Günter und Luise Auferbauer: Schitourenparadies Steiermark, Styria Verlag; Günter und Luise Auferbauer: Alpenvereins-Skiführer Ostalpen Bd 5, Bergverlag Rother
Karten ÖK 102 (Aflenz Kurort)
Einkehr/Übernachtung Gasthof »Bodenbauer«, bew. im Winter Freitag – Sonntag, Tel. (03861) 8130

18 Zagelkogel (2255 m)

Mit der Steilabfahrt durch das Zagelkar — *Hochschwabgruppe*

Gesamtcharakter Das Zagelkar liegt südostseitig, eingebettet zwischen dem Zagelkogel und dem G'hacktkogel. Einfahrtsbereich bis 45°.
Aufstiegszeit über die Häuselalm 4 Std.; durch das Rauchtal 3:30 Std.
Höhenunterschied 1370 m
Schwierigkeit skitechnisch anspruchsvoll
Lawinengefahr häufig lawinengefährdet
Sonstige Gefahren Einfahrtsbereich mitunter überwächtet; etwaige Wächten unbedingt vor dem Einfahren abtreten!
Hangrichtung Südosten bis Südwesten
Beste Jahreszeit Februar – April

Anfahrt *Auto:* B 20; in Thörl abzweigen: über St. Ilgen und Innerzwain zum »Bodenbauer«.
Ausgangspunkt Parkplatz beim Gasthof »Bodenbauer« (884 m).
Aufstieg Entweder wie bei der Kloben-Tour über die Häuselalm zu den Hundsböden und entlang der Stangenmarkierung durch den Rauchtalsattel (2110 m); danach südostwärts nur mäßig steil und einfach von Norden her auf den Zagelkogel.
Oder wie bei der Stangenwand-Tour durch das Trawiestal und Rauchtal in den Rauchtalsattel; aus diesem von Norden her auf den Zagelkogel.
Abfahrt Vom Gipfel kurze Abfahrt nordostwärts in den schwach ausgeprägten, eher kleinen Sattel (2180 m). An der Geländekante die Verhältnisse genau prüfen! Nach dem 150 m hohen, sehr steilen und meist nur schmalen Einfahrtsbereich erreicht man das eigentliche Zagelkar. Darin fährt man gut 400 Höhenmeter ab. In rund 1650 m Höhe hält man sich besser links bzw. taleinwärts. Man gelangt zum Trawiesweg und fährt entlang dessen Markierung zum »Bodenbauer« ab.

Touristische Infos Gemeindeamt A-8621 St. Ilgen, Tel. (03861) 8136
Literatur, Gebietsführer Günter und Luise Auferbauer: Schitourenparadies Steiermark, Styria Verlag; Günter und Luise Auferbauer: Alpenvereins-Skiführer Ostalpen Bd 5, Bergverlag Rother
Karten ÖK 102 (Aflenz Kurort)
Einkehr/Übernachtung Gasthof »Bodenbauer«, bew. im Winter Freitag – Sonntag, Tel. (03861) 8130

19 Karlhochkogel (2096 m)

Durch die Karlschütt und den Karlgraben *Hochschwabgruppe*

Gesamtcharakter Bis zum Karl ein enges, durchwegs steiles Grabengelände; anschließend ein steiler ostseitiger Hang. Ab 1900 m Höhe ein breiter, nur mäßig steiler Südrücken bis zum Gipfel.
Aufstiegszeit 4 Std.
Höhenunterschied 1250 m
Schwierigkeit skitechnisch mittel
Lawinengefahr mitunter lawinengefährdet
Hangrichtung Süden
Beste Jahreszeit Februar – April

Anfahrt *Auto:* B20; in Thörl abzweigen: über St. Ilgen Richtung »Bodenbauer«; jedoch nur bis zur Festlau, d.i. dort, wo man die Karlschütt in einer Furt quert und nach kurzer Steigung eine kleine Anhöhe erreicht.
Ausgangspunkt Parkplatz in der Festlau (850 m).
Aufstieg Man hält sich nordostwärts, durchquert den ebenen Föhrenwald bergwärts und gelangt somit in den Einzugsbereich eines riesengroßen Schuttgeländes. Wo die fast 2 km lang talwärts reichende Karlschütt beginnt, dort setzt ein Jagdsteig an. Auf ihm etwas mühsam – weil zumeist die Ski tragend – über eine 150 m hohe Steilstufe bergan in den gut begehbaren Karlgraben. Darin rund 700 Höhenmeter aufwärts bis in einen kleinen Karboden, das sogenannte Karl (1700 m). Vorsicht, Schneebrettgefahr! Deshalb ist es zumeist besser, aus demselben Karboden den niedrigeren, ostseitigen Hang zum Höhenrücken anzusteigen. An diesem gleichmäßig geneigten südseitigen Rücken geradewegs bergan zu der aus wenigen Felsen geformten Gipfelkuppe.
Abfahrt Bei entsprechend sicheren Verhältnissen direkt vom Gipfel – steile Einfahrt! – in die 400 m hohe Südflanke und durch diese in das Karl; im weiteren wie Aufstieg.

Touristische Infos Gemeindeamt A-8621 St. Ilgen, Tel. (03861) 8136
Literatur, Gebietsführer Günter und Luise Auferbauer: Schitourenparadies Steiermark, Styria Verlag; Günter und Luise Auferbauer: Alpenvereins-Skiführer Ostalpen Bd 5, Bergverlag Rother
Karten ÖK 102 (Aflenz Kurort)
Einkehr/Übernachtung Gasthof »Ilgner Hof« (Saywald), A-8621 St. Ilgen, Tel. (03861) 8133

20 Hochschwab (2277 m)

Die klassische Tour von Seewiesen *Hochschwabgruppe*

Gesamtcharakter 4 km fast ebener Talboden, ab dem Lettanger hochtalähnliche Geländestufen. Aus der Oberen Dullwitz schön geformte Hänge bis in den Gipfelbereich; gesamte Route markiert, z.T. Stangen.
Aufstiegszeit Seewiesen – Voisthalerhütte 3 Std.; Voisthalerhütte – Hochschwab 2 Std.
Höhenunterschied Seewiesen – Voisthalerhütte 780 m; Voisthalerhütte – Hochschwab 630 m
Schwierigkeit skitechnisch mittel
Lawinengefahr mitunter lawinengefährdet
Hangrichtung Süden, Osten
Beste Jahreszeit Februar – April

Anfahrt *Auto:* B20, Seewiesen. *Bahn:* Bahn bis Bruck an der Mur, IC-Bhf. *Bus:* Postbus Bruck an der Mur – Kapfenberg – Mariazell.
Ausgangspunkt Gasthof »Seeberghof« (930 m) in Seewiesen.
Aufstieg An der Bundesstraße zur nahen Kapelle. Nun leicht bergab und z.T. entlang der Flurstraße das Seetal einwärts zum Lettanger (1042 m); unweit davon die Materialseilbahn-Talstation. Das Bachbett im Bösen Wald bis auf ca. 1200 m ansteigend, gelangt man zur Florlhütte (1284 m). In der Unteren Dullwitz aus dem Kühboden zum Franzosenkreuz am Höllkampl (1449 m). Aus dem Sattel ca. 50 Höhenmeter bergab in den Höllboden. In zunehmend steilem Anstieg durch das nordostseitige Voisthalergassl zur allgemein weithin sichtbaren Hütte. In Höhe der Voisthalerhütte (1654 m) westwärts, die Obere Dullwitz talein zur Abzweigung (1750 m). Den Graf-Meran-Steig aufwärts zum Rotgangboden und Schiestlhaus (2153 m). An der Schwabenleiten oder evtl. über den Kleinen Schwaben zum Gipfelkreuz.
Abfahrt Wie Aufstieg.

Touristische Infos Bergführer Hans Winkler, Tel. (03864) 2692
Literatur, Gebietsführer Günter und Luise Auferbauer: Schitourenparadies Steiermark, Styria Verlag; Günter und Luise Auferbauer: Alpenvereins-Skiführer Ostalpen Bd 5, Bergverlag Rother
Karten ÖK 102 (Aflenz Kurort)
Einkehr/Übernachtung Voisthalerhütte, bew. ab dem ersten März-Wochenende bis einschl. 1. November durchgehend; Winterraum 5 Lager, Tel. (0663) 963 1033

21 Ringkamp (2153 m)

Über die Aflenzer Staritzen *Hochschwabgruppe*

Gesamtcharakter In der Verbindung von Hochfläche, Gipfeln und Karen eine landschaftlich hervorragende Rundtour.
Aufstiegszeit 5 bis 6 Std.
Höhenunterschied 900 m und Gegensteigungen
Schwierigkeit skitechnisch mittel
Lawinengefahr kaum lawinengefährdet
Sonstige Gefahren Auf der Hochfläche wirken Wind und Wetter mitunter extrem. Orientierung nicht leicht, daher die Tour nur bei stabil guten Bedingungen unternehmen!
Hangrichtung Süden und Osten
Beste Jahreszeit Februar – April

Anfahrt *Auto:* B20, Seebergsattel. *Bahn:* Bahn bis IC-Bhf. Bruck an der Mur. *Bus:* Postbus Bruck an der Mur – Kapfenberg – Mariazell.
Ausgangspunkt Bushaltestelle auf dem Seebergsattel (1246 m).
Aufstieg Von der Paßhöhe nordwärts, der Markierung folgend, zur Bergstation des Seeberghalt-Liftes. 100 Höhenmeter darüber quert man linkshaltend durch Wald in die steile Seeleiten. Nahe von Lawinenverbauungen, die Ski eher tragend, auf die Seeleiten (1734 m). Nur mäßig steil zur Hochfläche der Aflenzer Staritzen. Wegtafeln und Holzstipfel leiten westwärts: Zunächst am Mieserkogel (1855 m) bergan und auf

Tour 21: Vom Gschirrmauerkampl gegen den Ringkamp

der insgesamt gut begehbaren Hochfläche bis in den Hutkogelsattel (1980 m). Abfahrt in das Ochsenreichkar (1800 m). Aus dessen Boden westwärts bergan; Wegweiser (1994 m). Nordwärts zur nahen Weihbrunnkesselscharte. Aus ihr am breiten südwestseitigen Rücken bergwärts zum Gipfelkreuz auf dem Ringkamp.
Abfahrt Vom Gipfel durch die 350 m hohe Südflanke in das Ochsenreichkar. Nun südwärts, nach kurzem Gegenanstieg, in das Kühreichkar und zur Voisthalerhütte (1654 m). Über die Florlhütte und durch das Seetal nach Seewiesen.

Touristische Infos Bergführer Hans Winkler, Tel. (0 38 64) 26 92
Literatur, Gebietsführer Günter und Luise Auferbauer: Schitourenparadies Steiermark, Styria Verlag
Karten ÖK 102 (Aflenz Kurort)
Einkehr/Übernachtung Voisthalerhütte, bew. ab dem ersten März-Wochenende bis einschl. 1. November durchgehend; Winterraum 5 Lager, Tel. (06 63) 963 10 33

22 Hochweichsel (2006 m)

Rundtour über den Kastenriegel — *Hochschwabgruppe*

Gesamtcharakter Eine Tour der Sonderklasse, denn die nordseitige Abfahrt in die Roßhölle erfordert gutes Orientierungsvermögen, weil abseits jeder Markierung.
Aufstiegszeit 3 Std.; als Rundtour 6 bis 7 Std.
Höhenunterschied 760 m und Gegensteigungen
Schwierigkeit skitechnisch mittel bis anspruchsvoll
Lawinengefahr mitunter lawinengefährdet
Hangrichtung überwiegend Norden und Osten
Beste Jahreszeit Februar – April

Anfahrt *Auto:* B 20, Seebergsattel. *Bahn:* Bahn bis IC-Bhf. Bruck an der Mur. *Bus:* Postbus Bruck an der Mur – Kapfenberg – Mariazell.
Ausgangspunkt Bushaltestelle auf dem Seebergsattel (1246 m).
Aufstieg Wie bei der Ringkamp-Tour über die Seeleiten auf die Staritzen-Hochfläche. Vom Mieserkogel 2 km westwärts bis in die Niedere Scharte (1900 m). Nun rechtshaltend bzw. nordwärts: Aus dem breiten, sattelähnlichen Gelände der Hochfläche den Südhang bergansteigend auf die markant geformte Gipfelkuppe der Hochweichsel.
Abfahrt Vom Gipfel nordwestwärts (rechts, an der Geländekante, auf Wächten achten!) die plane Seite des Bergrückens abfahrend bis in einen Sattel (1650 m). Nun rechtshaltend (ostwärts) in das kesselähnliche Gelände der »Bschlagstatt«. Die weitere Abfahrt erfolgt nordostwärts, unterhalb des Dippelwandgrates in ein kleines Hochtal, die Roßhölle. Aus ihr rechtshaltend zu einem Anger und z. T. entlang einer Forststraße in den Talschluß der Hinteren Höll bis zum Wegweiser (950 m). In der bewaldeten Westseite bergan zum Kastenriegel (1094 m). Aus diesem Sattel ostseitig in nur geringem Gefälle bergab. Das 5 km lange Ramertal leitet zur Postbus-Haltestelle Ramertal (860 m) in Wegscheid.

Touristische Infos Bergführer Hans Winkler, Tel. (0 38 64) 26 92
Literatur, Gebietsführer Günter und Luise Auferbauer: Schitourenparadies Steiermark, Styria Verlag; Günter und Luise Auferbauer: Alpenvereins-Skiführer Ostalpen Bd 5, Bergverlag Rother
Karten ÖK 102 (Aflenz Kurort)
Übernachtung Gasthof »Schuster«, A-8636 Seewiesen, Tel. (0 38 63) 24101j

23 Terzer Göller (1729 m) und Göller (1766 m)

Durch den Lahngraben — *Mürzsteger Alpen*

Gesamtcharakter Steile Hänge über einem gleichmäßig geformten Grabengelände.
Aufstiegszeit 2 Std.
Höhenunterschied 810 m
Schwierigkeit skitechnisch mittel
Lawinengefahr mitunter lawinengefährdet
Sonstige Gefahren Gipfelgrat im steilen Einfahrtsbereich eventuell überwächtet
Hangrichtung Süden
Beste Jahreszeit Februar – April

Anfahrt *Auto:* B 21, von Terz, Mariazell und/oder B 23, von Frein an der Mürz jeweils in Richtung Lahnsattel.
Ausgangspunkt Lahngrabenbrücke (956 m); 1,2 km östlich vom Lahnsattel.
Aufstieg Direkt von der Bundesstraße durch eine Strauchzone im gut begehbaren Grabengrund 100 Höhenmeter geradewegs bergan, sodann linkshaltend an den Südrücken des Terzer Göllers. An diesem breiten Bergrücken zunächst noch im Waldgelände aufwärts. Ab einer Höhe von 1300 m durch die Strauchzone bergan und allmählich in das freie Gelände. Geradewegs auf den Terzer Göller. Von diesem niedrigeren Gipfel eventuell Übergang zum Gipfelkreuz auf dem Göller.
Abfahrt Für die Einfahrt vom Höhenkamm zwischen beiden Göller-Gipfeln sucht man sich die am besten scheinende Stelle aus. In jedem Fall befährt man eine der steilen, südseitigen Flanken in die Eisgrube. Aus diesem markanten Boden erfolgt die weitere Abfahrt im gut befahrbaren Grabengrund. Darin geradewegs abwärts in die Strauchzone und direkt zur Lahngrabenbrücke.

Tour 23: Abfahrt in die steilen Flanken

Touristische Infos Tourismusregionalverband Waldheimat-Mürztal, A-8680 Mürzzuschlag, Tel. (0 38 52) 47 70, Fax (0 38 52) 53 94
Literatur, Gebietsführer Günter und Luise Auferbauer: Schitourenparadies Steiermark, Styria Verlag; Günter und Luise Auferbauer: Alpenvereins-Skiführer Ostalpen Bd 5, Bergverlag Rother
Karten ÖK 73 (Türnitz)
Einkehr/Übernachtung Gasthof »Freiner Hof« (Webster), Frein an der Mürz, Tel. (0 38 59) 81 02

24 Hohe Veitsch (1981 m)

Durch die Rodel — *Mürzsteger Alpen*

Gesamtcharakter Im unteren Teil Waldpassagen, im steilen Mittelteil alpines, felsdurchsetztes Gelände; oberhalb der Steilstufe einfach begehbare Hochflächen.
Aufstiegszeit 3 Std.
Höhenunterschied 1060 m
Schwierigkeit skitechnisch mittel bis anspruchsvoll
Lawinengefahr mitunter lawinengefährdet
Sonstige Gefahren im steilen Mittelteil bei Harsch besondere Vorsicht!
Hangrichtung Norden
Beste Jahreszeit Februar – April

Anfahrt *Auto:* B 20, Wegscheid; B 23, Mürzsteg; jeweils Richtung Niederalpl.
Ausgangspunkt Gasthof »Gamsjäger« im Ort Niederalpl (921 m).
Aufstieg Von Niederalpl auf einem Forstweg südwärts und durch Waldgelände in die weiten steilen Hänge der Rodel. Über die felsige Steilstufe (Schlüsselstelle) werden die Ski getragen. Oberhalb derselben Steilstufe gelangt man in den allmählich nur noch mäßig steilen Teil des Aufstieges. Ab der Gingatzwiese (ca. 1700 m) über die nordseitige Hochfläche bergan zum Gipfelkreuz.
Abfahrt Evtl. zunächst südwärts zum nahen Graf-Meran-Haus (1836 m). In jedem Fall jedoch aus dem Gipfelbereich der Hohen Veitsch nordwärts, über die Gingatzwiese, zur Aufstiegsspur und ihr ungefähr entlang in die Rodel. Das Steilstück erfordert erhöhte Aufmerksamkeit, ist jedoch bei Pulver oder Firn einfach zu befahren. Weitere Abfahrt wie Aufstieg nach Niederalpl.

Touristische Infos Tourismusregionalverband Waldheimat-Mürztal, A-8680 Mürzzuschlag, Tel. (0 38 52) 47 70, Fax (0 38 52) 53 94
Literatur, Gebietsführer Günter und Luise Auferbauer: Schitourenparadies Steiermark, Styria Verlag; Günter und Luise Auferbauer: Alpenvereins-Skiführer Ostalpen Bd 5, Bergverlag Rother
Karten ÖK 103 (Kindberg)
Einkehr Graf-Meran-Haus, im Winter bew. an Wochenenden und während der Ferien
Übernachtung Gasthof »Ploderer«, Niederalpl-Paßhöhe, Tel. (0 38 59) 23 90; Gasthof »Gamsjäger«, Ort Niederalpl (nach Anmeldung, abends; im Winter nur Pension), Tel. (0 38 59) 22 70

25 Kreuzschober (1410 m)

Über die Hönigsberger Alm und durch den Höllgraben *Mürzsteger Alpen*

Gesamtcharakter Bei jeder Witterung einfach begehbares Wald- und Almgebiet. Der Höllgraben ist ein wenig felsdurchsetzt.
Aufstiegszeit 2:15 Std.
Höhenunterschied 670 m
Schwierigkeit skitechnisch allgemein leicht, im Höllgraben mittel
Lawinengefahr kaum lawinengefährdet
Hangrichtung Süden
Beste Jahreszeit Januar – Februar

Anfahrt *Auto:* S6, Ausfahrt »Langenwang« oder »Hönigsberg«; jeweils nach Pichlwang. Gegenüber vom Gasthof »Knapp« in den Glowoggengraben; nach den letzten Häusern nur bis zur ersten Straßenkehre.
Ausgangspunkt Veitlbauerreith (740 m); Brücke, Wegweiser.
Aufstieg Zunächst der Hofzufahrt zum Gehöft »Veitlbauer« (780 m) folgen und den Fahrweg aufwärts zum Gehöft »Schütter« vlg. Leitenbauer (863 m). Ab diesem Hof den Weg oder die Wiese bergan zur »Waldhütte«. 50 m oberhalb verläuft eine Forststraße; auf ihr bergwärts zu einer Kehre (980 m). Danach rechter Hand den steilen Ziehweg bergan zum Weg Nr. 491. Mehrmals weisen Wegtafeln zur Hönigsberger Alm (1180 m). Darauf folgen ein Waldstück und das Almgelände am Großbrand. Aus dem Brandsattel (1280 m) waldwärts und zumeist entlang der Schneewieserlspur zur Kaarlhütte (1310 m). Geradewegs zum Gipfelkreuz.
Abfahrt Wie Aufstieg zum Brandsattel. Nun rechts, am Waldrand, im Gegenanstieg auf die Brandhöhe (1330 m). Von ihr westwärts abfahrend und hinter einem Waldschopf in das Almgelände. Aus dem flachen Almboden südwestwärts (oberhalb ist ein Hochsitz sichtbar). Wie durch einen Trichter fahrend in den Höllgraben. Darauf folgt ein Waldweg: erst flott, dann eben grabenauswärts. Zuletzt wieder auf einer Hofzufahrt zur Veitlbauerreith.
Anmerkung Durch den Höllgraben nur bei solider Schneelage; ansonsten Abfahrt wie Aufstieg.

Touristische Infos Tourismusregionalverband Waldheimat-Mürztal, A-8680 Mürzzuschlag, Tel. (03852) 4770, Fax (03852) 5394
Literatur, Gebietsführer Günter und Luise Auferbauer: Schitourenparadies Steiermark, Styria Verlag
Karten ÖK 104 (Mürzzuschlag)
Einkehr Kaarlhütte, bew. jeweils von Mittwoch bis Sonntag

Tour 25: Die Kaarlhütte am Kreuzschober

26 Roßkogel (1524 m) und Spielkogel (1599 m)

Rundtour über die Hinteralm *Schneealpe*

Gesamtcharakter Steiler Anstieg durch Wald, darüber sanft geformte Hänge und Bergkuppen. Gut befahrbares Almgelände.
Aufstiegszeit 3 Std.
Höhenunterschied über 800 m
Schwierigkeit skitechnisch leicht bis mittel
Lawinengefahr kaum lawinengefährdet
Hangrichtung Nordwesten bis Südwesten
Beste Jahreszeit Januar – März

Anfahrt *Auto:* S6, Ausfahrt »Mürzzuschlag«; B23, bis Frein. *Bus:* Postbus von Mürzzuschlag und Mariazell.
Ausgangspunkt Frein a. d. Mürz (864 m), Gasthof »Freiner Hof«.
Aufstieg Am südlichen Ortsrand ab der Mürzbrücke auf markiertem Weg den steilen Wald aufwärts zu einer Forststraße. Auf ihr an den Hochriegel. Dabei steigt man in Kehren bis in 1300 m Höhe an.
Ab dem Ende der Straße den Bergrücken zunächst nordseitig aufwärts queren. Am Scheitel rechts halten und in einen Sattel. Wenige Höhenmeter bergab auf die Roßwiese. Am Roßkogel (1524 m) über dessen Kuppe oder südseitig herum; in jedem Fall ostwärts, durch sanft geneigtes, zuweilen märchenhaft anmutendes Almgelände in Richtung Spielkogel, den man von Norden her ersteigt.
Abfahrt Vom Gipfelkreuz südwestseitig hinunter bis an den Rand der Klobenwände. Nun kurz bergan, sodann bergab zu den nahen Hütten der Hinteralm. Aus dem Almgelände westwärts in den Alplgraben. Im gut befahrbaren Hochwald erreicht man eine Forststraße. Auf ihr talwärts. Zuletzt in kurzem Gegenanstieg südwärts und bergab zum Forsthaus am Beginn des Höllgrabens; nahe davon die Bushaltestelle Scheiterboden.
Rückfahrt nach Frein per Postbus oder Autostopp (4 km).

Touristische Infos Familie Wienauer (Hinteralmhaus); im Tal: Tel. (03857) 8286
Literatur, Gebietsführer Günter und Luise Auferbauer: Schitourenparadies Steiermark, Styria Verlag; Günter und Luise Auferbauer: Alpenvereins-Skiführer Ostalpen Bd 5, Bergverlag Rother
Karten ÖK 103 (Kindberg)
Einkehr/Übernachtung Hinteralmhaus, bew. November – Ende Mai an Wochenenden, Feiertagen und in den Ferien, Tel. (0663) 9630969; Gasthof »Freiner Hof« (Webster), Frein a. d. Mürz, Tel. (03859) 8102

27 Lachalpe (1590 m)

Durch den Lachalpengraben *Schneealpe*

Gesamtcharakter Bis 1300 m Höhe überwiegend Waldgelände, darüber freie Almflächen; bei jeder Witterung zu begehen. Bei guter Schneelage ist der gesamte Lachalpengraben befahrbar.
Aufstiegszeit bis 3 Std.
Höhenunterschied bis 820 m
Schwierigkeit skitechnisch leicht, im Lachalpengraben mittel
Lawinengefahr kaum lawinengefährdet
Hangrichtung Osten
Beste Jahreszeit Januar – März

Anfahrt *Auto:* S6, Ausfahrt »Mürzzuschlag«; B23, bis Neuberg-Krampen.
Ausgangspunkt Parkplatz in der Wohnsiedlung von Tirol (771 m) oder am letzten Parkplatz, »Im Tirol« (800 m).
Aufstieg Bei guter Schneelage beginnt die Tour bereits in der Wohnsiedlung. Auf der Tiroler Straße durch den Inneren Krampengraben bis zu einer Gabelung; Straßenschild »Im Tirol« (Zufahrt bis hierher gestattet). Die Wiese bergan in Richtung Jagdhaus. Noch davor linkshaltend zum Waldrand. Nun dem Forstweg folgend bis auf 900 m Höhe. Aus der Wegkehre geradeaus in den Lachalpengraben und darin bergan bis auf 1100 m. Die Forststraße nur wenige Meter bergab; Wegweiser zur Lachalpe. Im ostseitigen Waldgelände bergan zu jenem Forstweg, der in den oberen Lachalpengraben führt (1300 m). Dort aus dem trichterförmigen Gelände geradewegs aufwärts zu einem Wegkreuz am Rande der Lachalm. Linkshaltend bzw. den nordseitigen, breiten Hang aufwärts bis zu einer kleinen Kuppe (1570 m); Hochsitz. Eventuell noch auf den höchsten Punkt.
Abfahrt Von der kleinen Kuppe ostwärts zu einer Geländekante. Nun durch eine steile »Gasse« in den Lachalpengraben. Entweder im Grabengrund abfahrend oder ungefähr nach der Aufstiegsspur.

Touristische Infos Tourismusbüro A-8692 Neuberg an der Mürz, Tel. (03857) 8321
Literatur, Gebietsführer Günter und Luise Auferbauer: Schitourenparadies Steiermark, Styria Verlag; Günter und Luise Auferbauer: Alpenvereins-Skiführer Ostalpen Bd 5, Bergverlag Rother
Karten ÖK 103 (Kindberg)
Einkehr/Übernachtung Gasthof »Goldener Stern« (Rosenbichler), A-8692 Neuberg, Tel. (03857) 8201

28 Windberg (1903 m)

Über die Schneealmhütte — *Schneealpe*

Gesamtcharakter Waldgelände mit Forstwegen bis nahe beim Sender (1660 m); darüber Almböden und Hochflächen. Im Abschnitt Kutatschhütte – Schneealpenhaus dicht gesetzte Stangen (Wintermarkierung).
Aufstiegszeit ab Michlbauer 3 Std., ab Lechen 3:30 Std.
Höhenunterschied ab Michlbauer 1050 m, ab Lechen 1200 m
Schwierigkeit skitechnisch leicht bis mittel
Lawinengefahr mitunter lawinengefährdet
Sonstige Gefahren Wind und Wetter mitunter extrem; Hochflächen nur bei sichtigem Wetter begehen!
Hangrichtung Süden bis Osten
Beste Jahreszeit März – Anfang/Mitte April

Anfahrt *Auto:* S6, Ausfahrt »Mürzzuschlag«; B23 bis Neuberg-Lechen, Zufahrt zum Michlbauern. *Bahn:* Bahn bis IC-Bhf. Mürzzuschlag. *Bus:* Postbus, Haltestelle Lechen.
Ausgangspunkt Gehöft »Michlbauer« (860 m).
Aufstieg Ab der Bushaltestelle in Lechen nach der Markierung. Vom »Michlbauern« die südseitige Wiese bergan zum oberen Waldrand. Rechtshaltend, auf einem Ziehweg, zur Gabelung »Auf der Öd« (1106 m). Der Markierung folgen zum Sommer-Parkplatz am Kohlebnerstand (1420 m). Auf dem Forstweg nordseitig am Kampl entlang (evtl. lawinengefährdet!) zum Sender und zur frei zugänglichen Kutatsch-Unterstandshütte (1700 m). Den Stangen in den Boden der Schneealm (ca. 1750 m) folgen. Auf dem Schauerkogel steht das weithin sichtbare Schneealpenhaus (1784 m). Im Almboden nordwärts zu den Schneealmhütten. In den breiten, südostseitigen Hängen zum Gipfelkreuz auf dem Windberg.
Abfahrt Wie Aufstieg; ab dem Kohlebnerstand auf Forststraßen (via Knappensteig).

Touristische Infos Otto Neubacher, Schneealpenhaus, Tel. (03857) 2190
Literatur, Gebietsführer Günter und Luise Auferbauer: Schitourenparadies Steiermark, Styria Verlag; Günter und Luise Auferbauer: Alpenvereins-Skitourenführer Ostalpen Bd 5, Bergverlag Rother
Karten ÖK 104 (Mürzzuschlag)
Einkehr/Übernachtung Schneealpenhaus; Gastraum ständig frei zugänglich, mit Getränkeschrank; bew. ab März an Wochenenden; »Michlbauer« (Holzer), Urlaub am Bauernhof, Tel. (03857) 8457

29 Heukuppe (2007 m)

Über den Wetterkogelsteig — *Rax*

Gesamtcharakter Alpinistisch interessante Rundtour, für Skibergsteiger. In den Raxenmäuern kurzer, einfacher Klettersteig. Darüber Hochflächen, Kuppen und Mulden. Rassige Abfahrt vom Ludwighaus.
Aufstiegszeit 4 Std.
Höhenunterschied 1140 m
Schwierigkeit skitechnisch mittel, alpintechnisch eher anspruchsvoll
Lawinengefahr am Wetterkogel und im Siebenbrunnenkessel mitunter lawinengefährdet
Hangrichtung Süden bis Südosten
Beste Jahreszeit Februar – März

Anfahrt *Auto:* S6, Ausfahrt »Mürzzuschlag«; B23 bis Kapellen a. d. Mürz, abzweigen in Richtung Preiner Gscheid, bis Raxen.
Ausgangspunkt Gasthof »Poldi« in Raxen (870 m).
Aufstieg 300 m östlich vom Gasthaus in den Koglergraben und darin 1 km einwärts. Gegenüber dem Gehöft »Kogler« den breiten Westhang aufwärts. Linkshaltend in den Gflötzwald und dem markierten Steig folgend zur Reißtalerhütte (1445 m). Nun 100 Höhenmeter steil im Wald bergan. Den anschließenden breiten, steilen Schuttrücken aufwärts zum Fuß der Raxenmäuer (1740 m). Anfangs parallel zum Gretchensteig in den Schrofen, die Ski tragend, bergwärts. Der beide Steige trennende Wetterkogel wird links umgangen. Bei guten Verhältnissen kann auch der mit wenig Drahtseil gesicherte Gretchensteig begangen werden. Beide Wege münden gemeinsam oberhalb des Raxkircherls in die Hochfläche (1840 m). Den nur mäßig steilen südostseitigen Rücken bergan zum gemauerten Gipfelzeichen, einem Kriegerdenkmal.
Abfahrt Wie Aufstieg zum Raxkircherl und zum Karl-Ludwig-Haus (1804 m). Nun ostseitig steil in den Siebenbrunnenkessel (1400 m). Aus dessen Karboden zum Preiner Gscheid (1070 m). Südwestwärts, auf dem Habiesteniksteig bzw. in recht gut befahrbarem Gelände, in die Raxen.

Tour 29: Aus der Raxen auf die Heukuppe

Touristische Infos Arnold Schrittwieser (Gasthof »Poldi«), Tel. (03857) 2270

Literatur, Gebietsführer Günter und Luise Auferbauer: Schitourenparadies Steiermark, Styria Verlag; Günter und Luise Auferbauer: Alpenvereins-Skiführer Ostalpen Bd 5, Bergverlag Rother
Karten ÖK 104 (Mürzzuschlag)
Einkehr/Übernachtung Karl-Ludwig-Haus, Tel. (02665) 380; Gasthof »Poldi« (Schrittwieser), Raxen, Tel. (03857) 2270

30 Schneeberg (2076 m)

Durch die Breite Ries — *Schneeberg*

Gesamtcharakter Eine Tour für Skibergsteiger bzw. Steilabfahrer. Einfahrtsbereich bis 40 °. Die Breite Ries zählt zu den populärsten Steilabfahrten, daher findet man zeitweise pistenartige Verhältnisse vor. Insgesamt gibt es am Schneeberg rund zwei Dutzend Steilabfahrten, Rinnen und gut befahrbare Gräben.
Aufstiegszeit 3 bis 4 Std.
Höhenunterschied 1300 m
Schwierigkeit skitechnisch anspruchsvoll
Lawinengefahr mitunter lawinengefährdet
Sonstige Gefahren Absturzgefahr im Einfahrtsbereich; die Tour nie bei Harsch unternehmen!
Hangrichtung Osten
Beste Jahreszeit Februar – März

Anfahrt *Auto:* S6, Ausfahrt »Neunkirchen«; Landesstraße nach Puchberg am Schneeberg und in das Schneebergdörfl.
Ausgangspunkt Säge Schwabenmichl (774 m), 1 km westlich der Ortsmitte von Schneebergdörfl.
Aufstieg Auf dem markierten Weg im mäßig steilen, bewaldeten Bergrücken westwärts bergan bis in ca. 1150 m Höhe; Wegweiser. Nun rechtshaltend, in Richtung Rettungshütte (1287 m). Noch vor Erreichen der Hütte betritt man den Auslaufbereich der Breiten Ries. Im weitläufigen, rund 800 m hohen Steilhang geradewegs – je nach Verhältnissen die Ski evtl. alsbald tragend – aufwärts.
Sofern der Gratrücken im Gipfelbereich nicht überwächtet ist bzw. bei guten Verhältnissen steigt man zur Hochfläche hinan. Der Ausstieg erfolgt nächst der Fischerhütte (2049 m) und dem Kaiserstein (2061 m). Hingegen ist das Klosterwappen, die höchste Erhebung im Schneebergstock, vom Ausstieg südwestwärts knapp 1 km entfernt.
Abfahrt Wie Aufstieg.

Touristische Infos Fremdenverkehrsamt, A-2734 Puchberg am Schneeberg, Tel. (02636) 220111
Literatur, Gebietsführer Günter und Luise Auferbauer: Alpenvereins-Skiführer Ostalpen Bd 5, Bergverlag Rother; Kurt Schall: Schitourenatlas Österreich-Ost, Schall Verlag
Karten ÖK 74 (Hohenberg), ÖK 75 (Puchberg am Schneeberg)
Einkehr/Übernachtung Gasthof »Zum Schneeberg« (Zwinz), Schneebergdörfl, Tel. (02636) 2112

Silvretta und benachbarte Gebirgsgruppen

Rudolf und Siegrun Weiss

Diese Region umfaßt neben dem Verwall die nördlichen Teile der Silvretta, des Rätikon und der Samnaungruppe. Die südlichen Anteile liegen in der Schweiz und werden ab Seite 132 (»Zwischen Splügenpaß und Rätikon«) vorgestellt.

Im Westen beginnt der *Rätikon* nicht berauschend für uns Tourengeher. Zwar böte der »Nenzinger Himmel« eine ganze Palette von Skitouren – aber der Anmarsch ist lang und lawinengefährdet. Ein Stützpunkt steht nicht zur Verfügung.
Dann aber geht es Schlag auf Schlag mit den skitouristischen Höhepunkten. Die Schesaplana, höchster Gipfel im Rätikon, lohnt noch und vor allem im Juni einen Besuch mit Ski – und die *Douglasshütte* macht den Aufstieg zu einer gemütlichen Unternehmung.
Im Gauertal ist die *Lindauer Hütte* einige Wochen im Tourenjahr bewirtschaftet. Ihr lohnendstes Skiziel ist der Große Drusenturm.
Etwas mühsamer ist die Sulzfluh zu erreichen, gleichfalls ein Skigipfel mit berühmten Abfahrten, von denen eine zu einer Rundtour ausgebaut werden kann. Aus dem Gargellental gibt es eine ganze Reihe von Tourenmöglichkeiten, von denen die grenzüberschreitende »Madrisa-Rundtour« die bekannteste ist.

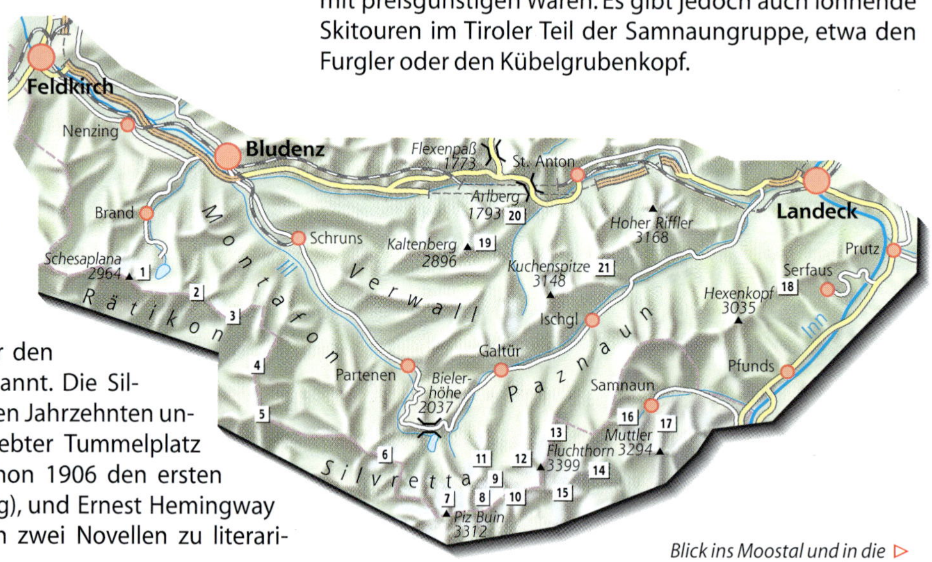

Die Eignung der *Silvretta* für den Skilauf wurde frühzeitig erkannt. Die Silvretta war bereits in den ersten Jahrzehnten unseres Jahrhunderts ein beliebter Tummelplatz für den Skisport; es gab schon 1906 den ersten Skiführer (von Othmar Sehrig), und Ernest Hemingway verhalf der Silvretta sogar in zwei Novellen zu literarischen Ehren.
Natürlich setzte sich der Siegeszug der Ski auch in der bequemeren Form des Pistenskilaufs fort. Doch gerade der vergletscherte Teil der Silvretta, der ihren Ruf als Tourengebiet begründet hat, ist völlig frei von Liftanlagen – gegenwärtig wenigstens. Die Silvretta ist ein Beispiel, daß der Pistenskilauf nicht das Ende für den Tourenskilauf bedeutet, wie man anfänglich meinte. Die Hütten in der Silvretta sind ständig überfüllt – ein Dauererfolg ohne aufwendige Werbung mit Stars und »Events«.
Anstiege unmittelbar aus den Tälern haben sich in der Silvretta nicht recht durchgesetzt. Im Gegensatz zu anderen Gebirgsgruppen sind Touren im Bereich hochgelegener Hütten ein »Markenzeichen« der Silvretta.

Das *Verwall* ist der Silvretta nördlich vorgelagert. Die Täler sind lang, die meisten Touren anspruchsvoll, die Hütten (allenfalls mit Ausnahme der Heilbronner Hütte) im Winter und Frühjahr nicht bewirtschaftet. Ein Geheimtip für gute Skibergsteiger mit ebenso guter Kondition und einem Hang zur Askese!
Das ist die Regel im Verwall. Es gibt aber eine ganze Reihe von Ausnahmen, z. B. rund um den Arlberg. Ein bei Tourengehern hochgeschätzter Gipfel ist der Kaltenberg. Die Liftanlagen von Stuben verkürzen den langen Aufstieg auf angenehme 3 Std. Mehr als 2000 Höhenmeter Abfahrt hat man in den Beinen, wenn man in Langen in den Postbus steigt und nach Stuben zurückkehrt.

Die *Samnaungruppe* ist Tourengehern vor allem durch den Muttler bekannt, mit seiner steilen Gipfelflanke Prüfstein für das skitechnische Können (und den Mut) seiner Bezwinger. Der Ausgangspunkt, Samnaun, liegt zwar in der Schweiz, ist aber aus Tirol (auf der »Whiskystraße«) leichter erreichbar und deshalb Schweizer Zollfreizone mit preisgünstigen Waren. Es gibt jedoch auch lohnende Skitouren im Tiroler Teil der Samnaungruppe, etwa den Furgler oder den Kübelgrubenkopf.

Blick ins Moostal und in die ▷ Verwallgruppe (Tour 21)

Anreise Im Norden erschließt die Achse Feldkirch – Arlberg – Landeck den Zugang zu den wichtigsten Talorten und Ausgangspunkten. An der östlichen Begrenzung unserer Region ist es die Bundesstraße zwischen Landeck und dem Reschenpaß, von der man z. B. nach Samnaun oder Serfaus abzweigt.

Touristische Informationen zu Silvretta und Verwall gibt es bei: • Montafon Tourismus A-6780 Schruns, Tel. (05556) 722530, Fax (05556) 74856 • Tourismusverband Paznaun Werbung A-6561 Ischgl, Tel. (05444) 5266, Fax (05444) 5636 • Arlberg-Region A-6764 Lech, Postfach 54, Tel. (05583) 21610, Fax (05583) 3155.

1 Schesaplana (2964 m)

Spät im Jahr auf den höchsten Gipfel im Rätikon — Rätikon

Gesamtcharakter Mit der Schesaplana läßt sich eine Tourensaison gut abschließen. Zwar könnte man sie auch schon vor Mai oder Juni besteigen, doch verlängert sich der Aufstieg in diesem Falle um 3 Std., und häufig lawinengefährdet ist er außerdem. Ab Pfingsten ist jedoch nicht nur die Douglasshütte am Lünersee bewirtschaftet, sondern auch bequem mit der Seilbahn erreichbar. Der Gipfel ist zwar skitechnisch anspruchsvoll (nur im letzten Teil des Aufstiegs, bei Hartschnee Steigeisen angenehm), sonst aber keineswegs schwierig.
Aufstiegszeit 3 Std.
Höhenunterschied 1000 m
Schwierigkeit skitechnisch anspruchsvoll
Lawinengefahr mitunter lawinengefährdet
Hangrichtung Osten
Beste Jahreszeit Mai – Juni

Anfahrt *Auto:* Auf der Autobahn zur Ausfahrt »Brandner Tal« bei Bludenz und weiter nach Brand; *Bus/Bahn:* hierher auch mit öffentlichen Verkehrsmitteln.
Ausgangspunkt Douglasshütte ÖAV (1976 m). Von Brand zur Talstation (1560 m) der Lünersee-Seilbahn und mit dieser zur Douglasshütte (unmittelbar bei der Seilbahn). Oder: 3 Std. vom südlichen Ortsende von Brand, anspruchsvoll und häufig lawinengefährdet.
Aufstieg Am Lünersee entlang bis kurz vor das Südufer des Sees. In einer Talmulde zum Totalpsee und der geichnamigen Hütte der Sektion Vorarlberg ÖAV (2385 m, Sommerbewirtschaftung, Winterraum mit 10 Lagern). Sperrenden Felsabbrüchen nach links ausweichend zur Toten Alp und weiter zu einer Hütte der Zollwache (2660 m). Weiter in eine Karmulde und sehr steil, bei günstigen Verhältnissen mit Ski zum Gipfel.
Abfahrt Wie Aufstieg. Zumeist kann man in der schattigen Schlucht von der Douglasshütte noch bis in den Talboden abfahren.

Touristische Infos Tourismusverband A-6708 Brand, Tel. (05559) 555, Fax (05559) 55520
Literatur, Gebietsführer Dieter Seibert (1998): Skitouren Vorarlberg, Steiger Verlag; Rudolf und Siegrun Weiss u. a. (1997): Genuß-Schitourenatlas Österreich-West, Schall Verlag
Karten LKS 238 S (Montafon, mit Skirouten); ÖK 141 (Feldkirch)
Übernachtung Douglasshütte ÖAV (1976 m), bew. ab Pfingsten, 140 Schlafplätze, Winterraum mit 20 Lagern stets offen, A-6708 Brand, Tel. (05559) 20621340

2 Großer Drusenturm (2830 m)

Von der Lindauer Hütte durch das Sporertobel — Rätikon

Gesamtcharakter Im restlichen Österreich heißt es »der« Tobel, in Vorarlberg (wie auch im benachbarten Prättigau) »das« Tobel. Den Tourengeher wird das Geschlecht des Tobels nicht sonderlich berühren, wenn er in diesem großartigen Gelände entsprechend gute Schneeverhältnisse vorfindet. Schade, daß die Lindauer Hütte mit ihrem herrlichen Tourengebiet nur um Weihnachten und Ostern geöffnet ist. Von der Lindauer Hütte aus kann man auch die Sulzfluh besteigen, die Geißspitze und das Drusator, das sich mit einem Ausflug über die Schweizer Grenze auf den Schafberg verbinden läßt.
Aufstiegszeit 2:30 + 3:30 Std.
Höhenunterschied 770 + 1100 m
Schwierigkeit skitechnisch anspruchsvoll
Lawinengefahr häufig lawinengefährdet
Hangrichtung Norden
Beste Jahreszeit März – Mai

Anfahrt *Auto:* Auf der Autobahn zur Ausfahrt »Bludenz-Ost« und durch das Montafon nach Tschagguns; *Bus/Bahn:* hierher auch mit öffentlichen Verkehrsmitteln.
Ausgangspunkt Latschau (985 m) am Eingang zum Gauertal, 3 km von Tschagguns.
Aufstieg Auf einem Fahrweg durch das Gauertal zur Lindauer Hütte. Im Aufstieg benützt man besser die orographisch rechte, in der Abfahrt die orographisch linke Talseite.
Von der Hütte zunächst ohne, dann mit geringem Höhengewinn Richtung Westen zu Pkt. 1938 der LKS. Scharf nach links abbiegen und am Fuße der Gamsfreiheit (2445 m) in das Sporertobel. Durch das Kar erreicht man eine Mulde und steigt steil Richtung Grat auf. Noch vor dem Grat nach rechts und – bei günstigen Verhältnissen überraschend einfach mit Ski! – zum Gipfel.
Abfahrt Wie Aufstieg.

Tour 2: Im Drusator

Touristische Infos Montafon Tourismus A-6780 Schruns, Tel. (05556) 722530, Fax (05556) 74856
Literatur, Gebietsführer Dieter Seibert (1998): Skitouren Vorarlberg, Steiger Verlag; Rudolf und Siegrun Weiss u. a. (1997): Genuß-Schitourenatlas Österreich-West, Schall Verlag
Karten LKS 238 S (Montafon, mit Skirouten); ÖK 141 (Feldkirch) und 142 (Schruns)
Übernachtung Lindauer Hütte DAV (1744 m), bew. vom 25. Dezember bis 6. Januar sowie eine Woche vor und nach Ostern, 160 Schlafplätze, Winterraum mit 20 Lagern, A-6774 Tschagguns, Tel. (05556) 72057

3 Sulzfluh (2817 m)

Von der Tilisunahütte über das Karrenfeld — Rätikon

Gesamtcharakter Die Sulzfluh lädt geradezu zur grenzüberschreitenden Rundfahrt ein: gemütlicher Aufstieg von der Tilisunahütte, rasante Abfahrt durch das Gemschtobel nach Partnun und Rückkehr über das Tilisunafürggli. Die alpinen Schwierigkeiten sind nicht übermäßig groß (nach dem Gemschtobel kurz I), eine gute Skitechnik und Orientierungsvermögen sind jedoch gefragt.
Aufstiegszeit 2:30 + 2 Std.
Höhenunterschied 750 + 620 m
Schwierigkeit skitechnisch anspruchsvoll, kurze Unterbrechung auf der Abfahrt I
Lawinengefahr häufig lawinengefährdet
Hangrichtung Südosten, Nordosten, Osten
Beste Jahreszeit März – Mai

Anfahrt *Auto:* Auf der Autobahn zur Ausfahrt »Bludenz-Ost« und durch das Montafon nach Tschagguns; *Bus/Bahn:* hierher auch mit öffentlichen Verkehrsmitteln.
Ausgangspunkt Hochegga (1558 m); hierher von Tschagguns mit Sessellift und Schlepplift.
Aufstieg Von der Bergstation zur Alpila-Alpe (1688 m) queren und zum Tobelsee (2041 m) aufsteigen. Weiter zu einer Einsattelung (2166 m) nördlich des Schwarzhorns. Nach einer kurzen Abfahrt fast eben, erst zuletzt wieder ansteigend, zur Tilisunahütte.
Von der Tilisunahütte Richtung Westen flach, dann Richtung Südwesten steil zu Pkt. 2446. Weiter über das Karrenfeld (»Steinernes Meer«) zur Nordflanke, die zwischen Kleiner Sulzfluh und Sulzfluh zum Gratrücken führt, über den man Richtung Osten unschwierig und bei günstigen Verhältnissen mit Ski das große Gipfelkreuz erreicht.
Abfahrt Zurück über den Westrücken und kurz über die Nordflanke, dann aber nach Osten einbiegen und durch ein großartiges Kar (»Gemschtobel«) zu einem Durchschlupf durch die mächtigen Südwände. Kurz abschnallen und etwa 50 Höhenmeter zu Fuß durch die Felsen absteigen – unschwierig, lediglich bei Hartschnee heikel. In einem Bogen (nicht unmittelbar) zum Partnunsee (1869 m). Hier beginnt der Gegenanstieg (1:30 Std.) durch die Gruoben zum Tilisunafürggli (2226 m) und die kurze Querung zur Tilisunahütte (2208 m). Von der Hütte nicht zurück zum Lift, sondern erst Richtung Norden abfahren, dann nach rechts in den Talboden (Gampadelstal) abzweigen und durch das Tal zurück nach Tschagguns.

Touristische Infos Montafon Tourismus A-6780 Schruns, Tel. (05556) 722530, Fax (05556) 74856
Literatur, Gebietsführer Dieter Seibert (1998): Skitouren Vorarlberg, Steiger Verlag; Rudolf und Siegrun Weiss u. a. (1997): Genuß-Schitourenatlas Österreich-West, Schall Verlag
Karten LKS 238 S (Montafon, mit Skirouten); ÖK 142 (Schruns)
Übernachtung Tilisunahütte ÖAV (2211 m), Sommerbewirtschaftung, Winterraum mit 15 Lagern stets offen

4 Rotspitz (2516 m)

Von Gargellen – mit Aufstieg über die Röbi und Abfahrt über die Rongg Alp

Rätikon

Gesamtcharakter Der Rotspitz ist ein Gipfel an der Grenze zwischen dem Gargellental in Vorarlberg und St. Antönien im Prättigau. Ein lohnender Skigipfel, bei dem man zwei Routen miteinander verbinden kann. Vom Gipfel gewinnt man Einblick in das Tourengebiet von St. Antönien und vielleicht auch Lust, hier einmal einige Tage zu verbringen.
Aufstiegszeit 3:30 Std.
Höhenunterschied 1150 m
Schwierigkeit skitechnisch anspruchsvoll
Lawinengefahr häufig lawinengefährdet
Hangrichtung Nordosten, Osten
Beste Jahreszeit Februar – April

Anfahrt *Auto:* Auf der Autobahn zur Ausfahrt »Bludenz-Ost«. Durch das Montafon nach Tschagguns und weiter nach rechts abzweigend nach Gargellen; *Bus/Bahn:* hierher auch mit öffentlichen Verkehrsmitteln.
Ausgangspunkt Abzweigung einer Forststraße (1382 m) am nördlichen Ortsende von Gargellen.
Aufstieg Auf der Forststraße zum Röbi Maiensäß. Weiter über herrliches Skigelände bis in eine Höhe von etwa 1900 m (Obere Röbi Alpe). Heikle Querung unterhalb des Borstkopfes und über den Röbibach. In wechselnder Steilheit in hindernislosem Gelände, zuletzt aber sehr steil, zu einer Einsattelung südlich des Rotspitz. Unschwierig über den Rücken zum Gipfel.
Abfahrt Wie Aufstieg. Oder: In einer Höhe von etwa 2000 m nicht nach links über den Röbibach, sondern geradeaus weiter und auf einem Rücken südlich des Baches zur Rongg Alpe (1596 m). Auf einem Weg durch den Wald nach Gargellen.

Touristische Infos Montafon Tourismus A-6780 Schruns, Tel. (05556) 722530, Fax (05556) 74856
Literatur, Gebietsführer Dieter Seibert (1998): Skitouren Vorarlberg, Steiger Verlag; Rudolf und Siegrun Weiss u. a. (1997): Genuß-Schitourenatlas Österreich-West, Schall Verlag
Karten LKS 238 S (Montafon, mit Skirouten); ÖK 142 (Schruns)

5 Madrisa-Rundtour

Einmal Schweiz und zurück, bitte!

Rätikon

Gesamtcharakter Die Madrisa-Rundtour führt von Gargellen über das St. Antönier Joch nach St. Antönien im Prättigau und von Klosters über das Schlappiner Joch zurück – oder auch umgekehrt. Eine typische »Ski-plus-Unternehmung« mit kurzen Aufstiegen und langen Abfahrten. Sie läßt sich aber gut mit Gipfelanstiegen verbinden wie etwa mit dem Riedchopf (2552 m), dem Rätschenhorn (2703 m) oder den Schlappiner Spitzen (2442 m und 2428 m).
Aufstiegszeit 0:45 Std.
Höhenunterschied Aufstieg 200 m; Abfahrten 2100 m
Schwierigkeit skitechnisch mittel
Lawinengefahr mitunter lawinengefährdet
Hangrichtung Westen, Nordwesten, Nordosten, Norden
Beste Jahreszeit Februar – April

Anfahrt *Auto:* Auf der Autobahn zur Ausfahrt »Bludenz-Ost«. Durch das Montafon nach Tschagguns und weiter nach rechts abzweigend nach Gargellen; *Bus/Bahn:* hierher auch mit öffentlichen Verkehrsmitteln.
Ausgangspunkt Gargellen (1423 m), Talstation »Schafberglifte«. Aufstiege und Abfahrten:
- Mit zwei Teilstrecken einer Sesselbahn und einem Schlepplift zur Bergstation, dann auf einer Piste bis in eine Höhe von etwa 2200 m abfahren. Anfellen und zum St. Antönier Joch (2379 m) aufsteigen.
- Wer sich nicht als Variantenfahrer, sondern als Skibergsteiger fühlt, steigt vom Joch erst querend, dann ziemlich steil Richtung Norden zum Riedchopf (2552 m) auf.
- Unmittelbar oder nach diesem Einschub durch das Alpeltitälli in den Talboden des Gafierbaches, dann sanft weiter nach Litzirüti und hinaus nach St. Antönien. Mit Bus und Bahn nach Klosters Dorf. Mit einer Gondelbahn und einem Schlepplift ins Schaffürggli (2343 m).
- Abstecher zum Rätschenhorn (2703 m) möglich, mit Lifthilfe hin und zurück etwa 1:30 Std.
- Abfahrt in die Schafcalanda, dann leicht auf und ab querend ins Schlappiner Joch (2202 m).
- Aufstieg zu einer der beiden Schlappiner Spitzen 0:45 Std.
- Vom Joch in den Talschluß des Valzifenzbaches und zurück nach Gargellen.

Tour 5: Die Madrisa vom Rätschenhorn

Touristische Infos Montafon Tourismus A-6780 Schruns, Tel. (05556) 722530, Fax (05556) 74856
Literatur, Gebietsführer Dieter Seibert (1998): Skitouren Vorarlberg, Steiger Verlag; Rudolf und Siegrun Weiss u. a. (1997): Genuß-Schitourenatlas Österreich-West, Schall Verlag
Karten LKS 248 S (Prättigau, mit Skirouten); ÖK 169 (Gaschurn)
Einkehr In den Liftgebieten und Talorten

6 Winterberg (2924 m) und Sonntagspitze (2882 m)

Skigenuß im Tourenbereich der Saarbrücker Hütte

Silvretta

Gesamtcharakter Von Osten nach Westen werden die Skitouren in der Silvretta alpiner. Tatsächlich sind die bedeutenden Gipfel im Tourenbereich der Saarbrücker Hütte klettertechnisch ganz schön anspruchsvoll, wenn wir etwa an das Große Seehorn denken. Das Gebiet hat aber auch zwei (verhältnismäßig) gemütliche Ziele, den Winterberg und die Sonntagspitze. Da die Hütte für Skitouren sehr hoch liegt, ergeben sich kurze Anstiege. Da empfiehlt es sich, Winterberg und Sonntagspitze zu einer skiläuferisch genußvollen Tagestour zu verbinden. Skitechnische Schwierigkeiten und Lawinengefahr halten sich (bei vernünftiger Spurwahl) ebenso in Grenzen wie die Spaltengefahr.
Aufstiegszeit 2:30 + insgesamt 2:30 Std.
Höhenunterschied 780 + insgesamt 750 m
Schwierigkeit skitechnisch mittel
Lawinengefahr mitunter lawinengefährdet
Sonstige Gefahren geringe Spaltengefahr
Hangrichtung Nordosten
Beste Jahreszeit Februar – Mai

Anfahrt *Auto:* Auf der Autobahn zur Ausfahrt »Bludenz Ost – Montafon«. Durch das Montafon nach Partenen; *Bus/Bahn:* hierher auch mit öffentlichen Verkehrsmitteln.
Ausgangspunkt Vermunt-Stausee, »Seespitz«. Von Partenen mit der Luftseilbahn zur Bergstation, dann mit dem Kleinbus auf der Werkstraße durch den Tunnel zum Nordende des Stausees.
Aufstiege und Abfahrten
- Vom »Seespitz« durch das Kromertal zu den »Schwarzen Böden«, zum Talschluß und steil über den Hang zur Hütte.
- Mit etwas Höhenverlust Richtung Südwesten, dann nach Süden einbiegend zum Litzner Gletscher und über ihn zum Litzner Sattel (2737 m). Weiter Richtung Süden und nach den felsigen Ausläufern des Großlitzners über einen steilen Hang zum Gipfel.
- Die erste Abfahrt führt nur über den ersten Steilhang (oder auch etwas weiter). Neuerlich anfellen und nach rechts abzweigen. Die Sonntagspitze (2882 m) erreicht man über die »Winterlücke«, eine deutlich erkennbare Einsattelung. Weiter über den Gratrücken, im letzten Teil zu Fuß auf den Gipfel. Hauptabfahrt wie Aufstiege.

Touristische Infos Montafon Tourismus A-6780 Schruns, Tel. (05556) 722530, Fax (05556) 74856
Literatur, Gebietsführer Dieter Seibert (1998): Skitouren Vorarlberg, Steiger Verlag; Rudolf und Siegrun Weiss u. a. (1997): Genuß-Schitourenatlas Österreich-West, Schall Verlag
Karten ÖK 169 (Gaschurn); AV-Karte 26 (Silvrettagruppe, mit Skirouten)
Übernachtung Saarbrücker Hütte DAV (2538 m), bew. Mitte März bis nach Ostern, 87 Schlafplätze, Winterraum mit 12 Lagern stets offen, A-6794 Partenen, Tel. (05558) 4235 (Hütte) bzw. (05442) 2439 (Tal)

Tour 7: Aufstieg zum Piz Buin neben den gewaltigen Eisbrüchen des Ochsentaler Ferners

7 Piz Buin (3312 m)

Von der Wiesbadener Hütte über den Ochsentaler Gletscher

Silvretta

Gesamtcharakter Der höchste Gipfel der Silvretta-Alpen ist der Piz Linard, der bekannteste jedoch der Piz Buin. Skitechnisch ist der Aufstieg nicht besonders schwierig. Er führt aber über einen spaltenreichen Gletscher, und der Gipfelaufstieg erfordert etwas Kletterfertigkeit (II) und ist bei Vereisung heikel. Weniger erfahrene Begleiter anseilen! Wer die klettertechnischen Schwierigkeiten beim Piz Buin scheut, sollte das Silvrettahorn erwägen, bei dem nur ein etwas steiler Firngrat zu überwinden ist. Der spaltenreiche Ochsentaler Gletscher bleibt einem allerdings auch hier nicht erspart.
Aufstiegszeit 2 + 3:30 Std.
Höhenunterschied 410 + 850 m
Schwierigkeit skitechnisch mittel, Gipfelaufstieg: Fels II
Lawinengefahr mitunter lawinengefährdet
Sonstige Gefahren erhebliche Spaltengefahr
Hangrichtung Norden, Westen
Beste Jahreszeit März – Mai

Anfahrt *Auto:* Auf der Autobahn zur Ausfahrt »Bludenz Ost – Montafon«. Durch das Montafon nach Partenen; *Bus/Bahn:* hierher auch mit öffentlichen Verkehrsmitteln. Oder: Auf der Inntal-Autobahn bis zu ihrem Ende kurz nach Landeck. Durch das Paznauntal nach Galtür.
Ausgangspunkt Bieler Höhe (2037 m); hierher von Partenen mit der Luftseilbahn zur Bergstation und dem Kleinbus durch den Tunnel bis zur Bieler Höhe. Oder: Mautstelle (1622 m) im Ortsteil Wirl, 2 km westlich von Galtür. Von hier zur Bieler Höhe 2 Std.
Aufstieg Von der Bieler Höhe am östlichen Ufer des Stausees ins Ochsental und zum Talschluß. In einem Bogen steigt man weiter zur Hütte auf.
Von der Hütte in den Talboden. Nun entweder gleich zum Ochsentaler Gletscher queren oder zuerst bis in eine Höhe von etwa 2550 m aufsteigen. Unterhalb der Eisbrüche nach rechts und am orographisch linken Ufer des Gletschers zu einem fast ebenen Firnplateau. Weiter auf die Einsattelung zwischen Kleinem Buin (rechts) und dem Hauptgipfel (links) zu. Aus dieser Einsattelung, der Buinlücke (3056 m), quert man ansteigend den Westhang und errichtet dann das Skidepot. In mäßig schwieriger Kletterei über den Rücken und durch eine steile Rinne (»Kamin«), zuletzt weniger steil zum überraschend weitläufigen Gipfel.
Abfahrt Wie Aufstieg.

Touristische Infos Montafon Tourismus A-6780 Schruns, Tel. (0 55 56) 72 25 30, Fax (0 55 56) 7 48 56
Literatur, Gebietsführer Dieter Seibert (1998): Skitouren Vorarlberg, Steiger Verlag; Rudolf und Siegrun Weiss u. a. (1997): Genuß-Schitourenatlas Österreich-West, Schall Verlag
Karten ÖK 169 (Gaschurn); AV-Karte 26 (Silvrettagruppe, mit Skirouten)
Übernachtung Wiesbadener Hütte DAV (2443 m), bew. Ende Februar – Anfang Mai, 200 Schlafplätze, Winterraum mit 20 Lagern stets offen, A-6563 Galtür, Tel. (0 55 58) 42 33 (Hütte) bzw. (0 55 22) 3 94 73 (Tal).
Wer nach einer längeren Anreise auf der Bieler Höhe nächtigen möchte: Madlener Haus DAV (1986 m), bew. Weihnachten – Sonntag nach Ostern, 81 Schlafplätze, kein Winterraum, A-6563 Galtür, Tel. (0 55 58) 42 34

8 Dreiländerspitze (3197 m)

Von der Wiesbadener Hütte über den Vermuntferner und den Westgrat

Silvretta

Gesamtcharakter Auf dem beliebten Skigipfel stoßen die Länder Vorarlberg, Tirol und Graubünden zusammen. Außer einem etwas steilen Gipfelhang gibt es keine skitechnischen Schwierigkeiten. Die Kletterei zum Gipfel ist mäßig schwierig, im Gegensatz zum Piz Buin aber zusätzlich ziemlich ausgesetzt. Die Tour ist verhältnismäßig kurz, eine lohnende Verlängerung führt über den Vermuntpaß zur Chamanna Tuoi und über die Fuorcla dal Cunfin und den Ochsentaler Gletscher zurück.
Aufstiegszeit 2 + 3 Std.
Höhenunterschied 410 + 800 m
Schwierigkeit skitechnisch anspruchsvoll (nur unterhalb des Skidepots), Gipfelaufstieg: Fels II
Lawinengefahr mitunter lawinengefährdet
Sonstige Gefahren geringe Spaltengefahr
Hangrichtung Nordwesten
Beste Jahreszeit März – Mai

Anfahrt *Auto:* Auf der Autobahn zur Ausfahrt »Bludenz Ost – Montafon«. Durch das Montafon nach Partenen; *Bus/Bahn:* hierher auch mit öffentlichen Verkehrsmitteln. Oder: Auf der Inntal-Autobahn bis zu ihrem Ende kurz nach Landeck. Durch das Paznauntal nach Galtür.
Ausgangspunkt Bieler Höhe (2037 m); hierher von Partenen mit der Luftseilbahn zur Bergstation und dem Kleinbus durch den Tunnel bis zur Bieler Höhe. Oder: Mautstelle (1622 m) im Ortsteil Wirl, 2 km westlich von Galtür. Von hier zur Bieler Höhe 2 Std.
Aufstieg Von der Bieler Höhe am östlichen Ufer des Stausees ins Ochsental und zum Talschluß. In einem Bogen steigt man weiter zur Hütte auf.
Von der Hütte taleinwärts. Bei einer Wegverzweigung nach links und zum Vermuntgletscher aufsteigen. Über den Gletscher zum steilen Nordwesthang, der unter der Ochsenscharte ansetzt. Über ihn zu einer Schulter im Westgrat. Skidepot. In leichter Kletterei zu einem Vorgipfel, etwas schwieriger zum höchsten Punkt.
Abfahrt Wie Aufstieg. Oder Rundfahrt: Vom Skidepot über den steilen Hang, dann linkshaltend zum Vermuntpaß (2797 m). Durch eine wunderschöne Mulde auf die Chamanna Tuoi zu. Bereits oberhalb der Hütte nach rechts und steil zu einem Gletscher. Unterhalb der Buine in einem weiten Bogen zur Fuorcla dal Cunfin (3043 m). Über den spaltenreichen Ochsentaler Gletscher zurück zur Hütte.

Touristische Infos Montafon Tourismus A-6780 Schruns, Tel. (0 55 56) 72 25 30, Fax (0 55 56) 7 48 56
Literatur, Gebietsführer Dieter Seibert (1998): Skitouren Vorarlberg, Steiger Verlag; Rudolf und Siegrun Weiss u. a. (1997): Genuß-Schitourenatlas Österreich-West, Schall Verlag
Karten ÖK 169 (Gaschurn); AV-Karte 26 (Silvrettagruppe, mit Skirouten)
Übernachtung Wiesbadener Hütte DAV (2443 m), bew. Ende Februar – Anfang Mai, 200 Schlafplätze, Winterraum mit 20 Lagern stets offen, A-6563 Galtür, Tel. (0 55 58) 42 33 (Hütte) bzw. (0 55 22) 3 94 73 (Tal).
Wer nach einer längeren Anreise auf der Bieler Höhe nächtigen möchte: Madlener Haus DAV (1986 m), bew. Weihnachten – Sonntag nach Ostern, 81 Schlafplätze, kein Winterraum, A-6563 Galtür, Tel. (0 55 58) 42 34

9 Rauher Kopf (3201 m)

Von der Bieler Höhe durch das Bieltal und den Bieltalferner *Silvretta*

Gesamtcharakter In der Silvretta führen die Anstiege in der Regel von den Talorten durch lange flache Täler. Eine Ausnahme bildet das Bieltal, weil es bei einem hohen Ausgangspunkt, nämlich der Bieler Höhe, ansetzt. Eine empfehlenswerte Skitour: Die Abfahrt durch eine schattige und windgeschützte Talmulde ist sehr schön, wenn auch im unteren Teil manchmal flach. Natürlich läßt sich der Rauhe Kopf auch von der Wiesbadener Hütte aus ersteigen – besonders empfohlen am letzten Tag eines Aufenthaltes als lohnende Variante zur Abfahrt auf dem Hüttenanstieg.
Aufstiegszeit 3:30 Std.
Höhenunterschied 1100 m
Schwierigkeit skitechnisch mittel, Gipfelaufstieg: Fels I
Lawinengefahr mitunter lawinengefährdet
Sonstige Gefahren geringe Spaltengefahr
Hangrichtung Nordwesten
Beste Jahreszeit Februar – Mai

Anfahrt *Auto:* Auf der Autobahn zur Ausfahrt »Bludenz Ost – Montafon«. Durch das Montafon nach Partenen; *Bus/Bahn:* hierher auch mit öffentlichen Verkehrsmitteln. Oder: Auf der Inntal-Autobahn bis nach Landeck. Durch das Paznauntal nach Galtür.
Ausgangspunkt Bieler Höhe (2037 m); hierher von Partenen mit der Luftseilbahn zur Bergstation und dem Kleinbus durch den Tunnel bis zur Bieler Höhe. Oder: Mautstelle (1622 m) im Ortsteil Wirl, 2 km westlich von Galtür. Von hier zur Bieler Höhe 2 Std.
Aufstieg Kurz über den Staudamm, dann nach links zum Bieltal abzweigen. Durch das Tal und vom Talschluß zum Bieltalferner. Über den nahezu spaltenlosen Gletscher unterhalb der Gratverbindung zwischen Haagspitze und Rauhem Kopf, zuletzt ziemlich steil zur Rauhkopfscharte (etwa 2970 m, in den Karten weder kotiert noch bezeichnet, liegt zwischen Tiroler Kopf und Rauhem Kopf). Skidepot. Über den Südgrat (oder auch in der Westflanke) zum Gipfel.
Abfahrt Wie Aufstieg.

Touristische Infos Montafon Tourismus A-6780 Schruns, Tel. (05556) 722530, Fax (05556) 74856
Literatur, Gebietsführer Dieter Seibert (1998): Skitouren Vorarlberg, Steiger Verlag; Rudolf und Siegrun Weiss u. a. (1997): Genuß-Schitourenatlas Österreich-West, Schall Verlag
Karten ÖK 169 (Gaschurn); AV-Karte 26 (Silvrettagruppe, mit Skirouten)
Übernachtung Madlener Haus DAV (1986 m), bew. Weihnachten – Sonntag nach Ostern, 81 Schlafplätze, kein Winterraum, A-6563 Galtür, Tel. (05558) 4234

10 Jamspitzen (3178 und 3156 m)

Von der Jamtalhütte über das Jamjoch *Silvretta*

Gesamtcharakter Die Jamtalhütte wurde durch Lawinenabgänge im Februar 1999 arg beschädigt, steht den Bergsteigern aber bereits wieder zur Verfügung. Die Jamspitzen gehören zu den beliebtesten Zielen im Tourenbereich der Hütte. Die Hintere Jamspitze erreicht man problemlos mit Ski, die Vordere ist deutlich anspruchsvoller. Hier kommen sogar »Steilwandler« auf ihre Rechnung. Sie können bei sicheren Schneeverhältnissen über die Nordflanke abfahren – skitechnisch extrem und keineswegs ungefährlich.
Aufstiegszeit 3 + 3:30 Std.
Höhenunterschied 600 + 1000 m
Schwierigkeit skitechnisch mittel, Gipfelaufstieg: Fels I (Vordere Jamspitze)
Lawinengefahr mitunter lawinengefährdet
Sonstige Gefahren geringe Spaltengefahr
Hangrichtung Nordosten, Norden
Beste Jahreszeit Februar – Mai

Anfahrt *Auto:* Auf der Inntal-Autobahn zur Ausfahrt »Paznauntal« westlich von Landeck. Weiter durch das Paznauntal nach Galtür; *Bus/Bahn:* hierher auch mit öffentlichen Verkehrsmitteln.
Ausgangspunkt Brücke über den Jambach am Ortsrand von Galtür (etwa 1600 m). Im Frühjahr kann man oft schon weiter hinein fahren, gleichfalls zu einer Brücke über den Jambach (1697 m, 3 km von Galtür).
Aufstieg Auf einem Fahrweg (Ratrakspuren) bis zu einer Brücke (2000 m), hier weiter im Talboden bleiben und in einem Bogen zur Hütte aufsteigen. Der Aufstieg beginnt mit einer kurzen Abfahrt in den Talboden. Östlich einer felsdurchsetzten Stufe zum Jamtalgletscher. Meist in guten Spuren in der Grundrichtung Süden über den Gletscher, dann nach Südwesten einbiegend zum Jamjoch (3078 m). Über den kurzen Gipfelhang unschwierig mit Ski zum Gipfel der Hinteren Jamspitze (3156 m). Wer auch die etwas höhere Vordere Jamspitze ersteigen möchte, fährt mit Schwung ab, um nicht anfellen zu müssen und errichtet im Gegenhang das Skidepot. Steil zum Ostgrat und in leichter Kletterei auf den Gipfel.
Abfahrt Wie Aufstieg. Oder skitechnisch extrem: Über die steile Nordostflanke zum Jamtalferner und nach rechts zur Aufstiegsspur queren. Nur für ausgezeichnete Skifahrer bei stabilen Schneeverhältnissen!

Touristische Infos Tourismusverband A-6563 Galtür, Tel. (05443) 8521, Fax (05443) 852176
Literatur, Gebietsführer Rudolf und Siegrun Weiss u. a. (1997): Genuß-Schitourenatlas Österreich-West, Schall Verlag
Karten ÖK 170 (Galtür); AV-Karte 26 (Silvrettagruppe, mit Skirouten)
Übernachtung Jamtalhütte DAV (2165 m), bew. Mitte Februar – Ende Mai, 207 Schlafplätze, A-6563 Galtür, Tel. (05443) 8408 (Hütte) bzw. (05443) 8394 (Tal)

11 Haagspitze (3029 m)

Aus dem Jamtal über das Totenfeld *Silvretta*

Gesamtcharakter Viele Skitouren im Bereich der Jamtalhütte sind skitechnisch eher gemütlich und führen über sanfte Gletscher. Ausnahmen sind z. B. die Schnapfenspitze, aber auch die Haagspitze. Die steile Ostflanke verlangt gute Skitechnik – und eine rechtzeitige Abfahrt.
Aufstiegszeit 3 + 3 Std.
Höhenunterschied 600+ 900 m
Schwierigkeit skitechnisch anspruchsvoll
Lawinengefahr häufig lawinengefährdet
Sonstige Gefahren geringe Spaltengefahr
Hangrichtung Osten, Nordosten
Beste Jahreszeit Februar – Mai

Anfahrt *Auto:* Auf der Inntal-Autobahn zur Ausfahrt »Paznauntal« westlich von Landeck. Weiter durch das Paznauntal nach Galtür; *Bus/Bahn:* hierher auch mit öffentlichen Verkehrsmitteln.
Ausgangspunkt Brücke über den Jambach am Ortsrand von Galtür (etwa 1600 m). Im Frühjahr kann man oft schon weiter hinein fahren, gleichfalls zu einer Brücke über den Jambach (1697 m, 3 km von Galtür).
Aufstieg Auf einem Fahrweg (Ratrakspuren) bis zu einer Brücke (2000 m), hier weiter im Talboden bleiben und in einem Bogen zur Hütte aufsteigen. In den Talboden des Jamtals abfahren. Kurz talein, in einer Höhe von etwa 2000 m nach rechts abzweigen. Steil zuerst Richtung Nordwesten, dann Westen zum Totenfeld. Man steigt am rechten Rand des Gletschers auf und erreicht, zuletzt steil und eventuell zu Fuß die Obere Totenfeldscharte (3004 m, in den Karten weder kotiert noch bezeichnet). Spätestens hier Skidepot. Über unschwierige Blöcke zum Gipfel.
Abfahrt Wie Aufstieg.

Touristische Infos Tourismusverband A-6563 Galtür, Tel. (05443) 8521, Fax (05443) 852176
Literatur, Gebietsführer Rudolf und Siegrun Weiss u. a. (1997): Genuß-Schitourenatlas Österreich-West, Schall Verlag
Karten ÖK 170 (Galtür); AV-Karte 26 (Silvrettagruppe, mit Skirouten)
Übernachtung Jamtalhütte DAV (2165 m), bew. Mitte Februar – Ende Mai, 207 Schlafplätze, A-6563 Galtür, Tel. (05443) 8408 (Hütte) bzw. (05443) 8394 (Tal)

Tour 10: Die Nordflanke der Vorderen Jamspitze ist eine Herausforderung für gute Skiläufer

12 Schnapfenspitzen (3219 und 3179 m)

Aus dem Paznauntal über den Lareinferner *Silvretta*

Gesamtcharakter Die Schnapfenspitzen sind schwierige Skiziele, der Aufstieg durch das urtümliche Lareintal ist lang, dennoch: eine überaus empfehlenswerte Skitour für konditionsstarke Skibergsteiger. Die Abfahrt über den Lareinferner gehört zum Schönsten in der Silvretta ! Kürzer ist der Aufstieg von der Heidelberger Hütte über das Lareinferner Joch, doch ist diese Variante nur am letzten Tag eines Aufenthaltes auf der Heidelberger Hütte zu erwägen. Auch von der Jamtalhütte aus können die Schnapfenspitzen bestiegen werden, sonnseitig, aber nicht minder rassig!
Aufstiegszeit 5:30 Std.
Höhenunterschied 1700 m
Schwierigkeit skitechnisch anspruchsvoll
Lawinengefahr häufig lawinengefährdet
Sonstige Gefahren geringe Spaltengefahr
Hangrichtung Nordosten, Norden
Beste Jahreszeit März – Mai

Anfahrt *Auto:* Auf der Inntal-Autobahn zur Ausfahrt »Paznauntal« westlich von Landeck. Weiter durch das Paznauntal nach Ischgl; *Bus/Bahn:* hierher auch mit öffentlichen Verkehrsmitteln.
Ausgangspunkt Weiler Tschafein bzw. Brücke über die Trisanna (1531 m). Tschafein ist ein Ortsteil von Galtür, Bushaltestelle.
Aufstieg Auf einer Forststraße durch den Wald und ins Lareintal. Über Äußere und Innere Lareinalm entlang des Lareinbaches zum Talschluß. In unterschiedlicher Steilheit weiterhin nach Süden zum Lareinferner. Über den Gletscher bis in eine Höhe von 2700 m. Nun nach rechts abzweigen und sehr steil in eine Gletschermulde aufsteigen. Durch diese Mulde und links von einem Gletscherbruch neuerlich sehr steil zum Ostgipfel (3219 m). Aus der Einsattlung zwischen den beiden Gipfeln erreicht man unschwierig auch den Westgipfel.
Abfahrt Wie Aufstieg.

Touristische Infos Tourismusverband A-6561 Ischgl, Tel. (05444) 5266, Fax (05444) 5636
Literatur, Gebietsführer Rudolf und Siegrun Weiss u. a. (1997): Genuß-Schitourenatlas Österreich-West, Schall Verlag
Karten ÖK 170 (Galtür); AV-Karte 26 (Silvrettagruppe, mit Skirouten)

Tour 12: Abfahrt von den Schnapfenspitzen über den Lareinferner

13 Heidelberger Spitze (2963 m)

Von der Heidelberger Hütte über die Ostflanke *Silvretta*

Gesamtcharakter Im reichhaltigen Tourenangebot der Heidelberger Hütte hat die Heidelberger Spitze den Vorteil eines knappen Zustiegs. Nach einer kurzen Querung des Talbodens steigt man durch schönstes Skigelände zur Heidelberger Scharte auf und alpin zum Gipfel.
Aufstiegszeit 3:30 + 2:30 Std.
Höhenunterschied 900 + 750 m
Schwierigkeit skitechnisch mittel, Gipfelaufstieg: Fels I
Lawinengefahr mitunter lawinengefährdet
Hangrichtung Osten
Beste Jahreszeit Januar – April

Anfahrt *Auto:* Auf der Inntal-Autobahn zur Ausfahrt »Paznauntal« westlich von Landeck. Weiter durch das Paznauntal nach Ischgl; *Bus/Bahn:* hierher auch mit öffentlichen Verkehrsmitteln.
Ausgangspunkt Eingang zum Fimbertal (etwa 1400 m). Keine Parkmöglichkeit. 10 Min. zu Fuß vom großen Parkhaus. Oder aus dem Liftgebiet ins Fimbertal – erheblich kürzer und teurer.
Aufstieg Durch das Fimbertal (fast durchwegs Piste, dann Ratrakspur) zur Heidelberger Hütte. Von der Hütte in den Talboden queren und in der Grundrichtung Westen über zwei steilere Stufen in ein Becken unterhalb der Heidelberger Scharte, die man über eine kurze Steilstufe erreicht. Skidepot. In leichter Kletterei über den Südgrat zum Gipfel.
Abfahrt Wie Aufstieg. Oder bei sicheren Schneeverhältnissen: kurz unterhalb des Gipfels über eine sonnseitige Flanke zur Anstiegsspur abfahren.

Touristische Infos Tourismusverband A-6561 Ischgl, Tel. (05444) 5266, Fax (05444) 5636
Karten ÖK 170 (Galtür); AV-Karte 26 (Silvrettagruppe, mit Skirouten)
Übernachtung Heidelberger Hütte DAV (2264 m), 156 Schlafplätze, bew. Mitte Dezember – Mitte Mai, A-6561 Ischgl, Tel. (05444) 4518 (Hütte) bzw. (05444) 5319 (Tal)

14 Spi d'Ursanna (2898 m)

Schattseitige Mulde über dem Fimberpaß *Silvretta*

Gesamtcharakter Spi d'Ursanna ist ein Bergrücken mit drei Gipfeln. Unser Ziel ist der Mittelgipfel, der höchste in diesem Rücken. Eine verhältnismäßig einfache Skitour mit einer schattseitigen und windgeschützten Nordmulde, die (zumeist wenigstens) für gute Schneequalität bürgt. Ein weiterer Vorteil: Kein langer Anmarsch durch das Fimbertal. Wem die Tour zu kurz ist, der kann vom Fimberpaß gleich durch die nächste Mulde zum Piz Mottana (2928 m) aufsteigen (im oberen Teil sehr steil).
Aufstiegszeit 3:30 + 2:30 Std.
Höhenunterschied 900 + 700 m
Schwierigkeit skitechnisch mittel
Lawinengefahr mitunter lawinengefährdet
Hangrichtung Norden, Nordosten
Beste Jahreszeit Januar – Mai

Anfahrt *Auto:* Auf der Inntal-Autobahn zur Ausfahrt »Paznauntal« westlich von Landeck. Weiter durch das Paznauntal nach Ischgl; *Bus/Bahn:* hierher auch mit öffentlichen Verkehrsmitteln.
Ausgangspunkt Eingang zum Fimbertal (etwa 1400 m). Keine Parkmöglichkeit. 10 Min. zu Fuß vom großen Parkhaus. Oder aus dem Liftgebiet ins Fimbertal – erheblich kürzer und teurer.
Aufstieg Durch das Fimbertal (fast durchwegs Piste, dann Ratrakspur) zur Heidelberger Hütte. Von der Hütte 20 Min. fast eben talein, dann Richtung Südosten über mäßig steiles Gelände zum Fimberpaß (Cuolmen d'Fenga, 2608 m). Bereits etwas unterhalb des Passes nach rechts abzweigen und durch eine wunderschöne Mulde entweder unmittelbar zum Gipfel oder etwas links davon zum Nordostgrat und über diesen (im letzten Teil zu Fuß) zum höchsten Punkt.
Abfahrt Wie Aufstieg.

Touristische Infos Tourismusverband A-6561 Ischgl, Tel. (05444) 5266, Fax (05444) 5636
Literatur, Gebietsführer Rudolf und Siegrun Weiss u. a. (1997): Genuß-Schitourenatlas Österreich-West, Schall Verlag
Karten ÖK 170 (Galtür); AV-Karte 26 (Silvrettagruppe, mit Skirouten)
Übernachtung Heidelberger Hütte DAV (2264 m), 156 Schlafplätze, bew. Mitte Dezember – Mitte Mai, A-6561 Ischgl, Tel. (05444) 4518 (Hütte) bzw. (05444) 5319 (Tal)

15 Piz Tasna (3179 m)

Beliebtestes Ziel im Tourenbereich der Heidelberger Hütte

Silvretta

Gesamtcharakter Der Piz Tasna ist ein bedeutender Gipfel mit umfassender Aussicht. Die Abfahrt ist allerdings nur bis zum Talschluß wirklich lohnend, dann braucht es »schnellen Schnee«, um ohne Schieben zur Hütte zurückzukehren. Etwas kürzer ist der Anstieg auf den Piz Davo Lais (3027 m), bedeutend kürzer der auf die Lareinferner Spitze (3009 m), zwei Dreitausender, die sich als Alternativen anbieten. Der Anstieg über den Ostgrat auf den Piz Tasna hängt stark von den Verhältnissen ab – vom einfachen Stapfen über einen etwas ausgesetzten Grat bis zur heiklen Kletterei bei Vereisung.
Aufstiegszeit 3:30 + 4 Std.
Höhenunterschied 900 + 1000 m
Schwierigkeit skitechnisch mittel, Gipfelaufstieg: kombiniertes Gelände I
Lawinengefahr mitunter lawinengefährdet
Sonstige Gefahren geringe Spaltengefahr
Hangrichtung Norden, Nordwesten, Westen
Beste Jahreszeit Januar – Mai

Anfahrt *Auto:* Auf der Inntal-Autobahn zur Ausfahrt »Paznauntal« westlich von Landeck. Weiter durch das Paznauntal nach Ischgl; *Bus/Bahn:* hierher auch mit öffentlichen Verkehrsmitteln.
Ausgangspunkt Eingang zum Fimbertal (etwa 1400 m). Keine Parkmöglichkeit. 10 Min. zu Fuß vom großen Parkhaus. Oder aus dem Liftgebiet ins Fimbertal – erheblich kürzer und teurer.
Aufstieg Durch das Fimbertal (fast durchwegs Piste, dann Ratrakspur) zur Heidelberger Hütte. Im Fimbertal Richtung Süden. Bei einer Talverzweigung nach rechts und dem Bachbett zum Talschluß folgen. Kurz etwas steiler, dann wieder ziemlich flach in die Fuorcla da Tasna (2835 m). In der Westflanke des Piz Lavinèr zum Tasnagletscher (Vadret da Tasna). Über den Gletscher zum Ansatz des Ostgrates. Skidepot. Über den Grat zum Gipfel. Etwas ausgesetzt, bei Vereisung heikel. Ungeübte anseilen!
Abfahrt Wie Aufstieg. Oder skitechnisch extrem: Unmittelbar vom Gipfel über die Westflanke bis auf 2800 m, dann zur Fuorcla da Tasna queren und auf dem Anstiegsweg zur Hütte.

Touristische Infos Tourismusverband A-6561 Ischgl, Tel. (05444) 5266, Fax (05444) 5636
Literatur, Gebietsführer Rudolf und Siegrun Weiss u. a. (1997): Genuß-Schitourenatlas Österreich-West, Schall Verlag
Karten ÖK 170 (Galtür); AV-Karte 26 (Silvrettagruppe, mit Skirouten)
Übernachtung Heidelberger Hütte DAV (2264 m), 156 Schlafplätze, Mitte Dezember – Mitte Mai, A-6561 Ischgl, Tel. (05444) 4518 (Hütte) bzw. (05444) 5319 (Tal)

16 Piz Chamins (2927 m)

Von der Piste auf einen großartigen Skigipfel

Samnaungruppe

Gesamtcharakter Natürlich kann man den Piz Chamins auch von Samnaun aus angehen. Wer aber das Geld für eine Tageskarte aufbringen oder einen Lifturlaub in Ischgl mit einer Skitour kombinieren möchte, wird diesen etwas eigenartigen Tourenvorschlag gerne nützen.
Aufstiegszeit 3 Std.
Höhenunterschied 940 m
Schwierigkeit skitechnisch anspruchsvoll
Lawinengefahr mitunter lawinengefährdet
Hangrichtung Süden, Südosten, Norden, Nordosten
Beste Jahreszeit Januar – April

Anfahrt *Auto:* Auf der Inntal-Autobahn zur Ausfahrt »Paznauntal« westlich von Landeck. Weiter durch das Paznauntal nach Ischgl; *Bus/Bahn:* hierher auch mit öffentlichen Verkehrsmitteln.
Ausgangspunkt Bergstation Palinkopf (2864 m); hierher von Ischgl mit Gondelbahnen und Sesselliften.
Aufstiege und Abfahrten Vom Palinkopf fährt man über eine prachtvolle Südostflanke tourenmäßig ab, im oberen Teil ziemlich steil. Im Talboden stößt man auf die Piste, die man bis in eine Höhe von etwa 2000 m verfolgt. Wenn wir jetzt anfellen, haben wir uns den ziemlich langen, flachen Aufstieg von Samnaun über die Piste erspart.
Wir folgen dem Bach, wechseln unterhalb eines Wasserfalls auf die andere Seite des Baches und steigen dann durch das Gravastal ziemlich steil auf den Rücken, der das Tal links begrenzt.
Die Steilheit läßt vorübergehend nach, zuletzt wird es jedoch noch einmal sehr steil, bis wir – bei günstigen Verhältnissen mit Ski – den Gipfel erreichen.
Abfahrt bis zum Anfellplatz je nach Verhältnissen über den Rücken oder in der herrlichen Mulde. Auf der Piste talaus nach Samnaun und auf einem Skiweg weiter zur Talstation der Seilbahn im Ortsteil Ravaisch. Hier erwartet uns die »Weltneuheit« einer doppelstöckigen Pendelbahn. Mit dieser Bahn zur Bergstation. Abfahrt zur Alp Trida, mit einer Sesselbahn zum Idjoch – und 1300 Höhenmeter Pistenabfahrt als Draufgabe.

Touristische Infos Tourismusverband A-6561 Ischgl, Tel. (05444) 5266, Fax (05444) 5636
Literatur, Gebietsführer Rudolf und Siegrun Weiss u. a. (1997): Genuß-Schitourenatlas Österreich-West, Schall Verlag
Karten ÖK 171 (Nauders); LKS 249 S (Tarasp, mit Skirouten)
Einkehr Im Liftgebiet sowohl auf der österreichischen als auch auf der Schweizer Seite

Tour 15: Abfahrt über den Tasnagletscher

17 Muttler (3294 m)

Von Samnaun über die steile Nordwestflanke — *Samnaungruppe*

Gesamtcharakter Der Muttler ist eine prächtige, auch von entfernteren Gipfeln her eindrucksvolle Berggestalt. Skibergsteiger schätzen die steile Nordostflanke als Prüfstein ihres skitechnischen Könnens.
Samnaun liegt in der Schweiz, ist aber Zollausschlußgebiet und von Österreich her ungleich bequemer erreichbar als aus der Schweiz (enge und kurvenreiche Straße, einspurige Tunnel).
Aufstiegszeit 4:30 Std.
Höhenunterschied 1500 m
Schwierigkeit skitechnisch extrem
Lawinengefahr häufig lawinengefährdet
Hangrichtung Nordwesten
Beste Jahreszeit März – Mai

Anfahrt *Auto:* Auf der Inntal-Autobahn zur Ausfahrt »Landeck« und Richtung Reschen bis nach Pfunds.
Bus/Bahn: hierher auch mit öffentlichen Verkehrsmitteln.
Ausgangspunkt Samnaun (1840 m). Von Pfunds auf guter Bergstraße, 15 km von der Abzweigung aus dem Inntal. Bushaltestelle.
Aufstieg Durch das Maisastal (Val Maisas) zum Talschluß. Weiter über die berühmte Nordwestflanke, die sich bald ordentlich aufsteilt.
Dennoch erreicht man bei günstigen Verhältnissen und mit guter Felltechnik das Gipfelkreuz mit Ski, besser aber nach links zum Grat steigen und das letzte Stück zu Fuß.
Im obersten Teil ist die Flanke besonders steil und felsdurchsetzt. Etwas leichter: nach rechts in die Muttlerscharte (in den Karten weder bezeichnet noch kotiert). Skidepot. Über den Südwestgrat ohne Schwierigkeiten zum Gipfel.
Abfahrt Wie Aufstieg.

Touristische Infos Tourismusverband A-6542 Pfunds, Tel. (05474) 5229, Fax (05474) 5532
Literatur, Gebietsführer Rudolf und Siegrun Weiss u. a. (1997): Genuß-Schitourenatlas Österreich-West, Schall Verlag
Karten ÖK 171 (Nauders); LKS 249 S (Tarasp, mit Skirouten)

18 Furgler (3004 m)

Vom Kölner Haus über das Furglerjoch — *Samnaungruppe*

Gesamtcharakter Es ist kein Zufall, daß Erschließungen durch Aufstiegshilfen besonders schöne Tourengebiete »umgestalten«. Das gilt auch für Serfaus. Der Furgler ist zum Glück nicht betroffen. Die Liftanlagen verkürzen lediglich den Aufstieg auf durchaus angenehme 1050 Höhenmeter. Die mittelschwere Skitour ist deshalb recht beliebt und die Abfahrt mitunter zu einer »Tourenpiste« eingefahren.
Aufstiegszeit 3:30 Std.
Höhenunterschied 1050 m
Schwierigkeit skitechnisch mittel
Lawinengefahr mitunter lawinengefährdet
Hangrichtung Nordosten, Südosten
Beste Jahreszeit Januar – April

Anfahrt *Auto:* Auf der Inntal-Autobahn zur Ausfahrt »Landeck«. Weiter Richtung Reschenpaß bis Ried im Oberinntal. Auf guter Bergstraße nach Serfaus; *Bus/Bahn:* hierher auch mit öffentlichen Verkehrsmitteln.
Ausgangspunkt Kölner Haus DAV (1965 m). Neben der Bergstation der Seilbahn.
Aufstieg Über einen Südosthang aufsteigen, dann nach links abbiegen und über den Furglersee (2458 m) zum Furglerjoch (2748 m). Bereits unterhalb des Jochs hält man sich links und steigt in abwechslungsreichem Gelände zum Gipfelkreuz auf, bei günstigen Schneeverhältnissen mit Ski. Oder: Ins Joch aufsteigen und über den Gratrücken zum Gipfel.
Abfahrt Wie Aufstieg, dann auf der Piste nach Serfaus.

Touristische Infos Tourismusverband A-6534 Serfaus, Tel. (05476) 6239, Fax (05476) 6813
Literatur, Gebietsführer Rudolf und Siegrun Weiss u. a. (1997): Genuß-Schitourenatlas Österreich-West, Schall Verlag
Karten ÖK 144 (Landeck)
Übernachtung Kölner Haus DAV (1965 m), 68 Schlafplätze, bew. Weihnachten – Ende April, A-6534 Serfaus, Tel. (05476) 6214 (Hütte) bzw. (05476) 6454 (Tal)

19 Kaltenberg (2896 m)

Berühmte Skitour mit schonender Anstiegsvariante — *Verwallgruppe*

Gesamtcharakter Der Kaltenberg wäre wohl kaum eine überaus beliebte Skitour geworden, wenn man – wie in der Frühzeit des Skilaufs – 5 bis 6 Stunden von Langen aufsteigen müßte. Die Kaltenberghütte, ursprünglich vor allem für Skibergsteiger zur Aufteilung des langen Anstieges von der Sektion Reutlingen erbaut, hat bereits die Konsequenzen gezogen: Sie wird nur mehr im Sommer bewirtschaftet. Es hat sich nämlich eingebürgert, den Albonagrat im Liftgebiet von Stuben als Ausgangspunkt zu wählen und dadurch den Anstieg zu verkürzen, gleichzeitig aber die Abfahrt bedeutend zu verlängern.
Aufstiegszeit 4 Std.
Höhenunterschied Aufstieg 1100 m, Abfahrt 2000 m
Schwierigkeit skitechnisch anspruchsvoll
Lawinengefahr mitunter lawinengefährdet
Hangrichtung Norden, Nordwesten
Beste Jahreszeit Januar – April

Anfahrt *Auto:* Auf der Inntal-Autobahn zur Ausfahrt »Landeck« und über den Arlbergpaß (oder durch den Arlbergtunnel) nach Stuben am Arlberg. Von Westen über Bludenz; *Bus/Bahn:* hierher auch mit öffentlichen Verkehrsmitteln.
Ausgangspunkt Bergstation »Albonagrat« (2323 m).
Aufstiege und Abfahrten:
Auf dem Skiweg in die Mulde unterhalb der Maroiköpfe. Zum Maroikopf (2529 m) meist in Stapfspur. In die Maroischarte (2456 m) und durch eine Westmulde (etwa 400 Höhenmeter) abfahren. Anfellen. Richtung Süden in eine Einsattelung westlich der Krachenspitze (2650 m). Abfahrt (60 Höhenmeter) zum Kaltenberggletscher. Über den Gletscher zum Gipfel, den man etwas von rechts her erreicht, bei günstigen Verhältnissen mit Ski (oben einige Felsen).
Nun folgt die Hauptabfahrt. Auf dem Anstiegsweg über den herrlichen Gletscher, mit kurzem Gegenanstieg in die (erwähnte) Einsattelung und von dieser zum Anfellplatz. Richtung Norden queren, bis es das Gelände erlaubt, genußvoll (teilweise steil) in den Talboden abzufahren. Zunächst auf der linken Talseite, in 1540 m Höhe nach rechts wechseln, schließlich auf einer Forststraße (Kehren können teilweise abgekürzt werden) nach Langen. Rückkehr nach Stuben mit dem Bus.

Touristische Infos Tourismusbüro A-6762 Stuben, Tel. (05582) 761, Fax (05582) 7626
Literatur, Gebietsführer Rudolf und Siegrun Weiss u. a. (1997): Genuß-Schitourenatlas Österreich-West, Schall Verlag
Karten ÖK 143 (St. Anton am Arlberg); AV-Karte 3/2 (Lechtaler Alpen, Arlberggebiet, mit Skirouten)
Übernachtung Kaltenberghütte DAV (2089 m), Sommerbewirtschaftung, Winterraum mit 16 Lagern, AV-Schloß

Tour 19: Skidepot knapp unter dem Gipfel des Kaltenbergs

Tour 20: Der mächtige Patteriol vom Aufstieg zum Peischelkopf

20 Peischelkopf (2412 m)

Skitour mit Blick zum Pistenwirbel im Arlberggebiet

Verwallgruppe

Gesamtcharakter Man nennt sie die »St.-Christopher-Speisekarte«: Wirt, Peischelkopf und Knödelkopf, drei Skigipfel, die man zu einer Rundfahrt verbinden kann. Durch Zwischenabfahrten, An- und Abfellen und Wegstrecken ergibt sich trotz der eher geringen Höhenmeter eine ordentliche Tagestour. Sie bietet als zusätzliches Vergnügen den Blick auf den Pistenwirbel rund um die Valluga.
Aufstiegszeit Insgesamt 3:30 Std.
Höhenunterschied Insgesamt 1000 m
Schwierigkeit skitechnisch mittel
Lawinengefahr mitunter lawinengefährdet
Hangrichtung Nordosten, Südosten, Westen, Norden
Beste Jahreszeit Januar – April

Anfahrt *Auto:* Auf der Inntal-Autobahn zur Ausfahrt »Landeck« und zum Ende der Autobahn. Weiter durch das Stanzertal nach St. Anton am Arlberg; *Bus/Bahn:* hierher auch mit öffentlichen Verkehrsmitteln.
Ausgangspunkt St. Christoph am Arlberg (1765 m). Von St. Anton auf gut ausgebauter Bergstraße, 29 km von Landeck.
Aufstiege und Abfahrten: Vor den ersten Häusern von St. Christoph (Hospiz links, Bundessportheim rechts) mitunter etwas mühsam über den Schneewall am Straßenrand. Richtung Westen durch eine Mulde. Sie führt rechts von den Brunnenköpfen in ebenes Gelände. Weiter in dieser Richtung, dann scharf nach links abbiegen und über einen Steilhang in ein Becken, in das die Maroiseen eingelagert sind. Man erreicht das Maroijoch und nach einer kurzen Querung steil über die Südflanke den Knödelkopf (2400 m). Über die Gratverbindung zum Peischelkopf (2412 m), dem höchsten Gipfel unserer »Speisekarte«. Richtung Südosten über den Rücken in ein weites Plateau und auf den Wirt (2339 m).
Die Hauptabfahrt führt nun nach steiler Einfahrt durch eine Südostmulde bis in eine Höhe von etwa 2100 m. Scharf nach links abbiegen und über den Rücken queren. Über ziemlich steile Hänge zurück zum Ausgangspunkt.

Touristische Infos Tourismusverband A-6580 St. Anton am Arlberg, Tel. (05446) 2269, Fax (05446) 2532
Literatur, Gebietsführer Rudolf und Siegrun Weiss u.a. (1997): Genuß-Schitourenatlas Österreich-West, Schall Verlag
Karten ÖK 143 (St. Anton am Arlberg); AV-Karte 3/2 (Lechtaler Alpen, Arlberggebiet, mit Skirouten)

21 Saumspitze (3039 m)

Von St. Anton am Arlberg durch das Moostal

Verwallgruppe

Gesamtcharakter Viele Skigipfel im Verwall sind nur nach langen Zustiegen durch skiläuferisch wenig attraktive Täler zu erreichen. Anders die Saumspitze: Der herrliche Ski-Dreitausender wird durch Lifthilfe zur Tagestour, wenn auch immer noch zu einer anstrengenden. Skitechnisch anspruchsvoll ist nur der steile Gipfelhang, lawinengefährdet sind neben diesem Hang auch die Querungen von der Bergstation ins Moostal.
Aufstiegszeit 4:30 Std.
Höhenunterschied 1350 m
Schwierigkeit skitechnisch anspruchsvoll
Lawinengefahr häufig lawinengefährdet
Hangrichtung Nordosten
Beste Jahreszeit März – April

Anfahrt *Auto:* Auf der Inntal-Autobahn zur Ausfahrt »Landeck« und zum Ende der Autobahn. Weiter durch das Stanzertal nach St. Anton am Arlberg; *Bus/Bahn:* hierher auch mit öffentlichen Verkehrsmitteln.
Ausgangspunkt Talstation der »Rendlbahn« (1284 m) an der Umfahrungsstraße. Von der Bergstation auf Piste Nr. 4 zum Sessellift »Riffelbahn« und mit der ersten Teilstrecke zur Bergstation (etwa 2400 m).
Aufstieg Zunächst querend in das Moostal abfahren. Den Talboden erreicht man bereits nach der Moostalhütte, in etwa 1900 m Höhe. Für diese Querung sind stabile Schneeverhältnisse erforderlich! Im Moostal zum Kartellboden (1980 m), nach links abbiegen und durch das Saumtal aufsteigen. Über eine Steilstufe zum Kartellsee (2443 m). Über die steile Nordostflanke (am besten auf der rechten Seite) auf den Gipfel, bei günstigen Verhältnissen und guter Felltechnik mit Ski. Zumeist wird aber ein Skidepot errichtet und der letzte Teil des Aufstiegs zu Fuß zurückgelegt.
Abfahrt Wie Aufstieg. Beim Anfellplatz bleibt man im Talboden, erreicht die Piste und fährt zur Talstation der Rendlbahn ab.

Touristische Infos Tourismusverband A-6580 St. Anton am Arlberg, Tel. (05446) 2269, Fax (05446) 2532
Literatur, Gebietsführer Rudolf und Siegrun Weiss u.a. (1997): Genuß-Schitourenatlas Österreich-West, Schall Verlag
Karten ÖK 143 (St. Anton am Arlberg); AV-Karte 3/2 (Lechtaler Alpen, Arlberggebiet, mit Skirouten)

Ötztaler und Stubaier Alpen

Rudolf und Siegrun Weiss

Im Vergleich zu anderen Gebirgsgruppen haben sich die Ötztaler Alpen in den letzten Jahrzehnten besonders stark verändert. Jedes der großen Täler im Nordtiroler Teil hat zu seinen »normalen« Bahnen und Liften sein Gletscherskigebiet bekommen.
Skibergsteiger werden davon in recht unterschiedlichem Ausmaß berührt. *Obergurgl* bietet uns immer noch die prachtvollen Ostflanken von Maningbachkogel und Zirmkogel. Taleinwärts in Richtung *Langtalereckhütte* hat man die Spuren der (touristischen) Zivilsation hinter sich gelassen.

Eine (fast) heile Skitourenwelt schließlich finden wir im *Venter Tal*. Unverfälscht sind die großartigen Tourenmöglichkeiten von den drei »Skihütten«, der *Martin-Busch-Hütte* (Similaun, Hintere Schwärze), dem Hochjochhospiz (Weißkugel) und der *Vernagthütte* mit Hochvernagtspitze, Fluchtkogel, Wildspitze.

Das *Pitztal* war lange Zeit ein Musterbeispiel für »sanften Tourismus« – mit allen Vorteilen für den Bergsteiger, aber auch den wirtschaftlichen Nachteilen für die Bevölkerung. Heute schränken der »Pitz-Expreß« und weitere Aufstiegshilfen die Tourenmöglichkeiten der *Braunschweiger Hütte* ein. Kaum störend ist dagegen der Sessellift zum Riffelsee für uns. Die Skigipfel sind so schön wie vor 50 Jahren, der Wurmtaler Kopf etwa oder der anspruchsvolle Rostizkogel.
Noch vor dem Pitztal wurde das Gletscherskigebiet im *Kaunertal* erschlossen. Die Kaunertaler hatten bei ihren Erschließungsplänen den Vorteil, daß als Teil von Kraftwerksbauten bereits eine Straße bis zum Ende des Gepatsch-Stausees (1772 m) vorhanden war. Die Straße wurde bis zum Weißseeferner fortgesetzt, wobei man einen der größten und schönsten Zirbenbestände Tirols zerstörte. Wir Tourengeher können die Straße nicht mehr abreißen. Also nützen wir sie, um früher endlos lange Anstiege bequem als Tagestouren bewältigen zu können.

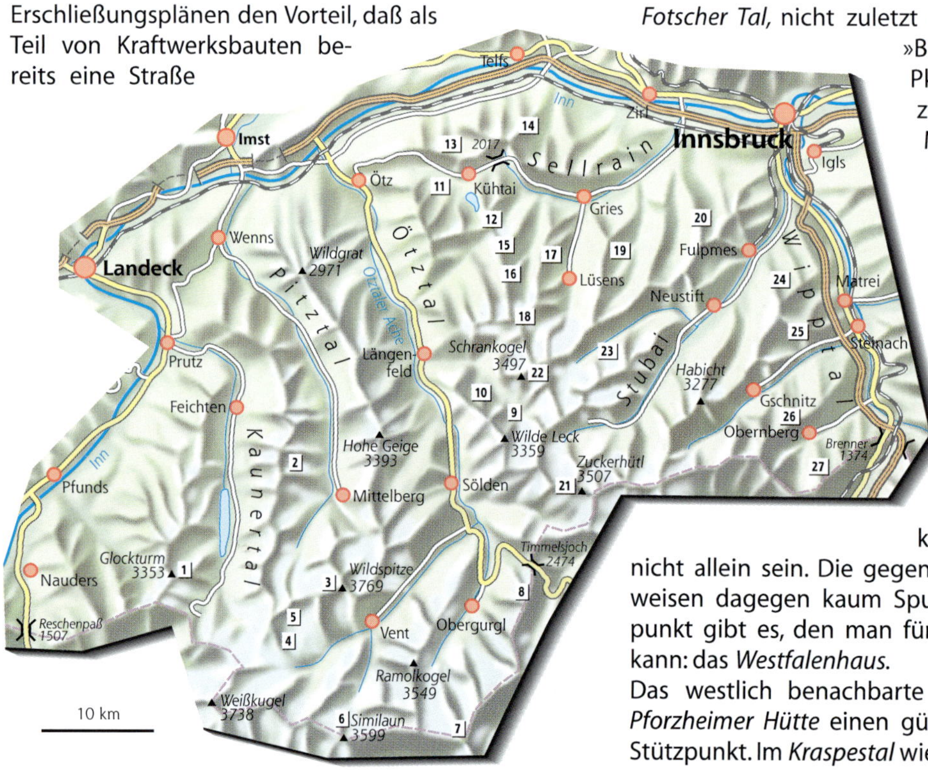

Für die weiteren Erschließungen im Nordtiroler Teil der Ötztaler Alpen ist vor allem auf *Nauders* zu verweisen. Was war das doch für ein herrliches Tourengebiet, das einem, im Gegensatz zu den typischen Ötztaler Touren, bereits im Frühwinter die herrlichsten Möglichkeiten bot! Die Nauderer Skihütte steht nun ein wenig verloren mitten im Liftgebiet.

Einsam sind die Stubaier Alpen keineswegs. München und Rosenheim sind nahe, und die Tiroler selbst sind auch nicht gehfaul. Die Stubaier Alpen bieten aber nicht nur »Skitourenpisten«, es gibt genügend Gipfel, die man sich zuerst durch Spurarbeit verdienen muß.

Der Axamer Lizum benachbart ist das *Senderstal* mit einer Reihe kaum bekannter Skitouren. Im Winter verkürzt ein Taxidienst bis zur Kemater Alm die Anstiege, im Frühjahr kann man mit dem eigenen Pkw auf einer etwas rauhen Straße gegen eine Mautgebühr hinauffahren.

Das *Sellrain* mit seinen Nebentälern ist etwas Besonderes: Skitouren von Dezember bis Juni! Beliebt ist das *Fotscher Tal,* nicht zuletzt deshalb, weil man bis zum »Bergheim« (1464 m) mit dem Pkw fahren kann (Rodelbahn, zwischen Dezember und März Fahrbeschränkungen!), sondern auch wegen der *Potsdamer Hütte.*

Vielfältiger ist das Tourenangebot im benachbarten *Lisenstal.* Wer an einem schönen Wochenende von Praxmar auf den Zischgeles oder die Lampsenspitze geht oder von Lisens auf den Lisenser Fernerkogel, wird mit Sicherheit nicht allein sein. Die gegenüberliegenden Westflanken weisen dagegen kaum Spuren auf. Auch einen Stützpunkt gibt es, den man für eine Tourenwoche nützen kann: das *Westfalenhaus.*
Das westlich benachbarte *Gleirschtal* bietet mit der *Pforzheimer Hütte* einen günstigen und meist ruhigen Stützpunkt. Im *Kraspestal* wiederum streben ganze Scha-

Rietzer Grießkogel (links im Bild), beliebter Skigipfel im Kühtai (Tour 14)

ren von Tourengehern dem Zwieselbacher Roßkogel zu. Das Skidörfl *Kühtai* kann kaum übertroffen werden, was die Tourenmöglichkeiten betrifft. Dafür sorgen nicht nur die Touren im Bereich der Paßhöhe, sondern die vielen Täler – das Längental, das Mittertal, das Wörgetal. In der *Dortmunder Hütte* findet man eine preiswerte Bleibe.

Wipptal heißt das Tal der Sill von Innsbruck bis zum Brenner mit einigen »Skitouren für Feinschmecker« (Serles, Lämpermahdspitze). Unmittelbar vor Steinach zweigt die Straße ins *Gschnitztal* ab. Im äußeren Teil des Tales finden wir leichte Anstiege (Kalbenjoch, Blaser), aber auch die anspruchsvolle Abfahrtsdirettissima von der Peilspitze. Ausgesprochen wilde Unternehmungen beginnen im inneren Teil des Tales, beim Gasthof »Feuerstein«. Wer von hier aus den Pflerscher Pinggl (2767 m) besteigt oder gar den Hohen Zahn (2924 m), der wird sich nicht über »Skitourenpisten« ärgern müssen. Anders im *Obernbergtal,* dem letzten Seitental vor dem Brennerpaß. Dieses Tal gehört – mit Recht! – zu den beliebtesten Tourengebieten Tirols.

Das wichtigste Seitental des Wipptales ist das *Stubaital.* Vom Tal aus locken eine ganze Reihe Ziele: Basslerjoch, Seblasspitze oder die Südflanke der Ruderhofspitze. Leider sind im Stubaital nur zwei Hütten bewirtschaftet, die *Dresdner Hütte* und die größte und wichtigste Skihütte in den Stubaier Alpen, die *Franz-Senn-Hütte.*
Auch von Westen, aus dem Ötztal, ist ein feiner Einstieg in die Stubaier Alpen möglich: durch das Sulztal zur *Amberger Hütte* – Ausgangspunkt für Schrankogel, Kuhscheibe und Hinteren Daunkopf.

Anreise Im Norden der Stubaier und Ötztaler Alpen von der Inntal-Autobahn, im Osten von der Brenner-Autobahn. Von Westen auf der Bundesstraße Landeck – Reschenpaß. Durchwegs gut ausgebaute, aber auch viel befahrene Verkehrswege. Als Nadelöhr erweist sich häufig vor allem der Raum Landeck.

Touristische Informationen zu den Ötztaler und Stubaier Alpen gibt es bei: • Tourismusverband Pitz Region, A-6471 Arzl im Pitztal, Tel. (0 54 12) 6 33 00, Fax (0 54 12) 6 54 88 • Ötztal-Werbung, A-6433 Oetz, Tel. (0 52 52) 22 69, Fax (0 52 52) 22 69 75 • Talverband Wipptal und seine Seitentäler, Rathaus, A-6150 Steinach am Brenner, Tel. (0 52 72) 62 70, 60 10, Fax (0 52 72) 21 10 • Talverband Stubaital, c/o Hotel Alpenhof, A-6167 Neustift, Tel. (0 52 26) 27 11, Fax (0 52 26) 27 11 308.

1 Glockturm (3353 m)

Beliebteste Skitour im Kaunertal — *Ötztaler Alpen*

Gesamtcharakter Der Grund für die Beliebtheit dieses Gipfels ist leicht gefunden. Er ist ohne Zustieg durch ein mehr oder weniger langes Tal erreichbar. Die Kaunertaler »Panoramastraße« macht's möglich. Der hohe Gipfel ist dadurch zu einer Tagestour geworden. Zwei Anstiege führen auf den Glockturm, die man zu einer hübschen Rundtour verbinden kann. Günstig ist es, durch das Krummgampental aufzusteigen und – skiläuferisch schöner – durch das Riffeltal abzufahren. Die Abfahrt ist nach einem schneereichen Winter sogar noch im Frühsommer lohnend. Wegen der sonnseitigen Lage ist allerdings aus Gründen der Sicherheit und des Skigenusses rechtzeitiger Aufbruch wichtig. Durch die Tageserwärmung steigt die Lawinengefahr rasch an!
Aufstiegszeit 3 Std.
Höhenunterschied 1000 m
Schwierigkeit skitechnisch mittel, Gipfelaufstieg: Fels unter I
Lawinengefahr mitunter lawinengefährdet
Hangrichtung Südosten, Osten
Beste Jahreszeit März – Mai

Anfahrt *Auto:* Auf der Inntal-Autobahn zur Ausfahrt »Landeck«. Nach Landeck, Richtung Reschenpaß nach Prutz; hierher von Süden über den Reschenpaß; *Bus/Bahn:* auch mit öffentlichen Verkehrsmitteln.
Ausgangspunkt Parkplatz »Krummgampental« (etwa 2400 m). Von Prutz durch das Kaunertal zur Mautstelle bei Feichten. Auf der »Panoramastraße« zum Gepatsch-Stausee und weiter zum Parkplatz; *Bus:* hierher auch mit öffentlichen Verkehrsmitteln (Bus fährt aber viel zu spät).
Aufstieg In sanftem Anstieg zum Talschluß des Krummgampentales (2800 m). Nach rechts über schöne Mulden und steil zu dem Rücken aufsteigen, der vom Glockturm nach Osten zieht. Dieser Rücken wird überquert und ebenso ein kleiner Gletscher. Nunmehr gemeinsam mit der Route aus dem Riffeltal möglichst hoch zum Kamm, der vom Glockturm nach Norden zieht. Skidepot. Kurz über eine Steilflanke, dann nach rechts über einen etwas ausgesetzten Grat zum Gipfelkreuz. Bei günstigen Bedingungen steigt man mit aufgeschnallten Ski auf.
Abfahrt Vom Skidepot oder schon vorher über die kurze Steilflanke, über den Gletscher und herrliche Hänge in den Talschluß des Riffeltales. Man folgt dem Verlauf des Tales bis zur Mautstraße. Mit Autostop oder zu Fuß (0:30 Std.) zurück zum Ausgangspunkt.

Touristische Infos Verkehrsverein A-6524 Kaunertal, Tel. (05475) 2920, Fax (05475) 2299
Literatur, Gebietsführer Rudolf und Siegrun Weiss u. a. (1997): Genuß-Schitourenatlas Österreich-West, Schall Verlag
Karten ÖK 172 (Weißkugel); AV-Karte 30/2 (Ötztaler Alpen, Weißkugel, mit Skirouten)
Übernachtung Gepatschhaus DAV (1925 m), bew. um Pfingsten und ab 15. Juni, 58 Schlafplätze. Haltestelle der Buslinie zum Sommerskigebiet. Von hier 1:30 Std. zum Ausgangspunkt, dafür entsprechend längere Abfahrt

Tour 1: Die Weißseespitze mit ihrer Nordflanke. Rechts im Hintergrund die Weißkugel

2 Rostizkogel (3394 m)

Aus dem Pitztal auf einen anspruchsvollen Skigipfel — *Ötztaler Alpen*

Gesamtcharakter Was beim Glockturm die »Panoramastraße«, das ist beim Rostizkogel eine neue Gondelbahn. Sie verkürzt den Aufstieg auf vier Stunden. Dennoch ist eine Nächtigung in der gemütlichen Riffelseehütte zu empfehlen. Im sonnseitigen Teil der Abfahrt bringt ein früher Aufbruch bedeutende Vorteile, obwohl die Gondelbahn tourenfreundlich um 8 Uhr den Betrieb aufnimmt.
Aufstiegszeit 4 Std.
Höhenunterschied 1200 m
Schwierigkeit skitechnisch anspruchsvoll
Lawinengefahr mitunter lawinengefährdet
Sonstige Gefahren geringe Spaltengefahr
Hangrichtung Nordosten, Südosten
Beste Jahreszeit März – Mai

Anfahrt *Auto:* Auf der Inntal-Autobahn zur Ausfahrt »Pitztal« und talein bis St. Leonhard; *Bus:* hierher auch mit öffentlichen Verkehrsmitteln.
Ausgangspunkt Bergstation der Gondelbahn »Riffelsee«. Zum Parkplatz bei der Talstation 37 km von der Autobahn. Bushaltestelle.
Aufstieg Von der Bergstation der Seilbahn oder von der Hütte zum See. An seinem nördlichen Ufer ins Riffeltal und zum Talschluß. Erst noch gemütlich, dann aber steil in Richtung Seekogel (unübersehbarer Felsklotz). Vor den steilen Wänden nach links zum Nördlichen Löcherferner abbiegen. Über den Gletscher, dann über den Nordrücken mit Ski zum Gipfel.
Abfahrt Wie Aufstieg. Bei sicheren Schneeverhältnissen schöner: Rechts von der Anstiegsspur in der steilen Flanke, weiter unten dann südlich des Schneidigen Wandles steil in den Talboden. Nach dem See über die »geschenkten Höhenmeter« auf der Piste zur Talstation.

Touristische Infos Verkehrsverein A-6481 Innerpitztal-St. Leonhard, Tel. (05414) 86999, Fax (05414) 8699988
Literatur, Gebietsführer Rudolf und Siegrun Weiss u. a. (1997): Genuß-Schitourenatlas Österreich-West, Schall Verlag
Karten ÖK 173 (Sölden) und 172 (Weißkugel); AV-Karte 30/6 (Ötztaler Alpen, Wildspitze, mit Skirouten)
Übernachtung Riffelseehütte DAV (2289 m), bew. Mitte Dezember – Mitte April, 57 Schlafplätze, A-6461 St. Leonhard, Tel. (05413) 8235 (Hütte) bzw. (05252) 6474 (Tal)

3 Wildspitze (3772 m)

Aus dem Pitztal und über den Taschachferner — *Ötztaler Alpen*

Gesamtcharakter Wildspitzen gibt es viele. Aus dem Pitztal besteigen wir die Ötztaler Wildspitze, einen Doppelgipfel mit 3768 m und 3772 m. In meiner Jugend war die Wildspitze von Innsbruck aus eine anstrengende Zweitagetour. Heute erreicht man sie mit Seilbahnhilfe in etwas mehr als zwei Stunden. An den Ansprüchen, die der höchste Gipfel Nordtirols stellt, hat sich aber nichts geändert. Auf dem Gletscher ist auf Spalten zu achten, und der Aufstieg vom Skidepot zum Gipfel kann bei Vereisung heikel sein. Gletscherausrüstung und alpine Erfahrung sind erforderlich, auch wenn eine dicke Spur zum Gipfel führt.
Aufstiegszeit 2:30 Std.
Höhenunterschied Aufstieg 700 m, Abfahrt 2000 m
Schwierigkeit skitechnisch mittel, Gipfelaufstieg: kombiniertes Gelände I
Lawinengefahr mitunter lawinengefährdet
Sonstige Gefahren erhebliche Spaltengefahr, Abrutschgefahr bei der Abfahrt vom Mittelbergjoch
Hangrichtung Westen, Norden
Beste Jahreszeit März – Juni

Anfahrt *Auto:* Auf der Inntal-Autobahn zur Ausfahrt »Pitztal« und talein bis St. Leonhard und weiter bis zur Talstation des »Pitz-Expreß«, 39 km von der Autobahn; *Bus:* hierher auch mit öffentlichen Verkehrsmitteln.
Ausgangspunkt Bergstation des »Pitz-Expreß« (2860 m).
Aufstieg Von der Bergstation der Gletscherbahn, die man umweltfreundlich durch einen Stollen erreicht hat, nach Abfahrt und neuerlicher Lifthilfe zum Mittelbergjoch (3166 m). Steil zum Taschachferner hinunter. Vorsicht bei Hartschnee! Der Anfellplatz liegt etwa 3100 m hoch. Zwischen

Tour 3: Skitechnisch extrem (untere Grenze) mit geringem Risiko: Nordwestflanke der Ötztaler Wildspitze – steil, aber kurz und mit gutem »Auslauf«

Gletscherbrüchen steigt man gemütlich auf, holt nach rechts aus, geht am Hinteren Brochkogel vorbei und erreicht über eine kurze Steilstufe den Gipfelaufbau. Meist wird der Südgipfel bestiegen, am Kreuz und an den vielen Spuren erkennbar. Man hält daher etwas rechts und steigt möglichst hoch zum Südwestgrat auf. Skidepot. Bei günstigen Verhältnissen in guten Stapfen zum Gipfel. Die Überschreitung zum etwas höheren Nordgipfel ist unschwierig, aber ausgesetzt. Auf Wächten achten! Ist der Südgipfel »überfüllt«, kann man auch unmittelbar zum Nordgipfel aufsteigen, bei guter Felltechnik sogar mit Ski bis zum Gipfel.

Abfahrt Wie Aufstieg. Vom Anfellplatz jedoch nicht zum Mittelbergjoch aufsteigen, sondern über den Taschachferner in den Talschluß abfahren, im Taschachtal weiter nach Mittelberg. Gute Skiläufer können (vor allem, wenn sie den Nordgipfel mit Ski bestiegen haben) bei günstigen Verhältnissen eine eher harmlose Steilflanke befahren: Einfahrt in die Westflanke (über 40°, aber kurz und mit gutem »Auslauf«) zwischen Nord- und Südgipfel. Bis zum Anfellplatz sind noch steilere Varianten möglich, doch muß man abseits der Normalabfahrt besonders auf Spalten achten.

Touristische Infos Verkehrsverein A-6481 Innerpitztal-St. Leonhard, Tel. (05414) 86999, Fax (05414) 8699988
Literatur, Gebietsführer Rudolf und Siegrun Weiss u. a. (1997): Genuß-Schitourenatlas Österreich-West, Schall Verlag
Karten ÖK 173 (Sölden) und 172 (Weißkugel); AV-Karte 30/6 (Ötztaler Alpen, Wildspitze, mit Skirouten)
Übernachtung Braunschweiger Hütte DAV (2758 m), bew. März – Ende April, dann ab Mitte Juni, 125 Schlafplätze, A-6481 St.Leonhard, Tel. (05413) 8236. Nächtigung bei Benützung der Gletscherbahn nicht erforderlich. Hüttenanstieg 3 Std., mitunter lawinengefährdet. Verkürzter Zugang von den Liftanlagen.

4 Fluchtkogel (3497 m)

Parade-Skigipfel der Vernagthütte — *Ötztaler Alpen*

Gesamtcharakter Trotz der bedeutenden Höhe ist der Fluchtkogel ein verhältnismäßig leichter Dreitausender. Im Rahmen einer Skitour ist die Spaltengefahr gering. Der Aufstieg ist zwar im letzten Teil steil und etwas ausgesetzt, jedoch unschwierig. Bei guter Felltechnik kann der Gipfel mit Ski erreicht werden. Die Hütte liegt so hoch, daß die Tour kurz ist und man die Abfahrt mit einem Abstecher zu den Guslarspitzen verbinden sollte. Die windgeschützte und schattseitige Mulde etwa von der Hinteren Guslarspitze (3147 m) lohnt bei guten Schneeverhältnissen den zusätzlichen Aufstieg!
Aufstiegszeit 3 + 2:30 Std.
Höhenunterschied 750 + 800 m
Schwierigkeit skitechnisch anspruchsvoll (nur Gipfelhang)
Lawinengefahr mitunter lawinengefährdet
Sonstige Gefahren geringe Spaltengefahr
Hangrichtung Süden, Südosten
Beste Jahreszeit März – Mai

Anfahrt *Auto:* Auf der Inntal-Autobahn zur Ausfahrt »Ötztal« und weiter nach Zwieselstein bzw. Vent; *Bus:* hierher auch mit öffentlichen Verkehrsmitteln.
Ausgangspunkt Parkplatz unter den Rofenhöfen (2011 m), der höchstgelegenen Dauersiedlung in Österreich.
Aufstieg Von den Rofenhöfen talein zur Talstation der Materialseilbahn (2086 m). Nach rechts abzweigen, über eine Steilstufe und rund um den Platteiberg (mitunter lawinengefährdet) in den Talboden einqueren. Im Tal aufwärts, über eine Brücke und zur bereits lange sichtbaren Hütte. Von der Hütte um die Ausläufer der Hintergraslspitze herum zum Guslarferner. Auf dem Gletscher zum Oberen Guslarjoch (3361 m). Den Gipfel erreicht man über die zwar kurze, aber recht steile Flanke, bei günstigen Verhältnissen und guter Felltechnik mit Ski, sonst ohne besondere Schwierigkeiten zu Fuß.

Abfahrt Wie Aufstieg. Oder: In etwa 2900 m nicht nach links zur Hütte, sondern Richtung Südosten weiter abfahren bis in eine Höhe von 2800 m. Zum östlichen Lappen des Guslarferners queren und in einer Mulde zur Hinteren Guslarspitze (3147 m) aufsteigen. Nach einer zweiten Abfahrt in kurzem Gegenanstieg zur Hütte.

Touristische Infos Verkehrsverein A-6458 Vent, Tel. (05254) 8193, Fax (05254) 8174
Literatur, Gebietsführer Rudolf und Siegrun Weiss u. a. (1997): Genuß-Schitourenatlas Österreich-West, Schall Verlag
Karten ÖK 173 (Sölden) und 172 (Weißkugel); AV-Karte 30/2 (Ötztaler Alpen, Weißkugel, mit Skirouten)
Übernachtung Vernagthütte DAV (2755 m), bew. Anfang März – Mitte Mai und um Pfingsten, 147 Schlafplätze, A-6458 Vent, Tel. (05254) 8198

5 Hochvernagtspitze (3535 m)

Herrlicher Gletscheraufstieg über den Vernagtferner — *Ötztaler Alpen*

Gesamtcharakter Auch die Hochvernagtspitze gehört zu den verhältnismäßig unschwierigen hohen Gipfeln der Ötztaler Alpen. Das gilt allerdings nur für den etwas niedrigeren »Wintergipfel«. Der Übergang zum Hauptgipfel (Steinmann) führt über einen etwas heiklen Blockgrat.
Die meisten Besucher der Vernagtspitze geben sich mit dem »Wintergipfel« zufrieden.
Aufstiegszeit 3 + 3 Std.
Höhenunterschied 750 + 800 m
Schwierigkeit skitechnisch mittel, Gipfelaufstieg: Fels I
Lawinengefahr kaum lawinengefährdet
Sonstige Gefahren geringe Spaltengefahr
Hangrichtung Südosten
Beste Jahreszeit März – Juni

Anfahrt *Auto:* Auf der Inntal-Autobahn zur Ausfahrt »Ötztal« und weiter nach Zwieselstein bzw. Vent; *Bus:* hierher auch mit öffentlichen Verkehrsmitteln.
Ausgangspunkt Parkplatz unter den Rofenhöfen (2011 m), der höchstgelegenen Dauersiedlung in Österreich.
Aufstieg Von den Rofenhöfen talein zur Talstation der Materialseilbahn (2086 m). Nach rechts abzweigen, über eine Steilstufe und rund um den Platteiberg (mitunter lawinengefährdet) in den Talboden einqueren. Im Tal aufwärts, über eine Brücke und zur bereits lange sichtbaren Hütte. Von der Hütte auf dem Moränenkamm zum Vernagtgletscher. Nun in Richtung auf eine Felsinsel im Gletscher (Forschungsstation der Universität Innsbruck), nach Nordwesten zwischen zwei Felsrippen und über eine kurze Steilstufe in ein Gletscherbecken. Mit Ski zum Westgipfel (»Skigipfel«). Skidepot. Über einen meist verwächteten Blockgrat zum Hauptgipfel (Steinmann).
Abfahrt Wie Aufstieg.

Touristische Infos Verkehrsverein A-6458 Vent, Tel. (05254) 8193, Fax (05254) 8174
Literatur, Gebietsführer Rudolf und Siegrun Weiss u. a. (1997): Genuß-Schitourenatlas Österreich-West, Schall Verlag
Karten ÖK 173 (Sölden); AV-Karte 30/2 (Ötztaler Alpen, Weißkugel, mit Skirouten)
Übernachtung Vernagthütte DAV (2755 m), bew. Anfang März – Mitte Mai und um Pfingsten, 147 Schlafplätze, A-6458 Vent, Tel. (05254) 8198

6 Similaun (3599 m) und Hintere Schwärze (3624 m)

Großartige Rundfahrt für hervorragende Skibergsteiger *Ötztaler Alpen*

Gesamtcharakter Natürlich sind Similaun und Hintere Schwärze jeweils auch für sich allein lohnend. Wer aber über eine gute Kondition und entsprechendes Können verfügt, ist mit dieser Rundfahrt gut beraten. Die Abfahrt vom Similaun auf dem Normalweg ist flach und meist stark verspurt. Auf der Rundfahrt geht es ungleich anspruchsvoller her! Die Abfahrt über die Südostflanke ist zwar kürzer, aber kaum weniger steil als die eindrucksvolle und fotogene Nordflanke des Similaun.
Aufstiegszeit 3 + 5 Std.
Höhenunterschied 610 + 1250 m
Schwierigkeit skitechnisch extrem, Gipfelaufstieg: kombiniertes Gelände I
Lawinengefahr mitunter lawinengefährdet
Sonstige Gefahren erhebliche Spaltengefahr
Hangrichtung Nordwesten, Osten, Nordosten
Beste Jahreszeit März – Mai

Anfahrt *Auto:* Von der Inntal-Autobahn zur Ausfahrt »Ötztal« und weiter nach Vent; *Bus:* hierher auch mit öffentlichen Verkehrsmitteln.
Ausgangspunkt Brücke über die Spiegelache (etwa 2530 m). Von Vent Richtung Süden und über die Venter Ache. Weiter bis zu einer Brücke (kleiner Schlepplift als Orientierungshilfe).
Aufstieg Von Vent durch das lange, von den steilen Flanken her lawinenbedrohte Niedertal. Erst spät im Jahr unmittelbar durch die Steilflanke zur Martin-Busch-Hütte, sonst von der Schäferhütte (2230 m) in den Talboden queren und in einem weiten Bogen von Süden her zur Hütte.
In den Talboden und den Bach aufwärts zum Niederjochferner. In etwa 2800 m Höhe nach links und über den Gletscher, der sich zunehmend verschmälert, zum Ansatz eines Firngrates. Mit aufgeschnallten Ski über den etwas ausgesetzten Grat zum Similaun (3599 m).
Sehr steil Richtung Osten zum Grafferner. Ziemlich flach über den Gletscher zum Similaunjoch und kurz zur Mittleren Marzellspitze (3532 m) aufsteigen. Über den Kamm zum Marzelljoch und mit möglichst wenig Höhenverlust zu einem Rücken; über ihn zur Hinteren Schwärze.
Abfahrt Über den Marzellferner (auf Spalten achten!), zuletzt um die Ausläufer des Marzellkamms herum und kurzer Gegenanstieg zur Martin-Busch-Hütte.

Touristische Infos Verkehrsverein A-6458 Vent, Tel. (0 52 54) 81 93, Fax (0 52 54) 81 74
Literatur, Gebietsführer Rudolf und Siegrun Weiss u. a. (1997): Genuß-Schitourenatlas Österreich-West, Schall Verlag
Karten ÖK 173 (Sölden); AV-Karte 30/1 (Ötztaler Alpen, Gurgl, mit Skirouten)
Übernachtung Martin-Busch-Hütte DAV (2501 m), 121 Schlafplätze, bew. Anfang März – Mitte Mai, A-6458 Vent, Tel. (0 52 54) 81 30; Similaunhütte (3017 m), bereits auf Südtiroler Gebiet, privat, bew. Ende Februar – Ende Mai, 70 Schlafplätze. Die Hütte liegt als Tourenstützpunkt für den Similaun eindeutig zu hoch, ermöglicht jedoch bei der Rundfahrt eine rechtzeitige Abfahrt über die steile Ostflanke.

7 Hohe Wilde (3458 m und 3480 m)

Aufstieg von der Langtalereckhütte *Ötztaler Alpen*

Gesamtcharakter Die Hohe Wilde ist ein Doppelgipfel an der Grenze zwischen Nordtirol und Südtirol. Der Aufstieg von der Langtalereckhütte über den Langtaler Ferner zieht sich ganz gehörig. Man kann ihn angenehm aufteilen, wenn man im hochgelegenen Hochwildehaus nächtigt. Das ist jedoch erst spät im Tourenjahr empfehlenswert, wenn man bereits auf dem Sommerweg aufsteigen kann. Keine Unmöglichkeit, denn lohnend ist die Hohe Wilde selbst noch im Juli – eine Art »umweltfreundliches Sommerskigebiet«.
Aufstiegszeit 2:30 + 5 Std.
Höhenunterschied 530 + 1150 m
Schwierigkeit skitechnisch anspruchsvoll, Gipfelaufstieg: Fels I
Lawinengefahr häufig lawinengefährdet (Hüttenanstieg)
Sonstige Gefahren erhebliche Spaltengefahr
Hangrichtung Norden
Beste Jahreszeit März – Juni

Tour 7: Am Verbindungsgrat zum Südgipfel der Hohen Wilde

Anfahrt *Auto:* Auf der Inntal-Autobahn bis zur Ausfahrt »Ötztal«. Durch das Ötztal über Zwieselstein nach Obergurgl; *Bus:* hierher auch mit öffentlichen Verkehrsmitteln.
Ausgangspunkt Südliches Ortsende von Obergurgl.
Aufstieg Auf einer Ratrakspur zur Schönwieshütte (Liftbenützung erspart 0:45 Std.). Um die Ausläufer des Hangerers herum, dann Richtung Süden zur Hütte.
Von der Langtalereckhütte in den Talboden. Mit geringem Höhengewinn über den Langtaler Ferner bis in eine Höhe von 2900 m. Weit nach rechts ausholend über die zerklüftete Steilstufe. Oberhalb der Brüche biegt man wieder nach links ein und steigt zu einem Sattel (3290 m) auf. An einem großen Windkolk vorbei in Richtung Südosten weiter. Skidepot kurz vor dem Gipfel. In unschwieriger Kletterei, durch Versicherungen erleichtert, zum Gipfel.
Abfahrt Wie Aufstieg. Oder: Über den Verbindungsgrat zum etwas höheren Südgipfel. Nicht besonders schwierig, aber bei Vereisung oder Schneelage heikel. Vom Südgipfel noch kurz über den Grat, dann kann man in der Mitte des Langtaler Ferners zur Aufstiegsspur abfahren.

Touristische Infos Verkehrsverein A-6456 Obergurgl/Hochgurgl, Tel. (0 52 56) 64 66, Fax (0 52 56) 63 53
Literatur, Gebietsführer Rudolf und Siegrun Weiss u. a. (1997): Genuß-Schitourenatlas Österreich-West, Schall Verlag
Karten ÖK 173 (Sölden); AV-Karte 30/1 (Ötztaler Alpen, Gurgl, mit Skirouten)
Übernachtung Langtalereckhütte DAV (2430 m), 95 Schlafplätze, bew. Anfang März – Anfang Mai, A-6456 Obergurgl, Tel. (0 52 56) 62 33

8 Äußere Schwenzerspitze (2993 m)

Vom Timmelsjoch über den Bankerferner *Ötztaler Alpen*

Gesamtcharakter Von der Mautstraße zum Timmelsjoch aus kann man eine Reihe schöner Skitouren unternehmen. Richtig lohnend sind sie allerdings erst im späten Frühjahr, wenn die Straße auf der Nordtiroler Rampe bereits bis zum Timmelsjoch befahrbar ist. Als »Skitour zum Saisonausklang« kann man die Äußere Schwenzerspitze und zusätzlich noch das Bankerjoch im Juni, oft sogar noch Anfang Juli besteigen und bis zum geparkten Auto abfahren. Die folgenden Angaben gelten für beide Gipfel, da die Anstiege kurz und leicht zu verbinden sind.
Aufstiegszeit 3 Std.
Höhenunterschied 900 m
Schwierigkeit skitechnisch extrem, Gipfelaufstieg: Fels I
Lawinengefahr mitunter lawinengefährdet
Hangrichtung Norden, Nordosten, Nordwesten
Beste Jahreszeit Mai – Juni

Anfahrt *Auto:* Auf der Inntal-Autobahn bis zur Ausfahrt »Ötztal«. Durch das Ötztal über Zwieselstein nach Obergurgl; *Bus:* hierher auch mit öffentlichen Verkehrsmitteln.
Ausgangspunkt Kehre unterhalb des Timmelsjochs, 10 km von der Abzweigung der Mautstraße in Untergurgl. Schranken in der Früh mitunter geschlossen, aber nicht versperrt. Maut bei der Rückkehr bezahlen. Öffnung der Straße im Mai möglich, im Juni fast sicher.
Aufstieg Im Talboden zum Talschluß (etwa 2600 m). Kurz und steil zum praktisch spaltenlosen Bankerferner, der nur mehr als kümmerlicher Gletscherrest vorhanden ist.
In zunehmender Steilheit, eventuell im letzten Teil zu Fuß, auf einen Rücken und über diesen zum Gipfel. Ski beim Aufstieg mitnehmen!
Abfahrt Vom Gipfel über die sehr steile Flanke zur Aufstiegsspur und zum Talschluß. Anfellen. Problemlos und bei guter Sicht ohne Orientierungsschwierigkeiten zum Bankerjoch (2828 m). Unmittelbar vom Gipfel sehr steil in den Talboden und hinaus zum geparkten Auto.

Touristische Infos Verkehrsverein A-6456 Obergurgl/Hochgurgl, Tel. (0 52 56) 64 66, Fax (0 52 56) 63 53
Literatur, Gebietsführer Rudolf und Siegrun Weiss u. a. (1997): Genuß-Schitourenatlas Österreich-West, Schall Verlag
Karten ÖK 174 (Timmelsjoch); AV-Karte 30/1 (Ötztaler Alpen, Gurgl, mit Skirouten)

9 Hinterer Daunkopf (3225 m)

Lohnender Skigipfel im Tourengebiet der Amberger Hütte

Stubaier Alpen

Gesamtcharakter Die Tourenmöglichkeiten der Amberger Hütte sind vielfältig. Manche Touren sind ziemlich alpin, andere spaltengefährdet und wieder andere nur auf langen und flachen Anstiegen erreichbar. Der Hintere Daunkopf dagegen ist eine Genußtour. Die Abfahrt durch eine windgeschützte Gletschermulde, dann über einen rassigen Westhang, ist Spitzenklasse! Wer die Hütte über einen originellen »Aufstieg« erreichen möchte, kann den Gipfel in der halben Zeit aus dem Stubaier Gletscherskigebiet besteigen und zur Hütte abfahren. Ideal für Umweltschützer, die ihren Freunden den Verzicht auf den fahrbaren Untersatz schmackhaft machen wollen.
Aufstiegszeit 2 + 4 Std.
Höhenunterschied 550 + 1100 m
Schwierigkeit skitechnisch mittel
Lawinengefahr mitunter lawinengefährdet
Sonstige Gefahren geringe Spaltengefahr
Hangrichtung Norden, Nordwesten
Beste Jahreszeit Februar – Mai

Anfahrt *Auto:* Auf der Inntal-Autobahn zur Ausfahrt »Ötztal« und nach Längenfeld. Auf einer Bergstraße nach Gries. Nach stärkeren Schneefällen sind hier Ketten oder Vierradantrieb erforderlich; *Bus:* hierher auch mit öffentlichen Verkehrsmitteln.
Ausgangspunkt Parkplatz vor Brücke (1599 m), kurz nach Gries.
Aufstieg Auf dem Fahrweg, der zumeist durch den Ratrak präpariert wird, gemütlich und ohne Orientierungsprobleme zur Amberger Hütte. Von der Hütte in die »Sulze« und reichlich flach talein zum Sulztalferner. In etwa 2450 m Höhe nach links abbiegen und in wechselnder Steilheit in eine windgeschützte Nordmulde. Durch diese Mulde unmittelbar mit Ski bis zum Gipfel.
Abfahrt Wie Aufstieg.

Tour 9: Abfahrt vom Hinteren Daunkopf zur Amberger Hütte

Touristische Infos Verkehrsverein A-6444 Gries im Ötztal, Tel. (05253) 5103, Fax (05253) 5031
Literatur, Gebietsführer Rudolf Weiss (1990): Skiführer Stubaier Alpen, Bergverlag Rother; Rudolf und Siegrun Weiss u. a. (1997): Genuß-Schitourenatlas Österreich-West, Schall Verlag
Karten ÖK 146 (Ötz) und 147 (Axams); AV-Karte 31/1 (Stubaier Alpen, Hochstubai, mit Skirouten)
Übernachtung Amberger Hütte DAV (2136 m), bew. Mitte Februar – Anfang Mai, 62 Schlafplätze, A-6444 Längenfeld, Tel. (05253) 5605 (Hütte) bzw. (05253) 5106 (Tal)

10 Kuhscheibe (3188 m)

Unschwieriger Dreitausender mit großartiger Abfahrt im Tourenbereich der Amberger Hütte

Stubaier Alpen

Gesamtcharakter Die Kuhscheibe ist mit Recht der beliebteste Skigipfel im Tourenbereich der Amberger Hütte. Der flache Zustieg ist besonders kurz, und die windgeschützte Gletschermulde im oberen Teil des Anstiegs erfüllt höchste Ansprüche. Wem der Gipfel zu belebt und das herrliche Skigelände zu arg verspurt ist, kann auf die benachbarte Murkarspitze ausweichen (skitechnisch anspruchsvoller, häufiger lawinengefährdet).
Aufstiegszeit 2 + 3:30 Std.
Höhenunterschied 550 + 1050 m
Schwierigkeit skitechnisch mittel
Lawinengefahr mitunter lawinengefährdet
Hangrichtung Nordwesten, Nordosten
Beste Jahreszeit März – Mai

Anfahrt *Auto:* Auf der Inntal-Autobahn zur Ausfahrt »Ötztal« und nach Längenfeld. Auf einer Bergstraße nach Gries. Nach stärkeren Schneefällen sind hier Ketten oder Vierradantrieb erforderlich; *Bus:* hierher auch mit öffentlichen Verkehrsmitteln.
Ausgangspunkt Parkplatz vor einer Brücke (1599 m), kurz nach Gries.
Aufstieg Auf dem Fahrweg, der zumeist durch den Ratrak präpariert wird, gemütlich und ohne Orientierungsprobleme zur Amberger Hütte. Von der Hütte etwa 0:30 Std. talein, dann nach rechts abzweigen und über eine Steilstufe ins Roßkar. Durch sanfte Böden bis in eine Höhe von 2700 m, dann Richtung Süden zum Roßkarferner aufsteigen. Über den Gletscherfleck zum Gipfel, im letzten Teil zu Fuß über unschwieriges Blockwerk.
Abfahrt Wie Aufstieg.

Touristische Infos Verkehrsverein A-6444 Gries im Ötztal, Tel. (05253) 5103, Fax (05253) 5031
Literatur, Gebietsführer Rudolf Weiss (1990): Skiführer Stubaier Alpen, Bergverlag Rother; Rudolf und Siegrun Weiss u. a. (1997): Genuß-Schitourenatlas Österreich-West, Schall Verlag
Karten ÖK 146 (Ötz) und 147 (Axams); AV-Karte 31/1 (Stubaier Alpen, Hochstubai, mit Skirouten)
Übernachtung Amberger Hütte DAV (2136 m), bew. Mitte Februar – Anfang Mai, 62 Schlafplätze, A-6444 Längenfeld, Tel. (05253) 5605 (Hütte) bzw. (05253) 5106 (Tal)

11 Vordere Karlesspitze (2574 m)

Vom Speicher »Längental« im Kühtai über eine steile Südflanke

Stubaier Alpen

Gesamtcharakter Die Vordere Karlesspitze ist eine Art Modeberg geworden. Früher hatte man vor einer doch recht steilen Abfahrt Respekt, heute ist das durchschnittliche Können der Tourengeher so gestiegen, daß Steiles nicht gemieden, sondern gesucht wird. Die Tour ist kurz, und konditionsstarke Tourengeher werden der Empfehlung folgen, an diese südseitige (früher Aufbruch empfehlenswert!) Tour eine weitere sonnseitige, den Schafzoll (2399 m), oder eine schattseitige, den Hochwanner (2488 m) anzuhängen. Der Aufstieg zum Hochwanner beginnt gleich nach der Staumauer – steil, teilweise sogar sehr steil bis zu einem Vorgipfel, zu Fuß über Blockwerk zum Hauptgipfel.
Aufstiegszeit 2:30 Std.
Höhenunterschied 700 m
Schwierigkeit skitechnisch anspruchsvoll
Lawinengefahr häufig lawinengefährdet
Hangrichtung Süden, Osten, Norden
Beste Jahreszeit Februar – April

Anfahrt *Auto:* Auf der Inntal-Autobahn zur Ausfahrt »Sellrain«. Durch das Sellraintal nach Kühtai; *Bus:* hierher auch mit öffentlichen Verkehrsmitteln.
Ausgangspunkt Parkplatz (1900 m) bei der Staumauer des Speichers »Längental«, 2 km westlich der Paßhöhe.
Aufstieg Über die Staumauer, kurz Richtung Westen, dann durch lichten Wald in das Mittertal. Talein und nach dem Ostrücken der Vorderen Karlesspitze steil ins »Hintere Karle«. Aus dem Kar über die steile Südflanke aufsteigen, von rechts her zum relativ schmalen Rücken und über diesen zum Gipfel.
Abfahrt Wie Aufstieg zur Staumauer (wenn es die Verhältnisse erlauben, kann man nun den Hochwanner »anhängen« (zusätzlich 500 Höhenmeter).
Oder: Auf dem Anstiegsweg über den Rücken, dann aber nach links und auf einer Art Terrasse ins »Vordere Karle«. Von hier kann man nach schöner Abfahrt zum Anstieg auf den Schafzoll queren und diesen »mitnehmen« (zusätzlich 300 Höhenmeter).

Touristische Infos Fremdenverkehrsverband A-6183 Kühtai, Tel. (05239) 5222, Fax (05239) 5255
Literatur, Gebietsführer Rudolf und Siegrun Weiss (1995): Skiführer Sellrain, Bergverlag Rother; Rudolf und Siegrun Weiss u. a. (1997): Genuß-Schitourenatlas Österreich-West, Schall Verlag
Karten ÖK 146 (Ötz); AV-Karte 31/2 (Stubaier Alpen, Sellrain, mit Skirouten)
Übernachtung Nahe dem Ausgangspunkt Dortmunder Hütte DAV (1949 m), 75 Schlafplätze, bew. Anfang Dezember – Anfang Mai, A-6183 Kühtai, Tel. (05239) 5202

12 Kraspesspitze (2954 m)

Kühtai – aus dem Finstertal ins Kraspestal — *Stubaier Alpen*

Gesamtcharakter Bei den schattseitigen Skitouren im Kühtai ist der Sulzkogel, ein »Gerade-schon-Dreitausender«, Favorit. Häufig bestiegen werden auch Finstertaler Schartenkopf und (mit Lifthilfe) Gaißkogel. Erstaunlich wenig bekannt scheint jedoch die Kraspesspitze zu sein, obwohl die Abfahrt auf dem Anstiegswege lohnt, noch mehr aber die hier beschriebene Überschreitung. Es handelt sich allerdings um eine schwierige Skitour, die alpine Erfahrung und gute Skitechnik voraussetzt.
Aufstiegszeit 4 Std.
Höhenunterschied Aufstieg 1050 m, Abfahrt 1450 m
Schwierigkeit skitechnisch anspruchsvoll
Lawinengefahr häufig lawinengefährdet
Hangrichtung Aufstieg Norden, Süden; Abfahrt Osten, Norden
Beste Jahreszeit März – Mai

Anfahrt *Auto:* Auf der Inntal-Autobahn zur Ausfahrt »Sellrain«. Durch das Sellraintal nach Kühtai; *Bus:* hierher auch mit öffentlichen Verkehrsmitteln.
Ausgangspunkt Parkplatz bei der Vierer-Sesselbahn »Drei Seen« (1950 m), westlich unterhalb der Paßhöhe.
Aufstieg Auf einer Werkstraße oder großteils links davon zum Speicher »Finstertal«. Aus Sicherheitsgründen nicht über den Stausee, sondern in oft unbequemer Hangquerung oberhalb des Ostufers, dann nach links abzweigend über einen großen Nordhang. Kurz nach links, dann wieder rechts haltend zur Finstertaler Scharte (2777 m). Nach einer Zwischenabfahrt steigt man über die Südflanke, zuletzt über den Südostrücken zum Gipfel auf.
Abfahrt Zurück zu einer Einsattelung im Südostgrat (Pkt. 2910). Steil Richtung Osten ins Wilde Kar und weiter zum Kraspessee. Wenig später stößt man auf die Spuren der vielen Besucher des Zwieselbacher Roßkogels. Man folgt ihnen durch die Obere und Untere Zwing und hinaus zum Weiler Haggen. Extreme Variante: Im Wilden Kar dem Verlauf des Tales folgen und sehr steil in den Talboden abfahren, den man oberhalb der Unteren Zwing erreicht.

Touristische Infos Fremdenverkehrsverband A-6183 Kühtai, Tel. (05239) 5222, Fax (05239) 5255
Literatur, Gebietsführer Rudolf und Siegrun Weiss (1995): Skiführer Sellrain, Bergverlag Rother; Rudolf und Siegrun Weiss u. a. (1997): Genuß-Schitourenatlas Österreich-West, Schall Verlag
Karten ÖK 146 (Ötz) und ÖK 147 (Axams); AV-Karte 31/2 (Stubaier Alpen, Sellrain, mit Skirouten)
Übernachtung Nahe dem Ausgangspunkt Dortmunder Hütte DAV (1949 m), 75 Schlafplätze, bew. Anfang Dezember – Anfang Mai, A-6183 Kühtai, Tel. (05239) 5202

13 Pirchkogel (2828 m)

Vielseitigster Skigipfel im Kühtai — *Stubaier Alpen*

Gesamtcharakter Der Pirchkogel ist zunächst ein »Kindergipfel«, weil der Aufstieg durch Sessel- und Schlepplift stark verkürzt wird. Fortgeschrittene Tourengeher nützen den kurzen Aufstieg, fahren aber hoch über dem Inntal auf einem Westrücken nach Marlstein ab. Eine noch reizvollere, wenn auch anspruchsvollere Runde: Abfahrt durch das Schneetal zur Stammer Alm, Gegenanstieg zum Kreuzjoch und sonnseitige Abfahrt zur Paßstraße.
Aufstiegszeit insgesamt 3:30 Std.
Höhenunterschied Aufstieg insgesamt 970 m, Abfahrt insgesamt 1600 m
Schwierigkeit skitechnisch anspruchsvoll
Lawinengefahr häufig lawinengefährdet
Hangrichtung Osten, Nordosten, Südosten
Beste Jahreszeit Februar – April

Anfahrt *Auto:* Auf der Inntal-Autobahn zur Ausfahrt »Sellrain«. Durch das Sellraintal nach Kühtai; *Bus:* hierher auch mit öffentlichen Verkehrsmitteln.
Ausgangspunkt Bergstation der Vierer-Sesselbahn »Hochalterkar« (etwa 2460 m).
Aufstieg Abfahrt auf der westseitigen Piste, bei der ersten Kehre nach rechts unterhalb der Irzwände zu einem kleinen See (Limnologische Forschungsstation der Universität Innsbruck) queren. Anfellen und Richtung Westen über einen sanften Rücken, dann über die steile Flanke des Hinteren Grieskogels zum Gipfelhang. Über diesen Osthang zu einem Rücken und wenig später zum höchsten Punkt.

Tour 13: Aufstieg zum Pirchkogel

Abfahrt Richtung Nordosten durch das »Schneetal« bis in eine Höhe von etwa 2000 m. Weiter mit möglichst geringem Höhenverlust nach rechts querend in den Talboden des Stammer Baches. Gegenanstieg: Aufstieg zum Kreuzjoch (2556 m), zuletzt in einem Rechtsbogen in heikler Hangquerung. Abfahrt in den Talboden des Klammbaches und hinaus zur Fahrstraße. Zurück zum Ausgangspunkt mit Autostopp oder zu Fuß in 0:40 Std.

Touristische Infos Fremdenverkehrsverband A-6183 Kühtai, Tel. (05239) 5222, Fax (05239) 5255
Literatur, Gebietsführer Rudolf und Siegrun Weiss (1995): Skiführer Sellrain, Bergverlag Rother; Rudolf und Siegrun Weiss u. a. (1997): Genuß-Schitourenatlas Österreich-West, Schall Verlag
Karten ÖK 146 (Ötz); AV-Karte 31/2 (Stubaier Alpen, Sellrain, mit Skirouten)
Übernachtung Dortmunder Hütte DAV (1949 m), 75 Schlafplätze, bew. Anfang Dezember – Anfang Mai, A-6183 Kühtai, Tel. (05239) 5202

14 Rietzer Grießkogel (2884 m)

Über den Westgrat auf den beliebtesten Skigipfel im Sellrain — *Stubaier Alpen*

Gesamtcharakter Mehr als 100 geparkte Autos beim Ausgangspunkt einer Skitour an einem schönen Februar-Sonntag, das ist das Markenzeichen des »Rietzers«. Da kann nicht einmal der »Zwieselbacher« mithalten. Ganz erklärbar ist die Beliebtheit nicht, denn ein guter Teil des Anstiegs führt durch flaches Gelände. Der Westgrat erfordert Trittsicherheit und Schwindelfreiheit. Zugegeben, die erste Hälfte der Abfahrt vom Skidepot ist bei guten Schneeverhältnissen großartig. Übrigens: Wer etwas weniger Wirbel auf dem Gipfel vorzieht, kann sich für den Kreuzjochkogel mit seiner steilen Südflanke oder für den Mitterzaigerkopf entscheiden.
Aufstiegszeit 3:30 Std.
Höhenunterschied 1050 m
Schwierigkeit skitechnisch anspruchsvoll, Gipfelaufstieg: Fels I
Lawinengefahr mitunter lawinengefährdet
Hangrichtung Südwesten, Süden
Beste Jahreszeit Januar – April

Anfahrt *Auto:* Auf der Inntal-Autobahn zur Ausfahrt »Sellrain«. Weiter nach St. Sigmund; *Bus:* hierher auch mit öffentlichen Verkehrsmitteln.
Ausgangspunkt Brücke über den Klammbach (1869 m). 5 km von St. Sigmund in Richtung Kühtai.
Aufstieg Vor der Brücke kurz und steil aufsteigen, um die Bachschlucht (»Klamml«) zu umgehen. (Auch der Anstieg auf der orographisch rechten Talseite ist üblich geworden, Hangquerung jedoch mitunter heikel.) Mit sehr mäßigem Höhengewinn talein. Nach rechts abbiegend zu den Zirmbacher Narrenböden. Über sie in Richtung Nordosten, über einen Steilhang, dann in einer Mulde zum Westgrat des Rietzer Grießkogels. Skidepot. Über den Blockgrat zum mächtigen Gipfelkreuz.
Abfahrt Wie Aufstieg, Varianten möglich. Oder: Nach Flauerling im Inntal. Über 2000 Höhenmeter! Diese Abfahrt wird verhältnismäßig selten befahren.

Touristische Infos Tourismusverband A-6182 St. Sigmund, Tel. (05236) 570, Fax (05236) 565
Literatur, Gebietsführer Rudolf und Siegrun Weiss (1995): Skiführer Sellrain, Bergverlag Rother; Rudolf und Siegrun Weiss u. a. (1997): Genuß-Schitourenatlas Österreich-West, Schall Verlag
Karten ÖK 146 (Ötz); AV-Karte 31/2 (Stubaier Alpen, Sellrain, mit Skirouten)
Einkehr Gasthof »Zirmbachalm« in der Nähe des Ausgangspunktes

15 Zwieselbacher Roßkogel (3081 m)

Von Haggen über den Kraspesferner — *Stubaier Alpen*

Gesamtcharakter Der »Zwieselbacher« gewänne nach dem »Rietzer« die Silbermedaille, wenn es einen Wettbewerb um die beliebteste Skitour im Sellrain gäbe. Natürlich, es ist ein schöner Skigipfel, aber der Anstieg ist lang und die Abfahrt weist nicht nur Höhepunkte (Gletscher, Steilhang nach der Oberen Zwing), sondern auch Flachstücke auf. Recht einsam geht es spät im Tourenjahr hier zu. Im Mai trifft man kaum mehr jemanden, obwohl die Abfahrt in der Regel bis in den Talboden möglich ist. Ausprobieren!
Aufstiegszeit 4:30 Std.
Höhenunterschied 1450 m
Schwierigkeit skitechnisch anspruchsvoll
Lawinengefahr mitunter lawinengefährdet
Hangrichtung Norden
Beste Jahreszeit Februar – Mai

Anfahrt *Auto:* Auf der Inntal-Autobahn zur Ausfahrt »Sellrain«. Weiter nach St. Sigmund; *Bus:* hierher auch mit öffentlichen Verkehrsmitteln.
Ausgangspunkt Weiler Haggen (1646 m). 2 km von St. Sigmund in Richtung Kühtai. Bushaltestelle.
Aufstieg Durch das Kraspestal sanft ansteigend zur Unteren Zwing, einer steilen und engen Schlucht. Danach flach talein, vor einem Felsgürtel scharf nach links. Weiter zur Oberen Zwing. Sie ist skitechnisch leichter als die Untere Zwing, aber stärker lawinengefährdet. Mit mäßigem Höhengewinn zum Kraspesferner und über den kleinen Gletscher bis in eine Höhe von 2850 m. In einem Bogen um einen Felssporn herum und von Norden her zum Gipfel, den man bei günstigen Verhältnissen mit Ski erreicht.
Abfahrt Wie Aufstieg. Oder skitechnisch extrem: Vor der Oberen Zwing nach links zum Kraspessee. Zwischen Felsen in eine steile Mulde, nach links queren und in den Talboden abfahren, den man oberhalb der Unteren Zwing erreicht. Häufig lawinengefährdet, bei Hartschnee Abrutschgefahr bei der Querung!

Touristische Infos Tourismusverband A-6182 St. Sigmund, Tel. (05236) 570, Fax (05236) 565
Literatur, Gebietsführer Rudolf und Siegrun Weiss (1995): Skiführer Sellrain, Bergverlag Rother; Rudolf und Siegrun Weiss u. a. (1997): Genuß-Schitourenatlas Österreich-West, Schall Verlag
Karten ÖK 146 (Ötz) und 147 (Axams); AV-Karte 31/2 (Stubaier Alpen, Sellrain, mit Skirouten)
Einkehr Gasthof »Haggen« am Ausgangspunkt. Besonders empfehlenswert die Forellen aus eigener Fischzucht!

16 Südlichste Sonnenwand (3091 m)

Schönster Skigipfel im Tourenbereich der Pforzheimer Hütte — *Stubaier Alpen*

Gesamtcharakter Das Tourengebiet der Pforzheimer Hütte ist anspruchsvoll und vielfältig. Der höchste Gipfel ist der Gleirscher Fernerkogel (3189 m). Als Skigipfel läuft ihm jedoch die Südlichste Sonnenwand den Rang ab.
Aufstiegszeit 3 + 3 Std.
Höhenunterschied 800 + 800 m
Schwierigkeit skitechnisch anspruchsvoll, Gipfelaufstieg: Fels I
Lawinengefahr mitunter lawinengefährdet
Hangrichtung Nordosten, Norden
Beste Jahreszeit Januar – Mai

Anfahrt *Auto:* Auf der Inntal-Autobahn zur Ausfahrt »Sellrain«. Weiter nach St. Sigmund; *Bus:* hierher auch mit öffentlichen Verkehrsmitteln.
Ausgangspunkt Großer Parkplatz bei einer auffallend scharfen Straßenkehre (etwa 1520 m) in St. Sigmund. Das Hinweisschild »Pforzheimer Hütte« läßt keinen Zweifel aufkommen, daß man den richtigen Ausgangspunkt gefunden hat.
Aufstieg Von der Hütte auf einem Fahrweg zur Gleirschalm. Weiter talein, knapp vor der bereits sichtbaren Hütte nach rechts abzweigen und zur Hütte aufsteigen, die man etwas von Norden her erreicht. Von der Hütte oberhalb des Gleirschbaches zum Talschluß. Richtung Südwesten steigt man zum Südlichen Sonnenwandferner auf. Über diesen Gletscher, dann nach links über einen Steilhang (einzige Stelle »skitechnisch anspruchsvoll«) zum Nordwestgrat. Skidepot. Über Blöcke nicht besonders schwierig, aber ausgesetzt zum Gipfel.
Abfahrt Wie Aufstieg.

Touristische Infos Tourismusverband A-6182 St. Sigmund, Tel. (05236) 570, Fax (05236) 565
Literatur, Gebietsführer Rudolf und Siegrun Weiss (1995): Skiführer Sellrain, Bergverlag Rother; Rudolf und Siegrun Weiss u. a. (1997): Genuß-Schitourenatlas Österreich-West, Schall Verlag
Karten ÖK 146 (Ötz) und 147 (Axams); AV-Karte 31/2 (Stubaier Alpen, Sellrain, mit Skirouten)
Einkehr Jausenstation »Gleirschalm« (1666 m), an Wochenenden geöffnet.
Übernachtung Neue Pforzheimer Hütte DAV (2310 m), 64 Schlafplätze, bew. Mitte Februar – Anfang Mai, Winterraum mit 12 Lagern stets offen, A-6182 St. Sigmund, Tel. (05236) 276

Tour 16: Herrlicher Pulverschnee auf dem kleinen Gletscher unterhalb der Südlichsten Sonnenwand

17 Lampsenspitze (2875 m)

Von Praxmar über die Ostflanke — *Stubaier Alpen*

Gesamtcharakter Wenn man sich im Lisenstal aus Platzgründen in diesem Buch auf zwei Skitouren beschränken muß, fällt die Auswahl schwer. Der mächtige Lisenser Fernerkogel hat ebenso seine Fans wie der Zischgeles oder die Lampsenspitze. Entschieden haben wir uns für die Lampsenspitze, weil die gut gegliederte Ostflanke selbst dann noch einsame Spuren erlaubt, wenn sich die Tourenfreunde auf dem Gipfel drängen.
Aufstiegszeit 3:30 Std.
Höhenunterschied 1200 m
Schwierigkeit skitechnisch mittel
Lawinengefahr mitunter lawinengefährdet
Hangrichtung Osten
Beste Jahreszeit Januar – April

Anfahrt *Auto:* Auf der Inntal-Autobahn zur Ausfahrt »Sellrain«. Weiter nach Gries im Sellrain; *Bus:* hierher auch mit öffentlichen Verkehrsmitteln.
Ausgangspunkt Weiler Praxmar (1689 m) im Lisenstal, 6 km von Gries. Bushaltestelle (nur wenige Kurse).
Aufstieg Vom Parkplatz zurück zum Gasthof. Über mäßig steile Wiesen, dann etwas steiler durch lichten, skifreundlichen Wald, weiter in wechselnder Steilheit durch Mulden und über Kuppen zum Schönbichl (2344 m). In schönstem Skigelände in der Grundrichtung Westen weiter bis zum Satteljoch (2735 m, einer Einsattelung südlich der Lampsenspitze). Bereits etwas unterhalb des Jochs Skidepot. Unschwierig zum Gipfel. Gute Fellgeher können vom Joch nach links in die Südwestflanke queren und das Gipfelkreuz mit Ski erreichen.
Abfahrt Wie Aufstieg. Oder: Unmittelbar (skitechnisch anspruchsvoll) über die steile Ostflanke und weiter über herrliches Skigelände, durchwegs nördlich von der Aufstiegsspur. In einer Höhe von etwa 2200 m entweder nach rechts zur üblichen Abfahrt queren oder bis zur Straße hinunter und zu Fuß zum Parkplatz.

Touristische Infos Tourismusverband A-6182 Gries im Sellrain, Tel. (0 52 36) 224, Fax (0 52 36) 505
Literatur, Gebietsführer Rudolf und Siegrun Weiss (1995): Skiführer Sellrain, Bergverlag Rother; Rudolf und Siegrun Weiss u.a. (1997): Genuß-Schitourenatlas Österreich-West, Schall Verlag
Karten ÖK 147 (Axams); AV-Karte 31/2 (Stubaier Alpen, Sellrain, mit Skirouten)
Einkehr Alpengasthof »Praxmar« am Ausgangspunkt

18 Längentaler Weißerkogel (3217 m)

Von Lisens über den Längentalferner — *Stubaier Alpen*

Gesamtcharakter Der »Längentaler« trägt seinen Namen nicht zu Unrecht. Trotz ihrer »Längen im Längental« ist diese Skitour auch bei Einheimischen recht beliebt, die natürlich ihr eigenes Bett vorziehen, lieber früh aufstehen und ohne Nächtigung im Westfalenhaus aufsteigen. Der Gletscher ist harmlos, doch sind bei Abweichungen von der üblichen Route Spaltenstürze vorgekommen. Die Abfahrt ist sanft, teilweise sogar ziemlich flach. Wer es rassiger wünscht, sollte sich besser für den Seblaskogel entscheiden oder für die Schöntalspitze, deren Südflanke (Ausgangspunkt Westfalenhaus) ebenso schön ist wie die bekanntere Ostflanke (unmittelbar von Lisens).
Aufstiegszeit 5 Std.
Höhenunterschied 1600 m
Schwierigkeit skitechnisch mittel
Lawinengefahr mitunter lawinengefährdet
Sonstige Gefahren geringe Spaltengefahr
Hangrichtung Norden, Osten
Beste Jahreszeit Januar – Mai

Anfahrt *Auto:* Auf der Inntal-Autobahn zur Ausfahrt »Sellrain«. Weiter nach Gries im Sellrain; *Bus:* hierher auch mit öffentlichen Verkehrsmitteln.
Ausgangspunkt Alpengasthof »Lisens« (1634 m) am Ende der Fahrstraße ins Lisenstal, 8 km von Gries. Großer Parkplatz, gebührenpflichtig.
Aufstieg Im Talboden weiter zum »Fernauboden«. Nach rechts abzweigen und orographisch rechts neben der Bachschlucht ziemlich steil zur Längentaler Alm (1989 m). Recht flach im Talboden weiter. Man bleibt unterhalb des gut sichtbaren Westfalenhauses, biegt mit dem Längental nach links ein. Zum Talschluß, dann zum Längentalferner aufsteigen. Nach der Umgehung eines Gletscherbruchs Richtung Längentaljoch (2988 m), aber bereits unterhalb des Jochs nach rechts. Richtung Westen bis zum Nordrücken und über diesen zum Gipfel.
Abfahrt Wie Aufstieg.

Touristische Infos Tourismusverband A-6182 Gries im Sellrain, Tel. (0 52 36) 224, Fax (0 52 36) 505
Literatur, Gebietsführer Rudolf und Siegrun Weiss (1995): Skiführer Sellrain, Bergverlag Rother; Rudolf und Siegrun Weiss u.a. (1997): Genuß-Schitourenatlas Österreich-West, Schall Verlag
Karten ÖK 147 (Axams); AV-Karte 31/2 (Stubaier Alpen, Sellrain, mit Skirouten)
Einkehr Alpengasthof »Lisens« (1634 m) am Ausgangspunkt
Übernachtung Westfalenhaus DAV (2276 m), 59 Schlafplätze, bew. Mitte Februar – Anfang Mai, A-6182 Gries, Tel. (0 52 36) 267 (Hütte) bzw. (0 52 33) 53 50 (Tal). Aufstieg wie beschrieben bis in den Talboden unterhalb der Hütte, dann von Süden her ziemlich steil zur Hütte. Keinesfalls den häufig lawinengefährdeten Sommerweg benützen!

19 Roter Kogel (2832 m)

»Schönste Skitour Tirols«? — *Stubaier Alpen*

Gesamtcharakter In der Frühzeit des Skilaufs, der damals durch das Fehlen von Aufstiegshilfen eben zugleich Tourenskilauf war, galt der Rote Kogel als »schönste Skitour Tirols«. Skitechnik und Ausrüstung haben sich seither verändert. Aus heutiger Sicht verdient die eher sanfte Abfahrt diese Auszeichnung nicht mehr. Ein lohnendes Ziel ist der Rote Kogel jedoch noch immer. Eine Nächtigung in der Potsdamer Hütte oder im »Bergheim« ist vor allem im Winter, etwa bis Mitte März, empfehlenswert, weil man erst nach der Rodelsaison zum Parkplatz unterhalb des Alpengasthofs »Bergheim« hinauffahren darf. Und von ganz unten ist die Tour doch arg lang …
Aufstiegszeit 2 + 3 Std.
Höhenunterschied 580 + 850 m
Schwierigkeit skitechnisch mittel
Lawinengefahr mitunter lawinengefährdet
Hangrichtung Nordosten
Beste Jahreszeit Januar – April

Anfahrt *Auto:* Auf der Inntal-Autobahn zur Ausfahrt »Sellrain« und weiter über Kematen nach Sellrain; *Bus:* hierher auch mit öffentlichen Verkehrsmitteln.
Ausgangspunkt Parkplatz unterhalb des Alpengasthofs »Bergheim« (etwa 1450 m). Während der Rodelsaison verlängert sich der Aufstieg um 2 Std. Ausgangspunkt ist dann die »Eisbrücke« (1092 m, 2 km von Sellrain).
Aufstieg Vom Bergheim auf einem vom Hüttenwirt meist gut gespurten Fahrweg zur Potsdamer Hütte. Über den »Hüttenhang« zu einer Wegtafel am Ansatz des Kastengrates. Links abbiegen und mit etwas Höhenverlust, dann in einigem Auf und Ab, zur Schafalm. Aus dieser weiten Mulde steigt man auf den Gipfelaufbau zu. Der Aufstieg wird steiler, wenn wir uns dem Gipfel nähern. Bei günstigen Verhältnissen mit Ski zum Kreuz.
Abfahrt Wie Aufstieg. Am letzten Tag eines Hüttenaufenthaltes: Wie Anstieg bis zur erwähnten Wegtafel. Weiter durch ein Tal zur Almindalm (1755 m). Etwas unterhalb der Alm auf einem Fahrweg zum Bergheim.

Tour 19: Start von der Potsdamer Hütte zum Roten Kogel

Touristische Infos Tourismusverband A-6181 Sellrain, Tel. (05230) 244, Fax (05230) 466
Literatur, Gebietsführer Rudolf und Siegrun Weiss (1995): Skiführer Sellrain, Bergverlag Rother; Rudolf und Siegrun Weiss u.a. (1997): Genuß-Schitourenatlas Österreich-West, Schall Verlag
Karten ÖK 147 (Axams); AV-Karte 31/5(Stubaier Alpen, Innsbruck Umgebung, mit Skirouten)
Einkehr Alpengasthof »Bergheim« (1464 m) in der Fotsch, privat, auch Nächtigungsmöglichkeit, ganzj. bew., A-6181 Sellrain, Tel. (0664) 2245572
Übernachtung Potsdamer Hütte DAV (2009 m), bew. Ende Januar – Sonntag nach Ostern, 50 Schlafplätze, A-6181 Sellrain, Tel. (05238) 2060 (Hütte) bzw. (05262) 6640 (Tal)

20 Schafleger (2405 m)

Von der Kemater Alm im Senderstal über die Ostflanke — *Stubaier Alpen*

Gesamtcharakter Der Schafleger wird zumeist aus dem Fotscher Tal (also von Westen) bestiegen, obwohl die Schneeverhältnisse meist schlechter sind und ein unangenehmer Waldgürtel zu überwinden ist. Viel schöner ist der hier beschriebene Aufstieg bzw. die Abfahrt aus dem Senderstal. Sie ist leicht und bei vernünftiger Spuranlage kaum einmal lawinengefährdet. Prachtvoll der Blick zu den eindrucksvoll nahen Kalkkögeln.
Aufstiegszeit 2:30 Std.
Höhenunterschied 750 m
Schwierigkeit skitechnisch leicht
Lawinengefahr kaum lawinengefährdet
Hangrichtung Osten
Beste Jahreszeit Dezember – April

Anfahrt *Auto:* Auf der Inntal-Autobahn zur Abfahrt »Sellrain«. Über Kematen und Axams nach Grinzens; *Bus:* hierher auch mit öffentlichen Verkehrsmitteln.
Ausgangspunkt Kemater Alm (1673 m). Auffahrt mit »Hüttentaxi«, das im »Sportcafé« in Grinzens (Tel. (05234) 8256) bestellt werden kann. Spät im Tourenjahr mit eigenem Pkw auf rauhem Fahrweg (geringe Mautgebühr).
Aufstieg Nahe der Kemater Alm verzweigt sich das Tal. Im rechten Ast etwa 0:30 Std. talein. Nach rechts abzweigen und über hindernisloses Skigelände in eine Einsattelung zwischen Angerbergkopf und Schafleger. Über den Nordrücken mit Ski zum Gipfel.
Abfahrt Wie Aufstieg. Das ungemein weitläufige Gelände gestattet zahlreiche Varianten.

Touristische Infos Tourismusverband A-6094 Grizens, Tel. (05234) 7350
Literatur, Gebietsführer Rudolf und Siegrun Weiss (1995): Skiführer Sellrain, Bergverlag Rother; Rudolf und Siegrun Weiss u.a. (1997): Genuß-Schitourenatlas Österreich-West, Schall Verlag
Karten ÖK 147 (Axams); AV-Karte 31/5(Stubaier Alpen, Innsbruck Umgebung, mit Skirouten)
Einkehr/Übernachtung Kemater Alm (1673 m), privat, A-6094 Grinzens, Tel. wie »Sportcafé«

21 Zuckerhütl (3507 m)

Aus dem Stubaier Gletscherskigebiet — *Stubaier Alpen*

Gesamtcharakter Der höchste Gipfel der Stubaier Alpen als Tagestour? Die Stubaier Gletscherbahn macht's möglich. Wie viele berühmte Gipfel wird das Zukkerhütl häufig unterschätzt. Die Gletscher sind keineswegs ungefährlich, und der Ostgrat zum Gipfel kann bei Vereisung recht heikel sein. Gletscherausrüstung und alpine Erfahrung sind notwendig. Auch beim Zeitaufwand darf man sich keinen Illusionen hingeben. Es dauert, bis man den Anfellplatz erreicht. Unbedingt mit der ersten Bahn auffahren!
Aufstiegszeit 3 Std.
Höhenunterschied 800 m
Schwierigkeit skitechnisch mittel, Gipfelaufstieg: kombiniertes Gelände I
Lawinengefahr mitunter lawinengefährdet
Sonstige Gefahren erhebliche Spaltengefahr
Hangrichtung Nordwesten, Norden
Beste Jahreszeit März – Mai

Tour 21: Zuckerhütl vom Wilden Pfaff. Gut zu sehen der Ostgrat mit dem Normalweg

Anfahrt *Auto:* Auf der Brenner-Autobahn zur Ausfahrt »Stubaital«. Weiter nach Neustift im Stubaital; *Bus:* hierher auch mit öffentlichen Verkehrsmitteln.
Ausgangspunkt Talstation der Stubaier Gletscherbahn (1748 m) bzw. Anfellplatz in der Mulde unterhalb der Talstation des Schlepplifts »Gaißkar« (etwa 2800 m). Preisgünstige »Tourenkarte«. Auffahrt mit Gondelbahn (Zwischenabfahrt) und Sessellift zum Bildstöckljoch, Abfahrt über den Gaißkarferner.
Aufstieg Vom Anfellplatz zum Pfaffenferner aufsteigen. Über eine Steilstufe, dann im flachen Gletscherbecken zum Pfaffenjoch (3213 m). Unterhalb der Zuckerhütl-Nordflanke zum Pfaffensattel queren. Über den Ostrücken zunächst noch mit Ski, dann Skidepot. Unschwierig, aber steil, bei guten Schneeverhältnissen in Stapfen, zum Gipfelkreuz.
Abfahrt Auf dem Anstiegswege Richtung Pfaffenjoch, dann aber nach rechts abbiegen und am linken Ufer des Gletschers, nahe bei den Felsen, abfahren. Mit aufgeschnallten Ski über unschwierige Blöcke zur Langen Pfaffennieder (3049 m) aufsteigen. Einige Meter noch zu Fuß hinunter, dann folgt der schönste Teil der Abfahrt. Durch eine Mulde zum Fernauferner, im östlichen Teil des Gletschers abfahren, etwas links haltend zur Dresdner Hütte bei der Mittelstation »Fernau«.

- Talabfahrt: Im oberen Teil (skitechnisch anspruchsvoll) links oder rechts von der Seilbahn zu den »Dreckigen Köpflen« und weiter auf der rechten Talseite zur Mutterbergalm.
- Häufig wird nach dem Zuckerhütl auch der nahe Wilde Pfaff (3456 m) über die Westflanke bestiegen. Dann fährt man über die steile Nordwestflanke (skitechnisch anspruchsvoll) zum oberen Gletscherboden des Sulzenauferners ab. Nun in Richtung Nordwesten (Spalten!) bis unterhalb der Langen Pfaffennieder. Weiter wie beschrieben.

Touristische Infos Tourismusverband A-6167 Neustift im Stubaital, Tel. (05226) 2228, Fax (05226) 2529
Literatur, Gebietsführer Rudolf Weiss (1990): Skiführer Stubaier Alpen, Bergverlag Rother; Rudolf und Siegrun Weiss u.a. (1997): Genuß-Schitourenatlas Österreich-West, Schall Verlag
Karten ÖK 147 (Axams) und 174 (Timmelsjoch); AV-Karte 31/1 (Stubaier Alpen, Hochstubai, mit Skirouten)
Übernachtung Dresdner Hütte DAV (2302 m), ganzj. (außer Juni) bew., 180 Schlafplätze, A-6167 Neustift, Tel. (05226) 8112, Fax (05226) 8113. Die Hütte liegt in unmittelbarer Nähe der Mittelstation.

22 Schrankogel (3497 m)

Höchster Gipfel im Tourenbereich der Franz-Senn-Hütte

Stubaier Alpen

Gesamtcharakter Der Schrankogel ist eine eindrucksvolle Berggestalt. Er kann sowohl von der Franz-Senn-Hütte als auch von der Amberger Hütte aus bestiegen werden. Der Normalanstieg führt über den Ostgrat, ausgesetzt und bei Vereisung heikel. Gletscherausrüstung, alpine Erfahrung und ein gehöriges Maß an Ausdauer sind erforderlich. Ausgezeichnete Skibergsteiger können sich bei günstigen Verhältnissen an der Nordostflanke versuchen. Sie ist verhältnismäßig kurz, aber gut 50° steil!
Aufstiegszeit 3 + 5 Std.
Höhenunterschied 700 + 1400 m
Schwierigkeit skitechnisch anspruchsvoll
Lawinengefahr mitunter lawinengefährdet
Sonstige Gefahren geringe Spaltengefahr
Hangrichtung Nordosten, Osten
Beste Jahreszeit März – Mai

Anfahrt *Auto:* Auf der Brenner-Autobahn zur Ausfahrt »Stubaital«. Weiter nach Neustift im Stubaital; *Bus:* hierher auch mit öffentlichen Verkehrsmitteln.
Ausgangspunkt Weiler Sedugg (1472 m). Spät im Jahr eventuell Oberisshütte (1742 m), Hüttenaufstieg zur Franz-Senn-Hütte dann nur 1:30 Std.
Aufstieg Von Sedugg auf dem mitunter lawinenbedrohten Fahrweg talein. Vom Parkplatz Oberiss (Talstation der Materialseilbahn) folgt man der Wintermarkierung über die erste Steilstufe zur Alpeiner Alm (2042 m). Weiter talein, über eine Brücke und zur Hütte. In sehr flachem Anstieg zum Alpeiner Ferner. Eine Steilstufe auf dem Gletscher wird rechts umgangen. Weiter zur Wildgratscharte (3170 m). Abfahrt oder Abstieg (oft abgeblasen) zum Schwarzenbergferner. Über den Gletscher und durch die Flanke möglichst hoch in Richtung Ostgrat. Skidepot. Durch eine steile Rinne zum Grat und über diesen zum Gipfel.
Abfahrt Wie Aufstieg. Oder skitechnisch extrem: Über die Nordostflanke.

Touristische Infos Tourismusverband A-6167 Neustift im Stubaital, Tel. (05226) 2228, Fax (05226) 2529
Literatur, Gebietsführer Rudolf Weiss (1990): Skiführer Stubaier Alpen, Bergverlag Rother; Rudolf und Siegrun Weiss u.a. (1997): Genuß-Schitourenatlas Österreich-West, Schall Verlag
Karten ÖK 147 (Axams); AV-Karte 31/1 (Stubaier Alpen, Hochstubai, mit Skirouten)
Übernachtung Franz-Senn-Hütte ÖAV (2149 m), bew. Mitte Februar – Mitte Mai, 180 Schlafplätze, A-6167 Neustift, Tel. (05226) 2218 (Hütte) bzw. (05226) 2500 (Tal)

23 Innere Sommerwand (3123 m)

Von der Sennhütte über die Kräulscharte

Stubaier Alpen

Gesamtcharakter Ehrlich gesagt, das Tourengebiet der Sennhütte ist großartig und auf der Hütte läßt es sich gut aushalten. Die meisten Anstiege führen jedoch zunächst zum Alpeiner Ferner, und dieses flache Tal nervt mit der Zeit. Da ist die Innere Sommerwand eine geeignete Alternative. Sie kann übrigens auch – ideal am letzten Tag eines Hüttenaufenthaltes – die etwas langweilige Hüttenabfahrt zur Oberisshütte ersetzen.
Aufstiegszeit 3 + 3 Std.
Höhenunterschied 700 + 1000 m
Schwierigkeit skitechnisch mittel
Lawinengefahr mitunter lawinengefährdet
Sonstige Gefahren geringe Spaltengefahr
Hangrichtung Nordosten, Norden
Beste Jahreszeit Februar – Mai

Anfahrt *Auto:* Auf der Brenner-Autobahn zur Ausfahrt »Stubaital«. Weiter nach Neustift im Stubaital; *Bus:* hierher auch mit öffentlichen Verkehrsmitteln.
Ausgangspunkt Weiler Sedugg (1472 m). Spät im Jahr eventuell Oberisshütte (1742 m), Hüttenaufstieg zur Franz-Senn-Hütte dann nur 1:30 Std.
Aufstieg Von Sedugg auf dem mitunter lawinenbedrohten Fahrweg talein. Vom Parkplatz Oberiss (Talstation der Materialseilbahn) folgt man der Wintermarkierung über die erste Steilstufe zur Alpeiner Alm (2042 m). Weiter talein, über eine Brücke und zur Hütte. Von der Hütte ohne Umschweife Richtung Süden, bis man nach einem Felsriegel nach rechts zum Stiergschwez einbiegen kann. Weiter zum Sommerwandferner und zur Kräulscharte (3069 m). Skidepot. Über Blockwerk unschwierig zum Gipfel.
Abfahrt Wie Aufstieg. Oder (skitechnisch anspruchsvoll) zur Oberisshütte: Beim Stiergschwez nach rechts abzweigen und über den Gschwezgrat. Richtung Nordosten zur Oberisshütte abfahren.

Touristische Infos Tourismusverband A-6167 Neustift im Stubaital, Tel. (05226) 2228, Fax (05226) 2529
Literatur, Gebietsführer Rudolf Weiss (1990): Skiführer Stubaier Alpen, Bergverlag Rother; Rudolf und Siegrun Weiss u.a. (1997): Genuß-Schitourenatlas Österreich-West, Schall Verlag
Karten ÖK 147 (Axams); AV-Karte 31/1 (Stubaier Alpen, Hochstubai, mit Skirouten)
Übernachtung Franz-Senn-Hütte ÖAV (2149 m), bew. Mitte Februar – Mitte Mai, 180 Schlafplätze, A-6167 Neustift, Tel. (05226) 2218 (Hütte) bzw. (05226) 2500 (Tal)

Tour 22: Unterhalb der Wildgratscharte

24 Serles (2117 m)

Über das Serlesjöchl auf den »Altar Tirols« *Stubaier Alpen*

Gesamtcharakter Die Serles ist eines der alpinen Wahrzeichen Tirols. Von Innsbruck aus ein beliebtes Fotomotiv, von der Maria-Theresien-Straße und mit dem Triumphbogen als Vordergrund. Die ebenmäßige Felspyramide wirkt nicht skifreundlich. Auf der uns abgewandten Seite ist sie jedoch ohne große Schwierigkeiten zu ersteigen. Man kann sich aber auch für eine einsame Variante entscheiden, die Lämpermahdspitze (2595 m), ähnlich anspruchsvoll und mit herrlichem Blick zur Serles.
Aufstiegszeit 3:30 Std.
Höhenunterschied 1250 m
Schwierigkeit skitechnisch anspruchsvoll, Gipfelaufstieg: Fels I
Lawinengefahr häufig lawinengefährdet
Hangrichtung Südwesten, Südosten, Osten
Beste Jahreszeit März – Mai

Anfahrt *Auto:* Auf der Brenner-Autobahn zur Ausfahrt »Matrei-Steinach«.
Ausgangspunkt Rechtskurve unterhalb »Maria Waldrast« (etwa 1520 m); hierher auf einer Mautstraße (im Winter Rodelbahn) von Matrei am Brenner.
Aufstieg Zur Ochsenalm (1558 m) und in einer schönen Mulde bis in eine Höhe von etwa 1750 m. Scharf nach rechts und unterhalb der felsigen Ausläufer der Lämpermahdspitze zum Serlesjöchl (2384 m). Unterhalb des Jöchls steil! Mit aufgeschnallten Ski durch eine steile Rinne (Sicherungen). Anschließend noch einmal mit Ski zum Gipfel.
Abfahrt Wie Aufstieg.

Touristische Infos Tourismusverband A-6143 Matrei, Tel. (05273) 8278, Fax (05273) 7126
Literatur, Gebietsführer Rudolf Weiss (1990): Skiführer Stubaier Alpen, Bergverlag Rother; Rudolf und Siegrun Weiss u. a. (1997): Genuß-Schitourenatlas Österreich-West, Schall Verlag
Karten ÖK 148 (Brenner); AV-Karte 31/5 (Innsbruck Umgebung, mit Skirouten)

25 Peilspitze (2392 m)

Aus dem Gschnitztal über die Südostflanke *Stubaier Alpen*

Gesamtcharakter Der gute Ruf der Peilspitze als großartiger Skigipfel hat durch die aufwendige Lawinenverbauung gelitten. Lohnend ist der Aufstieg aber immer noch. Die prachtvolle Aussicht hat sich ohnehin nicht verschlechtert. Sie ist schlicht und einfach großartig, durch die zum Wipptal vorgeschobene Lage des Gipfels. Der Aufstieg führt über den Blaser (2241 m) und ist auch lohnend, wenn man es bei diesem gemütlichen Gupf bewenden läßt.
Aufstiegszeit 4 Std.
Höhenunterschied 1200 m
Schwierigkeit skitechnisch mittel
Lawinengefahr mitunter lawinengefährdet
Hangrichtung Südosten
Beste Jahreszeit Februar – April

Anfahrt *Auto:* Auf der Brenner-Autobahn zur Ausfahrt »Matrei-Steinach«. Weiter auf der Bundesstraße über Steinach nach Trins.
Ausgangspunkt Ortsteil Leiten (etwa 1280 m). Parkmöglichkeit am Ende einer deutlich ausgeprägten steilen Mulde.
Aufstieg Durch die erwähnte Mulde bis zum Sommerweg aufsteigen. Auf dem Fahrweg durch den steilen und dichten Wald. Anschließend über hindernisloses Almgelände zur Blaser Hütte (2180 m, privat, Sommerbewirtschaftung). Weiter in eine Einsattelung (2114 m) und über die breite Flanke mit Ski zum Gipfel. Durch die Lawinenverbauung muß man sich stark rechts halten.
Abfahrt Wie Aufstieg. Oder (skitechnisch anspruchsvoll): Unterhalb der Lawinenverbauung quert man den Hang bis zum Beginn einer Rinne (früher konnte man vom Gipfel unmittelbar hierher abfahren). Durch diese enge Rinne zum Parkplatz hinunter.

Touristische Infos Tourismusverband A-6152 Trins, Tel. (05275) 5337, Fax (05275) 5472
Literatur, Gebietsführer Rudolf Weiss (1990): Skiführer Stubaier Alpen, Bergverlag Rother; Rudolf und Siegrun Weiss u. a. (1997): Genuß-Schitourenatlas Österreich-West, Schall Verlag
Karten ÖK 148 (Brenner); AV-Karte 31/5 (Innsbruck Umgebung, mit Skirouten)

26 Rötenspitze (2481 m)

Sonnseitiger Anstieg aus dem Obernbergtal *Stubaier Alpen*

Gesamtcharakter Die sonnseitigen Touren im Obernbergtal beginnen beim Nößlachjoch (über der Autobahn) und enden beim Muttenkopf. Ein besonders schöner Skigipfel in diesem Kamm ist die Rötenspitze. Die Aufstiegsroute führt über den Kastnerberg. Bis zu diesem Gipfel ist sie leicht und bei vernünftiger Spuranlage kaum lawinengefährdet. Der Weiterweg ist schon deutlich anspruchsvoller. Das gilt noch mehr für die unmittelbare Abfahrt über die Kastnerbergalm.
Aufstiegszeit 3:30 Std.
Höhenunterschied 1100 m
Schwierigkeit skitechnisch mittel
Lawinengefahr mitunter lawinengefährdet
Hangrichtung Südosten
Beste Jahreszeit Januar – März

Anfahrt *Auto:* Auf der Brenner-Autobahn zur Ausfahrt »Matrei-Steinach«. Weiter auf der Bundesstraße über Gries am Brenner nach Obernberg.
Ausgangspunkt Gasthof »Spörr« am Ortseingang (1394 m).
Aufstieg Über schöne Wiesen, dann durch lichten Wald ins freie Almgelände. Über den Lichtsee (2101 m) in das Trunajoch (2152 m) hinauf.
Von hier Abstecher zum Kastnerberg (2209 m, 10 Min.). Nun über den oft abgeblasenen Ostrücken zur Rötenspitze.
Abfahrt Wie Aufstieg. Anspruchsvoller und schöner: Unmittelbar vom Gipfel zur Kastnerbergalm (1734 m) und in den Talboden, den man westlich vom Dorf erreicht.

Touristische Infos Tourismusverband A-6256 Obernberg am Brenner, Tel. (05274) 87523, Fax (05274) 87462
Literatur, Gebietsführer Rudolf Weiss (1990): Skiführer Stubaier Alpen, Bergverlag Rother; Rudolf und Siegrun Weiss u. a. (1997): Genuß-Schitourenatlas Österreich-West, Schall Verlag
Karten ÖK 148 (Brenner); AV-Karte 31/3 (Brennerberge)
Einkehr Gasthof »Spörr« am Ortseingang von Obernberg

27 Allerleigrubenspitze (2131 m)

Schattseitiger Anstieg im tourenreichen Obernbergtal *Stubaier Alpen*

Gesamtcharakter Die schattseitigen Anstiege aus dem Obernbergtal wie etwa der beliebte Grubenkopf haben den Nachteil eines ziemlich langen Zustieges.
Der ist wesentlich kürzer, wenn man sich die Allerleigrubenspitze über diesem Tal zum Ziel setzt. Eine kurze Skitour mit hübscher Abfahrt, die bereits nach den ersten stärkeren Schneefällen möglich ist.
Aufstiegszeit 2:30 Std.
Höhenunterschied 750 m
Schwierigkeit skitechnisch leicht
Lawinengefahr kaum lawinengefährdet
Hangrichtung Westen
Beste Jahreszeit Dezember – März

Anfahrt *Auto:* Auf der Brenner-Autobahn zur Ausfahrt »Matrei-Steinach«. Weiter auf der Bundesstraße über Gries am Brenner nach Obernberg.
Ausgangspunkt Parkplatz (1439 m, gebührenpflichtig) beim Gasthaus »Waldesruh«.
Aufstieg Auf einem Fahrweg, dann über Wiesen zum Obernberger See (1590 m). Auf breitem Weg durch den Wald, dann nach links abzweigen.
Erst Richtung Osten, dann Nordosten steigt man zur Allerleigrubenspitze auf. Den Gipfel erreicht man von Süden her problemlos mit Ski.
Abfahrt Wie Aufstieg. (Die »Waldabfahrt«, die unmittelbar zum Jugendheim Obernberg führt, ist weitgehend zugewachsen. Sie sollte nicht mehr befahren werden!)

Touristische Infos Tourismusverband A-6256 Obernberg am Brenner, Tel. (05274) 87523, Fax (05274) 87462
Literatur, Gebietsführer Rudolf Weiss (1990): Skiführer Stubaier Alpen, Bergverlag Rother; Rudolf und Siegrun Weiss u. a. (1997): Genuß-Schitourenatlas Österreich-West, Schall Verlag
Karten ÖK 148 (Brenner); AV-Karte 31/3 (Brennerberge)
Einkehr Gasthof »Waldesruh« am Ausgangspunkt

Zillertaler und Tuxer Alpen

Rudolf und Siegrun Weiss

Die Zillertaler und die Tuxer Alpen warten mit einer Fülle von Tourenmöglichkeiten auf, die vom Frühwinter bis zum Frühsommer reichen. Die Unterschiede zwischen den beiden Gebirgsgruppen sind beträchtlich.

Die vergletscherten Gipfel der *Zillertaler Alpen* sind in den meisten Fällen selbst bei guter Kondition nur nach einer Hüttennächtigung erreichbar. Diese Hütten sind in der Tourensaison geschlossen, die Hüttenanstiege häufig lawinenbedroht. Auch die Gletscher sind unangenehmer als in den Stubaier oder Ötztaler Alpen – wilder und zerrissener. Eine Ausnahme ist das Tourengebiet der Berliner Hütte.
Die hohen Gipfel im Nordtiroler Teil der Zillertaler Alpen sind daher für den Tourenskilauf wenig geeignet. Allerdings gibt es großartige Abfahrten von etwas weniger hohen Gipfeln, ganz tolle Skitouren im Valser Tal und im Schmirntal (nahe dem Brennerpaß), und unbeschwerten Skigenuß im Gerlostal (z. B. die beliebte Brandberger Seespitze).

Ganz anders sieht es mit den Tourenmöglichkeiten in den *Tuxer Alpen* aus. Die verniedlichende Bezeichnung »Voralpen«, die man gelegentlich noch hört, verdienen die Tuxer nicht. Die Tuxer Alpen sind ein ansehnliches Gebirge mit Gipfeln, die zwar nicht berühmt sind, aber – zumindest bei ihrem höchsten Vertreter – fast bis zur Dreitausendergrenze reichen (Lizumer Reckner, 2884 m). Die Gipfel sind rauher, steiler und felsiger als die Graskuppen der Kitzbüheler Alpen. Die Anstiege sind dadurch anspruchsvoller und länger. Das wird durch die zahlreichen, in der Tourensaison bewirtschafteten Hütten ausgeglichen.

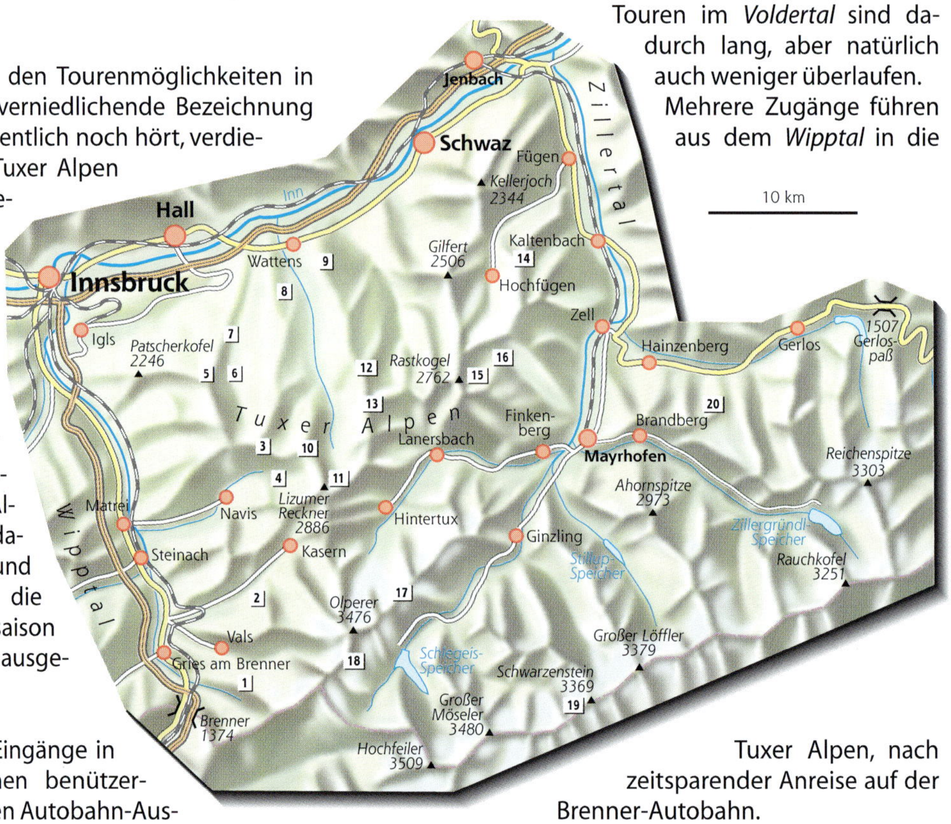

Die wichtigsten Zu- und Eingänge in die Tuxer Alpen beginnen benützerfreundlich im *Inntal*, bei den Autobahn-Ausfahrten. Von hier aus erreicht man z. B. Weerberg, Ausgangspunkt für den Gilfert, den Gasthof »Innerst« für mehrere weitere Gipfel und den Aufstieg zur *Weidener Hütte* (Nafinghütte), die ein schönes und verhältnismäßig ruhiges Tourengebiet erschließt.
Das *Wattental* ist für Tourengeher besonders ergiebig. Neben vielen beliebten Tagestouren gibt es einen großartigen Stützpunkt, die *Lizumer Hütte*. Vorteile über Vorteile: Neben einem Dutzend »normaler« Skitouren locken großartige Rundfahrten, die man bei einiger Phantasie (und einer guten Karte) selbst planen und den eigenen Wünschen anpassen kann. Kein Wunder, daß die Hütte gut besucht ist, zumal der Hüttenanstieg wegfällt – sofern man bereit ist, sich gegen gutes Geld mit dem Landrover zur Hütte bringen zu lassen. Ein kleiner Wermutstropfen fehlt allerdings nicht: Es sind die Schießübungen des österreichischen Bundesheeres, die jedoch zeitlich und räumlich beschränkt sind.

In *Tulfes* beginnt die in den Anfängen des Skilaufs vielleicht berühmteste Skitour Tirols auf den Glungezer. Der ursprünglich lange Anstieg (mehr als 1700 Höhenmeter von Tulfes, mehr als 2100 Höhenmeter aus dem Inntal!) schrumpfte durch die Lifterschließung auf eine gute Stunde, die lange Abfahrt ist geblieben.
Die *Voldertalhütte* der Naturfreunde wurde nach einem verheerenden Brand zwar wieder aufgebaut, wird aber nur im Sommer bewirtschaftet. Die Touren im *Voldertal* sind dadurch lang, aber natürlich auch weniger überlaufen.
Mehrere Zugänge führen aus dem *Wipptal* in die Tuxer Alpen, nach zeitsparender Anreise auf der Brenner-Autobahn.
Das *Viggartal* ist von Innsbruck aus rasch erreichbar, das *Meißnerhaus* Ausgangspunkt für den Morgenkogel, aber auch für die Kreuzspitze.

Ein ergiebiges Tourengebiet ist das *Arztal*, doch beginnt jeder Anstieg mit einer Wanderung auf einer Fahrstraße. Wer sich damit abfindet, kann dann wunderschöne Skigipfel besteigen. Einen Stützpunkt gibt es leider nicht, die »Eisenbahnerhütte« ist nicht öffentlich zugänglich.

Auf der dem Glungezer benachbarten Sonnenspitze mit Blick auf Stubaier Alpen, Mieminger Gruppe und Karwendel (Tour 7)

Nur wenige Täler verfügen über ein derart reichhaltiges Angebot von Skitouren in allen Längen und Schwierigkeitsgraden wie das *Navistal*. Mit der *Naviser Hütte* steht auch ein gemütlicher Stützpunkt zur Verfügung, der allerdings nur einen Bruchteil der zahlreichen Touren erschließt.

Natürlich kommt man auch aus dem *Tuxer Tal,* einem Seitental des Zillertales, in die Tuxer Alpen. Die Touren werden jedoch (mit wenigen Ausnahmen) selten begangen. Sie sind von anderen Stützpunkten aus (Weidener Hütte, Lizumer Hütte) bequemer zu haben.

Aus dem *Zillertal* führt eine Bergstraße zur Atlas-Sportalm, dem Ausgangspunkt für die *Rastkogelhütte*. Hier läßt sich eine angenehme Tourenwoche mit Genußabfahrten verbringen – der berühmte Rastkogel und der wenig bekannte Pangert mögen als Beispiele dienen. Nicht nur in den Zillertaler Alpen heißen die langen Täler »Gründe«, auch in den Tuxer Alpen findet sich diese Bezeichnung. Durch den Finsinggrund führt eine gut ausgebaute Bergstraße zum Skidörfl *Hochfügen*. Trotz der Lifterschließung ist die kleine Hotelsiedlung auch Ausgangspunkt für einige Skitouren, von denen Wetterkreuzspitze und Sonntagsköpfl die bekanntesten sind.

Anreise Diese Region wird gewissermaßen »von Autobahnen begrenzt«, wenn man vom Zugang aus dem Salzachtal über den Gerlospaß absieht, der keine bedeutende Rolle spielt. Die weitaus meisten Besucher erreichen Talorte und Ausgangspunkte von der Inntal-Autobahn, ein Teil nützt die Brenner-Autobahn. Die Talorte sind auch mit öffentlichen Verkehrsmitteln erreichbar.

Touristische Informationen zu den Ötztaler und Stubaier Alpen gibt es bei: • Talverband Wipptal und seine Seitentäler, Rathaus, A-6150 Steinach am Brenner, Tel. (0 52 72) 62 70, 60 10, Fax (0 52 72) 21 10 • Dachverband Sonnenterrasse über Innsbruck, Dorfstraße 5, A-6074 Rinn/Judenstein, Tel. (0 52 23) 81 73, Fax (0 52 23) 81 73 • Ferienland Inntal, Franz-Josef-Straße 26, A-6130 Schwaz, Tel. (0 52 42) 6 32 40, Fax (0 52 42) 6 56 30 • Zillertal Werbung, Postfach 8, A-6274 Aschau im Zillertal, Tel. (0 52 82) 21 11, Fax (0 52 82) 211 14.

1 Vennspitze (2390 m)

Vom Gasthof »Steckholzer« im Valser Tal über die Nordwestflanke — *Zillertaler Alpen*

Gesamtcharakter Die Vennspitze ist einer jener Gipfel, mit denen Innsbrucker Väter ihren Nachwuchs für den Tourenskilauf begeistern wollen. Der Aufstieg ist kurz, bei entsprechender Spuranlage allenfalls im Gipfelhang gelegentlich lawinengefährdet, die Abfahrt abwechslungsreich. Tourismusverband und Bergrettung haben den Aufstieg gründlich gesäubert und die Route bezeichnet. Sie sollte nunmehr auch tatsächlich eingehalten werden.
Aufstiegszeit 2:45 Std.
Höhenunterschied 830 m
Schwierigkeit skitechnisch mittel
Lawinengefahr kaum lawinengefährdet
Hangrichtung Nordwesten
Beste Jahreszeit Dezember – April

Anfahrt *Auto:* Von Innsbruck auf der Brenner-Autobahn zur Ausfahrt »Matrei-Steinach«. Auf der Bundesstraße Richtung Brenner weiter nach St. Jodok; *Bus/Bahn:* hierher auch mit öffentlichen Verkehrsmitteln.
Ausgangspunkt Gasthof »Steckholzer« (1570 m). Von St. Jodok zur Straßenverzweigung und nach rechts ins Valser Tal. Neuerlich nach rechts abzweigen und dem Schild »Gasthof Steckholzer« folgen. Großer Parkplatz beim Gasthof. Nach Schneefällen mitunter Ketten erforderlich.
Aufstieg Zumeist auf guten Spuren durch lichten Wald, dann in recht mäßiger Steigung zum Gipfelhang. Über den Hang, zuletzt steil und felsdurchsetzt (abgeblasen) zum Gipfel. Oder leichter: Nach rechts zum Westrücken und über diesen zum Gipfel.
Abfahrt Wie Aufstieg.

Touristische Infos Verkehrsverein A-6154 St. Jodok, Tel. (05279) 5204, Fax (05279) 5204
Literatur, Gebietsführer Rudolf und Siegrun Weiss (1997): Skitouren Zillertaler Alpen – Tuxer Alpen, Steiger Verlag; Rudolf und Siegrun Weiss u. a. (1997): Genuß-Schitourenatlas Österreich-West, Schall Verlag
Karten ÖK 148 (Brenner); AV-Karte 31/3 (Brennerberge)
Einkehr Gasthof »Steckholzer« am Ausgangspunkt

2 Jochgrubenkopf (2452 m)

Von Kasern im Schmirntal über die Nordflanke — *Zillertaler Alpen*

Gesamtcharakter Der Jochgrubenkopf ist eine kurze Skitour, die bereits früh in der Tourensaison »geht« und den Innsbrucker Tourengehern oft als »Eingehtour« dient. Großartig ist der Nahblick zum Olperer. Vom Gipfel aus kann man auch Routen auf lange und anspruchsvolle Unternehmungen studieren, z. B. auf den Kleinen Kaserer durch den Kasererwinkel.
Aufstiegszeit 2:30 Std.
Höhenunterschied 840 m
Schwierigkeit skitechnisch anspruchsvoll
Lawinengefahr mitunter lawinengefährdet
Hangrichtung Norden
Beste Jahreszeit Dezember – April

Anfahrt *Auto:* Von Innsbruck auf der Brenner-Autobahn zur Ausfahrt »Matrei-Steinach«. Auf der Bundesstraße Richtung Brenner weiter nach St. Jodok; *Bus:* hierher auch mit öffentlichen Verkehrsmitteln.
Ausgangspunkt Weiler Kasern (1625 m) am Ende der Fahrstraße ins Schmirntal, 11 km von St. Jodok. Bushaltestelle. Umkehrplatz für den Bus nicht verparken!
Aufstieg Über eine Wiese zum Kaserer Bach, den man überschreitet und durch lichten Wald zur Seealm aufsteigt. Oberhalb der Waldgrenze nun in wechselnder Steilheit auf den steilen Gipfelhang zu. Der Hang ist mitunter schneebrettgefährdet. Sicherer steigt man auf, wenn man ihn nach links (meist günstiger) oder nach rechts überwindet.
Abfahrt Wie Aufstieg.

Touristische Infos Verkehrsverein A-6154 St. Jodok, Tel. (05279) 5204, Fax (05279) 5204
Literatur, Gebietsführer Rudolf und Siegrun Weiss (1997): Skitouren Zillertaler Alpen – Tuxer Alpen, Steiger Verlag; Rudolf und Siegrun Weiss u. a. (1997): Genuß-Schitourenatlas Österreich-West, Schall Verlag
Karten ÖK 148 (Brenner); AV-Karte 31/3 (Brennerberge)

3 Naviser Sonnenspitze (2620 m)

Von Navis über die Südwestflanke — *Tuxer Alpen*

Gesamtcharakter »Sonnenspitzen« gibt es viele in den Ostalpen und sogar in unmittelbarer Nähe. Der Zusatz »Naviser« ist daher zweckmäßig, um sie etwa von der Mölser oder der Lizumer Sonnenspitze zu unterscheiden. Der Anstieg ist teilweise flach und zieht sich, bei gutem Firn entschädigt aber die großartige sonnseitige Abfahrt unmittelbar vom Gipfel für die Anstiegsmühe.
Aufstiegszeit 4 Std.
Höhenunterschied 1150 m
Schwierigkeit skitechnisch anspruchsvoll
Lawinengefahr mitunter lawinengefährdet
Hangrichtung Süden, Südwesten
Beste Jahreszeit Januar – April

Anfahrt *Auto:* Von Innsbruck auf der Brenner-Autobahn zur Ausfahrt »Matrei-Steinach«. Auf einer Bergstraße weiter nach Navis; *Bus:* hierher auch mit öffentlichen Verkehrsmitteln.
Ausgangspunkt Ortsteil Liesn (etwa 1500 m). Im Ortskern von Navis nach links, weiter talein, dann auf steiler Bergstraße bis zum Ende der öffentlichen Fahrstraße. Bauernhof, Kapelle, Parkplatz. 2 km von Navis.
Aufstieg Auf einem Fahrweg zur Peeralm. Richtung Norden, einer Steilstufe bei 2000 m rechts ausweichend zur Grafmartalm (2161 m). Nun Richtung Norden zum Naviser Jöchl (2476 m).
Steil auf einen Vorgipfel (2546 m) und zum höchsten Punkt.
Abfahrt Wie Aufstieg. Bei sicheren Verhältnissen unmittelbar über die steile Südflanke.

Touristische Infos Verkehrsverein A-6143 Navis, Tel. (05278) 6408, Fax (05278) 6420
Literatur, Gebietsführer Rudolf und Siegrun Weiss (1997): Skitouren Zillertaler Alpen – Tuxer Alpen, Steiger Verlag; Rudolf und Siegrun Weiss u. a. (1997): Genuß-Schitourenatlas Österreich-West, Schall Verlag
Karten ÖK 148 (Brenner); AV-Karte 31/5 (Innsbruck Umgebung, mit Skirouten)

4 Naviser Kreuzjöchl (2536 m)

Von der Naviser Hütte über die Stöcklalm — *Tuxer Alpen*

Gesamtcharakter Die beliebteste schattseitige Skitour im Navistal ist das Naviser Kreuzjöchl, bei dem man den Aufstieg durch eine Nächtigung auf der Naviser Hütte gemütlich gestalten kann. Eine nicht besonders schwierige, bei vernünftiger Spurwahl weitgehend lawinensichere Skitour, die man zu einer großartigen Rundfahrt machen kann.
Aufstiegszeit 1:30 + 2:30 Std.
Höhenunterschied 400 + 750 m
Schwierigkeit skitechnisch mittel
Lawinengefahr mitunter lawinengefährdet
Hangrichtung Norden, Nordosten
Beste Jahreszeit Dezember – April

Anfahrt *Auto:* Von Innsbruck auf der Brenner-Autobahn zur Ausfahrt »Matrei-Steinach«. Auf einer Bergstraße weiter nach Navis; *Bus:* hierher auch mit öffentlichen Verkehrsmitteln.
Ausgangspunkt Parkplatz beim Beginn des Rodelweges. Vom Ortskern etwa 1 km talein.
Aufstieg Auf dem Fahrsträßchen (»Schranzbergweg«, im Winter Rodelbahn) zur Hütte. Auf einem Almweg zur Stöcklalm (1882 m). Über schönes Skigelände weiter bis in eine Höhe von etwa 2000 m. In dieser Anstiegsrichtung nur bei ganz sicheren Verhältnissen weitersteigen, sonst besser nach rechts zu einem Rücken (Weiricheck). Dieser Rücken ist anfangs (Richtung Osten) recht gemütlich, wird dann aber (nach dem Einschwenken nach Südosten) ziemlich schmal. Bei günstigen Verhältnissen mit Ski zum Gipfel.
Abfahrt Wie Aufstieg. Oder wesentlich schöner: Kurz Richtung Osten über den Kamm, dann in herrlicher Abfahrt zur Klammalm (1947 m) und zum Klammbach. Über eine Brücke. Kurz auf einem Almweg aufsteigen, dann freie Hänge zum Klammbach, den man überquert; wenig später ist man am Parkplatz.

Touristische Infos Verkehrsverein A-6143 Navis, Tel. (05278) 6408, Fax (05278) 6420
Karten ÖK 148 (Brenner); AV-Karte 31/5 (Innsbruck Umgebung, mit Skirouten)
Übernachtung Naviser Hütte ÖAV (1767 m), bew. Dezember – Ende März, 76 Schlafplätze, A-6143 Navis, Tel. (05278) 6209

5 Morgenkogel (2607 m)

Vom Meißnerhaus über den Signalkopf — *Tuxer Alpen*

Gesamtcharakter Bei Innsbruckern ist der Morgenkogel sehr beliebt und wird natürlich vom Tal aus angegangen. Empfehlenswert ist es jedoch, im Meißnerhaus zu nächtigen und eine zweite Tour anzuhängen, damit sich der etwas langweilige Anmarsch durch das Viggartal besser lohnt. Eine leichte, ausgesprochen genußreiche Skitour, die bei vernünftiger Spurwahl kaum lawinengefährdet ist.
Aufstiegszeit 2:15 + 3 Std.
Höhenunterschied 670 + 950 m
Schwierigkeit skitechnisch leicht
Lawinengefahr kaum lawinengefährdet
Hangrichtung Nordwesten
Beste Jahreszeit Dez. – April

Anfahrt *Auto:* Von der Ausfahrt »Innsbruck-Ost« der Inntal-Autobahn nach Igls; *Bus:* hierher auch mit öffentlichen Verkehrsmitteln.
Ausgangspunkt Mühltal (1039 m), 5 km südöstlich von Igls.
Aufstieg Auf einem Fahrweg (Fahrverbot, im Winter Rodelbahn) ohne Orientierungsschwierigkeiten zum Meißnerhaus. Oder bei stabilen Schneeverhältnissen: Abfahrt vom Patscherkofel über Poscheben. Kurz in den Talboden hinunter und über eine Brücke. Durch eine Waldschneise ins freie Almgelände und zum Signalkopf (2279 m), eine wenig ausgeprägte Kuppe. Nun ziemlich flach in Richtung Südosten, zuletzt nach rechts ausholend zum Westgrat und über ihn zum Gipfel.
Abfahrt Wie Aufstieg. Oder nach Mühltal: In der ersten Hälfte der Abfahrt recht genußvoll zur Profeglalm (1809 m), dann weitgehend auf Forststraßen bis nach Mühltal.

Touristische Infos Verkehrsverein Innsbruck-Igls und Umgebung A-6020 Innsbruck, Burggraben 3, Tel. (05 12) 5 98 50, Fax (05 12) 59 85 07
Literatur, Gebietsführer Rudolf und Siegrun Weiss (1997): Skitouren Zillertaler Alpen – Tuxer Alpen, Steiger Verlag; Rudolf und Siegrun Weiss u. a. (1997): Genuß-Schitourenatlas Österreich-West, Schall Verlag
Karten ÖK 148 (Brenner); AV-Karte 31/5 (Innsbruck Umgebung, mit Skirouten)
Übernachtung Meißnerhaus DAV (1707 m), bew. ab Mitte Dezember während der ganzen Tourensaison, 93 Schlafplätze, A-6082 Ellbögen, Tel. (06 63) 5 97 56

6 Kreuzspitze (2746 m)

Vom Meißnerhaus über den Viggar Hochleger und den Geschriebenen Stein — *Tuxer Alpen*

Gesamtcharakter Neben dem Morgenkogel die beliebteste Skitour im Tourenbereich des Meißnerhauses, jedoch etwas länger, anspruchsvoller und lawinengefährdeter.
Aufstiegszeit 2:15 + 3:30 Std.
Höhenunterschied 670 + 1050 m
Schwierigkeit skitechnisch mittel
Lawinengefahr mitunter lawinengefährdet
Hangrichtung Nordwesten
Beste Jahreszeit Januar – April

Anfahrt *Auto:* Von der Ausfahrt »Innsbruck-Ost« der Inntal-Autobahn nach Igls; *Bus:* hierher auch mit öffentlichen Verkehrsmitteln.
Ausgangspunkt Mühltal (1039 m), 5 km südöstlich von Igls.
Aufstieg Auf einem Fahrweg (Fahrverbot, im Winter Rodelbahn) ohne Orientierungsschwierigkeiten zum Meißnerhaus. In den Talboden hinunter, über die Brücke, kurz talein, dann wieder zurück zum orographisch rechten Ufer. Die Kehren des verschneiten Fahrweges abkürzend zum Viggar Oberleger (1928 m). Hoch über dem Talboden des Viggarbaches talein zum Geschriebenen Stein (2190 m, auffälliger Felsblock). Etwas nach rechts ausholend in einem Bogen zu einer flachen Mulde, in die mehrere Seen eingelagert sind. Über einen Nordwesthang in eine Einsattelung im Westgrat und über diesen zum Gipfel.
Abfahrt Wie Aufstieg.

Tour 6: Studentengruppe auf dem Weg zur Kreuzspitze, hier vom Meißner Haus

Touristische Infos Verkehrsverein Innsbruck-Igls und Umgebung A-6020 Innsbruck, Burggraben 3, Tel. (05 12) 5 98 50, Fax (05 12) 59 85 07
Literatur, Gebietsführer Rudolf und Siegrun Weiss (1997): Skitouren Zillertaler Alpen – Tuxer Alpen, Steiger Verlag; Rudolf und Siegrun Weiss u. a. (1997): Genuß-Schitourenatlas Österreich-West, Schall Verlag
Karten ÖK 148 (Brenner); AV-Karte 31/5 (Innsbruck Umgebung, mit Skirouten)
Übernachtung Meißnerhaus DAV (1707 m), bew. ab Mitte Dezember während der ganzen Tourensaison, 93 Schlafplätze, A-6082 Ellbögen, Tel. (06 63) 5 97 56

7 Glungezer (2677 m)

Aus dem Tulfer Liftgebiet oder auf »skihistorischer Route« — *Tuxer Alpen*

Gesamtcharakter Durch die Aufstiegshilfen von Tulfes ist der Glungezer heute ein Mini-Anstieg mit einer endlos langen Abfahrt. Die großartige Aussicht und vor allem die Einkehrmöglichkeit wenige Minuten unter dem Gipfel machen ihn zu einer idealen Kinder-Skitour. Man kann den Glungezer auch auf der »historischen Route« von der Bergstation der Patscherkofel-Seilbahn besteigen.
Aufstiegszeit 1:30 Std.
Höhenunterschied Aufstieg 500 m, Abfahrt 1700 m
Schwierigkeit skitechnisch mittel
Lawinengefahr mitunter lawinengefährdet
Hangrichtung Norden
Beste Jahreszeit Dez. – März

Anfahrt *Auto:* Von der Autobahnabfahrt »Hall« auf gut ausgebauter Straße nach Tulfes; *Bus:* hierher auch mit öffentlichen Verkehrsmitteln.
Ausgangspunkt »Schäferhütte«, etwa 2300 m. Mit Aufstiegshilfen (Sessellift, Schlepplift, Abfahrt zu und Auffahrt mit einem weiteren Sessellift) zur Bergstation. Kurze Abfahrt zur Schäferhütte und damit zum »Normalweg« auf den Glungezer.
Aufstieg Meist in gut ausgetretener Spur auf einem der beiden üblichen Aufstiege: • Richtung Südwesten auf die Sonnenspitze zu, dann etwas unterhalb des Gratrückens in einer Querung (hier hat der Hüttenwirt sogar Seilversicherungen angebracht) zur Glungezer Hütte und weiter zum Gipfel. • Oder links haltend zu einem breiten Rücken und über diesen zu einem Vorgipfel (großes Kreuz) und fast eben Richtung Süden zum Hauptgipfel.
Abfahrt Wie Aufstieg. • Am besten jedoch über den schönen Nordosthang mit Start südlich des großen Kreuzes (skitechnisch anspruchsvoll). Ab Anfellplatz Piste. Da das Auto in der Regel bei der Talstation des Lifts geparkt wird, verkürzt sich die »längste Abfahrt der Ostalpen« auf 1700 Höhenmeter. Kann man auf Grund der Schneelage die volle Länge der Abfahrt ausnützen, verläßt man die Piste am besten beim Gasthof »Windegg« (etwa 1180 m) und fährt Richtung Norden über den Kleinvolderberg ins Inntal ab. • Oder: Von der Glungezer Hütte zu Fuß in guten Stapfen über den Verbindungsgrat zur Sonnenspitze (2639 m). Nach einem schönen Gipfelhang nach links ins Frauental einfahren. Man erreicht die »Kalte Kuchl«, benützt einen Sessellift, mit dem man den ursprünglichen Ausgangspunkt erreicht. • Bei sicheren Schneeverhältnissen kann man auch (skitechnisch anspruchsvoll) ins Viggartal und zum Meißnerhaus abfahren.

Touristische Infos Verkehrsverein A-6060 Tulfes, Tel. (0 52 23) 7 83 24, Fax (0 52 23) 7 88 08
Literatur, Gebietsführer Rudolf und Siegrun Weiss (1997): Skitouren Zillertaler Alpen – Tuxer Alpen, Steiger Verlag; Rudolf und Siegrun Weiss u. a. (1997): Genuß-Schitourenatlas Österreich-West
Karten ÖK 118 (Innsbruck) und ÖK 148 (Brenner); AV-Karte 31/5 (Innsbruck Umgebung, mit Skirouten)
Einkehr/Übernachtung Glungezer Hütte ÖAV (2160 m), bew. Weihnachten – Ostern, 38 Schlafplätze, Winterraum

8 Largoz (2214 m)

Von Volders über die Krepperhütte und die Largozalm *Tuxer Alpen*

Gesamtcharakter Ob es »der« oder »die« Largoz heißt, darüber sind sich selbst Fachleute nicht einig. Für uns Tourengeher ist nur wichtig, daß es sich um einen großartigen Skigipfel über dem Inntal handelt, bei dem man sich noch dazu den sehr langen Aufstieg mit einem Taxibus verkürzen kann. Er wird damit auch »kinderfreundlich«, zumal er bei vernünftiger Spurwahl kaum lawinengefährdet ist. Bei der Abfahrt ins Inntal sind unbedingt die Aufforstungen zu beachten, und im erwähnten Bereich ist ein Forstweg zu benutzen.
Aufstiegszeit 2:45 Std.
Höhenunterschied Aufstieg 900 m, Abfahrt 1650 m
Schwierigkeit skitechnisch mittel
Lawinengefahr kaum lawinengefährdet
Hangrichtung Nordwesten, Norden
Beste Jahreszeit Dezember – März

Anfahrt *Auto:* Auf der Inntal-Autobahn zur Ausfahrt »Wattens«. Auf der Bundesstraße nach Volders; *Bus/Bahn:* hierher auch mit öffentlichen Verkehrsmitteln.
Ausgangspunkt Krepperhütte (1351 m). Auch mit dem eigenen Fahrzeug erreichbar, doch ist die Benützung eines Taxibusses empfehlenswert. An Wochenenden bei Tourenwetter Pendelverkehr vom Gasthof »Post« in Volders.
Aufstieg Durch den Wald, fast immer in guten Spuren, zur Largozalm (1963 m). Richtung Südosten durch abwechslungsreiches Gelände zum Gipfelkreuz.
Abfahrt Wie Aufstieg. Von der Krepperhütte kann man über schöne Wiesen bis ins Tal abfahren, wenn es die Schneelage erlaubt.
Oder: »Nordabfahrt«. Links am Glotzenkreuz (2092 m) vorbei. Herrliches freies Skigelände folgt, später gut befahrbare Waldschneisen. Bei der Jagdhütte »Schönrastboden« (1569 m) auf einem Forstweg nach links, dann zum Vögelsberg (oberhalb von Wattens) und sich links haltend am Schloß Aschach vorbei zum Ausgangspunkt.

Touristische Infos Verkehrsverein A-6111 Volders, Tel. (05224) 31111
Literatur, Gebietsführer Rudolf und Siegrun Weiss (1997): Skitouren Zillertaler Alpen – Tuxer Alpen, Steiger Verlag; Rudolf und Siegrun Weiss u. a. (1997): Genuß-Schitourenatlas Österreich-West, Schall Verlag
Karten ÖK 118 (Innsbruck), 119 (Schwaz) und 149 (Lanersbach); AV-Karte 31/5 (Innsbruck Umgebung, mit Skirouten)
Einkehr Krepperhütte (1351 m), beliebtes Restaurant

9 Rote Wand (2252 m)

Von Wattenberg über Kreuztaxen und den Nordwestrücken *Tuxer Alpen*

Gesamtcharakter Die Rote Wand ist eine leichte und bei vernünftiger Spurwahl kaum einmal lawinengefährdete Skitour.
Aufstiegszeit 3 Std.
Höhenunterschied 1000 m
Schwierigkeit skitechnisch leicht
Lawinengefahr kaum lawinengefährdet
Hangrichtung Nordwesten
Beste Jahreszeit Dezember – März

Anfahrt *Auto:* Auf der Inntal-Autobahn bis zur Abfahrt »Wattens« und nach Wattens; *Bus/Bahn:* hierher auch mit öffentlichen Verkehrsmitteln.
Ausgangspunkt Weiler Dörfl (1259 m). Ins Wattental und vor dem Gasthof »Mühle« (1003 m) nach links zum Weiler Dörfl abzweigen. Noch etwas weiter zu einem Parkplatz am Waldrand.
Aufstieg Auf einer Forststraße zur Kreuztaxen (1601 m). Von hier über den langen Nordwestrücken der Roten Wand durch lichten Wald, dann über abwechslungsreiches, hindernisloses Skigelände zu einem Vorgipfel (2217 m, Kreuz). Skidepot. Unschwierig zu Fuß auf die Rote Wand.
Abfahrt Wie Aufstieg.

Touristische Infos Verkehrsverein A-6112 Wattens, Tel. (05224) 92904, Fax (05224) 52904
Karten ÖK 119 (Schwaz) und 149 (Lanersbach); AV-Karte 31/5 (Innsbruck Umgebung, mit Skirouten)

Tour 9: Aufstieg zur Roten Wand. Nebel im Inntal, darüber Karwendelberge

10 Mölser Sonnenspitze (2496 m)

Von der Lizumer Hütte über die »Unbenannte Scharte« *Tuxer Alpen*

Gesamtcharakter Die Lizumer Hütte erschließt ein großartiges Skigebiet und ist zudem bequem erreichbar (Taxibus). Einen Wermutstropfen gibt es dennoch, die Schießübungen des österreichischen Bundesheeres. Diese sind jedoch stets räumlich begrenzt und finden nicht an Wochenenden statt. Besonders schön ist eine Überschreitung der Mölser Sonnenspitze mit Aufstieg von der Lizumer Hütte und Abfahrt zum Lager Walchen. Besonders geeignet für den letzten Tag eines Hüttenaufenthaltes.
Aufstiegszeit 1:30 Std.
Höhenunterschied 500 m
Schwierigkeit skitechnisch mittel
Lawinengefahr kaum lawinengefährdet
Hangrichtung Nordwesten
Beste Jahreszeit Dez. – April

Anfahrt *Auto:* Auf der Inntal-Autobahn zur Ausfahrt »Wattens« und weiter nach Wattens; *Bus/Bahn:* hierher auch mit öffentlichen Verkehrsmitteln.
Ausgangspunkt Lizumer Hütte ÖAV (2019 m). Durch das Wattental zum Lager Walchen (1410 m). Ende der öffentlichen Fahrstraße, großer Parkplatz. Weiter mit dem Taxibus (Landrover) zur Hütte. Zu Fuß 2 Std. (zuerst im Talboden, dann nach rechts über die Flanke zur Fahrstraße und zur Hütte).
Aufstieg In der Grundrichtung Westen zur Bergstation eines Militär-Schlepplifts und weiter in eine Einsattelung nördlich der Mölser Spitze, die »Unbenannte Scharte«. Über den Nordrücken oder auch rechts davon in der Flanke steigt man zum Gipfel auf.
Abfahrt Wie Aufstieg. Oder lohnender: Zurück in die Scharte. Richtung Nordwesten durch schöne Mulden bis in eine Höhe von 2250 m. Hier muß man sich rechts halten, um Felsabbrüchen auszuweichen. Man quert ein Tälchen und fährt dann über herrliches Skigelände zu einem Fahrweg ab. Weniger herrlich, aber zumeist in flotter Fahrt hinaus zum Lager Walchen.

Touristische Infos Verkehrsverein A-6112 Wattens, Tel. (05224) 92904, Fax (05224) 52904
Literatur, Gebietsführer Rudolf und Siegrun Weiss (1997): Skitouren Zillertaler Alpen – Tuxer Alpen, Steiger Verlag; Rudolf und Siegrun Weiss u. a. (1997): Genuß-Schitourenatlas Österreich-West
Karten ÖK 149 (Lanersbach); AV-Karte 31/5 (Innsbruck Umgebung, mit Skirouten)
Übernachtung Lizumer Hütte ÖAV (2019 m), bew. von Weihnachten – Ende April, 90 Schlafplätze, Tel. (05224) 52111

11 Geierspitze (2857 m)

Beliebtestes Tourenziel im Bereich der Lizumer Hütte *Tuxer Alpen*

Gesamtcharakter Der »Geier« zieht weitaus die meisten Tourengeher an. Er ermöglicht jedoch einsame Rundfahrten, z. B. über Knappenkuchel und Klammsee mit Abfahrt durch die »Sonntagsrinne« zur Hütte. Diese Rundfahrt ist skitechnisch anspruchsvoll und (in der Sonntagsrinne) häufig lawinengefährdet. Findet man keine Spuren vor, ist auch Orientierungsvermögen gefragt. Der Aufstieg verlängert sich um 1 Std.
Aufstiegszeit 2:30 Std. (bzw. 3:30 Std.)
Höhenunterschied 850 m (bzw. 1050 m)
Schwierigkeit skitechnisch mittel (bzw. skitechnisch anspruchsvoll)
Lawinengefahr mitunter lawinengefährdet (bzw. häufig lawinengefährdet)
Hangrichtung Nordosten
Beste Jahreszeit Januar – April

Anfahrt *Auto:* Auf der Inntal-Autobahn zur Ausfahrt »Wattens« und weiter nach Wattens; *Bus/Bahn:* hierher auch mit öffentlichen Verkehrsmitteln.
Ausgangspunkt Lizumer Hütte ÖAV (2019 m). Durch das Wattental zum Lager Walchen (1410 m). Ende der öffentlichen Fahrstraße, großer Parkplatz. Weiter mit dem Taxibus (Landrover) zur Hütte. Zu Fuß 2 Std. (zuerst im Talboden, dann nach rechts über die Flanke zur Fahrstraße und zur Hütte).
Aufstieg Richtung Süden talein und zu einer Wegtafel (2640 m). Rechts halten und über mittelsteile Hänge Richtung Südwesten unschwierig mit Ski zum Gipfel. Prachtvoller Blick auf die formschönen Dreitausender im Gletscherskigebiet Hintertux.
Abfahrt Wie Aufstieg. Oder: Richtung Norden, dann nach links über einen schönen Westhang zum Staffelsee abfahren, fast eben zum Griffjoch. Die Querung dieses Jochs ist heikel – Abrutschgefahr bei Hartschnee, Lawinengefährdung nach stärkeren Schneefällen oder Aufweichung durch die Tageserwärmung. Nun folgen großartige Hänge. Man hält sich allmählich rechts und erreicht die Obere Knappenkuchl (2120 m). Aus dieser Mulde in leichtem Auf und Ab zum Klammsee. Von hier steigt man durch eine nach Nordwesten gerichtete Mulde zu einer Einsattelung zwischen Klammspitzen und Tarntaler Köpfen auf. Hier beginnt die »Sonntagsrinne«, eine großartige, teilweise recht steile Abfahrt unmittelbar zur Lizumer Hütte.

Touristische Infos Verkehrsverein A-6112 Wattens, Tel. (05224) 92904, Fax (05224) 52904
Literatur, Gebietsführer Rudolf und Siegrun Weiss (1997): Skitouren Zillertaler Alpen – Tuxer Alpen, Steiger Verlag; Rudolf und Siegrun Weiss u.a. (1997): Genuß-Schitourenatlas Österreich-West, Schall Verlag
Karten ÖK149 (Lanersbach); AV-Karte 31/5 (Innsbruck Umgebung, mit Skirouten)
Übernachtung Lizumer Hütte ÖAV (2019 m), bew. von Weihnachten – Ende April, 90 Schlafplätze, Tel. (05224) 52111

12 Hobarjoch (2512 m)

Über die Weidener Hütte und den Nordrücken — *Tuxer Alpen*

Gesamtcharakter Die Weidener Hütte, auch »Nafinghütte«, wird trotz ihres schönen Tourengebiets im Vergleich zu anderen Hütten in den Tuxer Alpen weniger besucht. Natürlich, in der Osterwoche muß man auch in der Weidener Hütte sein Quartier vorbestellen. Außerhalb dieser Zeit ist die Hütte selbst an Wochenenden nicht überfüllt. Das beliebteste Ziel der Hüttenbesucher ist das Hobarjoch, ein eindrucksvoller Gipfel mit genußvoller Abfahrt.
Aufstiegszeit 2 + 2:30 Std.
Höhenunterschied 600 + 750 m
Schwierigkeit skitechnisch mittel, Gipfelaufstieg: Fels I
Lawinengefahr mitunter lawinengefährdet
Hangrichtung Norden, Nordosten
Beste Jahreszeit Januar – April

Anfahrt *Auto:* Auf der Inntal-Autobahn zur Ausfahrt »Wattens« oder »Vomp«. Über Pill oder Weer (hierher auch mit öffentlichen Verkehrsmitteln) nach Mitterweerberg.
Ausgangspunkt Gasthof »Innerst« (1283 m), gebührenpflichtiger Parkplatz, 5 km von Mitterweerberg.
Aufstieg Auf einem Fahrweg ohne Orientierungsprobleme durch den Wald und zur Hütte.
Zum Nafingbach hinunter und über den Bach. Durch schütteren Wald und über schöne Lichtungen erreicht man ein Kreuz auf einem Vorgipfel. Mit Ski weiter, bald aber Skidepot. Zu Fuß mit aufgeschnallten Ski über unschwieriges Blockwerk zum Gipfel.
Abfahrt Kurz Richtung Westen über den Kamm. Herrliche Abfahrt Richtung Nordwesten zum Weerbach. Kurzer Gegenanstieg zurück zur Hütte.

Touristische Infos Verkehrsverein A-6133 Weerberg, Tel. (05224) 68320, Fax (05224) 67866
Literatur, Gebietsführer Rudolf und Siegrun Weiss (1997): Skitouren Zillertaler Alpen – Tuxer Alpen, Steiger Verlag; Rudolf und Siegrun Weiss u.a. (1997): Genuß-Schitourenatlas Österreich-West, Schall Verlag
Karten ÖK149 (Lanersbach)
Einkehr Gasthof »Innerst« am Ausgangspunkt
Übernachtung Weidener Hütte DAV (1886 m), ab Dezember in der ganzen Tourensaison bew., 50 Schlafplätze, A-6133 Weerberg, Tel. (05224) 68529

13 Hippoldspitze (2642 m)

Von der Weidener Hütte über die Grafennsalm — *Tuxer Alpen*

Gesamtcharakter Von der Weidener Hütte muß man, um die Hippoldspitze zu erreichen, mit etwas Höhenverlust durch den Wald zur Grafennsalm queren. Hier beginnt erst der eigentliche Anstieg. Die Mühe des etwas umständlichen Zustiegs wird aber mit einer wirklich schönen Abfahrt belohnt.
Aufstiegszeit 2 + 3 Std.
Höhenunterschied 600 + 900 m
Schwierigkeit skitechnisch mittel
Lawinengefahr mitunter lawinengefährdet
Hangrichtung Nordwesten, Nordosten
Beste Jahreszeit Januar – April

Anfahrt *Auto:* Auf der Inntal-Autobahn zur Ausfahrt »Wattens« oder »Vomp«. Über Pill oder Weer (auch mit öffentlichen Verkehrsmitteln) nach Mitterweerberg.
Ausgangspunkt Gasthof »Innerst« (1283 m), gebührenpflichtiger Parkplatz, 5 km von Mitterweerberg.
Aufstieg Auf einem Fahrweg ohne Orientierungsprobleme durch den Wald und zur Hütte. Kurz in den Talboden abfahren und den Nafingbach überqueren. Wie Sommerweg durch den Wald zum Weerbach, den man gleichfalls überschreitet. Unterhalb der Grafennsalm talein und über die Nordostflanke zu einer Einsattelung zwischen Grafennsspitze und Hippoldspitze aufsteigen. Über den Nordwestrücken so weit wie möglich mit Ski, dann zu Fuß unschwierig zum Gipfel.
Abfahrt Wie Aufstieg.

Touristische Infos Verkehrsverein A-6133 Weerberg, Tel. (05224) 68320, Fax (05224) 67866
Literatur, Gebietsführer Rudolf und Siegrun Weiss (1997): Skitouren Zillertaler Alpen – Tuxer Alpen, Steiger Verlag; Rudolf und Siegrun Weiss u.a. (1997): Genuß-Schitourenatlas Österreich-West, Schall Verlag
Karten ÖK149 (Lanersbach)
Einkehr Gasthof »Innerst«
Übernachtung Weidener Hütte DAV (1886 m), ab Dezember in der ganzen Tourensaison bew., 50 Schlafplätze, A-6133 Weerberg, Tel. (05224) 68529

14 Wetterkreuzspitze (2255 m)

Von Hochfügen über die Westflanke — *Tuxer Alpen*

Gesamtcharakter Trotz der Aufstiegshilfen in Hochfügen kommen auch Tourengeher im Finsinggrund auf ihre Rechnung. Eines der schönsten Ziele ist die Wetterkreuzspitze. Aus dem Talboden eine lange Skitour, die man durch die Aufstiegshilfen auf weniger als die Hälfte verkürzen kann. Der Aufstieg führt über die Westflanke und den Nordrücken zum Gipfel.
Aufstiegszeit 3:30 Std.
Höhenunterschied 1100 m
Schwierigkeit skitechnisch mittel
Lawinengefahr mitunter lawinengefährdet
Hangrichtung Westen
Beste Jahreszeit Januar – April

Anfahrt *Auto:* Auf der Inntal-Autobahn zur Abfahrt »Zillertal« und im Zillertal nach Fügen; *Bus/Bahn:* hierher auch mit öffentlichen Verkehrsmitteln.
Ausgangspunkt Gasthof »Schellenberg«. Bushaltestelle. Mit eigenem Pkw noch 1 km weiter, Parkmöglichkeit neben der Straße.
Aufstieg Abfahrt in den Talboden und den Bach entlang zu einer Brücke. Man wechselt auf die andere Talseite und steigt über den Kegl Niederleger zum Kegl Mitterleger (1706 m) auf. Weiter über die weitläufige Westflanke zum Nordrücken der Wetterkreuzspitze. Über diesen Rücken unschwierig mit Ski zum Gipfel.
Verkürzung des Anstiegs durch Aufstiegshilfen: Von Hochfügen mit der Doppelsesselbahn »Holzalm« zur Bergstation. Richtung Nordwesten zum Mitterleger abfahren. Weiter wie beschrieben über Westflanke und Nordrücken zum Gipfel.
Abfahrt Wie Aufstieg.

Touristische Infos Verkehrsverein A-6263 Fügen-Hochfügen, Tel. (05288) 2262, Fax (05288) 3070
Literatur, Gebietsführer Rudolf und Siegrun Weiss (1997): Skitouren Zillertaler Alpen – Tuxer Alpen, Steiger Verlag; Rudolf und Siegrun Weiss u.a. (1997): Genuß-Schitourenatlas Österreich-West, Schall Verlag
Karten ÖK 119 (Schwaz)

15 Rastkogel (2762 m)

Über die Rastkogelhütte und eine Nordostmulde — *Tuxer Alpen*

Gesamtcharakter Den Rastkogel kann man von verschiedenen Seiten besteigen. Der kürzeste Weg führt aus dem Skigebiet von Vorderlanersbach von Südosten auf den Gipfel, der längste von Westen durch das Nurpenstal. Unser Anstieg hält eine gute Mitte mit dem zusätzlichen Vorteil einer Nächtigung in einer wirklich gemütlichen Schutzhütte. Für die Abfahrt bieten sich zahlreiche Varianten an. Neben der Abfahrt auf dem Anstiegswege kann man durch meist deutlich steilere Rinnen und Mulden sowohl östlich als auch westlich der Aufstiegsroute abfahren. In jedem Falle endet die Tour mit einem Gegenanstieg, je nach Abfahrt 0:30 bis 1 Std.
Aufstiegszeit 1:30 + 2:30 Std.
Höhenunterschied 400 + 800 m
Schwierigkeit skitechnisch mittel
Lawinengefahr mitunter lawinengefährdet
Hangrichtung Norden
Beste Jahreszeit Januar – April

Anfahrt *Auto:* Auf der Inntal-Autobahn zur Ausfahrt »Zillertal«. Über Zell am Ziller nach Hippach; *Bus/Bahn:* hierher auch mit öffentlichen Verkehrsmitteln.
Ausgangspunkt Atlas-Sportalm (1730 m). Bergstraße von Hippach, 15 km. Nach Schneefällen Ketten oder Vierradantrieb erforderlich. Mit Bus der Zillertaler Verkehrsbetriebe erreichbar.
Aufstieg Auf der auch im Winter gut erkennbaren »Zillertaler Höhenstraße« aufsteigen, dann in einer leicht ansteigenden Hangquerung zur Rastkogelhütte. Querend in eine Mulde unterhalb des Sidanjochs abfahren. Durch diese Mulde zu den kleinen Sidanseen. Durch ein Tälchen weiter zum Südostrücken des Rastkogels. Über diesen Rücken erreicht man mit Ski den Gipfel, im letzten Teil steil. Man kann aber auch zum Nordrücken aufsteigen und den Gipfel von Norden her erreichen.
Abfahrt Wie Aufstieg. Oder: Durch meist steilere Rinnen und Mulden östlich oder westlich der Aufstiegsroute. Gegenanstieg zur Hütte.

Touristische Infos Verkehrsverein A-6283 Hippach, Tel. (05282) 3630, Fax (05282) 259310
Literatur, Gebietsführer Rudolf und Siegrun Weiss (1997): Skitouren Zillertaler Alpen – Tuxer Alpen, Steiger Verlag; Rudolf und Siegrun Weiss u. a. (1997): Genuß-Schitourenatlas Österreich-West, Schall Verlag
Karten ÖK 149 (Lanersbach)
Übernachtung Rastkogelhütte DAV (2117 m). Von Weihnachten – Mitte Januar, dann von Mitte Februar – Sonntag nach Ostern bew., 88 Schlafplätze, A-6283 Hippach, Tel. (05285) 2145 (Hütte) bzw. (05285) 8137 (Tal)

16 Pangert (2550 m)

Schönster Skigipfel im Tourenbereich der Rastkogelhütte — *Tuxer Alpen*

Gesamtcharakter Der Rastkogel ist zweifellos ein bedeutender Gipfel mit großartiger Aussicht. Was den Skigenuß betrifft, bietet der Pangert allerdings mehr. Die schattseitigen und windgeschützten Mulden konservieren den Pulverschnee. Zudem wird der Gipfel, weil eben weniger berühmt, viel seltener bestiegen. Die Chancen, unverspurte Hänge und Mulden vorzufinden, sind groß!
Aufstiegszeit 1:30 + 2:30 Std.
Höhenunterschied 400 + 750 m
Schwierigkeit skitechnisch mittel
Lawinengefahr mitunter lawinengefährdet
Hangrichtung Nordwesten
Beste Jahreszeit Januar – April

Anfahrt *Auto:* Auf der Inntal-Autobahn zur Ausfahrt »Zillertal«. Über Zell am Ziller nach Hippach; *Bus/Bahn:* hierher auch mit öffentlichen Verkehrsmitteln.
Ausgangspunkt Atlas-Sportalm (1730 m). Bergstraße von Hippach, 15 km. Nach Schneefällen Ketten oder Vierradantrieb erforderlich. Mit Bus der Zillertaler Verkehrsbetriebe erreichbar.
Aufstieg Auf der auch im Winter gut erkennbaren »Zillertaler Höhenstraße« aufsteigen, dann in einer leicht ansteigenden Hangquerung zur Rastkogelhütte. Abfahrt schräg in den Talboden. Da die Hänge sonnseitig liegen, ist es oft noch unangenehm hart. Nun folgt man dem Sidanbach in einem weiten Bogen bis zum Talschluß. Nach links ausholend über eine Steilstufe, dann nach rechts einbiegen. Über den teilweise recht steilen Nordrücken zum Gipfel. Bei schlechter Sicht ist der Anstieg schwierig zu finden!
Abfahrt Wie Aufstieg. Gegenanstieg 0:30 bis 1 Std., je nachdem, wie weit man abgefahren ist. Am letzten Tag eines Aufenthaltes auf der Rastkogelhütte fährt man im Tal des Sidanbaches weiter, quert mehrere Bachgräben oberhalb des Bachtales und erreicht mit geringem Gegenanstieg das Atlas-Sporthotel.

Touristische Infos Verkehrsverein A-6283 Hippach, Tel. (05282) 3630, Fax (05282) 259310

Literatur, Gebietsführer Rudolf und Siegrun Weiss (1997): Skitouren Zillertaler Alpen – Tuxer Alpen, Steiger Verlag; Rudolf und Siegrun Weiss u. a. (1997): Genuß-Schitourenatlas Österreich-West, Schall Verlag
Karten ÖK 149 (Lanersbach)
Übernachtung Rastkogelhütte DAV (2117 m). Von Weihnachten – Mitte Januar, dann von Mitte Februar – Sonntag nach Ostern bew., 88 Schlafplätze, A-6283 Hippach, Tel. (05285) 2145 (Hütte) bzw. (05285) 8137 (Tal)

17 Hoher Riffler (3231 m)

Skitour aus dem Hintertuxer Gletscherskigebiet — *Zillertaler Alpen*

Gesamtcharakter Der Anstieg aus dem Hintertuxer Gletscherskigebiet besteht zu einem großen Teil aus Querungen. Die Abfahrten sind jedoch großartig, weil sie entweder geradewegs (also nicht über das Gletscherskigebiet) nach Hintertux führen oder nach einer zusätzlichen Abfahrt über das nahezu spaltenlose Federbettkees und dem Aufstieg zur Realspitze (3039 m). Die Abfahrt von der Realspitze durch das Griererkar gehört zu den schönsten in den Zillertaler Alpen.
Aufstiegszeit 2:30 Std.
Höhenunterschied Aufstieg 600 m, Abfahrt 1750 m
Schwierigkeit skitechnisch anspruchsvoll
Lawinengefahr häufig lawinengefährdet
Sonstige Gefahren geringe Spaltengefahr
Hangrichtung Südwesten, Nordwesten, Norden
Beste Jahreszeit März – Mai

Anfahrt *Auto:* Auf der Inntal-Autobahn zur Ausfahrt »Zillertal«. Weiter über Mayrhofen nach Hintertux; *Bus:* hierher auch mit öffentlichen Verkehrsmitteln.
Ausgangspunkt Tuxer-Ferner-Haus (2605 m) bei der Bergstation der zweiten Teilstrecke der Gondelbahn. Keine Tageskarte lösen, »Tourenkarte« verlangen.
Aufstieg Richtung Südosten in eine weite Mulde. Nach einer langen Querung zum Schwarzbrunner Kees aufsteigen. Unterhalb der Felsen des Hohen Rifflers ziemlich steil zum Federbettkees auf seiner Nordseite. Den Gipfel erreicht man schließlich mit Ski in einem weiten Bogen.
Abfahrt Auf dem Anstiegsweg bis zum Schwarzbrunner Kees, dann steil in die Kleegrube. Über den Kunerbach und mit dem Sessellift zur Bergstation der ersten Teilstrecke der Gondelbahn. Auf der Piste (spät im Jahr wegen der aperen Stellen nur mehr Tourengeher) ins Tal.
• Skitechnisch extrem ist folgende Variante: Vom Hohen Riffler Richtung Nordosten über das Federbettkees zur Oberen Rifflerscharte (2868 m). Überaus steil in das Bodenkar und weiter in den Talboden.
• Übergang zur Realspitze: Richtung Nordosten über das Federbettkees bis in eine Höhe von etwa 2700 m abfahren. Mit Fellen zum Verbindungskamm zwischen Napfspitze und Realspitze aufsteigen. Den Gipfel erreicht man (bei günstigen Verhältnissen mit Ski) über den Südwestgrat. Großartige Abfahrt durch das Griererkar, dann nach links querend nach Hintertux.

Touristische Infos Verkehrsverein A-6293 Hintertux, Tel. (05287) 8506, Fax (05287) 8508
Literatur, Gebietsführer Rudolf und Siegrun Weiss (1997): Skitouren Zillertaler Alpen – Tuxer Alpen, Steiger Verlag; Rudolf und Siegrun Weiss u. a. (1997): Genuß-Schitourenatlas Österreich-West, Schall Verlag
Karten ÖK 149 (Lanersbach); AV-Karte 35/1 (Zillertaler Alpen, westliches Blatt)
Einkehr Tuxer-Ferner-Haus bei der Bergstation der Gondelbahn. Restaurant der Hintertuxer Gletscherbahn. Das Spannaglhaus ÖTK (2531 m) unterhalb der Bergstation wird nur im Sommer bewirtschaftet.

18 Schrammacher (3410 m)

Vom Schlegeis-Stausee durch den Zamser Grund und über das Stampflkees

Zillertaler Alpen

Gesamtcharakter Der Schrammacher ist ein verhältnismäßig selten bestiegener Dreitausender, ein unmittelbarer Nachbar des berühmten Olperers. Als Skiziel ist er erst nach der Öffnung der Mautstraße zum Schlegeis-Stausee interessant. Die Ski muß man dann (im Mai) bereits ein Stück zum Schnee tragen. Dafür hat man den Gipfel – herrlicher Blick zu Hochfeiler und Hochferner! – für sich allein.
Aufstiegszeit 5:30 Std.
Höhenunterschied 1650 m
Schwierigkeit skitechnisch anspruchsvoll, Gipfelaufstieg: Fels I
Lawinengefahr mitunter lawinengefährdet
Sonstige Gefahren geringe Spaltengefahr
Hangrichtung Südosten, Nordosten
Beste Jahreszeit Mai – Juni

Anfahrt *Auto:* Auf der Inntal-Autobahn zur Ausfahrt »Zillertal«. Weiter nach Mayrhofen; *Bus/Bahn:* hierher auch mit öffentlichen Verkehrsmitteln.
Ausgangspunkt Dominikushütte (1805 m) am Nordende des Schlegeis-Speichers. Von Mayrhofen zum Breitlahner und nach rechts in den Zamser Grund. Mautstraße der Tauernkraftwerke zum Schlegeis-Speicher. Meist ab Mai befahrbar, 25 km von Mayrhofen. Busverbindung zum Schlegeis-Stausee. Auskunft: Tel. (05285) 2352.
Aufstieg Den Zamser Bach entlang zum Talschluß. Richtung Pfitscher Joch aufsteigen, aber bereits unterhalb des Jochs (etwa 2100 m) nach rechts und steil zum Stampflkees. Am östlichen Ufer weiterhin steil, dann mit geringem Höhengewinn zur Oberschrammachscharte (3105 m). Skidepot. Über den Südgrat in leichter Blockkletterei zum Gipfel.
Abfahrt Wie Aufstieg.

Touristische Infos Verkehrsverein A-6290 Mayrhofen, Tel. (05285) 62305, Fax (05285) 6411633
Literatur, Gebietsführer Rudolf und Siegrun Weiss (1997): Skitouren Zillertaler Alpen – Tuxer Alpen, Steiger Verlag; Rudolf und Siegrun Weiss u. a. (1997): Genuß-Schitourenatlas Österreich-West, Schall Verlag
Karten ÖK 149 (Lanersbach); AV-Karte 35/1 (Zillertaler Alpen, westliches Blatt)
Übernachtung Dominikushütte (1805 m), privat, 25 Schlafplätze, bew. ab Öffnung der Mautstraße, A-6290 Mayrhofen, Tel. (05286) 216

19 Schwarzenstein (3369 m)

Von der Berliner Hütte über das Schwarzensteinkees

Zillertaler Alpen

Gesamtcharakter Die Berliner Hütte erschließt ein großartiges hochalpines Tourengebiet. Leider wird sie gegenwärtig nur mehr im Sommer bewirtschaftet. Es lohnt jedoch, im Winterraum zu nächtigen und einen oder mehrere der großartigen Gipfel wie Großer Möseler, Berliner Spitze, Schwarzenstein usw. zu besteigen. Es versteht sich von selbst, daß Gletscherausrüstung und entsprechende alpine Erfahrung erforderlich sind.
Aufstiegszeit 3 + 4 Std.
Höhenunterschied 800 + 1350 m
Schwierigkeit skitechnisch mittel
Lawinengefahr häufig lawinengefährdet (Hüttenanstieg)
Sonstige Gefahren erhebliche Spaltengefahr
Hangrichtung Nordwesten
Beste Jahreszeit März – Juni

Anfahrt *Auto:* Auf der Inntal-Autobahn zur Ausfahrt »Zillertal« und weiter nach Mayrhofen; *Bus/Bahn:* hierher auch mit öffentlichen Verkehrsmitteln.
Ausgangspunkt Im Zemmgrund über Ginzling bis zum Gasthof »Breitlahner«, 17 km von Mayrhofen. Großer Parkplatz. Mit dem Bus nur bis Ginzling möglich.
Aufstieg Wie Sommerweg zur Berliner Hütte. Der Aufstieg oberhalb der Zemmschlucht ist häufig lawinengefährdet! Von der Hütte im Talboden des Zemmbaches zu einer Talverzweigung (2109 m). Rechts halten und zum Schwarzensteinkees aufsteigen. Unterhalb eines Gletscherbruches (etwa 2650 m) nach links und den Gletscher ansteigend zum Schwarzensteinsattel (3143 m) queren. Man erreicht den überaus flachen Gletscherboden im Norden des Schwarzensteins und mit Ski unschwierig den Gipfel.
Abfahrt Wie Aufstieg.

Touristische Infos Verkehrsverein A-6290 Mayrhofen, Tel. (05285) 62305, Fax (05285) 6411633
Literatur, Gebietsführer Rudolf und Siegrun Weiss (1997): Skitouren Zillertaler Alpen – Tuxer Alpen, Steiger Verlag; Rudolf und Siegrun Weiss u. a. (1997): Genuß-Schitourenatlas Österreich-West, Schall Verlag
Karten ÖK 150 (Mayrhofen) und 149 (Lanersbach); AV-Karte 35/2 (Zillertaler Alpen, mittleres Blatt, mit Skirouten)
Einkehr Gasthof »Breitlahner« (1256 m) am Ausgangspunkt
Übernachtung Berliner Hütte DAV (2042 m), Sommerbewirtschaftung, Winterraum mit 14 Lagern stets offen

20 Brandberger Seespitze (2390 m)

Von der Gerlossteinbahn auf einen prachtvollen Skigipfel

Zillertaler Alpen

Gesamtcharakter Die Brandberger Seespitze ist ein beliebter Skigipfel. Die meisten Tourengeher besteigen sie vom Gasthaus »Kühle Rast« aus. Möglich ist aber auch eine reizvolle Durchquerung, auf der man in aller Regel einsam unterwegs ist. Außer einer heiklen »Schlüsselstelle« findet man keine besonderen alpinen Schwierigkeiten vor. Die Abfahrt zur »Kühlen Rast« ist dann zwar nicht mehr einsam, die freien Hänge erlauben jedoch viele Varianten.
Aufstiegszeit 3 Std.
Höhenunterschied Aufstieg 800 m, Abfahrt 1200 m
Schwierigkeit skitechnisch mittel
Lawinengefahr mitunter lawinengefährdet
Hangrichtung Osten, Norden
Beste Jahreszeit Januar – März

Anfahrt *Auto:* Auf der Inntal-Autobahn zur Ausfahrt »Zillertal« und weiter nach Zell am Ziller; *Bus/Bahn:* hierher auch mit öffentlichen Verkehrsmitteln.
Ausgangspunkt Bergstation der Gerlosstein-Seilbahn (1620 m). Von Zell nach Hainzenberg 6 km. Mit der Gerlossteinbahn zur Bergstation. Busverbindung (Haltestelle »Hainzenberg-Gerlossteinbahn«).
Aufstieg Durch ein Tälchen zum Heimjoch (1980 m) und weiter zu dem breiten Sattel unterhalb des Torhelm-Westgrates. Die Lixlkarschneid entlang, dann mit etwas Höhenverlust in die steile sonnseitige Mulde zwischen Torhelm und Brandberger Seespitze. Die Mulde wird gequert, dann steigt man in die Einsattelung nahe der Brandberger Seespitze auf. Bei günstigen Verhältnissen mit Ski zum Gipfel.
Abfahrt Über den Rücken in Richtung Osten abfahren, dann links einbiegen. Über Weißbachalm Mitterleger (1757 m) und Weißbachalm zum Gasthof »Kühle Rast«. Rückfahrt nach Hainzenberg mit dem Bus (Haltestelle gegenüber dem Gasthof).

Touristische Infos Verkehrsverein A-6280 Zell am Ziller, Tel. (05282) 2281, Fax (05282) 228180
Literatur, Gebietsführer Rudolf und Siegrun Weiss (1997): Skitouren Zillertaler Alpen – Tuxer Alpen, Steiger Verlag; Rudolf und Siegrun Weiss u. a. (1997): Genuß-Schitourenatlas Österreich-West, Schall Verlag
Karten ÖK 150 (Mayrhofen); AV-Karte 35/2 (Zillertaler Alpen, mittleres Blatt, mit Skirouten; unsere Route ist nur teilweise enthalten)
Einkehr Gasthof »Kühle Rast« (1191 m) am Ende der Abfahrt

Tour 20: Die Brandberger Seespitze, unmittelbar rechts von der Einsattelung

Kitzbüheler Alpen

Rudolf und Siegrun Weiss

Bereits im Frühwinter und bis in das Frühjahr hinein sind die Kitzbüheler Alpen ein ideales Tummelfeld für den Tourenskilauf. Das hat seinen guten Grund. Die Gipfel sind keine schroffen Zacken, sondern sanfte Kuppen, die meist von allen Seiten gut erreichbar sind.
Die Touren beginnen in der Regel auf Bauernwiesen und in angenehmer Steilheit. Dann folgt ein Waldgürtel, der kaum einmal so dicht ist, daß er das Skivergnügen ernsthaft stören könnte. Breite Waldschneisen sind die Regel (Ausnahmen bestätigen sie). Die Almböden darüber sind weitläufig. Da kann man auch von vielbesuchten Gipfeln noch über unverspurte Hänge abfahren.
In dieser idealen Skilandschaft gibt es viele Aufstiegshilfen – Gondelbahnen, Sessellifte, Schlepplifte. Diese Aufstiegshilfen konzentrieren sich auf bestimmte Gegenden. Sie streuen keineswegs über die gesamten Kitzbüheler Alpen. So unerwartet es auch manchem Tourenfreund klingen mag: Der weitaus größte Teil der Kitzbüheler Alpen ist von Liftanlagen völlig unberührt geblieben.

Durch die Kitzbüheler Alpen führt übrigens auch eine »Haute Route«. Der Vergleich mit der »echten« Haute Route ist ein wenig hoch gegriffen. Andererseits ist die übliche Bezeichnung »Pinzgauer Spaziergang« für diese Skiwanderung von Zell am See bis zur »Alten Wacht« (früher bis zum inzwischen »erschlossenen« Wildkogel) eine arge Untertreibung. Rund 2000 Höhenmeter und 30 Entfernungskilometer sind kein Pappenstiel!

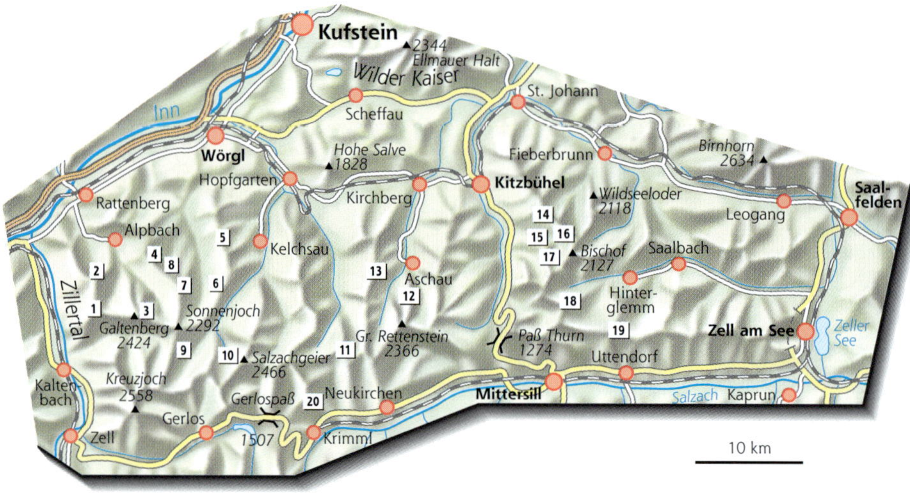

Anreise Von Norden zweigt man von der Inntal-Autobahn in die größten und wichtigsten Tourengebiete ab. Von Süden (für Skitouren weniger ergiebig) aus dem Gerlos- und dem Salzachtal, die durch den Gerlospaß miteinander verbunden sind. Von geringer Bedeutung sind die Eingänge aus dem Westen (Zillertal) und Osten (Glemmtal). Alle bedeutenden Täler sind natürlich auch mit öffentlichen Verkehrsmitteln erreichbar.

Touristische Informationen zu den Kitzbüheler Alpen erhält man bei: • Zillertal Werbung, Postfach 8, A-6274 Aschau im Zillertal, Tel. (0 52 82) 21 11, Fax (0 52 82) 21 14 • Tourismusverband A-6235 Reith im Alpbachtal, Tel. (0 53 37) 6 26 74, Fax (0 53 37) 6 47 33 • Tourismusverband A-6311 Wildschönau, Tel. (0 53 39) 8 25 50, Fax (0 53 39) 24 33 • Werbegemeinschaft Ski- und Bergwelt Wilder Kaiser-Brixental, c/o Tourismusverband A-6306 Söll, Tel. (0 53 33) 52 16, Fax (0 53 33) 61 80 • Tourismusverband A-6363 Westendorf, Tel. (0 53 34) 65 50, Fax (0 53 34) 23 90 • Regionalverband Ferienregion Pinzgauer Saalachtal, Lofererstraße 5, A-5760 Saalfelden, Tel. (0 65 82) 7 40 17, Fax (0 65 82) 7 40 1 74.

Letzter Teil des Aufstiegs ▷ zu den Spießnägeln über dem Spertental (Tour 12)

1 Sagtalerspitze (2241 m)

Beliebter Skigipfel – aus dem Zillertal selten bestiegen — *Kitzbüheler Alpen*

Gesamtcharakter Kürzer ist der Anstieg aus dem Alpbachtal, ungleich einsamer aus dem Zillertal – wie hier beschrieben. Die Abfahrt führt über freie Hänge. Im Mittelteil werden sie von einem Waldgürtel unterbrochen, den man am besten (mit durchaus ausreichendem Gefälle) auf einer Forststraße überwindet. Natürlich ist es auch möglich, aus dem Alpbachtal auf- und ins Zillertal abzufahren. Benützer öffentlicher Verkehrsmittel sind in diesem Falle im Vorteil.
Aufstiegszeit 4:30 Std.
Höhenunterschied 1550 m
Schwierigkeit skitechnisch mittel
Lawinengefahr mitunter lawinengefährdet
Hangrichtung Westen
Beste Jahreszeit Dezember – März

Anfahrt *Auto:* Auf der Inntal-Autobahn zur Ausfahrt »Zillertal«. Ins Zillertal und in Fügen nach Niederhart abzweigen; *Bus:* hierher auch mit öffentlichen Verkehrsmitteln.
Ausgangspunkt Von Niederhart auf einer Fahrstraße bis in eine Höhe von etwa 700 m. Zu Fuß 0:30 Std.
Aufstieg Auf einem Fahrweg über den Kaiserlochbach, dann über schöne Wiesen (Kleinhartberg) aufsteigen. Auf einer Forststraße durch den Waldgürtel und zur Bachleralm (1674 m).
Weiter in wechselnder Steilheit durch schönes Skigelände in der Grundrichtung Osten zur Sagtalerspitze, die man unschwierig mit Ski erreicht.
Abfahrt Wie Aufstieg.

Touristische Infos Tourismusverband A-6263 Hart im Zillertal, Tel. (05288) 62309, Fax (05288) 62309
Literatur, Gebietsführer Rudolf und Siegrun Weiss (1997): Skitouren Kitzbüheler Alpen, Steiger Verlag; Rudolf und Siegrun Weiss u. a. (1997): Genuß-Schitourenatlas Österreich-West, Schall Verlag
Karten ÖK 120 (Wörgl); AV-Karte 34/1 (Kitzbüheler Alpen, westliches Blatt, mit Skirouten)

2 Wiedersberger Horn (2127 m)

Aus dem Alpbachtal von Hygna über den Luderstein — *Kitzbüheler Alpen*

Gesamtcharakter Wenn ein bedeutender Skigipfel durch die Erschließung mit Aufstiegshilfen auf kurzem Wege erreichbar wird, geht es auf dem ursprünglichen »klassischen« Anstiegsweg einsam zu. Das gilt auch für das Wiedersberger Horn. Von der Bergstation der Sesselbahn erreicht man den Gipfel, teilweise in leichter Kletterei, in 1 Std., auf dem »klassischen« Anstieg von Hygna muß man mit gut 4 Aufstiegsstunden – in idealem Kitzbüheler Skigelände – rechnen.
Aufstiegszeit 4 Std.
Höhenunterschied 1300 m
Schwierigkeit skitechnisch mittel
Lawinengefahr mitunter lawinengefährdet
Hangrichtung Nordwesten, Norden, Nordosten
Beste Jahreszeit Dezember – März

Anfahrt *Auto:* Auf der Inntal-Autobahn zur Ausfahrt »Kramsach«. Ins Alpbachtal und nach Reith bei Brixlegg; *Bus:* hierher auch mit öffentlichen Verkehrsmitteln.
Ausgangspunkt Weiler Hygna (798 m). Nach dem Tunnel auf der Umfahrungsstraße nach rechts abzweigen. Nach Hygna 1,5 km.
Aufstieg Über Wiesen zur Hechenblaikenalm (1393 m). Kurz durch den Wald, dann über skifreundliche Schneisen zu einem Zwischengipfel, dem Luderstein (1830 m). Nun geht es – erst Richtung Süden, dann Südosten – über die Gratverbindung zum Wiedersberger Horn. Im Gegensatz zum Anstieg von Alpbach erreicht man den Gipfel mit Ski.
Abfahrt Wie Aufstieg.

Touristische Infos Tourismusverband A-6235 Reith im Alpbachtal, Tel. (05337) 62674, Fax (05337) 64733
Literatur, Gebietsführer Rudolf und Siegrun Weiss (1997): Skitouren Kitzbüheler Alpen, Steiger Verlag; Rudolf und Siegrun Weiss u. a. (1997): Genuß-Schitourenatlas Österreich-West, Schall Verlag
Karten ÖK 120 (Wörgl); AV-Karte 34/1 (Kitzbüheler Alpen, westliches Blatt, mit Skirouten)

3 Großer Galtenberg (2424 m)

Skitour im Alpbachtal – aus dem Luegergraben über die Nordostflanke — *Kitzbüheler Alpen*

Gesamtcharakter Der Galtenberg ist eine der beliebtesten Skitouren im Alpbachtal. Mittelschwer, wenn man vor dem steilen Gipfelhang das Skidepot errichtet, eine anspruchsvolle Skitour, wenn man ihn befährt. Dieser Hang ist leider oft stark verblasen und dadurch mit Felsen gespickt, so daß auch ausgezeichnete Skiläufer häufig auf eine Befahrung verzichten müssen.
Aufstiegszeit 4 Std.
Höhenunterschied 1350 m
Schwierigkeit skitechnisch anspruchsvoll
Lawinengefahr mitunter lawinengefährdet
Hangrichtung Nordwesten, Nordosten
Beste Jahreszeit Januar – April

Anfahrt *Auto:* Auf der Inntal-Autobahn zur Ausfahrt »Kramsach«. Ins Alpbachtal und hier bis Inneralpbach (1031 m); *Bus:* hierher auch mit öffentlichen Verkehrsmitteln.
Ausgangspunkt Von Inneralpbach im Luegergraben 1 km talein. Parkmöglichkeit bei der Brücke über die Alpbacher Ache (etwa 1060 m) neben der Straße. Wenn bereits verparkt: Großer Parkplatz bei der Talverzweigung in Inneralpbach (1031 m).
Aufstieg Auf einer Forststraße durch den Wald. Über einen behäbigen Rücken Richtung Süden, dann Richtung Südosten einschwenkend zum Gipfelaufbau. Weiter auf dem Rücken oder in der Flanke, zuletzt ziemlich steil, zum höchsten Punkt.
Abfahrt Bei ausreichenden und sicheren Schneeverhältnissen über die steile Gipfelflanke. Dem Gratrücken folgt man jetzt nur mehr bis in eine Höhe von etwa 1900 m. Nach rechts in die Ostflanke abzweigen und über prachtvolles Skigelände zur Kolbentalalm (1582 m). Weiter über die Ostflanke, schließlich auf einem steilen Weg durch den Wald. Über eine Brücke zum Ende der geräumten Fahrstraße. Neben der Fahrstraße auf einer Loipe zum Ausgangspunkt zurück.

Touristische Infos Tourismusverband A-6336 Alpbach, Tel. (05336) 5211, Fax (05336) 5012
Literatur, Gebietsführer Rudolf und Siegrun Weiss (1997): Skitouren Kitzbüheler Alpen, Steiger Verlag; Rudolf und Siegrun Weiss u. a. (1997): Genuß-Schitourenatlas Österreich-West, Schall Verlag
Karten ÖK 120 (Wörgl); AV-Karte 34/1 (Kitzbüheler Alpen, westliches Blatt, mit Skirouten)
Übernachtung Gasthof »Wiedersberger Horn« bei der Talverzweigung

Tour 2: Im Aufstieg über den Luderstein zum Wiedersberger Horn

4 Joel (1964 m)

Von Inneralpbach über die Südwestflanke — *Kitzbüheler Alpen*

Gesamtcharakter Der Joel ist ein großartiger Skigipfel zwischen Schatzberg und Lämpersberg. Er ist nach einem Tiroler Skipionier benannt und kann an schönen Wochenenden im Hochwinter nicht über mangelnden Besuch klagen. Pulverschnee verdirbt leider auf den nach Südwesten gerichteten Hängen rasch. Andererseits stellt sich bei entsprechender Wetterlage bereits im Februar Firn ein.
Aufstiegszeit 3 Std.
Höhenunterschied 1000 m
Schwierigkeit skitechnisch leicht
Lawinengefahr kaum lawinengefährdet
Hangrichtung Südwesten
Beste Jahreszeit Dezember – März

Anfahrt *Auto:* Auf der Inntal-Autobahn zur Ausfahrt »Kramsach«. Ins Alpbachtal und hier bis Inneralpbach (1031 m); *Bus:* hierher auch mit öffentlichen Verkehrsmitteln.
Ausgangspunkt Von Inneralpbach im Luegergraben 1 km talein. Parkmöglichkeit bei der Brücke über die Alpbacher Ache (etwa 1060 m) neben der Straße. Wenn bereits verparkt: Großer Parkplatz bei der Talverzweigung in Inneralpbach (1031 m).
Aufstieg Auf einer Fahrstraße in weiten Kehren bis zu ihrem Ende bei einem Bauernhof. Weiter über hindernisloses herrlichstes Skigelände zur Blaikenalm und zum Gratrücken, über den man etwas von links her unschwierig mit Ski den Gipfel erreicht.
Abfahrt Wie Aufstieg. Es sind jedoch zahlreiche Varianten möglich. Sind die in der Nähe der Anstiegsspur erschöpft, kann man auch so abfahren, daß man den Talboden weiter talein erreicht. Auf oder neben der Loipe geht es dann in durchaus flotter Fahrt zum Ausgangspunkt zurück.

Touristische Infos Tourismusverband A-6336 Alpbach, Tel. (05336) 5211, Fax (05336) 5012
Literatur, Gebietsführer Rudolf und Siegrun Weiss (1997): Skitouren Kitzbüheler Alpen, Steiger Verlag; Rudolf und Siegrun Weiss u. a. (1997): Genuß-Schitourenatlas Österreich-West, Schall Verlag
Karten ÖK 120 (Wörgl); AV-Karte 34/1 (Kitzbüheler Alpen, westliches Blatt, mit Skirouten)
Übernachtung Gasthof »Wiedersberger Horn« bei der Talverzweigung

5 Feldalphorn (1923 m)

Aus der Wildschönau über die Westflanke — *Kitzbüheler Alpen*

Gesamtcharakter Das Feldalphorn ist eine überaus beliebte Skitour. Wer es einmal nach einem Neuschneefall und vielleicht während der Woche erlebt hat, weiß, warum: Die hindernislosen Hänge oberhalb der Waldgrenze lassen bei gutem Schnee keinen Wunsch offen.
Aufstiegszeit 3 Std.
Höhenunterschied 1000 m
Schwierigkeit skitechnisch leicht
Lawinengefahr kaum lawinengefährdet
Hangrichtung Nordwesten, Westen
Beste Jahreszeit Dezember – März

Anfahrt *Auto:* Auf der Inntal-Autobahn entweder zur Ausfahrt »Wörgl-West« oder »Wörgl-Ost«. In beiden Fällen weiter auf der Bundesstraße zur Abzweigung in die Wildschönau, dann nach Auffach; *Bus:* hierher auch mit öffentlichen Verkehrsmitteln.
Ausgangspunkt Ortsteil Schwarzenau (938 m) südlich von Auffach. Bushaltestelle.
Aufstieg Auf einem Fahrsträßchen entlang der Wildschönauer Ache kurz talein. Nach links abzweigen und auf einem Forstweg zur Prädastenalm (1106 m). Weiter nach Osten, nie besonders steil, Richtung Gipfel. Vor dem Gipfel muß man einige Meter zu Fuß absteigen und erreicht dann in wenigen Schritten das Kreuz.
Abfahrt Wie Aufstieg.

Touristische Infos Tourismusverband A-6311 Wildschönau, Tel. (05339) 82550, Fax (05339) 2433
Literatur, Gebietsführer Rudolf und Siegrun Weiss (1997): Skitouren Kitzbüheler Alpen, Steiger Verlag
Karten ÖK 121 (Neukirchen); AV-Karte 34/1 (Kitzbüheler Alpen, westliches Blatt, mit Skirouten)

6 Kleinberger Niederhorn (1868 m)

Von der Schönangeralm in der Wildschönau über die Westflanke — *Kitzbüheler Alpen*

Gesamtcharakter Das Kleinberger Niederhorn (auch »Breitegg«) und die Wildkarspitze sind bequeme Skitouren geworden, weil die Straße meist bis zur Schönangeralm geräumt ist. Von Schwarzenau ist es eine Stunde länger. Kurze und bei vernünftiger Spurwahl kaum einmal lawinengefährdete Skitouren »für die ganze Familie«.
Aufstiegszeit 2:15 Std.
Höhenunterschied 700 m
Schwierigkeit skitechnisch leicht
Lawinengefahr kaum lawinengefährdet
Hangrichtung Westen
Beste Jahreszeit Dezember – April

Anfahrt *Auto:* Auf der Inntal-Autobahn entweder zur Ausfahrt »Wörgl-West« oder »Wörgl-Ost«. In beiden Fällen weiter auf der Bundesstraße zur Abzweigung in die Wildschönau. Dann nach Auffach; *Bus:* hierher auch mit öffentlichen Verkehrsmitteln.
Ausgangspunkt Schönangeralm (1173 m). Von Auffach über Schwarzenau auf zunehmend rauher Straße (nach Schneefällen Ketten erforderlich).
Aufstieg Auf einem Forstweg durch den Wald. Im freien Almgelände die Westflanke ansteigend queren auf den Gipfel. Der kurze Anstieg läßt sich verlängern, wenn man nicht gleich abfährt, sondern noch die Wildkarspitze (1961 m) »mitnimmt«.
Abfahrt Wie Aufstieg. Oder von der Wildkarspitze schöner: Kurz Richtung Norden und nach leichtem Gegenanstieg über die hindernislose Westflanke geradewegs zum Waldrand, wo man auf die Anstiegsspur stößt.

Touristische Infos Tourismusverband A-6311 Wildschönau, Tel. (05339) 82550, Fax (05339) 2433
Literatur, Gebietsführer Rudolf und Siegrun Weiss (1997): Skitouren Kitzbüheler Alpen, Steiger Verlag; Rudolf und Siegrun Weiss u. a. (1997): Genuß-Schitourenatlas Österreich-West, Schall Verlag
Karten ÖK 120 (Wörgl); AV-Karte 34/1 (Kitzbüheler Alpen, westliches Blatt, mit Skirouten)

7 Lämpersberg (2202 m)

Aus der Wildschönau anspruchsvoll über die Ostflanke — *Kitzbüheler Alpen*

Gesamtcharakter Der Lämpersberg ist im Vergleich zum Feldalphorn oder der Wildkarspitze deutlich um eine Nummer anspruchsvoller. Eine reizvolle und besonders aussichtsreiche Anstiegsmöglichkeit: Mit den Liftanlagen von Auffach zum Schatzberg. Von hier über den Kamm, wobei mehrere Gipfel überschritten werden, zum Gipfel. Diese Route kann nicht verfehlt werden. Wir beschreiben daher einen der »klassischen« Anstiege.
Aufstiegszeit 3 Std.
Höhenunterschied 1050 m
Schwierigkeit skitechnisch mittel
Lawinengefahr mitunter lawinengefährdet
Hangrichtung Osten, Nordosten
Beste Jahreszeit Januar – März

Anfahrt *Auto:* Auf der Inntal-Autobahn entweder zur Ausfahrt »Wörgl-West« oder »Wörgl-Ost«. In beiden Fällen weiter auf der Bundesstraße zur Abzweigung in die Wildschönau. Nach Auffach. *Bus:* hierher auch mit öffentlichen Verkehrsmitteln.
Ausgangspunkt Schönangeralm (1173 m). Von Auffach über Schwarzenau auf zunehmend rauher Straße (nach Schneefällen Ketten erforderlich).
Aufstieg Die Schönangeralm liegt etwas oberhalb des Talbodens. Im Talboden mit geringem Höhengewinn talein. Man überschreitet dann die Wildschönauer Ache. Auf einem Rücken zu einer weiteren Mulde aufsteigen. In wechselnder Steilheit zur Gratverbindung von Kleinem Beil und Lämpersberg. Vom Kamm über den Südwestrücken zum Gipfel.
Abfahrt Wie Aufstieg.

Touristische Infos Tourismusverband A-6311 Wildschönau, Tel. (05339) 82550, Fax (05339) 2433
Literatur, Gebietsführer Rudolf und Siegrun Weiss (1997): Skitouren Kitzbüheler Alpen, Steiger Verlag
Karten ÖK 120 (Wörgl); AV-Karte 34/1 (Kitzbüheler Alpen, westliches Blatt, mit Skirouten)

8 Saupanzen (1956 m)

Von Schwarzenau über Thaler- und Neuhögenalm

Kitzbüheler Alpen

Gesamtcharakter Der Saupanzen ist ein hübscher Skigipfel, der etwas abseits der besonders beliebten Routen liegt. Die Abfahrt ist insbesondere bei Pulverschnee sehr schön. Eine skitechnisch leichte und bei vernünftiger Spuranlage nur bei extremen Witterungsverhältnissen lawinengefährdete Skitour.

Aufstiegszeit 3 Std.
Höhenunterschied 1050 m
Schwierigkeit skitechnisch leicht
Lawinengefahr kaum lawinengefährdet
Hangrichtung Osten, Nordosten
Beste Jahreszeit Dezember – März

Anfahrt *Auto:* Auf der Inntal-Autobahn entweder zur Ausfahrt »Wörgl-West« oder »Wörgl-Ost«. In beiden Fällen weiter auf der Bundesstraße zur Abzweigung in die Wildschönau. Über die gut ausgebaute Straße nach Auffach; *Bus:* hierher auch mit öffentlichen Verkehrsmitteln.
Ausgangspunkt Ortsteil Schwarzenau (938 m) südlich von Auffach. Bushaltestelle.
Aufstieg Auf der Brücke über die Wildschönauer Ache, dann Aufstieg zu einem Höhenrücken. Etwas unterhalb dieses Rückens über mehrere Almen, zuletzt von der Thaleralm zur Neuhögenalm (1713 m). Von hier noch über einen Nordosthang, dann quert man auf einer Art Plateau in eine Einsattelung. Aus dieser über den Gratrücken Richtung Nordwesten zum Gipfel.
Abfahrt Wie Aufstieg.

Touristische Infos Tourismusverband A-6311 Wildschönau, Tel. (05339) 82550, Fax (05339) 2433
Literatur, Gebietsführer Rudolf und Siegrun Weiss (1997): Skitouren Kitzbüheler Alpen, Steiger Verlag; Rudolf und Siegrun Weiss u.a. (1997): Genuß-Schitourenatlas Österreich-West, Schall Verlag
Karten ÖK 120 (Wörgl) und ÖK 121 (Neukirchen); AV-Karte 34/1 (Kitzbüheler Alpen, westliches Blatt, mit Skirouten)

9 Niederjochkogel (2145 m)

Von der Erlahütte im Langen Grund über schöne Osthänge

Kitzbüheler Alpen

Gesamtcharakter Bei der Zwieselbrücke (Zwiesel = Gabelung) verzweigt sich das Tal (Kelchsau). Nach links geht es in den Kurzen Grund und weiter zur Bamberger Hütte; nach rechts in den Langen Grund und zum Gasthof »Moderstock«. Von hier zu Fuß zur Erlahütte und damit erst zum eigentlichen Ausgangspunkt für eine große Zahl von Skitouren. Verhältnismäßig kurz ist der Aufstieg zu unserem Gipfel. Dennoch: 4 Std. sind eine ganz schön lange Anstiegszeit für eine unbedeutende Kuppe. Zu den bedeutenden Gipfeln braucht man aber 1 bis 2 Std. länger!
Aufstiegszeit 4 Std.
Höhenunterschied 1150 m
Schwierigkeit skitechnisch mittel
Lawinengefahr mitunter lawinengefährdet
Hangrichtung Osten
Beste Jahreszeit Januar – März

Anfahrt *Auto:* Von Wörgl oder von Kitzbühel durch das Brixental nach Hopfgarten. Bei einer Unterführung zweigt man in die Kelchsau ab; *Bus:* bis Kelchsau auch mit öffentlichen Verkehrsmitteln.
Ausgangspunkt Gasthof »Moderstock« (1018 m), 7 km von Kelchsau. Ende der öffentlichen Fahrstraße, Schranken, Parkmöglichkeit.
Aufstieg Auf dem Fahrsträßchen zur privaten Erlahütte (1213 m). Nur mehr wenige Minuten weiter talein, dann nach rechts über eine Brücke und zur Neubergalm (1611 m) aufsteigen. Nach der Querung eines Bachtälchens Richtung Niederjoch (2080 m). Eine schöne Mulde führt in die Einsattelung zwischen Niederjoch und Niederjochkogel. Über den Nordrücken in kurzer Zeit zum Gipfel. Noch kürzer läßt sich auf der Gegenseite das Niederjoch (2080 m) erreichen.
Abfahrt Wie Aufstieg.

Touristische Infos Tourismusverband A-6361 Kelchsau, Tel. (05335) 8105, Fax (05335) 8156
Literatur, Gebietsführer Rudolf und Siegrun Weiss (1997): Skitouren Kitzbüheler Alpen, Steiger Verlag; Rudolf und Siegrun Weiss u.a. (1997): Genuß-Schitourenatlas Österreich-West, Schall Verlag
Karten ÖK 120 (Wörgl) und ÖK 121 (Neukirchen); AV-Karte 34/1 (Kitzbüheler Alpen, westliches Blatt, mit Skirouten)
Einkehr Erlahütte (1213 m), privat, in der Tourensaison nur an Wochenenden bewirtschaftet, im Winter keine Nächtigungsmöglichkeit. An Wochenenden eventuell Fahrmöglichkeit (ab Gasthof »Moderstock« 8 Uhr) mit dem Wirt, A-6361 Kelchsau, Tel. (0663) 56394

Tour 10: In der großen Mulde unterhalb des Salzachgeiers

10 Salzachgeier (2469 m)

Auf den höchsten Gipfel im Tourenbereich – mit Option auf eine großzügige Rundfahrt

Kitzbüheler Alpen

Gesamtcharakter Die Bamberger Hütte ist ein großartiger Ausgangspunkt für Skitouren. Der Spezialführer »Skitouren Kitzbüheler Alpen« beschreibt nicht weniger als 12 Anstiege in diesem Tourengebiet! Der Anstieg auf den Salzachgeier läßt sich zu einer Rundfahrt ausweiten, die – unter Ausnützung der Aufstiegshilfen des Skigebiets »Königsleiten« – großartige Abfahrten in Pulver und Firn ermöglicht.
Aufstiegszeit 2 + 3 Std.
Höhenunterschied 630 + 800 m
Schwierigkeit skitechnisch mittel, Gipfelaufstieg: Fels I
Lawinengefahr mitunter lawinengefährdet
Hangrichtung Südosten, Nordosten
Beste Jahreszeit Dezember – April

Anfahrt *Auto:* Von Wörgl oder von Kitzbühel durch das Brixental nach Hopfgarten. Bei einer Unterführung zweigt man in die Kelchsau ab; *Bus:* bis Kelchsau auch mit öffentlichen Verkehrsmitteln.
Ausgangspunkt Gasthof »Wegscheid« (1148 m), am Ende der Fahrstraße in den Kurzen Grund.
Aufstieg Vom Gasthof »Wegscheid« benützt man den Winterweg (Hinweisschild), weil der Sommerweg einen gefährlichen Steilhang quert. Auf dem Winterweg durch den Wald, oberhalb der Waldgrenze weitgehend im Talboden zur Bamberger Hütte. Richtung Süden zum Markkirchl (1983 m) beim Salzachjoch. Kurze Abfahrt, dann nach rechts über einen Rücken bis unterhalb von Pkt. 2290. Weiter zum Gipfelaufbau. Den Ostgipfel erreicht man durch steiles und etwas felsdurchsetztes Gelände. Zum etwas höheren Westgipfel (2469 m) in leichter Kletterei.
Abfahrt Wie Aufstieg. Nach kurzem Gegenanstieg zum Salzachjoch in sanfter Abfahrt zur Hütte. Oder skitechnisch anspruchsvolle Rundfahrt: Über steile Südhänge zur Motland-Grundalm, auf der Fahrstraße oberhalb der Salzach, dann am rechten Ufer zur Talstation eines Sessellifts im Skigebiet »Königsleiten«. Mit zwei Sesselliften zur Königsleiten (2315 m). Vom Müllachgeier (2252 m) herrliche Schattenhänge in den Talboden. Über die Motland-Grundalm (1712 m) zum Salzachjoch aufsteigen und zurück zur Hütte.

Touristische Infos Tourismusverband A-6361 Kelchsau, Tel. (05335) 8105, Fax (05335) 8156
Literatur, Gebietsführer Rudolf und Siegrun Weiss (1997): Skitouren Kitzbüheler Alpen, Steiger Verlag; Rudolf und Siegrun Weiss u.a. (1997): Genuß-Schitourenatlas Österreich-West, Schall Verlag
Karten ÖK 121 (Neukirchen); AV-Karte 34/1 (Kitzbüheler Alpen, westliches Blatt, mit Skirouten)
Übernachtung Bamberger Hütte DAV (1761 m), geöffnet um Weihnachten, dann ab Freitag an Wochenenden vom ersten Februar bis zum Sonntag nach Ostern, 90 Schlafplätze, A-6361 Hopfgarten, Tel. (0663) 59849 (Hütte) bzw. (05335) 3052 (Tal)

11 Tristkopf (2361 m) und Kröndlhorn (2444 m)

Von der Bamberger Hütte über das Nadernachjoch *Kitzbüheler Alpen*

Gesamtcharakter Der Aufstieg zum Tristkopf ist nicht besonders lang und, von einigen Steilstufen abgesehen, eher gemütlich. Da bietet es sich an, einen zusätzlichen Gipfel zu besteigen. Wie wäre es mit dem Kröndlhorn (2444 m) über die Südwestflanke? Bemerkenswert: Auf dem Gipfel steht eine kleine Kapelle zum Andenken an ein tödlich verunglücktes Mädchen.
Aufstiegszeit 2 + 2 Std.
Höhenunterschied 630 + 600 m
Schwierigkeit skitechnisch mittel
Lawinengefahr mitunter lawinengefährdet
Hangrichtung Nordosten, Nordwesten
Beste Jahreszeit Januar – April

Anfahrt *Auto:* Von Wörgl oder von Kitzbühel durch das Brixental nach Hopfgarten. Bei einer Unterführung zweigt man in die Kelchsau ab; *Bus:* bis Kelchsau auch mit öffentlichen Verkehrsmitteln.
Ausgangspunkt Gasthof »Wegscheid« (1148 m). Am Ende der Fahrstraße in den Kurzen Grund.
Aufstieg Vom Gasthof »Wegscheid« benützt man den Winterweg (Hinweisschild), weil der Sommerweg einen gefährlichen Steilhang quert. Auf dem Winterweg durch den Wald, oberhalb der Waldgrenze weitgehend im Talboden zur Bamberger Hütte. Richtung Süden aufsteigen. An einer günstigen Stelle nach links zum Bach hinunter, den man überquert. Über mittelsteile Hänge zum Nadernachjoch (2098 m). Nach einem kurzen Steilhang Skidepot. Unschwierig über einige Blöcke zum Gipfel.
Abfahrt Wie Aufstieg. Oder: Vom Nadernachjoch Richtung Osten in eine Mulde einqueren, aus der man über die Südwestflanke zum Südgrat des Kröndlhorns aufsteigt, den man nahe beim Gipfel erreicht. Die letzten Meter unschwierig zu Fuß.
Abfahrt wie Aufstieg, vom Nadernachjoch besser unmittelbar in den Talboden und am linken Ufer zurück zur Hütte.

Touristische Infos Tourismusverband A-6361 Kelchsau, Tel. (05335) 8105, Fax (05335) 8156
Literatur, Gebietsführer Rudolf und Siegrun Weiss (1997): Skitouren Kitzbüheler Alpen, Steiger Verlag; Rudolf und Siegrun Weiss u. a. (1997): Genuß-Schitourenatlas Österreich-West, Schall Verlag
Karten ÖK 121 (Neukirchen); AV-Karte 34/1 (Kitzbüheler Alpen, westliches Blatt, mit Skirouten)
Übernachtung Bamberger Hütte DAV (1761 m), geöffnet um Weihnachten, dann ab Freitag an Wochenenden vom ersten Februar bis zum Sonntag nach Ostern, 90 Schlafplätze, A-6361 Hopfgarten, Tel. (0663) 59849 (Hütte) bzw. (05335) 3052 (Tal)

12 Spießnägel (1880 m)

Von Aschau über den Oberen Grund *Kitzbüheler Alpen*

Gesamtcharakter Spießnägel im Spertental, das bedeutet einen kurzen Aufstieg zu einem aussichtsreichen Höhenrücken. Man kann jedoch den Tourentag verlängern und insbesondere das Abfahrtsvergnügen steigern, wenn man von der Bergstation »Pengelstein« zum Schwarzkogel (2030 m) steigt und in den Oberen Grund abfährt. Man hat dann zwei Vorteile, einerseits eine lange und schöne Abfahrt vom Schwarzkogel über die Südwestflanke, andererseits einen günstigen Ausgangspunkt für die Spießnägel, bei dem man sich eine halbe »Forststraßen-Stunde« erspart.
Aufstiegszeit 3:30 Std.
Höhenunterschied Aufstieg 900 m, Abfahrt 1800 m
Schwierigkeit skitechnisch mittel
Lawinengefahr mitunter lawinengefährdet
Hangrichtung Südwesten, Nordosten
Beste Jahreszeit Dezember – März

Anfahrt *Auto:* Von der Abfahrt »Wörgl-Ost« der Inntal-Autobahn oder von Kitzbühel nach Kirchberg in Tirol.
Bus/Bahn: nach Kirchberg und Aschau auch mit öffentlichen Verkehrsmitteln.
Ausgangspunkt Aschau (1013 m), 7 km von Kirchberg. Bushaltestelle.
Aufstieg Von Aschau auf breitem Fahrweg in den Oberen Grund bis zu einem Hinweisschild (rechts) »Spießnägel«. Hierher auch: Von der Bergstation »Pengelstein« über den aussichtsreichen Gratrücken zum Schwarzkogel (2030 m). Abfahrt über die Südwestflanke in den Oberen Grund zur Abzweigung des Weges. Nun auf einem breiten Forstweg in vielen Kehren durch den Wald. Weiter entweder nach rechts zum Nord- oder nach links zum Südrücken und zum Gipfel.
Abfahrt Wie Aufstieg. Oder (teilweise skitechnisch anspruchsvoll): Richtung Südosten über den Kamm, dann nach links über die Niederalm in den Talboden. Auf dem Forstweg nach Aschau.

Touristische Infos Tourismusverband A-6365 Kirchberg, Tel. (05357) 2309, Fax (05357) 3732
Literatur, Gebietsführer Rudolf und Siegrun Weiss (1997): Skitouren Kitzbüheler Alpen, Steiger Verlag; Rudolf und Siegrun Weiss u. a. (1997): Genuß-Schitourenatlas Österreich-West, Schall Verlag
Karten ÖK 121 (Neukirchen) und 122 (Kitzbühel); AV-Karte 34/2 (Kitzbüheler Alpen, östliches Blatt, mit Skirouten)
Übernachtung Oberlandhütte DAV (1014 m) in Aschau, ganzj. bew., 70 Schlafplätze, A-6365 Kirchberg, Tel. (05357) 8113

13 Brechhorn (2032 m)

Beliebter Skigipfel im Unteren Grund *Kitzbüheler Alpen*

Gesamtcharakter Der Untere Grund ist das hauptsächliche Tourengebiet von Aschau im Spertental. Das Angebot an Touren ist groß. Allerdings wird der Zustieg auf einer Fahrstraße (im Winter Loipe) immer länger, je weiter talein die Aufstiege beginnen. Von diesem Nachteil ist beim Brechhorn noch nicht viel zu spüren, denn zum Ausgangspunkt hat man von Aschau eine Viertelstunde, von der Oberlandhütte gar nur 10 Minuten.
Aufstiegszeit 3:15 Std.
Höhenunterschied 1050 m
Schwierigkeit skitechnisch leicht
Lawinengefahr kaum lawinengefährdet
Hangrichtung Osten, Südosten
Beste Jahreszeit Dezember – März

Anfahrt *Auto:* Von der Abfahrt »Wörgl-Ost« der Inntal-Autobahn oder von Kitzbühel nach Kirchberg in Tirol; *Bus/Bahn:* hierher auch mit öffentlichen Verkehrsmitteln.
Ausgangspunkt Aschau (1013 m), 7 km von Kirchberg. Bushaltestelle.
Aufstieg Kurz talein, dann über eine Brücke und zur Durachalm (1413 m) aufsteigen.
In einem weiten Bogen zum Duracher Kogel (1773 m), weiter über den Rücken mit geringem Höhengewinn oberhalb der Breitlabalm, dem Verlauf des Rückens folgend, zum Brechhorn.
Teilweise recht flach, erst vor dem Gipfel wieder etwas steiler. Bei günstigen Verhältnissen und guter Felltechnik kurz und steil mit Ski zum Gipfel, zumeist aber das letzte Stück des Aufstiegs unschwierig zu Fuß.
Abfahrt Wie Aufstieg.

Tour 13: Berühmte Skigipfel im Tourenbereich Spertental: Brechhorn und Floch

Touristische Infos Tourismusverband A-6365 Kirchberg, Tel. (05357) 2309, Fax (05357) 3732
Literatur, Gebietsführer Rudolf und Siegrun Weiss (1997): Skitouren Kitzbüheler Alpen, Steiger Verlag; Rudolf und Siegrun Weiss u. a. (1997): Genuß-Schitourenatlas Österreich-West, Schall Verlag
Karten ÖK 121 (Neukirchen); AV-Karte 34/1 (Kitzbüheler Alpen, westliches Blatt, mit Skirouten)
Übernachtung Oberlandhütte DAV (1014 m) in Aschau, ganzj. bew., 70 Schlafplätze, A-6365 Kirchberg, Tel. (05357) 8113

14 Laubkogel (1760 m)

Mini-Skiziel über dem Jochbergtal — *Kitzbüheler Alpen*

Gesamtcharakter Der Laubkogel ist eine typische Kitzbüheler Skitour. Schöne Bauernwiesen am Beginn, lichter Wald, der jedoch über breite Schneisen durchquert wird, im oberen Teil des Anstiegs. Lediglich das freie Almgelände, das die Kitzbüheler Anstiege auszeichnet, fehlt beim Laubkogel wegen der zu geringen Gipfelhöhe. Durch die vorgeschobene Lage hat man dennoch eine vorzügliche Aussicht auf andere schöne Skigipfel der Kitzbüheler Alpen.
Aufstiegszeit 2:30 Std.
Höhenunterschied 900 m
Schwierigkeit skitechnisch leicht
Lawinengefahr kaum lawinengefährdet
Hangrichtung Süden, Südwesten
Beste Jahreszeit Dezember – März

Anfahrt *Auto:* Von der Abfahrt »Wörgl-Ost« der Inntal-Autobahn über Hopfgarten im Brixental nach Kitzbühel; *Bus/Bahn:* hierher auch mit öffentlichen Verkehrsmitteln.
Ausgangspunkt Gasthaus »Hechenmoos« (etwa 840 m) im Ortsteil Wiesenegg-Grüntal, 5 km von Kitzbühel.
Aufstieg Kurz wie zur Bochumer Hütte (Forstweg) talein, dann nach links abzweigen. Über Wiesen, dann über Lichtungen durch den Wald zur Exenbergalm. Nun wahlweise nach links oder nach rechts (nach rechts etwas leichter) auf den Gipfel.
Abfahrt Wie Aufstieg. Wenn man zur Bochumer Hütte möchte: Aussichtsreich über den Rükken zum Hahnenkampl (1812 m) und etwas darüber hinaus, dann zur Hütte abfahren.

Touristische Infos Fremdenverkehrsverband A-6370 Kitzbühel, Tel. (05356) 62155, Fax (05356) 62307
Literatur, Gebietsführer Rudolf und Siegrun Weiss (1997): Skitouren Kitzbüheler Alpen, Steiger Verlag; Rudolf und Siegrun Weiss u.a. (1997): Genuß-Schitourenatlas Österreich-West, Schall Verlag
Karten ÖK 122 (Kitzbühel); AV-Karte 34/2 (Kitzbüheler Alpen, östliches Blatt, mit Skirouten)
Einkehr Gasthof »Hechenmoos« am Ausgangspunkt

15 Schützkogel (2067 m)

Einer der beliebtesten Skigipfel im Jochbergtal — *Kitzbüheler Alpen*

Gesamtcharakter Außer dem Kuhkaser wird dem Schützkogel im Jochbergtal kaum eine Tour Konkurrenz machen, was die Beliebtheit anbelangt. Zum Glück verteilen sich die Anwärter auf diesen Gipfel auf mehrere verschiedene Aufstiegswege.
Sie führen einerseits von der Bochumer Hütte und andererseits unmittelbar aus dem Jochbergtal auf den Gipfel.
Aufstiegszeit 3:30 Std.
Höhenunterschied 1150 m
Schwierigkeit skitechnisch mittel
Lawinengefahr mitunter lawinengefährdet
Hangrichtung Südwesten, Nordwesten
Beste Jahreszeit Dezember – März

Anfahrt *Auto:* Von der Abfahrt »Wörgl-Ost« der Inntal-Autobahn über Hopfgarten im Brixental nach Kitzbühel und weiter nach Jochberg.
Bus: hierher auch mit öffentlichen Verkehrsmitteln.
Ausgangspunkt Parkplatz bei der Sesselbahn »Wagstätt« in Jochberg (923 m).
Aufstieg Über die Straße und hinunter zur Jochberger Ache. Nach der Brücke durch den Wald (großteils Lichtungen) oder auch auf einem breiten Forstweg zur Hansler Hochalm (1301 m).
Nach rechts ausholend über eine Lichtung, zuletzt über hindernisloses Almgelände zum Gipfel.
Oder: Von der Hansler Hochalm nach links ausholen und über Waldhausalm und Schützalm zum Gipfel.
Abfahrt Wie Aufstieg.

Touristische Infos Verkehrsverein A-6373 Jochberg, Tel. (05355) 5229, Fax (05355) 5821
Literatur, Gebietsführer Rudolf und Siegrun Weiss (1997): Skitouren Kitzbüheler Alpen, Steiger Verlag; Rudolf und Siegrun Weiss u.a. (1997): Genuß-Schitourenatlas Österreich-West, Schall Verlag
Karten ÖK 122 (Kitzbühel); AV-Karte 34/2 (Kitzbüheler Alpen, östliches Blatt, mit Skirouten)

16 Saalkogel (2007 m)

Ausbaufähiger »Hüttengipfel« der Bochumer Hütte — *Kitzbüheler Alpen*

Gesamtcharakter Der Aufstieg zur Bochumer Hütte ist nicht allzu lang. Da kann man wohl noch auf den Saalkogel steigen, um die Routen auf verschiedene Gipfel zu studieren. Als »Haupttour« sind hübsche Rundtouren möglich, z.B. die schattseitige Abfahrt in den Talschluß des Auracher Baches, dann eine Stunde Gegenanstieg und zur Bochumer Hütte abfahren; oder zum Saaljoch queren und noch auf den etwas höheren Tristkogel (2096 m) steigen.
Aufstiegszeit 2 + 2 Std.
Höhenunterschied 530 + 600 m
Schwierigkeit skitechnisch mittel
Lawinengefahr mitunter lawinengefährdet
Hangrichtung Nordwesten
Beste Jahreszeit Januar – März

Anfahrt *Auto:* Von der Abfahrt »Wörgl-Ost« der Inntal-Autobahn über Hopfgarten im Brixental nach Kitzbühel; *Bus/Bahn:* hierher auch mit öffentlichen Verkehrsmitteln.
Ausgangspunkt Gasthaus »Hechenmoos« (etwa 840 m) im Ortsteil Wiesenegg-Grüntal, 5 km von Kitzbühel.
Aufstieg Auf einer Rodelbahn ohne Orientierungsschwierigkeiten zur Bochumer Hütte (1432 m). Weiter Richtung Südosten durch Wald, später über freie Hänge zum Rauber (1973 m) und über den Gratrücken zum Gipfel.
Abfahrt Wie Aufstieg. Oder: Eine der oben erwähnten Rundtouren.

Touristische Infos Fremdenverkehrsverband A-6370 Kitzbühel, Tel. (05356) 62155, Fax (05356) 62307
Literatur, Gebietsführer Rudolf und Siegrun Weiss (1997): Skitouren Kitzbüheler Alpen, Steiger Verlag; Rudolf und Siegrun Weiss u.a. (1997): Genuß-Schitourenatlas Österreich-West, Schall Verlag
Karten ÖK 122 (Kitzbühel); AV-Karte 34/2 (Kitzbüheler Alpen, östliches Blatt, mit Skirouten)
Übernachtung Bochumer Hütte DAV (1430 m), ganzj. bew., 70 Schlafplätze, A-6370 Aurach, Tel. (05356) 75475

17 Gamshag (2178 m)

Von der Bochumer Hütte über das »Tor« — *Kitzbüheler Alpen*

Gesamtcharakter Natürlich läßt sich der Gamshag bei einigermaßen guter Kondition auch vom Tal aus besteigen. Man könnte dann im Tal des Wieseneggbaches bleiben und bei der Niederkaseralm auf den Anstiegsweg von der Hütte stoßen. Angenehmer ist es aber, in der Bochumer Hütte, einem alten Knappenhaus, zu nächtigen. Von der Hütte schaut der Gamshag felsig und unzugänglich aus. Tatsächlich ist der Aufstieg leicht, allerdings von der uns abgewandten Seite. Der Gipfel ist bei Tourengehern so beliebt, daß er sie sogar zum Reimen angeregt hat: »Zwischen Saalbach und Kitz liegen Gamshag und Schütz …«
Aufstiegszeit 3 Std.
Höhenunterschied 850 m
Schwierigkeit skitechnisch mittel
Lawinengefahr mitunter lawinengefährdet
Hangrichtung Südosten, Norden, Nordwesten
Beste Jahreszeit Januar – April

Anfahrt *Auto:* Von der Abfahrt »Wörgl-Ost« der Inntal-Autobahn über Hopfgarten im Brixental nach Kitzbühel; *Bus/Bahn:* hierher auch mit öffentlichen Verkehrsmitteln.
Ausgangspunkt Gasthaus »Hechenmoos« (etwa 840 m) im Ortsteil Wiesenegg-Grüntal, 5 km von Kitzbühel.
Aufstieg Vom Ausgangspunkt auf einem Fahrsträßchen, das im Winter als Rodelbahn dient, ohne Orientierungsschwierigkeiten zur Bochumer Hütte. Auf dem auch bei Schneelage gut erkennbaren Sommerweg durch den Wald und etwa 60 Höhenmeter in den Talboden abfahren. Man erreicht die Niederkaseralm (1362 m) und steigt zur Oberkaseralm (1720 m) auf. Weiter zum »Tor« (1933 m), einer Scharte zwischen dem felsigen Tristkogel und dem von dieser Seite aus gleichfalls felsigen Gamshag. Über die Scharte und in der Südostflanke mit etwas Höhenverlust zum Torsee. Über den hindernislosen Gipfelhang zum höchsten Punkt.
Abfahrt Wie Aufstieg. Kehrt man nicht zur Hütte zurück, bleibt man bei der Niederkaseralm im Talboden und fährt den Wieseneggbach entlang zum Gasthaus »Hechenmoos« hinaus.

Touristische Infos Fremdenverkehrsverband A-6370 Kitzbühel, Tel. (053 56) 621 55, Fax (053 56) 623 07
Literatur, Gebietsführer Rudolf und Siegrun Weiss (1997): Skitouren Kitzbüheler Alpen, Steiger Verlag; Rudolf und Siegrun Weiss u. a. (1997): Genuß-Schitourenatlas Österreich-West, Schall Verlag
Karten ÖK 122 (Kitzbühel); AV-Karte 34/2 (Kitzbüheler Alpen, östliches Blatt, mit Skirouten)
Übernachtung Bochumer Hütte DAV (1430 m), ganzj. bew., 70 Schlafplätze, A-6370 Aurach, Tel. (053 56) 754 75

18 Schusterkogel (2207 m)

Von Saalbach-Hinterglemm aus dem Vogelalmgraben und über die Ostflanke — *Kitzbüheler Alpen*

Gesamtcharakter Saalbach-Hinterglemm ist ein beliebtes Liftgebiet mit vielen Aufstiegshilfen. Viele Gipfel sind daher für den Tourenskilauf »entwertet« oder können nach kurzen Anstiegen als Varianten befahren werden. Einige »echte« Skitouren sind aber noch zu finden. Wenn man die geringe Länge des Zustiegs und das weitläufige und hindernislose Skigelände einbezieht, ist der Schusterkogel wahrscheinlich die schönste »echte« Skitour im Tourengebiet des Liftortes.
Aufstiegszeit 4 Std.
Höhenunterschied 1100 m
Schwierigkeit skitechnisch mittel
Lawinengefahr mitunter lawinengefährdet
Hangrichtung Osten, Südosten
Beste Jahreszeit Januar – April

Anfahrt *Auto:* Von der Ausfahrt »Bad Reichenhall« der Autobahn über Lofer und Saalfelden nach Maishofen. Weiter durch das Glemmtal nach Hinterglemm; *Bus:* hierher auch mit öffentlichen Verkehrsmitteln.
Ausgangspunkt Gasthaus »Mitterlengau« (etwa 1140 m). Endstation der Buslinie. Etwa 5 km von Hinterglemm.
Aufstieg Noch vor dem Gasthaus »Mitterlengau« überquert man die Saalach und auch den Vogelalmbach. Auf einem Fahrweg talein zu einer Lichtung. Von hier zur Unteren Zehetner Grundalm (1428 m). Über schönes Skigelände zur Steffl-Grundalm (1660 m).
Rechts von einem Graben aufsteigen, bis der Hang recht steil wird und uns nach links abdrängt. Man quert nun den Graben und erreicht nach rechts einbiegend das Stefflkar. Unschwierig zum Gipfel, den man zuletzt von rechts her erreicht.
Abfahrt Wie Aufstieg.

Touristische Infos Verkehrsverein A-5753 Saalbach-Hinterglemm, Tel. (065 41) 680 68, Fax (065 41) 680 69
Literatur, Gebietsführer Rudolf und Siegrun Weiss (1997): Skitouren Kitzbüheler Alpen, Steiger Verlag; Rudolf und Siegrun Weiss u. a. (1997): Genuß-Schitourenatlas Österreich-West, Schall Verlag
Karten ÖK 122 (Kitzbühel) und 123 (Zell am See); AV-Karte 34/2 (Kitzbüheler Alpen, östliches Blatt, mit Skirouten)
Einkehr Gasthaus »Mitterlengau« am Ausgangspunkt

19 Manlitzkogel (2247 m)

Skigipfel im Kamm zwischen Salzachtal und Glemmtal — *Kitzbüheler Alpen*

Gesamtcharakter Aus dem Salzachtal werden die Gipfel in den Kitzbüheler Alpen selten begangen. Das hat gute Gründe. Über dem Talboden apern die schönen Wiesen wegen der sonnseitigen Lage frühzeitig aus. Dann kommt ein Waldgürtel, der auf Forststraßen durchquert werden muß. Erst ab etwa 1700 m finden wir ein großartiges Skigelände vor. Von hier sind es aber nur mehr 400 oder 500 Höhenmeter zu den Gipfeln. Eine rühmliche Ausnahme ist der Manlitzkogel, weil man mit dem Auto weit hinauffahren kann und auch, weil der Waldgürtel früher als bei anderen Aufstiegen endet.
Aufstiegszeit 4 Std.
Höhenunterschied 1100 m
Schwierigkeit skitechnisch mittel
Lawinengefahr mitunter lawinengefährdet
Hangrichtung Südwesten
Beste Jahreszeit Januar – März

Tour 19: Die Hälfte des Aufstiegs zum Manlitzkogel ist geschafft. Wuchtig im Mittelgrund der Geißstein

Anfahrt *Auto:* Von der Ausfahrt »Bad Reichenhall« der Autobahn über Lofer und Saalfelden nach Zell am See. Im Salzachtal weiter nach Stuhlfelden; *Bus/Bahn:* hierher auch mit öffentlichen Verkehrsmitteln.
Ausgangspunkt Parkplatz oberhalb der Jausenstation »Aigen« (1161 m). Hier Fahrverbot, Hinweisschild »Bürglhütte«. Zu Fuß von Stuhlfelden 1:30 Std.
Aufstieg Auf einem breiten Forstweg durch den Wald und über eine Brücke (1438 m). Richtung Norden aufsteigen, dann nach rechts (Richtung Nordosten) zur Bachalm (1710 m). Über die herrliche Südostflanke ohne Schwierigkeiten mit Ski zum Gipfel.
Abfahrt Wie Aufstieg.

Touristische Infos Verkehrsverein A-5724 Stuhlfelden, Tel. (065 62) 43 65, Fax (065 62) 436 533
Literatur, Gebietsführer Rudolf und Siegrun Weiss (1997): Skitouren Kitzbüheler Alpen, Steiger Verlag; Rudolf und Siegrun Weiss u. a. (1997): Genuß-Schitourenatlas Österreich-West, Schall Verlag
Karten ÖK 122 (Kitzbühel); AV-Karte 34/2 (Kitzbüheler Alpen, östliches Blatt, mit Skirouten)
Einkehr Jausenstation »Aigen« am Ausgangspunkt. Die Bürglhütte ist nur im Sommer bewirtschaftet (privat).

20 Ronachgeier (2236 m)

Von der alten Gerlosstraße über Nadernachtal und Ostflanke — *Kitzbüheler Alpen*

Gesamtcharakter Über den Gerlospaß führt eine gut ausgebaute Mautstraße. Die alte Gerlosstraße hat dadurch an Bedeutung verloren. Für Tourengeher ist sie aber gar keine schlechte Adresse, denn der Gasthof »Ronach« erschließt ein zwar kleines, aber sehr reizvolles Tourengebiet. Dazu gehört der Ronachgeier, ein idealer Skigipfel mit einer sonnseitigen und einer schattseitigen Abfahrt.
Aufstiegszeit 2:45 Std.
Höhenunterschied 800 m
Schwierigkeit skitechnisch leicht
Lawinengefahr kaum lawinengefährdet
Hangrichtung Osten, Südosten
Beste Jahreszeit Dezember – März

Anfahrt *Auto:* Von der Ausfahrt »Bad Reichenhall« der Autobahn über Lofer und Saalfelden nach Zell am See und in das Salzachtal. Weiter nach Wald im Pinzgau. Oder von Westen (aus Tirol): Von der Ausfahrt »Zillertal« der Inntal-Autobahn nach Zell am Ziller und durch das Gerlostal zum Almdorf Königsleiten. Auf dieser Route auch mit öffentlichen Verkehrsmitteln.
Ausgangspunkt Gasthof »Ronach« (1434 m) an der alten Gerlosstraße, 8 km von Wald im Pinzgau, 2 km von Königsleiten.
Aufstieg Unmittelbar beim Gasthof zweigt ein breiter Forstweg ab. Über ihn zur Putzalm (1632 m). Wir befinden uns bereits oberhalb der Waldgrenze und steigen durch mittelsteiles Skigelände über die Ostflanke zum Gipfel auf, den man zuletzt von Norden her erreicht.
Abfahrt Wie Aufstieg. Oder (skitechnisch mittel): Über die Westflanke zur Mülleralm und auf einem Fahrweg zurück zum Gasthof »Ronach«.

Touristische Infos Verkehrsverein A-5742 Wald im Pinzgau, Tel. (065 65) 82 34, Fax 824 35; Verkehrsverein A-5742 Königsleiten, Tel. (065 64) 822 40, Fax (065 65) 822 44
Literatur, Gebietsführer Rudolf und Siegrun Weiss (1997): Skitouren Kitzbüheler Alpen, Steiger Verlag; Rudolf und Siegrun Weiss u. a. (1997): Genuß-Schitourenatlas Österreich-West, Schall Verlag
Karten ÖK 122 (Kitzbühel); AV-Karte 34/2 (Kitzbüheler Alpen, östliches Blatt, mit Skirouten)
Übernachtung Gasthof »Ronach« am Ausgangspunkt

Nationalpark »Hohe Tauern«

Rudolf und Siegrun Weiss

Im Jahre 1971 schlossen die österreichischen Bundesländer Salzburg, Kärnten und Tirol eine Vereinbarung zur Gründung eines Nationalparks »Hohe Tauern«. Er umfaßt den weitaus größten Teil der Hohen Tauern: in Salzburg Gebiete der Reichenspitz-, Venediger-, Granatspitz-, Glockner-, Goldberg- und Ankogelgruppe. In Kärnten der Glockner-, Schober-, Goldberg- und Ankogelgruppe. In Tirol der Lasörling-, Rieserferner-, Venediger-, Granatspitz-, Schober- und Glocknergruppe.
Der *Nationalpark* umfaßt eine Kernzone und eine Außenzone. In der Kernzone ist jeder Eingriff in die Natur untersagt. In der Außenzone dürfen Bauten und Wege nur mit behördlicher Erlaubnis errichtet werden. Wege und Straßen dürfen nur von konzessionierten Unternehmen bzw. von den Anrainern befahren werden.

Der »sanfte Tourismus« unterliegt in den Hohen Tauern keinen Einschränkungen – außer jenen, die sich von selbst verstehen und die auch außerhalb des Nationalparks zu beachten sind.
Skitouren sind demnach grundsätzlich erlaubt. Allerdings handelt es sich zumeist um Anstiege, die hohe Anforderungen an das alpine und skitechnische Können und oft auch an die Kondition stellen. Das führt zu heilsamen Einschränkungen, und »Massen von Tourengehern« finden sich ganz selten.
Nur wenige Hütten haben zur üblichen Tourenzeit geöffnet und sind dann auch gut besucht: die *Kürsinger Hütte* z. B. oder das *Alpinzentrum »Rudolfshütte«*.
Ansonsten gibt es fast bei allen Hütten Winterräume – unterschiedlich groß und unterschiedlich ausgestattet.
Im Nationalpark führen viele Anstieg über *Gletscher*. Auf Gletschern besteht immer Spaltengefahr. Das Ausmaß hängt nicht nur von der Eigenart des Gletschers, sondern auch vom Schneedeckenaufbau und von der Jahreszeit ab. Wer einen Gletscher betritt, muß dessen Gefahren kennen und nach Ausrüstung (Brust-/Sitzgürtel) und Können (Spaltenbergung) darauf vorbereitet sein.

Die anschließenden Tourenbeispiele sind zunächst nach Norden und Süden gegliedert und erst in zweiter Linie nach Gebirgsgruppen. Sie beginnen im Norden mit der Wildkarspitze (Reichenspitzgruppe), führen über die Kürsinger Hütte (Hauptziel Großvenediger) zum Alpinzentrum »Rudolfshütte« (Grenze Glocknergruppe/Granatspitzgruppe) bis zum großartigen Tourengebiet von Kolm Saigurn im Rauriser Tal (Goldberggruppe). Im Süden führen wir unsere Leser vom vermutlich schwierigsten Gipfelziel, dem Hochgall (Rieserfernergruppe) zum Tourenbereich der Rostocker Hütte (Venedigergruppe), der an die Westalpen erinnert. Weiter über die Schobergruppe zum »Sonderfall« Großglockner-Hochalpenstraße und ihren unterschiedlichen Anstiegen – vom hochalpinen Großglockner bis zum Firngenuß bei der Abfahrt vom Brennkogel. Der Ausklang ist eher gemütlich – Stellkopf in der Goldberg- und Rometerspitz in der Ankogelgruppe.

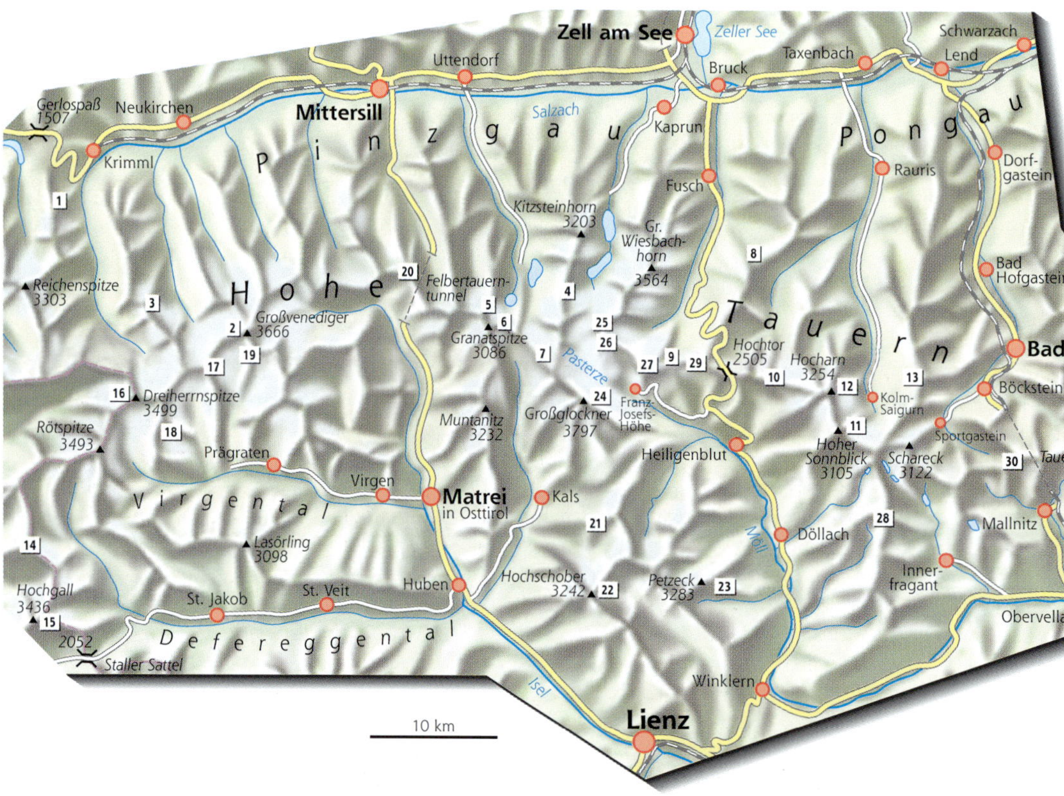

Im Aufstieg zur Wildkarspitze bei dramatischer Beleuchtung (Tour 1)

Anreise Die Eingänge von Norden in die Hohen Tauern zweigen aus dem Salzachtal ab, z. B. von Uttendorf ins Stubachtal (Alpinzentrum »Rudolfshütte«) oder von Taxenbach ins Rauriser Tal (Kolm Saigurn).
Anreise ins Salzachtal von Salzburg über Bad Reichenhall, Saalfelden und Zell am See oder die Tauern-Autobahn über Bischofshofen und St. Johann im Pongau.
Die Eingänge von Süden in die Hohen Tauern liegen an der Achse Lienz – Spittal a. d. Drau. Fährt man von Lienz Richtung Felbertauern, zweigt man ins Defereggental, Virgental und Kalsertal ab, von Winklern nach Heiligenblut, von Obervellach nach Mallnitz, um nur die skitouristisch wichtigsten Tourenbereiche zu erwähnen. Diese beiden Eckpunkte erreicht man von Norden über die Tauern-Autobahn von Salzburg nach Spittal, oder man fährt von Mittersill nach Lienz (Felbertauerntunnel). Seltener genützt wird die Verbindung über die Großglockner-Hochalpenstraße (erst ab Mai) und über das Gasteinertal (Autoverladung) nach Mallnitz.

Touristische Informationen gibt es bei:
- Regionalverband Großglockner, A-9844 Heiligenblut, Tel. (0 48 24) 20 01 21, Fax (0 48 24) 20 01 43
- Nationalpark-Region, Postfach 2, A-5722 Niedernsill, Tel. (0 65 48) 84 17, Fax (0 65 48) 84 36
- Region Hohe Tauern Süd, Rauterplatz 1, A-9971 Matrei in Osttirol, Tel. (0 48 75) 65 27, Fax (0 48 75) 65 27 40
- Tourismusverband Defereggental – Antholzertal, A-9963 St. Jakob in Defereggen, Tel. (0 48 73) 54 84, Fax (0 48 73) 52 65.

1 Wildkarspitze (3073 m)

Vom Gerlospaß oder aus der Finkau auf einen anspruchsvollen Skigipfel *Zillertaler Alpen*

Gesamtcharakter Natürlich zählen die Zillertaler Alpen nicht zu den Hohen Tauern. Der Nationalpark schließt jedoch diesen Teil der Zillertaler Alpen (östlicher Teil der Reichenspitzgruppe) ein. Im Charakter paßt die Wildkarspitze ohnehin zu den Hohen Tauern: Eine gute Kondition ist ebenso gefragt wie Kletterfertigkeit auf einem Blockgrat. Die Abfahrt ist allerdings, gute Schneeverhältnisse vorausgesetzt, nicht nur anspruchs-, sondern auch ausgesprochen genußvoll.
Aufstiegszeit 4:30 Std.
Höhenunterschied 1450 m
Schwierigkeit skitechnisch anspruchsvoll, Gipfelaufstieg: Fels I
Lawinengefahr häufig lawinengefährdet
Hangrichtung Nordwesten
Beste Jahreszeit März – Mai

Anfahrt *Auto:* Durch das Salzachtal nach Krimml und weiter (Mautstraße) zum Gerlospaß. Oder: Aus dem Inntal durch das Zillertal bis Zell am Ziller und durch das Gerlostal zum Gerlospaß; *Bus/Bahn:* hierher auch mit öffentlichen Verkehrsmitteln.
Ausgangspunkt Talstation des Sessellifts »Filzsteinalm« (1643 m) oder Gasthaus »Finkau« (1420 m, Sommerbewirtschaftung). Zum Stausee Durlaßboden und 4 km den Stausee entlang. Der Gasthof liegt am Südende des Stausees. Bei Benützung des Lifts (zumeist bis Sonntag nach Ostern) verkürzt sich die Aufstiegszeit um 1 Std.
Aufstieg Von der Bergstation in einigem Auf und Ab über den Kamm, dann rechts in der Flanke unterhalb des Steinkarkopfes über einen Rücken ins Wildkar. Hierher direkter vom Gasthof »Finkau« über die Trisslalm (1583 m) und die Wildkar Hochalm (1962 m). Richtung Seekarscharte, dann unterhalb des Nordgrates der Wildkarspitze zum kleinen Wildkarsee. Über den Gletscher zu einer Scharte (2907 m) im Nordwestgrat. Skidepot. Über den Grat zum Gipfel.
Abfahrt Wie Aufstieg. Zum Stausee schwieriger, aber schöner.

Touristische Infos Fremdenverkehrsverband A-5743 Krimml, Tel. (065 64) 239, Fax (065 64) 550
Literatur, Gebietsführer Rudolf Weiss (1993): Alpenvereins-Skiführer Zillertaler und Tuxer Alpen, Bergverlag Rother; Rudolf und Siegrun Weiss u.a. (1997): Genuß-Schitourenatlas Österreich-West, Schall Verlag
Karten ÖK 151 (Krimml); AV-Karte 35/3 (Zillertaler Alpen, östliches Blatt, mit Skirouten)

2 Großvenediger (3666 m)

Von der Kürsinger Hütte über das Obersulzbachkees *Venedigergruppe*

Gesamtcharakter Trotz der Länge des Hüttenanstiegs ist der Großvenediger ein beliebtes Ziel. Die Hütte ist sehr groß, dennoch ist es zu bestimmten Zeiten ratsam, Schlafplätze reservieren zu lassen. Eigentlich ist die Beliebtheit nur von der Bedeutung und Höhe des Gipfels her verständlich. Die Abfahrt ist flach, der Anstieg insbesondere unterhalb der Venedigerscharte ausgesprochen spaltengefährlich.
Aufstiegszeit 5 + 4 Std.
Höhenunterschied 2500 + 1150 m
Schwierigkeit skitechnisch mittel
Lawinengefahr mitunter lawinengefährdet
Sonstige Gefahren große Spaltengefahr
Hangrichtung Nordosten, Nordwesten, Südwesten
Beste Jahreszeit März – Mai

Anfahrt *Auto:* Im Salzachtal nach Neukirchen am Großvenediger; *Bus/Bahn:* hierher auch mit öffentlichen Verkehrsmitteln.
Ausgangspunkt Gasthof »Siggen« (891 m). Abzweigung kurz nach dem westlichen Ortsende von Neukirchen. Spät im Jahr kann man meist zum Hopffeldboden fahren (3 km).
Aufstieg Im langen Obersulzbachtal über Berndlalm (1500 m), Postalm (1699 m) und Obersulzbachhütte (1742 m) zur Talstation der Materialseilbahn (1929 m). Im Talboden, dann auf dem Winterweg (Stangenmarkierung) in einem weiten Bogen von Südosten her zur Kürsinger Hütte.
Von der Hütte fährt man am nächsten Morgen zum Obersulzbachkees ab. In flachem Anstieg, der erst im letzten Teil etwas steiler wird, zur Venedigerscharte (3407 m). Von der Scharte Richtung Südwesten, bei günstigen Verhältnissen über den Rücken ohne Schwierigkeiten zum Gipfel.
Abfahrt Wie Aufstieg.

Tour 2: Unterhalb der Venedigerscharte. Auffallend im Bild der Keeskogel, der »Hüttenberg« der Kürsinger Hütte. Rechts davon Bachmeierspitze und Schwarzes Hendl

Touristische Infos Verkehrsverein A-5741 Neukirchen am Großvenediger, Tel. (065 65) 62 56, Fax (065 65) 65 50 74

Literatur, Gebietsführer Rudolf und Siegrun Weiss u.a. (1997): Genuß-Schitourenatlas Österreich-West, Schall Verlag
Karten ÖK 151 (Krimml) und 152 (Matrei); AV-Karte 36 (Venedigergruppe, mit Skirouten)
Einkehr Berndlalm und Postalm auf dem Hüttenanstieg. Die Obersulzbachhütte ist eine Diensthütte des Bergrettungsdienstes (allenfalls Notunterkunft)
Übernachtung Kürsinger Hütte ÖAV (2548 m), ab zwei Wochen vor Ostern bew., 150 Schlafplätze, A-5741 Neukirchen, Tel. (065 65) 64 50 (Hütte) bzw. (065 64) 79 86 (Tal)

3 Schlieferspitze (3290 m)

Von der Kürsinger Hütte über das Sonntagskees *Venedigergruppe*

Gesamtcharakter Der Großvenediger ist ein bedeutender Gipfel, der flache Gletscheranstieg aber keineswegs der Traum guter Skifahrer. Die Schlieferspitze dagegen bietet eine großartige Abfahrt über ihre steile Ostflanke. Empfehlenswert am letzten Tag eines Aufenthaltes auf der Kürsinger Hütte. Man fährt dann zur Talstation der Materialseilbahn ab und erspart sich den Gegenanstieg zur Hütte.
Aufstiegszeit 5 + 3 Std.
Höhenunterschied 1500 + 900 m
Schwierigkeit skitechnisch anspruchsvoll
Lawinengefahr mitunter lawinengefährdet
Sonstige Gefahren erhebliche Spaltengefahr
Hangrichtung Osten
Beste Jahreszeit März – Mai

Anfahrt *Auto:* Im Salzachtal nach Neukirchen am Großvenediger; *Bus/Bahn:* hierher auch mit öffentlichen Verkehrsmitteln.
Ausgangspunkt Gasthof »Siggen« (891 m). Abzweigung kurz nach dem westlichen Ortsende von Neukirchen. Spät im Jahr kann man meist zum Hopffeldboden fahren (3 km).
Aufstieg Abfahrt zum Obersulzbachkees. Richtung Südwesten aufsteigen, dann rechts abbiegen und durch eine Rinne (»Kanonenrohr«) zum Östlichen Sonntagskees. Man quert den Gletscher zum »Silbersattel« im Osten der Schliefertürme. Links von einem Spaltenbruch zum »Skischartl« am Südostgrat der Schlieferspitze. Skidepot. Steil, aber unschwierig über den Grat zum Gipfel.
Abfahrt Vom Skidepot den Nordostgrat entlang, dann (Vorsicht Spalten!) in der Grundrichtung Osten zum Oberen Keesboden. Nun entweder zur Hütte aufsteigen oder durch das Obersulzbachtal zum Ausgangspunkt.

Touristische Infos Verkehrsverein A-5741 Neukirchen am Großvenediger, Tel. (065 65) 62 56, Fax (065 65) 65 50 74
Literatur, Gebietsführer Rudolf und Siegrun Weiss u.a. (1997): Genuß-Schitourenatlas Österreich-West, Schall Verlag
Karten ÖK 151 (Krimml) und 152 (Matrei); AV-Karte 36 (Venedigergruppe, mit Skirouten)
Einkehr Berndlalm und Postalm auf dem Hüttenanstieg. Die Obersulzbachhütte ist eine Diensthütte des Bergrettungsdienstes (allenfalls Notunterkunft)
Übernachtung Kürsinger Hütte ÖAV (2548 m), ab zwei Wochen vor Ostern bew., 150 Schlafplätze, A-5741 Neukirchen, Tel. (065 65) 64 50 (Hütte) bzw. (065 64) 79 86 (Tal)

4 Hocheiser (3206 m)

Vom Enzinger Boden oder von der Rudolfshütte auf einen großartigen Skigipfel

Granatspitzgruppe

Gesamtcharakter Der großartige Skigipfel muß allerdings verdient werden. Der »Aufstieg« vom Alpinzentrum »Rudolfshütte« beginnt mit einer Abfahrt und ist nicht so viel kürzer, wie man nach dem Höhenunterschied der Ausgangspunkte vermuten könnte. Vom Alpinzentrum muß man kurz zum Schafbichl aufsteigen und rattert dann im späten Frühjahr über den hartgefrorenen Firn zum Tauernmoossee hinunter und wandert zwangsläufig eben über die lange Staumauer. Da braucht man vom Enzinger Boden auch kaum länger. Dann aber: herrliches Skigelände bis zum Gipfel!
Aufstiegszeit 5:30 Std.
Höhenunterschied 1750 m
Schwierigkeit skitechnisch anspruchsvoll
Lawinengefahr häufig lawinengefährdet
Sonstige Gefahren geringe Spaltengefahr
Hangrichtung Norden, Nordwesten, Westen
Beste Jahreszeit April – Juni

Anfahrt *Auto:* Im Salzachtal nach Uttendorf; *Bus/Bahn:* hierher auch mit öffentlichen Verkehrsmitteln.
Ausgangspunkt Enzinger Boden (1468 m), Bergstraße von Uttendorf (18 km), Busverbindung.
Aufstieg Teilweise auf, teilweise abkürzend neben der Werkstraße zum Tauernmoossee bis in eine auffallende Ebene bei 2100 m. Hierher auch nach der Abfahrt von der Rudolfshütte, der Überschreitung der Staumauer und nach kurzem Aufstieg. Durch das Schwarzkarl bald ziemlich steil zum Oberen Hocheiserkees. Über den nur mäßig geneigten Gletscher, erst im letzten Teil etwas steiler, mit Ski auf den Gipfel.
Abfahrt Wie Aufstieg.

Touristische Infos Verkehrsverein A-5723 Uttendorf, Tel. (065 63) 82 79, Fax (065 63) 85 85
Literatur, Gebietsführer Rudolf und Siegrun Weiss u. a. (1997): Genuß-Schitourenatlas Österreich-West, Schall Verlag
Karten ÖK 153 (Großglockner); AV-Karte 39 (Granatspitzgruppe)
Übernachtung Alpinzentrum »Rudolfshütte« ÖAV (2311 m), 270 Schlafplätze, bew. von Weihnachten bis Ende April, Winterraum 20 Lager, A-5723 Uttendorf, Tel. (065 63) 82 21, Fax (065 63) 82 21 59

Tour 4: Im Mittelgrund das Alpinzentrum »Rudolfshütte«, dahinter der Hocheiser

5 Stubacher Sonnblick (3088 m)

Kurzer Aufstieg von der Rudolfshütte – lange Abfahrt in die Schneiderau

Granatspitzgruppe

Gesamtcharakter Im Unterschied zum Rauriser Sonnblick ist dieser Stubacher Namensvetter ungleich bequemer erreichbar. Für drei Anstiegsstunden erhält man 2000 Höhenmeter Abfahrt, wenn es die Schneelage erlaubt!
Aufstiegszeit 3 Std.
Höhenunterschied 840 m
Schwierigkeit skitechnisch anspruchsvoll
Lawinengefahr Aufstieg mitunter, Abfahrt häufig lawinengefährdet
Sonstige Gefahren geringe Spaltengefahr
Hangrichtung Nordwesten, Norden (Abfahrt)
Beste Jahreszeit Januar – April

Anfahrt *Auto:* Im Salzachtal nach Uttendorf; *Bus/Bahn:* hierher auch mit öffentlichen Verkehrsmitteln.
Ausgangspunkt Enzinger Boden (1468 m). Bergstraße von Uttendorf (18 km). Busverbindung. Mit der Seilbahn zur Rudolfshütte, die mit der Bergstation durch einen Tunnel verbunden ist.
Aufstieg Kurz zum Südufer des Stausees abfahren. Anfellen und zu einem Ombrometer aufsteigen. Steil über einen Hang, dann aber ziemlich flach die Felsen entlang. Man hält sich links, auf die ziemlich steile Nordostflanke des Sonnblicks zu. Über sie bei guter Felltechnik mit Ski zum Gipfel. Oder: In die Granatscharte und zu Fuß über den Südostgrat.
Abfahrt Über die Flanke, dann nach links in die Sonnblickscharte (2806 m). Steil in eine Mulde und zur Schwarzen Lacke (2224 m). Nach rechts abbiegen und (nur wenige Meter) zu Pkt. 2168 aufsteigen. Steil in den Talboden des Ödbaches. Durch das Tal hinaus in die Schneiderau (1014 m). Bushaltestelle. Mit dem Bus zum Enzinger Boden oder nach Uttendorf.

Touristische Infos Verkehrsverein A-5723 Uttendorf, Tel. (065 63) 82 79, Fax (065 63) 85 85
Literatur, Gebietsführer Rudolf und Siegrun Weiss u. a. (1997): Genuß-Schitourenatlas Österreich-West, Schall Verlag
Karten ÖK 153 (Großglockner); AV-Karte 39 (Granatspitzgruppe)
Übernachtung Alpinzentrum »Rudolfshütte« ÖAV (2311 m), 270 Schlafplätze, bew. von Weihnachten bis Ende April, Winterraum 20 Lager, A-5723 Uttendorf, Tel. (065 63) 82 21, Fax (065 63) 82 21 59

6 Granatspitze (3086 m)

Hübsche Rundfahrt im Tourenbereich der Rudolfshütte

Granatspitzgruppe

Gesamtcharakter Bis zum Skidepot geht es recht gemütlich zu. Auch der Gipfelanstieg ist nicht besonders schwierig, doch setzen insbesondere die ersten Meter bei Vereisung alpine Erfahrung voraus. Ungeübte anseilen! Natürlich kann man auch auf dem Anstiegsweg abfahren. Die hier beschriebene Rundfahrt ist jedoch eindeutig schöner, wenn auch anspruchsvoller.
Aufstiegszeit 3 + 1 Std.
Höhenunterschied 800 + 350 m
Schwierigkeit skitechnisch anspruchsvoll, Gipfelaufstieg: Fels I
Lawinengefahr häufig lawinengefährdet
Sonstige Gefahren geringe Spaltengefahr
Hangrichtung Südosten, Nordosten (Abfahrten)
Beste Jahreszeit Februar – Mai

Anfahrt *Auto:* Im Salzachtal nach Uttendorf; *Bus/Bahn:* hierher auch mit öffentlichen Verkehrsmitteln.
Ausgangspunkt Enzinger Boden (1468 m). Bergstraße von Uttendorf (18 km). Busverbindung. Mit der Seilbahn zur Rudolfshütte, die mit der Bergstation durch einen Tunnel verbunden ist.
Aufstieg Zum Südufer des Stausees abfahren. Durch eine Mulde zum Ombrometer, dann nach links abbiegen und zum Sonnblickkees aufsteigen. Unterhalb des Gletscherbruches nach links und zum felsigen Gipfelaufbau der Granatspitze.
Skidepot am Beginn der Felsen. Durch eine Rinne rechts vom Ostgrat, dann über diesen Grat über Blöcke zum Gipfel.
Abfahrt Vom Skidepot zu einer Einsattelung am Ansatz des Ostgrates. Über herrliche Hänge in den Talschluß des Dorfertales und zum »Erdigen Eck« (2278 m). Anfellen und zum Kalser Tauern (2515 m) aufsteigen.
Durch eine Mulde zum Weißsee abfahren. Zu Fuß oder mit einem kleinen Schlepplift zurück zur Rudolfshütte auf dem »Schafbühel«.

Touristische Infos Verkehrsverein A-5723 Uttendorf, Tel. (065 63) 82 79, Fax (065 63) 85 85
Literatur, Gebietsführer Rudolf und Siegrun Weiss u. a. (1997): Genuß-Schitourenatlas Österreich-West, Schall Verlag
Karten ÖK 153 (Großglockner); AV-Karte 39 (Granatspitzgruppe)
Übernachtung Alpinzentrum »Rudolfshütte« ÖAV (2311 m), 270 Schlafplätze, bew. von Weihnachten bis Ende April, Winterraum 20 Lager, A-5723 Uttendorf, Tel. (065 63) 82 21, Fax (065 63) 82 21 59

7 Hohe Riffel (3338 m)

Von der Rudolfshütte über Ödenwinkelkees und Obere Ödenwinkelscharte *Glocknergruppe*

Gesamtcharakter Die Umrahmung des Ödenwinkelkeeses ist eindrucksvoll und erinnert an die Westalpen. Wie eine Mauer ragen die steilen Felsflanken aus dem Gletscher. Ihre einzige »Schwachstelle« ist die Obere Ödenwinkelscharte zwischen Hoher Riffel und Johannisberg.
Aufstiegszeit 5 Std.
Höhenunterschied 1600 m
Schwierigkeit skitechnisch extrem
Lawinengefahr häufig lawinengefährdet
Sonstige Gefahren geringe Spaltengefahr
Hangrichtung Südwesten, Nordwesten
Beste Jahreszeit März – Juni

Anfahrt *Auto:* Im Salzachtal nach Uttendorf; *Bus/Bahn:* hierher auch mit öffentlichen Verkehrsmitteln.
Ausgangspunkt Enzinger Boden (1468 m). Bergstraße von Uttendorf (18 km). Busverbindung. Mit der Seilbahn zur Rudolfshütte, die mit der Bergstation durch einen Tunnel verbunden ist.
Aufstieg Es ist mitunter schwierig, das Ödenwinkelkees zu erreichen. Dafür gibt es zwei Möglichkeiten: Wie Sommerweg, unmöglich bei Schnee oder Vereisung, erst sehr spät im Jahr gangbar. Vorher ist es günstiger, zum Stausee abzufahren und auf der Piste zur Bergstation »Medelz« aufzusteigen (Seilbahn am frühen Morgen nicht in Betrieb). Abfahrt von der Bergstation über Osthänge zum Gletscherboden. Über den Gletscher aufsteigen, dann nach links zu Pkt. 2518 und weiter zum Gamskogel (2757 m). Über sehr steile Hänge zu Pkt. 3081 und zur Oberen Ödenwinkelscharte (3228 m). Von der Scharte gemütlich zum Gipfel.
Abfahrt Bereits vor der Scharte sehr steil in die weite Mulde beim Hohen Sand und zur Aufstiegsspur. Dieser folgt man. Leider nicht ohne Gegenanstieg.

Touristische Infos Verkehrsverein A-5723 Uttendorf, Tel. (065 63) 82 79, Fax (065 63) 85 85
Literatur, Gebietsführer Rudolf und Siegrun Weiss u.a. (1997): Genuß-Schitourenatlas Österreich-West, Schall Verlag
Karten ÖK 153 (Großglockner); AV-Karte 39 (Granatspitzgruppe)
Übernachtung Alpinzentrum »Rudolfshütte« ÖAV (2311 m), 270 Schlafplätze, bew. von Weihnachten bis Ende April, Winterraum 20 Lager, A-5723 Uttendorf, Tel. (065 63) 82 21, Fax (065 63) 82 21 59

8 Schwarzkopf (2765 m)

Von Bad Fusch über die Riegeralm *Goldberggruppe*

Gesamtcharakter Wenn man von Fusch in Richtung Schwarzkopf blickt, sieht man dichten Steilwald und kann sich noch nicht vorstellen, daß es sich um einen großartigen Skigipfel handelt. Tatsächlich findet man oberhalb der Waldgrenze schattige und windgeschützte Kare, die den Pulverschnee lange in bester Qualität bewahren.
Aufstiegszeit 5 Std.
Höhenunterschied 1600 m
Schwierigkeit skitechnisch mittel
Lawinengefahr mitunter lawinengefährdet
Hangrichtung Nordwesten, Nordosten
Beste Jahreszeit Januar – März

Anfahrt *Auto:* Im Salzachtal nach Bruck an der Glocknerstraße. Hier Richtung Süden nach Fusch abzweigen; *Bus/Bahn:* hierher auch mit öffentlichen Verkehrsmitteln.
Ausgangspunkt Bad Fusch (1188 m). Von Fusch 4 km. Zu Fuß 1 Std.
Aufstieg Den Talboden queren und über eine Forststraße zur zweiten Kehre (etwa 1270 m) aufsteigen. Dem Sommerweg entlang zur Riegeralm (1788 m). Richtung Süden zu den Resten der Riegerhochalm (2055 m). Eng und steil weiter, dann Richtung Südosten zur Grünen Lacke (2454 m). Nach der Querung des Talbodens steil zu einer Schulter im Nordrücken des Schwarzkopfs. Über diesen Rücken mit Ski zum Gipfel.
Abfahrt Wie Aufstieg.

Touristische Infos Verkehrsverein A-5652 Fusch, Tel. (065 46) 236, Fax (065 46) 504
Literatur, Gebietsführer Rudolf und Siegrun Weiss u.a. (1997): Genuß-Schitourenatlas Österreich-West, Schall Verlag
Karten ÖK 154 (Rauris)

9 Kloben (2938 m)

Beliebteste Pfingsttour im Bereich der Glocknerstraße *Glocknergruppe*

Gesamtcharakter Der Grund für die Beliebtheit des Kloben leuchtet ein. Für einen lächerlich kurzen Anstieg hat man (im günstigsten Falle) eine Abfahrt über 1600 Höhenmeter vor sich. Kein Wunder, daß diese Abfahrt häufig zu einer Art Piste eingefahren ist. Das hat allerdings auch Vorteile. Der rege Betrieb sorgt für Interesse bei den Taxi-Unternehmen, und man muß nicht mehr mit aufgeschnallten Ski durch das Ferleitental zur Mautstelle wandern. Wer sich einem (zu dieser Zeit meist nahezu aperen) »Einser« gewachsen fühlt, kann zumindest auf dem Gipfel die Bergeinsamkeit finden, wenn er über die Gratverbindung zum Spielmann (3027 m) weitersteigt.
Aufstiegszeit 1:30 Std.
Höhenunterschied 500 m (Aufstieg), 1600 m (Abfahrt)
Schwierigkeit skitechnisch mittel
Lawinengefahr mitunter lawinengefährdet
Sonstige Gefahren bei starker Aufweichung der Schneedecke bereits schwere Unfälle durch Sturz in den Pfandlbach
Hangrichtung Norden
Beste Jahreszeit Mai – Juni

Anfahrt *Auto:* Im Salzachtal nach Bruck an der Glocknerstraße. Richtung Süden nach Fusch abzweigen; *Bus/Bahn:* hierher auch mit öffentlichen Verkehrsmitteln.
Ausgangspunkt Fuschertörl (2404 m) an der Großglockner-Hochalpenstraße, 20 km von Fusch. Die Straße wird zumeist im Mai geöffnet.
Aufstieg Auf der Straße rund um den Törlkopf, dann zumeist mit geschulterten Ski und in gut ausgetretener Spur aufsteigen. In 2400 m Höhe Querung eines Steilhanges (mitunter unangenehm bei Hartschnee) zum Brennkogelkees.
Weiter ohne Schwierigkeiten zum Gipfel, der im letzten Teil des Aufstiegs von Norden her erreicht wird.
Abfahrt Über den Südrücken in eine Scharte (2866 m). Über das Spielmannkees, Felsen zuerst nach rechts, dann nach links ausweichen. Durch das Tal des Pfandlbaches bzw. der Fuscher Ache zum Talschluß (1309 m, nach Schneelage). Von hier 6 km bis zur Mautstelle, an schönen Wochenenden Taxibusse.

Touristische Infos Verkehrsverein A-5652 Fusch, Tel. (065 46) 236, Fax (065 46) 504
Literatur, Gebietsführer Rudolf und Siegrun Weiss u.a. (1997): Genuß-Schitourenatlas Österreich-West, Schall Verlag
Karten ÖK 153 (Großglockner); AV-Karte 40 (Glocknergruppe)

Tour 8: Herrlicher Pulverschnee auf der Abfahrt vom Schwarzkopf

10 Hinteres Modereck (2932 m)

Skitour für ausdauernde Einsamkeitsfanatiker Goldberggruppe

Gesamtcharakter Das Seidlwinkltal gehört bereits im Sommer zu den einsameren im Nationalpark. Im Rahmen einer Skitour muß man nicht damit rechnen, einem »Mitbewerber« für das Modereck zu begegnen. Das Rauriser Tauernhaus wäre ein guter Stützpunkt, ist aber leider nicht bewirtschaftet. Die Fahrstraße ist im Mai weit ins Tal hinein aper, darf aber nur bis zur Nationalparkgrenze befahren werden. Erheblich verkürzen läßt sich der Aufstieg, wenn die Glocknerstraße bereits befahrbar ist und man beim Hochtor startet. Im Mai muß man damit rechnen, daß die Abfahrt unterhalb des Rauriser Tauernhauses endet und man etwa 2 Std. mit aufgeschnallten Ski zur Bushaltestelle im Ortsteil Wörth hinauswandern muß.
Aufstiegszeit 6:30 Std.
Höhenunterschied 1900 m
Schwierigkeit skitechnisch mittel
Lawinengefahr mitunter lawinengefährdet
Hangrichtung Norden
Beste Jahreszeit März – Mai

Anfahrt *Auto:* Im Salzachtal nach Taxenbach und nach Rauris abzweigen; *Bus/Bahn:* hierher auch mit öffentlichen Verkehrsmitteln.
Ausgangspunkt Parkplatz bei der Nationalparkgrenze im Seidlwinkltal (etwa 1050 m). Von Rauris nach Wörth. Bei der Talverzweigung nach rechts ins Seidlwinkltal und bis zum Fahrverbot (etwa 7 km von Rauris).
Aufstieg Auf einem Fahrsträßchen durch das Seidlwinkltal zum Rauriser Tauernhaus (1527 m, privat, nicht bewirtschaftet). Weiter zur Diesbachalm (1678 m). Richtung Süden quert man in ein Bachbett, das man wenig später wieder verläßt und Richtung Südosten zu Pkt. 2282 aufsteigt. Weiter in dieser Richtung bis in eine Höhe von etwa 2400 m. Hier hält man sich rechts und steigt geradewegs zum Gipfel auf.
Abfahrt Wie Aufstieg. Oder schöner: Richtung Nordwesten über die Flanke in eine herrliche Mulde. Durch sie bis in eine Höhe von 1800 m, dann nach rechts zur Diesbachalm queren.

Touristische Infos Verkehrsverein A-5661 Rauris, Tel. (065 44) 62 37, Fax (065 44) 7049
Literatur, Gebietsführer Rudolf und Siegrun Weiss u. a. (1997): Genuß-Schitourenatlas Österreich-West, Schall Verlag
Karten ÖK 154 (Rauris); AV-Karte 42 (Sonnblick, mit Skirouten)

11 Rauriser Sonnblick (3106 m)

Von Kolm Saigurn zur berühmten Wetterwarte Goldberggruppe

Gesamtcharakter Der Rauriser Sonnblick ist trotz des anstrengenden Aufstiegs ein beliebter Dreitausender. Er wurde als einer der ersten hohen Gipfel bereits 1894 mit Ski erstiegen. Für die Abfahrt nach Kolm Saigurn brauchte Wilhelm von Arlt damals 32 Minuten – eine Zeit, die trotz besserer Ausrüstung und Skitechnik auch heute nur von ausgezeichneten Skiläufern erreicht oder gar unterboten wird.
Aufstiegszeit 4:30 Std.
Höhenunterschied 1500 m
Schwierigkeit skitechnisch anspruchsvoll
Lawinengefahr mitunter lawinengefährdet
Sonstige Gefahren geringe Spaltengefahr
Hangrichtung Südosten, Norden
Beste Jahreszeit März – Mai

Tour 11: Schareck vom Aufstieg zum Rauriser Sonnblick

Anfahrt *Auto:* Im Salzachtal nach Taxenbach und nach Rauris abzweigen; *Bus/Bahn:* hierher auch mit öffentlichen Verkehrsmitteln.
Ausgangspunkt Kolm Saigurn (1600 m), 15 km von Rauris. Straße meist ab Pfingsten befahrbar. Sonst bis Gasthof »Bodenhaus« und zu Fuß 1:30 Std.
Aufstieg Dem Verlauf des Sommerweges folgend zum »Neubau« (Naturfreundehaus, 2175 m). Rechts davon in einem Graben zum »Radhaus« (Ruine aus der Zeit der Erzgewinnung). Nun in wechselnder Steilheit zu den Felsen unterhalb der Rojacher Hütte (2719 m, Sommerbewirtschaftung). Wenig später erreicht man das Vogelmaier Ochsenkar Kees. Richtung Westen über den zunächst flachen Gletscher, dann rechts auf die Kleine Fleißscharte (2982 m) zu. Über einen Südhang zum Gipfel (Zittelhaus DAV, Sommerbewirtschaftung; Wetterwarte, Getränke, Aufwärmmöglichkeit).
Abfahrt Wie Aufstieg.

Touristische Infos Verkehrsverein A-5661 Rauris, Tel. (065 44) 62 37, Fax (065 44) 70 49
Literatur, Gebietsführer Rudolf und Siegrun Weiss u. a. (1997): Genuß-Schitourenatlas Österreich-West, Schall Verlag
Karten ÖK 154 (Rauris); AV-Karte 42 (Sonnblick, mit Skirouten)
Übernachtung Ammererhof (1628 m) in Kolm Saigurn, privat, doch AV-Ermäßigung, 48 Schlafplätze, bew. ab Ostern, A-5661 Rauris, Tel. (065 44) 81 12; Naturfreundehaus in Kolm Saigurn (1598 m), 95 Schlafplätze, ganzj. bew., A-5661 Rauris, Tel. (065 44) 81 03; Naturfreundehaus »Neubau« (2175 m), 44 Schlafplätze, bew. Anfang März – Ende Oktober, A-5661 Rauris, Tel. (065 44) 81 81. Eine Nächtigung verkürzt den Aufstieg um 1:30 Std.

12 Hocharn (3254 m)

Von Kolm Saigurn über die eindrucksvolle Ostflanke Goldberggruppe

Gesamtcharakter Der Hocharn ist der höchste Gipfel in der Goldberggruppe. Die Abfahrt zählt zu den großartigsten in den Ostalpen – sie wechselt zwischen »steil« und »sehr steil«! Bei geschickter Ausnützung des Lawinenschnees in den steilen Rinnen noch im Juni bis zum Talboden befahrbar.
Aufstiegszeit 4:30 Std.
Höhenunterschied 1700 m
Schwierigkeit skitechnisch anspruchsvoll
Lawinengefahr häufig lawinengefährdet
Sonstige Gefahren geringe Spaltengefahr
Hangrichtung Nordosten, Osten
Beste Jahreszeit März – Mai

Anfahrt *Auto:* Im Salzachtal nach Taxenbach und nach Rauris abzweigen; *Bus/Bahn:* hierher auch mit öffentlichen Verkehrsmitteln.
Ausgangspunkt Kolm Saigurn (1600 m). 15 km von Rauris. Straße meist ab Pfingsten befahrbar. Sonst bis Gasthof »Bodenhaus« und zu Fuß 1:30 Std.
Aufstieg Richtung Westen zur Lacheggklamm. Rechts von der Klamm mühsam durch steiles Gelände. Spät im Jahr am besten mit aufgeschnallten Ski auf dem »Erfurter Weg«. Weiter in wechselnder Steilheit, aber nie flach, zum Hocharnkees. Eine felsige Steilstufe bei 2900 m rechts umgehen. Ohne Schwierigkeiten mit Ski zum Gipfel.
Abfahrt Wie Aufstieg. Vor der Lacheggklamm (in etwa 2400 m Höhe) rechts halten. Hier kommt man auf Lawinenresten meist noch im Juni bis in den Talboden. Oder: Über den Nordostrücken zum Arltkogel (3116 m) und Richtung Nordwesten ins Krumlbachtal. Herrliche Abfahrt bis zum Talschluß, dann hinaus zum Gasthof »Lechnerhäusl«.

Touristische Infos Verkehrsverein A-5661 Rauris, Tel. (065 44) 62 37, Fax (065 44) 70 49
Literatur, Gebietsführer Rudolf und Siegrun Weiss u. a. (1997): Genuß-Schitourenatlas Österreich-West, Schall Verlag
Karten ÖK 154 (Rauris); AV-Karte 42 (Sonnblick, mit Skirouten)
Übernachtung Ammererhof (1628 m) in Kolm Saigurn, privat, doch AV-Ermäßigung, 48 Schlafplätze, bew. ab Ostern, A-5661 Rauris, Tel. (065 44) 81 12; Naturfreundehaus in Kolm Saigurn (1598 m), 95 Schlafplätze, ganzj. bew., A-5661 Rauris, Tel. (065 44) 81 03

13 Filzenkamm (2523 m)

Einsamkeit nach »Tourenpisten« *Goldberggruppe*

Gesamtcharakter Sonnblick und Hocharn sind überaus beliebte Skigipfel und die Abfahrten – zumindest ab der Öffnung der Straße bis Kolm Saigurn – zu rauhen Pisten eingefahren. Wer dem Tourenbetrieb entgehen möchte (oder mehr als zwei Tage Zeit hat), ist mit dem Filzenkamm gut beraten, einem unbedeutenden Gipfel mit einer großartigen Westflanke, die sich nahezu hindernislos vom Gipfel bis nach Kolm Saigurn zieht.
Aufstiegszeit 2:30 Std.
Höhenunterschied 940 m
Schwierigkeit skitechnisch mittel
Lawinengefahr mitunter lawinengefährdet
Hangrichtung Westen
Beste Jahreszeit Februar – Mai

Anfahrt *Auto:* Im Salzachtal nach Taxenbach und nach Rauris abzweigen; *Bus/Bahn:* hierher auch mit öffentlichen Verkehrsmitteln.
Ausgangspunkt Kolm Saigurn (1600 m), 15 km von Rauris. Die Straße ist meist ab Pfingsten befahrbar. Sonst bis Gasthof »Bodenhaus« und zu Fuß 1:30 Std.
Aufstieg Von Kolm Saigurn diesmal (im Anstiegssinne) links von der Hüttwinkelache talein. Wenn sich das Gelände aufzusteilen beginnt, hält man sich links und steigt über herrliches Skigelände Richtung Osten, zuletzt kurzzeitig sehr steil (40°) zum Filzenkamm auf. Den höchsten Punkt erreicht man über unschwierige Blöcke.
Abfahrt Wie Aufstieg.

Touristische Infos Verkehrsverein A-5661 Rauris, Tel. (065 44) 62 37, Fax (065 44) 7049
Literatur, Gebietsführer Rudolf und Siegrun Weiss u. a. (1997): Genuß-Schitourenatlas Österreich-West, Schall Verlag
Karten ÖK 154 (Rauris); AV-Karte 42 (Sonnblick, mit Skirouten)
Übernachtung Ammererhof (1628 m) in Kolm Saigurn, privat, doch AV-Ermäßigung, 48 Schlafplätze, bew. ab Ostern, A-5661 Rauris, Tel. (065 44) 81 12; Naturfreundehaus in Kolm Saigurn (1598 m), 95 Schlafplätze, ganzj. bew., A-5661 Rauris, Tel. (065 44) 81 03

14 Dreieckspitze (3030 m)

Unüberbietbare Einsamkeit auf einem hochalpinen Anstieg *Rieserfernergruppe*

Gesamtcharakter Langer, alpiner Aufstieg, den man nur als Beifahrer eines »Berechtigten« bis zur Jagdhausalm verkürzen kann. Ansonsten zwei zusätzliche Gehstunden.
Aufstiegszeit 5:30 Std.
Höhenunterschied 1300 m
Schwierigkeit skitechnisch anspruchsvoll, Gipfelaufstieg: Fels I; bei Blankeis in der felsigen Steilstufe Steigeisen zweckmäßig
Lawinengefahr häufig lawinengefährdet
Sonstige Gefahren geringe Spaltengefahr
Hangrichtung Nordosten, Norden, Nordwesten
Beste Jahreszeit Mai

Anfahrt *Auto:* Von Lienz oder (von Norden) durch den Felbertauerntunnel nach Huben. Richtung Westen ins Defereggental nach St. Jakob abzweigen; *Bus/Bahn:* hierher auch mit öffentlichen Verkehrsmitteln.
Ausgangspunkt Gasthaus »Oberhaus« (1768 m). Wenn die Straße noch nicht geräumt ist, 1:30 Std. von Erlsbach.
Aufstieg Auf einem Fahrsträßchen über die Seebachalm zur Jagdhausalm (2009 m), einem kleinen Almdorf an einer Talgabelung. Kurz weiter in Richtung Westen bis zur Einmündung des Fleischbaches. Im Aufstiegsinne links vom Bachtal über einen Rücken, bis man in einer Höhe von 2180 m in den Talboden einqueren kann. Der Talschluß wird von den »Wasserköpfen« begrenzt, die ziemlich unzugänglich ausschauen. Diese Steilstufe überwindet man am besten ganz links.
Nach dieser heiklen Stelle quert man oberhalb der Wasserköpfe in Richtung Westen, bis man steil zum Fleischbachkees aufsteigen kann. Über den Gletscher zu einer Einsattelung (2841 m) östlich der Dreieckspitze. Skidepot. In leichter Blockkletterei über den Grat auf den Gipfel.
Abfahrt Wie Aufstieg.

Touristische Infos Tourismusverband A-9963 St. Jakob in Defereggen, Tel. (048 73) 54 83
Karten ÖK 177 (St. Jakob in Defereggen)

15 Hochgall (3436 m)

Schwierige Tour über das Patscher Kees und den Nordostgrat *Rieserfernergruppe*

Gesamtcharakter Der Hochgall kann nur mit Einschränkungen als »Skitour« bezeichnet werden. Zwar ist auch hervorragendes skiläuferisches Können erforderlich, aber keineswegs ausreichend. Der Nordostgrat ist selbst im Sommer bei aperen Felsen ein echter »Zweier«, bei Schneelage und/oder Vereisung entsprechend schwieriger und gefährlicher.
Aufstiegszeit 3 + 4 Std.
Höhenunterschied 910 + 850 m
Schwierigkeit skitechnisch extrem, Gipfelaufstieg: Fels II
Lawinengefahr häufig lawinengefährdet
Sonstige Gefahren Abrutschgefahr bei Hartschnee oder Eis, geringe Spaltengefahr
Hangrichtung Osten, Norden, Nordosten
Beste Jahreszeit Mai – Juni

Anfahrt *Auto:* Von Lienz oder (von Norden) durch den Felbertauerntunnel nach Huben. Richtung Westen ins Defereggental nach St. Jakob abzweigen; *Bus/Bahn:* hierher auch mit öffentlichen Verkehrsmitteln.
Ausgangspunkt Patscher Alm (1685 m). Von St. Jakob durch das Defereggental nach Erlsbach. Spät im Jahr weiter zur Patscher Alm (1685 m).
Aufstieg Der Markierung des Sommerweges folgend zur Barmer Hütte (2591 m). Weiter in Richtung Südsüdwesten talein, dann Richtung Westen zum Patscher Kees abzweigen. Über den Gletscher zur ausgeprägten »Hochgallrinne«, durch die man (steilste Stellen 40°) am besten mit Steigeisen und aufgeschnallten Ski zum Grat aufsteigt, den man bei der Kotierung 3354 m erreicht. Skidepot. Über den Grat in mäßig schwieriger, bei ungünstigen Verhältnissen jedoch sehr heikler Kletterei zum Gipfel. Weniger Geübte unbedingt anseilen!
Abfahrt Wie Aufstieg. Äußerste Vorsicht in der Hochgallrinne ist insbesondere bei Hartschnee erforderlich.

Touristische Infos Tourismusverband A-9963 St. Jakob in Defereggen, Tel. (048 73) 54 83
Literatur, Gebietsführer Rudolf und Siegrun Weiss u. a. (1998): Genuß-Schitourenatlas Südtirol & Österreich-Süd
Karten ÖK 177 (St. Jakob in Defereggen)
Übernachtung Barmer Hütte DAV (2610 m), Sommerbewirtschaftung, kleiner Winterraum mit 4 Lagern stets offen

16 Dreiherrnspitze (3499 m)

Von der Rostocker Hütte auf einen eindrucksvollen Gipfel *Venedigergruppe*

Gesamtcharakter Der Anstieg auf die Dreiherrnspitze ist anstrengend, schwierig und gefährlich (Lawinengefahr, Spaltengefahr). Erstaunlich, daß sie dennoch häufig bestiegen wird. Die Besucher kommen überwiegend über das Virgental, weil auf der Osttiroler Seite mit der Essener-Rostocker Hütte ein hervorragender Stützpunkt zur Verfügung steht. Der Aufstieg ist allerdings nicht so logisch wie aus dem Südtiroler Ahrntal.
Aufstiegszeit 2:30 + 6 Std.
Höhenunterschied 810 + 1300 m
Schwierigkeit skitechnisch anspruchsvoll
Lawinengefahr mitunter lawinengefährdet
Sonstige Gefahren große Spaltengefahr, gefährliche Wächten beim Aufstieg vom Skidepot zum Gipfel
Hangrichtung Süden, Südosten
Beste Jahreszeit März – Mai

Anfahrt *Auto:* Von Norden durch den Felbertauerntunnel oder von Süden über Lienz nach Matrei in Osttirol und ins Virgental nach Prägraten; *Bus/Bahn:* hierher auch mit öffentlichen Verkehrsmitteln.
Ausgangspunkt Ströden (1403 m) am Ende der Fahrstraße (6 km von Prägraten).
Aufstieg Vom Parkplatz Ströden den Markierungen des Sommerweges folgend zur Talstation der Materialseilbahn und weiter zur Hütte. Leicht abwärts in den Talboden queren. Richtung Westen zum Reggentörl (3056 m). Leicht abwärts, nach einem Felssporn über den Gletscher Richtung Norden aufsteigen. Unterhalb der Vorderen Gubachspitze (in etwa 3280 m Höhe) in das weite Becken des Umbalkeeses einqueren. Leicht abwärts zum Ansatz des Südgrates. Gefährliche Spal-

ten! Steil, soweit wie möglich mit Ski, dann Skidepot. Über den oft stark verwächteten Grat zum Gipfel.

Abfahrt Wie Aufstieg. (Skiläuferisch ist der Aufstieg aus dem Ahrntal lohnender. Wesentlich mehr Höhenmeter, aber wesentlich weniger Wegstrecke und keine Höhenverluste beim Aufstieg und in der Abfahrt.)

Touristische Infos Tourismusbüro A-9974 Prägraten, Tel. (04877) 6366

Literatur, Gebietsführer Rudolf und Siegrun Weiss u. a. (1998): Genuß-Schitourenatlas Südtirol & Österreich-Süd, Schall Verlag
Karten ÖK 151 (Krimml); AV-Karte 36 (Venedigergruppe)
Übernachtung Essener-Rostocker Hütte DAV (2208 m), bew. Anfang März – Mitte Mai, 120 Schlafplätze, Winterraum mit 18 Lagern stets offen, A-9974 Prägraten, Tel. (04877) 5101 (Hütte) bzw. (04877) 5473 (Tal)

17 Großer Geiger (3360 m)

»Skigipfel« der Rostocker Hütte — *Venedigergruppe*

Gesamtcharakter Der Tourenbereich der Rostocker Hütte erinnert an die Westalpen. Lange Anstiege über zerklüftete Gletscher, eher etwas für Skibergsteiger als für Abfahrtsgenießer – Beispiele sind Dreiherrnspitze oder Simonyspitzen. Bei zwei Anstiegen geht es skifreundlicher zu, beim Mittleren Maurerkeeskopf und eben beim Großen Geiger. Die alpinen Schwierigkeiten halten sich in Grenzen, die Spaltengefahr ist deutlich geringer, die Anstiege sind kürzer und die Abfahrten geradliniger.
Aufstiegszeit 2:30 + 4 Std.
Höhenunterschied 810 + 1150 m
Schwierigkeit skitechnisch mittel
Lawinengefahr mitunter lawinengefährdet
Sonstige Gefahren geringe Spaltengefahr
Hangrichtung Südwesten, Süden
Beste Jahreszeit März – Mai

Tour 17: Aufstieg zum Großen Geiger

Anfahrt *Auto:* Von Norden durch den Felbertauerntunnel oder von Süden über Lienz nach Matrei in Osttirol und ins Virgental nach Prägraten; *Bus/Bahn:* hierher auch mit öffentlichen Verkehrsmitteln.

Ausgangspunkt Ströden (1403 m) am Ende der Fahrstraße (6 km von Prägraten).

Aufstieg Vom Parkplatz Ströden den Markierungen des Sommerweges folgend zur Talstation der Materialseilbahn und weiter zur Hütte. In den Talboden und Richtung Norden, erst beim Talschluß etwas steiler, aufsteigen. Bei 2700 m muß man sich entscheiden: weiter bis unterhalb des Maurertörls, dann Richtung Osten (sanfter) oder steil Richtung Nordosten über den östlichen Teil des Maurergletschers.
Unterhalb der Geigerscharte (3142 m) nach rechts und über den steilen Gipfelhang so hoch wie möglich mit Ski. Skidepot. Zu Fuß, bei günstigen Verhältnissen in Stapfen, bei Vereisung mit Pickel und Steigeisen zum Gipfel.

Abfahrt Wie Aufstieg.

Touristische Infos Tourismusbüro A-9974 Prägraten, Tel. (04877) 6366
Literatur, Gebietsführer Rudolf und Siegrun Weiss u. a. (1998): Genuß-Schitourenatlas Südtirol & Österreich-Süd, Schall Verlag
Karten ÖK 151 (Krimml); AV-Karte 36 (Venedigergruppe)
Übernachtung Essener-Rostocker Hütte DAV (2208 m), bew. Anfang März – Mitte Mai, 120 Schlafplätze, Winterraum mit 18 Lagern stets offen, A-9974 Prägraten, Tel. (04877) 5101 (Hütte) bzw. (04877) 5473 (Tal)

18 Mittlere Malhamspitze (3364 m)

Auf einen großartigen Skigipfel im Tourenbereich der Rostocker Hütte — *Venedigergruppe*

Gesamtcharakter Die Abfahrt von der Mittleren Malhamspitze entlang der »Bösen Wand« ist großartig, der etwas umständliche Zustieg mit einer langen Querung ist es weniger. Dennoch wird der Gipfel häufig erstiegen, nicht zuletzt wegen der großartigen Aussicht.
Aufstiegszeit 2:30 + 4:30 Std.
Höhenunterschied 810 + 1200 m
Schwierigkeit skitechnisch mittel
Lawinengefahr mitunter lawinengefährdet
Sonstige Gefahren geringe Spaltengefahr
Hangrichtung Südosten, Osten
Beste Jahreszeit März – Mai

Anfahrt *Auto:* Von Norden durch den Felbertauerntunnel oder von Süden über Lienz nach Matrei in Osttirol und ins Virgental nach Prägraten; *Bus/Bahn:* hierher auch mit öffentlichen Verkehrsmitteln.

Ausgangspunkt Ströden (1403 m) am Ende der Fahrstraße (6 km von Prägraten).

Aufstieg Vom Parkplatz Ströden den Markierungen des Sommerweges folgend zur Talstation der Materialseilbahn und weiter zur Hütte. Von der Hütte quert man Richtung Süden in leichtem Auf und Ab ohne Höhengewinn um das »Rostocker Eck« herum. Einen Felskopf (2430 m) umgeht man links und erreicht schließlich durch eine Rinne das Nördliche und in einem Bogen um die Ausläufer der Bösen Wand herum das Südliche Malhamkees. Über diesen herrlichen Gletscher Richtung Nordwesten in eine Einsattelung zwischen Südlicher und Mittlerer Malhamspitze. Bereits etwas unterhalb kann man sich rechts halten und unschwierig, zuletzt mitunter zu Fuß, über Blockwerk zum Gipfel aufsteigen.

Abfahrt Wie Aufstieg.

Touristische Infos Tourismusbüro A-9974 Prägraten, Tel. (04877) 6366
Literatur, Gebietsführer Rudolf und Siegrun Weiss u. a. (1998): Genuß-Schitourenatlas Südtirol & Österreich-Süd, Schall Verlag
Karten ÖK 151 (Krimml); AV-Karte 36 (Venedigergruppe)
Übernachtung Essener-Rostocker Hütte DAV (2208 m), bew. Anfang März – Mitte Mai, 120 Schlafplätze, Winterraum mit 18 Lagern stets offen, A-9974 Prägraten, Tel. (04877) 5101 (Hütte) bzw. (04877) 5473 (Tal)

19 Großvenediger (3674 m)

Von Süden über Johannishütte und Defreggerhaus

Venedigergruppe

Gesamtcharakter Der Großvenediger ist ein prachtvoller und bedeutender Gipfel, gleichgültig, ob man ihn aus dem Salzachtal über die Kürsinger Hütte oder von Süden über Johannishütte und Defreggerhaus besteigt. Skiläuferisch ist der Anstieg von Süden allerdings reizvoller, insbesondere natürlich bei entsprechenden Schneeverhältnissen. Die beiden Stützpunkte teilen den Anstieg angenehm auf, wobei man mit der Johannishütte manchmal bereits früher rechnen kann. Beim Hüttenanstieg sollte man berücksichtigen, daß die Lawinengefahr durch die Tageserwärmung stark ansteigt.
Aufstiegszeit 2:30 + 3 + 4:30 Std.
Höhenunterschied 640 + 840 + 1500 m
Schwierigkeit skitechnisch mittel
Lawinengefahr häufig lawinengefährdet
Sonstige Gefahren erhebliche Spaltengefahr
Hangrichtung Süden, Südwesten
Beste Jahreszeit März – Mai

Anfahrt *Auto:* Von Norden durch den Felbertauerntunnel oder von Süden über Lienz nach Matrei in Osttirol und ins Virgental nach Prägraten; *Bus/Bahn:* hierher auch mit öffentlichen Verkehrsmitteln.
Ausgangspunkt Wiesenkreuz (1484 m). Von Prägraten nach Hinterbichl und noch 1 km weiter zum Wiesenkreuz am Eingang des Dorfertales.
Aufstieg Durch das Dorfertal zur Johannishütte (2121 m). Weiter in Richtung Nordwesten zur Dorfer Alm und, nach Norden einschwenkend, zum Defreggerhaus (2962 m). Richtung Norden an einem Felskamm (Mullwitzaderl) vorbei zum Rainertörl (3421 m). Über den sanften Gletscherboden erreicht man einen Vorgipfel und über einen Schneerücken den höchsten Punkt.
Abfahrt Wie Aufstieg.

Touristische Infos Tourismusbüro A-9974 Prägraten, Tel. (04877) 6366
Literatur, Gebietsführer Rudolf und Siegrun Weiss u. a. (1998): Genuß-Schitourenatlas Südtirol & Österreich-Süd, Schall Verlag
Karten ÖK 152 (Matrei in Osttirol); AV-Karte 36 (Venedigergruppe)
Übernachtung Johannishütte DAV (2121 m), 25 Schlafplätze, bew. ab Karwoche bis Mitte Mai, A-9974 Prägraten, Tel. (04877) 5150 (Hütte) oder 5387 (Tal); Defreggerhaus ÖTK (2962 m), 72 Schlafplätze, Winterraum mit 12 Lagern stets offen, zu Ostern und Pfingsten meist bew. Anfrage zweckmäßig: A-9974 Prägraten, Tel. (04875) 6110 (Hütte) bzw. (0663) 9681090 (Tal)

Tour 19: Großvenediger – vielbesuchter Gipfel trotz flacher und spaltengefährdeter Abfahrt

20 Hochgasser (2922 m)

Vom Matreier Tauernhaus über die Südwestflanke

Venedigergruppe

Gesamtcharakter Mitunter werden nicht nur Straßen »rückgebaut«, sondern auch Skitouren. Ursprünglich verkürzte der Sessellift »Venedigerblick« den Aufstieg. Jetzt muß man wieder die volle Länge mit Muskelkraft zurücklegen, immerhin gute vier Stunden.
Der Lohn ist eine wunderschöne Abfahrt, leicht und bei vernünftiger Spurwahl kaum lawinengefährdet.
Aufstiegszeit 4:30 Std.
Höhenunterschied 1450 m
Schwierigkeit skitechnisch leicht
Lawinengefahr kaum lawinengefährdet
Hangrichtung Südwesten, Südosten
Beste Jahreszeit Januar – April

Anfahrt *Auto:* Von Norden durch den Felbertauerntunnel oder von Lienz über Matrei in Osttirol zur Abzweigung der Fahrstraße nach Innergschlöß, 2 km südlich des Südportals des Felbertauerntunnels; *Bus/Bahn:* hierher auch mit öffentlichen Verkehrsmitteln.
Ausgangspunkt Matreier Tauernhaus (1512 m), 5 km von der Abzweigung. Es ist auch möglich, vom Parkplatz beim Südportal zum Hochgasser zu starten (1632 m).
Aufstieg Auf der ehemaligen Piste aufsteigen, ab etwa 1950 m im erst sehr flachen, dann ziemlich steilen Tal des Messelingbaches zur (unbewirtschafteten) Grünseehütte. Nun wieder gemütlich weiter über den Schwarzen See und den Grauen See (2500 m), dann nach rechts abbiegen und über die schöne Südwestflanke mit Ski zum Gipfel.
Abfahrt Wie Aufstieg.

Touristische Infos Tourismusbüro A-9971 Matrei in Osttirol, Tel. (04875) 6527
Literatur, Gebietsführer Rudolf und Siegrun Weiss u. a. (1998): Genuß-Schitourenatlas Südtirol & Österreich-Süd, Schall Verlag
Karten ÖK 152 (Matrei in Osttirol); AV-Karte 36 (Venedigergruppe)
Übernachtung Matreier Tauernhaus (1512 m), privat, 60 Schlafplätze, ganzj. bew., A-9971 Matrei in Osttirol, Tel. (04875) 8811

21 Schönleitenspitze (2810 m)

Von Oberlesach über den Westrücken (Lesacher Riegel)

Schobergruppe

Gesamtcharakter Häufig finden wir in der Schobergruppe anspruchsvolle Anstiege in urweltlich-einsamer Landschaft. Die Schönleitenspitze dagegen ist eine ausgesprochene Genußtour mit einer Abfahrt, die weitgehend über hindernislose Hänge idealer Steilheit führt.
Aufstiegszeit 4:30 Std.
Höhenunterschied 1400 m
Schwierigkeit skitechnisch mittel, Gipfelaufstieg: Fels I
Lawinengefahr mitunter lawinengefährdet
Hangrichtung Westen, Süden
Beste Jahreszeit Februar – April

Anfahrt *Auto:* Von Norden durch den Felbertauerntunnel, von Süden von Lienz nach Huben und Richtung Kals abzweigen; *Bus/Bahn:* hierher auch mit öffentlichen Verkehrsmitteln.
Ausgangspunkt Oberlesach (1325 m) bzw. bis zum Fahrverbot (1410 m). Südlich von Kals zweigt eine Fahrstraße ins Lesachtal bzw. nach Oberlesach ab. Weiterfahrt für den öffentlichen Verkehr gesperrt (Schranken).
Aufstieg Über freie Wiesen, dann durch einen Waldgürtel, zum Westrücken der Schönleitenspitze, dem »Lesacher Riegel«. Man erreicht ihn bei Pkt. 1937. Über den Rücken zu einem Vorgipfel (2614 m) und noch möglichst weit – allmählich steiler, enger und schmäler – mit Ski. Skidepot. Zu Fuß, teilweise in leichter Blockkletterei, zum Gipfelkreuz.
Abfahrt Wie Aufstieg. Oder: Steiler Richtung Süden zur Lesachalmhütte (1828 m) im Lesachtal. Etwas langweilig auf und neben der Fahrstraße nach Oberlesach.

Touristische Infos Tourismusbüro A-9981 Kals am Großglockner, Tel. (04876) 8211, Fax (04876) 8433
Literatur, Gebietsführer Rudolf und Siegrun Weiss u. a. (1998): Genuß-Schitourenatlas Südtirol & Österreich-Süd, Schall Verlag
Karten ÖK 179 (Lienz); AV-Karte 41 (Schobergruppe)

22 Hochschober (3240 m)

Nordflanke – Herausforderung für ausgezeichnete Skibergsteiger

Schobergruppe

Gesamtcharakter Die Hochschober-Nordflanke ist in ihrem oberen Teil bis zu 40° steil, aber auch die weitere Abfahrt über das Schoberkees hat nur im Mittelteil ein Flachstück. Rundum Skigenuß. Leider ist der Anstieg lang, insbesondere wenn man in Oberlesach starten muß. Erstaunlich, daß die Flanke dennoch verhältnismäßig häufig befahren wird.

Aufstiegszeit 6 Std.
Höhenunterschied 1850 m
Schwierigkeit skitechnisch extrem
Lawinengefahr häufig lawinengefährdet
Sonstige Gefahren geringe Spaltengefahr
Hangrichtung Norden, Nordwesten
Beste Jahreszeit Mai – Juni

Anfahrt *Auto:* Von Norden durch den Felbertauerntunnel, von Süden von Lienz nach Huben und Richtung Kals abzweigen; *Bus/Bahn:* hierher auch mit öffentlichen Verkehrsmitteln.
Ausgangspunkt Oberlesach (1325 m) bzw. Fahrverbot, Schranken (1410 m). Südlich von Kals zweigt eine Fahrstraße ins Lesachtal bzw. nach Oberlesach ab. Weiterfahrt für den öffentlichen Verkehr gesperrt (Schranken).
Aufstieg Vom Schranken auf dem Forststräßchen zur Lesachalmhütte (1828 m). Nach der Hütte über den Bach und auf dem Weg (mitunter bereits aper, dann mit aufgeschnallten Ski) zur Waldgrenze und ins Ralftal. Weiter zum Talschluß und zum Schoberkees aufsteigen. Über den Gletscher erreicht man einen Sattel zwischen Kleinschober und Hochschober. Zu Fuß mit aufgeschnallten Ski über den Gratrücken zum Gipfel.
Abfahrt Über die Nordflanke. Sichere und gute Schneeverhältnisse erforderlich, am besten natürlich nach einer kalten Nacht und bei Firn. Etwas weniger steil, wenn man erst etwas nordwestlich vom Gipfel in die Flanke einfährt. Natürlich ist es auch möglich, im Sattel ein Skidepot zu errichten und auf dem Anstiegswege abzufahren – skitechnisch anspruchsvoll.

Touristische Infos Tourismusbüro A-9981 Kals am Großglockner, Tel. (048 76) 82 11, Fax (048 76) 84 33
Literatur, Gebietsführer Rudolf und Siegrun Weiss u. a. (1998): Genuß-Schitourenatlas Südtirol & Österreich-Süd, Schall Verlag
Karten ÖK 179 (Lienz); AV-Karte 41 (Schobergruppe)
Übernachtung Lesachalmhütte (1828 m), privat, 20 Schlafplätze, Sommerbewirtschaftung, doch gelegentlich auch zur Skitourenzeit geöffnet. Anfrage zweckmäßig: A-9981 Kals am Großglockner, Tel. (048 76) 304

23 Kruckelkopf (3181 m)

Über die Noßberger-Hütte – einsam und anspruchsvoll

Schobergruppe

Gesamtcharakter Der Kruckelkopf ist ein ansehnlicher, aber dennoch unbedeutender und unbekannter Gipfel. Der Anstieg führt in größter Einsamkeit durch eine sehr urtümliche Landschaft. Die Abfahrt ist teilweise sehr steil, unterhalb der Perschitzscharte z. B. etwa 40°. Der lange Anstieg kann durch eine Nächtigung im Winterraum der Noßberger-Hütte der Sektion Wiener Lehrer aufgeteilt werden.

Aufstiegszeit 3:30 + 2:30 Std.
Höhenunterschied 1100 + 700 m
Schwierigkeit skitechnisch extrem
Lawinengefahr häufig lawinengefährdet
Hangrichtung Südwesten, Nordwesten, Südosten, Nordosten
Beste Jahreszeit April – Juni

Anfahrt *Auto:* Von Norden über die Glocknerstraße unmittelbar oder über die Tauern-Autobahn oder den Felbertauerntunnel nach Spittal an der Drau bzw. Lienz und über Winklern nach Heiligenblut.
Ausgangspunkt Eingang zum Nationalpark im Gradental (etwa 1400 m). Abzweigung des Fahrweges in Putschall südlich von Heiligenblut.
Aufstieg Auf dem Fahrweg zur Gradenalm (1707 m) und zum Talschluß (1948 m). Eine schluchtartige Engstelle wird links umgangen. Nach der Steilstufe an mehreren Seen vorbei, zuletzt am Mittersee (2421 m) und weiter zur Hütte (2488 m), die auch an einem See liegt (Gradensee).
Auf dem »Holländerweg« kurz Richtung Süden, dann links abzweigen und Richtung Perschitzscharte (2979 m) aufsteigen. Die letzten 200 m unterhalb der Scharte sind sehr steil, bei Hartschnee sind Steigeisen angenehm. Von der Scharte etwas weniger steil über den Südwestgrat so weit wie möglich mit Ski, dann zu Fuß über unschwieriges Blockwerk zum Gipfel.
Abfahrt Wie Aufstieg.

Touristische Infos Verkehrsbüro A-9844 Heiligenblut, Tel. (048 24) 2001, Fax (048 24) 2001 43
Literatur, Gebietsführer Rudolf und Siegrun Weiss u. a. (1998): Genuß-Schitourenatlas Südtirol & Österreich-Süd
Karten ÖK 179 (Lienz) und 180 (Winklern); AV-Karte 41 (Schobergruppe)
Übernachtung Adolf-Noßberger-Hütte ÖAV (2488 m), Sommerbewirtschaftung, Winterraum mit 8 Lagern

24 Großglockner (3798 m)

Auf den höchsten Gipfel Österreichs über Hofmannskees und Kleinglockner

Glocknergruppe

Gesamtcharakter In meiner Jugend gab es ein »Glocknerrennen«, bei dem die Rennläufer mit geschulterten Ski zur Adlersruhe stapften. Diese Zeiten sind längst vorüber. Viele Jahre war es dann im Frühjahr ruhig. Seit etlichen Jahren aber haben viele Skibergsteiger entdeckt, daß der Großglockner nicht nur ein bedeutender Gipfel ist, sondern auch eine wirklich großartige Abfahrt bietet. Dennoch sind Unfälle bedeutend seltener als im Sommer, vermutlich wegen der durchschnittlich besseren alpinen Fähigkeiten der Skibergsteiger. Auch die Kondition dürfte besser sein, denn die meisten Skibergsteiger verzichten auf eine Nächtigung im Winterraum der Erzherzog-Johann-Hütte.

Aufstiegszeit 6 Std.
Höhenunterschied 1700 m
Schwierigkeit skitechnisch anspruchsvoll, Gipfelaufstieg: Fels I
Lawinengefahr mitunter lawinengefährdet
Sonstige Gefahren erhebliche Spaltengefahr
Hangrichtung Osten, Nordosten
Beste Jahreszeit Mai – Juni

Anfahrt *Auto:* Nach der Öffnung der Großglockner-Hochalpenstraße (meist im Mai) von Norden über Fusch, von Süden über Heiligenblut zur Mautstelle.
Ausgangspunkt Franz-Josefs-Höhe (2369 m). Großes Parkhaus. Auf der Mautstraße zur Abzweigung der Stichstraße. Über sie bis zum Parkhaus.
Aufstieg Zur Pasterze absteigen und den Gletscher Richtung Nordwesten queren. Dem Verlauf des Sommerweges folgen (meist sind schon zahlreiche Markierungen ausgeapert). Bei guter Schneelage unmittelbarer durch das Äußere Glocknerkar zum »Frühstücksplatzl« (2793 m) und zum Hofmannskees. Über den Gletscher (Spalten!) in weitem Bogen zur Adlersruhe und der Erzherzog-Johann-Hütte (3454 m). (Hierher auch von Süden, von Kals über das Lucknerhaus und die Stüdlhütte.) Wie im Sommer über das Glocknerleitl zum Kleinglockner. Skidepot je nach den Verhältnissen und dem skiläuferischen Können mehr oder weniger weit oben. Über den Kleinglockner und die berüchtigte Glocknerscharte zum Gipfel. Einzementierte Eisenstangen bieten hervorragende Sicherungsmöglichkeiten.
Abfahrt Wie Aufstieg bis zum »Frühstücksplatzl«. Hier quert man unterhalb von Felsen nach links in das Äußere Glocknerkar. Auf Lawinenresten kann man meist noch Ende Juni bis zur Pasterze abfahren. Über die Pasterze zum Schrägaufzug, der uns den Aufstieg zum Parkhaus erspart.

Touristische Infos Verkehrsbüro A-9844 Heiligenblut, Tel. (048 24) 2001, Fax (048 24) 2001 43
Literatur, Gebietsführer Rudolf und Siegrun Weiss u. a. (1998): Genuß-Schitourenatlas Südtirol & Österreich-Süd, Schall Verlag
Karten ÖK 153 (Heiligenblut); AV-Karte 40 (Glocknergruppe)
Übernachtung Hofmannshütte ÖAV (2444 m), Sommerbewirtschaftung, Beginn Mitte Juni, daher unter Umständen Nächtigung möglich, 86 Schlafplätze, Winterraum mit 20 Lagern stets offen, Tel. (048 24) 2575 (Hütte) oder (052 85) 62 50 (Tal); Erzherzog-Johann-Hütte ÖAK (3454 m), 230 Schlafplätze, Sommerbewirtschaftung, doch mitunter zu Pfingsten geöffnet, Winterraum stets offen, Tel. (048 76) 8444 (Hütte) oder 85 00 (Tal, Kals am Großglockner)

Tour 25: Oberwalder Hütte auf dem Großen Burgstall, einem Felsriff inmitten von Gletschern

25 Großer Bärenkopf (3406 m)

Von der Oberwalder Hütte über Bockkarkees und Keilscharte

Glocknergruppe

Gesamtcharakter Die Oberwalder Hütte ist das richtige Tourengebiet für »Dreitausendersammler«. Die Hütte, die meist kurz nach der Öffnung der Großglockner-Hochalpenstraße bewirtschaftet wird, liegt fast 3000 m hoch. Rund um die Hütte gibt es wunderschöne Gipfel, die in kurzer Zeit erreicht werden können: Johannisberg, Hohe Riffel, Vorderer, Mittlerer und Großer (auch »Weißer«) Bärenkopf. Eine »skitechnisch extreme Skitour« wird anschließend beschrieben.
Aufstiegszeit 3 + 1:30 Std.
Höhenunterschied 800 + 400 m
Schwierigkeit skitechnisch mittel
Lawinengefahr mitunter lawinengefährdet
Sonstige Gefahren erhebliche Spaltengefahr
Hangrichtung Südwesten, Südosten
Beste Jahreszeit Mai – Juni

Anfahrt *Auto:* Nach der Öffnung der Großglockner-Hochalpenstraße (meist im Mai) von Norden über Fusch, von Süden über Heiligenblut zur Mautstelle.
Ausgangspunkt Franz-Josefs-Höhe (2369 m). Großes Parkhaus. Auf der Mautstraße zur Abzweigung der Stichstraße. Über sie bis zum Parkhaus.
Aufstieg Solange der »Gamsgrubenweg« oberhalb der Pasterze wegen Steinschlag- und Lawinengefahr gesperrt ist, steigt man zur Pasterze ab und über die Hofmannshütte wieder zum Hüttenanstieg auf. (Sollte der Weg wieder geöffnet sein, durch einen Stollen und auf einem breiten Promenadenweg hierher.) Weiter nun auf dem Weg und durch eine Mulde zum Gletscher (»Wasserfallwinkel«). Die Oberwalder Hütte sieht man bereits auf einem Felsen, dem Großen Burgstall, stehen und erreicht sie über den Gletscher und nach links ausholend über den Hüttenhang. Weiter ziemlich flach zur Bockkarscharte (3038 m) und, etwas links haltend, zur Keilscharte (3220 m). Skidepot. Über den langen Westgrat unschwierig auf den Gipfel.
Abfahrt Wie Aufstieg. Ausgezeichnete Skifahrer können bei günstigen Verhältnissen die Ski zum Gipfel mitnehmen und über die kurze Nordflanke etwa 200 Höhenmeter abfahren und dann nach links um einen Felssporn queren und zur Keilscharte aufsteigen. Diese »Einlage« ist skitechnisch extrem (teilweise knapp über 40°).

Touristische Infos Verkehrsbüro A-9844 Heiligenblut, Tel. (048 24) 2001, Fax (048 24) 2001 43
Literatur, Gebietsführer Rudolf und Siegrun Weiss u. a. (1998): Genuß-Schitourenatlas Südtirol & Österreich-Süd, Schall Verlag
Karten ÖK 153 (Heiligenblut); AV-Karte 40 (Glocknergruppe)
Übernachtung Oberwalder Hütte ÖAV (2973 m), 110 Schlafplätze, bew. nach Öffnung der Großglockner-Hochalpenstraße, Winterraum mit 10 Lagern (AV-Schlüssel), A-9843 Großkirchheim, Tel. (048 24) 25 46 (Hütte) oder (048 25) 61 16 (Tal)

26 Fuscherkarkopf (3336 m)

Die Nordflanke – eine Herausforderung

Glocknergruppe

Gesamtcharakter Der Fuscherkarkopf ist kein Skigipfel im üblichen Sinn. Der Aufstieg über den Nordwestgrat ist (bei günstigen Verhältnissen) ein »unterer Zweier«, die Abfahrt über die Nordflanke hat über 300 m eine Durchschnittsneigung von etwa 42°. Zum Kennenlernen der Verhältnisse ist es manchmal empfehlenswert, mit aufgeschnallten Ski und Steigeisen über die Flanke auch aufzusteigen.
Aufstiegszeit 3 + 2:30 Std.
Höhenunterschied 800 + 450 m
Schwierigkeit skitechnisch extrem, Nordwestgrat: Fels II
Lawinengefahr häufig lawinengefährdet
Sonstige Gefahren geringe Spaltengefahr (spät im Jahr Bergschrund!)
Hangrichtung Norden
Beste Jahreszeit Mai – Juni

Anfahrt *Auto:* Nach der Öffnung der Großglockner-Hochalpenstraße (meist im Mai) von Norden über Fusch, von Süden über Heiligenblut zur Mautstelle.
Ausgangspunkt Franz-Josefs-Höhe (2369 m). Großes Parkhaus. Auf der Mautstraße zur Abzweigung der Stichstraße. Über sie bis zum Parkhaus.
Aufstieg Solange der »Gamsgrubenweg« oberhalb der Pasterze wegen Steinschlag- und Lawinengefahr gesperrt ist, steigt man zur Pasterze ab und über die Hofmannshütte wieder zum Hüttenanstieg auf. (Sollte der Weg wieder geöffnet sein, durch einen Stollen und auf einem breiten Promenadenweg hierher.) Weiter nun auf dem Weg und durch eine Mulde zum Gletscher (»Wasserfallwinkel«). Die Oberwalder Hütte sieht man bereits auf einem Felsen, dem Großen Burgstall, stehen und erreicht sie über den Gletscher und nach links ausholend über den Hüttenhang. Zum Gletscher hinunter, leicht fallend zur Fuscherkarscharte (2820 m) und weiter zu einem Felskamm, an dem der Nordwestgrat ansetzt. Mit aufgeschnallten Ski über den Grat auf einen Vorgipfel (3252 m) und weiter, zuletzt über Firn, auf den unerwartet geräumigen Gipfel.
Abfahrt Über die Nordflanke. Besonders steil sind die ersten 150 Höhenmeter, insbesondere in der Gipfelfallinie. An der linken und rechten Begrenzung ist die Flanke etwas weniger steil. Ein Trick, wenn die Nerven flattern: Man fährt die ganze Flanke schräg querend zur Fuscherkarscharte ab, wie es bei der Erstbefahrung (1935) geschehen ist.

Touristische Infos Verkehrsbüro A-9844 Heiligenblut, Tel. (048 24) 2001, Fax (048 24) 2001 43
Literatur, Gebietsführer Rudolf und Siegrun Weiss u. a. (1998): Genuß-Schitourenatlas Südtirol & Österreich-Süd, Schall Verlag
Karten ÖK 153 (Heiligenblut); AV-Karte 40 (Glocknergruppe)
Übernachtung Oberwalder Hütte ÖAV (2973 m), 110 Schlafplätze, bew. nach Öffnung der Großglockner-Hochalpenstraße, Winterraum mit 10 Lagern (AV-Schlüssel), A-9843 Großkirchheim, Tel. (048 24) 25 46 (Hütte) oder (048 25) 61 16 (Tal)

27 Spielmann (3027 m)

Pfingsttour über Untere Pfandlscharte und Westgrat — *Glocknergruppe*

Gesamtcharakter Nach der Öffnung der Großglockner-Hochalpenstraße erschließen sich dem Skibergsteiger nicht nur hochalpine Anstiege, sondern auch ausgesprochene Genußtouren mit Abfahrten über sonnseitige Flanken, die dennoch bis zum Ausgangspunkt befahren werden können. Der Spielmann kann von zwei Seiten erreicht werden, aus dem Guttal und über die Pfandlscharte. Hier wird die Route über die Pfandlscharte beschrieben.
Aufstiegszeit 3 Std.
Höhenunterschied 850 m
Schwierigkeit skitechnisch anspruchsvoll, Gipfelaufstieg: Fels unter I
Lawinengefahr mitunter lawinengefährdet
Hangrichtung Südwesten
Beste Jahreszeit Mai – Juni

Anfahrt *Auto:* Nach der Öffnung der Großglockner-Hochalpenstraße (meist im Mai) von Norden über Fusch, von Süden über Heiligenblut zur jeweiligen Mautstelle.
Ausgangspunkt Auf der Glocknerstraße zum Glocknerhaus und noch knapp 1 km weiter. Etwa 100 m vor dem Abfluß des Naßfeldspeichers kleiner Parkplatz links von der Straße (etwa 2190 m).
Aufstieg Zum Naßfeldspeicher und am östlichen Ufer entlang. Über einen Steilhang nach der Einmündung eines Baches und weniger steil in eine weite Mulde (See). Weiter in einem Bogen nach links in die Untere Pfandlscharte (2656 m). Über den Westrücken noch weit hinauf mit Ski, bei guten Verhältnissen bis kurz unter den Gipfel. Skidepot. In leichter Blockkletterei zum höchsten Punkt.
Abfahrt Wie Aufstieg.

Touristische Infos Verkehrsbüro A-9844 Heiligenblut, Tel. (048 24) 2001, Fax (048 24) 200143
Literatur, Gebietsführer Rudolf und Siegrun Weiss u. a. (1998): Genuß-Schitourenatlas Südtirol & Österreich-Süd, Schall Verlag
Karten ÖK 153 (Heiligenblut); AV-Karte 40 (Glocknergruppe)
Übernachtung Glocknerhaus ÖAV (2132 m), bew. nach Öffnung der Großglockner-Hochalpenstraße, 88 Schlafplätze, Winterraum stets offen (8 Lager), A-9844 Heiligenblut, Tel. (048 24) 25 16 (Hütte) bzw. (048 52) 62488 (Tal)

28 Stellkopf (2851 m)

Vom Sadnighaus über die Rudenböden — *Goldberggruppe*

Gesamtcharakter Das Sadnighaus ist ein nördlich des Alpenhauptkammes kaum bekannter Stützpunkt für eine Reihe von schönen, skitechnisch leichten bis mittelschweren Anstiegen. Der Sadnig, nach dem die Hütte benannt ist, ist als Skigipfel nicht so anziehend wie der Stellkopf.
Aufstiegszeit 3:15 Std.
Höhenunterschied 1000 m
Schwierigkeit skitechnisch mittel
Lawinengefahr mitunter lawinengefährdet
Hangrichtung Süden
Beste Jahreszeit Januar – April

Anfahrt *Auto:* Von Lienz oder Spittal an der Drau nach Winklern und nach Mörtschach abzweigen; *Bus/Bahn:* hierher auch mit öffentlichen Verkehrsmitteln.
Ausgangspunkt Sadnighaus (1876 m). Von Mörtschach im Astental bis zur Hütte.
Aufstieg Den Hang und später ein Bachtälchen querend in die Talmulde des Astenbaches. Östlich (rechts) vom »Stellkopfriegel« in das weite Becken der Rudenalm, das beiderseits (östlich Rotwandeck, westlich Stellhöhe) von Felsflanken begrenzt wird. Über die Alm, dann etwas links haltend zum Butzentörl (2714 m) und weiter, nur die letzten Meter etwas ausgesetzt, zum Gipfel.
Abfahrt Wie Aufstieg.

Touristische Infos Verkehrsbüro A-9842 Mörtschach im Mölltal, Tel. (048 26) 701, Fax (048 26) 287
Literatur, Gebietsführer Rudolf und Siegrun Weiss u. a. (1998): Genuß-Schitourenatlas Südtirol & Österreich-Süd, Schall Verlag
Karten ÖK 180 (Winklern); AV-Karte 42 (Sonnblick)
Übernachtung Sadnighaus (1880 m), privat, 41 Schlafplätze, ab Ostern bew., A-9842 Mörtschach, Tel. (048 52) 63052

29 Brennkogl (3018 m)

Von der Glocknerstraße durch das Guttal — *Glocknergruppe*

Gesamtcharakter Der Brennkogel ist ein richtiger Skigipfel, man kann mit Fellen bis zum höchsten Punkt aufsteigen. Er bietet nicht nur eine herrliche Aussicht auf viele berühmtere Nachbarn, sondern auch eine nicht übermäßig schwierige, bei vernünftiger Spuranlage kaum lawinengefährdete Abfahrt. Nahe dem Ausgangspunkt kann man im privaten Wallackhaus (Name zu Ehren des Erbauers der Glocknerstraße) nächtigen.
Aufstiegszeit 3:30 Std.
Höhenunterschied 1100 m
Schwierigkeit skitechnisch mittel
Lawinengefahr mitunter lawinengefährdet
Hangrichtung Süden
Beste Jahreszeit Mai – Juni

Anfahrt *Auto:* Nach der Öffnung der Großglockner-Hochalpenstraße (meist im Mai) von Norden über Fusch, von Süden über Heiligenblut zur jeweiligen Mautstelle.
Ausgangspunkt Auf der Glocknerstraße zur Brücke über den Guttalbach. Unmittelbar vor dem Bach (wenn man von Heiligenblut kommt) links und rechts kleiner Parkplatz (etwa 1920 m).
Aufstieg Im Talboden bis zum Talschluß. Teilweise recht steil durch einen kurzen Felsgürtel. Nach einem flacheren Teil wieder ziemlich steil aufsteigen, zuerst Richtung Norden, dann Richtung Westen einschwenkend.
Man erreicht den Gipfel bei entsprechender Schneelage mit Ski.
Abfahrt Wie Aufstieg. Das weitläufige Gelände gestattet viele Varianten. Man muß lediglich trachten, den Durchschlupf beim Felsgürtel zu erreichen.

Touristische Infos Verkehrsbüro A-9844 Heiligenblut, Tel. (048 24) 2001, Fax (048 24) 200143
Literatur, Gebietsführer Rudolf und Siegrun Weiss u. a. (1998): Genuß-Schitourenatlas Südtirol & Österreich-Süd, Schall Verlag
Karten ÖK 153 (Heiligenblut); AV-Karte 40 (Glocknergruppe)
Übernachtung Wallackhaus (2350 m) am Südportal des Hochtortunnels, privat, 70 Schlafplätze, bew. nach Öffnung der Großglockner-Hochalpenstraße, A-5672 Fusch an der Glocknerstraße, Tel. (048 24) 2223

30 Rometerspitz (2695 m)

Von der Jamnighütte über die Sonnseite — *Ankogelgruppe*

Gesamtcharakter Der Gipfel liegt bereits in der östlichsten Untergruppe der Hohen Tauern, der Ankogelgruppe, der auch die Hochalmspitzgruppe und die Hafnergruppe zugerechnet werden. Der Rometerspitz ist nur ein Beispiel für viele südseitige Anstiege im Tourenbereich von Mallnitz. Der Aufstieg ist mäßig steil und bei vernünftiger Spuranlage kaum lawinengefährdet, die Abfahrt – bei entsprechenden Schneeverhältnissen – reiner Skigenuß vom Gipfel bis zum Ausgangspunkt.
Aufstiegszeit 3 Std.
Höhenunterschied 1050 m
Schwierigkeit skitechnisch mittel
Lawinengefahr mitunter lawinengefährdet
Hangrichtung Südwesten, Süden
Beste Jahreszeit März – April

Anfahrt *Auto:* Von Norden über Gastein und durch den Tunnel (Autoverladung) nach Mallnitz, von Süden von Spittal über Oberfellach.
Ausgangspunkt Parkplatz (etwa 1690 m) unterhalb der Jamnighütte (1757 m). Die Straße von Mallnitz zu diesem Parkplatz sollte schon befahrbar sein, sonst langweiliger Anmarsch über die Stockeralm.
Aufstieg Durch lichten, skifreundlichen Wald erreicht man freies Almgelände. Richtung Norden aufsteigen, eine Steilstufe links umgehen. Über den Südrücken steigt man schließlich ohne besondere Schwierigkeiten auf den Gipfel.
Abfahrt Wie Aufstieg.

Touristische Infos Tourismusbüro A-9822 Mallnitz, Tel. (047 84) 290, Fax (047 84) 635
Literatur, Gebietsführer Rudolf und Siegrun Weiss u. a. (1998): Genuß-Schitourenatlas Südtirol & Österreich-Süd, Schall Verlag
Karten ÖK 155 (Bad Hofgastein); AV-Karte 42 (Sonnblick)

Niedere Tauern

Günter und Luise Auferbauer

Die gar nicht so niedrigen *Niederen Tauern* erstrecken sich, in der Luftlinie gemessen, über 130 Kilometer. Der mit über 700 Zweitausender-Gipfeln geschmückte Gebirgsbogen verbindet die Bundesländer Salzburg und Steiermark. Das Relief imponiert jedem, der es zum ersten Male wahrnimmt, und erst recht all jenen Tourengehern, die treu ergeben wiederkommen, Wochenende um Wochenende und auch Jahr für Jahr.

Die Skitourensaison beginnt verläßlich im Advent und dauert bis in den meteorologischen Sommer. Viele Rinnen, Kare und Flanken tragen bis in den Juni gut befahrbaren Schnee, während die übrige Bergwelt längst ihr blühendes Kleid anlegt. Dieses Szenario aus der Harmonie der Gegensätze wäre noch weit intensiver nutzbar, stünden auch die Wegschranken offen. Der Trend ist leider gegenläufig und reflektiert die allgemeine Stimmungsmache gegen die landesgesetzlich festgeschriebene Wegefreiheit; eine Entwicklung, welche der Österreichische Alpenverein bundesweit ortet.
Wer öfter in die Tauern kommt, lernt auch jene Zugänge und Zufahrten kennen, die sogar das »Kriterium des letzten Schnees« erfüllen, wie z.B. am Bösenstein, Greim, Grießstein, Preber oder Zwerfenberg.

In den Niederen Tauern beginnen fast alle Skitouren mit einem Aufstieg durch die Hochwaldstufe. In diesen durchwegs steilen »Wurzelregionen« sichern jeweils Forststraßen relativ einfache Zugangs- bzw. Abfahrtsmöglichkeiten.
Das über den Hochwaldstufen liegende, überwiegend aus dunklem Kristallin geformte Gelände läßt die Herzen der Tourengeher höher schlagen. Kalkhell hingegen zeigen sich nur die *Radstädter Tauern*, deren geologisches Fenster alle Gäste tief in die Alpenbildung blicken läßt.
In den Niederen Tauern bieten nicht wenige Skirouten bis zu 1600 Höhenmeter Abfahrt. Im Durchschnitt betragen die Höhendifferenzen rund 1200 Meter.
Tourengäste, die zum ersten Mal in die Tauern kommen, zeigen sich überrascht und beeindruckt, wenn sie das steil und wild geformte Relief und dessen beachtenswerte Höhenunterschiede wahrnehmen, insbesondere in den *Schladminger Tauern*. Die dem Ennstal zugewandten Seiten der Tauernberge sind überwiegend nordexponiert, hingegen verläuft die weiträumiger und eher sanfter strukturierte Tauern-Sonnseite parallel zum Oberen Murtal.
Großer Beliebtheit erfreuen sich jene kleinräumigen, überwiegend ostexponierten Tourengebiete, die entlang der Schoberpaß-Route einfach erreichbar sind: Dazu zählen vor allem die *Liesing* bei Unterwald, das *Triebental* bei Hohentauern und die *Gulling* bei Oppenberg.

Im *Lungau* und in der *Krakau* verlocken die bis in Tallagen reichenden, durchwegs sanft geformten Bergrücken zum Tourengehen bei jedem Wetter. Und der an der Landesgrenze Salzburg/Steiermark stehende Preber wird überhaupt als Sonderklasse von seinen Fans gelobt.
Demnach bleibt noch offen, auch die »goldene Mitte der Tauern« zu loben: *Bretstein* und *Pusterwald* – beide Täler sind aus dem Raum Judenburg und Knittelfeld einfach erreichbar – zählen zu den beliebtesten Tourenräumen in der Obersteiermark.

Der Tauern-Hauptkamm ist zugleich eine markante Wetter- und Klimascheide zwischen dem Ennstal und Murtal, wie dies der Schoberpaß, Triebener Tauern, Sölkpaß (bis Pfingsten Wintersperre) und Radstädter Tauern deutlich zeigen. Doch mit Hilfe des hochrangigen Straßennetzes entkommen vor allem Tagesgäste mit Augenblicksentscheidungen den Wetterlaunen. Unter diesem Aspekt betrachtet, haben die Tauern den ganzen Winter Tourensaison, denn es mangelt an keiner Seite an Allwetter-Alternativen.
Bei aller Begeisterung und Motivation bleibt dennoch zu bedenken: Auch in dieser Gebirgsgruppe erwächst Tourenglück aus sachlichem Kalkül. Nur wer die Exposition des Geländes, dessen Neigung, die Schneeverhältnisse und letztendlich sein eigenes Können richtig einschätzt, verringert latente Risiken auf die nicht auszuschließende Restgröße.

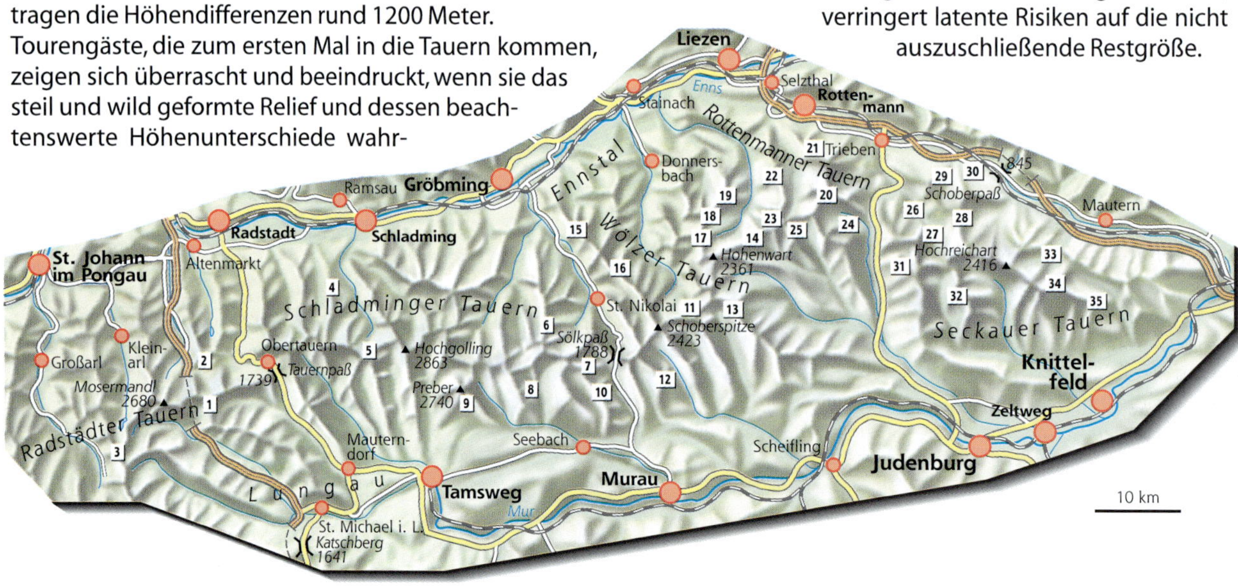

Am Schrattnerkogel (Tour 25)

Anreise Als Hauptverkehrsachse dient im Westen bzw. Lungau die Tauern-Autobahn (A 10); die B 99 führt über den Radstädter Tauern. Im Norden verbindet die Ennstal-Bundesstraße (B 146) zum Knoten Selzthal und zur Anschlußstelle der A 10 bei Eben im Pongau.
Die Ostseite der Tauern wird über den Schoberpaß mit der Pyhrn-Autobahn (A 9) erschlossen und über den Triebener Tauern mit der B 114. Im Süden verläuft die Murtal-Schnellstraße (S 36) und verbindet ab dem Knoten St. Michael in der Obersteiermark (A 9, S 6) in Kombination mit der B 95, B 96 oder B 97 zur Anschlußstelle der A 10 Tauern-Autobahn in St. Michael im Lungau. *Auskünfte über Bus und Bahn in der Steiermark:* Kostenlos bei Mobil Zentral, Schönaugasse 6, A-8010 Graz, Tel. (03 16) 8 20 60 60, Fax (03 16) 8 20 60 82, E-Mail: service@mobilzentral.at.

Touristische Informationen über: • Radstädter und Schladminger Tauern (bis zu den Kalkspitzen): Salzburger Land Tourismus (SLT), Region Pongau Nord/Ost, A-5542 Flachau, Tel. (0 64 57) 24 24, Fax (0 64 57) 27 09 29, E-Mail: info@sportwelt-amade.co.at • Schladminger Tauern (ab Kalkspitzen bis Sölkpaß): Tourismusregionalverband Dachstein-Tauern, Kuschargasse 202, A-8970 Schladming, Tel. (0 36 87) 2 33 10, Fax (0 36 87) 2 32 32, E-Mail: dachstein-tauern@aon.at • Donnersbacher Tauern: Tourismusregionalverband Grimming-Gesäuse, Hauptplatz 11, A-8940 Liezen, Tel. (0 36 12) 2 45 25, Fax (0 36 12) 2 58 26, E-Mail: trv@urlaubsland.at • Rottenmanner und Triebener Tauern: Tourismusregionalverband Steirisches Oberland, Peter-Tunner-Straße 2, A-8700 Leoben, Tel. (0 38 42) 4 81 48, Fax (0 38 42) 4 83 41, E-Mail: leoben@steirer-oberland.co.at • Triebener Tauern, Wölzer, Gaaler und Seckauer Tauern: Infobüro des Tourismusregionalverbandes Oberes Murtal, Hauptplatz 15a, A-8720 Knittelfeld, Tel. (0 35 12) 86 46 40, Fax (0 35 12) 86 46 46, E-Mail: tv.knittelfeld@freizeitarena.oberes-murtal.at • Radstädter und Schladminger Tauern (bis zum Preber): Ferienregion Lungau, A-5582 St. Michael im Lungau, Tel. (0 64 77) 8 98 80; Fax (0 64 77) 8 98 82 0, E-Mail: info@lungau.net • Schladminger und Wölzer Tauern (Preber bis Glattjoch): Tourismusregionalverband Urlaubsregion Murau, A-8861 St. Lorenzen ob Murau, Tel. (0 35 37) 23 60, Fax (0 35 37) 23 64, E-Mail: urlaub@murau.at.

1 Zwillingswand (2518 m) und Große Guglspitze (2638 m)

Über die Rothenkarscharte — *Radstädter Tauern*

Gesamtcharakter Bis 1800 m Höhe steile Waldstufe, darüber sehr schöne, sanft geformte Alm- und Karböden; ab der Rothenkarscharte z.T. steiles Gelände.
Aufstiegszeit 4 Std.
Höhenunterschied bis 1300 m
Schwierigkeit skitechnisch mittel
Lawinengefahr mitunter lawinengefährdet
Hangrichtung überwiegend Westen und Norden
Beste Jahreszeit Februar – April

Anfahrt *Auto:* A 10 Tauern-Autobahn, Ausfahrt »Zederhaus«; das Zederhaustal einwärts (in Richtung Riedingtal) bis in Höhe vom Tauerntunnel-Südportal im Weiler Wald (1340 m).
Ausgangspunkt Oberhalb vom Tauerntunnel-Südportal, in der ersten Linkskehre der Riedingtalstraße.
Aufstieg Aus der Kurve über eine Brücke und den markierten Ziehweg im westseitigen, zunehmend steilen Bergwald 400 Höhenmeter hinauf bis zu einer Gabelung (1780 m). Nun linkshaltend bzw. nordwärts aus dem Waldgebiet heraus zur Trimmingeralm (1875 m). Aus dem kesselähnlichen, von zahlreichen Gräben durchzogenen Kar gelangt man ostwärts bergan in den Ecksattel (2150 m). Nun südwärts und auf einer ausgeprägten nordseitigen Rampe bergan in die Rothenkarscharte (2335 m). Hier entweder südwestwärts, am Gratrücken entlang, auf die Zwillingswand.
Oder aus der Rothenkarscharte südostwärts weiter zu einer kegelförmig geformten Westflanke; darin linkshaltend aufwärts zur Großen Guglspitze.
Abfahrt Wie Aufstieg zur Trimmingeralm; danach am Kleinen Kesselbach entlang zur Huberalm und weiter Richtung Wald.

Touristische Infos Fremdenverkehrsverband A-5584 Zederhaus, Tel. (06478) 410; Familie Dorfer, Pension in Rothenwand, Tel. (06478) 453
Karten ÖK 156 (Muhr)
Einkehr Gasthof »Hinterhuber« (Baier), in Rothenwand
Übernachtung Gasthof-Pension »Jägerwirt« (Traumüller), in A-5584 Zederhaus, Tel. (06478) 535

2 Kleiner Pleißlingkeil (2417 m)

Über die Südwiener Hütte — *Radstädter Tauern*

Gesamtcharakter Bis in eine Höhe von 1550 m auf Forstwegen, danach durch muldenartiges, teilweise unübersichtlich gegliedertes Almgelände; aus dem steilen Gipfelbereich zu schönen Karen.
Aufstiegszeit 4 Std.
Höhenunterschied 1230 m
Schwierigkeit skitechnisch mittel
Lawinengefahr mitunter lawinengefährdet
Sonstige Gefahren Im Almbereich und darüber ist die Orientierung nicht leicht, daher die Route nur bei sichtigem Wetter begehen.
Hangrichtung Norden und Westen
Beste Jahreszeit Februar – April

Anfahrt *Auto:* A 10 Tauern-Autobahn, bis zur Wienerwald-Raststation »Tauernalm«, dem letzten Parkplatz vor dem Tauerntunnel-Nordportal.
Ausgangspunkt Gasthofalm (1190 m).
Aufstieg Vom Parkplatz »Tauernalm« auf einer Rampe bergab. Die aufgeständerte Autobahn wird unterquert; man erreicht die erste Wegtafel. Nächst davon steht das Gasthaus »Gasthofalm«. Der Weg in Richtung Südwiener Hütte wurde in jüngerer Zeit gut nachmarkiert und ist deshalb leicht zu finden. Zudem führt fast immer eine Spur hüttenwärts. Ein Aufschließungsweg leitet zur Unteren Pleißlingalm (1423 m). Hier oben kürzt man über einen Anger den Sommerweg ab, folgt jedoch insgesamt der Markierung zur Südwiener Hütte (1801 m). Ab der Hütte hält man sich südwärts, entlang dem WW 02, und umgeht den Höllkogel ostseitig. Danach gelangt man in das große nordseitige Kar am Fuße von Kesselkopf und Grünspitze. Aus diesem Kar ostwärts bergan. Man ersteigt von Norden her, relativ steil, den Kleinen Pleißlingkeil.
Abfahrt Wie Aufstieg.

Touristische Infos Tourismusbüro A-5542 Flachau, Tel. (06457) 2214; Herbert Raffalt (Südwiener Hütte), im Tal: Tel. (03687) 23798
Karten ÖK 156 (Muhr)
Einkehr Autobahnraststätte »Tauernalm«; Gasthaus »Gasthofalm«
Übernachtung Südwiener Hütte, bew. während der Weihnachts- und Osterferien durchgehend, in der übrigen Winterzeit an den Wochenenden, jeweils von Freitag bis Sonntag, Tel. (0663) 9788711

3 Glingspitze (2433 m)

Über Karteisalm und Karteistörl — *Radstädter Tauern*

Gesamtcharakter 300 m hohe Waldstufe, darüber weite freie Grashänge. Das Karteistörl wird zweimal überschritten und bringt deshalb beim Anstieg 300 Höhenmeter Abfahrt, jedoch beim Rückweg einen ebenso hohen Gegenanstieg ein.
Aufstiegszeit 4:30 Std.
Höhenunterschied 1750 m samt dem Gegenanstieg
Schwierigkeit skitechnisch mittel
Lawinengefahr mitunter lawinengefährdet
Hangrichtung Westen, Osten und Norden
Beste Jahreszeit Februar – April

Anfahrt *Auto:* B311 bis St. Johann im Pongau; durch das Großarltal nach Hüttschlag und Karteis; im Karteisgraben bis zur Sailsitzalm.
Ausgangspunkt Hintere Sailsitzalm (1300 m).
Aufstieg Aus dem Almgelände den westseitigen Hang aufwärts zu einer Wegkreuzung (1400 m). Man hält sich nun entlang dem Sommerweg bergan zur Karteisalm (1661 m). Im nordwestseitigen Almgelände geradewegs aufwärts über schöne, im oberen Teil weite und steile Hänge in das Karteistörl (2145 m). Aus dem Törl ostseitig abfahrend in das rund 300 m tiefer liegende Tappenkar. Darin südwärts leicht bergan, in Richtung Wurmkogel. Aus den anfangs nur mäßig steilen Almböden in zunehmend steilerem Gelände an einen Rücken heran; über diesen zum Gipfel.
Abfahrt Wie Aufstieg; Gegenanstieg in das Karteistörl.

Touristische Infos Tourismusbüro A-5612 Hüttschlag, Tel. (06417) 204
Karten ÖK 155 (Bad Hofgastein)
Einkehr In der Umgebung von Hüttschlag kehren Tourengeher gerne im »Aschaustüberl« ein; dieser »heiße« Treffpunkt liegt 1 km südlich von Karteis
Übernachtung Gasthof »Almrösl« (Zraunig), Hüttschlag, Tel. (06417) 214

Tour 4: Anstieg auf das Schiedeck

4 Hochfeld (2189 m) und Schiedeck (2339 m)

Von der Hochwurzen — *Schladminger Tauern*

Gesamtcharakter Einfach begehbarer Höhenrücken; felsdurchsetzter Gipfel; bis 1220 Höhenmeter Abfahrt.
Aufstiegszeit 3:30 Std.
Höhenunterschied 700 m
Schwierigkeit skitechnisch mittel
Lawinengefahr mitunter lawinengefährdet
Sonstige Gefahren Einfahrtsbereich am Schiedeck mitunter überwächtet; am Grat evtl. einige Meter absteigen. In jedem Fall vorsichtig einfahren.
Hangrichtung Nordosten
Beste Jahreszeit Februar – April, bzw. solange der Forstweg Patzenalm – Rohrmoos mit Skiern befahrbar ist

Anfahrt *Auto:* B 146, Schladming; Auffahrt nach Rohrmoos; Gondelbahn auf die Hochwurzen (Betriebszeit ab 8.30 Uhr).
Ausgangspunkt Hochwurzenhütte (1849 m).
Aufstieg Die Tour beginnt mit einer kurzen Abfahrt in den Hüttecksattel (1744 m). Nun erst bergan zum Roßfeld (1919 m), wo eine große Tafel an den Silberbergbau erinnert. Abfahrt in den Latterfußsattel (1792 m); danach auf dem Höhenweg zum Gipfelkreuz auf der Guschen (1982 m). Bergab in die Moosscharte und aus ihr über den Schneider (2009 m), stets bergan, bergab in den Sattel unterhalb vom Hochfeld (2189 m). Am Hochfeld zum nordseitigen Grat; in kurzer, einfacher Kletterei auf das Schiedeck.
Abfahrt An geeigneter Stelle, jeweils sehr steil, in das Patzenkar und zur Patzenalm (1453 m). Oder bereits vom Hochfeld direkt zur Patzenalm. Auf dem oberen, beschilderten Forstweg nordwärts, zu den Gasthöfen »Austria« und »Waldfrieden« bei der Hochwurzenbahn-Talstation (1120 m).

Touristische Infos Gottlieb Stocker (Hochwurzenhütte), Tel. (03687) 61177 oder 61666
Karten ÖK 127 (Schladming)
Einkehr Hochwurzenhütte (im Winter nur Tagesbetrieb)
Übernachtung Gasthof »Austria« (Hutegger), Tel. (03687) 614440; Gasthof »Waldfrieden« (Kurt Stocker), Tel. (03687) 614870

5 Zwerfenberg (2642 m)

Über die Gollinghütte — *Schladminger Tauern*

Gesamtcharakter Hochalpine Tour; nur für Skibergsteiger.
Aufstiegszeit 5 bis 6 Std.
Höhenunterschied bis 1600 m
Schwierigkeit skitechnisch anspruchsvoll
Lawinengefahr häufig lawinengefährdet
Sonstige Gefahren Die steile Passage zwischen Oberer Steinwenderalm und Kühkar ist mitunter heikel zu begehen.
Hangrichtung Osten und Norden
Beste Jahreszeit März – April

Anfahrt *Auto:* B 146, Schladming; über Rohrmoos in das Untertal und Richtung Untere Gföleralm.
Ausgangspunkt Allgemein bei der Waldhäuslalm (1032 m); im späten Frühjahr evtl. Untere Gföleralm (1079 m).
Aufstieg Auf der Loipe bzw. Flurstraße und ab der Unteren Gföleralm am markierten Weg. Am Steinriesenbach aufwärts zur Unteren Steinwenderalm (1218 m). Auf dem Hüttenweg zur Unteren Stegeralm (1400 m). Oberhalb einer Steilstufe, die man von rechts her überwindet, steht die Gollinghütte (1641 m). Talein zum Gollingwinkel, den man aber nicht betritt. Bei der Oberen Steinwenderalm (1705 m) hält man sich rechts und ersteigt eine Art Rampe («Schlüsselstelle«); sie ermöglicht den weiteren Zustieg: In wenigen Kehren aufwärts, unterhalb der Eisfälle (1800 m) zu jenem Rücken queren, hinter dem man in das 700 m hohe Kühkar gelangt. Darin ostseitig aufwärts. Über dem markanten Kessel stehen der Zwerfenberg (links) und Elendberg, beide Gipfel werden von der Kühkarscharte getrennt. Erst in Fallinie der Kühkarscharte ansteigend, dann linkshaltend auf einen Rücken und im Rechtsbogen auf den Zwerfenberg.
Abfahrt Wie Aufstieg.

Touristische Infos Tourismusbüro A-8970 Rohrmoos, Tel. (03687) 61147; Gottlieb Stocker, Tel. (03687) 61666
Karten ÖK 127 (Schladming)
Einkehr/Übernachtung Gasthof »Tetter« (Meißnitzer), Untertal, Tel. (03687) 61130

6 Großer Knallstein (2599 m)

Über die Klafterseen — *Schladminger Tauern*

Gesamtcharakter Forstwege und Waldgelände bis in 1600 m Höhe, darüber schütter bewaldete Steilstufen und Kargelände; zum Gipfel ein steiler Rücken.
Aufstiegszeit 5 Std.
Höhenunterschied 1470 m
Schwierigkeit skitechnisch mittel bis anspruchsvoll
Lawinengefahr allgemein mitunter lawinengefährdet. Zudem an der Scheiben-Südseite ein Lawinengang! Erhöhte Vorsicht sowohl beim Queren dieser Passage als auch in der Steilstufe unterhalb vom Unteren Klaftersee
Sonstige Gefahren Gipfelanstieg sehr steil (ca. 35 °); gute Verhältnisse erforderlich
Hangrichtung Südosten und Osten
Beste Jahreszeit März – Mai

Anfahrt *Auto:* B 146, in Gröbming abzweigen: über Stein a. d. Enns nach St. Nikolai im Sölktal.
Ausgangspunkt Gasthof »Gamsjäger« in St. Nikolai (1127 m).
Aufstieg Aus dem Dorf quert man auf einem Forstweg am Fuße der Scheiben mitunter über Lawinenkegel südseitig herum. Auf einem Ziehweg ansteigend zu einem Schlag; daran aufwärts und noch einmal durch Wald zur Kaltherberghütte (1408 m). Aus dem Hochtal linkshaltend, an einer ostseitigen, schütter bewachsenen Steilstufe bergan zum Unteren Klaftersee (1884 m). Im weiten Kargelände in Richtung Weißensee. Davor rechtshaltend an den Fuß des rund 400 m hohen Gipfelaufbaues. Am südostseitigen Bergrücken aufwärts; Skidepot je nach Verhältnissen.
Abfahrt Bei guten Verhältnissen direkt vom Gipfel und im weiteren wie Aufstieg.

Touristische Infos Tourismusverband Naturpark Sölktäler, A-8961 Stein an der Enns, Tel. (03685) 23180, Fax (03685) 23207
Literatur, Gebietsführer Günter und Luise Auferbauer: Schitourenparadies Steiermark, Styria Verlag
Karten ÖK 128 (Gröbming)
Einkehr/Übernachtung Gasthof »Gamsjäger« (Tritscher), A-8961 St. Nikolai im Sölktal, Tel. (03689) 210

7 Deneck (2433 m)

Über die Kaltenbachseen — *Schladminger Tauern*

Gesamtcharakter Nach kurzer Waldstufe großräumige Karlandschaften; im Gipfelbereich einfach begehbarer Blockgrat.
Aufstiegszeit Vom Hüttfeld 4 Std.; ab Kaltenbachalm 3 Std.
Höhenunterschied 1070 bzw. 870 m
Schwierigkeit skitechnisch mittel
Lawinengefahr mitunter lawinengefährdet
Hangrichtung Osten, Süden
Beste Jahreszeit März – April

Anfahrt *Auto:* B 146, bei Gröbming abzweigen: über Stein an der Enns nach St. Nikolai im Sölktal; weiter in Richtung Sölkpaß je nach Schneeräumung.
Ausgangspunkt Hüttfeld (1368 m) oder Kaltenbachalm (1570 m); je nach Verhältnissen.
Aufstieg Am Hüttfeld von der Paßstraße rechtshaltend auf einem Ziehweg südwärts bergan auf die Kaltenbachalm (im späten Frühjahr evtl. hierher fahren). Über eine kurze Steilstufe ostseitiger Anstieg zum Unteren Kaltenbachsee (1748 m).
Nun entweder an einem Bergrücken oder sogleich direkt über einen Steilhang zum Oberen Kaltenbachsee (ca. 2050 m). Darüber den Steilhang aufwärts zu den südseitigen Etrachböden (2148 m). Nordwärts bergan und rechtshaltend an den Südgrat; meist die Ski tragend auf den Gipfel.
Abfahrt Am Grat nordwärts 50 bis 100 Höhenmeter absteigen, sodann rechtshaltend (ostwärts) steile Einfahrt in das Sonnkar. Man hält sich rechts und somit südostwärts, das Sonnkar querend, zum Rücken oberhalb der Grasrinne. (Bei guten Verhältnissen Abfahrt durch die ostseitige Grasrinne direkt hinunter zum Hüttfeld.) Ansonsten kurze Gegensteigung und danach Abfahrt zum Mittleren Kaltenbachsee und weiter wie Aufstieg.

Touristische Infos Tourismusverband Naturpark Sölktäler, A-8961 Stein an der Enns, Tel. (03685) 23180, Fax (03685) 23207
Karten ÖK 128 (Gröbming)
Einkehr/Übernachtung Gasthof »Gamsjäger« (Tritscher), A-8961 St. Nikolai im Sölktal, Tel. (03689) 210

8 Tockneralm (2357 m)

Über Gehöft »Berger« — *Schladminger Tauern*

Gesamtcharakter Der gut befahrbare, durchwegs schüttere Wald reicht bis 1800 m; darüber mäßig geneigte Hänge. Auch bei schlechtem Wetter empfehlenswerte Route.
Aufstiegszeit 2:30 Std.
Höhenunterschied 900 m
Schwierigkeit skitechnisch allgemein leicht; Tocknerrinne mittel
Lawinengefahr allgemein kaum, jedoch Tocknerrinne häufig lawinengefährdet
Hangrichtung Süden
Beste Jahreszeit Januar – März

Anfahrt *Auto:* B96, von Murau und Seebach über Krakaudorf, von Tamsweg über Prebersee und Moos nach Krakauhintermühlen. Gegenüber dem Gasthof »Schaller« Abzweigung zum Gehöft »Berger«.
Ausgangspunkt Parkplatz an der Weggabelung, 100 m vor dem Gehöft »Berger« (1450 m).
Aufstieg Ab dem Gehöft »Berger« auf einem breiten, ebenen Feldweg westwärts zu einer Weggabelung nächst einem A-Masten. Nun im schütteren Wald bergan, der roten Markierung folgend, zu einem Anger (1540 m). Nicht weiter der Markierung folgen, sondern rechtshaltend und oberhalb einer Hütte bergan zu seichten Mulden. Darin geradewegs am Sennberg aufwärts an die Waldgrenze (ca. 1850 m). Im freien Gelände leicht rechtshaltend – d. h. östlich von jenem Rücken, auf dem ein Steinmann mit Stange steht – in großen Kehren bergan zu einer Geländekante am Hochfeld. Zuletzt relativ flach den breiten südostseitigen Bergrücken aufwärts zum weithin sichtbaren Gipfelkreuz. Unter Steinplatten (Altar) eine Holzkassette mit Gipfelbuch.
Abfahrt Wie Aufstieg. Oder, nur bei sehr guten Verhältnissen, durch die Tocknerrinne: Einfahrt westlich vom Gipfelbereich, steil und südseitig. Vorsicht beim Einfahren oder Queren! Die Rinne ist in ihrem obersten Ansatz zumeist eingeweht, daher beständige Schneebrettgefahr! Im Auslaufbereich steht die Tocknerhütte (1803 m); von hier zur Aufstiegsspur und weiter wie Aufstieg.

Touristische Infos Tourismusbüro A-8854 Krakaudorf, Tel. (03535) 7382
Karten ÖK 158 (Stadl an der Mur)
Einkehr/Übernachtung Gasthof »Schaller« (Schnedlitz) in Krakauhintermühlen, Tel. (03535) 8334

9 Preber (2740 m)

Über die Preberalm — *Schladminger Tauern*

Gesamtcharakter Einer der populärsten und meistbesuchten Tauern-Skiberge. Niedrige, gut befahrbare Waldstufe, darüber ideal geneigte Südhänge.
Aufstiegszeit 3 bis 4 Std.
Höhenunterschied 1230 m
Schwierigkeit skitechnisch mittel
Lawinengefahr kaum lawinengefährdet
Hangrichtung Süden
Beste Jahreszeit Februar – April

Anfahrt *Auto:* B96, von Murau und Seebach über die Krakau oder von Tamsweg direkt zum Prebersee.
Ausgangspunkt Parkplatz beim Gasthof »Ludlalm« am Prebersee (1514 m).
Aufstieg Im gepflegt durchforsteten Hochwald steigt man entweder entlang des markierten Weges oder (etwas länger) entlang des über die Eberlhütte führenden Forstweges zur Prodingerhütte an (1734 m). Anschließend erreicht man, den Forstweg abkürzend, die Preberhalterhütte (1862 m); sie steht an der Waldgrenze. Nun geradewegs oder in großzügigen Kehren den gleichmäßig geneigten Hangrücken bergan. Ein paar Wegschilder bestätigen, daß die eindeutig vorgegebene Richtung stimmt. Ab dem Roßboden (2150 m) direkt den breiten Hang aufwärts zum Vorgipfel (ca. 2700 m); zumeist hier das Skidepot. Über den Gratrücken, an dem die Landesgrenze Salzburg/Steiermark verläuft, auf dem meist abgewehten Felsboden zum großen Gipfelkreuz.
Abfahrt Wie Aufstieg. Oder zur Firnzeit vom Gipfel nordwestwärts in das Mühlbachtörl (2478 m) und durch den Preberkessel (lahnig!) Richtung Preberhalterhütte; von hier weiter wie Aufstieg.

Tour 9: Auf dem Preber

Touristische Infos Tourismusbüro A-8854 Krakaudorf, Tel. (03535) 7382; Tourismusbüro A-5580 Tamsweg, Tel. (06474) 2416
Literatur, Gebietsführer Günter und Luise Auferbauer: Schitourenparadies Steiermark, Styria Verlag
Karten ÖK 158 (Stadl an der Mur)
Einkehr Gasthof »Ludlalm« am Prebersee, im Winter bew. von Mitte Dezember bis Ostern; keine Nächtigung.
Übernachtung Gasthof »Schaller« (Schnedlitz) in Krakauhintermühlen, Tel. (03535) 8334; Gasthof »Zum Koller« (Schintlmeister) in A-5580 Tamsweg, Tel. (06474) 2255

10 Karleck (2371 m) und Eisenhut (2456 m)

Über das Heck und die Speyereben — *Schladminger Tauern*

Gesamtcharakter Rund 700 m hohe westseitige Waldzone mit Forstwegen. Ab dem Hocheck weite, freie, gut begehbare bzw. befahrbare Bergrücken.
Aufstiegszeit auf das Karleck 3:30 Std., zum Eisenhut 30 Min. länger
Höhenunterschied bis zu 1300 m
Schwierigkeit skitechnisch leicht bis mittel
Lawinengefahr kaum lawinengefährdet
Hangrichtung Süden bis Osten
Beste Jahreszeit Februar – April

Anfahrt *Auto:* B96, von Frojach, Murau oder Ranten nach Schöder und noch 4 km Richtung Sölkpaß.
Ausgangspunkt Grünwaldbachbrücke (1149 m); kleiner Parkraum.
Aufstieg Auf dem Forstweg nahe vom Grünwaldbach im gleichmäßig steilen Grünwald bergan bis in etwa 1350 m Höhe.
Nun quert man den Grünwaldbach und hält sich an der Gabelung links: Die Forststraße in drei großen Kehren aufwärts zur Waldgrenze am Heck (1825 m).
Das Heck wird südseitig umgangen (nordseitig eine Wildfütterung). Den breiten, ostseitigen Bergrücken rund 400 Höhenmeter gleichmäßig ansteigend zum Gratrücken auf der Speyereben (2250 m).
Zuletzt steigt man den südostseitigen Rücken aufwärts zur Gipfelkuppe am Karleck; dort kleiner Steinmann.
Vom Karleck am Grat weiter auf den Eisenhut (30 Min., 100 Höhenmeter).
Abfahrt Wie Aufstieg.

Touristische Infos Gemeindeamt A-8844 Schöder, Tel. (03536) 7070
Literatur, Gebietsführer Günter und Luise Auferbauer: Schitourenparadies Steiermark, Styria Verlag
Karten ÖK 158 (Stadl an der Mur), ÖK 159 (Murau)
Einkehr/Übernachtung Gasthof »Hirschenwirt« (Petzl), in A-8844 Schöder, Tel. (03536) 8274; Gasthof »Neuwirt« (Dorfer), in Baierdorf, Tel. (03536) 8493

11 Laubtaleck (2230 m)

Über Schwarza-Alm und obere Blaufeldscharte *Wölzer Tauern*

Gesamtcharakter Rund 6,5 km langer Anstieg auf Forststraßen; ab dem Schwarzaboden durch eine 200 m hohe steile Waldstufe. Im weiteren ein gut begehbares, z. T. trogähnlich strukturiertes Hochtal mit steilen Flanken; ab der Blaufeldscharte ein 200 m hoher Bergrücken.
Aufstiegszeit 4:30 Std.
Höhenunterschied 1170 m
Schwierigkeit skitechnisch mittel bis anspruchsvoll
Lawinengefahr mitunter lawinengefährdet
Hangrichtung Nordosten bis Südwesten
Beste Jahreszeit Februar – April

Anfahrt *Auto:* B 146 bis Trautenfels; B 75 über Irdning, Donnersbach und Donnersbachwald bis zur Meng-Brücke.
Ausgangspunkt Parkplatz an der Meng-Brücke (1066 m); Wegweiser.
Aufstieg Entlang der Forststraße führt der nur schwach ansteigende Zugang zur Riedleralm (1170 m); Wegweiser. Nun hält man sich südwestwärts: Auf der Forststraße am Schwarzabach taleinwärts zum Schwarzaboden (1400 m). Auf einem Ziehweg durch die Waldstufe steil aufwärts zur Schwarza-Alm (1583 m); sehr schöner Rastplatz. Dem markierten Weg folgt man südwärts bergan in das grob verblockte Hochtal. Nach den großen Felsblöcken linkshaltend (südostwärts, außerhalb der Markierung) taleinwärts. Zuletzt steil bergan in eine Scharte (2030 m), die 300 m nordöstlich der Blaufeldscharte (2041 m) liegt. Am Grat die Ski evtl. wenige Höhenmeter tragen, bis man in den breiten Südhang queren könnte. Man bleibt jedoch besser am südwestseitigen Gratrücken und ersteigt über diesen den Gipfel.
Abfahrt Wie Aufstieg. Bei sehr guten Verhältnissen (Firn) vom Gipfelgrat durch die 400 m hohe Westflanke. Oder vom Gipfel durch die Südflanke, sodann bis zu 100 Höhenmeter Rückaufstieg in die obere Blaufeldscharte. Weiter wie Aufstieg.

Touristische Infos Tourismusverband und Gemeindeamt A-8953 Donnersbachwald, Tel. (0 36 80) 20 10
Karten ÖK 129 (Donnersbach)
Einkehr/Übernachtung Gasthof »Zur Gams« (Rüscher), in A-8953 Donnersbachwald, Tel. (0 36 80) 213

Tour 11: Oberhalb der Blaufeldscharte

12 Greim (2474 m)

Von der Greimhütte *Wölzer Tauern*

Gesamtcharakter Formschöner und populärer Skiberg, dessen beeindruckende Südostflanke von einer muldenähnlich geformten Rinne durchzogen wird. Bei hochwinterlichen Verhältnissen kann der Anstieg bereits bei der Rettlhube begonnen werden. In der Greimrinne liegt Schnee bis in den Juni.
Aufstiegszeit ab Greimhütte 2:30 Std., ab Rettlhube 3:30 Std.
Höhenunterschied 830 bzw. 1180 m
Schwierigkeit skitechnisch leicht
Lawinengefahr kaum lawinengefährdet
Hangrichtung Südosten
Beste Jahreszeit Februar – Mai

Anfahrt *Auto:* B 96, in Frojach abzweigen: nach St. Peter am Kammersberg, dann Richtung Vordere Pöllau und über Gasthaus »Gregorsima« zur Greimhütte.
Ausgangspunkt Greimhütte (1649 m); je nach Schneelage schon bei der Rettlhube (1300 m) beginnen.
Aufstieg Von der Rettlhube über Wiesen und den Fahrweg zur Greimhütte hoch.
Ab der Greimhütte folgt man dem Sommerweg bergwärts. Allmählich linkshaltend und somit oberhalb der Greimrinne bergansteigend bis in den Einzugsbereich derselben Rinne.
In der gleichmäßig geneigten Südostflanke auf jenen Bergrücken, welcher den Greim und den niedrigeren, südlich gelegenen Sandkogel verbindet.
An diesem südseitigen Rücken geradewegs ansteigend zum Gipfelkreuz. Ein außergewöhnlich schön geschnitzter Corpus schmückt das Gipfelzeichen am Greim.
Abfahrt Am besten im Grund der Greimrinne bis zur Greimstraße; man quert in Höhe eines A-Masten (ca. 1580 m) links aus der Rinne und geht entlang der Straße 70 Höhenmeter hinauf zur Greimhütte.
Oder ähnlich wie Anstieg bis Rettlhube.

Touristische Infos Albert Trattner (Greimhütte), Tel. (06 63) 946 89 24; im Tal: Tel. (0 35 36) 74 38; Tourismusbüro A-8843 St. Peter am Kammersberg, Tel. (0 35 36) 84 79
Literatur, Gebietsführer Günter und Luise Auferbauer: Schitourenparadies Steiermark, Styria Verlag
Karten ÖK 159 (Murau)
Einkehr Greimhütte; Gasthaus »Gregorsima« (Gugganig)
Übernachtung Gasthof »Berghof« (Prieler), Tel. (0 35 36) 82 90; Pension »Greimburg« (Neubauer), Tel. (0 35 36) 76 41; beide in Pöllau am Greim

13 Scharnitzfeld (2282 m)

Über die Scharnitzalm *Wölzer Tauern*

Gesamtcharakter Gut begehbare Forstwege bis auf 1700 m Höhe; ab der Scharnitzalm in einen steilen Talschluß mit über 300 m hohen Steilflanken.
Aufstiegszeit 3 Std.
Höhenunterschied 1040 m
Schwierigkeit skitechnisch mittel
Lawinengefahr mitunter lawinengefährdet
Sonstige Gefahren Der Zustieg aus dem Stallertörl ist zwar eine lohnende Alternative in Gratnähe, erfordert jedoch ebenfalls sichere Schneeverhältnisse.
Hangrichtung Südosten und Osten
Beste Jahreszeit März und April

Anfahrt *Auto:* B 114, bis Möderbrugg; über Pusterwald an den Beginn des Scharnitzgrabens.
Ausgangspunkt Gehöft »Scharnitzkoller« (1180 m); Parkplatz.
Aufstieg Auf der Forststraße den Scharnitzgraben talein zu einem Staubecken, zur Goldwaschanlage und zum großen Anger bei der Rupbauernhütte (1323 m). Den Anger oder die Straße bergan zur Abzweigung nächst der Jagdhütte (1420 m); Wegweiser. Die Forststraße am Scharnitzbach weiter aufwärts bis zu einer Kehre. Nun auf dem Steg den Bach queren. Auf weiteren Forstwegen in den oberen Scharnitzgraben. Schließlich auf Blößen und Wiesen aus der Waldzone auf die Scharnitzalm. Jenseits eines Baches steht in gleicher Höhe die Scharnitzhütte (1724 m). Aus dem anfangs engen Talboden steigt man in den weiten, karähnlichen Abschluß der Scharnitzalm an. In der gegliederten, südostseitigen Steilflanke erfolgt der Anstieg auf das Scharnitzfeld. Oder man steigt über das Stallertörl (2090 m) an. Oberhalb der Steilflanke in wieder einfach begehbarem Gelände zur Felsblockgruppe im »Scharnitz-Hochfeld« genannten Gipfelbereich.
Abfahrt Wie Aufstieg.

Touristische Infos Gemeindeamt Pusterwald, Tel. (0 35 74) 22 05
Literatur, Gebietsführer Günter und Luise Auferbauer: Schitourenparadies Steiermark, Styria Verlag
Karten ÖK 129 (Donnersbach), ÖK 130 (Trieben)
Einkehr Gehöft »Scharnitzkoller«; Gasthof »Vasold« und »Jägerwirt« in Pusterwald
Übernachtung Pension »Jägerheim« (Diethart), im Scharnitzgraben, Tel. (0 35 74) 22 28

14 Kreuzkogel (2109 m)

Über die Schwabergeralm und Große Windlucke — *Wölzer Tauern*

Gesamtcharakter Anfangs relativ flacher Anstieg; ab der Schwabergeralm jedoch gleichmäßige Kare und Mulden; ebenmäßiger Gipfel-Steilhang.
Aufstiegszeit 2:30 Std.
Höhenunterschied 870 m
Schwierigkeit skitechnisch überwiegend leicht, im Gipfelbereich mittel
Lawinengefahr Gipfelrinne mitunter, ansonsten kaum lawinengefährdet
Sonstige Gefahren Vorsicht bei der Einfahrt direkt vom Gipfel
Hangrichtung Osten
Beste Jahreszeit Februar – April

Anfahrt *Auto:* B 114, bis Möderbrugg; über Bretstein-Gassen in den Bretsteingraben zur Bichlerhütte bzw. je nach Schneelage.
Ausgangspunkt Parkraum bei der Bichlerhütte (1240 m).
Aufstieg Auf der Almstraße zunächst 4 km taleinwärts; man erreicht die Gamperhütte (1339 m) und im weiteren die neu gebaute Schwabergerhütte (1511 m). Nun im kesselähnlich erweiterten Almgelände westwärts, über einige Geländestufen bergansteigend, in den obersten Karboden. Vom Auslaufbereich der Gipfelflanke nun rechtshaltend bergwärts an den nordostseitigen Rücken. Ab der Großen Windlucke (1857 m) am zumeist abgewehten Gratrücken – daher die Ski tragend – bergan zum Gipfelzeichen.
Abfahrt Bei ausgezeichneten Verhältnissen direkt vom Gipfel den ostseitigen Steilhang in das Kar. Ansonsten vom Gipfelkreuz südwärts abfahren zu einem kleinen Sattel am Grat (2060 m); ab hier am Rand der Ostflanke in den Karboden. Im weiteren entlang der Aufstiegsspur abfahren.

Touristische Infos Gemeindeamt Bretstein, Tel. (0 35 76) 205
Literatur, Gebietsführer Günter und Luise Auferbauer: Schitourenparadies Steiermark, Styria Verlag
Karten ÖK 129 (Donnersbach), ÖK 130 (Trieben)
Einkehr/Übernachtung Gasthof und Pension »Jägerheim« (Beren), in Bretstein, Tel. (0 35 76) 205

Tour 14: Auf der Schwabergeralm

15 Blockfeldspitz (1929 m) und Gumpeneck (2226 m)

Über die Schönwetterhütte — *Donnersbacher Tauern*

Gesamtcharakter Ab der Schönwetterhütte Almgelände; ab dem Gumpenhals steiles alpines Gelände. Empfehlenswert ist eine Runde mit Anstieg über Salzleck und Blockfeldspitz und Abfahrt durchs Gumpenkar.
Aufstiegszeit über Blockfeldspitz 4 Std.
Höhenunterschied 1150 m
Schwierigkeit skitechnisch mittel
Lawinengefahr mitunter lawinengefährdet, z. B. beim Gumpenhals
Sonstige Gefahren am Blockfeldspitz schmaler Schneegrat; die Gumpeneck-Nordflanke nur bei besten Verhältnissen (Firn) befahren.
Hangrichtung Nordwesten
Beste Jahreszeit Februar – April

Tour 15: Die Schönwetterhütte

Anfahrt *Auto:* B 146, bei Gröbming abzweigen; über Stein an der Enns nach Großsölk, wo am Ortsrand eine Tafel zur »Schönwetterhütte« weist; 2 km Hofzufahrt.
Ausgangspunkt Parkplatz Koller (1080 m).
Aufstieg Der bezeichnete Weg führt durch das Gehöft »Koller« (1100 m) und gering steigend zum Waldgelände. Darin sonnseitig, mehrere Gräben querend, bis an den Feisterbach; Tafel »Schönwetterhütte, 15 Min.«. Die Almwiesen bergan zur Adambauerhütte (Brunnen) und darüber zur Schönwetterhütte (1442 m); am Hütteneingang steht eine SB-Getränkekiste.
Von der benachbarten Kollerhütte den Stockhang und die steilen Wiesen bergan zur Schleinhütte (1650 m). In der Nähe eines Hochsitzes weist ein Holzpfeil in das Gumpenkar. Man hält sich jedoch südwestwärts und ersteigt den Rücken bei der Salzleck, auf ihm südwärts. Die Felsblöcke am Blockfeldspitz umgeht man karseitig. Ab dem Gumpenhals (ca. 2000 m) den westseitigen Rücken bergan auf das Gumpeneck.
Abfahrt Vom Gumpenhals durch das Gumpenkar zur Schleinhütte; weiter wie Aufstieg.

Touristische Infos Tourismusverband Naturpark Sölktäler, A-8961 Stein an der Enns, Tel. (0 36 85) 231 80, Fax (0 36 85) 232 07
Literatur, Gebietsführer Kurt Schall: Schitourenatlas Österreich-Ost, Schall Verlag
Karten ÖK 128 (Gröbming)
Einkehr/Übernachtung Gasthof »Mauthaus zu Stein« (Steiner), A-8961 Stein an der Enns, Tel. (0 36 85) 222 64

16 Großes Bärneck (2071 m)

Durch das Silberkar — *Donnersbacher Tauern*

Gesamtcharakter Schneesichere Hochwintertour auf Routen mit Skimarkierung; aus dem Silberkar in einer Rundschleife im Uhrzeigersinn über den Gipfel.
Aufstiegszeit 3:30 Std.
Höhenunterschied 1100 m
Schwierigkeit skitechnisch mittel
Lawinengefahr mitunter lawinengefährdet
Sonstige Gefahren Besondere Vorsicht erfordern sowohl der Aufstieg aus dem Silberkar als auch die Einfahrtspassage beim Silberkarsattel.
Hangrichtung Norden
Beste Jahreszeit Februar und März

Anfahrt *Auto:* B 146, Trautenfels; über Irdning und Donnersbach nach Donnersbachwald. *Bahn:* Bahn bis IC-Bhf. Stainach-Irdning. *Bus:* Postbus nach Donnersbachwald.
Ausgangspunkt Donnersbachwald (976 m), Hotel »Stegerhof«.
Aufstieg Der Zugang zur Mörsbachhütte erfolgt auf einem präparierten Hüttenweg, der auch als Rodelbahn dient. Daher gibt es mitunter rasanten »Gegenverkehr«!
Auf der Mörsbachalm (1303 m) quert man zunächst einen Bach, hält sich sogleich südwärts und zieht dem weithin sichtbaren Gipfel des Großen Bärnecks entgegen. Das Waldgelände wird noch vor der Hinteren Mörsbachalm (1482 m) verlassen. Im breiten Almgelände spurt man südwärts durch schütteren Baumbestand bergan und gelangt über eine gut begehbare, »Guglhupf« genannte Anhöhe in das prächtige Silberkar. Die Skiroute leitet den nordseitigen Geländerücken aufwärts zu jenem Grat, der von Osten her mit dem Großen Bärneck verbindet. Der Übergang zur benachbarten Silberkarspitze (kleines Gipfelkreuz, 2060 m) ist einfach.
Abfahrt Von der Silberkarspitze am Gratrücken nordwestwärts in den Sattel (2030 m) und ostseitig in das Silberkar; weiter wie Aufstieg.

Touristische Infos Gemeindeamt A-8953 Donnersbachwald, Tel. (0 36 80) 201
Literatur, Gebietsführer Günter und Luise Auferbauer: Schitourenparadies Steiermark, Styria Verlag
Karten ÖK 128 (Gröbming), ÖK 129 (Donnersbach)
Einkehr/Übernachtung Mörsbachalm; Tel. (0 36 80) 211 (Dürr) oder 240 (AV-Hütte)

17 Hintergullingspitz (2054 m)

Über den Plientensattel

Donnersbacher Tauern

Gesamtcharakter Eine mit Lift-Anstieg kombinierbare Skitour. Dazu kommen noch beliebte Abfahrtsvarianten mit Gegenanstiegen.
Aufstiegszeit minimum 1:15 Std.; mit Varianten auch 4 Std.
Höhenunterschied bis 1000 m
Schwierigkeit skitechnisch mittel
Lawinengefahr kaum lawinengefährdet
Hangrichtung Norden und Osten
Beste Jahreszeit Januar – April

Anfahrt *Auto:* B 146, in Trautenfels abzweigen; über Irdning nach Donnersbach, Bergstraße auf die Planneralm. *Bahn:* Bahn bis IC-Bhf. Stainach-Irdning. *Bus:* Postbus bzw. Skibus auf die Planneralm.
Ausgangspunkt Parkplatz Planneralm (1588 m) oder Schlepplift-Bergstation Gläserboden (1950 m).
Aufstieg Wer auf »Tour pur« Wert legt, folgt dem Pistenrand; viele Tourenfans nutzen gerne die mechanischen Zugkräfte.
Bei der Bergstation hält man sich anfangs ostwärts bergan, in Richtung Großer Rotbühel, gelangt jedoch rechtshaltend an eine Geländekante, die vollen Überblick gewährt.
Südostseitig ca. 100 Höhenmeter abfahren in den Plientensattel (1902 m). Zumeist auf vorhandenen Spuren steigt man anschließend an der Westseite bzw. rechts von einem Bergrücken in weiten Hängen bergan auf den Hintergullingspitz; südseitig prägt eine kleine Felsblockgruppe den Gipfel.
Abfahrt Wie Aufstieg. Beliebt ist jedoch folgende Rundtour: Vom Gipfel hält man sich zunächst ostwärts, zweigt jedoch aus dem Sattel linkshaltend ab: Den nordseitigen Hang rund 300 Höhenmeter hinunter, evtl. sogar bis auf die Neualm (1544 m). Im Gegenanstieg jedoch gleich direkt in den Plientensattel und zum Großen Rotbühel. Abfahrt z. T. im Gelände zur Planneralm.

Touristische Infos Tourismusbüro A-8953 Donnersbach-Planneralm, Tel. (0 36 83) 22 06
Literatur, Gebietsführer Günter und Luise Auferbauer: Schitourenparadies Steiermark, Styria Verlag
Karten ÖK 129 (Donnersbach)
Einkehr/Übernachtung zahlreiche Hütten und Gasthöfe auf der Planneralm

18 Hochrettelstein (2220 m)

Durch die Plienten bzw. über den Saubichl

Donnersbacher Tauern

Gesamtcharakter Diese Tour zählt zu den beliebtesten in der Umgebung von Oppenberg; ab dem Saubichl weite freie Hänge bis zum Gipfel.
Aufstiegszeit 3:30 Std.
Höhenunterschied 1050 m
Schwierigkeit skitechnisch mittel
Lawinengefahr mitunter lawinengefährdet
Hangrichtung Süden
Beste Jahreszeit Februar – April

Anfahrt *Auto:* A 9 Pyhrn-Autobahn, Ausfahrt »Rottenmann«; von Strechau 8 km auf einer Bergstraße nach Oppenberg und noch 9 km in die Gulling, an das Ende der Zufahrt.
Ausgangspunkt Parkplatz Jagdhaus »Gulling« (1169 m).
Aufstieg Ab dem Parkplatz, der ca. 500 m vor dem Jagdhaus liegt, benutzt man evtl. den parallel zur Straße liegenden Anger als Zugang und hält sich im Bereich der Jagdhütten rechts talein. Auf einer nur gering ansteigenden Forststraße an der Plienten bzw. Weißgulling taleinwärts. Folglich geht man um den Brennkogel nordseitig herum und gelangt in das ebenfalls mit »Plienten« bezeichnete Almgelände. Bei den Hütten am Saubichl (1367 m) hält man sich an dessen südseitiger Wiese bergan und zugleich so weit links, bis man die vom Hochrettelstein herunterziehende große Flanke erreicht. In die weiten, fast 600 m hohen hindernisfreien Hänge legt man beliebig große Kehren. Die Trassen aller Spuren bündeln sich schließlich am Ansatz der Gipfelkuppe. An den oft schönen Tagen werden die abgewehten Rasenpolster für eine ausgiebige Gipfelrast gerne genutzt. Denn der Hochrettelstein zählt zu den schönsten Aussichtsplätzen inmitten der Niederen Tauern.
Abfahrt Wie Aufstieg.

Touristische Infos Tourismusbüro A-8786 Oppenberg, Tel. (0 36 19) 213
Literatur, Gebietsführer Günter und Luise Auferbauer: Schitourenparadies Steiermark, Styria Verlag
Karten ÖK 129 (Donnersbach)
Einkehr Gasthof »Kirchenwirt« (Pernhofer; Schlüssel zur Bergkirche erhältlich), A-8786 Oppenberg, Tel. (0 36 19) 212
Übernachtung Gasthof »Grobbauer«, A-8786 Oppenberg, Tel. (0 36 19) 213

Tour 18: Aufstieg vom Plannerknot auf den Hochrettelstein

19 Seekoppe (2150 m)

Durch die Rieden *Donnersbacher Tauern*

Gesamtcharakter Die landschaftlich reizvollste und zugleich alpinistisch interessanteste Tour im Oppenberger Gebiet: Auf ein enges, ernstes Hochtal folgen sonnseitige Gipfelhänge.
Aufstiegszeit 3 bis 4 Std.
Höhenunterschied 1040 m
Schwierigkeit skitechnisch mittel
Lawinengefahr mitunter lawinengefährdet
Sonstige Gefahren Zwischen der Unterrieden und Mitterrieden quert man die Basis der sehr steilen, rund 700 m hohen Südostflanke des Hochgrößen. Beim Queren dieses Teilstücks ist erhöhte Vorsicht geboten!
Hangrichtung Norden und Osten
Beste Jahreszeit Februar – April

Anfahrt *Auto:* A 9 Pyhrn-Autobahn, Ausfahrt »Rottenmann«; von Strechau auf der Bergstraße nach Oppenberg (8 km) und noch 3,5 km im Gullingtal bis Winkel.
Ausgangspunkt Gullingbrücke (1014 m); kleiner Parkraum.
Aufstieg Gegenüber der Brücke weist auch ein geschnitztes Schild westwärts zur Seekoppe. Man folgt dem markierten Weg und steigt zwischen den Gehöften Unterriedner und Oberriedner über Wiesen zum Waldrand an. Entweder auf dem Forstweg oder, ein wenig abkürzend, auf einem alten Ziehweg durch Waldgelände 200 Höhenmeter bergan in die Unterrieden. Nach dem schützenden Hochwald quert man eine lawinengefährdete Strauchzone und gelangt in das kesselähnlich umschlossene Gelände der Mitterrieden (1455 m). Südwärts, über eine kurze Steilstufe, bergan in den nun breiten Hochtalboden der Oberrieden (1600 m). Dem Gelände angepaßt in den schönen Karboden Richtung Seescharte aufwärts, wobei man links bzw. östlich vom Riedner See zunehmend steilere Hänge ersteigt. Schließlich einen steilen Gratrücken geradewegs bergan zu den großen Steinmännern im Gipfelbereich.
Abfahrt Wie Aufstieg.

Touristische Infos Tourismusbüro A-8786 Oppenberg, Tel. (0 36 19) 213
Literatur, Gebietsführer Günter und Luise Auferbauer: Schitourenparadies Steiermark, Styria Verlag
Karten ÖK 129 (Donnersbach)
Einkehr Gasthof »Kirchenwirt« (Pernhofer), A-8786 Oppenberg, Tel. (0 36 19) 212
Übernachtung Gasthof »Grobbauer«, A-8786 Oppenberg, Tel. (0 36 19) 213

20 Großer Bösenstein (2448 m) und Kleiner Bösenstein (2395 m)

Über Edelrautehütte und Grüne Lacke *Rottenmanner Tauern*

Gesamtcharakter Gelände für rassige Abfahrten. In den Gipfelbereichen jeweils steile Einfahrt; Flanken und Hänge reichen bis in die Zirbenstufe. Auch dank des relativ hohen Ausgangspunktes eine überaus populäre Skitour.
Aufstiegszeit 2:30 Std.
Höhenunterschied bis 880 m
Schwierigkeit skitechnisch mittel
Lawinengefahr mitunter lawinengefährdet
Hangrichtung Osten
Beste Jahreszeit Februar – April

Anfahrt *Auto:* Im Norden A 9 Pyhrn-Autobahn, Ausfahrt »Trieben«; im Süden bzw. Murtal S 36, Ausfahrt »St. Peter ob Judenburg«; B 114, bis Hohentauern, Mautstraße zur Scheibelalm (6 km). *Bahn:* Bahn bis IC-Bhf. Trieben; Transfer per Taxi via Hohentauern zur Scheibelalm.
Ausgangspunkt Scheibelalm (1660 m); großer Parkplatz.
Aufstieg Wenige Minuten auf der Scheibelalm bergan zur Edelrautehütte (1706 m). Nahe vom Großen Scheibelsee an einem seichten Geländerücken im schütteren Zirbenwald bergan und somit aus dem kesselähnlichen Abschluß des Hochtalbodens heraus. In einer Strauchzone aufwärts zu einem breiten Hangrücken, den man linkshaltend bergan steigt und folglich umgeht: Oberhalb des Karbodens quert man einen steilen Hang (Vorsicht bei Harsch!) in Richtung Grüner Lacke. Aus dem Karschluß geradewegs und steil – evtl. die Ski tragen – in den Sattel am Grat (ca. 2300 m), den tiefsten Punkt zwischen Großem und Kleinem Bösenstein; Skidepot je nach Schneeverhältnissen. Aus diesem Sattel den steilen Südwestrücken bergan zum Gipfelkreuz auf dem Großen Bösenstein.
Abfahrt Wie Aufstieg. Oder in Verbindung mit einem Übergang zum Kleinen Bösenstein, von dessen Gipfel prächtige, steile Hänge in dasselbe Kar bei der Grünen Lacke reichen; im weiteren wie Aufstieg.

Tour 20: Edelrautehütte und Großer Bösenstein. Rechts das Hauseck

Touristische Infos Tourismusbüro A-8785 Hohentauern, Tel. (0 36 18) 335
Literatur, Gebietsführer Günter und Luise Auferbauer: Schitourenparadies Steiermark, Styria Verlag
Karten ÖK 130 (Trieben)
Einkehr/Übernachtung Edelrautehütte, bew. Weihnachten bis Ostern, Tel. (0 663) 9 13 66 70 oder (0 663) 9 23 06 25

21 Hochhaide (2363 m)

Über die Singsdorfer Alm *Rottenmanner Tauern*

Gesamtcharakter Anspruchsvolle Tagestour; je zur Hälfte Wald und steiles Kargelände.
Aufstiegszeit 4 bis 5 Std.
Höhenunterschied bis 1560 m. In der ÖK ist die Hochhaide um 300 m zu hoch angegeben!
Schwierigkeit skitechnisch mittel bis anspruchsvoll
Lawinengefahr mitunter lawinengefährdet
Sonstige Gefahren im Gipfelbereich bei Harsch und Eis erhöhte Vorsicht erforderlich
Hangrichtung Norden
Beste Jahreszeit Februar – Anfang Mai

Anfahrt *Auto:* A 9 Pyhrn-Autobahn, Ausfahrt »Rottenmann«; durch die Burgtorsiedlung zum Stadtwaldlift. Weitere Zufahrt Richtung Materialseilbahn je nach Schneelage.
Ausgangspunkt Stadtwald (Lift-Bergstation 800 m).
Aufstieg Auf dem Ing.-Franz-Jaindl-Weg, der Zufahrt für die Rottenmanner Hütte, über die Weislhube (981 m) und den Scheibenboden (1180 m). Kurz vor der Materialseilbahn (ca. 1300 m) der Wegweiser »Winterweg«. Die Route quert jüngeren Wald bis zu einem Graben. Daraus kurz bergan und entlang einer Forststraße Richtung Almbach und Schwarzlacke. Südwärts durch schütteren Wald zur Singsdorfer Alm (1603 m); großes Jagdhaus. Im lockeren Lärchenwald der Bachspreng zu einem Hochsitz an der Waldgrenze. Nun zunehmend steil bergan. Links der Felswände in dem mit Blöcken durchsetzten Hang in die Moserscharte (ca. 2160 m). Noch so weit bergan, bis man rechtshaltend zu einer markanten Gratscharte queren kann; Skidepot je nach Verhältnissen. Im gestuften Fels mit Hilfe weniger Sicherungen zum Gipfel.
Abfahrt Wie Aufstieg.

Touristische Infos Günther Schwendinger, Rottenmann-Boder, Tel. (0 36 14) 32 30
Literatur, Gebietsführer Günter und Luise Auferbauer: Schitourenparadies Steiermark, Styria Verlag
Karten ÖK 99 (Rottenmann), ÖK 130 (Trieben)
Einkehr Café Schnuderl, Rottenmann, Hauptstraße 93
Übernachtung Gasthof-Hotel »Kofler«, Tel. (0 36 14) 2 22 50, Rottenmann, Hauptstraße 4; Rottenmanner Hütte, Winterraum

22 Schüttkogel (2049 m)

Über die Horningalm — *Rottenmanner Tauern*

Gesamtcharakter Anfangs bezeichnete Forstwege; nach der Waldstufe oberhalb der Horningalm große freie Flächen und ein gleichmäßig steiler Gipfelhang.
Aufstiegszeit 2:30 Std.
Höhenunterschied 950 m
Schwierigkeit skitechnisch mittel
Lawinengefahr mitunter lawinengefährdet
Hangrichtung überwiegend Nordwesten
Beste Jahreszeit Januar – März

Anfahrt *Auto:* A 9 Pyhrn-Autobahn, Ausfahrt »Rottenmann«; von Strechau auf der Bergstraße nach Oppenberg (8 km). 300 m nach dem »Kirchenwirt« bergseitig abzweigen: Holztafel »Schüttkogel«; bergan zum Gehöft »Großbichler«, kurz danach eine kleine Kiesgrube.
Ausgangspunkt Kiesgrube (1100 m); kleiner Parkraum.
Aufstieg Vom Parkplatz noch ca. 100 m durch eine Kurve zum Beginn einer Forststraße; Wegtafel »Schüttkogel«. Den Forstweg bergan zu einer Bergwiese; auf ihr zu einem Stadl (1259 m). Ab dem Stadl die sonnseitige Forststraße taleinwärts zum Horningbach (1330 m). Links vom Bach aufwärts, einen Tobel querend (Lawinengang!) zu den Almwiesen unterhalb der Horningalmhütte (1542 m). Durch einen Waldschopf in die Hochtalmulde am Fuße des Horninger Zinken. Leicht halb rechtshaltend talein und auf einen kleinen Geländerücken (1600 m); schöner Rastplatz. Nun um die Nordostseite des Grießkegerls herum: Aus dem Quellgebiet des Horningbaches am Hochwaldrand bzw. an einem Graben schattseitig bergan in zunehmend freies Gelände. Halb links, in der Strauchzone, aufwärts zu einzelstehenden, von der Witterung zerzausten Bäumen. Zwischen Krüppelfichten den nordostseitigen Berghang ansteigend zum Gratrücken und von Norden her zum Gipfel. Auf dessen Kuppe steht ein schönes Holzkreuz.
Abfahrt Wie Aufstieg.

Touristische Infos Tourismusbüro A-8786 Oppenberg, Tel. (0 36 19) 213
Literatur, Gebietsführer Kurt Schall: Schitourenatlas Österreich-Ost, Schall Verlag
Karten ÖK 129 (Donnersbach)
Einkehr Gasthof »Kirchenwirt« (Pernhofer), A-8786 Oppenberg, Tel. (0 36 19) 212
Übernachtung Gasthof »Grobbauer«, A-8786 Oppenberg, Tel. (0 36 19) 213

Tour 22: Am Gipfel des Schüttkogels

23 Hochschwung (2196 m)

Über die Mödering — *Rottenmanner Tauern*

Gesamtcharakter Überaus beliebte Skitour, weil auch überwiegend sichere Route. Weite, fast 600 m hohe Prachthänge.
Aufstiegszeit 3 Std.
Höhenunterschied 1060 m
Schwierigkeit skitechnisch leicht bis mittel
Lawinengefahr kaum lawinengefährdet, weil die Hänge viel befahren werden
Hangrichtung Nordwesten
Beste Jahreszeit Januar – April

Anfahrt *Auto:* A 9 Pyhrn-Autobahn, Ausfahrt »Rottenmann«; von Strechau auf der Bergstraße nach Oppenberg (8 km) und weitere Zufahrt bis zum Parkraum unterhalb vom Schattnerlehen (0,8 km vor dem Jagdhaus Gulling); von Oppenberg 8,2 km.
Ausgangspunkt Gullingbrücke (ca. 1140 m).
Aufstieg Von der Brücke leitet ein Forstweg oberhalb des Schattnerlehen-Angers bergan zu einem Hochwald. Aus der Kehre zumeist abkürzend bergan. Man erreicht wieder den Forstweg (1480 m). Auf ihm taleinwärts zum Möderingbach und in das Gebiet der Mödering (1566 m), einer aufgelassenen Alm.
Aus dem von mehreren Gerinnen durchzogenen Gelände hält man sich anfangs eher links bergan. Einem der schwach ausgeprägten Rücken folgend, gelangt man in das freie Gelände.
In den großen Hängen steigt man beliebig zum obersten Gratrücken an. Über jenen Vorgipfel, aus dem eine Stange ragt, ostwärts und anschließend nur noch ein kurzes Stück bergan zum Gipfelkreuz.
Abfahrt Wie Aufstieg.

Touristische Infos Tourismusbüro A-8786 Oppenberg, Tel. (0 36 19) 213
Literatur, Gebietsführer Günter und Luise Auferbauer: Schitourenparadies Steiermark, Styria Verlag
Karten ÖK 129 (Donnersbach), ÖK 130 (Trieben)
Einkehr Gasthof »Kirchenwirt« (Pernhofer; Schlüssel zur Bergkirche erhältlich), A-8786 Oppenberg, Tel. (0 36 19) 212
Übernachtung Gasthof »Grobbauer«, A-8786 Oppenberg, Tel. (0 36 19) 213

24 Schüttnerkogel (2170 m)

Über die Lackneralm — *Rottenmanner Tauern*

Gesamtcharakter Langer Zugang auf Forstwegen; ab der Waldgrenze weitläufiges Alm- und Kargelände sowie lange Bergrücken.
Aufstiegszeit 3:30 Std.
Höhenunterschied 950 m
Schwierigkeit skitechnisch mittel
Lawinengefahr allgemein kaum, im Gipfelhang mitunter lawinengefährdet
Hangrichtung Nordosten und Osten
Beste Jahreszeit Februar – April

Anfahrt *Auto:* A 9 Pyhrn-Autobahn, Ausfahrt »Trieben«; im Murtal S 6, bis »St. Peter ob Judenburg«; B 114, in Richtung Hohentauern; 500 m südlich vom Draxlerhaus der Parkplatz vor der Pölsen.
Ausgangspunkt Der »Loipeneinstieg« an der Abzweigung Pölsen (1250 m).
Aufstieg Auf der Forststraße kurze Abfahrt zum Forsthaus und zur Pölsbach-Brücke (1229 m); Wegweiser. Man überquert die Pölsen und folgt anfangs der Forststraße. Nach der zweiten Gabelung der Markierung folgen und einen Jungwald durchquerend bergan zu einer Brücke . Ab ihr nächst dem Bache durch Hochwald geradewegs bergan. Nach dieser Abkürzung erreicht man wieder dieselbe Forststraße; auf ihr bis in Höhe der Unteren Lackneralm (1483 m). Man bleibt links vom Bach und folgt dem Forstweg taleinwärts. Ab dessen Ende bei einem Hochsitz zu einer kurzen, steilen Geländestufe und aus dem Graben heraus (1750 m). In den weiten Böden der Oberen Lackneralm südwestwärts. Kuppen, Mulden und Tälchen gliedern das Gelände. Man hält sich halb links und quert aus der Nordflanke des Bruderkogels in einen Sattel (2045 m). Nun den südostseitigen Gratrücken bergan. Ab den fotogenen Steinmännern in einem leichten Rechtsbogen zur Gipfelkuppe.
Abfahrt Nächst dem Gipfel ostseitig zur Lackneralm und weiter wie Aufstieg; ab der Unteren Lackneralm stets der Forststraße folgend in die Pölsen.

Touristische Infos A-8765 St. Johann am Tauern, Tel. (0 35 75) 201 (Gemeindeamt) oder 387 (Tourismusbüro)
Literatur, Gebietsführer Günter und Luise Auferbauer: Schitourenparadies Steiermark, Styria Verlag
Karten ÖK 130 (Trieben)
Einkehr/Übernachtung Gasthof »Zur Post« (Klakl), A-8765 St. Johann am Tauern, Tel. (0 35 75) 202; Gasthof »Draxlerhaus« (Kandler), A-8785 Hohentauern, Tel. (0 36 18) 21 50

25 Schrattnerkogel (2104 m)

Aus dem Bretsteingraben und durch das westliche Bleikar — *Rottenmanner Tauern*

Gesamtcharakter Auf die einfach begehbare Waldstufe ab ca. 1650 m Höhe folgen weite Hänge in einem kesselähnlichen Gelände. Ab 2000 m Höhe ein ostseitiger, breiter Rücken. Bitte beachten: Im östlichen Bleikar ist ein Wildschutzgebiet; siehe Hinweis am Zugang.

Aufstiegszeit 2:30 Std.
Höhenunterschied 870 m
Schwierigkeit skitechnisch mittel
Lawinengefahr kaum lawinengefährdet
Hangrichtung überwiegend Süden
Beste Jahreszeit Januar – April

Anfahrt *Auto:* Im Murtal S6 bis »St. Peter ob Judenburg«; B114, Möderbrugg; über Bretstein-Gassen in den Talschluß des Bretsteingrabens.
Ausgangspunkt Bichlerhütte (1240 m); mittelgroßer Parkraum.
Aufstieg Zunächst hält man sich auf der Forststraße 2 km taleinwärts, in Richtung Gamperhütte. Noch vor dem Pkt. 1339 bzw. gegenüber der Schrattnerhütte steigt man am Waldrand bergan zu einem Forstweg. Aus der fünften Kehre (ca. 1560 m) direkt aufwärts zur nahen Waldgrenze. Nun im linken bzw. westlichen Teil des Bleikares geradewegs bergan. Über einen Geländebuckel (1700 m) gelangt man zu einem Absatz (1800 m). Durch eine muldenartig ausgeprägte Rinne in den Bleikarsattel (1980 m); ca. 2 m großer Steinmann. Aus dem Sattel den breiten ostseitigen Bergrücken aufwärts zum Vorgipfel; evtl. Skidepot. Auf dem höchsten Punkt meist eine große Wächte.
Abfahrt Wie Aufstieg. Oder durch die Ostflanke (ca. 35°) direkt in das Bleikar.

Touristische Infos Gemeindeamt Bretstein, Tel. (0 35 76) 203
Literatur, Gebietsführer Günter und Luise Auferbauer: Schitourenparadies Steiermark, Styria Verlag
Karten ÖK 129 (Donnersbach)
Einkehr/Übernachtung Gasthof und Pension »Jägerheim« (Beren), in Bretstein, Tel. (0 35 76) 205

26 Großer Grießstein (2337 m)

Über das Triebener Törl — *Triebener Tauern*

Gesamtcharakter Eindrucksvoll massiger Berg mit 400 m hoher Westflanke; schönes Kargelände unterhalb vom Triebener Törl.
Aufstiegszeit 4 Std.
Höhenunterschied 1220 m

Schwierigkeit skitechnisch mittel bis anspruchsvoll
Lawinengefahr mitunter lawinengefährdet
Hangrichtung Westen bis Nordosten
Beste Jahreszeit Februar – April

Anfahrt *Auto:* A9 Pyhrn-Autobahn, Ausfahrt »Trieben«; B114 bis Gasthof »Brodjäger«; Abzweigung in das Triebental; über Gasthof »Braun« bis zur Triebenbachbrücke beim Gehöft »Seyfried«.
Ausgangspunkt Triebenbachbrücke (1117 m).
Aufstieg Die Hofzufahrt zum Steiner leitet anfangs westwärts, nach dem Gehöft südwestwärts, stets entlang von Bergwiesen an den Rand des Hochwaldes (1200 m). Den Forstweg aufwärts zu einer Kehre (1278 m). Weiterhin rechts vom Bärenbach im durchwegs steilen Forstgelände zur Hochwaldgrenze (ca. 1550 m). Die Route führt aus dem engen Graben heraus, und man quert durch eine Strauchzone südwärts bergan. Dabei quert man zugleich den Fuß der Sonntagskogel-Nordostflanke; Vorsicht! Aus dem von Lawinenstrichen evtl. bedrohten Kargelände zunehmend steil in das Triebener Törl (1905 m); Wegweiser.
Die westseitige Flanke am Grießstein wird allgemein geradewegs erstiegen; meist wird der mit Blöcken durchsetzte Bergrücken für den weiteren Aufstieg genutzt. Am Gratrücken nur noch kurz ostwärts zum Gipfelkreuz.
Abfahrt Wie Aufstieg bzw. in der Westflanke je nach Schneelage.

Touristische Infos Tourismusbüro A-8785 Hohentauern, Tel. (0 36 18) 335
Literatur, Gebietsführer Günter und Luise Auferbauer: Schitourenparadies Steiermark, Styria Verlag
Karten ÖK 130 (Trieben)
Einkehr/Übernachtung Gasthof »Braun« (Leitner), im Triebental, Tel. (0 36 18) 269

27 Gamskögel-Westgipfel (2386 m) und Hochleitenspitze (2329 m)

Über die Mödringalm — *Triebener Tauern*

Gesamtcharakter Landschaftlich überaus beeindruckende Tour; für Skibergsteiger.
Aufstiegszeit 3:30 Std.
Höhenunterschied 1200 m
Schwierigkeit skitechnisch mittel bis anspruchsvoll
Lawinengefahr mitunter lawinengefährdet

Sonstige Gefahren Bei Hartschnee in der Gipfelrinne Abrutschgefahr!
Hangrichtung Norden und Nordosten
Beste Jahreszeit Februar – April

Anfahrt *Auto:* A9 Pyhrn-Autobahn, Ausfahrt »Trieben«; B114, beim Gasthof »Brodjäger« abzweigen: in das Triebental und über Gasthaus »Braun« zum Gasthaus »Bergerhube« im hinteren Triebental.
Ausgangspunkt Gasthaus »Bergerhube« (1198 m); großer Parkplatz.
Aufstieg Man folgt dem WW 02 südwärts und steigt zu den alten Hütten auf der unteren Mödringalm an (1467 m). Im schütteren Waldbestand, ungefähr der Markierung folgend, bergan zur oberen Mödringalm (1550 m). Die nächstfolgende Geländestufe vermittelt den Zugang an den Südostfuß der Königin. Zugleich gelangt man in ein karähnliches Hochtal, worin die nordostseitigen Gamskögelrinnen auslaufen. Am Fuß der Königin südwestwärts talein und nur mäßig steil bergan in den kesselähnlichen Abschluß dieses Hochkares. Aus dessen Boden (1970 m) zunehmend steil den nordseitigen, kegelähnlichen Hang aufwärts zu einer Rinne. Die Ski tragend, in der steilen Rinne direkt zu der Gratscharte zwischen dem Gamskögel-Westgipfel und der Hochleitenspitze; Skidepot.
Ostwärts am gut gestuften Grat zum silberfarbenen Kreuz auf dem Gamskögel-Westgipfel. Oder aus der Scharte westwärts und fast eben zur Hochleitenspitze.
Abstieg und **Abfahrt** Wie Aufstieg.

Touristische Infos Tourismusbüro A-8785 Hohentauern, Tel. (0 36 18) 335
Literatur, Gebietsführer Günter und Luise Auferbauer: Schitourenparadies Steiermark, Styria Verlag
Karten ÖK 130 (Trieben), ÖK 131 (Kalwang)
Einkehr Gasthof »Bergerhube«, im hinteren Triebental
Übernachtung Gasthof »Braun« (Leitner), im vorderen Triebental, Tel. (0 36 18) 269

Tour 27: Im Karboden bei der Königin

Tour 29: An der Beisteineralm

28 Kerschkern (2225 m)

Durch die Schaunitz — *Triebener Tauern*

Gesamtcharakter Nach der Waldstufe kommt ein tief eingeschnittenes grabenähnliches Hochtal, aus dem sonnseitig bis zu 600 m hohe Steilhänge aufragen.
Aufstiegszeit 3:30 Std.
Höhenunterschied 1030 m
Schwierigkeit skitechnisch mittel
Lawinengefahr mitunter lawinengefährdet; ab der Schaunitzalm bis in den Talschluß auf Lawinengänge zu beiden Seiten achten!
Hangrichtung Süden bis Nordwesten
Beste Jahreszeit Februar – April

Anfahrt *Auto:* A 9 Pyhrn-Autobahn, Ausfahrt »Trieben«; B 114 bis Gasthof »Brodjäger«; Abzweigung in das Triebental; über Gasthof »Braun« bis zum Gasthaus »Bergerhube« im Talschluß.
Ausgangspunkt Gasthaus »Bergerhube« (1198 m); großer Parkplatz.
Aufstieg Man hält sich ostwärts, quert folglich den Talboden und gelangt auf der Forststraße zur Grünbachbrücke. Die Forststraße noch bergan zu einer Gabelung (ca. 1250 m); Wegweiser. Nun rechtshaltend grabeneinwärts und wiederum zum Grünbach (ca. 1310 m). Nahe vom Bach im gut begehbaren Hochwald auf einem Ziehweg ansteigend zur Schaunitzalm (1411 m). Im nun waldfreien Gelände anfangs flach, dann allmählich mäßig steil taleinwärts. Beim Zugang durch die Schaunitz hält man sich rechts vom Grabengrund. Aus dem Talschluß linkshaltend bergan in das Schaunitztörl (1950 m); beliebter Rastplatz. Aus diesem breiten Sattel südseitig bergan. Entweder über das Krügltörl (ca. 2030 m) oder links davon zum Gratrücken. Von Süden her, dem Rücken folgend, auf den mit Felsblöcken bedeckten Gipfel.
Oder aus dem Talschluß linkshaltend bergan in die steilen Hänge der breiten Westflanke und darin direkt zum Gipfel.
Abfahrt Durch die Westflanke oder insgesamt wie Aufstieg.

Touristische Infos Tourismusbüro A-8785 Hohentauern, Tel. (0 36 18) 335
Literatur, Gebietsführer Günter und Luise Auferbauer: Schitourenparadies Steiermark, Styria Verlag
Karten ÖK 130 (Trieben), ÖK 131 (Kalwang)
Einkehr Gasthaus »Bergerhube«, im hinteren Triebental
Übernachtung Gasthof »Braun« (Leitner), im vorderen Triebental, Tel. (0 36 18) 269

29 Griesmoarkogel (2009 m) und Himmeleck (2096 m)

Über die Beisteineralm — *Triebener Tauern*

Gesamtcharakter Über der Liesingalm weite, gleichmäßig geneigte Hänge. Im Waldgelände rassig befahrbare Stockhänge. Beliebte Rundtour.
Aufstiegszeit bis 3:30 Std.
Höhenunterschied bis 1120 m
Schwierigkeit skitechnisch mittel
Lawinengefahr mitunter lawinengefährdet; vorsichtig in das Liesingkar einfahren!
Sonstige Gefahren am Himmeleck-Südrücken auf Wächten achten!
Hangrichtung Nordosten bis Süden
Beste Jahreszeit Januar – März

Anfahrt *Auto:* A 9 Pyhrn-Autobahn, von Norden Ausfahrt »Treglwang«, von Süden Ausfahrt »Kalwang«; B 113, Richtung Schoberpaß, in Unterwald abzweigen; Wegweiser zum Gasthof »Jansenberger«. 5,5 km durch die Liesing; an der Abzweigung der Zufahrt zum Jansenberger parken.
Ausgangspunkt Gabelung im hinteren Liesinggraben (1041 m).
Aufstieg Entlang der Straße 1,5 km bergan zum Gasthof »Jansenberger« (1220 m). An der südseitigen Bergwiese rechtshaltend bergauf zu jenem Hochwald, dem ein markantes Felswandl entragt. Auf einem steilen Ziehweg im Hochwald an dieses Wandl heran, ostseitig herum und zu einer Weggabelung. Ein großes Holzschild weist zur Beisteineralm (1620 m); der beliebte Rastplatz gewährt hervorragende Aussicht. Ab der Hütte 80 Höhenmeter den schütter bewaldeten Rücken aufwärts. Nun im freien Gelände am Gratrücken an den Griesmoarkogel heran. Aus dem kleinen Sattel (1830 m) ostseitig den z. T. steilen Hang eher linkshaltend aufwärts. Von der Gipfelkuppe (2009 m) nordwärts in den Liesingkarsattel (1940 m). Den südseitigen Rücken aufwärts zum Himmeleck.
Abfahrt Aus dem Liesingkarsattel zur Liesingkaralm (1540 m). In geringem Gegenanstieg durch Hochwald querend zu den Schlägen. Beim zweiten Schlag abfahren; steile Stockhänge! Zuletzt durch Wald zum markierten Weg und beim ehem. Gehöft »Reichenstaller« talaus zum Parkplatz.

Touristische Infos Schischule Heinz Scharmüller, Tel. (0 38 34) 302; Gemeindeamt A-8781 Wald am Schoberpaß, Tel. (0 38 34) 70 00
Literatur, Gebietsführer Günter und Luise Auferbauer: Schitourenparadies Steiermark
Karten ÖK 131 (Kalwang)
Einkehr/Übernachtung Gasthof »Jansenberger« vlg. Beisteiner, Tel. (0 38 34) 330

30 Großer Schober (1895 m)

Über die Schwarzbeeralm *Triebener Tauern*

Gesamtcharakter Großteils Waldgelände mit Forststraßen; darüber die freie Gipfelkuppe. Bis zur Schwarzbeeralm bei jeder Witterung.
Aufstiegszeit 3 Std.
Höhenunterschied 1100 m
Schwierigkeit skitechnisch leicht bis mittel
Lawinengefahr Oberhalb der Schwarzbeeralm mitunter lawinengefährdet. Bei unsicheren Verhältnissen evtl. über den Kleinen Schober ausweichen.
Hangrichtung Nordosten bis Südosten
Beste Jahreszeit Januar – März

Anfahrt *Auto:* A9 Pyhrn-Autobahn, im Norden Ausfahrt »Treglwang«, im Süden Ausfahrt »Kalwang«; B113, nach Wald am Schoberpaß; nördlich vom Bahnhof über die Bahn; Parkplatz vor dem Badesee. *Bus/Bahn:* Bhf. Wald am Schoberpaß.
Ausgangspunkt Badesee Wald am Schoberpaß (845 m).
Aufstieg An der Gabelung vor dem Badesee linkshaltend auf einer Forststraße bergan. Im Hochwald zwischen dem Schoberbach und Sorgergraben die weiten Forstwegkehren aufwärts. Im oberen Teil des Moserwaldes hält man sich nach Überqueren des Sorgergrabens (1300 m) an den markierten Weg. Auch ab der Schwarzbeeralm (1420 m) folgt man bei guten Schneeverhältnissen dem markierten Steig. Man quert dabei nach dem Hochwald die Nordostseite des Kleinen Schobers und gelangt in den beide Schober-Gipfel verbindenden Sattel (1750 m). Den breiten, südostseitigen Hangrücken aufwärts zum Gipfelkreuz auf dem Großen Schober.
Bei labileren Bedingungen hält man sich ab der Schwarzbeeralm südwärts und ersteigt evtl. über den steilen, bewaldeten Bergrücken den Kleinen Schober (1798 m). Aus dem Gipfelbereich nordseitig in den Sattel und bergan zum Großen Schober.
Abfahrt Aus dem Sattel zur Schwarzbeeralm und weiter wie Aufstieg.

Touristische Infos Gemeindeamt A-8781 Wald am Schoberpaß, Tel. (0 38 34) 70 00 oder Tourismusobmann, Tel. (0 38 34) 302
Literatur, Gebietsführer Günter und Luise Auferbauer: Schitourenparadies Steiermark, Styria Verlag
Karten ÖK 131 (Kalwang)
Einkehr/Übernachtung Gasthof »Fink«, Tel. (0 38 34) 228; Gasthof »Leitner«, Tel. (0 38 34) 213; jeweils in A-8781 Wald am Schoberpaß

Tour 30: Aufstieg am Kleinen Schober

31 Schleifeck (2048 m)

Über die Sieglalm *Gaaler Tauern*

Gesamtcharakter 700 m hohe Waldstufe mit Forstwegen; darüber ein weiträumiges Kar und ein breiter südseitiger Rücken. Durchwegs sonnseitig auch bis zum Gehöft »Siegl«, daher ist eine solide Schneelage erforderlich für die Abfahrt ins Dorf.
Aufstiegszeit 3 Std.
Höhenunterschied 1000 m
Schwierigkeit skitechnisch mittel
Lawinengefahr kaum lawinengefährdet
Hangrichtung Süden, Westen
Beste Jahreszeit Januar – März

Anfahrt *Auto:* A9 Pyhrn-Autobahn, im Norden Ausfahrt »Trieben«; im Murtal S6, bis »St. Peter ob Judenburg«; B114, nach »St. Johann am Tauern«. *Bahn:* Bhf. Thalheim-Pöls. *Bus:* Postauto Judenburg – Bhf. Thalheim-Pöls – St. Johann am Tauern.
Ausgangspunkt Parkplatz nächst der Volksschule in St. Johann am Tauern (1056 m).
Aufstieg Aus der Ortsmitte von St. Johann ab der Volksschule entlang der Hofzufahrt bzw. auf dem markierten Weg durch Waldgelände bergan, allmählich rechtshaltend (südwärts) zum großen Gehöft »Siegl« (1234 m). Die Forststraße bergan bis zu einer Abzweigung (1400 m). Nun der linken Forststraße folgend durch steilen Bergwald, um den bewaldeten Bergrücken rechts herum an den Sieglbach (1540 m) und aus einer Linkskehre hinauf zur Sieglalm (1603 m). Ab der Jagdhütte am Waldrand bzw. nahe dem Sieglbach den Weg grabeneinwärts in einen großen Kessel (1700 m). Die westseitigen Hänge bergan zum Gratrücken (1980 m). Nun nordwärts ansteigend und über eine Vorkuppe auf den langgestreckten Gipfel.
Abfahrt Wie Aufstieg; bzw. am Schleifeck ab der Vorkuppe südseitig direkt in den großen Kessel; weiter wie Aufstieg.

Touristische Infos Gemeindeamt A-8765 St. Johann am Tauern, Tel. (0 35 75) 201; Tourismusverband A-8765 St. Johann am Tauern, Tel. (0 35 75) 387
Literatur, Gebietsführer Günter und Luise Auferbauer: Schitourenparadies Steiermark, Styria Verlag
Karten ÖK 130 (Trieben)
Einkehr/Übernachtung Gasthof »Zur Post«, A-8765 St. Johann am Tauern, Tel. (0 35 75) 202

32 Pletzen (2345 m)

Über die Sundlalm *Gaaler Tauern*

Gesamtcharakter Eine gut begehbare Waldstufe bis in 1600 m Höhe; darüber weites Almgelände, Karböden und Hochflächen.
Aufstiegszeit 4 Std.
Höhenunterschied 1170 m
Schwierigkeit mittel
Lawinengefahr kaum lawinengefährdet
Hangrichtung Osten und Südosten
Beste Jahreszeit Februar – April

Anfahrt *Auto:* S36, Ausfahrt »Knittelfeld-West«; durch den Hammergraben nach Ingering II; im Ingeringgraben 5,5 km zur zweiten Brücke, die man überquert.
Ausgangspunkt Mittlerer Ingeringgraben, Ingeringbrücke (1096 m).
Aufstieg Von der Brücke 100 m taleinwärts; nun bergseitig auf einem Forstweg durch ostseitigen Hochwald an den Sundlbach. Auf einem Ziehweg im Sundlgraben nach oben zur Unteren Sundlalm (1300 m). Aus dem Almgelände weiter grabeneinwärts, den Sundlbach querend, und auf einem Ziehweg durch nur mäßig steiles Waldgelände ansteigend zur Oberen Sundlhütte (1580 m). Im gegliederten Gebiet der Sundlalm nordwestwärts bergan zum Sundlsee (1989 m). Aus dem Karboden südseitig 100 Höhenmeter auf den mit Hirschfeld bezeichneten ostseitigen Bergrücken. An ihm auf die Gipfelkuppe.
Abfahrt Wie Aufstieg. Oder durch den ostseitigen Hang in den Hochkarboden beim Sundlsee und weiter wie Aufstieg.

Touristische Infos Gemeindeamt A-8731 Gaal, Tel. (0 35 13) 88 20; Gasthof »Gaaler Hof« (Kravanja), in A-8731 Gaal, Tel. (0 35 13) 88 22
Literatur, Gebietsführer Günter und Luise Auferbauer: Schitourenparadies Steiermark, Styria Verlag
Karten ÖK 131 (Kalwang)
Einkehr Gasthof »Trenk«, in Ingering II
Übernachtung Gasthof »Gaaler Hof« (Kravanja), in A-8731 Gaal, Tel. (0 35 13) 88 22

Tour 33: Abfahrt vom Maierangerkogel durch das Moarsteckenkarl

33 Maierangerkogel (2356 m)

Über die Gottstalalm — *Seckauer Tauern*

Gesamtcharakter Lange Tagestour mit beachtlichem Höhenunterschied. Nur lohnend, wenn durch den 4 km langen Hagenbachgraben bis zum Parkplatz abgefahren werden kann. Ab der Gottstalalm weiträumiges Kargelände mit steilem Gipfelhang.
Aufstiegszeit 5 Std.
Höhenunterschied 1600 m
Schwierigkeit skitechnisch mittel
Lawinengefahr Moarsteckenkarl mitunter lawinengefährdet
Hangrichtung Nordosten
Beste Jahreszeit Februar – März

Anfahrt *Auto:* A9 Pyhrn-Autobahn, Ausfahrt »Mautern«; B113, in Liesingau über die Bahnüberführung; im Hagenbachtal ca. 1 km bis zum Wegschranken.
Ausgangspunkt Hagenbachtal (760 m); kleiner Parkraum.
Aufstieg Die Forststraße taleinwärts bis zur Weggabelung beim Jagdhaus Fasching (1000 m). Nun auf dem markierten Weg das Gottstal einwärts zu einem Bildbaum (1100 m). Der Forstweg führt bis zur Hirschlhütte (1320 m). Im gut begehbaren Grabengelände bergan zur Gottstalalm (1500 m). Im Talschluß südwestwärts bergan in Richtung Bärenwand (auffallende Felsen). Links von den Felsen einen kurzen Steilhang aufwärts in den Bärenwandsattel (2000 m). Den nordostseitigen Bergrücken aufwärts zum Hauptkamm. Die Ski werden mitunter getragen. Im Gipfelbereich einige Felsgruppen; unweit davon ein Gipfelkreuz.
Abfahrt In der steilen Nordostflanke rund 450 Höhenmeter direkt in das Moarsteckenkarl. Die Begeisterung ist mitunter so groß, daß die Abfahrt postwendend wiederholt wird (plus rund 500 Höhenmeter auf und ab!). Durch den Gottstalkessel zur Gottstalalm; weiter wie Aufstieg.

Touristische Infos Rastland-Information in A-8774 Mautern, Tel. (0 38 45) 22 68
Literatur, Gebietsführer Günter und Luise Auferbauer: Schitourenparadies Steiermark, Styria Verlag
Karten ÖK 131 (Kalwang)
Einkehr/Übernachtung Gasthof »Maier«, A-8774 Mautern, Tel. (0 38 45) 22 1 70

34 Seckauer Zinken (2397 m)

Durch den Zinkengraben — *Seckauer Tauern*

Gesamtcharakter Bis 1300 m Höhe z. T. etwas mühsam begehbares Grabengelände. Außerhalb der Waldzone bis zu 800 m hohe Bergrücken und Steilrinnen.
Aufstiegszeit 4:30 Std.
Höhenunterschied 1470 m
Schwierigkeit skitechnisch mittel
Lawinengefahr »Klamm« mitunter, Südrinne kaum lawinengefährdet
Hangrichtung Süden
Beste Jahreszeit Februar, März

Anfahrt *Auto:* Im Murtal S36, Ausfahrt »Knittelfeld-West«; durch den Hammergraben in Richtung Seckau bis zum Gasthof »Steinmühle«; 500 m in den Zinkengraben.
Ausgangspunkt Gasthof »Steinmühle« (928 m) bzw. Parkraum im Zinkengraben.
Aufstieg Aus der ersten Forstwegkurve folgt man geradeaus einem Ziehweg. Am Zinkenbach aufwärts zur Forststraße (1120 m). Auf ihr 500 m talein zu einer Brücke (1200 m). Den Zinkenbach überqueren, auf einem Ziehweg in verwinkelter Route nächst dem Zinkenbach taleinwärts. In einem Hochtalboden (1340 m) nordwestwärts in Richtung St.-Bernhardi-Hütte (1500 m). Zieh- und Forstwege leiten in das Almgelände: Den breiten, südseitigen Hang rund 800 (!) Höhenmeter beliebig und in großzügigen Kehren bergan zum Gipfelkreuz.
Abfahrt Die beliebteste und leichteste Route führt durch die Südrinne; sie wird nach unten zunehmend steil.
Noch interessanter ist die Abfahrt durch die sogenannte »Klamm«. Man fährt vom Gipfel südwestwärts direkt in diese Südwestrinne ein; sie ist das Ursprungsgebiet des Zinkenbaches: Anfangs sehr steil, daher nur bei guten Verhältnissen; am besten bei Firn!
Ab der Waldgrenze wie Aufstieg. Im Zinkengraben auf der Forststraße (kurzer Gegenanstieg) zum Forsthaus und Parkplatz.

Touristische Infos Gemeindeamt und Fremdenverkehrsverein A-8732 Seckau, Tel. (0 35 14) 52 05
Literatur, Gebietsführer Günter und Luise Auferbauer: Schitourenparadies Steiermark, Styria Verlag
Karten ÖK 131 (Kalwang)
Einkehr/Übernachtung Gasthof »Steinmühle« (Pichler), Tel. (0 35 14) 56 19

35 Schwaigerhöhe (2214 m)

Über die Schwaigeralm — *Seckauer Tauern*

Gesamtcharakter Einfach begehbarer Zugang bis auf 1500 m Höhe. Darüber ein von steilen Flanken begrenzter Hochtalkessel.
Aufstiegszeit 4 Std.
Höhenunterschied 1290 m
Schwierigkeit skitechnisch mittel
Lawinengefahr mitunter lawinengefährdet
Hangrichtung Süden
Beste Jahreszeit Februar und März

Anfahrt *Auto:* Im Murtal S36, Ausfahrt »Knittelfeld-West«; durch den Hammergraben in Richtung Seckau bis Gasthof »Steinmühle«; 500 m in den Zinkengraben.
Ausgangspunkt Gasthof »Steinmühle«.
Aufstieg Auf der Forststraße zum Forsthaus oberhalb vom »Schwaigerbauern«. Die Forststraße durchquert nordwärts den großen Anger und gabelt sich am Waldrand. Nun geradeaus bzw. rechtshaltend durch Hochwald an einen Bergrücken heran (1121 m). Um diesen Rücken herum und oberhalb des Schwaigerbaches die Forststraße grabeneinwärts bergan zu einem ersten Almboden (1320 m). Man überquert den Bach. Nun rechts vom Bach taleinwärts zur Schwaigeralm (1488 m). Bei der Schwaigerbauerhütte zur Wegkurve am Schwaigerbach (1500 m). Weiter am Schwaigerbach aufwärts bzw. das Gelände grabeneinwärts bis in den zwischen Schwaigerhöhe und Lamprechtshöhe eingebetteten Hochtalkessel (ca. 1900 m). Durch die steilen Flanken beliebig auf den Hauptkamm bei der Totengrabenhöhe (2200 m). Westwärts zur Gipfelkuppe; Steinmann und Grenzmarke Nr. 36.
Abfahrt Wie Aufstieg.

Touristische Infos Gemeindeamt und Fremdenverkehrsverein A-8732 Seckau, Tel. (0 35 14) 52 05
Karten ÖK 131 (Kalwang)
Einkehr/Übernachtung Gasthof »Steinmühle« (Pichler), Tel. (0 35 14) 56 19

Zwischen Splügenpaß und Rätikon

Rudolf und Siegrun Weiss

Der *Splügenpaß* ist die südwestlichste Ecke der Ostalpen. Die Grenze zwischen West- und Ostalpen folgt dem Hinterrhein bis zur Vereinigung mit dem Vorderrhein bei Reichenau und weiter bis zum Bodensee.
Diese Region hat Anteil an recht unterschiedlichen Gebirgsgruppen, an der Plattagruppe, den Albula-Alpen, den Plessur-Alpen, dem Rätikon und der Silvretta. Vielfältig sind auch die Sprachen, die hier gesprochen werden: Walserdeutsch im Rheinwald, Romanisch im Schams, Schweizerdeutsch im Churer Rheintal, und wieder Walserisch im Prättigau. Dazu kommen weitere romanische Talschaften (Albula, Oberhalbstein) und mit Bivio eine Enklave, in der Italienisch gesprochen wird.

Das *Rheinwald* (Hauptort Splügen) ist der oberste Abschnitt des Hinterrheintales. Dichter Steilwald schränkt die Tourenmöglichkeiten in diesem Bereich auf der »Ostalpen-Seite« (rechte Talseite) ein.
Dann kommt das *Schams*, der mittlere Abschnitt des Hinterrheins. Hauptort ist Andeer, ein gastfreundliches Dorf mit einem Heilbad. Vom Schams geht es hinein ins *Averstal:* Skitouren in jeder Länge und Schwierigkeit! Das Paradies für den Tourengeher beginnt ganz hinten in Juf, dem höchsten ganzjährig bewohnten Dorf der Schweiz (2126 m). Wir haben als kontrastierendes Lockangebot in diesem Buch das erholsame Wengahorn und den recht alpinen Mazzaspitz vorgestellt, neben einigen weiteren Touren im Tal wie Schiahorn und Chlin Hüreli oder den gewaltigen Piz Platta, der einer ganzen Gebirgsgruppe den Namen gegeben hat.
In Thusis verlassen wir den Rhein für einen Abstecher ins *Albulatal* (Bergün) und Oberhalbstein (Savognin und Bivio). Hier kommen Tourengeher voll auf ihre Rechnung. Klein, aber fein ist das Tourengebiet Albulatal. Anspruchsvoll die Anstiege auf einen Gipfel mit dem seltsamen Namen Igl Compass oder auf den Piz Lavinér, gemütlich etwa auf Cuolm da Latsch. Im *Oberhalbstein* ist vor allem Bivio ein großartiger Stützpunkt für unseren Sport. Der nahe Julierpaß ist dafür hauptverantwortlich.
Wenig ergiebig sind *Domleschg* (unterster Abschnitt des Hinterrheins) und *Lenzerheide* für uns – das Domleschg wegen der steilen, dicht bewaldeten Flanken, die Lenzerheide wegen der umfassenden Erschließung durch Aufstiegshilfen.

Weiter den Rhein abwärts nach Chur. Unmittelbar aus der Hauptstadt Graubündens führt die Straße ins *Schanfigg*. Der Name dieser Talschaft ist weniger bekannt als ihr Hauptort: Arosa. Da gibt es nicht allzu viele Touren, aber doch recht unterschiedliche – leichte und verhältnismäßig kurze wie Stelli oder Mattjischhorn, lange und alpine wie das Aroser Rothorn.

In Landquart zweigen wir aus dem Churer Rheintal ins *Prättigau* ab. Lohnend ist vor allem ein Besuch des Hochtales von St. Antönien. Prachtvolle Skitouren im Rätikon warten hier auf uns, leichte wie Eggberg, Girenspitz oder Chrüz, aber auch anspruchsvollere wie Sulzfluh, Rotspitz

Blick ins Tourengebiet der Silvrettahütte. ▷
Links der Bildmitte das Silvrettahorn (Tour 23)

oder Rätschenhorn. Das Rätschenhorn kann man allerdings auch billig haben, was die Anstiegsmühe, nicht aber den finanziellen Einsatz betrifft: aus dem Liftgebiet »Madrisa« im noblen Wintersportort Klosters.

Von Klosters aus erreicht man die Silvrettahütte des SAC, die für die Ski-Erschließung der *Silvretta* bedeutsam war. Die Hütte lohnt einen Besuch, auch wenn das Tourengebiet nicht so ergiebig ist wie das der drei großen Hütten im Norden der Silvretta (Heidelberger Hütte, Jamtalhütte, Wiesbadener Hütte). Das private Berghaus Vereina wird im Winter nicht bewirtschaftet (Winterraum stets offen).

Anreise Eine Autobahn verbindet den Bodensee mit dem Passo del San Bernardino (Nationalstraße N 13). An dieser wichtigen Nord-Süd-Verbindung liegt auch Chur, die Hauptstadt Graubündens. Von ihr führen Straßen in die Seitentäler – von Thusis ins Albulatal (Bivio) und Oberhalbstein (Savognin, Bivio), von Chur ins Schanfigg (Arosa), von Landquart ins Prättigau (Klosters). Die Anreise ist durchwegs auch mit öffentlichen Verkehrsmitteln (Bahn, Bus) möglich.

Touristische Informationen zu den verschiedenen Gebieten gibt es bei: • Graubünden Ferien, Alexanderstraße 24, CH-7001 Chur, Tel. (081) 2542424; Fax (081) 2542400.

1 Surettahorn (3027 m)

Erster Dreitausender der Ostalpen — *Plattagruppe*

Gesamtcharakter Der Splügenpaß ist die Grenze zwischen Ost- und Westalpen. Das Surettahorn ist daher, von Westen gesehen, der erste Dreitausender der Ostalpen. Bis zum Surettajoch geht es eher gemütlich zu. Ab hier wird es ordentlich steil bis zum Skidepot. Der Gipfelanstieg erfordert in jedem Falle alpine Erfahrung und Trittsicherheit, die Schwierigkeiten sind jedoch sehr von den Verhältnissen abhängig. Mitunter führt eine (allerdings ausgesetzte) Stapfspur zum Gipfel, an anderen Tagen sind Pickel und Steigeisen erforderlich.
Aufstiegszeit 4 Std.
Höhenunterschied 1250 m
Schwierigkeit skitechnisch anspruchsvoll, Gipfelaufstieg: kombiniertes Gelände I
Lawinengefahr mitunter lawinengefährdet
Hangrichtung Westen
Beste Jahreszeit März – Mai

Anfahrt *Auto:* Mit Pkw von Chur über Thusis nach Splügen (Autobahn); *Bus:* hierher auch mit dem Bus.
Ausgangspunkt Liftparkplatz in Splügen (1500 m). Mit der Gondelbahn zur Bergstation, Abfahrt (Piste) zur Talstation des Schlepplifts »Bodenstafel« (1790 m), hierher auch zu Fuß auf der Piste.
Aufstieg Richtung Norden zur Unteren Räzünscher Hütte (1923 m). In weitem Bogen zu einer Hangterrasse, auf die schroffen Schwarzhörner zu und zum Beginn des Schwarzhorngletschers. Von hier unschwierig ins Surettajoch (2558 m). Richtung Süden steil aufsteigen. Skidepot. Steil und ausgesetzt zum Gipfel, erst etwas links vom Grat, dann über diesen zum höchsten Punkt.
Abfahrt Wie Aufstieg, von der Talstation des Schlepplifts »Bodenstafel« auf der Piste. Oder: Großartige Abfahrt zur Sufner Schmelzi und nach Sufers.

Touristische Infos Verkehrsverein CH-7435 Splügen, Tel. (081) 6509030, Fax (081) 65909031
Literatur, Gebietsführer Georg Calonder (1993, 4. A.): Alpine Skitouren, Bd II (Graubünden), SAC-Verlag; Rudolf und Siegrun Weiss (1999): Genuß-Schitourenatlas Graubünden, Schall Verlag
Karten LKS 267 S (San Bernardino)

2 Wengahorn (2848 m)

Von Juf über die Nordostflanke — *Plattagruppe*

Gesamtcharakter Warum nicht auch einmal ein kurzer Anstieg auf einen unbedeutenden Gipfel? Das Wengahorn ist eine reine Genußtour mit idealer Neigung (für gute Schifahrer) und in windgeschützter Lage (rundum stehen wesentlich höhere Gipfel), was die Qualität des Pulverschnees lange bewahrt.
Aufstiegszeit 2:25 Std.
Höhenunterschied 750 m
Schwierigkeit skitechnisch anspruchsvoll
Lawinengefahr mitunter lawinengefährdet
Hangrichtung Norden, Nordosten
Beste Jahreszeit Dezember – Mai

Anfahrt *Auto:* Von Chur über Thusis nach Andeer (Autobahn); *Bus:* hierher auch mit dem Bus.
Ausgangspunkt Juf (2176 m), 29 km von Andeer, Bergstraße. Busverbindung.
Aufstieg Von der Bushaltestelle zum Jufer Rhein hinunter und über die Brücke. Über den breiten Nordosthang in wechselnder Steilheit zum Nordrücken des Wengahorns. Über diesen Rücken mit Ski zum Gipfel.
Abfahrt Wie Aufstieg. Viele Varianten möglich (mehr ostseitig steiler, mehr nordseitig sanfter).

Touristische Infos Verkehrsverein CH-7440 Andeer, Tel. (081) 6611847, Fax (081) 6611080
Literatur, Gebietsführer Georg Calonder (1993, 4. A.): Alpine Skitouren, Bd II (Graubünden), SAC-Verlag; Rudolf und Siegrun Weiss (1999): Genuß-Schitourenatlas Graubünden, Schall Verlag
Karten LKS 268 S (Julierpass)

3 Mazzaspitz (3164 m)

Von Juf auf einen anspruchsvollen Gipfel — *Plattagruppe*

Gesamtcharakter Der Mazzaspitz ist eine rundum anspruchsvolle Skitour. Steile Hänge erfordern eine gute Skitechnik; der Gipfelaufstieg über den Südgrat ist nicht besonders schwierig, aber heikel bei Vereisung.
Aufstiegszeit 3:30 Std.
Höhenunterschied 1050 m
Schwierigkeit skitechnisch anspruchsvoll, Gipfelaufstieg: Fels I
Lawinengefahr häufig lawinengefährdet
Hangrichtung Südosten, Süden, Südwesten
Beste Jahreszeit März – Mai

Anfahrt *Auto:* Von Chur über Thusis nach Andeer (Autobahn); *Bus:* hierher auch mit dem Bus.
Ausgangspunkt Juf (2176 m), 29 km von Andeer, Bergstraße. Busverbindung.
Aufstieg Von Juf wie Anstieg zum Stallerberg über den steilen Südwesthang. In etwa 2350 m Höhe scharf nach links abzweigen. Man erreicht eine weite Mulde, die man durchquert und durch eine Rinne in der felsdurchsetzten Südostflanke möglichst hoch mit Ski aufsteigt. Skidepot. Zum Südgrat und über diesen zum Gipfel.
Abfahrt Wie Aufstieg.

Touristische Infos Verkehrsverein CH-7440 Andeer, Tel. (081) 6611847, Fax (081) 6611080
Literatur, Gebietsführer Georg Calonder (1993, 4. A.): Alpine Skitouren, Bd II (Graubünden), SAC-Verlag; Rudolf und Siegrun Weiss (1999): Genuß-Schitourenatlas Graubünden, Schall Verlag
Karten LKS 268 S (Julierpass)

Tour 2: Wengahorn – Skigenuß auf freien Nordost- und Osthängen

4 Chlin Hüreli (2780 m)

Ein »kleines Horn« – beliebte Skitour im Avers *Plattagruppe*

Gesamtcharakter Das Chlin Hüreli ist ein herrlicher Gipfel in unmittelbarer Nähe des bei Einheimischen beliebten Großhorns, das aber – verkehrte Welt der Gipfelnamen! – um 9 m niedriger ist als unser »Kleines«. Ein skiläuferischer Höhepunkt ist die Nordflanke unseres Gipfels.

Aufstiegszeit 3 Std.
Höhenunterschied 900 m
Schwierigkeit skitechnisch mittel
Lawinengefahr mitunter lawinengefährdet
Hangrichtung Nordosten, Norden
Beste Jahreszeit Dezember – April

Anfahrt *Auto:* Von Chur über Thusis nach Andeer (Autobahn); *Bus:* hierher auch mit dem Bus.
Ausgangspunkt Pürd (1921 m), 24 km von Andeer. Auch mit Bus erreichbar.
Aufstieg Von Pürd hinunter zur Brücke und über den Averser Rhein. Über die breite und völlig hindernislose Nordostflanke anfangs steil, dann eher gemütlich bis in eine Höhe von 2400 m. Nun links halten und weiter auf einen Rücken, der von Pkt. 2469 bis zum Chlin Hüreli zieht. Über diesen Rücken, zuerst flach, dann steiler direkt auf den Gipfel.
Abfahrt Wie Aufstieg oder in die Einsattelung zwischen Großhorn und Chlin Hüreli zu und über die Nordflanke. Das weitläufige Gelände ermöglicht viele Varianten.

Touristische Infos Verkehrsverein CH-7440 Andeer, Tel. (081) 661 1847, Fax (081) 661 1080
Literatur, Gebietsführer Georg Calonder (1993, 4. A.): Alpine Skitouren, Bd II (Graubünden), SAC-Verlag; Rudolf und Siegrun Weiss (1999): Genuß-Schitourenatlas Graubünden, Schall Verlag
Karten LKS 268 S (Julierpass) und 267 S (San Bernardino)

5 Piz Platta (3392 m)

Beherrschender Gipfel der gleichnamigen Gebirgsgruppe *Plattagruppe*

Gesamtcharakter Der Piz Platta stellt hohe Anforderungen. Steile Hänge erfordern eine gute Skitechnik, der Gipfelanstieg führt durch eine felsdurchsetzte Rinne, die bei Vereisung ausgesprochen unangenehm ist. Dafür besteigt man auch nach der Meinung des Autors des SAC-Führers den »mit Abstand schönsten Skiberg des Oberhalbsteins und vielleicht auch Graubündens«.
Aufstiegszeit 5 Std.
Höhenunterschied 1450 m
Schwierigkeit skitechnisch anspruchsvoll, Gipfelaufstieg: Fels I
Lawinengefahr häufig lawinengefährdet
Hangrichtung Süden, Südwesten
Beste Jahreszeit März – Mai

Anfahrt *Auto:* Von Chur über Thusis nach Andeer (Autobahn); *Bus:* hierher auch mit dem Bus.
Ausgangspunkt Cresta (1995 m), 22 km von Andeer. Mit Bus erreichbar.
Aufstieg Von Cresta folgt man dem Sommerweg, im späten Frühjahr mit aufgeschnallten Ski, in Richtung Täli, dem schluchtartig eingeschnittenen Tal des Maleggabaches. In etwa 2500 m verläßt man den Talboden. Über einen Südwesthang erreicht man steil eine Mulde. Nach dieser wieder über einen Steilhang. Zu Fuß (Ski aufgeschnallt) durch eine steile und felsdurchsetzte Rinne zu einer Einsattelung in der Nähe von Pkt. 3137.
Wieder mit Ski Richtung Norden zum Westgrat des Piz Platta. Skidepot (etwa 3230 m). Über unschwierige Blöcke zu einer steilen Rinne, durch sie hinauf und zum Gipfel.
Abfahrt Wie Aufstieg. Es ist auch möglich, ähnlich anspruchsvoll in das Berclatal (Val Bercla) nach Tga und weiter nach Mulegns im Oberhalbstein abzufahren.

Touristische Infos Verkehrsverein CH-7440 Andeer, Tel. (081) 661 1847, Fax (081) 661 1080
Literatur, Gebietsführer Georg Calonder (1993, 4. A.): Alpine Skitouren, Bd II (Graubünden), SAC-Verlag; Rudolf und Siegrun Weiss (1999): Genuß-Schitourenatlas Graubünden, Schall Verlag
Karten LKS 268 S (Julierpass)

6 Schiahorn (2636 m)

Skigipfel über dem Lago di Lei *Plattagruppe*

Gesamtcharakter Der Lago di Lei ist ein Stausee auf italienischem Staatsgebiet, der von der Schweiz zur Stromerzeugung genützt wird. Lediglich ein winziges Eck bei der Staumauer gehört der Schweiz. Empfehlenswert ist eine Überschreitung des Gipfels, mit gemütlichem Aufstieg und rassiger Abfahrt.
Aufstiegszeit 3:30 Std.
Höhenunterschied 1000 m
Schwierigkeit skitechnisch mittel, Abfahrtsvariante skitechnisch anspruchsvoll
Lawinengefahr kaum lawinengefährdet, Abfahrtsvariante mitunter lawinengefährdet
Hangrichtung Nordosten
Beste Jahreszeit Januar – April

Anfahrt *Auto:* Von Chur über Thusis nach Andeer (Autobahn); *Bus:* hierher auch mit dem Bus.
Ausgangspunkt Campsut (1669 m), 18 km von Andeer. Mit Bus erreichbar.
Aufstieg Vom Weiler Campsut zum Averser Rhein hinunter und über eine Brücke. Durch schütteren Wald und über Lichtungen zur Campsuter Alp (etwa 2100 m). Richtung Süden mit geringem Höhengewinn zu einer Hochfläche (etwa 2250 m) und zur Cröter Alp. Richtung Südwesten aufsteigen und mit Ski auf den Gipfel. Eigenartiger Blick auf den Stausee.
Abfahrt Wie Aufstieg. Oder: Ins Madrischtal, hinaus zum Weiler Cröt (1715 m) und mit dem Bus oder zu Fuß (15 Min.) zurück nach Campsut.

Tour 6: Im Aufstieg zum Schiahorn

Touristische Infos Verkehrsverein CH-7440 Andeer, Tel. (081) 661 1847, Fax (081) 661 1080
Literatur, Gebietsführer Georg Calonder (1993, 4. A.): Alpine Skitouren, Bd II (Graubünden), SAC-Verlag; Rudolf und Siegrun Weiss (1999): Genuß-Schitourenatlas Graubünden, Schall Verlag
Karten LKS 267 S (San Bernardino)

7 Muttner Horn (2401 m)

Vom Bergdorf Mutten über die Alpsiedlung Obermutten *Plattagruppe*

Gesamtcharakter Das Muttner Horn ist eine leichte, bei vernünftiger Spurwahl kaum lawinengefährdete Skitour. Insbesondere im Frühwinter von Einheimischen häufig begangen, durch die vorgeschobene Lage großartige Aussicht.
Aufstiegszeit 3:30 Std.
Höhenunterschied 1050 m
Schwierigkeit skitechnisch leicht
Lawinengefahr kaum lawinengefährdet
Hangrichtung Nordosten, Norden
Beste Jahreszeit Dezember – April

Anfahrt *Auto:* Von Chur mit Pkw (Autobahn), *Bus/Bahn:* Bahn oder Bus nach Thusis.
Ausgangspunkt Mutten (1394 m), 19 km von Thusis. Mit Bus erreichbar. Mit Pkw eventuell weiter bis Stafel (etwa 1730 m).
Aufstieg Von Mutten über Wiesen, durch den Wald auf einem Fahrweg, zum Weiler Stafel und weiter (Piste eines Schlepplifts) nach Obermutten. Flach in Richtung Muttner Horn. Auf einem Alpweg über eine bewaldete Steilstufe, in etwa 2200 m Höhe links am Horn vorbei und unterhalb der Ostflanke in eine Ebene (»Auf den Böden«). Durch eine Mulde zum Grat und Richtung Norden auf den Gipfel.
Abfahrt Wie Aufstieg.

Touristische Infos Verkehrsverein CH-7430 Thusis, Tel. (081) 651 1134, Fax (081) 651 2563
Literatur, Gebietsführer Georg Calonder (1993, 4. A.): Alpine Skitouren, Bd II (Graubünden), SAC-Verlag; Rudolf und Siegrun Weiss (1999): Genuß-Schitourenatlas Graubünden, Schall Verlag
Karten LKS 257 S (Safiental)

8 Piz d'Emmat Dadora (2851 m)

Rassiger Skigipfel über dem Julierpaß *Plattagruppe*

Gesamtcharakter Während sich Tourengeher zum Piz d'Emmat Dadaint (dem »Inneren«) drängeln, ist man auf dem Weg zum Dadora (dem »Äußeren«) zumeist mutterseelenallein unterwegs. Auf unserer Route eine kurze, aber durchaus anspruchsvolle Skitour mit beachtlichen Steilstufen.
Aufstiegszeit 2:30 Std.
Höhenunterschied 800 m
Schwierigkeit skitechnisch anspruchsvoll
Lawinengefahr mitunter lawinengefährdet
Hangrichtung Norden
Beste Jahreszeit Februar – Mai

Anfahrt *Auto:* Von Chur über Thusis ins Oberhalbstein und nach Bivio an der Westrampe der Julierpaßstraße.
Ausgangspunkt Straßenbrücke (2080 m) auf der ganzjährig geräumten Straße zum Julierpaß, 6 km von Bivio. In der Tourensaison keine brauchbare Busverbindung.
Aufstieg Richtung Süden zu einem Tälchen, das sich zunehmend aufsteilt und verschmälert. Nach kurzer Schnaufpause neuerlich durch steile Mulden zu einer Art Sattel. Scharf nach rechts abbiegen und über einen Steilhang zu einem Vorgipfel (2737 m). Richtung Süden über den sanften Rücken mit Ski zum Gipfel.
Abfahrt Wie Aufstieg.

Touristische Infos Verkehrsverein CH-7457 Bivio, Tel. (081) 6845323, Fax (081) 6845558
Literatur, Gebietsführer Georg Calonder (1993, 4. A.): Alpine Skitouren, Bd II (Graubünden), SAC-Verlag; Rudolf und Siegrun Weiss (1999): Genuß-Schitourenatlas Graubünden, Schall Verlag
Karten LKS 268 S (Julierpass)

Tour 9: Annäherung an den Gipfel des Piz Surgonda. Im Hintergrund die Bernina-Alpen: v. l. Piz Scerscen, Piz Roseg, Piz Corvatsch, La Sella, Piz Glüschaint, Muongia, Chapütschin, Piz Fora. Im Mittelgrund der felsige Polaschin, rechts davon Aufstieg zum Piz Lagrev

9 Piz Surgonda (3197 m)

Von der Julierpaßstraße auf einen beliebten Skidreitausender *Albula-Alpen*

Gesamtcharakter Der Piz Surgonda ist vielleicht der meistbestiegene Gipfel im Bereich des Julierpasses. Der verhältnismäßig kurze und leichte Anstieg, die genußreiche Abfahrt und die großartige Aussicht erklären seine Beliebtheit.
Aufstiegszeit 3:30 Std.
Höhenunterschied 1000 m
Schwierigkeit skitechnisch mittel
Lawinengefahr kaum lawinengefährdet
Hangrichtung Südwesten, Süden
Beste Jahreszeit Dezember – April

Anfahrt *Auto:* Von Chur über Thusis ins Oberhalbstein und nach Bivio an der Westrampe der Julierpaßstraße.
Ausgangspunkt »La Veduta« (2233 m), 8 km von Bivio.
Aufstieg Richtung Norden über den Rücken, zum Teil gehörig steil, zu einer Verflachung (Pkt. 2409). In einem Tälchen zur Fuorcla Alva (2791 m). Weiter zum Grat, der vom Piz Surgonda nach Süden zieht. Erst in der Flanke, dann auf dem Grat selbst zum Gipfel, die letzten Meter eventuell unschwierig zu Fuß.
Abfahrt Wie Aufstieg.

Touristische Infos Verkehrsverein CH-7457 Bivio, Tel. (081) 6845323, Fax (081) 6845558
Literatur, Gebietsführer Rudolf und Siegrun Weiss (1995): Skiführer Engadin, Bergverlag Rother; Rudolf und Siegrun Weiss (1999): Genuß-Schitourenatlas Graubünden, Schall Verlag
Karten LKS 268 S (Julierpass)
Einkehr Restaurant »La Veduta« (2233 m) am Ausgangspunkt

10 Piz Jenatsch (3251 m)

Abwechslungsreiche Riesenabfahrt nach Tinizong *Albula-Alpen*

Gesamtcharakter Von Bivio am besten mit einem Taxi zum Ausgangspunkt. Anspruchsvoller Aufstieg zum Gipfel, der nach einem umstrittenen Bündner Pfarrer und Politiker des 17. Jhs. benannt ist. Die lange und abwechslungsreiche Abfahrt führt nach Tinizong. Von hier ist eine Rückkehr nach Bivio problemlos mit dem Bus möglich.
Aufstiegszeit 3 + 2 Std.
Höhenunterschied 800 + 600 m im Aufstieg; 2000 m in der Abfahrt
Schwierigkeit skitechnisch anspruchsvoll, Gipfelaufstieg: Fels I
Lawinengefahr mitunter lawinengefährdet
Hangrichtung Süden, Südosten (Aufstieg), Norden, Nordwesten (Abfahrt)
Beste Jahreszeit Februar – April

Anfahrt *Auto:* Von Chur über Thusis ins Oberhalbstein und nach Bivio an der Westrampe der Julierpaßstraße.
Ausgangspunkt Großer Parkplatz unterhalb von »La Veduta« (etwa 2200 m), 7,5 km von Bivio.
Aufstieg In viel begangener Spur durch das Agneltal (Val d'Agnel) in die gleichnamige Scharte (2984 m). Herrliche Zwischenabfahrt über den Agnelgletscher, kurzer Gegenanstieg zur Chamanna Jenatsch SAC (Jenatschhütte, 2652 m). Um die Ausläufer der Cresta Jenatsch herum in ein Becken und zur Fuorcla Lavinér (3002 m) zwischen Piz Lavinér und Piz Jenatsch. Über den Nordrücken möglichst hoch mit Ski. Skidepot. Über Firn und unschwierige Blöcke zum Gipfel.
Abfahrt Zurück in die Scharte, dann Richtung Westen über den Vadret d'Err. Ausgezeichnete Skifahrer nehmen die Ski zum Gipfel mit und fahren nach kurzem Abstieg über die steile Nordflanke (skitechnisch extrem) zum und über den Vadret d'Err ab. Weiter zum Talschluß und ziemlich flach zur Alp d'Err (2177 m). Auf einem Fahrweg zum Sommerdorf Pensa und weiter nach Tinizong (1232 m). Reicht der Schnee nicht mehr so weit, kann man sich ein Taxi zur Schneegrenze bestellen.

Touristische Infos Verkehrsverein CH-7457 Bivio, Tel. (081) 6845323, Fax (081) 6845558
Literatur, Gebietsführer Rudolf und Siegrun Weiss (1995): Skiführer Engadin, Bergverlag Rother; Rudolf und Siegrun Weiss (1999): Genuß-Schitourenatlas Graubünden, Schall Verlag
Karten LKS 268 S (Julierpass) und 258 S (Bergün)
Übernachtung Chamanna Jenatsch SAC (2652 m), 60 Schlafplätze, in der Tourensaison bew., Anmeldung: CH-7502 Bever, Tel. (081) 8440315

11 Roccabella (2731 m)

Von Bivio über die Südflanke auf einen »Schönen Felsen« *Plattagruppe*

Gesamtcharakter Von der Paßstraße wirkt die Roccabella keineswegs skifreundlich, sondern macht ihrem Namen Ehre. Von ihrer Rückseite führt jedoch eine herrliche sonnseitige Flanke zum Gipfel, der mit Ski (allerdings ziemlich steil) erreicht wird.
Aufstiegszeit 3 Std.
Höhenunterschied 900 m
Schwierigkeit skitechnisch anspruchsvoll
Lawinengefahr mitunter lawinengefährdet
Hangrichtung Süden, Südosten
Beste Jahreszeit Januar – April

Anfahrt *Auto:* Von Chur über Thusis ins Oberhalbstein und nach Bivio an der Westrampe der Julierpaßstraße.
Ausgangspunkt Weiler Capalotta (1853 m), 2 km von Bivio in Richtung Julierpaß.
Aufstieg An einigen Ferienhäusern vorbei zum Julierbach und über eine Brücke. Weiter gemütlich durch ein Bachtal bis etwa 1950 m. Nach links abzweigen und nunmehr steil zu einer Hochfläche (Emmat). Richtung Osten durch ein Tälchen, dann über die Südflanke steil zum Gipfel.
Abfahrt Wie Aufstieg.

Touristische Infos Verkehrsverein CH-7457 Bivio, Tel. (081) 6845323, Fax (081) 6845558
Literatur, Gebietsführer Georg Calonder (1993, 4. A.): Alpine Skitouren, Bd II (Graubünden), SAC-Verlag; Rudolf und Siegrun Weiss (1999): Genuß-Schitourenatlas Graubünden, Schall Verlag
Karten LKS 268 S (Julierpass)

12 Murter (2718 m)

Aus dem Liftgebiet von Savognin über die Nordostflanke

Plattagruppe

Gesamtcharakter In der Landeskarte heißt der Gipfel »Murter« (d.h. hochgelegene Schafweide). Die hübsche Schneepyramide ist eine beliebte Skitour, wird aber von Einheimischen meist als »Piz Mez« bezeichnet. Eine leichte, bei vernünftiger Spuranlage kaum lawinengefährdete Skitour. Lifte verkürzen den Aufstieg.

Aufstiegszeit 2:30 Std.
Höhenunterschied 900 m (Aufstieg); 1500 m (Abfahrt)
Schwierigkeit skitechnisch leicht
Lawinengefahr kaum lawinengefährdet
Hangrichtung Norden, Nordosten
Beste Jahreszeit Dezember – April

Anfahrt *Auto:* Von Chur über Lenzerheide (etwas kürzer) oder über Thusis (Autobahn) nach Savognin; *Bus:* mit dem Bus erreichbar.
Ausgangspunkt Liftgebiet von Savognin. Mit Aufstiegshilfen zur Bergstation Radons (1893 m).
Aufstieg Leicht abwärts in den Talboden des Nandrobaches (Ava da Nandro). Der Aufstieg führt über die Nordostflanke in mäßiger Steilheit zum Nordrücken. Über diesen Rücken, zuletzt links in der Flanke, zum Gipfel.
Abfahrt Wie Aufstieg, ab Radons Piste. Oder erheblich steiler: über die Nordflanke zur Alp Nova.

Touristische Infos Verkehrsverein CH-7460 Savognin, Tel. (081) 6842222, Fax (081) 6842821
Literatur, Gebietsführer Georg Calonder (1993, 4. A.): Alpine Skitouren, Bd II (Graubünden), SAC-Verlag; Rudolf und Siegrun Weiss (1999): Genuß-Schitourenatlas Graubünden, Schall Verlag
Karten LKS 258 S (Bergün) und 268 S (Julierpass)

13 Curvér Pintg (2731 m)

2600 Höhenmeter Abfahrt nach einem kurzen Aufstieg

Plattagruppe

Gesamtcharakter Die geradezu endlose Abfahrt, die bei guter Schneelage bis nach Tiefencastel (851 m) führt, ist als Tagestour die längste in Graubünden, vielleicht sogar in den Ostalpen. Eine weitere Besonderheit: An der Abfahrt liegt die Wallfahrtskirche Ziteil (2433 m), der höchstgelegene Wallfahrtsort Europas mit regem Besuch (allerdings nur im Sommer). Als Skitour anspruchsvoll und trotz des Überwiegens der Abfahrt anstrengend.

Aufstiegszeit 2:30 Std.
Höhenunterschied 750 m
Schwierigkeit skitechnisch anspruchsvoll
Lawinengefahr mitunter lawinengefährdet
Hangrichtung Osten, Nordosten
Beste Jahreszeit Januar– März

Anfahrt *Auto:* Von Chur über Lenzerheide (etwas kürzer) oder über Thusis (Autobahn) nach Savognin; *Bus:* mit dem Bus erreichbar.
Ausgangspunkt Bergstation Martegnas (2646 m) im Liftgebiet von Savognin.
Aufstieg Von der Bergstation zum Gipfel. Die Tour beginnt mit einer ziemlich steilen Abfahrt in das Cumegnatal (Val Cumegna) und weiter zur Alp Foppa (2004 m). Erst nach diesem Auftakt wird angefellt. Unterhalb des mächtigen Piz Curvér zur Wallfahrtskirche Ziteil (2433 m). Nun in der Ostflanke in rasch zunehmender Steilheit zum Südgrat. Der Grat ist zuerst schmal, wird aber bald breiter. Bei günstigen Verhältnissen mit Ski zum Gipfel.
Abfahrt Unmittelbar vom Gipfel möglich (skitechnisch extrem), sonst auf dem Anstiegsweg zurück, zu den Alphütten von Munter (1944 m), durch eine Waldschneise nach Planezza (1673 m) und in den Talboden bei Tiefencastel (851 m). Reicht der Schnee nicht so weit, fährt man über die Wallfahrtskirche Ziteil nach Salouf (1258 m) ab und kommt mit den Zwischenabfahrten auf fast 1500 Höhenmeter.

Touristische Infos Verkehrsverein CH-7460 Savognin, Tel. (081) 6842222
Literatur, Gebietsführer Georg Calonder (1993, 4. A.): Alpine Skitouren, Bd II (Graubünden), SAC-Verlag; Rudolf und Siegrun Weiss (1999): Genuß-Schitourenatlas Graubünden, Schall Verlag
Karten LKS 258 S (Bergün) und 257 S (Safiental)

14 Igl Compass (3016 m)

Gipfel über dem Albulapaß – mit steilen schatt- und sonnseitigen Flanken

Albula-Alpen

Gesamtcharakter Der Igl Compass wartet mit zwei steilen Flanken auf, von denen eine nach Norden, die andere nach Südosten gerichtet ist. Der für unsere Ohren originell klingende Name dürfte »der Kreis« bedeuten. Die Südostflanke wird zur Spritztour, wenn man sie zu Pfingsten von der Paßhöhe aus unternimmt.

Aufstiegszeit 4 Std.
Höhenunterschied 1250 m
Schwierigkeit skitechnisch anspruchsvoll; Abfahrtsvarianten skitechnisch extrem
Lawinengefahr mitunter lawinengefährdet
Hangrichtung Norden, West; Südosten
Beste Jahreszeit Februar – Mai

Anfahrt *Auto:* Von Chur über Lenzerheide oder Thusis nach Tiefencastel. Im Albulatal nach Bergün; *Bahn:* Anreise auch mit der Rhätischen Bahn möglich.
Ausgangspunkt Preda (1789 m), 7 km von Bergün, an der Straße zum Albulapaß (Rodelbahn, erst im späten Frühjahr mit dem Pkw befahrbar). Preda ist eine Haltestelle der Rhätischen Bahn.
Aufstieg Von der Station Preda durch lichten Wald in freies Gelände und zur Alp Zavretta (2271 m).
Im gleichnamigen Tal ohne Orientierungsschwierigkeiten zur Fuorcla Zavretta (2890 m). Über den Nordostrücken mit Ski zum Gipfel.
Abfahrt Auf dem Anstiegsweg anspruchsvoll, über die steile Nordflanke extrem. Oder über die gleichfalls steile Südostflanke zum Albulapaß und (ab hier etwas langweilig) zurück nach Preda.

Touristische Infos Verkehrsverein CH-7482 Bergün, Tel. (081) 4071152, Fax (081) 4071404
Literatur, Gebietsführer Georg Calonder (1993, 4. A.): Alpine Skitouren, Bd II (Graubünden), SAC-Verlag; Rudolf und Siegrun Weiss (1999): Genuß-Schitourenatlas Graubünden, Schall Verlag
Karten LKS 258 S (Bergün)

15 Piz Lavinér (3137 m)

Aus dem Albulatal über steile Nordhänge

Albula-Alpen

Gesamtcharakter Der Piz Lavinér ist eine unbedeutende Erhebung zwischen eindrucksvollen Nachbarn: Piz Jenatsch und Piz Bleis Marscha. Hohes Ansehen bei den Skibergsteigern genießt er aber wegen der Abfahrt, die in ansehnlicher Steilheit durch windgeschützte, schattseitige Kare und Mulden führt.

Aufstiegszeit 4:30 Std.
Höhenunterschied 1400 m
Schwierigkeit skitechnisch anspruchsvoll, Gipfelaufstieg: Fels I
Lawinengefahr mitunter lawinengefährdet
Hangrichtung Norden, Nordosten
Beste Jahreszeit Februar – Mai

Anfahrt *Auto:* Von Chur über Lenzerheide oder Thusis nach Tiefencastel. Im Albulatal nach Bergün; *Bahn:* Anreise auch mit der Rhätischen Bahn möglich.
Ausgangspunkt Preda (1789 m), 7 km von Bergün, an der Straße zum Albulapaß (Rodelbahn, erst im späten Frühjahr mit dem Pkw befahrbar). Preda ist eine Haltestelle der Rhätischen Bahn.
Aufstieg Von der Station Preda neben dem Albulabach zum Sommerdorf Naz (1747 m) abfahren. Durch das Mulixtal auf einem Alpweg in freies Gelände und zum Talschluß (2230 m). Ein Felsriegel wird links umgangen. Oberhalb nach rechts (Westen) einbiegen. Kurz gemütlich, dann neuerlich steil durch eine Mulde. Weiter in die Fuorcla da Bever (2949 m). Von der Scharte zum Südfuß des Piz Lavinér queren. Skidepot. Durch eine steile Rinne, zuletzt über unschwieriges Blockwerk, zum Gipfel.
Abfahrt Wie Aufstieg. Von Naz kurzer Gegenanstieg nach Preda.

Touristische Infos Verkehrsverein CH-7482 Bergün, Tel. (081) 4071152, Fax (081) 4071404
Literatur, Gebietsführer Georg Calonder (1993, 4. A.): Alpine Skitouren, Bd II (Graubünden), SAC-Verlag; Rudolf und Siegrun Weiss (1999): Genuß-Schitourenatlas Graubünden, Schall Verlag
Karten LKS 258 S (Bergün)

16 Cuolm da Latsch (2296 m)

Aussichtsreiche Kuppe über Bergün — *Albula-Alpen*

Gesamtcharakter Oft beeindruckt ein unbedeutender Gipfel durch den Blick auf »Berühmtheiten«. Das gilt für den Cuolm da Latsch in hohem Maße. Die gewaltigen Nachbarn Piz Ela und Tinzenhorn stehen unmittelbar gegenüber, mächtige Gipfel wie Piz Kesch, Piz Blaisun und Piz Üertsch immer noch in eindrucksvoller Nähe. Die Tour selbst ist leicht und kaum einmal lawinengefährdet. Sie ist oft schon im Dezember möglich, selten aber über den März hinaus, weil die sonnseitigen Hänge rasch ausapern.
Aufstiegszeit 3 Std.
Höhenunterschied 850 m
Schwierigkeit skitechnisch leicht
Lawinengefahr kaum lawinengefährdet
Hangrichtung Südwesten, Süden
Beste Jahreszeit Dezember – März

Anfahrt *Auto:* Von Chur über Lenzerheide oder Thusis nach Tiefencastel. Im Albulatal nach Bergün; *Bahn:* Anreise auch mit der Rhätischen Bahn möglich.
Ausgangspunkt Parkplatz am Beginn des Fahrsträßchens ins Tuorstal (Val Tuors), 500 m von Bergün (etwa 1400 m).
Aufstieg Weiter talein, dann über eine schöne Südflanke aufsteigen. Wir kreuzen das Fahrsträßchen nach Latsch und erreichen (bereits oberhalb des Weilers) einen Alpweg. Über Bauernwiesen, dann auf dem Alpweg durch den Waldgürtel. Über hindernisloses Alpgelände zum Gipfelsteinmann.
Abfahrt Wie Aufstieg.

Touristische Infos Verkehrsverein CH-7482 Bergün, Tel. (081) 4071152, Fax (081) 4071404
Literatur, Gebietsführer Georg Calonder (1993, 4. A.): Alpine Skitouren, Bd II (Graubünden), SAC-Verlag; Rudolf und Siegrun Weiss (1999): Genuß-Schitourenatlas Graubünden, Schall Verlag
Karten LKS 258 S (Bergün)

17 Mattjischhorn (2461 m)

Vom Berghaus Pirigen über die Südostflanke — *Plessur-Alpen*

Gesamtcharakter Das Mattjischhorn ist ein schöner Gipfel mit drei auffallenden Graten. Über jeden dieser Grate kann der Gipfel unschwierig mit Ski erreicht werden. Eine leichte und bei vernünftiger Spuranlage kaum einmal lawinengefährdete Skitour. Weniger empfehlenswert ist die Abfahrt vom Berghaus Pirigen, die teilweise durch den Wald führt und mehrmals das Fahrsträßchen kreuzt.
Aufstiegszeit 1:30 + 2:30 Std.
Höhenunterschied 400 + 700 m
Schwierigkeit skitechnisch leicht
Lawinengefahr kaum lawinengefährdet
Hangrichtung Süden, Südwesten
Beste Jahreszeit Dezember – April

Anfahrt *Auto/Bahn:* Von Chur mit dem Pkw oder der Rhätischen Bahn nach Langwies, 21 km von Chur. Der Bahnhof liegt tiefer, 10 Min. ins Dorf.
Ausgangspunkt Langwies (1377 m) bzw. Berghaus Pirigen (1773 m).
Aufstieg Von Langwies auf einem Fahrsträßchen, das spät im Jahr mit Genehmigung der Gemeinde (Maut) benützt werden kann, zum Berghaus Pirigen (1773 m). Über schönes, sanftes Skigelände Richtung Mattjischhorn in ein weites Becken unterhalb des Gipfels. Nach rechts zu einer Einsattelung aufsteigen (Wittfurgga, 2323 m). Über den Südostgrat zum Gipfel. Es ist auch möglich, unterhalb des Horns nach links auszuholen und über den Nordwestgrat aufzusteigen.
Abfahrt Wie Aufstieg.

Touristische Infos Verkehrsverein CH-7057 Langwies, Tel. (081) 3742255, Fax (081) 3742255
Literatur, Gebietsführer Georg Calonder (1993, 4. A.): Alpine Skitouren, Bd II (Graubünden), SAC-Verlag; Rudolf und Siegrun Weiss (1999): Genuß-Schitourenatlas Graubünden, Schall Verlag
Karten LKS 248 S (Prättigau)
Übernachtung Berghaus Pirigen (1773 m), privat, 20 Schlafplätze, ganzj. geöffnet, CH-7057 Langwies, Tel. (081) 331164

18 Stelli (2622 m)

Von Langwies zum Gasthof »Heimeli« und über die Südflanke zum Gipfel — *Plessur-Alpen*

Gesamtcharakter Langweilig ist an dieser Tour nur die Wanderung oberhalb des Sapüner Baches zum Alpengasthof »Heimeli«. Der Gipfelanstieg selbst führt über eine nach Süden und Südosten geneigte hindernislose Flanke, die bei gutem Firn die Skifahrerherzen höher schlagen läßt. Die Tour ist nicht besonders schwierig, die Lawinengefahr gering, wenn man (sonnseitige Lage!) rechtzeitig abfährt.
Aufstiegszeit 2 + 2:30 Std.
Höhenunterschied 460 + 800 m
Schwierigkeit skitechnisch mittel
Lawinengefahr kaum lawinengefährdet
Hangrichtung Süden, Südwesten
Beste Jahreszeit Dezember – April

Anfahrt *Auto/Bahn:* Von Chur mit dem Pkw oder der Rhätischen Bahn nach Langwies, 21 km von Chur. Der Bahnhof liegt tiefer, 10 Min. ins Dorf.
Ausgangspunkt Von Langwies auf der Straße nach Arosa bis zur Brücke über den Sapüner Bach. Nicht über die Brücke, sondern kurz weiter, dann Fahrverbot. Parkplatz (etwa 1380 m); hierher zu Fuß von Langwies 10 Min.
Aufstieg Oberhalb des Sapüner Baches über die Weiler Dörfji und Schmitten zum Alpengasthof »Heimeli« (1831 m). Weiter auf dem Alpweg talein. Man quert ein Bachtälchen und steigt zur Innerhauptalp (2047 m) auf. Über eine flache Terrasse zum Bach zurück, den man in etwa 2100 m überquert. Ein Südosthang führt zu einer Hangverflachung. Nun geht es durch die steile Südwestmulde zum Gipfel, den man etwas von rechts her erreicht.
Abfahrt Wie Aufstieg. Oder: schattseitige Abfahrt (Nordwesten, Nordosten) nach Küblis im Prättigau (810 m) über 1800 Höhenmeter, im unteren Teil berühmte »Parsennabfahrt«.

Touristische Infos Verkehrsverein CH-7057 Langwies, Tel. (081) 3742255, Fax (081) 3742255
Literatur, Gebietsführer Georg Calonder (1993, 4. A.): Alpine Skitouren, Bd II (Graubünden), SAC-Verlag; Rudolf und Siegrun Weiss (1999): Genuß-Schitourenatlas Graubünden, Schall Verlag
Karten LKS 248 S (Prättigau)
Übernachtung Alpengasthof »Heimeli« (1831 m), privat, 35 Schlafplätze, geöffnet Mitte Dezember bis Sonntag nach Ostern, CH-7057 Langwies, Tel. (081) 331161

19 Rätschenhorn (2703 m)

Von St. Antönien über Litzistafel und die Gafier Platten — *Rätikon*

Gesamtcharakter St. Antönien ist ein kleines Tourenparadies. Man könnte sicherlich zwei Bergwochen hier verbringen und müßte keine Tour wiederholen. Neben leichten Skigipfeln wie Eggberg oder Chrüz gibt es auch alpine Anstiege wie Sulzfluh oder Rätschenhorn. Dieser Gipfel läßt sich auch ausgesprochen »billig« haben, aus dem Skigebiet »Madrisa« nach Benützung mehrerer Liftanlagen.
Aufstiegszeit 4 Std.
Höhenunterschied 1300 m
Schwierigkeit skitechnisch mittel
Lawinengefahr mitunter lawinengefährdet
Hangrichtung Nordosten, Nordwesten
Beste Jahreszeit Januar – April

Anfahrt *Auto:* Von der Autobahnabfahrt »Landquart« ins Prättigau und nach Küblis, 20 km von Landquart. Weiter auf einer Bergstraße nach St. Antönien, 11 km von Küblis; *Bus/Bahn:* hierher auch mit Bahn und Bus.
Ausgangspunkt Von St. Antönien Richtung Partnun talein nach Litzirüti (1461 m). Zu Fuß 20 Min.
Aufstieg Über die Wiesen zum Weiler Engi und, teilweise auf einem Fahrweg, nach Litzistafel (1747 m) und zum Talschluß (1970 m). Über eine erste Steilstufe in ein Becken. Nach den Felsabbrüchen der Plattenflue Richtung Norden einbiegen. Rechts haltend über die Gafier Platten zum Gipfel.
Abfahrt Wie Aufstieg.

Touristische Infos Verkehrsverein CH-7246 St. Antönien, Tel. und Fax (081) 3323233
Literatur, Gebietsführer Rudolf und Siegrun Weiss (1999): Genuß-Schitourenatlas Graubünden, Schall Verlag
Karten LKS 248 S (Prättigau)

20 Girenspitz (2369 m)

Von St. Antönien über hindernisloses Skigelände in idealer Steilheit

Rätikon

Gesamtcharakter Der Girenspitz und der benachbarte (häufiger erstiegene) Schafberg bieten Skigenuß auf hindernislosen Hängen mittlerer Steilheit. Die Lawinengefahr ist bei vernünftiger Spurwahl gering, und das während der ganzen Skisaison.
Aufstiegszeit 3 Std.
Höhenunterschied 900 m
Schwierigkeit skitechnisch mittel
Lawinengefahr kaum lawinengefährdet
Hangrichtung Nordosten, Osten
Beste Jahreszeit Dezember – April

Anfahrt *Auto:* Von der Autobahnabfahrt »Landquart« ins Prättigau und nach Küblis, 20 km von Landquart. Weiter auf einer gut ausgebauten Bergstraße nach St. Antönien, 11 km von Küblis; *Bus/Bahn:* hierher auch mit Bahn und Bus.
Ausgangspunkt Parkplatz 1 (etwa 1500 m). Bis hierher wird die Fahrstraße nach Partnun im Winter geräumt. Zu Fuß von St. Antönien 30 Min.
Aufstieg Auf dem Alpsträßchen (Loipe) zur Brücke über den Schanielbach (1607 m). Über die Brücke und zu den Alphütten von Untersäss (1640 m), Mittelsäss (1942 m) und schließlich Obersäss (2036 m). In der Grundrichtung Westen zum Südgrat und über diesen in wenigen Minuten mit Ski auf den Girenspitz.
Abfahrt Wie Aufstieg. Das weitläufige Gelände gestattet viele Varianten.

Touristische Infos Verkehrsverein CH-7246 St. Antönien, Tel. und Fax (081) 3323233
Literatur, Gebietsführer Rudolf und Siegrun Weiss (1996): Skiführer Davos – Prättigau, Bergverlag Rother; Rudolf und Siegrun Weiss (1999): Genuß-Schitourenatlas Graubünden, Schall Verlag
Karten LKS 248 S (Prättigau) und 238 S (Montafon)

21 Glattwang (2376 m)

Über den Heuberg

Plessur-Alpen

Gesamtcharakter Der Heuberg ist skihistorisch ähnlich bedeutend wie etwa die Parsenn. Das hindernislose, nur mäßig geneigte Skigelände war in der Frühzeit des Tourenskilaufs sehr beliebt. Auch heute noch sind die beiden Skihäuser gut besucht. Eine Nächtigung verkürzt den Aufstieg beträchtlich. Die hier empfohlene Abfahrt nach Fideris führt dagegen über nicht weniger als 1650 Höhenmeter und endet bei der Station Fideris der Rhätischen Bahn!
Aufstiegszeit 1:30 Std.
Höhenunterschied 400 m (Aufstieg); 1650 m (Abfahrt)
Schwierigkeit skitechnisch mittel
Lawinengefahr kaum lawinengefährdet
Hangrichtung Osten (Aufstieg), Norden (Abfahrt)
Beste Jahreszeit Dezember – Februar

Anfahrt *Auto:* Von der Autobahnabfahrt »Landquart« durch das Prättigau nach Fideris (897 m); *Bus/Bahn:* hierher auch mit Bahn oder Bus.
Ausgangspunkt Heuberg (2000 m); hierher mit dem Taxibus eines der beiden Berghäuser. Die Auffahrt mit dem eigenen Pkw ist im Winter nicht gestattet. Zu Fuß 3 :30 Std.
Aufstieg Richtung Nordwesten über die Ostflanke auf den Glattwang zu. Nun über die Ostflanke zum Südgrat und (steil) zum Gipfel oder zum Glattwangseeli (nördlich des Gipfels) und über den Nordrücken zum Glattwang.
Abfahrt Über den Nordrücken zum Glattwangseeli. Über herrliches Skigelände zu den Alpböden von Larein. Es folgen Wiesen und breite Waldschneisen bis 1100 m. Rechts halten und zur Station Fideris (744 m) abfahren.

Touristische Infos Verkehrsverein CH-7235 Fideris, Tel. (081) 3305253, Fax (081) 3305231
Literatur, Gebietsführer Rudolf und Siegrun Weiss (1996): Skiführer Davos – Prättigau, Bergverlag Rother; Rudolf und Siegrun Weiss (1999): Genuß-Schitourenatlas Graubünden, Schall Verlag
Karten LKS 248 S (Prättigau)
Übernachtung Skihaus »Arflina« (2000 m), CH-7235 Fideris, Tel. (081) 3321304 oder Ski- und Berghaus »Heuberge« (1939 m), CH-7235 Fideris, Tel. (081) 3321305

22 Hüreli (2459 m)

Von Laret über prachtvolle schattseitige Hänge

Silvretta

Gesamtcharakter Mit »Hüreli« ist das Davoser oder Klosterser Hüreli gemeint. »Davoser«, weil der Ausgangspunkt Laret zu Davos gehört, »Klosterser«, weil man auf der Prättigauer Seite des Wolfgangpasses startet und auf Klosters hinunterschaut, sobald man den Waldgürtel verlassen hat. Die Davoser haben noch einen Trumpf: die Pischabahn, von der aus das Hüreli in lächerlich kurzem Anstieg zu haben ist. Hier wird der »Aufstieg ausschließlich mit Muskelkraft« beschrieben.
Aufstiegszeit 3 Std.
Höhenunterschied 930 m
Schwierigkeit skitechnisch anspruchsvoll
Lawinengefahr mitunter lawinengefährdet
Hangrichtung Nordwesten
Beste Jahreszeit Januar – April

Anfahrt *Auto:* Von der Autobahnabfahrt »Landquart« durch das Prättigau nach Klosters; *Bus/Bahn:* hierher auch mit Bahn oder Bus.
Ausgangspunkt Unter Laret (1520 m). 4 km von Klosters in Richtung Wolfgangpaß.
Aufstieg Fast eben über die Wiese zum Lusiwald. Durch den lichten Wald zur Waldgrenze. Weiter teilweise recht steil zu einem Rücken, der vom Hüreli Richtung Nordwesten zieht. Über den breiten Rücken in eine Mulde und in eine Einsattelung, aus der man problemlos den Gipfel erreicht. Jetzt erst sieht man auch zum Davoser See und auf Davos!
Abfahrt Wie Aufstieg.

Touristische Infos Verkehrsverein CH-7250 Klosters, Tel. (081) 4102020, Fax (081) 4102010
Literatur, Gebietsführer Rudolf und Siegrun Weiss (1996): Skiführer Davos – Prättigau, Bergverlag Rother; Rudolf und Siegrun Weiss (1999): Genuß-Schitourenatlas Graubünden, Schall Verlag
Karten LKS 248 S (Prättigau)

23 Silvrettahorn (3243 m)

Über Alp Sardasca und Silvrettahaus

Silvretta

Gesamtcharakter Das Silvrettahorn ist eine schöne Pyramide über dem gleichnamigen Gletscher. Die Silvrettahütte des Schweizer Alpenclubs teilt den Anstieg angenehm auf. Zur Hütte zieht sich allerdings der Weg ganz ordentlich. Erst sehr spät im Jahr verkürzt ihn ein Taxibus um gute 2 Stunden.
Aufstiegszeit 4:30 + 3 Std.
Höhenunterschied 1200 + 920 m
Schwierigkeit skitechnisch anspruchsvoll, ab Skidepot unter I
Lawinengefahr häufig lawinengefährdet
Sonstige Gefahren geringe Spaltengefahr
Hangrichtung Südwesten, Westen
Beste Jahreszeit März – Mai

Anfahrt *Auto:* Von der Autobahnabfahrt »Landquart« nach Klosters; *Bus/Bahn:* hierher auch mit Bahn oder Bus.
Ausgangspunkt Unter Laret (1520 m), 4 km von Klosters in Richtung Wolfgangpaß.
Ausgangspunkt Monbiel (1291 m), Ortsteil von Klosters; hierher auch mit dem Ortsbus.
Aufstieg Von Monbiel auf einem Fahrsträßchen durch das Landquarttal. Bei einer Talverzweigung nach links, dem Verstanclabach folgend zur Alp Sardasca (1648 m). Über einen Westhang ins sanfte Galtürtälli, aus dem man in etwa 2300 m Höhe zur Hütte quert. Durch eine Mulde Richtung Nordosten, dann in westlicher Richtung zum großen Silvrettagletscher. Man hält auf die nördlichste Einsattelung zwischen Egghorn und Silvrettahorn (3082 m) zu. Der Aufschwung zur Scharte ist sehr steil, evt. zu Fuß. Skidepot. Über den teilweise steilen und ausgesetzten, aber unschwierigen Grat zum Gipfel.
Abfahrt Wie Aufstieg.

Touristische Infos Verkehrsverein CH-7250 Klosters, Tel. (081) 4102020, Fax (081) 4102010
Literatur, Gebietsführer Rudolf und Siegrun Weiss (1996): Skiführer Davos – Prättigau, Bergverlag Rother; Rudolf und Siegrun Weiss (1999): Genuß-Schitourenatlas Graubünden, Schall Verlag
Karten LKS 248 S (Prättigau)
Übernachtung Silvrettahütte SAC (2341 m), bew. Mitte März – Mitte Mai, 85 Schlafplätze, Winterraum stets offen (20 Lager), CH-7250 Klosters, Tel. (081) 4221306

Oberengadin

Rudolf und Siegrun Weiss

Das »Oberengadin« reicht vom Ursprung des Flusses Inn in der Nähe von Maloja bis zur Grenze zum Unterengadin bei Brail, ganz genau: bis zur »Hohen Brücke« (Punt Ota).

Oberengadin – »schönster Winkel der Erde«: Vom Engadin waren viele Besucher begeistert, wie z.B. Friedrich Nietzsche, von dem unser Zitat stammt.
Aus guten Gründen schwärmen aber nicht nur Maler, Dichter und Philosophen für das Oberengadin, sondern auch – Skibergsteiger. Der Autor dieses Beitrages ist nach mehr als 3000 Skitouren fest davon überzeugt: Es gibt in den Ostalpen kein großartigeres Tourengebiet. Das *Oberengadin* ist einsame Spitze!
Das hat gute Gründe. In erster Linie sind es wohl die hohen Ausgangspunkte, die selbst in niederschlagsarmen Wintern für gute Tourenbedingungen sorgen. Die Ausgangspunkte liegen im Talboden bereits zwischen 1700 und 1800 m, auf den Pässen gar bis über 2300 m. Wenn wir Aufstiegshilfen benützen, reichen wir an die Dreitausendergrenze heran (Luftseilbahn »Diavolezza«) oder überschreiten sie ganz erheblich (Luftseilbahn »Corvatsch«). Das ermöglicht Tourenskilauf von Dezember bis Juni. Hohe Gipfel können wir im Rahmen von Tagestouren besteigen, Dreitausender vom Tal aus oder entsprechend mühelos von Pässen, und von der Bergstation der Diavolezza-Seilbahn packt man sogar den »Fast-Viertausender« Piz Palü, wenn man die erste Gondel für die Auffahrt nützt.

Das Tourenangebot ist nicht nur umfangreich, es ist auch vielfältig. Für Anfänger gibt es leichte und kurze Touren wie den Piz Arpiglia (Zuoz), fortgeschrittene Tourengeher kommen mit dem Piz Lagrev (Julierpaß) auf ihre Rechnung, für »Skikaiser« ist die Südflanke des Piz d'Emmat Dadaint zu empfehlen (Grevasalvas) oder der Anstieg auf den Piz Alv von Süden (Bernina Suot). Wer den Kitzel von Steilflanken nach längeren Anstiegen schätzt, sollte sich den Piz San Gian (St. Moritz) vornehmen oder zu Pfingsten den Piz Blaisun (Albulapaß). Lange Abfahrten nach (verhältnismäßig) kurzen Aufstiegen bieten Piz Muragl (Standseilbahn »Muottas Muragl«) oder Chapütschin (Luftseilbahn »Corvatsch«). Hervorragende Skibergsteiger können ihr Können am Piz Bernina (Bovalhütte) erproben, dem höchsten Gipfel der Ostalpen.
Und das Schöne: Für jede »Kategorie« gibt es nicht ein Beispiel, sondern ein Dutzend und mehr! Das gilt nicht nur für die »zahmen« Gipfel für Anfänger oder Fortgeschrittene, sondern auch für die Ziele der Meisterklasse. Was die »günstige Zeit« betrifft, liegt man im Oberengadin immer richtig, wenn man die entsprechenden Ziele wählt. Auch mit dem Wetter gibt es (zumeist) keine Probleme. »Engadin – vorwiegend sonnig«, lautet eine häufige Aussage des Schweizer Wetterberichts.

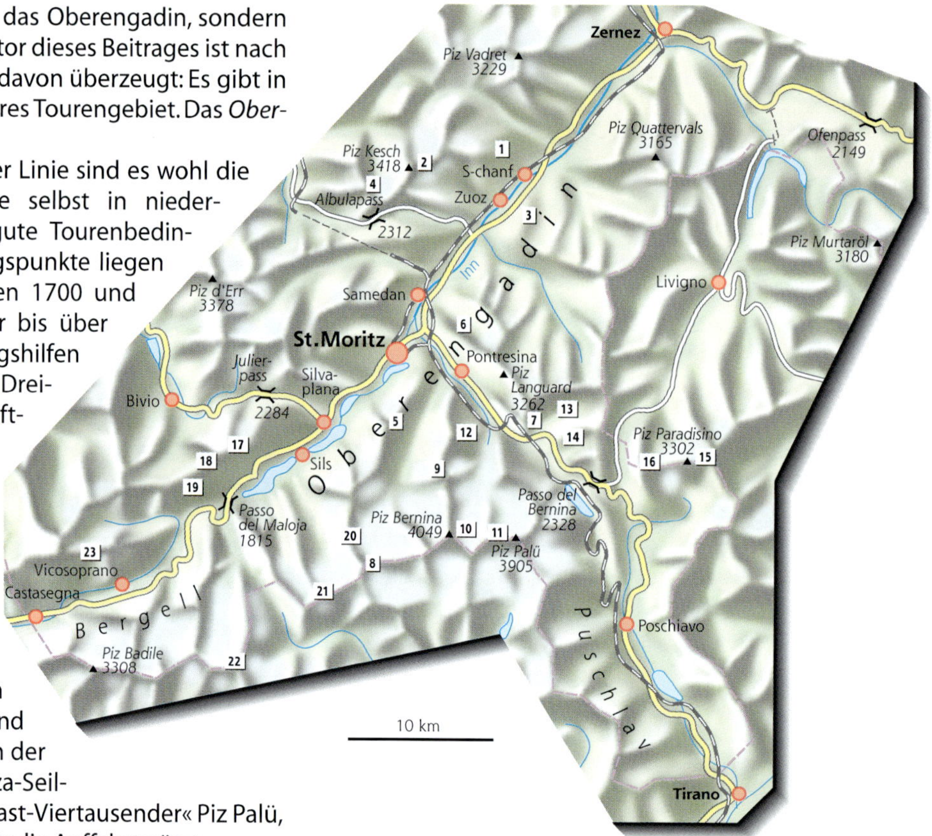

Anreise Ohne Pässe oder Tunnel läuft nichts, wenn man das Oberengadin besuchen möchte, außer man wohnt in Zernez oder Scuol, also im Unterengadin. Um ins Unterengadin zu kommen, fährt man aber zumindest über die »Mini-Pässe« Finstermünz oder Norberthöhe, oder mit der Rhätischen Bahn (seit 19. November 1999) durch den Vereinatunnel (Autoverladung). Unmittelbar ins Oberengadin führen aus Italien Malojapaß und Berninapaß, aus westlicheren Talschaften Graubündens Julierpaß und Albulatunnel. Natürlich ist die Anreise ins Oberengadin auch mit öffentlichen Verkehrsmitteln möglich, mit der Rhätischen Bahn, mit Bus und Bahn von Landeck über Scuol.

Touristische Informationen gibt es bei: • Graubünden Ferien, Alexanderstraße 24, CH-7001 Chur, Tel. (081) 2542424; Fax (081) 2542400.

Die Abfahrt vom Piz Palü durch die Eisbrüche des Persgletschers erfordert gute Nerven (Tour 11) ▷

1 Piz Griatschouls (2972 m)

Von Zuoz hindernislos über die Südostflanke — Albula-Alpen

Gesamtcharakter Bis zu einem Vorgipfel (2955 m) ist der Piz Griatschouls eine ideale Firntour mittlerer Schwierigkeit. Der Übergang zum Hauptgipfel erfordert Trittsicherheit und Schwindelfreiheit (I). Eine bequeme Möglichkeit, die zwei Anstiegsstunden erspart: Aussichtsreicher Anstieg und anschließende Querung von der Bergstation des Schlepplifts »Pizzet« über Botta Cuolm bis zur Westschulter (2955 m).
Aufstiegszeit 4 Std.
Höhenunterschied 1300 m
Schwierigkeit skitechnisch mittel, Gipfelaufstieg in kombiniertem Gelände I
Lawinengefahr mitunter lawinengefährdet
Hangrichtung Südosten
Beste Jahreszeit Januar – April

Anfahrt *Auto:* Aus dem Unterengadin oder von St. Moritz nach Zuoz; *Bahn:* hierher auch mit der Bahn.
Ausgangspunkt Östlicher Ortsrand von Zuoz (etwa 1700 m).
Aufstieg Kurz über eine flache Wiese, dann mit gutem Höhengewinn über die hindernislose Südostflanke. In etwa 2100 m Höhe rechts halten, zu einem Rücken und über diesen zu Pkt. 2563. Weiter über den Rücken und steil zu einem Vorgipfel (Westschulter, 2955 m). Skidepot. Über einen Firngrat bzw. in leichter Kletterei zum Gipfel.
Oder: Nach rechts in eine weite Mulde queren, über Südhänge zu Pkt. 2801 und über den Gratrücken Richtung Westen zum Gipfelaufbau. Skidepot. Durch eine Rinne zum Gipfel.
Abfahrt Wie Aufstieg. Viele Varianten möglich.

Touristische Infos Verkehrsverein CH-7524 Zuoz, Tel. (081) 854 15 10, Fax (081) 854 33 34
Literatur, Gebietsführer Rudolf und Siegrun Weiss (1995): Skiführer Engadin, Bergverlag Rother; Rudolf und Siegrun Weiss (1999): Genuß-Schitourenatlas Graubünden, Schall Verlag
Karten LKS 258 S (Bergün)

2 Piz Kesch (3417 m)

Höchster Gipfel der Albula-Alpen — Albula-Alpen

Gesamtcharakter Zwei Hütten verkürzen den Aufstieg zum Piz Kesch, im Norden die Chamanna digl Kesch, im Südosten die Chamanna d'Es-cha. Der hier beschriebene Anstieg von Süden ist kürzer, führt aber nicht unmittelbar zum Gipfelaufbau. Vor dem Porchabellagletscher muß man über die Porta d'Es-cha, eine mitunter heikle »Schlüsselstelle«. Den Hüttenanstieg kann man bei sicheren Schneeverhältnissen durch den Schlepplift »Pizzet« auf 1 Std. verkürzen.
Aufstiegszeit 2:30 + 3:30 Std.
Höhenunterschied 800 + 850 m
Schwierigkeit skitechnisch mittel, Gipfelaufstieg: kombiniertes Gelände II
Lawinengefahr mitunter lawinengefährdet
Sonstige Gefahren geringe Spaltengefahr
Hangrichtung Nordosten, Südosten
Beste Jahreszeit März – Mai

Anfahrt *Auto:* Aus dem Unterengadin oder von St. Moritz nach Madulain oder Zuoz; *Bahn:* hierher auch mit der Bahn.
Ausgangspunkt Madulain (1697 m), 3 km von Zuoz. Station der Rhätischen Bahn.
Aufstieg Von Madulain durch das Val Müra zur Chamanna d'Es-cha (2594 m, auf einem Rücken etwas oberhalb des Tales).
In nördlicher Richtung zur Porta d'Es-cha (3008 m). Der letzte Aufschwung zur Scharte zu Fuß wird durch eine Eisenkette erleichtert. Dann über den Gletscher. In einer Nordostmulde aufsteigen, dann Skidepot (etwa 3280 m). Nach links zum Nordostgrat queren und weiter zum Gipfel.
Abfahrt Wie Aufstieg. Die Hütte wird dabei nicht mehr berührt.

Touristische Infos Verkehrsverein CH-7524 Zuoz, Tel. (081) 854 15 10, Fax (081) 854 33 34
Literatur, Gebietsführer Rudolf und Siegrun Weiss (1995): Skiführer Engadin, Bergverlag Rother; Rudolf und Siegrun Weiss (1999): Genuß-Schitourenatlas Graubünden
Karten LKS 258 S (Bergün)
Übernachtung Chamanna d'Es-cha SAC (2594 m), stets offen, aber in der Tourenzeit nicht durchgehend bew., 60 Schlafplätze, CH-7524 Zuoz, Tel. (081) 854 17 55

3 Piz Arpiglia (2765 m)

Schattseitige Skitour über dem Talboden von Zuoz — Livigno-Alpen

Gesamtcharakter Im oberen Teil freie Hänge, im unteren Teil breite Waldschneisen. Zum Gipfel führt ein gut befahrbarer Nordwestrücken. Bei vernünftiger Spurwahl kaum lawinengefährdet, daher auch als Ausweichtour bei Schlechtwetter geeignet. (Vorsicht bei Nebel – unbedingt auf dem Rücken bleiben!)
Aufstiegszeit 3:30 Std.
Höhenunterschied 1100 m
Schwierigkeit skitechnisch mittel
Lawinengefahr kaum lawinengefährdet
Hangrichtung Nordwesten, Norden
Beste Jahreszeit Dezember – April

Anfahrt *Auto:* Aus dem Unterengadin oder von St. Moritz nach Zuoz; *Bahn:* hierher auch mit der Bahn.
Ausgangspunkt Resgia (1702 m), etwas südlich von der Umfahrungsstraße, großer Parkplatz, Langlaufzentrum. Von der Bahnstation 15 Min.
Aufstieg Den Arpigliabach (Ova da Arpiglia) kurz entlang, über eine Brücke. In einer breiten Schneise in weiten Kehren zur Waldgrenze. Über den behäbigen Nordwestrücken, der nur kurzzeitig schmäler und steiler wird, zu einem Vorgipfel (Nordgipfel). Fast eben Richtung Süden zum höchsten Punkt.
Abfahrt Wie Aufstieg.

Touristische Infos Verkehrsverein CH-7524 Zuoz, Tel. (081) 854 15 10, Fax (081) 854 33 34
Literatur, Gebietsführer Rudolf und Siegrun Weiss (1995): Skiführer Engadin, Bergverlag Rother; Rudolf und Siegrun Weiss (1999): Genuß-Schitourenatlas Graubünden, Schall Verlag
Karten LKS 258 S (Bergün) und 259 S (Ofenpass)

4 Piz Blaisun (3200 m)

Pfingsttour oberhalb der Albulapaßstraße für Liebhaber steiler Flanken — Albula-Alpen

Gesamtcharakter Die formschöne Pyramide fällt von vielen Gipfeln des Oberengadins auf. Obwohl die Straße zum Albulapaß erst ab Pfingsten (mitunter schon etwas früher) befahrbar ist, führt die sonnseitige Steilabfahrt meist noch bis zum geparkten Auto. Empfehlenswert bei Firn nach einer kalten Nacht. Aufstieg im steilen Gipfelbereich bei Hartschnee am besten mit Steigeisen und aufgeschnallten Ski.
Aufstiegszeit 2:45 Std.
Höhenunterschied 950 m
Schwierigkeit skitechnisch extrem
Lawinengefahr häufig lawinengefährdet
Sonstige Gefahren Abrutschgefahr bei Hartschnee
Hangrichtung Südwesten, Südosten
Beste Jahreszeit Mai – Juni

Anfahrt *Auto:* Aus dem Unterengadin oder von St. Moritz nach La Punt-Chamues-ch; *Bahn:* hierher auch mit der Bahn.
Ausgangspunkt Auffahrt von La Punt bis in die Ebene 1 km vor dem Hospiz auf dem Albulapaß (etwa 2300 m). Straße meist erst ab Pfingsten befahrbar. Auffahrt häufig schon früher bis Pkt. 2030 möglich. Von hier knapp 2 Std.
Aufstieg Von der Straße kurz hinunter in den Talboden der Ova d'Alvra (Albulabach). Neben einer Bachschlucht (zu Pfingsten Schneezunge) über die erste Steilstufe. Durch das »Loch« (Foura) in zunehmender Steilheit zum Westgrat. Etwas rechts vom Grat in der Flanke zum Gipfel.
Abfahrt Wie Aufstieg.

Touristische Infos Verkehrsverein CH-7522 La Punt-Chamues-ch, Tel. (081) 854 24 77, Fax (081) 854 38 77
Literatur, Gebietsführer Rudolf und Siegrun Weiss (1995): Skiführer Engadin, Bergverlag Rother; Rudolf und Siegrun Weiss (1999): Genuß-Schitourenatlas Graubünden, Schall Verlag
Karten LKS 258 S (Bergün)

Tour 4: Der Piz Blaisun ist von den anderen Gipfeln reihum als ebenmäßig weiße Pyramide zu sehen. Rechts der wuchtige Piz Kesch

5 Piz San Gian (3134 m)

Steile Abfahrt über einen Hängegletscher und Tiefblick auf St. Moritz Bernina

Gesamtcharakter Großartige Skitour, skitechnisch schwierig – nicht nur bei der Abfahrt über den Hängegletscher, sondern auch im unteren Teil über die Nordwestflanke oberhalb des St.-Moritz-Sees. Für ausgezeichnete Skifahrer bei sicheren Schneeverhältnissen!

Aufstiegszeit 4:30 Std.
Höhenunterschied 1400 m
Schwierigkeit skitechnisch extrem
Lawinengefahr häufig lawinengefährdet
Hangrichtung Norden, Nordwesten
Beste Jahreszeit März – Mai

Anfahrt *Auto:* Über den Julierpaß oder durch das Unterengadin nach St. Moritz; *Bahn:* Anreise auch mit der Bahn möglich (Albulatunnel, Vereinatunnel).
Ausgangspunkt St. Moritz Bad (1778 m), südlich des St. -Moritz-Sees.
Aufstieg Auf einem Waldweg Richtung Osten zur »Großen Lawinenrinne« (Lavinér Grand). Steil durch die Rinne bis in eine Höhe von 2600 m. Nun nach rechts zu einer Kuppe (2632 m). Heikle Querung eines Steilhanges zum Cotschnasee (Lej da l´Ova Cotschna, 2620 m). Nun über den Gletscher und zu einer Schulter an seiner westlichen Begrenzung (3005 m). Über einen unerwartet unschwierigen Gratrücken zum Gipfel.
Abfahrt Unmittelbar vom Gipfel über den steilen Hängegletscher zur Anstiegsspur, dann weiter wie Aufstieg.

Touristische Infos Verkehrsverein CH-7500 St. Moritz, Tel. (081) 8373333, Fax (081) 8373377
Literatur, Gebietsführer Rudolf und Siegrun Weiss (1995): Skiführer Engadin, Bergverlag Rother; Rudolf und Siegrun Weiss (1999): Genuß-Schitourenatlas Graubünden, Schall Verlag
Karten LKS 286 S (Julierpass)

Tour 5: Bei der endlosen Abfahrt vom Piz San Gian, hier kurz vor der Einfahrt in die Lavinér Grand, die »Große Lawinenrinne«

6 Piz Muragl (3157 m)

Berühmter Blick auf die Oberengadiner Seenwelt Livigno-Alpen

Gesamtcharakter Ein herrlicher Skigipfel! Durch die vorgeschobene Lage und die beachtliche Höhe hat man auch eine großartige Aussicht in die zentrale Bernina. Der Aufstieg wird durch eine Standseilbahn verkürzt. Der steile nordseitige Muraglgletscher bietet häufig Skigenuß in tiefem Pulverschnee.

Aufstiegszeit 3 Std.
Höhenunterschied 750 m; 1450 m in der Abfahrt
Schwierigkeit skitechnisch mittel, Gipfelaufstieg: kombiniertes Gelände unter I
Lawinengefahr mitunter lawinengefährdet
Hangrichtung Norden, Nordwesten, Westen, Südwesten
Beste Jahreszeit Januar – April

Anfahrt *Auto:* Durch das Unterengadin oder von St. Moritz nach Samedan; *Bahn:* hierher auch mit der Bahn.
Ausgangspunkt Punt Muragl (1736 m), Talstation der Standseilbahn, 4 km von Samedan, Station der Rhätischen Bahn. Mit der Standseilbahn zur Bergstation Muottas Muragl (2453 m).
Aufstieg Von der Bergstation aussichtsreich über den Höhenrücken Tschimas da Muottas zu einer Einsattelung und hinunter zum Muraglsee (Lej Muragl, 2713 m). Abfellen lohnt nicht. Über den Muraglgletscher, im Mittelteil ordentlich steil, bis nahe an den Gipfelausbau. Skidepot. Über Firn und Blöcke unschwierig zum Gipfel.
Abfahrt Zunächst wie Aufstieg Richtung Lej Muragl. Oberhalb des kleinen Sees links halten und durch das Muragltal (Val Muragl). Häufig Pulver auf der linken und Firn auf der rechten Talseite. Bei der Tegia Muragl (2092 m) links abbiegen. Durch lichten Wald, dann über Wiesen zur Talstation.

Touristische Infos Verkehrsverein CH-7503 Samedan, Tel. (081) 8525432, Fax (081) 8525388
Literatur, Gebietsführer Rudolf und Siegrun Weiss (1995): Skiführer Engadin, Bergverlag Rother; Rudolf und Siegrun Weiss (1999): Genuß-Schitourenatlas Graubünden, Schall Verlag
Karten LKS 286 S (Julierpass)

7 Piz Albris (3165 m)

Von Pontresina auf den »Berg der Steinböcke« Livigno-Alpen

Gesamtcharakter Der beliebte Skigipfel ist für seine große Steinbockkolonie bekannt. Skiläuferisch hat er den Nachteil, daß der Mittelteil ziemlich flach ist. Der Sessellift »Alp Languard«, der früher den Anstieg um 1 Std. verkürzte, ist im Winter nicht mehr in Betrieb. Der Aufstieg erfordert daher eine gute Kondition.

Aufstiegszeit 4:30 Std.
Höhenunterschied 1400 m
Schwierigkeit skitechnisch mittel, Gipfelaufstieg: kombiniertes Gelände I
Lawinengefahr mitunter lawinengefährdet
Hangrichtung Norden, Nordwesten
Beste Jahreszeit Januar – April

Anfahrt *Auto:* Aus dem Unterengadin oder von St. Moritz zur Abzweigung ins Berninatal (Val Bernina) bei Samedan. Von hier weiter nach Pontresina. *Bahn:* Anreise auch mit der Bahn möglich.
Ausgangspunkt Talstation des Sessellifts »Alp Languard« (1840 m). Vom Bahnhof Pontresina 20 Min.
Aufstieg Auf der ehemaligen Piste zur Alp Languard (2205 m) unterhalb der Bergstation. Im Languardtal (Val Languard) zum Talschluß und weiter zum Languardsee (Lej Languard, 2594 m). Ziemlich steil zu den Albris-Seen (Lejs d'Albris) und, nach rechts abbiegend, zum (kaum mehr vorhandenen) gleichnamigen Gletscher. Unschwierig zum Südostgipfel (3137 m). Skidepot. In leichter Kletterei (I) auf den Hauptgipfel.
Abfahrt Wie Aufstieg.

Touristische Infos Verkehrsverein CH-7594 Pontresina, Tel. (081) 8426488, Fax (081) 8427996
Literatur, Gebietsführer Rudolf und Siegrun Weiss (1995): Skiführer Engadin, Bergverlag Rother; Rudolf und Siegrun Weiss (1999): Genuß-Schitourenatlas Graubünden, Schall Verlag
Karten LKS 286 S (Julierpass)

8 Piz Glüschaint (3593 m)

Prächtige Berggestalt über dem Talschluß des Rosegtales

Bernina

Gesamtcharakter Der Piz Glüschaint, der »Leuchtende«, ist ein Ziel für gute Skibergsteiger. Der zerklüftete Gletscher erfordert vom Skifahrer entsprechende Ausrüstung und alpine Erfahrung, die Überschreitung (hier von Westen nach Ost) Trittsicherheit im Schwierigkeitsgrad I.
Aufstiegszeit 2 + 3:30 Std.

Höhenunterschied 610 + 1000 m
Schwierigkeit skitechnisch mittel, Gipfelaufstieg: kombiniertes Gelände I
Lawinengefahr mitunter lawinengefährdet
Sonstige Gefahren große Spaltengefahr
Hangrichtung Norden
Beste Jahreszeit März – Mai

Anfahrt *Auto:* Aus dem Unterengadin oder von St. Moritz zur Abzweigung ins Berninatal (Val Bernina) bei Samedan. Von hier weiter nach Pontresina. *Bahn:* Anreise auch mit der Bahn möglich.
Ausgangspunkt Restaurant Roseg (1999 m) im Rosegtal (Val Roseg); hierher mit »Pferdegespann nach Fahrplan« (Tel. (081) 8426057). Zu Fuß 1:30 Std.
Aufstieg Vom Restaurant Roseg mit geringem Höhengewinn zum Talschluß. Rechts in der Talflanke aufsteigen, dann zur Chamanna Coaz (2610 m) queren. Bei sicheren Verhältnissen hierher auch abfahrend von der Bergstation der Corvatschbahn (3297 m).
Von der Hütte, die auf einem Felsrücken liegt, zum Roseggletscher. In einem weiten Bogen in die große Gletschermulde unterhalb des Nordgrates. Westlich vom Grat zur Fuorcla dal Glüschaint (3369 m). Mit aufgeschnallten Ski über die Gratverbindung zum Gipfel.
Abfahrt Richtung Osten in eine Gletschermulde, dann in der Grundrichtung Norden, dem Spaltenbruch nach links ausweichend, später neuerlich nach links querend, zur Hütte zurück.

Touristische Infos Verkehrsverein CH-7594 Pontresina, Tel. (081) 8426488, Fax (081) 8427996
Literatur, Gebietsführer Rudolf und Siegrun Weiss (1995): Skiführer Engadin, Bergverlag Rother; Rudolf und Siegrun Weiss (1999): Genuß-Schitourenatlas Graubünden, Schall Verlag
Karten LKS 286 S (Julierpass)
Übernachtung Chamanna Coaz SAC (2610 m), bew. Mitte März – Ende Mai, 80 Schlafplätze, CH-7504 Pontresina, Tel. (081) 8426278

9 Piz Tschierva (3546 m)

Von der Tschiervahütte über den Tschiervagletscher und den Oströcken

Bernina

Gesamtcharakter Aus dem oberen Gletscherbecken des Tschiervagletschers kann man nach links abbiegend den Piz Tschierva erreichen, nach rechts (ungleich anspruchsvoller und länger) den Piz Morteratsch. Der Piz Tschierva ist nicht besonders schwierig, erfordert aber doch Gletscherausrüstung und alpine Erfahrung.
Aufstiegszeit 2 + 3 Std.

Höhenunterschied 600 + 1000 m
Schwierigkeit skitechnisch mittel
Lawinengefahr mitunter lawinengefährdet
Sonstige Gefahren geringe Spaltengefahr
Hangrichtung Osten, Südwesten, Nordwesten
Beste Jahreszeit März – Mai

Anfahrt *Auto:* Aus dem Unterengadin oder von St. Moritz zur Abzweigung ins Berninatal (Val Bernina) bei Samedan. Von hier weiter nach Pontresina. *Bahn:* Anreise auch mit der Bahn möglich.
Ausgangspunkt Restaurant Roseg (1999 m) im Rosegtal (Val Roseg); hierher mit »Pferdegespann nach Fahrplan« (Tel. (081) 8426057). Zu Fuß 1:30 Std.
Aufstieg Vom Restaurant Roseg talein. Nach links abzweigen. Entweder über die ausgeprägte Moräne oder auf dem Tschiervagletscher zur Tschiervahütte (Chamanna da Tschierva, 2583 m). Von der Hütte zum Gletscher einqueren. Auf dem Gletscher ansteigen, dann Richtung Norden ziemlich steil zum »Tschierva-Gletscherchen« (Vadrettin da Tschierva). Im westlichen Teil des Gletschers in eine nur wenig geneigte Gletschermulde. Nach links zu einer Einsattelung (3336 m) und über den mäßig steilen, erst im letzten Teil steileren Oströcken zum Gipfel.
Abfahrt Wie Aufstieg.

Touristische Infos Verkehrsverein CH-7594 Pontresina, Tel. (081) 8426488, Fax (081) 8427996
Literatur, Gebietsführer Rudolf und Siegrun Weiss (1995): Skiführer Engadin, Bergverlag Rother; Rudolf und Siegrun Weiss (1999): Genuß-Schitourenatlas Graubünden, Schall Verlag
Karten LKS 286 S (Julierpass)
Übernachtung Chamanna da Tschierva SAC (2583 m), bew. April – Mitte Mai, 100 Schlafplätze, Winterraum stets offen (9 Lager). Verkehrsverein CH-7504 Pontresina, Tel. (081) 8426057

10 Piz Bernina (4049 m)

Höchster Gipfel der Ostalpen

Bernina

Gesamtcharakter Ein Ziel für ausgezeichnete Skibergsteiger mit hervorragender Kondition. Schwierig und gefährlich ist der zerklüftete mittlere Teil des Morteratschgletschers. Meist wird der mittlere Durchschlupf gewählt, der »Buuch«. Länger, aber weniger spaltengefährdet ist die Tour über den Fortezzagrat. Hüttenwirt befragen!
Aufstiegszeit 2 + 6 Std.

Höhenunterschied 600 + 1600 m
Schwierigkeit skitechnisch anspruchsvoll, Gipfelaufstieg: kombiniertes Gelände I
Lawinengefahr mitunter lawinengefährdet
Sonstige Gefahren große Spaltengefahr, Eisschlaggefahr
Hangrichtung Südosten, Nordwesten, Norden
Beste Jahreszeit März – Mai

Anfahrt *Auto:* Aus dem Unterengadin oder von St. Moritz zur Abzweigung ins Berninatal (Val Bernina) bei Samedan. Von hier weiter nach Pontresina. *Bahn:* Anreise auch mit der Bahn möglich.
Ausgangspunkt Parkplatz bei der Haltestelle Morteratsch der Rhätischen Bahn (1896 m), 4 km von Pontresina.
Aufstieg Zum Morteratschgletscher und über diesen aufsteigen und in einem Bogen von Süden zur Chamanna da Boval (2495 m). (Hierher auch von der Bergstation der Diavolezzabahn, Abfahrt auf der »Gletscherpiste« und kurzer Gegenanstieg zur Hütte.)
Von der Hütte zum Morteratschgletscher und über den Gletscher durch den »Buuch«. Oberhalb von Pkt. 3235 Richtung Südwesten zu einer Südmulde. Durch die Mulde, dann nach rechts zur Fuorcla Crast'Agüzza (3601 m). Noch vor der Scharte über die Südostflanke und den Südostgrat (Spallergrat) zu einem Vorgipfel (4020 m). Soweit wie möglich mit Ski, dann Skidepot. Zum Vorgipfel und über die Gratverbindung, etwas ausgesetzt, aber nicht übermäßig schwierig, zum Piz Bernina.
Abfahrt Wie Aufstieg.

Touristische Infos Verkehrsverein CH-7594 Pontresina, Tel. (081) 8426488, Fax (081) 8427996
Literatur, Gebietsführer Rudolf und Siegrun Weiss (1995): Skiführer Engadin, Bergverlag Rother; Rudolf und Siegrun Weiss (1999): Genuß-Schitourenatlas Graubünden, Schall Verlag
Karten LKS 286 S (Julierpass)
Übernachtung Chamanna da Boval SAC (2495 m), 106 Schlafplätze, bew. Mitte März – Mitte Mai, Winterraum stets offen, CH-7504 Pontresina, Tel. (081) 8426403.
Rifugio Marco e Rosa CAI (3597 m), etwas südlich der Aufstiegsroute, Sommerbewirtschaftung, Winterraum mit 14 Lagern. Bei unsicherem Wetter ist von einer Nächtigung abzuraten! Die Hütte könnte zur »Falle« werden.

Tour 10: Piz Bernina, höchster Gipfel der Bernina. Rechts der etwas niedrigere Piz Bianco. Der berühmte Firngrat sieht hier flacher aus, als er tatsächlich ist. Links der Spallagrat mit dem Normalanstieg zum Piz Bernina

11 Piz Palü (3905 m)

Tagestour auf einen berühmten »Fast-Viertausender« — *Bernina*

Gesamtcharakter Der dreigipfelige Piz Palü, das »Silberschloß« (Flaig), ist einer der beliebtesten Skigipfel im Oberengadin. Meist wird im Rahmen einer Skitour nur der Ostgipfel (3882 m) bestiegen. Die Abfahrt ist häufig zu einer rauhen Piste eingefahren. Dennoch sind Gletscherausrüstung und alpine Erfahrung (oder entsprechende Führung) erforderlich.
Aufstiegszeit 4 Std.
Höhenunterschied 1150 m
Schwierigkeit skitechnisch mittel, Gipfelaufstieg stark von den Verhältnissen abhängig (ausgesetzter Grat, Vereisung)
Lawinengefahr mitunter lawinengefährdet
Sonstige Gefahren erhebliche Spaltengefahr, Absturzgefahr insbesondere bei Vereisung des Ostgrates
Hangrichtung Norden, Nordwesten
Beste Jahreszeit März – Mai

Anfahrt *Auto:* Aus dem Unterengadin oder von St. Moritz zur Abzweigung ins Berninatal (Val Bernina) bei Samedan. Von hier weiter nach Pontresina. *Bahn:* Anreise auch mit der Bahn möglich.
Ausgangspunkt Bergstation »Diavolezza« (2973 m). Zur Talstation der Seilbahn unterhalb des Berninapasses mit Pkw oder Bahn. Nächtigung im Berghaus »Diavolezza« ermöglicht früheren Start.
Aufstieg Abfahrt zum Persgletscher bis auf etwa 2800 m. Über den Gletscher und durch die Eisbrüche. Oberhalb der Brüche bis zum Fuß der Ostflanke (auf Querspalten achten!). Skidepot. Je nach Verhältnissen über den Ostgrat in einer Stapfspur oder mit Steigeisen (Seilsicherung empfehlenswert) zum Ostgipfel (3882 m). Bei günstigen Verhältnissen ausgesetzt, aber unschwierig zum Hauptgipfel (3905 m).
Abfahrt Bis zum Anfellplatz wie Aufstieg. Dann auf der »Gletscherpiste« nach Morteratsch.

Touristische Infos Verkehrsverein CH-7594 Pontresina, Tel. (081) 8426488, Fax (081) 8427996
Literatur, Gebietsführer Rudolf und Siegrun Weiss (1995): Skiführer Engadin, Bergverlag Rother; Rudolf und Siegrun Weiss (1999): Genuß-Schitourenatlas Graubünden, Schall Verlag
Karten LKS 286 S (Julierpass)
Übernachtung Berghaus »Diavolezza« (2973 m), Nächtigung empfehlenswert, Betriebsbeginn der Seilbahn auch im späten Frühjahr erst 8:15 Uhr, CH-7504 Pontresina, Tel. (081) 8426205, Fax (081) 8426158

12 Piz Chalchagn (3154 m)

Logenplatz gegenüber den Eisriesen der Bernina — *Bernina*

Gesamtcharakter Der Piz Chalchagn ist eine Skitour für Liebhaber steiler Flanken. Die Ostflanke, die in den Talboden hinunterführt, steht der nach Süden gerichteten Flanke im oberen Teil kaum nach. Dazu kommt ein überwältigender Nahblick auf die »Berühmtheiten« der Bernina, vom Piz Palü über den Piz Bernina bis zum Piz Morteratsch.
Aufstiegszeit 4 Std.
Höhenunterschied 1300 m
Schwierigkeit skitechnisch anspruchsvoll
Lawinengefahr häufig lawinengefährdet
Hangrichtung Osten, Südosten, Süden
Beste Jahreszeit Februar – April

Anfahrt *Auto:* Aus dem Unterengadin oder von St. Moritz zur Abzweigung ins Berninatal (Val Bernina) bei Samedan. Von hier weiter nach Pontresina. *Bahn:* Anreise auch mit der Bahn möglich.
Ausgangspunkt Parkplatz bei der Haltestelle Morteratsch der Rhätischen Bahn (1896 m), 4 km von Pontresina.
Aufstieg Von Morteratsch wie auf dem Sommerweg zum Aussichtspunkt »Chünetta« (2083 m). Nun steil Richtung Westen über die Flanke. In sanfterem Gelände weiter, dann neuerlich steil zu einer Mulde, aus der man nach rechts (Norden) einbiegend die Gipfelmulde (Fop) erreicht. Über die Südflanke steil zu einer Schulter, über den Ostgrat zum Gipfel.
Abfahrt Wie Aufstieg, bei der letzten Steilstufe aber besser geradewegs in den Talboden und im letzten Teil der »Gletscherpiste« nach Morteratsch.

Touristische Infos Verkehrsverein CH-7594 Pontresina, Tel. (081) 8426488, Fax (081) 8427996
Literatur, Gebietsführer Rudolf und Siegrun Weiss (1995): Skiführer Engadin, Bergverlag Rother; Rudolf und Siegrun Weiss (1999): Genuß-Schitourenatlas Graubünden, Schall Verlag
Karten LKS 286 S (Julierpass)

Tour 12: Auf dem Weg zum Piz Chalchagn. Im Hintergrund links einer der berühmtesten Skigipfel der Alpen, der dreigipfelige Piz Palü. Rechts schließt die Bellavista an

13 Piz Tschüffer (2916 m)

Von der Berninapaßstraße ins Faintal und über eine steile Südflanke — *Livigno-Alpen*

Gesamtcharakter Die zahlreichen Anstiege im Faintal (Val da Fain = »Heutal«) haben einen Nachteil: Das Tal zieht sich mit geringem Höhengewinn von Bernina Suot über 6 km bis zum Grenzpaß »La Stretta«. Der Piz Tschüffer liegt verhältnismäßig nahe beim Ausgang des Tales und leidet daher weniger unter diesem Nachteil. Die Südflanke (genauer: Südsüdost) ist steil. Bei Hartschnee am Morgen, wie man ihn sich aus Gründen der Sicherheit und des Skigenusses wünscht, sind Harscheisen ein großer Vorteil. Eindrucksvoll der Nahblick zu den Eisriesen der Bernina.
Aufstiegszeit 3 Std.
Höhenunterschied 900 m
Schwierigkeit skitechnisch anspruchsvoll
Lawinengefahr mitunter lawinengefährdet
Sonstige Gefahren Abrutschgefahr bei Hartschnee
Hangrichtung Südosten, Süden, Westen
Beste Jahreszeit Februar – April

Anfahrt *Auto:* Aus dem Unterengadin oder von St. Moritz zur Abzweigung ins Berninatal (Val Bernina) bei Samedan. Von hier weiter nach Pontresina. *Bahn:* Anreise auch mit der Bahn möglich.
Ausgangspunkt Bernina Suot (2046 m), 7 km von Pontresina, auch mit der Bahn erreichbar.
Aufstieg Über die Brücke und durch das Faintal (Val da Fain) bis zur Einmündung des Tschüffertales (Val Tschüffer). Im Anstiegsinne rechts vom Tälchen über die steile Südflanke zu einer Einsattelung (2771 m) zwischen Piz da Fain und Piz Tschüffer. Nach rechts in stark gemäßigter Steilheit unschwierig zum Gipfel.
Abfahrt Wie Aufstieg. Im obersten Teil je nach Verhältnissen auch in der Mulde nördlich des Westrückens (Pulver) bzw. in der Südflanke des Piz Sagliaint (Firn).

Touristische Infos Verkehrsverein CH-7594 Pontresina, Tel. (081) 8426488, Fax (081) 8427996
Literatur, Gebietsführer Rudolf und Siegrun Weiss (1995): Skiführer Engadin, Bergverlag Rother; Rudolf und Siegrun Weiss (1999): Genuß-Schitourenatlas Graubünden, Schall Verlag
Karten LKS 269 (Berninapass). Oder: Rückseite der LKS 259 S (Ofenpass)
Übernachtung Hotel »Berninahaus« am Ausgangspunkt, CH-7504 Pontresina, Tel. (081) 8426205, Fax (081) 8426158

14 Piz Alv (2974 m)

Prachtvolle Aussichtskanzel zwischen Minortal und Faintal — *Livigno-Alpen*

Gesamtcharakter Der Piz Alv, von der Paßstraße her gesehen ein mächtiger Felsklotz, kann aus dem Faintal über die Nordwestflanke, aber auch aus dem Minortal über eine steile Südostflanke und schöne Ostmulden erstiegen werden. Für den Südanstieg ist gute Skitechnik erforderlich, bei Hartschnee am Morgen sind Harscheisen empfehlenswert.
Aufstiegszeit 3 Std.
Höhenunterschied 900 m
Schwierigkeit skitechnisch anspruchsvoll
Lawinengefahr häufig lawinengefährdet
Hangrichtung Osten, Süden, Südosten
Beste Jahreszeit Februar – April

Anfahrt *Auto:* Aus dem Unterengadin oder von St. Moritz zur Abzweigung ins Berninatal (Val Bernina) bei Samedan. Von hier weiter nach Pontresina. *Bahn:* Anreise auch mit der Bahn möglich.
Ausgangspunkt Talstation der Luftseilbahn »Lagalb« (2100 m), 9 km von Pontresina Richtung Berninapaß. Mit Pkw oder Bahn erreichbar.
Aufstieg Kurz über den flachen Teil der Piste, dann nach links in das Minortal (Val Minor) einzweigen. Über schöne Hänge zur »Schlüsselstelle« des Aufstiegs, einer steilen und engen Rinne. Danach in mäßiger Steilheit zu einer großen Hochebene (Plaun Verd). Durch die Ebene und links haltend durch eine große Mulde zum Ostrücken. Über diesen (mehrere Kuppen und Mulden) zum Gipfel.
Abfahrt Wie Aufstieg.

Touristische Infos Verkehrsverein CH-7594 Pontresina, Tel. (081) 8426488, Fax (081) 8427996
Literatur, Gebietsführer Rudolf und Siegrun Weiss (1995): Skiführer Engadin, Bergverlag Rother; Rudolf und Siegrun Weiss (1999): Genuß-Schitourenatlas Graubünden, Schall Verlag
Karten LKS 269 (Berninapass). Oder: Rückseite der LKS 259 S (Ofenpass)

15 Pizzo Paradisino (3302 m)

Wenig bekanntes Skitourenparadies im Puschlav — *Livigno-Alpen*

Gesamtcharakter Anspruchsvoller Skigipfel, der eine gute Kondition und beim Gipfelanstieg über eine Firnschneide und einen kurzen Blockgrat auch alpine Erfahrung erfordert.
Aufstiegszeit 1:30 + 4:30 Std.
Höhenunterschied 350 + 1350 m
Schwierigkeit skitechnisch mittel, Abfahrtsvariante skitechnisch anspruchsvoll, Gipfelaufstieg in kombiniertem Gelände I
Lawinengefahr mitunter lawinengefährdet
Hangrichtung Westen, Südwesten, Südosten
Beste Jahreszeit Februar – Mai

Anfahrt *Auto:* Aus Italien von Tirano nach Poschiavo, dem Hauptort des Puschlav. Auch mit der Bahn erreichbar. Aus dem Oberengadin von Pontresina über den Berninapaß.
Ausgangspunkt Weiler Sfazú (1622 m), 7 km von Poschiavo, 21 km von Pontresina. Im Winter von beiden Seiten keine öffentliche Verkehrsverbindung, Berninapaß jedoch (von extremen Wettersituationen abgesehen) ganzjährig geöffnet.
Aufstieg Von Sfazú auf nicht geräumtem Fahrsträßchen ohne Orientierungsprobleme zum Rifugio Saoseo (1985 m). Weiter durch das Meratal (Val Mera) zum Talschluß, dann in ansehnlicher Steilheit Richtung Nordwesten zu einer Hochfläche (Roan). An ihrem Beginn nach rechts zu Pkt. 2558. Richtung Nordosten, kurzzeitig (schluchtartig eingeschnittenes Bachbett) Ski tragen, zu Pkt. 2802 und einem kleinen Gletscher (Vedreit da Camp). Steil, dann flach aufsteigen zu einem steilen Hang. Skidepot. An der rechten Begrenzung zum Südgrat, über eine Firnschneide und einen Blockgrat zum Gipfel. Bei günstigen Verhältnissen bis nahe unter den Gipfel mit Ski.
Abfahrt Wie Aufstieg. Variante: Steilabfahrt durch das Kar »Scispadus«, Beginn zwischen La Pala und Corn da Camp.

Tour 15: Blick vom Piz Orsera zum Pizzo Paradisino (links). Rechts Il Corn. Im Sattel dazwischen beginnt die Steilabfahrt durch das Scispadus-Kar zur Saoseohütte

Touristische Infos Verkehrsverein CH-7594 Pontresina, Tel. (081) 8426488, Fax (081) 8427996. Oder: Verkehrsverein CH-7742 Poschiavo, Tel. (081) 8440571, Fax (081) 8441027
Literatur, Gebietsführer Georg Calonder (1993, 4. A.): Alpine Skitouren, Bd II (Graubünden), SAC-Verlag; Rudolf und Siegrun Weiss (1999): Genuß-Schitourenatlas Graubünden, Schall Verlag
Karten LKS 269 (Berninapass). Oder: Rückseite der LKS 259 S (Ofenpass)
Übernachtung Rifugio Saoseo SAC (1985 m), 50 Schlafplätze, bew. Mitte Februar bis Mitte Mai, kein Winterraum, CH-7742 Poschiavo

16 Piz Orsera (3032 m)

Von Livigno über Forcula di Livigno und Orseratal (Valle Orsera) — *Livigno-Alpen*

Gesamtcharakter Anspruchsvolle Skitour, die eine gute Skitechnik, aber auch Orientierungsvermögen erfordert. Wegen Querungen und Höhenverlusten verhältnismäßig lange Aufstiegszeit. Reizvoll: Abfahrt durch das Meratal (Val Mera) zum Rifugio Saoseo. Nach Nächtigung Rückkehr nach Livigno über den Pass da Val Mera (2671 m).
Aufstiegszeit 4:30 Std.
Höhenunterschied 1200 m
Schwierigkeit skitechnisch anspruchsvoll
Lawinengefahr mitunter lawinengefährdet
Hangrichtung Westen, Nordwesten, Norden; Abfahrtsvariante Osten, Nordosten
Beste Jahreszeit Februar – Mai

Anfahrt *Auto:* Aus dem Unter- oder Oberengadin nach Zernez. Richtung Ofenpaß, dann durch den Tunnel »Munt la Schera« (Maut) nach Livigno.
Ausgangspunkt Alp Campaccio (1950 m). Von Livigno, einem langgestreckten Straßendorf, Richtung Süden bis zum Ende der geräumten Fahrstraße, die zur Forcula di Livigno führt.
Aufstieg Zur Forcula di Livigno, wobei man aber nicht die Fahrstraße benützt, sondern im Talboden (Spöl) bleibt. Zuletzt nicht zur Scharte, sondern links davon in das Orseratal (Valle Orsera). In dieser schönen Mulde bis zum Talschluß und weiter zum Höhenrücken darüber. Unterhalb steiler Flanken ansteigend queren, bis man steil zu einem Rücken (Cima di Cardan) aufsteigen kann. Richtung Norden zunächst noch mit Ski, dann zu Fuß (unschwierig) auf den Gipfel.
Abfahrt Wie Aufstieg. Oder Rundfahrt: Vom Gipfel kurz zurück, dann über einen Osthang bis in eine Höhe von 2600 m abfahren. Nach links unterhalb der Felsen in das Campotal (Val di Campo) queren. Ohne alle Orientierungsschwierigkeiten durch dieses Tal und hinaus zum Ausgangspunkt. Diese Variante ist nicht schwieriger, aber von den Flanken her häufig lawinengefährdet.
Oder: Abfahrt durch das Meratal (Val Mera) zum Rifugio Saoseo SAC (1985 m). Nächtigung und am nächsten Tag Rückkehr über den Pass da Val Mera (2671 m).

Touristische Infos Azienda di Promozione Turistica I-23030 Livigno, Tel. (0342) 996379, Fax (0342) 996841
Literatur, Gebietsführer Antonio Boscacci (o.J.): Sci Alpinismo in Alta Valtellina, Edizione Il Gabbiano
Karten LKS 269 (Berninapass). Oder: Rückseite der LKS 259 S (Ofenpass)
Übernachtung Rifugio Saoseo SAC (1985 m), 50 Schlafplätze, bew. Mitte Februar bis Mitte Mai, kein Winterraum, CH-7742 Poschiavo

Tour 18: Die Alpsiedlung Grevasalvas, malerischer Drehort der »Heidi«-Filme, mit Blick zum Piz da la Margna, dem »Wächter des Oberengadins«

17 Piz Lagrev (3109 m)

Von der Julierpaßstraße auf einen Dreitausender — *Plattagruppe*

Gesamtcharakter Unüberbietbarer Abfahrtsgenuß auf windgeschützten Nordosthängen ansehnlicher Steilheit. Erreicht wird ein »Wintergipfel«. Der Hauptgipfel (3164 m) wird im Rahmen einer Skitour fast nie bestiegen (langer Blockgrat, häufig verwächtet). Sehr beliebte Skitour!

Aufstiegszeit 3 Std.
Höhenunterschied 1000 m
Schwierigkeit skitechnisch mittel
Lawinengefahr mitunter lawinengefährdet
Hangrichtung Nordosten, Norden
Beste Jahreszeit Januar – Mai

Anfahrt *Auto:* Aus dem Oberengadin von St. Moritz nach Silvaplana. *Bus/Bahn:* Auch mit öffentlichen Verkehrsmitteln (Bahn bis St. Moritz, dann Bus) möglich.
Ausgangspunkt Chamanna dal Stradin (2161, Wegmacherhaus) an der Ostrampe der Straße zum Julierpaß, 5 km von Silvaplana. Parkplatz an der linken Straßenseite.
Aufstieg Über den Bach und zu einer Hochfläche aufsteigen. Von hier kurz durch ein Bachtälchen zwischen zwei felsigen Flanken, dann scharf nach links und über einen steilen Nordwesthang zum Beginn der Felsen. Scharf nach rechts und zu einem Rücken. Weiter in eine Mulde, aus ihr entweder nach links oder nach rechts zum Gletscher (Vadret Lagrev), der auf beiden Seiten begangen werden kann. Im oberen Teil hält man in jedem Fall auf eine Einsattelung (3085 m) südöstlich des Wintergipfels zu. Über den behäbigen Rücken mit Ski zum Gipfel.
Abfahrt Wie Aufstieg.

Touristische Infos Verkehrsverein CH-7513 Silvaplana, Tel. (081) 838 60 00, Fax (081) 838 60 09
Literatur, Gebietsführer Rudolf und Siegrun Weiss (1995): Skiführer Engadin, Bergverlag Rother; Rudolf und Siegrun Weiss (1999): Genuß-Schitourenatlas Graubünden, Schall Verlag
Karten LKS 286 S (Julierpass)

18 Piz Grevasalvas (2932 m)

Vom Silser See über die Alpsiedlung Grevasalvas und die Ostflanke — *Plattagruppe*

Gesamtcharakter Der Piz Grevasalvas ist ein mächtiger Gipfel oberhalb des Silser Sees. Die Tour ist bereits im Hochwinter lohnend, besonders empfehlenswert jedoch im Frühjahr bei Firn. Teilweise führt die Abfahrt über Steilflanken, die eine gute Skitechnik erfordern.

Aufstiegszeit 4 Std.
Höhenunterschied 1150 m
Schwierigkeit skitechnisch anspruchsvoll
Lawinengefahr mitunter lawinengefährdet
Hangrichtung Osten, Südosten
Beste Jahreszeit Januar – April

Anfahrt *Auto:* Aus dem Oberengadin von St. Moritz nach Silvaplana. *Bus/Bahn:* Auch mit öffentlichen Verkehrsmitteln (Bahn bis St. Moritz, dann Bus) möglich.
Ausgangspunkt Plaun da Lej (1805 m), 7 km von Silvaplana. Bushaltestelle.
Aufstieg Durch ein Wäldchen, dann auf nicht geräumter Alpstraße zur malerischen Alpsiedlung Grevasalvas (1941 m, hier Dreharbeiten zum Film »Heidi«). Richtung Nordwesten zu einer Art Terrasse. Über sie zu einem deutlich eingeschnittenen Bachbett der Ova dal Mulin. Hier steil zur nächsten Terrasse und zum Laj Nair (»Schwarzsee«, 2456 m) aufsteigen. Über gut gegliedertes Gelände zum bereits sichtbaren Gipfel. Er wird zuletzt etwas von rechts her mit Ski erreicht.
Abfahrt Wie Aufstieg.

Touristische Infos Verkehrsverein CH-7513 Silvaplana, Tel. (081) 838 60 00, Fax (081) 838 60 09
Literatur, Gebietsführer Rudolf und Siegrun Weiss (1995): Skiführer Engadin, Bergverlag Rother; Rudolf und Siegrun Weiss (1999): Genuß-Schitourenatlas Graubünden, Schall Verlag
Karten LKS 286 S (Julierpass)

19 Piz Lunghin (2780 m)

Vom Malojapaß zum Ursprung des Inn — *Plattagruppe*

Gesamtcharakter Am Beginn ein steiler und schweißtreibender Anstieg, jedoch mit herrlichem Blick auf die Engadiner Seen und die Gipfel darüber. Unterhalb unseres Tourenziels liegt der gleichnamige Paß, eine eindrucksvolle Wasserscheide (Julia zur Nordsee, Maira zur Adria, Inn zum Schwarzen Meer). Die rassige Abfahrt beginnt häufig mit Pulverschnee in der Nordflanke und endet mit Firn auf den steilen Südosthängen oberhalb von Maloja.

Aufstiegszeit 3:30 Std.
Höhenunterschied 1000 m
Schwierigkeit skitechnisch anspruchsvoll, Gipfelaufstieg in kombiniertem Gelände unter I
Lawinengefahr häufig lawinengefährdet
Sonstige Gefahren Abrutschgefahr auf den steilen Hängen am Beginn des Anstiegs bei Hartschnee
Hangrichtung Norden, Osten, Südosten
Beste Jahreszeit Februar – April

Anfahrt *Auto:* Aus dem Oberengadin von St. Moritz nach Silvaplana. *Bus/Bahn:* Auch mit öffentlichen Verkehrsmitteln (Bahn bis St. Moritz, dann Bus) möglich.
Ausgangspunkt Parkplatz am Ende des Silser Sees, kurz vor Maloja (1801 m). Busverbindung.
Aufstieg Durch die Häusergruppe Cadlägh oder rechts davon zur steilen Südostflanke. Im oberen Teil dieser Flanke hält man sich links und wechselt auf die andere Bachseite. Neuerlich steil bis in eine Höhe von 2300 m. Nun Richtung Westen gemütlich durch ein Tal. Noch vor sperrenden Felsabbrüchen nach rechts zu der Mulde mit dem Lunghinsee (Lägh dal Lunghin, 2484 m). Weiter in die große Mulde unterhalb des Piz Lunghin. Über einen steilen Nordhang zur Schulter im Westgrat. Skidepot. Steil und etwas ausgesetzt, aber ohne Schwierigkeiten, zum Gipfel. Großartiger Nahblick auf die Granitkanten des Bergell!
Abfahrt Wie Aufstieg.

Touristische Infos Verkehrsverein CH-7513 Silvaplana, Tel. (081) 8386000, Fax (081) 8386009
Literatur, Gebietsführer Rudolf und Siegrun Weiss (1995): Skiführer Engadin, Bergverlag Rother; Rudolf und Siegrun Weiss (1999): Genuß-Schitourenatlas Graubünden, Schall Verlag
Karten LKS 286 S (Julierpass)

20 Il Chapütschin (3386 m)

Von der Bergstation der Corvatschbahn zur Talstation der Furtschellasbahn — *Bernina*

Gesamtcharakter Diese großartige Rundfahrt wird häufig begangen, sollte aber dennoch nicht unterschätzt werden. Das Gelände ist teilweise steil und lawinengefährdet. Der Gletscher erfordert alpine Erfahrung, der Gipfelanstieg Trittsicherheit. Auch die wenigen Höhenmeter täuschen. Die Rundfahrt zieht sich ganz gehörig. Unbedingt erste Gondel benützen!
Aufstiegszeit 3 Std.

Höhenunterschied 800 m; 1700 m in der Abfahrt
Schwierigkeit skitechnisch anspruchsvoll, Gipfelaufstieg: kombiniertes Gelände I
Lawinengefahr häufig lawinengefährdet
Sonstige Gefahren geringe Spaltengefahr
Hangrichtung Nordosten, Westen, Nordwesten
Beste Jahreszeit Februar – April

Anfahrt *Auto:* Aus dem Oberengadin von St. Moritz nach Silvaplana. *Bus/Bahn:* Auch mit öffentlichen Verkehrsmitteln (Bahn bis St. Moritz, dann Bus) möglich.
Ausgangspunkt Talstation der großen Luftseilbahn »Corvatsch« (zwei Teilstrecken) im Ortsteil Surlej (1876 m). Mit der Seilbahn zur Bergstation (3295 m).
Aufstieg Die Tour beginnt mit einer Abfahrt, querend über den Corvatschgletscher, über eine Felsrippe und zu einem flachen Boden (Murtèl, 2700 m). Anfellen, zum Vadret dal Chapütschin aufsteigen und in eine Einsattelung (3172 m) zwischen Pkt. 3172 und Piz dal Lej Alv. Richtung Süden zum Vadrettin dal Chapütschin und so weit wie möglich in der Nordwestflanke mit Ski. Skidepot. Über den Grat, je nach Verhältnissen mehr Schnee oder mehr Felsen, zum Gipfel.
Abfahrt Die Hauptabfahrt führt vom Skidepot zunächst sanft über den Gletscher zu einer Einsattelung, dann über schöne steile Hänge zum Lej Alv (»Weißer See«). Unangenehm die nun folgende Querung einer Hochfläche mit kleinen Gegensteigungen. Am Ende des Laj Sgrischus (»Schauerlicher See«) scharf nach links über eine Steilstufe zu einer weiteren Hochfläche (Alp Munt). Auch diese wird gequert. Nun nach rechts (kurz ansteigend) um den Rücken herum zu einem Nordhang westlich der Piste des Liftgebiets »Furtschellas«. Über diesen zur Piste und Abfahrt zur Talstation der Gondelbahn. Rückkehr zum Ausgangspunkt mit dem Bus.

Touristische Infos Verkehrsverein CH-7513 Silvaplana, Tel. (081) 8386000, Fax (081) 8386009
Literatur, Gebietsführer Rudolf und Siegrun Weiss (1995): Skiführer Engadin, Bergverlag Rother; Rudolf und Siegrun Weiss (1999): Genuß-Schitourenatlas Graubünden, Schall Verlag
Karten LKS 286 S (Julierpass)

Tour 20: Auf dem Gipfel des Chapütschin

21 Piz Fora (3363 m)

Aus dem Fextal über den Vadret da Güz und den Nordwestgrat — *Bernina*

Gesamtcharakter Der Piz Fora (»Löcherberg«) ist ein Ziel für erfahrene Skibergsteiger mit guter Kondition. Zur Zeit des Ski-Erschließers Walther Flaig erreichte man den Gipfel bei guter Schneelage mit Ski. Durch das Abschmelzen des Gletschers ist der Aufstieg schwieriger geworden.
Aufstiegszeit 1:30 + 4:30 Std.

Höhenunterschied 200 + 1600 m
Schwierigkeit skitechnisch anspruchsvoll, Gipfelaufstieg in kombiniertem Gelände I
Lawinengefahr mitunter lawinengefährdet
Sonstige Gefahren geringe Spaltengefahr
Hangrichtung Nordosten
Beste Jahreszeit Februar – Mai

Anfahrt *Auto:* Von St. Moritz, dem Hauptort des Oberengadins, nach Sils-Maria, 12 km von St. Moritz. *Bus:* Busverbindung.
Ausgangspunkt Parkhaus in Sils-Maria (1804 m).
Aufstieg Auf Fahrsträßchen (für den öffentlichen Verkehr gesperrt) durch das Fextal zum Hotel Fex (1973 m). Oder: Auffahrt mit dem Pferdegespann (Tel. (081) 8265286).
Vom Hotel Fex zu einer Brücke (1978 m) und noch etwa 20 Min. talein. Nun, erst mit Höhengewinn, die Nordosthänge ansteigend queren, zum Beginn des Gletschers (Vadret dal Güz). Über den Gletscher zur Fuorcla Fex-Fedoz (3144 m). Über den Grat (mitunter muß man eine Unterbrechungsstelle auf dem Gletscher umgehen) zum Gipfel.
Abfahrt Wie Aufstieg. Wer die Ski zum Gipfel mitgenommen hat, kehrt kurz auf dem Gratrücken zurück, fährt nach rechts auf den Gletscher ein und auf einer Art Rampe zum Anstiegsweg.

Touristische Infos Verkehrsverein CH-7514 Sils im Engadin, Tel. (081) 8385050, Fax (081) 8385059
Literatur, Gebietsführer Rudolf und Siegrun Weiss (1995): Skiführer Engadin, Bergverlag Rother; Rudolf und Siegrun Weiss (1999): Genuß-Schitourenatlas Graubünden, Schall Verlag
Karten LKS 286 S (Julierpass)
Übernachtung Hotel Fex (1973 m). Informationen über den Verkehrsverein

22 Monte Sissone (3330 m)

Eine der wenigen Skitouren im Bergell *Bernina*

Gesamtcharakter Der Monte Sissone liegt bereits im Bergell. Skitouren sind hier dünn gesät, das Bergell ist mehr für seine großartigen Granitklettereien berühmt. Zudem haben alle Hütten mit Ausnahme der Capanna del Forno (Fornohütte) nur im Sommer geöffnet. Diese Hütte dient auch als Ausgangspunkt für den Monte Sissone. Aufstieg und Abfahrt über den Vadrec del Forno erfordern Gletscherausrüstung und alpine Erfahrung.

Aufstiegszeit 3:30 + 3:30 Std.
Höhenunterschied 800 + 800 m
Schwierigkeit skitechnisch anspruchsvoll (nur Gipfelhang), Gipfelaufstieg in kombiniertem Gelände I
Lawinengefahr mitunter lawinengefährdet
Sonstige Gefahren erhebliche Spaltengefahr
Hangrichtung Nordwesten, Norden
Beste Jahreszeit März – Mai

Anfahrt *Auto:* Aus dem Oberengadin von St. Moritz nach Maloja. *Bus:* Auch Busverbindung.
Ausgangspunkt Durch das Dorf bis zum südlichen Ortsende. Der Straße ins Bergell folgend bis zur ersten scharfen Kehre (1805 m). In der Nähe Bushaltestelle.
Aufstieg Durch eine Ebene, über eine Brücke und auf dem Fahrweg zum Lägh da Cavloc (1907 m). Weiterhin im Talboden nach Plan Canin (1968 m) und zum Fornogletscher (Vadrec del Forno). Dann kurz und steil zur Hütte. Am nächsten Tag wieder zum Gletscher hinunter. In der Mitte des Gletschers aufsteigen, beim Talschluß (etwa 2700 m) links halten. Man hält auf den Passo Sissone (3157 m) zu. Über den Nordgrat zum Skidepot. Über Firn und Blöcke zum Gipfel.
Abfahrt Wie Aufstieg.

Touristische Infos Verkehrsverein CH-7516 Maloja, Tel. (081) 8 24 31 88, Fax (081) 8 24 36 47
Literatur, Gebietsführer Rudolf und Siegrun Weiss (1995): Skiführer Engadin, Bergverlag Rother; Rudolf und Siegrun Weiss (1999): Genuß-Schitourenatlas Graubünden, Schall Verlag
Karten LKS 286 S (Julierpass). Größter Teil des Aufstiegs auf der Rückseite der Karte
Übernachtung Capanna del Forno (Fornohütte) SAC (2574 m), alpines Ausbildungszentrum, 104 Schlafplätze, bew. März – Mai, CH-7516 Maloja, Tel. (081) 8 24 31 82. Winterraum mit 24 Schlafplätzen stets offen. An Wochenenden und um Ostern Anmeldung empfehlenswert

23 Piz Duan (3130 m)

Formschöner Gipfel im Bergell *Plattagruppe*

Gesamtcharakter Der Piz Duan ist ein bedeutender Gipfel mit einer herrlichen Steilabfahrt in das Duanatal (Val da la Duana) im ersten Teil, gefolgt von einer reichlich flachen durch das Maroztal (Val Maroz). Die Südosthänge oberhalb von Casaccia sind häufig bereits aper, so daß die Tour nicht selten auf einem Alpsträßchen mit aufgeschnallten Ski endet. Ein schwacher Trost: Man geht auf einer alten Römerstraße.

Aufstiegszeit 5 Std.
Höhenunterschied 1700 m
Schwierigkeit skitechnisch anspruchsvoll
Lawinengefahr mitunter lawinengefährdet
Hangrichtung Nordosten, Nordwesten, Süden, Südosten
Beste Jahreszeit Februar – März

Anfahrt *Auto:* Von St. Moritz nach Maloja und über den Paß hinunter ins Bergell nach Casaccia. Parkplatz am Ortsende rechts.
Ausgangspunkt Beginn des Alpsträßchens in das Maroztal (Val Maroz) beim Parkplatz neben dem Friedhof von Casaccia (1458 m).
Aufstieg Auf einem Alpsträßchen gelangt man in das Maroztal und weiter bis zum Lägh da la Duana (2466 m).
Hier zweigt man nach links ab und steigt gemütlich durch eine Mulde auf.
Bald geht es über eine Steilstufe auf den Gletscher und in wechselnder Steilheit hinauf auf den Gipfel.
Abfahrt Wie Aufstieg.

Touristische Infos Verkehrsverein »Val Bregaglia« CH-7605 Stampa, Tel. (081) 8 22 15 55, Fax (081) 8 22 16 44
Literatur, Gebietsführer Rudolf und Siegrun Weiss (1995): Skiführer Engadin, Bergverlag Rother; Rudolf und Siegrun Weiss (1999): Genuß-Schitourenatlas Graubünden, Schall Verlag
Karten LKS 286 S (Julierpass)

Tour 21: Piz Fora im Fextal. Abfahrtsspuren unmittelbar vom Gipfel sind deutlich zu sehen – Nachahmung nur für ortskundige ausgezeichnete Skibergsteiger zu empfehlen!

Landschaft Davos und Unterengadin

Rudolf und Siegrun Weiss

Die *Landschaft Davos* ist größer als mancher Kanton in der Schweiz. Sie umfaßt Davos Dorf, Davos Platz und die Ortsteile Monstein, Glaris, Frauenkirch, Wolfgang und Laret.

Unterengadin ist das Inntal ab der »Hohen Brücke« (Punt Ota) bei Brail. Hauptorte sind Scuol und Zernez. Zum Unterengadin gehören auch das Zollausschlußgebiet Samnaun (bessere Straßenverbindung aus Österreich über Pfunds) und das Münstertal (über den Ofenpaß erreichbar, grenzt an Südtirol/Italien).

Der *Flüelapaß* verbindet Davos mit dem Unterengadin. Die Paßstraße wurde bisher geräumt und war ganzjährig befahrbar. Das hat sich nach der Eröffnung des Vereinatunnels (19. November 1999) geändert. Vermutlich wird die Straßenverbindung über den Flüelapaß erst zu Pfingsten geöffnet. Der Vereinatunnel ist ein Eisenbahntunnel mit Autoverladung. Er beginnt in Selfranga, etwa 5 km vom Ortsteil Laret der Landschaft Davos, und endet in Lavin im Unterengadin.

Mit *Davos* verbinden die meisten Tourenfreunde andere Vorstellungen als Skitouren – bedeutende Kongreßstadt, vor allem aber internationale Skistation, womit natürlich der Pistenbetrieb gemeint ist. Von den Bergstationen der zahlreichen Liftanlagen lassen sich jedoch großartige Skitouren unternehmen, nach dem Motto »viel Abfahrtsfreud für geringe Anstiegsmüh« – ideal, um Kinder für den Tourenskilauf zu begeistern, ideal aber auch für gute Skiläufer, die sich einmal im unverspurten Pulver oder Firn austoben wollen. Von jeder der großen Anlagen lassen sich herrliche Gipfel besteigen. Man fährt dabei keineswegs zur Talstation zurück, sondern auf anderen Routen ab. Nirgendwo kehrt man nach der Abfahrt so problemlos mit öffentlichen Verkehrsmitteln zu seinem Ausgangspunkt zurück.

Natürlich kann man auch Ziele wählen, bei denen man sich jeden Anstiegsmeter mit Muskelkraft erobern muß – im Sertigtal etwa, auf beiden Seiten der Straße zum Flüelapaß oder nach dem Aufstieg zur Grialetschhütte.

Die Charakteristik der *Skitouren im Unterengadin* ist zum Teil ähnlich, zum Teil ganz, ganz anders. Ähnlich ist sie im Bereich des Skigebiets »Motta Naluns« in Scuol. Da kann man eine ganze Reihe von Dreitausendern in ein bis zwei Anstiegsstunden erreichen (z. B. Piz Tasna, Breite Krone, Piz Minschun, Piz Davo Lais) und hat dann endlose Abfahrten vor sich, vom Piz Tasna etwa nach Ramosch, vom Piz Minschun nach Ardez – 2000 Höhenmeter und mehr, wenn man die Zwischenabfahrten einrechnet.

Das andere Gesicht des Unterengadins zeigt sich vor allem in den schattseitigen Touren, wenn es – lang und anspruchsvoll – auf den Piz Lischana geht, auf den Piz Zuort oder den Piz Nuna. Auch eine bewirtschaftete Hütte gibt es, in der Silvretta die *Chamanna Tuoi*, und für die, die Hotelkomfort schätzen, in der Sesvennagruppe zwei Gasthöfe im Weiler S-charl.

Beide Tourengebiete haben auch sprachlich und kulturell ihre Besonderheiten. Die heutige Landschaft Davos wurde gegen Ende des 13. Jahrhunderts von Walsern besiedelt, die aus dem Rhonetal kamen, vermutlich wegen der Übervölkerung im eigenen Raum und wegen günstiger Angebote für die Ansiedlung in den neuen Gebieten (mehrjährige Steuerfreiheit, größere Freiheitsrechte). Die nicht sehr zahlreiche romanische Urbevölkerung wurde gewissermaßen »friedlich vereinnahmt«. An sie erinnern nur mehr alte Orts- und Flurnamen.

Das Unterengadin ist dagegen romanisch geblieben. Hier spricht man »Vallader«, eine eigene Form des Bündnerischen Romanisch, doch sprechen alle Romanen auch Deutsch. In vielen Orten können wir wunderschöne Engadiner Häuser bewundern, etwa in Scuol, in Ardez oder in Sent.

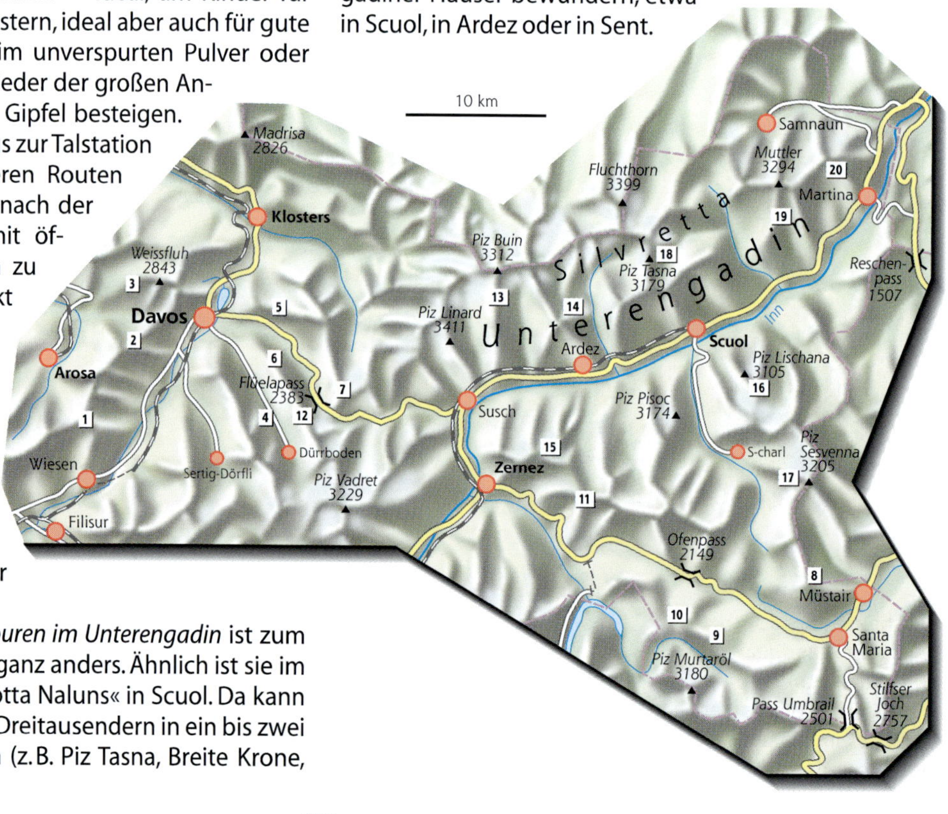

Nur mehr wenige Meter zum Piz Terza im Münstertal! Im Hintergrund die Ortleralpen (Tour 8)

Anreise Von Westen erreicht man Davos von der Ausfahrt »Landquart« der Rheintal-Autobahn. Ins Unterengadin kommt man von Landeck im Inntal über Pfunds und den Finstermünzpaß, bei Lawinengefahr verläßlicher über Nauders und die Norberthöhe. Die beiden Gebiete sind auch mit öffentlichen Verkehrsmitteln erreichbar.

Touristische Informationen zu Landschaft Davos und Unterengadin gibt es bei:
- Graubünden Ferien, Alexanderstraße 24, CH-7001 Chur, Tel. (081) 2542424; Fax (081) 2542400.

1 Valbellahorn (2763 m)

Von Glaris bei Davos durch das Bärental — *Plessur-Alpen*

Gesamtcharakter Der berühmte Aussichtsgipfel hat den Nachteil, daß die Abfahrt im unteren Teil auf einem Fahrsträßchen durch das Bärental führt. Oberhalb der Waldgrenze jedoch großartige Skitour mit einer Steilstufe (»Ufem Tritt«) als Schlüsselstelle.
Aufstiegszeit 4:30 Std.

Höhenunterschied 1350 m
Schwierigkeit skitechnisch mittel
Lawinengefahr mitunter lawinengefährdet
Hangrichtung Norden, Osten, Südosten
Beste Jahreszeit Februar – April

Anfahrt *Auto/Bahn:* Mit Auto oder Bahn durch das Rheintal nach Landquart. Über Klosters und den Wolfgangpaß nach Davos; hierher auch aus dem Unterengadin durch den Vereinatunnel (Autoverladung).
Ausgangspunkt Ortsteil Glaris (1443 m); hierher mit Pkw, Rhätischer Bahn oder Ortsbus.
Aufstieg Auf einem Alpweg zur Bärentaler Alp (1851 m) und zum Talschluß. Nach einer Steilstufe in ein weites Becken und zur Valbellahütte (2496 m, im Winter geschlossen). Unterhalb eines Höhenrückens Richtung Südosten, dann nach Süden zum Gipfel, bei günstigen Verhältnissen mit Ski.
Abfahrt Wie Aufstieg.

Touristische Infos Verkehrsverein CH-7270 Davos, Tel. (081) 4 15 21 21, Fax (081) 4 15 21 00
Literatur, Gebietsführer Rudolf und Siegrun Weiss (1996): Skiführer Davos – Prättigau, Bergverlag Rother; Rudolf und Siegrun Weiss (1999): Genuß-Schitourenatlas Graubünden, Schall Verlag
Karten LKS 258 S (Bergün)

2 Mederger Flue (2796 m)

Aus dem Liftgebiet von Davos — *Plessur-Alpen*

Gesamtcharakter Mit Lift kurze Skitour mit langer Abfahrt. Bis zum »Wintergipfel« (2674 m) mit Ski. Übergang zum Hauptgipfel erfordert Trittsicherheit.
Aufstiegszeit 2 Std.
Höhenunterschied 500 m; Abfahrt 1200 m

Schwierigkeit skitechnisch mittel, Gipfelaufstieg: I
Lawinengefahr mitunter lawinengefährdet
Hangrichtung Aufstieg Nordosten, Osten; Abfahrt Osten, Südosten
Beste Jahreszeit Januar – April

Anfahrt *Auto/Bahn:* Mit Auto oder Bahn durch das Rheintal nach Landquart. Über Klosters und den Wolfgangpaß nach Davos; hierher auch aus dem Unterengadin durch den Vereinatunnel (Autoverladung).
Ausgangspunkt Mit der Schatzalpbahn, einem Sessellift und zwei Schleppliften Richtung Strela (Bergstation des zweiten Schlepplifts, 2352 m).
Aufstieg Nach kurzer Abfahrt um den nächsten Rücken und zur Latschüelfurgga (2409 m) queren. Nach leichtem Höhenverlust durch eine Mulde zur Ostflanke und über diese zum Wintergipfel. Zum Hauptgipfel bei günstigen Verhältnissen mit Ski möglich, sonst in leichter Kletterei zu Fuß.
Abfahrt Über die Stafelalp (1894 m, bew.) zum Ortsteil Frauenkirch (1505 m).

Touristische Infos Verkehrsverein CH-7270 Davos, Tel. (081) 4 15 21 21, Fax (081) 4 15 21 00
Literatur, Gebietsführer Rudolf und Siegrun Weiss (1996): Skiführer Davos – Prättigau, Bergverlag Rother; Rudolf und Siegrun Weiss (1999): Genuß-Schitourenatlas Graubünden, Schall Verlag
Karten LKS 258 S (Bergün)
Einkehr Stafelalp (1894 m)

Tour 2: Die Mederger Flue

3 Zenjiflue (2685 m)

Nach steiler Abfahrt von der Weissfluh — *Plessur-Alpen*

Gesamtcharakter Trotz der kurzen Aufstiegszeit ist die Skitour anstrengend und anspruchsvoll. Unbedingt mit der ersten Bahn zur Weissfluh fahren! Skitour für Tourenfreunde, die lange Abfahrten schätzen.
Aufstiegszeit 1 Std.

Höhenunterschied 300 m; Abfahrt 1900 m
Schwierigkeit skitechnisch anspruchsvoll
Lawinengefahr mitunter lawinengefährdet
Hangrichtung Südwesten, Südosten, Norden
Beste Jahreszeit Januar – März

Anfahrt *Auto/Bahn:* Mit Auto oder Bahn durch das Rheintal nach Landquart. Über Klosters und den Wolfgangpaß nach Davos; hierher auch aus dem Unterengadin durch den Vereinatunnel (Autoverladung).
Ausgangspunkt Bergstation Weissfluh (2820 m); hierher mit der berühmten Parsennbahn (Standseilbahn) und der »Gipfelbahn«.
Aufstieg Kurz unterhalb des etwas höher gelegenen Restaurants Richtung Süden in eine Mulde. Rechts zu einem Felsgürtel, der steil und eng durch eine Rinne überwunden wird. Anschließend herrlicher Südwesthang bis etwa 2400 m. Durch eine sanfte Mulde in eine Einsattelung (Schwerzi, 2568 m) aufsteigen. Über einen Rücken, der sich zum Grat verschmälert, unschwierig auf den Gipfel.
Abfahrt Abwechslungsreiches Gelände nach Barga (1993 m). Kurzer Gegenanstieg zum Duranapaß (2117 m). Weiter Richtung Norden, bis man die »Parsennabfahrt« erreicht. Auf dieser skihistorisch bedeutsamen Strecke nach Küblis (810 m). Rückkehr mit der Rhätischen Bahn.

Touristische Infos Verkehrsverein CH-7270 Davos, Tel. (081) 4 15 21 21, Fax (081) 4 15 21 00
Literatur, Gebietsführer Rudolf und Siegrun Weiss (1996): Skiführer Davos – Prättigau, Bergverlag Rother; Rudolf und Siegrun Weiss (1999): Genuß-Schitourenatlas Graubünden, Schall Verlag
Karten LKS 258 S (Bergün)

4 Piz Grialetsch (3131 m)

Durch das Dischmatal über Dürrboden — *Albula-Alpen*

Gesamtcharakter Mit Nächtigung auf der Grialetschhütte nur mäßig anstrengende Skitour. Der Gipfelanstieg erfordert Trittsicherheit. Für gute Skifahrer bei günstigen Verhältnissen Abfahrsvariante über die Nordwestflanke ins Dischmatal – schwierig und häufig lawinengefährdet.

Aufstiegszeit 3:30 + 2:30 Std.
Höhenunterschied 850 + 700 m
Schwierigkeit skitechnisch mittel, Gipfelaufstieg: Fels I
Lawinengefahr mitunter lawinengefährdet
Hangrichtung Nordosten, Westen
Beste Jahreszeit Februar – Mai

Anfahrt *Auto/Bahn:* Mit Auto oder Bahn durch das Rheintal nach Landquart. Über Klosters und den Wolfgangpaß nach Davos; hierher auch aus dem Unterengadin durch den Vereinatunnel (Autoverladung). Die Talschaften Landschaft Davos und Unterengadin bemühen sich, die Wintersperre des Flüelapasses ab Ostern zu beenden. Dann verkürzter Hüttenzustieg.
Ausgangspunkt Gasthof »Teufi« (1693 m) im Dischmatal. Bis hierher Ortsbus.
Aufstieg Mit der Eröffnung des Vereinatunnels am 19.11.1999 wird der Flüelapaß im Winter nicht mehr geräumt. Daher vom Gasthof »Teufi« durch das lange Dischmatal nach Dürrboden (2007 m, im späten Frühjahr bis hierher Fahrstraße). Weiter im Tal, dann nach links zur Fuorcla da Grialetsch (2537 m) abbiegen. Kurz darauf erreicht man die Chamanna da Grialetsch (2542 m). Von der Hütte zum Grialetschgletscher und über diesen zur Fuorcla Vallorgia. Südlich unter dem Piz Grialetsch zu Pkt. 3043. Skidepot. Über den blockigen Westgrat zum Gipfel.
Abfahrt Wie Aufstieg. Oder über die sehr steile Nordwestflanke (Scalettagletscher) unmittelbar ins Dischmatal.

Touristische Infos Verkehrsverein CH-7270 Davos, Tel. (081) 4152121, Fax (081) 4152100
Literatur, Gebietsführer Rudolf und Siegrun Weiss (1996): Skiführer Davos – Prättigau, Bergverlag Rother; Rudolf und Siegrun Weiss (1999): Genuß-Schitourenatlas Graubünden, Schall Verlag
Karten LKS 258 S (Bergün)
Übernachtung Chamanna da Grialetsch SAC (2542 m), 65 Schlafplätze, bew. März – April, Winterraum (10 Lager) stets offen, CH-7270 Davos, Tel. (081) 463436

Tour 6: Sentisch Horn und der benachbarte Baslersch Chopf – lohnende Skigipfel über dem Flüelatal

5 Pischahorn (2979 m)

Aus dem Liftgebiet »Pischa« zu langem Abfahrtsvergnügen in Pulver oder Firn

Silvretta

Gesamtcharakter Das Pischahorn ist ein Gipfel für Genießer. Der Aufstieg wird durch eine Seilbahn verkürzt, für die Abfahrt gibt es zwei Möglichkeiten, von denen eine zumeist Firn, die andere Pulverschnee bietet. Was will man mehr?
Aufstiegszeit 2 Std.
Höhenunterschied 600 m; Abfahrt 1200 oder 1500 m
Schwierigkeit skitechnisch mittel
Lawinengefahr mitunter lawinengefährdet
Hangrichtung Aufstieg Südwesten; Abfahrt Südwesten oder Westen, Nordwesten
Beste Jahreszeit Januar – April

Anfahrt *Auto/Bahn:* Mit Auto oder Bahn durch das Rheintal nach Landquart. Über Klosters und den Wolfgangpaß nach Davos; hierher auch aus dem Unterengadin durch den Vereinatunnel (Autoverladung). Die Talschaften Landschaft Davos und Unterengadin bemühen sich, die Wintersperre des Flüelapasses ab Ostern zu beenden.
Ausgangspunkt Bergstation der Pischabahn (2483 m); hierher mit dem Pkw (4 km von Davos) oder mit dem Ortsbus, dann Luftseilbahn zur Bergstation.
Aufstieg Über einen Winterwanderweg zu einer Einsattelung, die das Flüelatal vom Mönchalptal trennt (2597 m). Kurze Abfahrt in die Mulde »Verborgen Pischa«. In zunehmender Steilheit zu Pkt. 2856 im Nordwestgrat des Pischahorns. Über diesen Grat, der eher ein gemütlicher Rücken ist, unschwierig zum höchsten Punkt.
Abfahrt Durch das Mattjischtälli zur Talstraße und auf einem Skiweg zurück zur Seilbahn.
Oder: Auf dem Anstiegsweg zurück in die Einsattelung. Zunehmend steil in den Talschluß des Mönchalptales (1993 m). Auf einem Fahrweg (bei Vereisung unangenehm) durch das Tal nach Unterlaret (1507 m). Mit dem Ortsbus zurück nach Davos.

Touristische Infos Verkehrsverein CH-7270 Davos, Tel. (081) 4152121, Fax (081) 4152100
Literatur, Gebietsführer Rudolf und Siegrun Weiss (1996): Skiführer Davos – Prättigau, Bergverlag Rother; Rudolf und Siegrun Weiss (1999): Genuß-Schitourenatlas Graubünden, Schall Verlag
Karten LKS 248 S (Prättigau)

6 Sentisch Horn (2827 m)

Über die Flüelapaßstraße und das untere Wägerhus

Albula-Alpen

Gesamtcharakter Das Sentisch Horn ist ein eindrucksvoller Gipfel, der vor der Öffnung des Vereinatunnels direkt von der Paßstraße in kürzerer Zeit zu erreichen war. Besonders schön ist die Abfahrtsvariante über den Steilhang, in dem sich der Pulverschnee lange hält.
Aufstiegszeit 3 Std.
Höhenunterschied 850 m
Schwierigkeit skitechnisch mittel
Lawinengefahr mitunter lawinengefährdet
Hangrichtung Norden, Nordosten
Beste Jahreszeit Januar – Mai

Anfahrt *Auto/Bahn:* Mit Auto oder Bahn durch das Rheintal nach Landquart. Über Klosters und den Wolfgangpaß nach Davos; hierher auch aus dem Unterengadin durch den Vereinatunnel (Autoverladung). Die Talschaften Landschaft Davos und Unterengadin bemühen sich, die Wintersperre des Flüelapasses ab Ostern zu beenden. Dann kürzerer Anstieg.
Ausgangspunkt Gasthof »Tschuggen« (2054 m). Etwa 6 km von Davos Richtung Flüelapaß.
Aufstieg Auf der Paßstraße eine knappe halbe Stunde zum unteren Wägerhus und hier etwas oberhalb des Flüelabaches talein, dann nach rechts zur Hochfläche des »Tälli«. Man quert die Hochfläche und biegt dann nach links zu einer Mulde ab, durch die man, zuletzt mitunter zu Fuß, den Gipfel erreicht.
Abfahrt Wie Aufstieg. Bei sicheren Schneeverhältnissen kann man nach dem Gipfelhang rechts haltend geradewegs über einen Steilhang zur Aufstiegsspur abfahren.

Touristische Infos Verkehrsverein CH-7270 Davos, Tel. (081) 4152121, Fax (081) 4152100
Literatur, Gebietsführer Rudolf und Siegrun Weiss (1996): Skiführer Davos – Prättigau, Bergverlag Rother; Rudolf und Siegrun Weiss (1999): Genuß-Schitourenatlas Graubünden, Schall Verlag
Karten LKS 248 S (Prättigau)

7 Flüela Wisshorn (3085)

Von der Flüelapaßstraße über die Winterlücke

Silvretta

Gesamtcharakter Das Flüela Wisshorn ist eine anspruchsvolle Skitour gegenüber dem bei Tourengehern überaus beliebten Schwarzhorn. Zuletzt führt ein etwas ausgesetzter Blockgrat zum Gipfel, der bei Vereisung heikel sein kann.
Aufstiegszeit 3:30 Std.
Höhenunterschied 950 m
Schwierigkeit skitechnisch anspruchsvoll, Gipfelaufstieg: Fels I
Lawinengefahr mitunter lawinengefährdet
Hangrichtung Nordosten, Westen, Südwesten
Beste Jahreszeit Februar – April

Anfahrt *Auto/Bahn:* Mit Auto oder Bahn durch das Rheintal nach Landquart. Über Klosters und den Wolfgangpaß nach Davos; hierher auch aus dem Unterengadin durch den Vereinatunnel (Autoverladung). Die Talschaften Landschaft Davos und Unterengadin bemühen sich, die Wintersperre des Flüelapasses ab Ostern zu beenden. Dann kürzerer Anstieg.
Ausgangspunkt Gasthof »Tschuggen« (2054 m). Etwa 6 km von Davos Richtung Flüelapaß.
Aufstieg Man folgt der Straße zum Flüelapaß bis zum oberen Wägerhus (2207 m). Links haltend über die steile Flanke, in 2400 m wieder nach rechts und, zuletzt wieder steil, zur Winterlücke (2787 m). Mit geringem Höhenverlust über den Jörigletscher und über diesen zum Nordostgrat. Skidepot in etwa 3000 m. Über den Grat zu einem Vorgipfel, bei dem sich Nordwest- und Nordostgrat zum Nordgrat vereinigen. In leichter Blockkletterei zum Gipfel.
Abfahrt Wie Aufstieg.

Touristische Infos Verkehrsverein CH-7270 Davos, Tel. (081) 4152121, Fax (081) 4152100
Literatur, Gebietsführer Rudolf und Siegrun Weiss (1996): Skiführer Davos – Prättigau, Bergverlag Rother; Rudolf und Siegrun Weiss (1999): Genuß-Schitourenatlas Graubünden, Schall Verlag
Karten LKS 248 S (Prättigau) und 258 S (Bergün)

8 Piz Terza (2907 m)

Vom Bergdorf Lü (Münstertal) über Munt da Lü *Sesvennagruppe*

Gesamtcharakter Grenzgipfel, der vom hochgelegenen Weiler Lü (1920 m) leicht erreichbar ist und – insbesondere bei Firn – eine herrliche Abfahrt bietet.
Aufstiegszeit 3 Std.
Höhenunterschied 1000 m
Schwierigkeit skitechnisch anspruchsvoll
Lawinengefahr mitunter lawinengefährdet
Hangrichtung Südwesten, Süden
Beste Jahreszeit Januar – März

Anfahrt *Auto:* Aus dem Engadin über den Ofenpaß oder aus dem Vinschgau über Müstair nach Santa Maria im Münstertal. *Bus/Bahn:* Bahn bis Zernez, dann Busverbindung.
Ausgangspunkt Lü (1920 m), 4 km von der Abzweigung von der Talstraße. Busverbindung mit Santa Maria.
Aufstieg Auf einem Waldweg zur Alp Valmorain (2195 m). Weiter in das Hochtal Valbella und erst Richtung Osten, dann nach Norden einbiegend über steile Hänge zum Gipfel. Es ist ein Doppelgipfel. Der Piz Urtiola kann in wenigen Minuten erreicht werden.
Abfahrt Wie Aufstieg.

Touristische Infos Verkehrsverein CH-7537 Val Müstair, Tel. (081) 8585566, Fax (081) 8585026
Literatur, Gebietsführer Rudolf und Siegrun Weiss (1995): Skiführer Engadin, Bergverlag Rother; Rudolf und Siegrun Weiss (1999): Genuß-Schitourenatlas Graubünden, Schall Verlag
Karten LKS 259 S (Ofenpass)

9 Piz Dora (2951 m)

Von Tschierv (Münstertal) über den Rücken Las Chünas *Ortleralpen*

Gesamtcharakter Unschwierige, bei vernünftiger Spuranlage kaum lawinengefährdete Skitour mit einer reizvollen Abfahrt, die im unteren Teil durch lichten, »skifreundlichen« Wald führt.
Aufstiegszeit 4 Std.
Höhenunterschied 1300 m
Schwierigkeit skitechnisch leicht
Lawinengefahr mitunter lawinengefährdet
Hangrichtung Norden, Nordosten
Beste Jahreszeit Dezember – April

Anfahrt *Auto:* Aus dem Engadin über den Ofenpaß oder aus dem Vinschgau über Müstair nach Santa Maria im Münstertal. *Bus/Bahn:* Bahn bis Zernez, dann Busverbindung.
Ausgangspunkt Tschierv (1660 m), 6 km vom Ofenpaß, mit Bus erreichbar. Abzweigung des Sommerwegs (Tafel »Chazfora-Sprella«) östlich des Dorfeingangs.
Aufstieg Wie Sommerweg durch Wald zu einer Lichtung (Funtauna Grossa, 1922 m). Zu einer kleinen Hütte am Waldrand (Era da la Bescha, 2200 m). Richtung Osten in eine Mulde, aus der man nach rechts über den Ostrücken (Las Chünas) zum Gipfel aufsteigt.
Abfahrt Wie Aufstieg.

Touristische Infos Verkehrsverein CH-7537 Val Müstair, Tel. (081) 8585566, Fax (081) 8585026
Literatur, Gebietsführer Rudolf und Siegrun Weiss (1995): Skiführer Engadin, Bergverlag Rother; Rudolf und Siegrun Weiss (1999): Genuß-Schitourenatlas Graubünden, Schall Verlag
Karten LKS 259 S (Ofenpass)

10 Piz Daint (2969 m)

Von der Ofenpaßstraße über die Alp Buffalora *Ortleralpen*

Gesamtcharakter Großartiger Gipfel mit und Abfahrten unterschiedlicher Schwierigkeit.
Aufstiegszeit 3 Std.
Höhenunterschied 1000 m
Schwierigkeit skitechnisch mittel, Abfahrtsvarianten skitechnisch anspruchsvoll bis extrem
Lawinengefahr mitunter lawinengefährdet
Hangrichtung Westen, Nordwesten, Norden
Beste Jahreszeit Januar – April

Anfahrt *Auto/Bahn:* Mit dem Pkw oder der Rhätischen Bahn nach Zernez. Weiter in Richtung Ofenpaß zum Ausgangspunkt.
Ausgangspunkt Chasa del Stradin (1968 m). Auch Bushaltestelle.
Aufstieg In sanftem Anstieg Richtung Süden zur Alp Buffalora (2038 m) und weiter zur Hochfläche Jufplaun. Bereits an ihrem Beginn zweigt man nach links ab und steigt über den Westrücken zum Gipfel auf.
Abfahrt Wie Aufstieg. Oder steiler: Man verläßt den Rücken in etwa 2500 m Höhe und fährt über Murtaröl zum Ofenpaß ab. Oder extrem: Vom Gipfel unmittelbar über die Nordflanke. Nur für ausgezeichnete Skifahrer bei sicheren Schneeverhältnissen!

Touristische Infos Verkehrsverein CH-7530 Zernez, Tel. (081) 8561300, Fax (081) 8561155
Literatur, Gebietsführer Rudolf und Siegrun Weiss (1995): Skiführer Engadin, Bergverlag Rother; Rudolf und Siegrun Weiss (1999): Genuß-Schitourenatlas Graubünden, Schall Verlag
Karten LKS 259 S (Ofenpass)

11 Piz Laschadurella (3005 m)

Einsame Skitour am Rande des Schweizer Nationalparks *Sesvennagruppe*

Gesamtcharakter Der Hauptgipfel des Piz Laschadurella liegt im Nationalpark, in dem Skitouren grundsätzlich verboten sind. Wir besteigen deshalb den Westgipfel, ein Ziel mit abwechslungsreichem Aufstieg, großartiger Aussicht und einer Abfahrt, die bei bestimmten Schneeverhältnissen im ersten Teil Pulver, im zweiten Teil Firn bietet.
Aufstiegszeit 4 Std.
Höhenunterschied 1300 m
Schwierigkeit skitechnisch anspruchsvoll
Lawinengefahr mitunter lawinengefährdet
Hangrichtung Nordwesten, Südwesten
Beste Jahreszeit Februar – Mai

Anfahrt *Auto:* Mit dem Pkw nach Zernez und weiter in Richtung Ofenpaß bis zum Ausgangspunkt.
Ausgangspunkt Brücke über den Laschadurabach (1748 m). Keine öffentliche Verkehrsverbindung.
Aufstieg Im Bachtal zur Alp Laschadura (2000 m) und über schönes Alpgelände nach Margun (2210 m). Etwas später biegt das Tal Richtung Osten ab. Bei einer Talverzweigung rechts halten und steil in eine Einsattelung westlich des Gipfels. Skidepot. In wenigen Minuten ohne Schwierigkeiten zum Gipfel.
Abfahrt Wie Aufstieg. Bei sicheren Schneeverhältnissen Ski auf den Gipfel mitnehmen. Anspruchsvolle Abfahrt über die Nordwestflanke.

Touristische Infos Verkehrsverein CH-7530 Zernez, Tel. (081) 8561300, Fax (081) 8561155
Literatur, Gebietsführer Rudolf und Siegrun Weiss (1995): Skiführer Engadin, Bergverlag Rother; Rudolf und Siegrun Weiss (1999): Genuß-Schitourenatlas Graubünden, Schall Verlag
Karten LKS 259 S (Ofenpass)

12 Schwarzhorn (3147 m)

Skitour für die Pfingsttage – vom Flüelapaß auf einen aussichtsreichen Dreitausender *Albula-Alpen*

Gesamtcharakter Nach der Eröffnung des Vereinatunnels (19.11.1999) wird die Straße über den Flüelapaß vermutlich erst vor Pfingsten geöffnet. Das Schwarzhorn, ein früher überaus beliebter Skigipfel, wird dadurch zur »Skitour für den Saisonausklang«. Allerdings: Die Talschaften Landschaft Davos und Unterengadin bemühen sich, die Wintersperre des Flüelapasses ab Ostern zu beenden.
Aufstiegszeit 2:30 Std.
Höhenunterschied 800 m
Schwierigkeit skitechnisch anspruchsvoll
Lawinengefahr mitunter lawinengefährdet
Hangrichtung Südosten, Nordosten
Beste Jahreszeit Januar – Mai

Anfahrt *Auto:* Nach der Öffnung der Paßstraße von Davos oder Susch (Unterengadin) zum Flüelapaß.
Ausgangspunkt Gekennzeichneter »Schwarzhorn-Parkplatz« (2350 m), etwa 1,5 km unterhalb der Paßhöhe in Richtung Susch.

Aufstieg Richtung Süden über die Flanke, dann in einem weiten Bogen um den Rücken, der vom Schwarzhorn nach Nordosten zieht. Durch eine Mulde und zur Schwarzhornfurgga (2883 m). Über den Südostrücken sehr steil zum Gipfel.
Abfahrt Wie Aufstieg.

Touristische Infos Verkehrsverein CH-7542 Susch, Tel. (081) 862 28 62. Oder: Verkehrsverein CH-7270 Davos, Tel. (081) 415 21 21, Fax (081) 415 21 00
Literatur, Gebietsführer Rudolf und Siegrun Weiss (1995): Skiführer Engadin, Bergverlag Rother; Rudolf und Siegrun Weiss (1999): Genuß-Schitourenatlas Graubünden, Schall Verlag
Karten LKS 258 S (Bergün)

Tour 13: Im Aufstieg von der Chamanna Tuoi zum Piz Fliana, dem weniger berühmten Nachbarn des Piz Buin

13 Piz Fliana (3281 m)

Eindrucksvoller Gipfel südlich des berühmteren Piz Buin — *Silvretta*

Gesamtcharakter Die skitechnisch und alpinistisch anspruchsvolle Skitour im Tourenbereich der Chamanna Tuoi steht unverdient im Schatten des berühmteren Piz Buin.
Aufstiegszeit 2:30 + 3:30 Std.
Höhenunterschied 610 + 1100 m
Schwierigkeit skitechnisch anspruchsvoll, Gipfelaufstieg: I
Lawinengefahr mitunter lawinengefährdet
Sonstige Gefahren geringe Spaltengefahr
Hangrichtung Norden, Osten, Südosten
Beste Jahreszeit März – Mai

Anfahrt *Auto:* Im Inntal nach Giarsun. Auf guter Bergstraße nach Guarda; *Bus/ Bahn:* hierher auch mit Bahn und Bus.
Ausgangspunkt Großer Parkplatz vor dem Ortseingang von Guarda (etwa 1640 m). Guarda ist eines der besterhaltenen Dörfer des Engadins.
Aufstieg Vom Parkplatz über die Wiesen zu einem Alpweg, der zur Chamanna Tuoi (Tuoihütte, 2250 m), etwas oberhalb des Talbodens im Hang, führt.
Von der Hütte in den Talboden hinunter, dann steil zum Gletscherbecken Plan Rai aufsteigen. Nun etwas links haltend in Richtung einer Einsattelung (2875 m), jedoch bereits unterhalb in Richtung Nordwestgrat. So hoch wie möglich mit Ski. Skidepot. Über den Grat (I) zum Gipfel. Mitunter Wächtenbildung nach Südwesten möglich.
Abfahrt Wie Aufstieg.

Touristische Infos Verkehrsverein CH-7545 Guarda, Tel. (081) 862 23 42, Fax (081) 862 21 66
Literatur, Gebietsführer Rudolf und Siegrun Weiss (1995): Skiführer Engadin, Bergverlag Rother; Rudolf und Siegrun Weiss (1999): Genuß-Schitourenatlas Graubünden, Schall Verlag
Karten LKS 249 S (Tarasp)
Übernachtung Chamanna Tuoi SAC (2250 m), 95 Schlafplätze, bew. Mitte Februar – Mitte Mai, Winterraum stets offen, CH-7545 Guarda, Tel. (081) 862 23 22

14 Piz Cotschen (3030 m)

Vom Weiler Bos-cha über die Chamanna Cler — *Silvretta*

Gesamtcharakter Als »Skigipfel« gilt der etwas niedrigere Südgipfel (2973 m). Der oft verwächtete, aber nicht besonders schwierige Grat zum Hauptgipfel ist etwas ausgesetzt.
Die Chamanna Cler des Skiclubs Ardez ist nicht bewirtschaftet, aber ein prachtvoller Rastplatz mit Blick auf die »Engadiner Dolomiten« gegenüber.
Aufstiegszeit 4 Std.
Höhenunterschied 1400 m
Schwierigkeit skitechnisch mittel, Gipfelaufstieg: unter I
Lawinengefahr mitunter lawinengefährdet
Hangrichtung Südosten, Süden, Südwesten
Beste Jahreszeit Januar – März

Anfahrt *Auto:* Im Inntal nach Giarsun. Auf guter Bergstraße nach Guarda; *Bus/Bahn:* hierher auch mit Bahn und Bus.
Ausgangspunkt Weiler Bos-cha (1664 m). Wenn man von Scuol kommt, über Ardez kürzer, aber schlechtere Straße.
Aufstieg Von Bos-cha über hindernislose Böden zur Alp Murtera Dadaint (2149 m). Über Maranguns (2303 m) zur Chamanna Cler (2476 m). Nun allmählich steil über den Südostrücken zu einem Vorgipfel (2973 m). Hier am besten Skidepot und dann über die Gratverbindung zum höchsten Punkt.
Abfahrt Wie Aufstieg.

Touristische Infos Verkehrsverein CH-7545 Guarda, Tel. (081) 862 23 42, Fax (081) 862 21 66. Oder: Verkehrsverein CH-7546 Ardez, Tel. (081) 862 23 30, Fax (081) 862 25 16
Literatur, Gebietsführer Rudolf und Siegrun Weiss (1995): Skiführer Engadin, Bergverlag Rother; Rudolf und Siegrun Weiss (1999): Genuß-Schitourenatlas Graubünden, Schall Verlag
Karten LKS 249 S (Tarasp)

15 Piz Nuna (3123 m)

Von Sur En durch das Nunatal und über den Westgrat — *Sesvennagruppe*

Gesamtcharakter Der Piz Nuna ist eines der großartigsten, aber auch anspruchsvollsten Ziele im Unterengadin. Der Aufstieg ist anstrengend, erfordert ab dem Skidepot eine längere Kletterei über einen Blockgrat, die bei Vereisung ganz schön haarig sein kann, lohnt aber mit einer herrlichen Abfahrt. Eine zusätzliche Attraktion ist der Ausgangspunkt, das ungemein malerische Sommerdorf Sur En (= »Über dem Inn«).
Aufstiegszeit 5:30 Std.
Höhenunterschied 1700 m
Schwierigkeit skitechnisch anspruchsvoll, Gipfelanstieg: Fels I
Lawinengefahr häufig lawinengefährdet
Hangrichtung Norden
Beste Jahreszeit März – Mai

Anfahrt *Auto:* Im Inntal von Scuol nach Ardez; *Bus/Bahn:* hierher auch mit öffentlichen Verkehrsmitteln.
Ausgangspunkt Sur En (1469 m). In der Nähe des Bahnhofs von Ardez zweigt das Fahrsträßchen nach Sur En ab (3 km). Außer bei extremen Wetterlagen auch im Winter befahrbar (Zufahrt zu Anlagen der E-Wirtschaft).
Aufstieg Auf einem Weg durch den Wald in das Nunatal (Val Nuna). Ohne Orientierungsprobleme – links und rechts ist das Tal von Bergflanken begrenzt – durch das Tal und über einen kleinen Gletscher steil in eine Einsattelung. Skidepot. Über den Westgrat auf den Gipfel.
Abfahrt Wie Aufstieg.

Touristische Infos Verkehrsverein CH-7546 Ardez, Tel. (081) 862 23 30, Fax (081) 862 25 16
Literatur, Gebietsführer Rudolf und Siegrun Weiss (1995): Skiführer Engadin, Bergverlag Rother; Rudolf und Siegrun Weiss (1999): Genuß-Schitourenatlas Graubünden, Schall Verlag
Karten LKS 249 S (Tarasp)

Tour 15: Abfahrt vom Piz Nuna (Felsklotz im Hintergrund)

Tour 16: Piz Lischana im Tourengebiet von Scuol. Der Aufstieg führt über die gleichnamige Hütte und in einem weiten Bogen von Süden auf den Gipfel

16 Piz Lischana (3105 m)

Über die von Scuol aus bereits sichtbare Chamanna Lischana — *Sesvennagruppe*

Gesamtcharakter Der Piz Lischana schaut, von Scuol gesehen, nicht gerade skifreundlich aus. Von der Rückseite her ist er aber verhältnismäßig einfach zu ersteigen.
Die Abfahrt ist für gute Skifahrer großartig. Bei sicheren Schneeverhältnissen kann man eine steile Variante wählen.
Aufstiegszeit 3 + 2:30 Std.
Höhenunterschied 1100 + 650 m
Schwierigkeit skitechnisch anspruchsvoll, Gipfelaufstieg: kombiniertes Gelände I, Abfahrtsvariante skitechnisch extrem
Lawinengefahr häufig lawinengefährdet
Hangrichtung Nordosten, Norden
Beste Jahreszeit März – Mai

Anfahrt *Auto:* Von Landeck über Pfunds und Martina nach Scuol, aus der zentralen Schweiz durch den Vereinatunnel (Autoverladung) und das Inntal. *Bus/Bahn:* Scuol ist aus der zentralen Schweiz mit der Bahn, von Österreich mit Bus erreichbar.
Ausgangspunkt Parkplatz am Beginn des Anstiegs zur Chamanna Lischana (1420 m). Erst spät im Jahr bis hierher befahrbar, von Scuol zu Fuß 1 Std.
Aufstieg Durch den Wald in das Lischanatal (Val Lischana) einqueren. Mit gutem Höhengewinn, schließlich ausgesprochen steil zur Lischanahütte SAC. Großartige Lage auf einem Felsriegel.
Westlicher als der Sommerweg zum Lischanagletscher aufsteigen. Über ihn in einem weiten Bogen, den man bei sicheren Verhältnissen abkürzen kann, zu einer Einsattelung östlich von Pkt. 3044. Am oberen Rand eines kleinen Gletschers zur Scharte nördlich des Lischana-Mittelgipfels (Pkt. 3070). Skidepot. Über den Südgrat bzw. etwas westlich davon ohne besondere Schwierigkeiten (unter I) zum Gipfel.
Abfahrt Wie Aufstieg. Für gute Skifahrer bei sicheren Verhältnissen: vom Skidepot einige Meter absteigen. Durch eine Rinne, die sich bald zum Kar weitet, unmittelbar zur Lischanahütte abfahren (bis zu 40° steil).

Touristische Infos Verkehrsverein CH-7550 Scuol, Tel. (081) 861 22 22, Fax (081) 861 22 23
Literatur, Gebietsführer Rudolf und Siegrun Weiss (1995): Skiführer Engadin, Bergverlag Rother; Rudolf und Siegrun Weiss (1999): Genuß-Schitourenatlas Graubünden, Schall Verlag
Karten LKS 249 S (Tarasp)
Übernachtung Chamanna Lischana SAC (2500 m), in der Skitourensaison nicht bewartet, doch stets geöffnet

17 Piz Sesvenna (3205 m)

Langer Anstieg von S-charl durch das Sesvennatal — *Sesvennagruppe*

Gesamtcharakter Lange und anstrengende Skitour, die über einen (nahezu spaltenlosen) kleinen Gletscher führt und alpin anspruchsvoll endet. Südseitige Abfahrtsvariante deutlich steiler als die Abfahrt auf dem Anstiegsweg.
Aufstiegszeit 5 Std.
Höhenunterschied 1400 m
Schwierigkeit skitechnisch anspruchsvoll, Gipfelaufstieg kombiniertes Gelände I
Lawinengefahr mitunter lawinengefährdet
Sonstige Gefahren geringe Spaltengefahr
Hangrichtung Nordosten, Norden; Abfahrtsvariante Süden
Beste Jahreszeit März – Mai

Anfahrt *Auto:* Von Landeck nach Scuol, aus der zentralen Schweiz durch den Vereinatunnel (Autoverladung) und das Inntal. *Bus/Bahn:* Scuol ist aus der zentralen Schweiz mit der Bahn, von Österreich mit Bus erreichbar.
Ausgangspunkt S-charl (1810 m). Ab 1. Mai (mitunter auch früher) meist bis S-charl mit Pkw möglich. Von Scuol 3 Std. auf dem Fahrsträßchen. Auch im Winter meist bis vor einen Lawinenstrich (Vallang Zondrus) geräumt. Ab hier 2 Std.
Aufstieg Von S-charl auf einem Alpsträßchen Richtung Alp Sesvenna. Nicht zur Alp abzweigen, sondern im Talboden zum berühmten »S«, das in einem Linksbogen zu einem kleinen See (Lai da Sesvenna, 2654 m) und in einem anschließenden Rechtsbogen zum Sesvennagletscher führt. Über den Gletscher Richtung Süden. Steil zum Ostgrat, den man westlich von Pkt. 3081 erreicht. Skidepot. Über den Blockgrat (I) zum Gipfel.
Abfahrt Wie Aufstieg. Bei sicheren Verhältnissen unmittelbar vom Gipfel über den steilen Gletscher. Oder: Südseitig über die Cruschetta und durch das Plazertal (Val Plazer) zurück nach S-charl.

Touristische Infos Verkehrsverein CH-7550 Scuol, Tel. (081) 861 22 22, Fax (081) 861 22 23
Literatur, Gebietsführer Rudolf und Siegrun Weiss (1995): Skiführer Engadin, Bergverlag Rother; Rudolf und Siegrun Weiss (1999): Genuß-Schitourenatlas Graubünden, Schall Verlag
Karten LKS 259 (Ofenpass)
Übernachtung Landgasthof Mayor, CH-7550 S-charl, Tel. (081) 864 14 12, Fax (081) 864 99 83, in der Tourensaison geöffnet. Landgasthof Chrusch Alba/Alvetern, CH-7550 S-charl, Tel. (081) 864 14 04, Fax (081) 864 14 06, ab März geöffnet

18 Piz Tasna (3179 m)

Mit Seilbahnhilfe von Scuol auf einen beliebten »Ski-Dreitausender« — Silvretta

Gesamtcharakter Unvergleichbar kürzerer Aufstieg als von der österreichischen Seite (Heidelberger Hütte, Jamtalhütte). Die alpinen Anforderungen bleiben aber natürlich gleich. Auf dem Gletscher ist auf Spalten zu achten, der Ostgrat kann bei Vereisung unangenehm sein.
Aufstiegszeit 2:30 Std.
Höhenunterschied 800 m; Abfahrt bis zu 2350 m
Schwierigkeit skitechnisch mittel, Gipfelaufstieg: kombiniertes Gelände I
Lawinengefahr mitunter lawinengefährdet
Sonstige Gefahren geringe Spaltengefahr
Hangrichtung Norden, Nordosten, Süden, Südosten
Beste Jahreszeit Februar – Mai

Anfahrt *Auto:* Von Landeck über Pfunds und Martina nach Scuol, aus der zentralen Schweiz durch den Vereinatunnel (Autoverladung) und das Inntal. *Bus/Bahn:* Scuol ist aus der zentralen Schweiz mit der Bahn, von Österreich mit Bus erreichbar.
Ausgangspunkt Bergstation »Champatschgrat« (2783 m); hierher von der Talstation mit der Gondelbahn und weiteren Liftanlagen (einige Zwischenabfahrten).
Aufstieg Von der Bergstation »Champatschgrat« durch eine herrliche Nordmulde bis in eine Höhe von etwa 2400 m. Anfellen und zu Pkt. 2619 aufsteigen. Nach links zum kleinen Tasnagletscher (Vadret da Tasna). Über den Gletscher zur Schulter am Beginn des Ostgrates. Skidepot. Über den teilweise steilen und bei Vereisung heiklen Grat zum Gipfel.
Abfahrt Wie Aufstieg zu Pkt. 2619. Durch ein teilweise steiles Tal (Val Davo Lais) und weiter, zuletzt auf einem Alpweg, zum Hof »Zuort« (1711 m, Gastwirtschaft). Fahrsträßchen nach Vnà mit unangenehmen leichten Gegensteigungen. Von Vnà bei ausreichendem Schnee mit Ski, sonst mit dem Bus nach Ramosch (1231 m).

Touristische Infos Verkehrsverein CH-7550 Scuol, Tel. (081) 861 22 22, Fax (081) 861 22 23
Literatur, Gebietsführer Rudolf und Siegrun Weiss (1995): Skiführer Engadin, Bergverlag Rother; Rudolf und Siegrun Weiss (1999): Genuß-Schitourenatlas Graubünden, Schall Verlag
Karten LKS 249 S (Tarasp)
Einkehr Gasthof »Zuort« (1711 m)

19 Piz Arina (2828 m)

Aufstieg von Vnà – lange Abfahrt nach Ramosch — Samnaungruppe

Gesamtcharakter Der Piz Arina ist ein herrlicher Skigipfel mit einer hindernislosen Südostflanke. Wenn der Schnee noch bis ins Inntal reicht, sollten auch eingefleischte Autofahrer den Postbus zur Anreise benützen. Dann verlängert sich diese Abfahrt um ansehnliche 400 Höhenmeter bis nach Ramosch. Durch die extrem sonnseitige Lage apern die Hänge über dem Talboden allerdings oft schon im Februar aus.
Aufstiegszeit 3:30 Std.
Höhenunterschied 1250 m
Schwierigkeit skitechnisch mittel
Lawinengefahr mitunter lawinengefährdet
Hangrichtung Südosten, Süden
Beste Jahreszeit Januar – April

Anfahrt *Auto:* Aus Österreich von Landeck über Pfunds und Martina oder aus der zentralen Schweiz durch den Vereinatunnel (Autoverladung) nach Ramosch im Unterengadin.
Ausgangspunkt Bergdörfchen Vnà (1602 m). Bergstraße von Ramosch. Beschränkte Parkmöglichkeit. *Bus:* Vnà ist auch mit dem Bus erreichbar.
Aufstieg Von Vnà in einem weiten Linksbogen durch einen Schutzwald (vorgeschriebene Route einhalten!) zu einer vorgeschobenen kleinen Kuppe (2387 m). Von hier über den eindrucksvollen Gipfelhang zum höchsten Punkt.
Abfahrt Wie Aufstieg. Oder weiter nach Ramosch: Links von der Aufstiegsspur – wieder Schutzwald, vorgegebene Schneise – zu den Hütten von Chant Sura (1784 m) hinab. Richtung Süden sanft über Wiesen, dann nach rechts einbiegend etwas steiler nach Ramosch.

Touristische Infos Verkehrsverein CH-7556 Ramosch, Tel. (081) 866 35 66
Literatur, Gebietsführer Rudolf und Siegrun Weiss (1995): Skiführer Engadin, Bergverlag Rother; Rudolf und Siegrun Weiss (1999): Genuß-Schitourenatlas Graubünden, Schall Verlag
Karten LKS 249 S (Tarasp)

20 Piz Malmurainza (3038 m)

Langer Aufstieg vom Bergdorf Tschlin – herrliche Firnabfahrt für Frühaufsteher — Samnaungruppe

Gesamtcharakter Höhenmeter und eine beachtliche Wegstrecke verlangen eine gute Kondition. Früher Aufbruch ist aus Gründen der Sicherheit und des Skigenusses erforderlich.
Aufstiegszeit 5 Std.
Höhenunterschied 1550 m
Schwierigkeit skitechnisch anspruchsvoll
Lawinengefahr mitunter lawinengefährdet
Hangrichtung Osten, Südosten
Beste Jahreszeit Februar – April

Anfahrt *Auto:* Aus Österreich von Landeck über Pfunds und Martina bis zur Abzweigung der Bergstraße nach Tschlin; oder aus der zentralen Schweiz durch den Vereinatunnel (Autoverladung).
Ausgangspunkt Parkplatz am Dorfeingang von Tschlin (etwa 1500 m). *Bus:* Busverbindung mit Martina bzw. Scuol.
Aufstieg Über eine Brücke (Pkt. 1548) und zu den Böden von Pra Grond (1672 m). Weiter Richtung Norden bis in eine Höhe von 2000 m (Plan da Gisep). Richtung Nordosten, nach den felsigen östlichen Ausläufern des Piz Malmurainza in eine weite Mulde (Fops). Nun Richtung Westen in die Gipfelmulde (La Grava). Über den Osthang in zunehmender Steilheit zum höchsten Punkt, die letzten Meter häufig zu Fuß.
Abfahrt Wie Aufstieg.

Touristische Infos Verkehrsverein CH-7560 Tschlin, Tel. (081) 866 32 32, Fax (081) 866 37 06
Literatur, Gebietsführer Rudolf und Siegrun Weiss (1995): Skiführer Engadin, Bergverlag Rother; Rudolf und Siegrun Weiss (1999): Genuß-Schitourenatlas Graubünden, Schall Verlag
Karten LKS 249 S (Tarasp)

Tour 20: Aufstieg zum Piz Malmurainza am frühen Morgen. In der Bildmitte das Bergdorf Tschlin, unser Ausgangspunkt. Hinten der Piz S-chalambert Dadaint

Vinschgau, Passeiertal, Ortleralpen

Rudolf und Siegrun Weiss

»Vinschgau« nennt man das Tal der Etsch von ihrem Ursprung beim Reschenpaß bis zur Talenge bei Töll. Das *Etschtal* selbst ist für den Tourengeher nicht ergiebig. Übersteile und dicht bewaldete Flanken brechen mit großen Höhenunterschieden ins Etschtal ab. Ganz anders sieht es mit den Seitentälern aus, die vom Etschtal in die Sesvennagruppe, in die Ötztaler und Ortleralpen abzweigen. Sie erschließen prachtvolle Tourengebiete.

In der *Sesvennagruppe* verweisen wir auf die Hochtäler von Rojen und Schlinig. In Rojen reicht das Tourenangebot locker für eine ganze Woche, und das von Dezember bis April. Zumeist sind es leichte und mittelschwere Anstiege, nicht besonders lang und bei vernünftiger Spurwahl nur bei extremen Wetterlagen lawinengefährdet. Das Angebot in Schlinig ist kleiner.

In den *Ötztaler Alpen* hat der Vinschgau vor allem das Langtauferer Tal, das Matscher Tal und das Schnalser Tal zu bieten. Der Spezialführer »Skitouren Vinschgau« (Steiger Verlag) beschreibt allein für das Langtauferer Tal 24 Skitouren unterschiedlicher Länge und Schwierigkeit! Das Matscher Tal ist eher eine Gegend für erprobte Skibergsteiger mit guter Kondition. Das Schnalser Tal kann mit beidem aufwarten – mit extrem langen und schwierigen Touren ebenso wie mit »Halbtags-Dreitausendern« (die Schnalstaler Gletscherbahn macht's möglich).

Zum Vinschgau gehört auch der nördliche Teil der *Ortleralpen.* Das reichste Tourenangebot finden wir im *Martelltal* und mit der Zufallhütte auch die »ertragreichste« Schutzhütte in dieser großen Gebirgsgruppe. Das *Ultental* steht nur wenig nach, was die Touren betrifft, es fehlt allerdings an einem zentralen Stützpunkt, und aus dem Tal ziehen sich viele Touren in den unteren Teilen des Anstiegs ganz schön über langweilige Forstwege. *Sulden* ist trotz der Lifterschließung ein gemütliches Bergsteigerdorf geblieben – mit einem ursprünglichen Stützpunkt (Düsseldorfer Hütte) und einem nahe der Bergstation der großen Gondelbahn (Schaubachhütte). Ein großes Angebot vorwiegend von hohen und alpin anspruchsvollen Gipfeln lädt zu einem Besuch ein! Weniger zu holen ist für den Tourengeher im Trafoital. Hier empfiehlt sich ein Besuch zum Ausklang des Tourenjahres, im Juni, wenn die Paßstraße zum Stilfser Joch bereits geöffnet ist.

Das Ultental gehört übrigens bereits zum *Burggrafenamt,* dem historischen Zentrum Südtirols rund um Meran, ebenso wie das bekanntere *Passeiertal,* in dem wir in drei Gebirgsgruppen (Ötztaler Alpen, Stubaier Alpen, Sarntaler Alpen) unsere Spuren ziehen können.

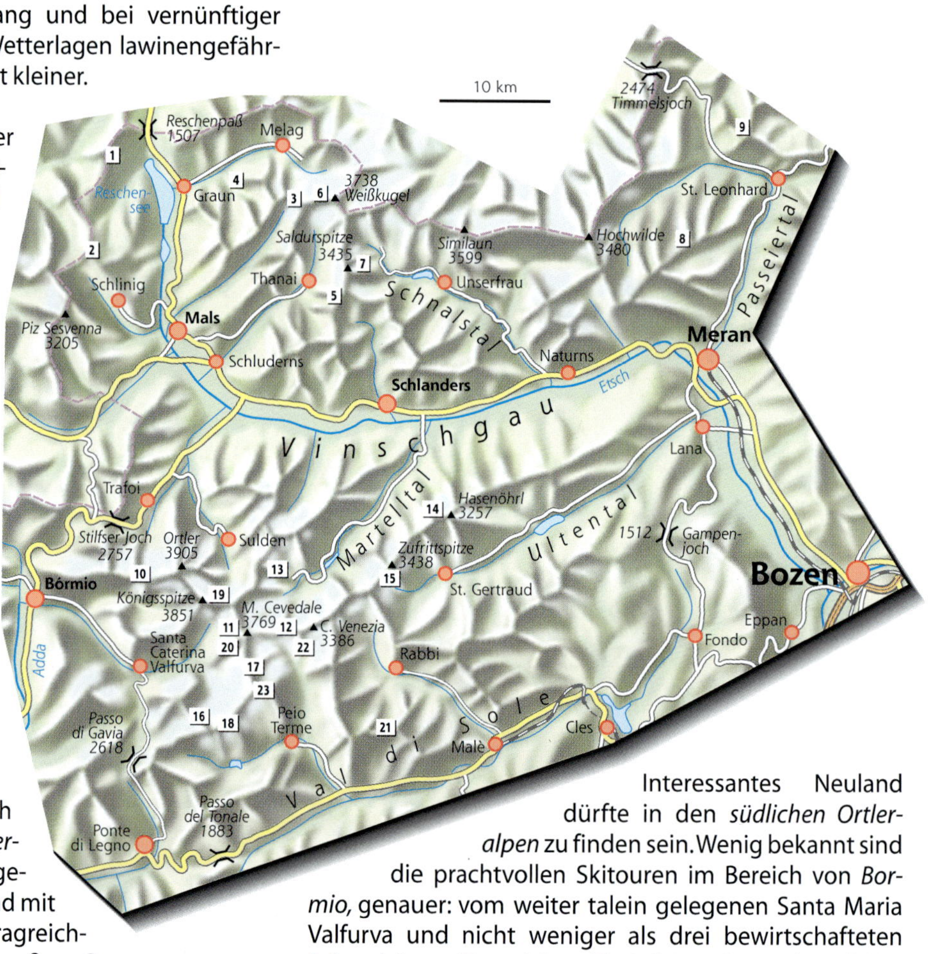

Interessantes Neuland dürfte in den *südlichen Ortleralpen* zu finden sein. Wenig bekannt sind die prachtvollen Skitouren im Bereich von *Bormio,* genauer: vom weiter talein gelegenen Santa Maria Valfurva und nicht weniger als drei bewirtschafteten Schutzhütten (Fornohütte, Pizzinihütte, Brancahütte). Unsere Tourenbeispiele Königsspitze (Gran Zebru), Pizzo Tresero, Palon del la Mare und Punta San Matteo sind nur eine kleine Auswahl aus einer unglaublichen Fülle prachtvoller Skitouren.
Noch unbekannter sind bei deutschsprachigen Tourengehern sicherlich die Ortleralpen nördlich des *Sulztales* (Val di Sole) mit den Seitentälern *Rabbital* (Val di Rabbi) und *Peiotal* (Valle di Peio), nördlich des Sulztales.

Pizzo Tresero (rechts) und Punta Pedranzini (links). Der Aufstieg führt links vom Gletscherbruch zum Verbindungsrücken und über diesen zum Gipfel (Tour 16)

Anreise Die wichtigsten Anreiserouten aus dem Norden und aus dem Süden führen über die Brenner-Autobahn von Innsbruck oder Trient nach Bozen – und weiter über Meran in den Vinschgau. In das Sulztal zweigt man in Mezzocorona ab. Ein beliebter Zugang ist auch der Reschenpaß. Umständlicher ist Bormio aus dem Norden zu erreichen (Unterengadin – Tunnel Munt La Schera – Livigno – Foscagnopaß), aus dem Süden einfacher über Tirano.

Touristische Informationen erhält man bei: • Südtirol Tourismus Werbung, Pfarrplatz 11, I-39100 Bozen, Tel. (0471) 993808, Fax (0471) 993889 • Tourismusverband Vinschgau, Kapuzinerstraße 10, I-39028 Schlanders, Tel. (0473) 620480, Fax (0473) 620481 • Tourismusverein St. Leonhard in Passeier, I-39015 St. Leonhard in Passeier, Tel. (0473) 656268, Fax (0473) 656624.

Tour 1: Knapp unter dem Gipfel des Äußeren Nockenkopfs. In der Bildmitte die Klopaier Spitze nahe der österreichischen Grenze beim Reschenpaß

1 Äußerer Nockenkopf (2767 m)

Großartige Südostflanke über Rojen *Sesvennagruppe*

Gesamtcharakter Aus dem Hochtal von Rojen führt eine ganze Reihe genußreicher Skitouren zum Grenzkamm zwischen Südtirol und der Schweiz. Ein riesiger Südosthang zwischen dem Äußeren Nockenkopf, dem dreigipfeligen Spi da Russenna und dem Inneren Nockenkopf bietet Tourengehern Abfahrten in einem hindernislosen, gut gegliederten und daher bei vernünftiger Spuranlage kaum lawinengefährdeten Gelände.
Aufstiegszeit 2:45 Std.
Höhenunterschied 900 m
Schwierigkeit skitechnisch leicht
Lawinengefahr kaum lawinengefährdet
Hangrichtung Osten, Südosten
Beste Jahreszeit Dezember – April

Anfahrt *Auto:* Von Meran durch das Etschtal oder von Landeck über den Reschenpaß nach Reschen; *Bus:* auch mit öffentlichen Verkehrsmitteln möglich.
Ausgangspunkt Parkplatz (1913 m) unterhalb des Weilers Rojen an der Brücke über den Rojenbach. Bergstraße von Reschen (8 km). Oder: Gondelbahn von Reschen, Abfahrt von der Bergstation zum Parkplatz.
Aufstieg Zu der Kirche und den Häusern des Weilers Rojen, dann in der Grundrichtung Nordwesten über weite, mäßig geneigte Almböden in die Äußere Scharte (2636 m) südlich des Gipfels. Über den Rücken zum höchsten Punkt.
Abfahrt Bei sicheren Schneeverhältnissen unmittelbar vom Gipfel zur Anstiegsspur und weiter nach Rojen. Das weitläufige Gelände ermöglicht viele Varianten.

Touristische Infos Tourismusbüro I-39027 Reschen, Tel. (0473) 633101, Fax (0473) 633140
Literatur, Gebietsführer Rudolf und Siegrun Weiss u. a. (1998): Genuß-Schitourenatlas Südtirol & Österreich-Süd, Schall Verlag; Rudolf und Siegrun Weiss (1998): Skitouren Vinschgau mit Burggrafenamt, Steiger Verlag
Karten LKS 249 bis (Resia)

2 Rasaßspitze (2941 m)

Durch das Schlinigtal und über die Südwestflanke *Sesvennagruppe*

Gesamtcharakter Die Abfahrt führt vom Gipfel über steile Südwesthänge zur Sesvennahütte – ein großartiges Vergnügen für gute Skiläufer. Der untere Teil der Abfahrt durch das Schlinigtal ist weniger angenehm, mitunter sogar lawinengefährdet. Bei weniger stabilen Schneeverhältnissen ist es günstiger, sich im Hochtal von Schlinig nach harmlosen Zielen umzusehen und z. B. den Kälberberg zu besteigen.
Aufstiegszeit 2 + 2 Std.
Höhenunterschied 520 + 700 m
Schwierigkeit skitechnisch anspruchsvoll
Lawinengefahr mitunter lawinengefährdet
Hangrichtung Südwesten
Beste Jahreszeit März – April

Anfahrt *Auto:* Von Meran durch das Etschtal oder von Landeck über den Reschenpaß nach Burgeis im Vinschgau; *Bus:* hierher auch mit dem Bus.
Ausgangspunkt Schlinig (1738 m). Gut ausgebaute Bergstraße (6 km) von Burgeis. Parkplatz am Dorfeingang.
Aufstieg Auf der orographisch linken Talseite zum Talschluß. Ein sperrender Felsabbruch (»Schwarze Wand«) wird rechts überwunden. Anschließend zurück in den Talboden und weiter zur Sesvennahütte. Von der Hütte zunächst Richtung Schlinigpaß aufsteigen, dann zwischen zwei Bächen steil bis in eine Höhe von etwa 2600 m. Nun Richtung Osten oberhalb von Felsabbrüchen zum Südrücken der Rasaßspitze und über diesen Rücken und einen Vorgipfel mit Ski zum Gipfel.
Abfahrt Bei sicheren Schneeverhältnissen unmittelbar vom Gipfel, entweder auf dem Anstiegsweg oder (schwieriger) unmittelbar in den Talboden, den man in der Nähe der »Schwarzen Wand« erreicht.

Touristische Infos Tourismusbüro I-39024 Burgeis, Tel. (0472) 831422, Fax (0472) 831690
Literatur, Gebietsführer Rudolf und Siegrun Weiss u. a. (1998): Genuß-Schitourenatlas Südtirol & Österreich-Süd, Schall Verlag; Rudolf und Siegrun Weiss (1998): Skitouren Vinschgau mit Burggrafenamt, Steiger Verlag
Karten LKS 249 bis (Resia)
Übernachtung Sesvennahütte (2256 m) AVS, 69 Schlafplätze, bew. im März und April, Winterraum mit 6 Lagern stets offen, I-39024 Mals, Tel. (0473) 80234 (Hütte) oder 80509 (Tal)

3 Äußerer Bärenbartkogel (3471 m)

Aus dem Langtauferer Tal über die Weißkugelhütte und den Bärenbartferner *Ötztaler Alpen*

Gesamtcharakter Der Bärenbartkogel ist der westliche Nachbar der ungleich bekannteren Weißkugel. Die unmittelbare Abfahrt nach Melag im Langtauferer Tal gehört zu den eindrucksvollsten in den Ostalpen. Sie erfordert jedoch nicht nur gutes skitechnisches Können, sondern auch ein erhebliches Maß an alpiner Erfahrung.
Aufstiegszeit 2 + 4 Std.
Höhenunterschied 630 + 1100 m
Schwierigkeit skitechnisch anspruchsvoll
Lawinengefahr mitunter lawinengefährdet
Sonstige Gefahren erhebliche Spaltengefahr
Hangrichtung Norden, Nordwesten
Beste Jahreszeit März – Mai

Anfahrt *Auto:* Von Meran durch das Etschtal oder von Landeck über den Reschenpaß nach Graun; *Bus:* hierher auch mit öffentlichen Verkehrsmitteln.
Ausgangspunkt Melag (1915 m) im Langtauferer Tal; hierher auch mit dem Bus.
Aufstieg Auf dem Winterweg im Talboden aufsteigen, dann nach links zur Hütte. Sommerweg kürzer, aber erst sehr spät im Jahr empfehlenswert. Der Anstieg beginnt mit einer oft unangenehmen Abfahrt über die hartgefrorene Südflanke (etwa 200 Höhenmeter) in den Talboden. Nun weiter Richtung Norden zum Bärenbartferner. Über diesen bis zum Bärenbartjoch oder kürzer: Zum Freibrunner Ferner queren, den man in seinem obersten Teil erreicht. Unschwierig über den Gratrücken zum Gipfel.
Abfahrt Wie Aufstieg. Oder steiler und stärker spaltengefährdet: Über den Freibrunner Ferner in den Talboden.

Touristische Infos Tourismusbüro I-39020 Graun, Tel. (0473) 634603, Fax 634713
Literatur, Gebietsführer Rudolf und Siegrun Weiss u. a. (1998): Genuß-Schitourenatlas Südtirol & Österreich-Süd, Schall Verlag; Rudolf und Siegrun Weiss (1998): Skitouren Vinschgau mit Burggrafenamt, Steiger Verlag
Karten AV-Karte 30/2 (Ötztaler Alpen, Weißkugel, mit Skirouten)
Übernachtung Weißkugelhütte (2542 m) CAI, 44 Schlafplätze, bew. März – Anfang Mai, I-39020 Graun, Tel. (0473) 633191 (Hütte) oder (0473) 633434 (Tal)

4 Mitterlochspitze (3174 m)

Aus dem Langtauferer Tal mit Lifthilfe — *Ötztaler Alpen*

Gesamtcharakter Die Mitterlochspitze ist eine Genußtour in mehrerer Hinsicht. Der Aufstieg auf den gestandenen Dreitausender wird durch einen Sessellift angenehm verkürzt. Die Abfahrt führt durch eine schattseitige und windgeschützte Nordmulde, die den Pulverschnee oft über viele Wochen in hervorragender Qualität »konserviert«.

Aufstiegszeit 2:45 Std.
Höhenunterschied 830 m
Schwierigkeit skitechnisch mittel
Lawinengefahr mitunter lawinengefährdet
Hangrichtung Norden
Beste Jahreszeit Februar – April

Anfahrt *Auto:* Von Meran durch das Etschtal oder von Landeck über den Reschenpaß nach Graun; *Bus:* hierher auch mit öffentlichen Verkehrsmitteln.
Ausgangspunkt Melag (1915 m) im Langtauferer Tal. Talstation der Sesselbahn im Ortsteil Kappl (9 km von Graun, Bushaltestelle).
Aufstieg Durch das Falbanairtal (weitere Verkürzung durch einen Schlepplift möglich) ohne Orientierungsschwierigkeiten zum Talschluß. Nach rechts ausholend in eine Einsattelung. Skidepot. Gute Skifahrer nehmen die Ski zum Gipfel mit, den man über eine kurze Westflanke unschwierig, meist in guten Stapfen, erreicht.
Abfahrt Wie Aufstieg. Wer die Ski mitgenommen hat, kann bei sicheren Schneeverhältnissen bereits höher unmittelbar in den Talschluß abfahren.

Touristische Infos Tourismusbüro I-39020 Graun, Tel. (0473) 634603, Fax (0473) 634713
Literatur, Gebietsführer Rudolf und Siegrun Weiss u. a. (1998): Genuß-Schitourenatlas Südtirol & Österreich-Süd, Schall Verlag; Rudolf und Siegrun Weiss (1998): Skitouren Vinschgau mit Burggrafenamt, Steiger Verlag
Karten LKS 249 bis (Resia)

5 Upiakopf (3173 m)

Vom Glieshof durch das Upiatal — *Ötztaler Alpen*

Gesamtcharakter Von der Weißkugel zieht ein Kamm nach Süden, dessen Gipfel vom Glieshof aus auf langen Anstiegen erreicht werden. Lediglich der Upiakopf ist eine gemütlichere Tour im unmittelbaren Bereich des Glieshofs. Einem sonnseitigen Gipfelhang (häufig Firn) folgt eine schattseitige Abfahrt durch das Upiatal (häufig Pulver).

Aufstiegszeit 4 Std.
Höhenunterschied 1400 m
Schwierigkeit skitechnisch mittel
Lawinengefahr mitunter lawinengefährdet
Hangrichtung Süden, Westen, Norden
Beste Jahreszeit Februar – April

Anfahrt *Auto:* Von Meran durch das Etschtal oder von Landeck über den Reschenpaß nach Mals; *Bus:* auch mit öffentlichen Verkehrsmitteln möglich.
Ausgangspunkt Gasthof »Glieshof« (1807 m). Schmale Bergstraße von Matsch (7 km).
Aufstieg Zur Bergstation eines kleinen Schlepplifts, über den Ramudelbach und ins Upiatal, das man oberhalb einer Bachschlucht erreicht (etwa 2060 m). Weiter zum Talschluß.
Eine felsige Steilstufe wird links umgangen. Man erreicht einen flachen Boden, dem man bis zum Beginn der Südflanke folgt. Über diese Südflanke, zuletzt etwas rechts haltend zum Südostrücken, und weiter zum Gipfel. Großartiger Blick in die Ortleralpen!
Abfahrt Wie Aufstieg.

Touristische Infos Tourismusbüro I-39020 Mals, Tel. (0473) 831190, Fax 831901
Literatur, Gebietsführer Rudolf und Siegrun Weiss u. a. (1998): Genuß-Schitourenatlas Südtirol & Österreich-Süd, Schall Verlag; Rudolf und Siegrun Weiss (1998): Skitouren Vinschgau mit Burggrafenamt, Steiger Verlag
Karten Carta d'Italia 3/III/S.E. (Mazia = Matsch) und 3/III/S.O. (Punta Saldura = Saldurspitze)
Übernachtung Gasthof »Glieshof« (1807 m), 40 Betten, I-39024 Matsch, Tel. und Fax (0473) 846222

6 Weißkugel (3739 m)

Aufstieg von der »Schönen Aussicht« – Abfahrt über den Steinschlagferner — *Ötztaler Alpen*

Gesamtcharakter Die Weißkugel ist der zweithöchste Gipfel der Ötztaler Alpen. Unser Anstieg aus dem Schnalstal ist verhältnismäßig kurz und ungleich weniger lawinengefährdet als z. B. von der Weißkugelhütte. Der Blockgrat zum Gipfel ist ausgesetzt und bei Vereisung heikel.
Aufstiegszeit 4:30 Std.
Höhenunterschied Aufstieg 1150 m; Abfahrt 1700 m
Schwierigkeit skitechnisch anspruchsvoll, Gipfelaufstieg: Fels I
Lawinengefahr mitunter lawinengefährdet
Sonstige Gefahren geringe Spaltengefahr
Hangrichtung Süden, Osten
Beste Jahreszeit März – Mai

Anfahrt *Auto:* Von Bozen durch das Etschtal oder von Landeck über den Reschenpaß nach Naturns und auf guter Straße nach Kurzras (Gletscherskigebiet).
Ausgangspunkt Gasthof »Schöne Aussicht« (2842 m). Kurzer Gegenanstieg nach der Abfahrt von der Bergstation »Grawand« der Schnalstaler Gletscherbahn. Zu Fuß von Kurzras 2:30 Std.
Aufstieg Auf der Piste eines Sessellifts bis in eine Höhe von 3100 m. Richtung Westen zu einer Einsattelung (3163 m) queren. Zwischenabfahrt nach Norden auf 3000 m. Richtung Westen zum Boden des Hintereisferners abfahren (2900 m). Einen Spaltenbruch oberhalb von 3100 m umgeht man links, ebenso das anschließende Spaltensystem. Über einen Steilhang zum Hintereisjoch (3471 m) und zu dem Rücken, der zum Vorgipfel führt. Skidepot. Über einen Blockgrat (I) steigt man in eine Einsattelung ab und aus dieser zum Gipfelkreuz auf.
Abfahrt Über die Steilstufe zum Hintereisferner, dann nach rechts und an geeigneter Stelle (etwa 3280 m) zum Steinschlagferner queren. Über diesen Gletscher und weiter nach Kurzras.

Touristische Infos Tourismusbüro I-39020 Schnals, Tel. (0473) 769148, Fax (0473) 679177
Literatur, Gebietsführer Rudolf und Siegrun Weiss u. a. (1998): Genuß-Schitourenatlas Südtirol & Österreich-Süd, Schall Verlag; Rudolf und Siegrun Weiss (1998): Skitouren Vinschgau mit Burggrafenamt, Steiger Verlag
Karten Tabacco 04 (Schnalstal); AV-Karte 30/2 (Ötztaler Alpen, Weißkugel, mit Skirouten)
Übernachtung Gasthof »Schöne Aussicht« (2842 m), 61 Schlafplätze, bew. Ende Dezember bis Mitte Mai, I-39020 Schnals, Tel. und Fax (0473) 662140

Tour 5: Im mittleren Teil des Aufstiegs zum Upiakopf

7 Saldurspitze (3433 m)

Von Kurzras über den kleinen Lazaunferner — *Ötztaler Alpen*

Gesamtcharakter Von der Bergstation der Schnalstaler Gletscherbahn oder dem Gasthaus »Schöne Aussicht« sieht man einen auffallenden Bergstock. Er besteht aus der Lagaunspitze und der Saldurspitze. Liebhaber großzügiger Überschreitungen können von der Saldurspitze zur Lagaunspitze weitersteigen und durch das Lagauntal abfahren. Kürzer und skiläuferisch schöner ist jedoch die Abfahrt auf dem Anstiegswege.
Aufstiegszeit 4:30 Std.
Höhenunterschied 1450 m
Schwierigkeit skitechnisch anspruchsvoll
Lawinengefahr häufig lawinengefährdet
Hangrichtung Norden, Nordosten
Beste Jahreszeit März – Mai

Anfahrt *Auto:* Von Bozen durch das Etschtal oder von Landeck über den Reschenpaß nach Naturns und auf gut ausgebauter Straße nach Kurzras (Gletscherskigebiet).
Ausgangspunkt Kurzras, Parkplatz unterhalb der Talstation der Schnalstaler Gletscherbahn (2000 m), 22 km von Naturns.
Aufstieg Zum Schnalsbach hinunter und über eine Brücke. Auf der Piste zur Bergstation eines Lifts (Betriebsbeginn im Frühjahr zu spät, Betriebsende meist Sonntag nach Ostern). Durch den Talboden zum Talschluß. Links von einer Felsrippe Richtung Westen zum westlichsten Lappen des Lagaunferners. Steil in eine Einsattelung (3225 m) nördlich der Saldurspitze. Mit aufgeschnallten Ski über den steilen Gletscherhang links vom Grat zum Gipfel. Oder: Vor der Steilstufe nach links zu einem Rücken und über diesen zum Gipfel.
Abfahrt Sehr steil über den Gipfelhang, dann wie Aufstieg.

Touristische Infos Tourismusbüro I-39020 Schnals, Tel. (0473) 769148, Fax (0473) 679177
Literatur, Gebietsführer Rudolf und Siegrun Weiss u. a. (1998): Genuß-Schitourenatlas Südtirol & Österreich-Süd, Schall Verlag; Rudolf und Siegrun Weiss (1998): Skitouren Vinschgau mit Burggrafenamt, Steiger Verlag
Karten Tabacco 04 (Schnalstal)

8 Rötenspitze (2875 m)

Aus dem Pfelderer Tal — *Ötztaler Alpen*

Gesamtcharakter Die Rötenspitze ist ein beliebtes Ziel im Passeiertal. Ein prachtvoller Skigipfel, auf dessen schattseitigen und windgeschützten Hängen man bei Pulverschnee hervorragende Bedingungen vorfindet. Der Aufstieg erfordert eine einigermaßen gute Kondition, die Abfahrt ist nicht allzu schwierig.
Aufstiegszeit 4:30 Std.
Höhenunterschied 1350 m
Schwierigkeit skitechnisch mittel
Lawinengefahr mitunter lawinengefährdet
Hangrichtung Nordosten, Norden
Beste Jahreszeit Januar – April

Anfahrt *Auto:* Von Bozen nach Meran und nach St. Leonhard im Passeiertal. Von Norden über den Brenner, kürzere Anreise über den Jaufenpaß (Befahrbarkeit im Verkehrsbüro St. Leonhard erfragen).
Ausgangspunkt Bar »Bergkristall« (1566 m) im Weiler Kröß-bichl, 15 km von St. Leonhard.
Aufstieg Auf der orographisch rechten Seite den Bach entlang zur Faltmaralm (1732 m). Weiter in der Grundrichtung Süden zum Talschluß. Eine Steilstufe wird links ausholend überwunden. Durch sanfteres Gelände zum Gipfelaufbau. Steil und zuletzt etwas von rechts her zum Gipfel aufsteigen.
Abfahrt Wie Aufstieg.

Touristische Infos Tourismusbüro I-39015 St. Leonhard in Passeier, Tel. (0473) 656268, Fax (0473) 656624
Literatur, Gebietsführer Rudolf und Siegrun Weiss u. a. (1998): Genuß-Schitourenatlas Südtirol & Österreich-Süd, Schall Verlag; Rudolf und Siegrun Weiss (1998): Skitouren Vinschgau mit Burggrafenamt, Steiger Verlag
Karten Carta d'Italia 4/III/N.E. (Moso = Moos)

9 Hohe Kreuzspitze (2742 m)

Von Saltnuss über die Schennaralm — *Stubaier Alpen*

Gesamtcharakter Die Hohe Kreuzspitze ist ein beliebter Skigipfel, der sowohl aus dem Ratschingstal als auch aus dem Passeiertal erstiegen wird. Wegen der günstigen Erreichbarkeit des Ratschingstals von Norden auf der Brenner-Autobahn wird sie allerdings von dieser Seite ungleich häufiger bestiegen.
Aufstiegszeit 3:30 Std.
Höhenunterschied 1100 m
Schwierigkeit skitechnisch mittel
Lawinengefahr mitunter lawinengefährdet
Hangrichtung Nordwesten
Beste Jahreszeit Januar – April

Anfahrt *Auto:* Von Bozen nach Meran und nach St. Leonhard im Passeiertal. Von Norden über den Brenner, kürzere Anreise über den Jaufenpaß (Befahrbarkeit im Verkehrsbüro St. Leonhard erfragen).
Ausgangspunkt Brücke über den Schneebergbach (1650 m). Von St. Leonhard Richtung Timmelsjoch. Unmittelbar bei der Brücke keine Parkmöglichkeit, etwa 80 m weiter am rechten Straßenrand parken.
Aufstieg Auf einem Fahrweg Richtung Schneeberghütte (Hinweistafel), bald aber nach rechts abbiegen und in einem weiten Bogen zur Unteren Schennaralm (1854 m). Das Tal wird enger. Man bleibt auf der orographisch rechten Flanke und erreicht in ziemlich steilem Anstieg ein weites Becken. Durch viele Mulden und Kuppen ist das Gelände etwas unübersichtlich. Orientierungshilfe ist ein auffallender Felszahn im Hang. Unterhalb dieses Felszahns nach links in eine Einsattelung, über sie in eine Mulde, aus der man einen weiteren Rücken erreicht und nun das Ziel vor sich sieht. Über den Gipfelhang zum großen Gipfelkreuz.
Abfahrt Wie Aufstieg.

Touristische Infos Tourismusbüro I-39015 St. Leonhard in Passeier, Tel. (0473) 656268, Fax (0473) 656624
Literatur, Gebietsführer Rudolf Weiss (1990): Alpenvereins-Skiführer Stubaier Alpen, Bergverlag Rother; Rudolf und Siegrun Weiss u. a. (1998): Genuß-Schitourenatlas Südtirol & Österreich-Süd, Schall Verlag
Karten Carta d'Italia 4/IV/S.E. (Corvara in Passiria = Rabenstein)

Tour 9: Abfahrt von der Hohen Kreuzspitze. Von links Lodner und Hohe Weiße (Texelgruppe), dann Hohe Wilde (Ötztaler Alpen)

10 Tuckettspitze (3466 m)

Von der Stilfserjochstraße über Madatschferner und Tuckettjoch — *Ortleralpen*

Gesamtcharakter Der Aufstieg zur Tuckettspitze kann lang oder kurz sein. Es hängt davon ab, wie weit die Straße zum Stilfser Joch befahren werden kann. In der längsten Variante (von Trafoi) sind es 1950 Höhenmeter, in der kürzesten (vom Stilfser Joch) etwa 850. Diese bequeme Variante ist als »Skitour zum Saisonausklang« sogar noch im Juli möglich. Empfehlenswert ist eine mittlere Variante im Mai mit Auffahrt bis zur Kehre nach dem Gasthaus »Weißer Knott« (1957 m). Diese Variante wird hier beschrieben.
Aufstiegszeit 4:30 Std.
Höhenunterschied 1550 m
Schwierigkeit skitechnisch mittel
Lawinengefahr mitunter lawinengefährdet
Sonstige Gefahren erhebliche Spaltengefahr
Hangrichtung Norden, Nordosten
Beste Jahreszeit Mai

Anfahrt *Auto:* Von Bozen durch das Etschtal oder von Landeck über den Reschenpaß nach Spondinig und weiter nach Trafoi. *Bus:* Bus nur bis Gomagoi (4 km vor Trafoi).
Ausgangspunkt Kehre nach dem Gasthaus »Weißer Knott« (1957 m). Auffahrt bis hierher zumeist im Mai bereits möglich.
Aufstieg Von der Kehre zum Madatschferner und Richtung Norden über den Gletscher in eine weite Gletschermulde. Über eine Steilstufe (rechts Spalten!) in mäßig steiles Gelände und Richtung Süden zum Tuckettjoch (3380 m). Über den Nordostrücken steil, aber unschwierig zum Gipfel.
Abfahrt Über die Nordostflanke zur Anstiegsspur und weiter wie Aufstieg. Extremabfahrt für ausgezeichnete Skifahrer: Nordwestwand, Erstbefahrung Heini Holzer (1971).

Touristische Infos Tourismusbüro I-39020 Trafoi, Tel. (0473) 61 16 77, Fax (0473) 61 31 82
Literatur, Gebietsführer Rudolf Weiss (1991): Alpenvereins-Skiführer Ortleralpen. Bergverlag Rother; Rudolf und Siegrun Weiss u. a. (1998): Genuß-Schitourenatlas Südtirol & Österreich-Süd, Schall Verlag
Karten Tabacco 08 (Ortlergebiet)

11 Monte Cevedale (3769 m)

Von Sulden über Schaubachhütte und Eisseepaß — *Ortleralpen*

Gesamtcharakter Sulden, noch im vergangenen Jahrhundert als unwirtliches »Sibirien Tirols« bezeichnet, ist heute eine Skistation, mit der auch Tourengeher etwas anzufangen wissen. Wer auf bequeme Art Dreitausender sammeln möchte, ist mit Sulden gut bedient. Der Monte Cevedale gilt als höchster Skigipfel der Ostalpen, kann allerdings nur bei günstigen Verhältnissen mit Ski erreicht werden. Die Seilbahn von Sulden zur Schaubachhütte ermöglicht es, diesen hohen Gipfel als Tagestour zu besteigen. Günstiger ist es jedoch, in der Schaubachhütte zu nächtigen, um früh genug starten zu können.
Aufstiegszeit 4 Std.
Höhenunterschied 1200 m
Schwierigkeit skitechnisch anspruchsvoll, bei Blankeis unterhalb der Scharte Steileis 35°
Lawinengefahr mitunter lawinengefährdet
Sonstige Gefahren geringe Spaltengefahr
Hangrichtung Nordosten, Norden
Beste Jahreszeit März – Mai

Anfahrt *Auto:* Von Bozen durch das Etschtal oder von Landeck über den Reschenpaß nach Spondinig. Weiter über Gomagoi nach Sulden. *Bus:* Mit öffentlichen Verkehrsmitteln nur nach Gomagoi, dann Taxi.
Ausgangspunkt Schaubachhütte (2581 m). Mit der Gondelbahn von Sulden erreichbar.
Aufstieg Richtung Süden zum östlichsten Lappen des Suldenferners und auf die Suldenspitze zu, dann nach links zum Eisseepaß (3139 m) queren. Auf dem Langenferner gemütlich zur Casatihütte (3254 m, muß nicht berührt werden).
Richtung Osten zur Einsattelung zwischen Zufallspitzen und Cevedale. Kurze Steilstufe, bei Blankeis schwierig, dann Skidepot unterhalb der Scharte, mit Eisausrüstung zum Gipfel. Von der Scharte über die Gratverbindung auch auf die Hintere Zufallspitze (3757 m) und die Vordere Zufallspitze (3700 m).
Abfahrt Wie Aufstieg, ab Schaubachhütte Piste. Lohnend: Kurzer Aufstieg von der Casatihütte zur Suldenspitze (3376 m) und von hier unmittelbar zur Schaubachhütte.

Touristische Infos Tourismusbüro I-39029 Sulden, Tel. (0473) 61 30 15, Fax (0473) 61 31 82
Literatur, Gebietsführer Rudolf Weiss (1991): Alpenvereins-Skiführer Ortleralpen, Bergverlag Rother; Rudolf und Siegrun Weiss u. a. (1998): Genuß-Schitourenatlas Südtirol & Österreich-Süd, Schall Verlag
Karten Tabacco 08 (Ortlergebiet)
Einkehr Rifugio Gianni Casati (3269 m) CAI, ab Mitte März bew.
Übernachtung Schaubachhütte (2581 m) CAI, 67 Schlafplätze, bew. Dezember – April und ab Mitte Juni, I-39029 Sulden, Tel. (0473) 62 30 02 (Hütte)

Tour 12: Zufallspitzen und Cevedale vom Anstieg zur Pederspitze

12 Zufallspitzen (3700 m, 3757 m)

Von der Zufallhütte über den Zufallferner oder den Fürkeleferner — *Ortleralpen*

Gesamtcharakter Die Doppelpyramide der Zufallspitzen ist von der Zufallhütte aus gut sichtbar, ein beliebtes Fotomotiv. Zwei Anstiege sind möglich, leichter und länger über den Zufallferner, kürzer und steiler über den Fürkeleferner. Gute Skibergsteiger sollten die beiden Anstiege zu einer Überschreitung verbinden. Eine Nächtigung in der Marteller Hütte teilt den langen Anstieg gleichmäßiger auf. Hier wird der Anstieg über den Fürkeleferner beschrieben.
Aufstiegszeit 0:45 + 4:30 Std.
Höhenunterschied 270 + 1500 m
Schwierigkeit skitechnisch anspruchsvoll (Fürkeleferner)
Sonstige Gefahren geringe Spaltengefahr
Lawinengefahr mitunter lawinengefährdet
Hangrichtung Osten
Beste Jahreszeit März – Mai

Anfahrt *Auto:* Von Bozen durch das Etschtal oder von Landeck über den Reschenpaß nach Goldrain. Weiter durch das Martelltal bis zum Ende der Fahrstraße. *Bus:* Anreise auch mit öffentlichen Verkehrsmitteln möglich.
Ausgangspunkt Großer Parkplatz am Ende der Fahrstraße (etwa 2000 m).
Aufstieg Vom Parkplatz ist die Hütte bereits sichtbar. Man erreicht sie in gut ausgetretener Spur. Talein, dann Richtung Süden ziemlich steil durch eine Mulde (Querung nach links führt zur Marteller Hütte). Rechts halten und Richtung Südwesten zum Fürkeleferner. Über den Gletscher ansteigen, Richtung Westen einschwenken und zu einem weiten Gletscherboden. Allmählich nimmt die Steilheit zu. Steil über den Gipfelhang in die Einsattelung zwischen den beiden Zufallspitzen. Skidepot. Unschwierig, aber etwas ausgesetzt nach links auf die etwas höhere Hintere, nach rechts auf die Vordere Zufallspitze.
Abfahrt Wie Aufstieg.

Touristische Infos Tourismusbüro I-39020 Martell, Tel. (0473) 74 45 98, Fax (0473) 74 46 98
Literatur, Gebietsführer Rudolf Weiss (1991): Alpenvereins-Skiführer Ortleralpen, Bergverlag Rother; Rudolf und Siegrun Weiss u. a. (1998): Genuß-Schitourenatlas Südtirol & Österreich-Süd, Schall Verlag
Karten Tabacco 08 (Ortlergebiet)
Übernachtung Zufallhütte (2265 m) CAI, bew. März – Mai, I-39020 Morter, Tel. (0473) 73 04 85. Oder: Marteller Hütte (2610 m) AVS, bew. 15. März – 15. Mai, I-39020 Martell, Tel. (0473) 62 11 10

13 Butzenspitze (3302 m)

Von der Zufallhütte über den Butzenferner — *Ortleralpen*

Gesamtcharakter Auf der Zufallhütte könnte man zwei Wochen verbringen und fände dennoch für jeden Tag einen anderen Gipfel. Im Bereich der sonnseitigen Skitouren ist die Butzenspitze wegen des kurzen Zustiegs und der rassigen Abfahrt besonders empfehlenswert. Skitechnisch anspruchsvoll ist allerdings nur der Gipfelhang.
Aufstiegszeit 0:45 + 3:30 Std.
Höhenunterschied 270 + 1050 m
Schwierigkeit skitechnisch anspruchsvoll
Lawinengefahr mitunter lawinengefährdet
Hangrichtung Südosten
Beste Jahreszeit März – Mai

Anfahrt *Auto:* Von Bozen durch das Etschtal oder von Landeck über den Reschenpaß nach Goldrain. Weiter durch das Martelltal bis zum Ende der Fahrstraße. *Bus:* Anreise auch mit öffentlichen Verkehrsmitteln möglich.
Ausgangspunkt Großer Parkplatz am Ende der Fahrstraße (etwa 2000 m).
Aufstieg Vom Parkplatz ist die Hütte bereits sichtbar. Man erreicht sie in gut ausgetretener Spur. Talein bis zum Eingang in das Butzental. Nach rechts über eine Steilstufe, dann etwas links halten und Richtung Nordwesten zum Butzenferner aufsteigen. Bei günstigen Verhältnissen mit Ski, im letzten Teil sehr steil, zum Gipfel.
Abfahrt Wie Aufstieg. Schwieriger und häufiger lawinengefährdet: Über die Südflanke in den Talboden.

Touristische Infos Tourismusbüro I-39020 Martell, Tel. (0473) 744598, Fax (0473) 744698
Literatur, Gebietsführer Rudolf Weiss (1991): Alpenvereins-Skiführer Ortleralpen, Bergverlag Rother; Rudolf und Siegrun Weiss u. a. (1998): Genuß-Schitourenatlas Südtirol & Österreich-Süd, Schall Verlag
Karten Tabacco 08 (Ortlergebiet)
Übernachtung Zufallhütte (2265 m) CAI, bew. März – Mai, I-39020 Morter, Tel. (0473) 730485

14 Hasenöhrl (3257 m)

Aus dem Ultental über den Arzkarstausee — *Ortleralpen*

Gesamtcharakter Der Berg mit dem seltsamen Namen hat zwar nichts mit einem »Hasenohr« zu tun, bietet aber zwei großartige Abfahrten, die zu den schönsten im tourenreichen Ultental gehören.
Aufstiegszeit 5 Std.
Höhenunterschied 1550 m
Schwierigkeit skitechnisch anspruchsvoll
Lawinengefahr mitunter lawinengefährdet
Hangrichtung Nordosten, Osten
Beste Jahreszeit März – April

Anfahrt *Auto:* Von Bozen nach Lana und durch das Ultental nach St. Walburg; *Bus:* hierher auch mit dem Bus.
Ausgangspunkt Von St. Walburg talein, vor dem Ortsteil Kuppelwies nach rechts, am Skigebiet »Schwemmalm« vorbei zur Steinrastalm (1723 m), 12 km von St. Walburg.
Aufstieg Auf einem Fahrweg zur Talstation einer Werkseilbahn und weiter Richtung Arzkarstausee. Weiter Richtung Westen durch eine Mulde, dann steil zum Kuppelwieser Ferner. Auch über den (harmlosen) Gletscher steil zum Ostrücken und über diesen zum hohen Gipfelkreuz.
Abfahrt Wie Aufstieg. Variante, wenn sonnseitig Firn zu erwarten ist: Vom Gipfel Richtung Westen, dann rein südseitig ins Flatschbergtal und bis zum Gehöft »Jochmeier«. Auf der Fahrstraße nach St. Gertraud (30 Min.). Bushaltestelle.

Touristische Infos Tourismusbüro I-39016 Ulten, Tel. (0473) 795387, Fax (0473) 795049. Das Tourismusbüro betreut alle Ortsteile zwischen St. Pankraz (736 m) und St. Gertraud (1519 m).
Literatur, Gebietsführer Rudolf Weiss (1991): Alpenvereins-Skiführer Ortleralpen, Bergverlag Rother; Rudolf und Siegrun Weiss u. a. (1998): Genuß-Schitourenatlas Südtirol & Österreich-Süd, Schall Verlag
Karten Carta d'Italia 9/I/S.E. (San Nicolo = St. Nikolaus)

15 Zufrittspitze (3439 m)

Vom Weißbrunner Stausee über die Südostflanke — *Ortleralpen*

Gesamtcharakter Die Zufrittspitze ist eine Skitour für erprobte Skibergsteiger, die nicht nur über eine gute Skitechnik, sondern auch über entsprechende Klettererfahrungen verfügen. Sie kann nicht nur – wie hier beschrieben – sonnseitig aus dem Ultental, sondern auch schattseitig aus dem Martelltal bestiegen werden, allerdings um keine Spur leichter!
Aufstiegszeit 5 Std.
Höhenunterschied 1550 m
Schwierigkeit skitechnisch anspruchsvoll, Gipfelaufstieg: Fels I
Lawinengefahr häufig lawinengefährdet
Hangrichtung Südosten
Beste Jahreszeit März – Mai

Anfahrt *Auto:* Von Bozen nach Lana und durch das Ultental nach St. Gertraud. *Bus:* Bis hierher auch mit dem Bus möglich.
Ausgangspunkt Weißbrunner See (1900 m). Wegen der Kraftwerksanlagen ist die schmale Bergstraße ganzjährig befahrbar, 6 km von St. Gertraud.
Aufstieg Vom Parkplatz wie Wanderweg Nr. 140 zum Grünsee. Die Höchster Hütte (2561 m) ist nur im Sommer bewirtschaftet, kleiner Winterraum, Schlüssel beim Staudammwärter. Am Ende des Sees nach rechts abzweigen und in zunehmender Steilheit, ab 2900 m sehr steil, aufsteigen. Zwischen Felsen in eine Einsattelung (3320 m) östlich des Gipfels. Auf die Marteller Seite wechseln und über die Nordflanke zum Ostgrat. Skidepot (etwa 3360 m). Kurze Kletterei zum Gipfel.
Abfahrt Wie Aufstieg.

Touristische Infos Tourismusbüro I-39016 Ulten, Tel. (0473) 795387, Fax (0473) 795049. Das Tourismusbüro betreut alle Ortsteile zwischen St. Pankraz (736 m) und St. Gertraud (1519 m).
Literatur, Gebietsführer Rudolf Weiss (1991): Alpenvereins-Skiführer Ortleralpen, Bergverlag Rother; Rudolf und Siegrun Weiss u. a. (1998): Genuß-Schitourenatlas Südtirol & Österreich-Süd, Schall Verlag
Karten Carta d'Italia 9/II/N.O. (Cima Sternai = Eggenspitze)

Tour 13: Im Aufstieg zur Butzenspitze

16 Pizzo Tresero (3594 m)

Von der Fornihütte über Giacomo- und Fornogletscher — *Ortleralpen*

Gesamtcharakter Der Pizzo Tresero ist ein großartiger Skigipfel, insbesondere wenn man das Rifugio Ghiacciaio dei Forni als Ausgangspunkt wählt. Vom Rifugio Branca etwas kürzer, aber weniger rassige Abfahrt. Keine klettertechnischen Schwierigkeiten, mit Ski zum Gipfel, jedoch gutes skiläuferisches Können, Gletscherausrüstung und alpine Erfahrung erforderlich.

Aufstiegszeit 4:30 Std.
Höhenunterschied 1450 m
Schwierigkeit skitechnisch anspruchsvoll
Lawinengefahr mitunter lawinengefährdet
Sonstige Gefahren geringe Spaltengefahr
Hangrichtung Nordosten, Norden
Beste Jahreszeit März – Juni

Anfahrt *Auto:* Von Norden am besten durch das Unterengadin und über Zernez, oder über Reschen- und Ofenpaß zum »Punt la Drossa« und durch den Tunnel »Munt la Schera« nach Livigno. Von hier nach Bormio und weiter nach Santa Caterina Valfurva. Bis hierher auch (sehr umständlich!) mit öffentlichen Verkehrsmitteln.
Ausgangspunkt Großer Parkplatz unterhalb des Rifugio Ghiacciaio dei Forni (2176 m). Fahrweg von Santa Caterina, 5 km.
Aufstieg Vom Parkplatz im Talboden zu einer Staumauer und auf die andere Talseite. In der Grundrichtung Südosten zum Giacomotal (Val di San Giacomo). Oberhalb der Talschlucht durch eine Mulde und um die sperrenden Felsen des Monte San Giacomo (2763 m) herum. Richtung Südwesten steil zum östlichen Lappen der Vedretta di San Giacomo. Erstaunlich leicht kann man zum mächtigen Fornigletscher einzweigen. In einer weiten Schleife um einen Gletscherbruch und zur Einsattelung zwischen Pizzo Tresero und Punta Pedranzini – zuletzt sehr steil, eventuell zu Fuß. Über den breiten Rücken zum eigenartigen Gipfelzeichen.
Abfahrt Wie Aufstieg.

Touristische Infos Verkehrsamt I-23030 Valfurva, Tel. (03 42) 94 57 02
Literatur, Gebietsführer Alpenvereins-Skiführer Ortleralpen, Bergverlag Rother
Karten Tabacco 08 (Ortlergebiet)
Übernachtung Rifugio Albergo Ghiacciaio dei Forni (2176 m), privat, 70 Schlafplätze, bew. März – Juni, I-23930 Valfurva, Tel. (03 42) 93 55 25. Fahrweg von Santa Catarina, 5 km. Großer Parkplatz unterhalb des Hauses

17 Palon de la Mare (3703 m)

Schönster Skigipfel im Tourengebiet der Brancahütte — *Ortleralpen*

Gesamtcharakter Zufallhütte in den nördlichen und Brancahütte in den südlichen Ortleralpen sind die bedeutendsten Stützpunkte in dieser Gruppe. Das Tourengebiet der Brancahütte ist jedoch deutlich anspruchsvoller, die Anstiege auf Gipfel rund um den Fornokessel haben westalpinen Charakter, auch was die Überquerung großer Gletscherflächen und die Spaltengefahr betrifft. Der Palon de la Mare bildet hier eine Ausnahme, ein herrlicher Skigipfel mittlerer Schwierigkeit mit geringer Spaltengefährdung.

Aufstiegszeit 1:15 + 4 Std.
Höhenunterschied 350 + 1250 m
Schwierigkeit skitechnisch mittel
Lawinengefahr mitunter lawinengefährdet
Sonstige Gefahren geringe Spaltengefahr
Hangrichtung Westen, Südwesten
Beste Jahreszeit März – Mai

Anfahrt *Auto:* Von Norden am besten durch das Unterengadin und über Zernez, oder über Reschen- und Ofenpaß zum »Punt la Drossa« und durch den Tunnel »Munt la Schera« nach Livigno. Von hier nach Bormio und weiter nach Santa Caterina Valfurva. Bis hierher auch (sehr umständlich!) mit öffentlichen Verkehrsmitteln.
Ausgangspunkt Großer Parkplatz unterhalb des Rifugio Ghiacciaio dei Forni (2176 m). Fahrweg von Santa Caterina, 5 km.
Aufstieg Vom Parkplatz über einen Fahrweg (Fahrverbot) oder im Talboden zum Rifugio Cesare Branca (2493 m). Auf der Moräne bis etwa 2750 m aufsteigen, dann steil durch eine breite Rinne zu einem Gletscherarm (knapp über 3000 m). Wenn sich der Gletscher aufsteilt, eine Spaltenzone links umgehen. Man erreicht einen oberen Gletscherboden, schwenkt Richtung Osten ein, steigt zu einem breiten Rücken auf und erreicht über diesen den höchsten Punkt.
Abfahrt Wie Aufstieg.

Touristische Infos Verkehrsamt I-23030 Valfurva, Tel. (03 42) 94 57 02
Literatur, Gebietsführer Alpenvereins-Skiführer Ortleralpen, Bergverlag Rother
Karten Tabacco 08 (Ortlergebiet)
Übernachtung Rifugio Cesare Branca (2493 m) CAI, 50 Betten, bew. April und Mai, Winterraum (8 Lager) stets offen, I-23030 Valfurva, Tel. (032 42) 93 55 01

Tour 17: Einer der schönsten Skigipfel im Bereich der Brancahütte ist der Palon de la Mare. Am rechten Bildrand Piz Vioz

18 Punta San Matteo (3675 m)

Großartiger Gletscheranstieg von der Brancahütte mit westalpinem Charakter — *Ortleralpen*

Gesamtcharakter Die Punta San Matteo ist der beherrschende Gipfel in der südlichen Umrahmung des Fornokessels. Ein großartiger Skigipfel, der allerdings eine gute Kondition, Gletscherausrüstung und erhebliche alpine Erfahrung erfordert.
Aufstiegszeit 1:15 + 4:30 Std.

Höhenunterschied 350 + 1200 m
Schwierigkeit mittel
Lawinengefahr mitunter lawinengefährdet
Sonstige Gefahren erhebliche Spaltengefahr
Hangrichtung Norden
Beste Jahreszeit März – Juni

Anfahrt *Auto:* Von Norden am besten durch das Unterengadin und über Zernez, oder über Reschen- und Ofenpaß zum »Punt la Drossa« und durch den Tunnel »Munt la Schera« nach Livigno. Von hier nach Bormio und weiter nach Santa Caterina Valfurva. Bis hierher auch (sehr umständlich!) mit öffentlichen Verkehrsmitteln.
Ausgangspunkt Großer Parkplatz unterhalb des Rifugio Ghiacciaio dei Forni (2176 m). Fahrweg von Santa Caterina, 5 km.
Aufstieg Vom Parkplatz über einen Fahrweg (Fahrverbot) oder im Talboden zum Rifugio Cesare Branca (2493 m). Auf der Moräne aufsteigen, dann leicht abwärts zum Gletscher queren, den man bereits oberhalb des ersten Gletscherbruchs erreicht. Richtung Süden zu einem zweiten Bruch, der nach rechts ausholend überwunden wird. Nun Richtung Südwesten zur oberen Begrenzung des Rückens, der den Gletscher in eine östliche und eine westliche Hälfte teilt. In der breiten Fortsetzung dieses Rückens (bei günstigen Verhältnissen) mit Ski zum Gipfel.
Abfahrt Wie Aufstieg. Oder extrem: Über die kurze Nordflanke (etwa 45°) zum Gletscherboden, dann wie Aufstieg.

Touristische Infos Verkehrsamt I-23030 Valfurva, Tel. (03 42) 94 57 02
Literatur, Gebietsführer Alpenvereins-Skiführer Ortleralpen, Bergverlag Rother
Karten Tabacco 08 (Ortlergebiet)
Übernachtung Rifugio Cesare Branca (2493 m) CAI, 50 Betten, bew. April und Mai, Winterraum (8 Lager) stets offen, I-23030 Valfurva, Tel. (032 42) 93 55 01

19 Königsspitze, ital. Gran Zebru (3851 m)

Von der Pizzinihütte über die steile Südostflanke *Ortleralpen*

Gesamtcharakter Die Königsspitze, eine prachtvolle Berggestalt, ist der zweithöchste Gipfel der Ortleralpen. Von der Südtiroler Seite sieht man die eindrucksvolle Nordwand, von der italienischen Seite den Normalanstieg über die Südostflanke. Diese Flanke wird trotz ihrer Steilheit (knapp 45°) häufig mit Ski befahren. Immer noch skitechnisch anspruchsvoll, wenn man bei der »Oberen Schulter« das Skidepot errichtet.

Aufstiegszeit 2 + 4 Std.
Höhenunterschied 640 + 1150 m
Schwierigkeit skitechnisch anspruchsvoll, bei Abfahrt vom Gipfel skitechnisch extrem, Gipfelaufstieg: 45°
Lawinengefahr häufig lawinengefährdet
Sonstige Gefahren geringe Spaltengefahr, Abrutschgefahr
Hangrichtung Südosten, Süden
Beste Jahreszeit April – Juni

Anfahrt *Auto:* Von Norden am besten durch das Unterengadin und über Zernez, oder über Reschen- und Ofenpaß zum »Punt la Drossa« und durch den Tunnel »Munt la Schera« nach Livigno. Von hier nach Bormio und weiter nach Santa Caterina Valfurva. Bis hierher auch (sehr umständlich!) mit öffentlichen Verkehrsmitteln.
Ausgangspunkt Großer Parkplatz unterhalb des Rifugio Ghiacciaio dei Forni (2176 m). Fahrweg von Santa Caterina, 5 km.
Aufstieg Vom Parkplatz auf dem (nicht geräumten) Fahrweg zum Rifugio Pizzini-Frattola (2706 m) CAI. Wie auf dem Fahrweg kurz talein, dann zur Vedretta del Gran Zebru aufsteigen. Durch eine steile Südrinne zur Oberen Schulter. Skidepot. Über die Südostflanke (bis zu 45°) zum Gipfel. Vorsicht: Ein Abrutschen könnte in einem tödlichen Absturz enden!
Abfahrt Wie Aufstieg. Bei günstigen Verhältnissen für ausgezeichnete Skifahrer vom Gipfel möglich – skitechnisch extrem und gefährlich!

Touristische Infos Verkehrsamt I-23030 Valfurva, Tel. (03 42) 94 57 02
Literatur, Gebietsführer Alpenvereins-Skiführer Ortleralpen, Bergverlag Rother
Karten Tabacco 08 (Ortlergebiet)
Übernachtung Rifugio Pizzini-Frattola (2706 m) CAI, 60 Schlafplätze, bew. März – Mai, Winterraum stets offen (17 Lager), I-23030 Valfurva, Tel. (03 42) 93 55 13

Tour 20: Monte Pasquale in der Bildmitte. Links Zufallspitzen und Cevedale, rechts Palon de la Mare

20 Monte Pasquale (3553 m)

Von der Pizzinihütte über die Vedretta di Cedec *Ortleralpen*

Gesamtcharakter Der Monte Pasquale ist eine eigenartige Berggestalt mit einer eindrucksvollen Nordwestflanke. Ein schönes, nicht übermäßig schwieriges Tourenziel von der Pizzinihütte, ungleich weniger überlaufen als der benachbarte Monte Cevedale, der über die Gratverbindung gleichfalls bestiegen werden könnte.
Aufstiegszeit 2 + 3 Std.

Höhenunterschied 640 + 870 m
Schwierigkeit skitechnisch mittel
Lawinengefahr mitunter lawinengefährdet
Sonstige Gefahren geringe Spaltengefahr
Hangrichtung Nordwesten, Westen
Beste Jahreszeit März – Juni

Anfahrt *Auto:* Von Norden am besten durch das Unterengadin und über Zernez, oder über Reschen- und Ofenpaß zum Punt la Drossa und durch den Tunnel »Munt la Schera« nach Livigno. Von hier nach Bormio und weiter nach Santa Caterina Valfurva. Bis hierher auch (sehr umständlich!) mit öffentlichen Verkehrsmitteln.
Ausgangspunkt Großer Parkplatz unterhalb des Rifugio Ghiacciaio dei Forni (2176 m). Fahrweg von Santa Caterina, 5 km.
Aufstieg Vom Parkplatz auf dem (nicht geräumten) Fahrweg zum Rifugio Pizzini-Frattola (2706 m) CAI. Auf dem Fahrweg talein, jedoch noch vor der Materialseilbahn zur Casatihütte nach rechts zur Vedretta di Cedec queren. Über den flachen Gletscher bis etwa 3250 m, dann nach rechts in Richtung Süden zum Col Pasquale, der tiefsten Einsattelung zwischen Monte Pasquale und Monte Cevedale. Über den Rücken unschwierig auf den Gipfel.
Abfahrt Wie Aufstieg.

Touristische Infos Verkehrsamt I-23030 Valfurva, Tel. (03 42) 94 57 02
Literatur, Gebietsführer Alpenvereins-Skiführer Ortleralpen, Bergverlag Rother
Karten Tabacco 08 (Ortlergebiet)
Übernachtung Rifugio Pizzini-Frattola (2706 m) CAI, 60 Schlafplätze, bew. März – Mai, Winterraum stets offen (17 Lager), I-23030 Valfurva, Tel. (03 42) 93 55 13

21 Cima le Pozze (2814 m)

Aus dem Sulztal (Val di Sole) von Ortisé über die Malga Pozze *Ortleralpen*

Gesamtcharakter Die zahlreichen Skiziele im Sulztal (Val di Sole) sind bei deutschsprachigen Tourengehern kaum bekannt. Natürlich apern die schönen Südflanken und Südmulden in den unteren Teilen frühzeitig aus, doch wenn man zur richtigen Zeit unterwegs ist, wird man Firnabfahrten der Sonderklasse erleben. Allein von unserem Ausgangspunkt – Ortisé – auf nicht weniger als sechs lohnenden Skizielen.
Aufstiegszeit 4:30 Std.
Höhenunterschied 1450 m
Schwierigkeit skitechnisch mittel, Gipfelaufstieg: Fels I
Lawinengefahr mitunter lawinengefährdet
Hangrichtung Süden
Beste Jahreszeit Januar – März

Anfahrt *Auto:* Von Innsbruck über den Brenner und weiter auf der Autobahn zur Abfahrt »San Michele/Mezzocorona« und in das Sulztal (Val di Sole).
Ausgangspunkt Bergdorf Ortisé (1477 m). Abzweigung aus dem Sulztal (Val di Sole) zwischen Pellizzano und Mezzana.
Aufstieg Auf einer Forststraße durch den Wald, dann bereits durch schönes Skigelände zur Malga Pozze (2237 m). Durch ein weites Südkar bis unterhalb eines Vorgipfels (Monte le Pozze, 2773 m). Skidepot. Ohne besondere Schwierigkeiten (unter I) über den Vorgipfel und die Gratverbindung auf die Cima le Pozze.
Abfahrt Wie Aufstieg.

Touristische Infos Verkehrsbüro I-38050 Mezzana oder I-39020 Pellizzano
Literatur, Gebietsführer Alpenvereins-Skiführer Ortleralpen, Bergverlag Rother
Karten Touringclub Italiano T 62 (Gruppo Ortles-Cevedale)

22 Cima Venezia (3386 m)

Vom Süden auf einen beliebten Skigipfel in den Ortleralpen *Ortleralpen*

Gesamtcharakter Von deutschsprachigen Skibergsteigern werden die drei Veneziaspitzen von der Zufallhütte (Martelltal, Südtirol) aus bestiegen. Der hier beschriebene Anstieg aus dem Peiotal (Val di Peio) ist bei uns kaum bekannt. Der Stützpunkt, das Rifugio Guido Larcher (auch »Rifugio Cevedale«), erleichtert eine ganze Reihe weiterer südseitiger Aufstiege wie etwa auf den Monte Cevedale, die Köllkuppe, die Hintere Rotspitze, die Cima Mezzena, die Cima Careser u.a.
Aufstiegszeit 2 + 3 Std.
Höhenunterschied 650 + 800 m
Schwierigkeit skitechnisch mittel
Lawinengefahr mitunter lawinengefährdet
Hangrichtung Südosten, Südwesten
Beste Jahreszeit März – Mai

Anfahrt *Auto:* Von Innsbruck über den Brenner und weiter auf der Autobahn zur Abfahrt »San Michele/Mezzocorona«. Durch das Sulztal (Val di Sole) nach Pellizzano. Wenig später nach rechts in das Peiotal (Valle di Peio) und nach Cogolo.
Ausgangspunkt Parkplatz unterhalb der Malga Mare (Anlagen der staatlichen Elektrizitätsgesellschaft ENEL, etwa 1970 m). Straße nach stärkeren Schneefällen mitunter nicht befahrbar, zu Fuß 3 Std. von Cogolo.
Aufstieg Wie Sommerweg zur Malga Mare (2031 m) und durch lichten Wald in den flachen Talboden, zuletzt nach rechts zur Hütte aufsteigen. Richtung Osten querend zum flachen Boden des Lagolungotales (Val Lagolungo) aufsteigen. Über eine Einsattelung (3149 m) nordwestlich der Cima Lagolungo auf den Moosferner (ital. »Vedretta del Careser«). Über den flachen und nahezu spaltenlosen Gletscher, dann links durch eine Mulde zu einer Einsattelung zwischen Hauptgipfel und Zweiter Veneziaspitze (Seconda Cima). Ziemlich steil über den Rücken zum höchsten Punkt.
Abfahrt Wie Aufstieg. Hinweis für Gipfelsammler: Cima Venezia Seconda (3349 m) und Cima Lagolungo (3165 m) lassen sich mühelos »mitnehmen«.

Touristische Infos Tourismusbüro I-38024 Cogolo, Tel. (0463) 754345
Literatur, Gebietsführer Alpenvereins-Skiführer Ortleralpen, Bergverlag Rother
Karten Tabacco 08 (Ortlergebiet)
Übernachtung Rifugio Guido Larcher (2608 m) CAI-SAT, 80 Schlafplätze, bew. im März und April an den Wochenenden (vorher anfragen). Winterraum stets offen (12 Lager), I-38020 Peio, Tel. (0463) 753144 (Tal) bzw. (0463) 751770 (Hütte)

23 Monte Vioz (3645 m)

Beherrschender Gipfel über dem Peiotal (Val di Peio) *Ortleralpen*

Gesamtcharakter Der Monte Vioz ist ein extremer und häufig lawinengefährdeter Skigipfel. Selbst bei Benützung der Liftanlagen (wegen des für den langen Aufstieg späten Betriebsbeginns nicht unbedingt zu empfehlen) lange und anstrengende Skitour. Wegen der sonnseitigen Lage ist eine Nächtigung im Winterraum des Rifugio Vioz zu empfehlen (rechtzeitige Abfahrt). Ein Ziel für ausgezeichnete Skibergsteiger!
Aufstiegszeit 5:30 + 0:30 Std.
Höhenunterschied 2100 + 110 m
Schwierigkeit skitechnisch extrem
Lawinengefahr häufig lawinengefährdet
Sonstige Gefahren erhebliche Spaltengefahr
Hangrichtung Süden
Beste Jahreszeit März – Mai

Anfahrt *Auto:* Von Innsbruck über den Brenner und weiter auf der Autobahn zur Abfahrt »San Michele/Mezzocorona«. Durch das Sulztal (Val di Sole) nach Pellizzano. Wenig später nach rechts in das Peiotal (Valle di Peio).
Ausgangspunkt Bei Benützung der Aufstiegshilfen Talstation des Gondellifts (1397 m) unterhalb von Peio. Oder: Peio (1579 m).
Aufstieg Auf der Piste zur Bergstation des Gondellifts. Weiter auf der Piste durch das Mitetal (Val di Mite) bis in eine Höhe von 2600 m. Nun steil Richtung Nordwesten, dann etwas sanfter Richtung Norden aufsteigen. Weiter in dieser Richtung zum Rifugio Mantova del Vioz (3535 m) unterhalb des Gipfels, den man über den Südostrücken bei günstigen Bedingungen unschwierig erreicht.
Abfahrt Wie Aufstieg. Schöner und das Liftgebiet vermeidend, aber erhebliche Spaltengefahr: Richtung Osten in das Mare-Tal (Val de la Mare). In einer Höhe von etwa 2000 m rechts halten. Man erreicht bei den Masi Vallenaie (1770 m) ein Alpsträßchen, das man bis nach Peio verfolgt.

Touristische Infos Tourismusbüro I-38024 Cogolo, Tel. (0463) 754345
Literatur, Gebietsführer Alpenvereins-Skiführer Ortleralpen, Bergverlag Rother
Karten Tabacco 08 (Ortlergebiet)
Übernachtung Rifugio Mantova del Vioz (3535 m) CAI-SAT, 52 Schlafplätze, bew. ab Mitte Juli, Winterraum stets offen

Tour 22: Aufstieg vom Moosferner über die Südflanke zur Cima Venezia

Sarntaler Alpen, Eisack- und Pustertal

Rudolf und Siegrun Weiss

Diese Gebiete Südtirols sind aus Bayern oder Österreich besonders rasch erreichbar und daher an Wochenenden mit schönem Tourenwetter gut besucht. Neben ausgesprochenen »Modetouren« gibt es aber genügend attraktive Anstiege und Abfahrten, auf denen man einsam unterwegs ist.

Die *Sarntaler Alpen* sind dafür ein gutes Beispiel. Mit Ausnahme ganz weniger schroffer Gipfel (z.B. Penser Weißhorn) sind es gemütliche, für den Tourenskilauf geeignete Kuppen. Dennoch geht es ruhig zu auf den Bergen rund um Pens und in Durnholz, den beiden Zentren des Tourenskilaufs in den Sarntaler Alpen.
Im Sarntal werden Tourengeher übrigens geschätzt, im Gegensatz zu manchen Liftgebieten. Das Tourismusbüro Sarnthein ist das einzige in Südtirol, das auf Anforderung einen schön bebilderten Skitourenführer für seinen Betreuungsbereich zuschickt.

Im *Ratschingstal* geht es erheblich lebhafter zu als in den Sarntaler Alpen. Auch unsere beiden Tourenbeispiele, Saxner und Hohe Kreuzspitze, können nicht über mangelnden Besuch klagen. Richtig überlaufen sind sie aber nicht. Auch am schönsten Februar-Sonntag findet man noch Platz für seine eigene Spur im Tiefschnee.

Weniger beliebt scheint das *Ridnauntal* zu sein, obwohl sich hier gemütliche Touren (wie z.B. die Wurzer Alpenspitze) ebenso finden wie extrem lange und schwierige (z.B. von Süden auf den Wilden Pfaff oder den Wilden Freiger). Auf dem wieder eröffneten Poschhaus sollte man sich allerdings schon vorher anmelden, wenn man einen großartigen Gipfel wie den Botzer besteigen möchte: Tel. (0472) 756884.
Je näher beim Brenner, desto kürzer die Anreise aus dem Norden – und desto stärker der Andrang. Wetterspitze und Maurerspitze im *Pflerschtal* sind mit Recht geschätzte Tourenziele, und selbst die »ganz langen« wie die Agglsspitze finden zahlreiche Freunde.

Aus dem *Wipptal* geht es auf Wolfendorn und Flatschspitze, Skitouren mittlerer Schwierigkeit. Eine Besonderheit der Flatschspitze: Es ist eine »rückgebaute Route«. Der Sessellift »Zirog« schaffte die Sicherheitsauflagen nicht, und das Liftgebiet mußte aufgelassen werden. Es ist selten, daß uns Tourengehern ein Gebiet nicht genommen, sondern zurückgegeben wird …
Die meisten Anstiege im *Pfitscher Tal* sind schwierige Skitouren, die guten Skibergsteigern vorbehalten bleiben sollten. Man muß nicht gerade an den Hochfeiler denken, auch Felbespitze und Grabspitze sind Skitouren, die hohe Anforderungen stellen.

Ähnliches gilt – und jetzt kommen wir schon zu den Seitentälern des Pustertales – für das *Valser Tal*. Unsere Tourenbeispiele (Wilde Kreuzspitze, Wurmaulspitze) zeigen, was hier geboten wird. Noch ein Wort zur Wurmaulspitze: Der Aufstieg führt durch eine Steilrinne, die von Lawinen derart bedroht wird, daß im Winter nicht an diese Tour zu denken ist. Dafür kann man ab Mai im Lawinenschnee neben den aperen Steilflanken abfahren – und das bis in den Juli hinein!
Die »Sonnenterrasse« zwischen Terenten und Pfalzen hat zwei Gesichter – ein sehr gemütliches im Osten (z.B. Windegg), ein durchaus ernstes im Westen (z.B. Eidechsspitze oder Hochgrubbachspitze).
Bedeutende Tourengebiete finden wir, wenn wir vom malerischen Bruneck über Taufers in die verschiedenen Tourenparadiese fahren – ins Lappacher Tal, ins Weißenbachtal, ins Ahrntal oder ins Reintal.

Das *Lappacher Tal* ist vor allem für die gewaltigen Anstiege vom Neveser Stausee bekannt, die auf den Großen Möseler oder den Hohen Weißzint führen. Wir stellen als Tourenbeispiel ein einsames Gegenstück vor, die Eis-

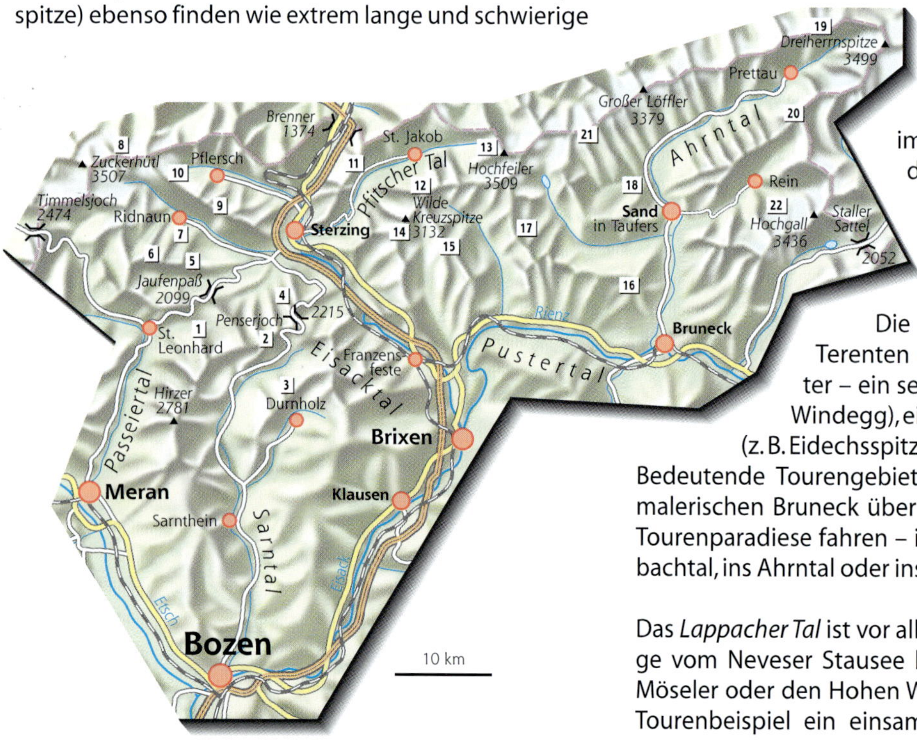

Im unteren Teil des Anstiegs zum Zinseler. Links die Tatschspitze (Tour 4)

bruggspitze. Das *Weißenbachtal* bietet einerseits leichte bis mittelschwere Touren (z. B. »Henne« oder unser Tourenbeispiel Speikboden), andererseits auch die lange und anspruchsvolle Fünfte Hornspitze.

Im *Ahrntal* herrschen die skitechnisch anspruchsvollen Anstiege (z. B. Dreiecker) vor, die mitunter in einer Kletterei enden (z. B. Merbspitze). Manche Touren im Ahrntal erfordern ein hohes Maß an alpiner Erfahrung und auch an Kondition (wie Dreiherrnspitze oder Rötspitze).

Das *Reintal* ist ein schönes Tourengebiet und hat den Vorteil eines hochgelegenen Stützpunktes in der Rieserfernergruppe (Kasseler Hütte, auch »Hochgallhütte« oder »Rifugio Roma«). Der beliebteste Gipfel im Tourenbereich dieser Hütte ist der Magerstein.

Anreise Die wichtigste Anreiseroute aus dem Norden und aus dem Süden führt von Innsbruck oder Bozen über die Brenner-Autobahn. Von den Ausfahrten der Autobahn kommt man in die einzelnen Täler. Das Pustertal erreicht man natürlich besonders rasch von Osttirol oder Kärnten.

Touristische Informationen erhält man bei: • Tourismusbüro I-39058 Sarntal, Tel. (0471) 634091, Fax (0471) 622350 • Tourismusverein St. Leonhard in Passeier, I-39015 St. Leonhard in Passeier, Tel. (0473) 656466, Fax (0473) 656624 • Tourismusverband Sterzing-Wipptal, Stadtplatz 3, I-39049 Sterzing, Tel. (0472) 765325, Fax (0472) 765441 • Ferienregion Tauferer-Ahrntal, Ahrntalstraße 95, I-39030 Steinhaus, Tel. (0474) 652081, Fax (0474) 652082.

1 Alpenspitze (2477 m)

Aus dem Passeier von Wanns über das Wannser Joch

Sarntaler Alpen

Gesamtcharakter Im Westen werden die Sarntaler Alpen vom Passeiertal begrenzt. Sie brechen hier mit steilen, dicht bewaldeten Hängen ab. Die Tourenmöglichkeiten sind dadurch eingeschränkt. Ein beliebter Skigipfel ist die Alpenspitze, die insbesondere von Einheimischen gerne bestiegen wird. Auf einen lichten Wald folgen freie Hänge – und von da ab ist die Abfahrt von der Alpenspitze reiner Skigenuß. Lediglich der Rücken vom Joch zum Gipfel ist häufig abgeblasen und trübt dann das Skivergnügen.
Aufstiegszeit 3:30 Std.
Höhenunterschied 1150 m
Schwierigkeit skitechnisch mittel
Lawinengefahr mitunter lawinengefährdet
Hangrichtung Osten, Nordwesten
Beste Jahreszeit Januar – März

Anfahrt *Auto:* Von Bozen nach Meran und weiter nach St. Leonhard im Passeier. Von Norden kürzer über den Jaufenpaß, doch sicherheitshalber im Verkehrsbüro St. Leonhard wegen der Befahrbarkeit anrufen. *Bus/Bahn:* Auch mit öffentlichen Verkehrsmitteln erreichbar.
Ausgangspunkt Weiler Wanns (1410 m). Von St. Leonhard Richtung Jaufenpaß nach Walten. Abzweigung nach Wanns nach dem Gasthaus »Edelweiß« bei einem Verkehrsspiegel.
Aufstieg Auf einem Fahrweg durch den Wald zur Wannser Alm (1641 m). Mit geringem Höhengewinn zum Talschluß. Man holt nach links aus und biegt unterhalb von Felsen wieder nach rechts ein, um den steilen Hang zu überwinden. Wenig später wird es neuerlich ziemlich steil, und wir erreichen das Wannser Joch (2248 m, Holzkreuz). Etwas links haltend über den Ostrücken zu einem Vorgipfel (2430 m) und weiter zum höchsten Punkt, bei günstigen Verhältnissen mit Ski.
Abfahrt Wie Aufstieg.

Touristische Infos Tourismusbüro I-39015 St. Leonhard, Tel. (0473) 656288, Fax (0473) 656624
Literatur, Gebietsführer Rudolf und Siegrun Weiss u. a. (1998): Genuß-Schitourenatlas Südtirol & Österreich-Süd, Schall Verlag; Rudolf und Siegrun Weiss (1998): Skitouren Vinschgau mit Burggrafenamt, Steiger Verlag
Karten Carta d'Italia 4/II/N.O. (S. Leonardo = St. Leonhard) und 4/II/N.E. (Pennes = Pens)

2 Penser Weißhorn (2705 m)

Formschönster Gipfel in den Sarntaler Alpen

Sarntaler Alpen

Gesamtcharakter Die Gipfel der Sarntaler Alpen sind zumeist gemütliche Kuppen. Eine Ausnahme ist das Penser Weißhorn (auch »Sarntaler Weißhorn«). Es ist wirklich ein schroffes Horn, das im Aufstieg eine gute Fell- und in der Abfahrt eine gute Skitechnik verlangt. Für den Gipfelaufstieg ist zudem Trittsicherheit in etwas ausgesetztem Gelände erforderlich.
Aufstiegszeit 4:30 Std.
Höhenunterschied 1300 m
Schwierigkeit skitechnisch anspruchsvoll, Gipfelaufstieg: Fels I
Lawinengefahr häufig lawinengefährdet
Hangrichtung Süden, Südwesten, Südosten
Beste Jahreszeit März – April

Anfahrt *Auto:* Von Bozen auf einer Bergstraße durch das Sarntal nach Sarnthein; *Bus/Bahn:* hierher auch mit dem Bus.
Ausgangspunkt Weiler Weißenbach (1338 m). Von Sarnthein nach Astfeld und in Richtung Pens nach Weißenbach, 14 km.
Aufstieg Auf einem Fahrweg zu den Höfen von Wink und weiter zur Piefankalm (1562 m). Hier rechts halten und im Oberbergtal zur gleichnamigen Alm (2144 m) aufsteigen. Weiter nun in Richtung Gröller Joch (2557 m). Der Anstieg ist hier schon ziemlich steil. Vom Joch nach links zum Gipfelaufbau. Skidepot. Rechts von einigen Felsen zum Gipfelgrat und fast eben zum Gipfelkreuz; nicht besonders schwierig, aber ausgesetzt und bei Vereisung heikel.
Abfahrt Wie Aufstieg.

Touristische Infos Tourismusbüro I-39058 Sarntal, Tel. (0471) 634091, Fax (0471) 622350
Literatur, Gebietsführer Rudolf und Siegrun Weiss u. a. (1998): Genuß-Schitourenatlas Südtirol & Österreich-Süd, Schall Verlag; Rudolf und Siegrun Weiss (1998): Skitouren Vinschgau mit Burggrafenamt, Steiger Verlag
Karten Carta d'Italia 4/II/N.E. (Pennes = Pens)

Tour 2: Penser Weißhorn, einer der wenigen felsigen und alpin anspruchsvollen Gipfel in den Sarntaler Alpen

3 Schönjöchlspitze (2308 m)

Von Pens durch das Kirchbachtal — *Sarntaler Alpen*

Gesamtcharakter Das Sarntal verzweigt sich bei Astfeld. Nach links geht es nach Pens, nach rechts nach Durnholz – und in beiden Fällen zu einer Reihe lohnender Skitouren. Dazu gehört die Schönjöchlspitze, eine genußreiche Skitour mit einem Schönheitsfehler: einem steilen Waldweg am Beginn des Anstiegs.

Aufstiegszeit 3 Std.
Höhenunterschied 880 m
Schwierigkeit skitechnisch leicht
Lawinengefahr kaum lawinengefährdet
Hangrichtung Süden, Nordwesten
Beste Jahreszeit Dezember – April

Anfahrt *Auto:* Von Bozen auf einer Bergstraße nach Sarnthein; *Bus:* hierher auch mit dem Bus.
Ausgangspunkt Pens (1468 m), 18 km von Sarnthein. Mit öffentlichen Verkehrsmitteln erreichbar (Bus).
Aufstieg Zur Talfer und über die Brücke. Auf dem Weg Nr. 12 im Kirchbachtal durch den Wald. An der Waldgrenze weitet sich das Tal. Man sieht das Ziel vor sich und kann unmittelbar darauf zuhalten. Gemütlicher ist es, zum Durnholzer Jöchl (2236 m) auf- und über den Südrücken zum Gipfel weiter zu steigen.
Abfahrt Wie Aufstieg.

Touristische Infos Tourismusbüro I-39058 Sarntal, Tel. (0471) 634091, Fax (0471) 622350
Literatur, Gebietsführer Rudolf und Siegrun Weiss u.a. (1998): Genuß-Schitourenatlas Südtirol & Österreich-Süd, Schall Verlag; Rudolf und Siegrun Weiss (1998): Skitouren Vinschgau mit Burggrafenamt, Steiger Verlag
Karten Carta d'Italia 4/II/N.E. (Pennes = Pens)

4 Zinseler (2422 m)

Sonnseitiger Aufstieg von der Straße zum Penserjoch — *Sarntaler Alpen*

Gesamtcharakter Wenn man vom Brenner in Richtung Sterzing fährt, sieht man bereits den Zinseler als eindrucksvollen Gipfel vor sich. Durch die vorgeschobene Lage zum Talkessel von Sterzing ist der Zinseler trotz der eher bescheidenen Gipfelhöhe ein prachtvoller Aussichtsgipfel. Wir beschreiben hier eine Überschreitung, mit sonnseitigem Aufstieg vom Weiler Egg und schattseitiger Abfahrt zum Weiler Gospeneid.
Aufstiegszeit 3 Std.
Höhenunterschied Aufstieg 930 m; Abfahrt 1450 m
Schwierigkeit skitechnisch mittel
Lawinengefahr mitunter lawinengefährdet
Hangrichtung Aufstieg Südost; Abfahrt Westen, Nordwesten
Beste Jahreszeit Januar – März

Anfahrt *Auto:* Von Innsbruck über den Brenner nach Sterzing; *Bahn:* hierher auch mit der Bahn.
Ausgangspunkt Egg (1493 m). Nahe der Autobahnausfahrt von Sterzing zweigt die Straße zum Penser Joch ab. Sie wird im Winter bis zum Weiler Egg und noch etwa 1 km weiter geräumt.
Aufstieg Zunächst auf der (nicht geräumten) Fahrstraße zum Penser Joch in langer Querung zur nächsten Kehre. Man kann nun weiter der Straße folgen oder – kürzer, aber steil – unmittelbar aufsteigen. Eine steile, aber gut gegliederte Flanke führt zum Gipfel. Überlegte Spuranlage wichtig. Man erreicht den Gipfel nicht unmittelbar, sondern den Südrücken, der dann unschwierig zum großen Gipfelkreuz führt.
Abfahrt Über den Rücken oder rechts in der Flanke (steiler) zum Gospeneider Joch (2306 m). Kurze Steilstufe ins Gospeneider Tal, dann reiner Skigenuß bis zur Waldzone. Durch den Wald auf einem Weg, dann weiter zum Weiler Gospeneid (1469 m). Neben der Fahrstraße um einen Bergrücken, dann über Wiesen in den Talboden. Eine Mitfahrgelegenheit zum Weiler Egg ist meist rasch gefunden.

Touristische Infos Tourismusbüro I-39049 Sterzing, Tel. (0472) 765325, Fax (0472) 765441
Literatur, Gebietsführer Rudolf Weiss (1990): Alpenvereins-Skiführer Stubaier Alpen, Bergverlag Rother; Rudolf und Siegrun Weiss u.a. (1998): Genuß-Schitourenatlas Südtirol & Österreich-Süd, Schall Verlag
Karten ÖK 175 (Sterzing); AV-Karte 31/3 (Brennerberge)

Tour 4: Blick vom Zinseler in Texelgruppe und Ötztaler Alpen

5 Saxner (2358 m)

Drei-Gipfel-Tour mit Lifthilfe aus dem Ratschings — *Stubaier Alpen*

Gesamtcharakter Diese Skitour im Ratschingstal führt über drei Gipfel: Fastnachter (2268 m), Fleckner (2331 m) und Saxner (2358 m). Eine Rundfahrt, die durch lange Abfahrten bei verhältnismäßig kurzen Aufstiegen auch Kindern Freude am Tourenskilauf vermittelt.
Aufstiegszeit 2:30 Std.
Höhenunterschied Aufstieg 700 m; Abfahrt insgesamt 1500 m
Schwierigkeit skitechnisch mittel
Lawinengefahr mitunter lawinengefährdet
Hangrichtung Norden, Nordosten
Beste Jahreszeit Dezember – April

Anfahrt *Auto:* Von Innsbruck über den Brenner nach Sterzing und weiter nach Stange im Ridnauntal.
Ausgangspunkt Liftgebiet bei Bichl (1260 m) im Ratschingstal, von Stange 5 km. Mit zwei Sesselliften zum Höhenrücken, nach Pistenabfahrt mit drittem Sessellift zum Ausgangspunkt (etwa 2090 m). Preiswerte »Tourenkarte«.
Aufstieg Mit schönem Blick ins Passeiertal über den Höhenrücken zum Fastnachter (2268 m). Herrliche Zwischenabfahrt durch schattseitige Mulden zur Äußeren Wumblsalm (1865 m). Hier beginnt der eigentliche Aufstieg. Zunächst ohne besonderen Höhengewinn Richtung Westen, dann Richtung Süden in eine Einsattelung zwischen Fleckner (2331 m, hohes Kreuz) und Saxner (2358 m). Zum Fleckner mit Ski, zum etwas höheren Saxner ohne Schwierigkeiten zu Fuß. Oder auf einer alpineren Variante: In die Einsattelung zwischen Fastnachter und Fleckner aufsteigen und den Fleckner zum Saxner hin überschreiten.
Abfahrt Wie Aufstieg zur Äußeren Wumblsalm. Hier etwas rechts halten und über Almwiesen und durch lichten Wald zur Kaserlichtalm (1717 m). Schwächere Skifahrer weichen hier besser auf eine Forststraße aus und erreichen in einem weiten Bogen den Talboden. Gute Skifahrer weiter durch den Wald (nicht zu weit rechts, steile Bachschlucht!), zuletzt über Wiesen zu einer Brücke über den Ratschingsbach. Rechts von der Fahrstraße zum Parkplatz abfahren.

Touristische Infos Tourismusbüro I-39040 Ratschings, Tel. (0472) 756666, Fax (0472) 756889
Literatur, Gebietsführer Rudolf Weiss (1990): Alpenvereins-Skiführer Stubaier Alpen, Bergverlag Rother; Rudolf und Siegrun Weiss u.a. (1998): Genuß-Schitourenatlas Südtirol & Österreich-Süd, Schall Verlag
Karten AV-Karte 31/3 (Brennerberge)

6 Hohe Kreuzspitze (2742 m)

Aus dem Ratschingstal über die Klammalm *Stubaier Alpen*

Gesamtcharakter Die Hohe Kreuzspitze ist ein prachtvoller Skigipfel, sowohl aus dem Passeiertal (mit Abfahrt nach Nordwesten), als auch aus dem Ratschingstal (Abfahrt in der Grundrichtung Nordosten). Durch die Nähe des Ratschingstales zur Brenner-Autobahn wird dieser Aufstieg häufiger begangen.

Aufstiegszeit 4 Std.
Höhenunterschied 1400 m
Schwierigkeit skitechnisch anspruchsvoll
Lawinengefahr häufig lawinengefährdet
Hangrichtung Norden, Nordosten, Osten
Beste Jahreszeit Februar – April

Anfahrt *Auto:* Von Innsbruck über den Brenner nach Sterzing und weiter nach Stange im Ridnauntal.
Ausgangspunkt Weiler Flading (Bauernhof, Kapelle, 1482 m) am Ende der Fahrstraße durch das Ratschingstal, 12 km von Stange.
Aufstieg Auf einer Fahrstraße über die Brücke (Ratschingsbach) und weiter bis zu einer Hinweistafel. Hier zweigt man nach links zur Klammalm (1925 m) ab, die man durch einen lichten Wald, zuletzt über eine Steilstufe erreicht. Man hält sich nun rechts, überquert in etwa 2000 m eine Staumauer und steigt über einen sehr steilen Hang zum Butsee (2340 m) auf. Der weitere Weg führt Richtung Süden über Steilstufen und durch sanfte Mulden. Zuletzt steil zu einem Rücken, von dem man leicht abwärts in eine Mulde quert und über den Gipfelhang zum großen Gipfelkreuz aufsteigt.
Abfahrt Wie Aufstieg.

Touristische Infos Tourismusbüro I-39040 Ratschings, Tel. (0472) 756666, Fax (0472) 756889
Literatur, Gebietsführer Rudolf Weiss (1990): Alpenvereins-Skiführer Stubaier Alpen, Bergverlag Rother; Rudolf und Siegrun Weiss u. a. (1998): Genuß-Schitourenatlas Südtirol & Österreich-Süd, Schall Verlag
Karten AV-Karte 31/3 (Brennerberge)

7 Wurzer Alpenspitze (2232 m)

Lawinensichere Skitour im Ridnauntal *Stubaier Alpen*

Gesamtcharakter Die meisten Skitouren im Ridnauntal sind endlos lang und alpin anspruchsvoll (z. B. Wilder Pfaff, Wilder Freiger). Die Wurzer Alpenspitze gehört zu den kurzen und leichten Skitouren im Tal. Sie ist bei vernünftiger Spuranlage kaum lawinengefährdet und eignet sich deshalb auch für heiklere Schneeverhältnisse. Der Waldgürtel im unteren Teil des Anstieges erfordert eine ausreichende Schneelage.

Aufstiegszeit 2:30 Std.
Höhenunterschied 800 m
Schwierigkeit skitechnisch leicht
Lawinengefahr kaum lawinengefährdet
Hangrichtung Nordosten
Beste Jahreszeit Januar – März

Anfahrt *Auto:* Von Innsbruck über den Brenner nach Sterzing und weiter nach Stange im Ridnauntal.
Ausgangspunkt Weiler Entholz (1437 m) im Ridnauntal, 5 km von Stange, etwas abseits der Hauptstraße. Parkplatz bei einem kleinen Schlepplift.
Aufstieg Kurz auf der Piste, dann nach links durch Wald zu einem Bach, den man überquert. Weiter durch lichten Wald zur Äußeren Wurzeralm (1822 m). Nun bereits oberhalb der Waldgrenze durch eine sanfte Mulde und Richtung Südosten zu einem Rücken. Über diesen Rücken zu einem Vorgipfel und weiter zur Wurzer Alpenspitze.
Abfahrt Wie Aufstieg. Bei sicheren Schneeverhältnissen kann man unmittelbar vom Gipfel zur Wurzer Alm abfahren.

Touristische Infos Tourismusbüro I-39040 Ratschings, Tel. (0472) 756666, Fax (0472) 756889
Literatur, Gebietsführer Rudolf Weiss (1990): Alpenvereins-Skiführer Stubaier Alpen, Bergverlag Rother; Rudolf und Siegrun Weiss u. a. (1998): Genuß-Schitourenatlas Südtirol & Österreich-Süd, Schall Verlag
Karten ÖK 175 (Sterzing)

8 Wilder Pfaff (3456 m)

Nachbar des Zuckerhütls – aus dem Ridnauntal lang und anspruchsvoll *Stubaier Alpen*

Gesamtcharakter Der Wilde Pfaff läßt sich aus dem Stubaier Liftgebiet leicht »mitnehmen«. Aus dem Ridnauntal ist er eine lange Unternehmung. Da die beiden Hütten (Becherhaus und Müllerhütte) erst ab Juli bewirtschaftet sind, muß man mehr als 2000 Höhenmeter bewältigen oder sich mit dem Winterraum begnügen. Vorteilhafter ist es, im Winterraum zu nächtigen, in 1:30 Std. zum Gipfel aufzusteigen, um dann bei guten Bedingungen die lange Abfahrt zu genießen.

Aufstiegszeit 5:30 + 1:30 Std.
Höhenunterschied 1770 + 270 m
Schwierigkeit skitechnisch anspruchsvoll, Gipfelaufstieg: Fels I
Lawinengefahr häufig lawinengefährdet (besonders der Hüttenanstieg)
Sonstige Gefahren erhebliche Spaltengefahr
Hangrichtung Osten, Süden, Südosten
Beste Jahreszeit März – Juni

Anfahrt *Auto:* Von Innsbruck über den Brenner nach Sterzing und weiter nach Stange im Ridnauntal.
Ausgangspunkt Erzaufbereitung (1417 m) am Ende der Fahrstraße ins Ridnauntal, 17 km von Sterzing.
Aufstieg Von der Erzaufbereitung (1417 m) entweder auf der linken oder rechten Seite einer Bachschlucht (beide Wege mühsam und lawinengefährdet) aufsteigen. In einer weiten Ebene, dem Agglsboden (etwa 1700 m), vereinigen sich die Anstiege. Nun durchs »Schneeloch« und das Egettal in eine weitere Ebene (2100 m). Richtung Westen durch die »Winterstube« und in einer (mitunter heiklen) Querung zum Übeltalferner. Über diesen Gletscher und in einem Rechtsbogen zu dem auf dem Becher prachtvoll gelegenen Becherhaus (3191 m). Zur Müllerhütte (3145 m) links vom Becher durch eine sanfte Gletschermulde (+30 Min.).
Vom Becherhaus zum Gletscher hinab und das sehr flache Gletscherbecken querend zum Ostgrat (von der Müllerhütte etwas kürzer). Skidepot bei etwa 3270 m. Über den Blockgrat unschwierig zum Gipfel.
Abfahrt Wie Aufstieg.

Touristische Infos Tourismusbüro I-39040 Ratschings, Tel. (0472) 756666, Fax (0472) 756889
Literatur, Gebietsführer Rudolf Weiss (1990): Alpenvereins-Skiführer Stubaier Alpen, Bergverlag Rother; Rudolf und Siegrun Weiss u. a. (1998): Genuß-Schitourenatlas Südtirol & Österreich-Süd, Schall Verlag
Karten ÖK 174 (Timmelsjoch); AV-Karte 31/1 (Hochstubai, mit Skirouten)
Übernachtung Becherhaus (3191 m) CAI, Winterraum mit 10 Lagern, Schlüssel beim Hüttenwirt, I-39040 Ratschings, Tel. (0472) 756884. Müllerhütte (3145 m) CAI, Winterraum mit 20 Lagern (meist offen)

Tour 8: Auf dem Wilden Pfaff. Blick zum Wilden Freiger. Auf dem Felsgupf im Mittelgrund rechts das Becherhaus

9 Wetterspitze (2709 m)

Aus dem Pflerschtal durch das Allrißtal und über die Maurerscharte — *Stubaier Alpen*

Gesamtcharakter Die Wetterspitze ist ein großartiger Skigipfel. Bereits beim Aufstieg genießt man den Nahblick zum Pflerscher Tribulaun, einem eindrucksvollen Felsklotz.
Aufstiegszeit 4:30 Std.
Höhenunterschied 1500 m
Schwierigkeit skitechnisch anspruchsvoll, Gipfelanstieg: Fels unter I
Lawinengefahr häufig lawinengefährdet
Hangrichtung Norden
Beste Jahreszeit Februar – April

Anfahrt *Auto:* Von Innsbruck über den Brenner nach Gossensaß (Autobahn bei der Ausfahrt »Brennersee« verlassen).
Ausgangspunkt Parkplatz westlich von St. Anton im Pflerschtal (1245 m). St. Anton ist auch mit dem Bus erreichbar.
Aufstieg Zum Pflerschbach hinunter, die Talseite wechseln, nach links abbiegen. Auf einem Forstweg bis zur Abzweigung eines (nicht geräumten) Fahrweges zur Allrißalm (1534 m). Weiter im Allrißtal zum Talschluß. Steil zur Maurerscharte (2511 m), dann über den Westrücken oder rechts davon in der Flanke neuerlich steil zum großen Gipfelkreuz. In Gipfelnähe häufig abgeblasen, teilweise zu Fuß.
Abfahrt Wie Aufstieg.

Touristische Infos Tourismusbüro I-39040 Gossensaß, Tel. (0472) 632372, Fax (0472) 632580
Literatur, Gebietsführer Rudolf Weiss (1990): Alpenvereins-Skiführer Stubaier Alpen, Bergverlag Rother; Rudolf und Siegrun Weiss u. a. (1998): Genuß-Schitourenatlas Südtirol & Österreich-Süd, Schall Verlag
Karten ÖK 175 (Sterzing)

10 Agglsspitze (3194 m)

Aus dem Pflerschtal über Feuersteinferner und Magdeburger Scharte — *Stubaier Alpen*

Gesamtcharakter Für viele Tourengeher ist bei der Agglsspitze die Kondition das Hauptproblem. Die prachtvolle Firnabfahrt über fast 2000 Höhenmeter muß man sich mit etwa 6 Aufstiegstunden verdienen. Es ist dabei zweckmäßig, im Westalpenstil im Morgengrauen aufzubrechen, denn die Abfahrt erfordert wegen ihrer ostseitigen Lage aus Gründen der Sicherheit und des Skigenusses einen rechtzeitigen Beginn.
Aufstiegszeit 6 Std.
Höhenunterschied 2000 m
Schwierigkeit skitechnisch anspruchsvoll, Gipfelaufstieg: Fels I
Lawinengefahr häufig lawinengefährdet
Sonstige Gefahren geringe Spaltengefahr
Hangrichtung Osten
Beste Jahreszeit März – April

Anfahrt *Auto:* Von Innsbruck über den Brenner nach Gossensaß (Autobahn bei der Ausfahrt »Brennersee« verlassen).
Ausgangspunkt Parkplatz westlich von St. Anton im Pflerschtal (1245 m). St. Anton ist auch mit dem Bus erreichbar.
Aufstieg Richtung Westen an den Häusern von Stein vorbei zur Ochsenhütte. Eine Bachschlucht wird links umgangen oder durchstiegen. Weiter steil und eng im Bachbett aufwärts. Kurz gemütlicher, dann wieder steil zum Feuersteinferner. Über diesen Gletscher zur Magdeburger Scharte (3110 m). Weiter noch mit Fellen, dann Skidepot. Über den Grat zu einem Vorgipfel und weiter zum höchsten Punkt.
Abfahrt Wie Aufstieg. Oder skitechnisch extrem: Unmittelbar vom Gipfel über die Nordostflanke, kurz und steil (etwa 42°).

Touristische Infos Tourismusbüro I-39040 Gossensaß, Tel. (0472) 632372, Fax (0472) 632580
Literatur, Gebietsführer Rudolf Weiss (1990): Alpenvereins-Skiführer Stubaier Alpen, Bergverlag Rother; Rudolf und Siegrun Weiss u. a. (1998): Genuß-Schitourenatlas Südtirol & Österreich-Süd, Schall Verlag
Karten ÖK 174 (Timmelsjoch); AV-Karte 31/1 (Stubaier Alpen, Hochstubai, mit Skirouten)

11 Flatschspitze (2567 m)

Von Brennerbad über die Enzianhütte — *Zillertaler Alpen*

Gesamtcharakter Vor Jahren gab es hier das Skigebiet »Zirog«. Seit jedoch der Sessellift die Sicherheitsvorschriften nicht erfüllen konnte, ist die Flatschspitze wieder eine richtige Skitour, im unteren Teil ehemalige Piste durch die Waldzone, im oberen Teil hindernislose Hänge.
Aufstiegszeit 3:30 Std.
Höhenunterschied 1250 m
Schwierigkeit skitechnisch leicht
Lawinengefahr kaum lawinengefährdet
Hangrichtung Westen
Beste Jahreszeit Dezember – März

Anfahrt *Auto:* Von Innsbruck auf der Brenner-Autobahn zur Ausfahrt »Brennersee« und auf der Bundesstraße zum Dorf Brenner (1370 m) unmittelbar nach der Grenze.
Ausgangspunkt Parkplatz eines ehemaligen Sessellifts (etwa 1320 m); hierher vom Brenner nach Brennerbad und durch eine Unterführung der Autobahn. Brennerbad ist auch mit dem Bus erreichbar. Von der Haltestelle 10 Min.
Aufstieg Auf der sanfteren Piste links vom Lift zur Enzianhütte (1904 m). Anmerkung: Die steilere Piste rechts vom Lift ist trotz Bahn, Autobahn und Staatsstraße zugewachsen und sollte nicht mehr benützt werden. Von der Enzianhütte über einen Rücken, dann in einer Mulde zum Gipfel. Sind die Schneeverhältnisse nicht sicher, hält man sich rechts, steigt zum und über den Südgrat zum Gipfel auf.
Abfahrt Wie Aufstieg.

Touristische Infos Tourismusbüro I-39041 Brenner, Tel. (0472) 632372, Fax (0472) 632580
Literatur, Gebietsführer Rudolf Weiss (1993): Alpenvereins-Skiführer Zillertaler und Tuxer Alpen, Bergverlag Rother; Rudolf und Siegrun Weiss u. a. (1998): Genuß-Schitourenatlas Südtirol & Österreich-Süd, Schall Verlag
Karten ÖK 175 (Sterzing); AV-Karte 31/3 (Brennerberge)

12 Grabspitze (3059 m)

Anspruchsvolle Skitour im Pfitschtal — *Zillertaler Alpen*

Gesamtcharakter Im Pfitschtal wimmelt es von langen und anspruchsvollen Skitouren. Dazu gehört neben dem Hochfeiler, der Felbespitze usw. auch die Grabspitze. Dieser Gipfel erfordert neben einer guten Skitechnik und ausreichender Trittsicherheit auch eine gute Kondition.
Aufstiegszeit 4:15 Std.
Höhenunterschied 1400 m
Schwierigkeit skitechnisch anspruchsvoll, Gipfelaufstieg: Fels I
Lawinengefahr häufig lawinengefährdet
Hangrichtung Nordwesten
Beste Jahreszeit März – Mai

Anfahrt *Auto:* Auf der Brenner-Autobahn von Innsbruck (aus dem Norden) oder Bozen (aus dem Süden) nach Sterzing. Weiter nach Wiesen (984 m), dem Hauptort des Pfitschtales, 2 km von Sterzing.
Ausgangspunkt Weiler Platz (1461 m), 15 km nach Wiesen im Pfitschtal. Bushaltestelle.
Aufstieg Über den Pfitschbach und auf dem Fahrweg zu einigen Bauernhäusern (Überwasser). Auf einem Fußweg teilweise steil durch den Wald.
Weiter Richtung Südosten über sanftere Hänge. Eng und steil geht es weiter, bis man ein schönes Kar erreicht. Nun hat man den Gipfel vor sich, den man bei günstigen Verhältnissen mit Ski erreicht, im letzten Teil allerdings noch einmal sehr steil.
Abfahrt Wie Aufstieg.

Touristische Infos Tourismusbüro I-39040 Pfitsch, Tel. (0472) 765730, Fax (0472) 767340
Literatur, Gebietsführer Rudolf Weiss (1993): Alpenvereins-Skiführer Zillertaler und Tuxer Alpen, Bergverlag Rother; Rudolf und Siegrun Weiss u. a. (1998): Genuß-Schitourenatlas Südtirol & Österreich-Süd, Schall Verlag
Karten ÖK 175 (Sterzing) und ÖK 176 (Mühlbach); AV-Karte 31/3 (Brennerberge)

13 Hochfeiler (3510 m)

Aus dem Pfitschtal über die Hochfeiler-Hütte *Zillertaler Alpen*

Gesamtcharakter Von Nordtirol aus ist der Hochfeiler schwierig zu besteigen. Unser Aufstieg aus dem Pfitschtal ist unvergleichlich zahmer. Die Kondition wird nicht übermäßig beansprucht, wenn man den Anstieg auf zwei Tage aufteilt und in der Hochfeiler-Hütte nächtigt.
Aufstiegszeit 3 + 3 Std.
Höhenunterschied 1000 + 800 m
Schwierigkeit skitechnisch anspruchsvoll, Gipfelaufstieg: überraschend leicht, lediglich bei Hartschnee Eisausrüstung und Vorsicht erforderlich
Lawinengefahr häufig lawinengefährdet
Sonstige Gefahren geringe Spaltengefahr
Hangrichtung Südwesten, Süden
Beste Jahreszeit März – Juni

Anfahrt *Auto:* Auf der Brenner-Autobahn von Innsbruck oder von Bozen nach Sterzing. Weiter nach Wiesen (984 m), 2 km von Sterzing.
Ausgangspunkt »Dritte Kehre« (1718 m) der Fahrstraße zum Pfitscher Joch. Durch das Pfitschtal zum Weiler Stein (1520 m), bis hierher Busverbindung. Rauhe Fahrstraße bis zur dritten Kehre meist schon im April befahrbar. Zu Fuß von Wiesen 1 Std.
Aufstieg Den Bach entlang, über eine Brücke und zu den Unterberghütten (1847 m). Ziemlich steil aufsteigen, bis man hoch über dem Bach talein queren kann. Man folgt annähernd dem Sommerweg, um einen Rücken herum, dann ziemlich eben, zuletzt steiler über einen Rücken zur Hochfeiler-Hütte (2710 m).
Von dort zum Südwestgrat, über den man das trigonometrische Zeichen auf dem Gipfel erreicht, bei guter Felltechnik und günstigen Verhältnissen mit Ski, bei Hartschnee oder Vereisung heikel.
Abfahrt Wie Aufstieg.

Touristische Infos Tourismusbüro I-39040 Pfitsch, Tel. (0472) 765730, Fax (0472) 767340
Literatur, Gebietsführer Rudolf Weiss (1993): Alpenvereins-Skiführer Zillertaler und Tuxer Alpen, Bergverlag Rother; Rudolf und Siegrun Weiss u.a. (1998): Genuß-Schitourenatlas Südtirol & Österreich-Süd, Schall Verlag
Karten ÖK 176 (Mühlbach); AV-Karte 35/1 (Zillertaler Alpen, westliches Blatt)
Übernachtung Hochfeiler-Hütte (2710 m) AVS, nur im Sommer bew., Winterraum offen

14 Wilde Kreuzspitze (3135 m)

Aus dem Valser Tal über das Rautaljoch *Zillertaler Alpen*

Gesamtcharakter Die Wilde Kreuzspitze ist ein weithin sichtbarer Doppelgipfel. Alle Anstiege sind lang und anspruchsvoll. Die hier beschriebene Route ist die kürzeste, kann aber erst sehr spät begangen werden, weil die Klamm am Beginn des Anstiegs bei Vereisung kaum zu überwinden ist.
Aufstiegszeit 4:30 Std.
Höhenunterschied 1450 m
Schwierigkeit skitechnisch anspruchsvoll
Lawinengefahr häufig lawinengefährdet
Hangrichtung Nordosten, Süden
Beste Jahreszeit Mai – Juni

Anfahrt *Auto:* Von Innsbruck oder Bozen auf der Brenner-Autobahn zur Ausfahrt »Brixen«. Weiter nach Mühlbach und nach Vals abzweigen. *Bus:* Bis hierher auch mit dem Bus.
Ausgangspunkt Parkplatz unterhalb der Fane-Alm (etwa 1700 m), rauher Fahrweg von Vals, 5 km. Zu Fuß 1:30 Std.
Aufstieg Zur Fane-Alm, einer kleinen Almsiedlung aufsteigen. Durch die erwähnte Klamm, dann gemütlich im Tal zur Brixner Hütte (2307 m).
Weiter nun dem Verlauf des Tales folgend zu einer Einsattelung (Rautaljoch, 2808 m). Etwas unterhalb des Gratrückens in der Südflanke steil zum höchsten Punkt, bei günstigen Verhältnissen mit Ski. Häufig stark abgeblasen.
Abfahrt Wie Aufstieg.

Touristische Infos Tourismusbüro I-39037 Mühlbach, Tel. (0472) 849467, Fax (0472) 849849
Literatur, Gebietsführer Rudolf Weiss (1993): Alpenvereins-Skiführer Zillertaler und Tuxer Alpen, Bergverlag Rother; Rudolf und Siegrun Weiss u.a. (1998): Genuß-Schitourenatlas Südtirol & Österreich-Süd, Schall Verlag
Karten ÖK 175 (Sterzing) und 176 (Mühlbach); AV-Karte 31/3 (Brennerberge)
Übernachtung Brixner Hütte (2307 m) AVS, Sommerbewirtschaftung. Winterraum (AV-Schlüssel) bei unserer letzten Erkundung erst in Planung

Tour 14: Der Doppelgipfel der Wilden Kreuzspitze ist von vielen Gipfeln rundum eindrucksvoll zu sehen

15 Wurmaulspitze (3022 m)

Späte Skitour mit ungewöhnlichem Anstieg durch eine Schlucht

Zillertaler Alpen

Gesamtcharakter Die Wurmaulspitze ist eine ungewöhnliche Skitour. Sie ist erst möglich, wenn die steilen Flanken, die die Stilonschlucht begrenzen, nahezu aper sind und der Lawinenschnee den Stilonbach bedeckt. Auf dem Lawinenschnee ist es dafür noch im Juli möglich, in der Schlucht abzufahren und die Ski nur wenig oberhalb der Fane-Alm abzuschnallen.

Aufstiegszeit 4 Std.
Höhenunterschied 1350 m
Schwierigkeit skitechnisch anspruchsvoll, Gipfelaufstieg: Fels I
Lawinengefahr häufig lawinengefährdet
Hangrichtung Süden, Südosten
Beste Jahreszeit Mai – Juni

Anfahrt *Auto:* Von Innsbruck oder Bozen auf der Brenner-Autobahn zur Ausfahrt »Brixen«. Weiter nach Mühlbach und nach Vals abzweigen. *Bus:* Bis hierher auch mit dem Bus.
Ausgangspunkt Parkplatz unterhalb der Fane-Alm (etwa 1700 m), rauher Fahrweg von Vals, 5 km. Zu Fuß 1:30 Std.
Aufstieg Vom Parkplatz zur Almsiedlung hinauf und kurz talein, bis man nach rechts zur Stilonschlucht abbiegen kann. Durch diese Schlucht steil zu einer Einsattelung, dem »Joch in der Eng« (2732 m). Mit leichtem Höhenverlust Richtung Nordwesten, dann über einen Südhang zum Beginn des Südgrates. Skidepot (etwa 2950 m). In unschwieriger Kletterei zum Gipfel, vor dem Gipfel westlich des Grates Seilversicherungen.
Abfahrt Wie Aufstieg.

Touristische Infos Tourismusbüro I-39037 Mühlbach, Tel. (0472) 849467, Fax (0472) 849849
Literatur, Gebietsführer Rudolf Weiss (1993): Alpenvereins-Skiführer Zillertaler und Tuxer Alpen, Bergverlag Rother; Rudolf und Siegrun Weiss u. a. (1998): Genuß-Schitourenatlas Südtirol & Österreich-Süd, Schall Verlag
Karten ÖK 176 (Mülbach); AV-Karte 31/3 (Brennerberge)

16 Windegg (2420 m)

Von der »Sonnenterrasse« über die Plattner Alm

Zillertaler Alpen

Gesamtcharakter Zwischen Terenten und Pfalzen liegt hoch über dem Pustertal die »Sonnenterrasse«, Ausgangspunkt für zahlreiche Skitouren unterschiedlicher Länge und Schwierigkeit. Zu den leichten und kaum lawinengefährdeten Touren gehört das Windegg. Mit Übergang zur Perntaler Spitze und Abfahrt durch das Mühlbachtal ergibt sich eine hübsche Überschreitung.
Aufstiegszeit 3:30 Std.
Höhenunterschied 1100 m
Schwierigkeit skitechnisch leicht
Lawinengefahr kaum lawinengefährdet
Hangrichtung Süden
Beste Jahreszeit Dezember – März

Anfahrt *Auto:* Von Brixen oder aus Osttirol ins Pustertal und entweder von Niedervintl oder von Bruneck auf die Sonnenterrasse und nach Pfalzen.
Bus/Bahn: Pfalzen ist auch mit öffentlichen Verkehrsmitteln erreichbar.
Ausgangspunkt Rechtskurve bei der Abzweigung zum Perntaler Hof (1457 m). Von Pfalzen Richtung Platten, 4 km. Hier parken, wenig Parkraum beim Perntaler Hof.
Aufstieg Auf einem Fahrweg zum Perntaler Hof (1365 m), kurz vorher nach rechts abzweigen und durch das Plattnerbachtal zur Plattner Alm (2091 m) aufsteigen. Weiter durch Mulden und über Kuppen in sanftem Aufstieg, erst zuletzt etwas steiler, auf das Windegg, wo ein eindrucksvoller Ausblick auf den Talkessel von Taufers den Tourenfreund für seine Mühen belohnt.
Abfahrt Wie Aufstieg. Oder: Übergang zur etwas höheren Perntaler Spitze (2450 m) und Abfahrt durch das Mühlbachtal zum Perntaler Hof.

Touristische Infos Tourismusbüro I-39030 Pfalzen, Tel. (0474) 521859, Fax (0474) 528413
Literatur, Gebietsführer Rudolf Weiss (1993): Alpenvereins-Skiführer Zillertaler und Tuxer Alpen, Bergverlag Rother; Rudolf und Siegrun Weiss u. a. (1998): Genuß-Schitourenatlas Südtirol & Österreich-Süd, Schall Verlag
Karten Tabacco 033 (Bruneck und Umgebung)

Tour 15: Oberhalb des »Jochs in der Eng« auf dem Weg zur Wurmaulspitze

17 Eisbruggspitze (2787 m)

Einsames Skivergnügen im Lappacher Tal — *Zillertaler Alpen*

Gesamtcharakter Das Lappacher Tal ist weniger bekannt bei Tourengehern als der Neveser Stausee an seinem Ende. Trotz der Länge der Anstiege drängeln sich hier die Tourengeher an schönen Wochenenden im Mai auf dem Großen Möseler oder dem Hohen Weißzint. Wer es ruhiger haben möchte, besteigt die Eisbruggspitze – und genießt von hier aus die Aussicht auf die erwähnten »Berühmtheiten«. Eine anspruchsvolle Skitour in einer urtümlichen Landschaft.
Aufstiegszeit 4 Std.
Höhenunterschied 1200 m
Schwierigkeit skitechnisch anspruchsvoll
Lawinengefahr häufig lawinengefährdet
Hangrichtung Osten, Südosten
Beste Jahreszeit Februar – Mai

Anfahrt *Auto:* Von Brixen oder aus Osttirol nach Bruneck im Pustertal. Von hier durch das Tauferer Tal nach Mühlen, nach links abzweigen und über Mühlwald nach Lappach im gleichnamigen Tal; *Bus/Bahn:* hierher auch mit öffentlichen Verkehrsmitteln.
Ausgangspunkt Rechtskurve nach dem Zösmayrhof (1680 m), bei Schneelage eingeschränkte Parkmöglichkeit. Von Lappach 1 km Richtung Neveser Stausee. Bei einer Kurve Fahrweg nach links zum Nevesbach und über eine Brücke. Hinauf zum ersten Bauernhof, nach zwei Kehren eben hinein in den Talboden, vorbei am Zösmayrhof und zur erwähnten Rechtskurve. Zu Fuß von Lappach etwa 1 Std.
Aufstieg Erst über Wiesen, dann durch lichten Wald zu einem Rücken, der vom Seebergl (2705 m) herabzieht. Über diesen Rücken in mehreren Stufen bis in eine Höhe von 2350 m. Hier erst kann man nach links in den Talboden (»Seetal«) einqueren. Durch den Boden, dann Richtung Westen in eine Mulde, aus der man in etwa 2550 m Höhe Richtung Norden einbiegt. Ziemlich steil, aber unschwierig zum Gipfel.
Abfahrt Wie Aufstieg. Bei sicheren Schneeverhältnissen unmittelbar durch das Seetal in den Talboden.

Touristische Infos Tourismusbüro I-39030 Lappach, Tel. (0474) 65 32 00, Fax (0474) 65 33 65
Karten Tabacco 036 (Sand in Taufers)

18 Speikboden (2517 m)

Skitour auf der »gemütlichen« Seite des Weißenbachtales — *Zillertaler Alpen*

Gesamtcharakter Lang und anspruchsvoll sind die Südtouren im Weißenbachtal. Sie führen mit großen Höhenunterschieden zu Gipfeln im Zillertaler Hauptkamm. Die Schattseite des Tales ist ungleich gemütlicher. Leichte, genußreiche Skitouren mit großartigem Blick auf die Dreitausender.
Aufstiegszeit 4 Std.
Höhenunterschied 1150 m
Schwierigkeit skitechnisch leicht
Lawinengefahr kaum lawinengefährdet
Hangrichtung Osten, Nordosten, Norden
Beste Jahreszeit Dezember – April

Anfahrt *Auto:* Von Brixen oder Osttirol ins Pustertal. Weiter über Sand in Taufers nach Luttach und Weißenbach; *Bus/Bahn:* hierher auch mit öffentlichen Verkehrsmitteln.
Ausgangspunkt Parkplatz 1 km westlich von Weißenbach (etwa 1350 m).
Aufstieg Über Wiesen zu einer Forststraße. Bei einer Wegverzweigung nach links und zu einem Bachbett. Am orographisch linken Ufer, später rechts, zur Mitterberger Alm (1978 m). Gemütlich, erst zuletzt etwas steiler, zum Mühlwalder Joch (2342 m). Über den meist etwas abgeblasenen Ostrücken zu einem Vorgipfel (Seewassernock, 2516 m) und weiter zum mächtigen Metallkreuz auf dem Speikboden.
Abfahrt Wie Aufstieg.

Touristische Infos Tourismusbüro I-39030 Luttach, Tel. (0474) 67 11 36, Fax (0474) 67 16 66
Literatur, Gebietsführer Rudolf Weiss (1993): Alpenvereins-Skiführer Zillertaler und Tuxer Alpen, Bergverlag Rother; Rudolf und Siegrun Weiss u. a. (1998): Genuß-Schitourenatlas Südtirol & Österreich-Süd, Schall Verlag
Karten Tabacco 036 (Sand in Taufers)

19 Dreiecker (2892 m)

Aus dem Ahrntal über die Südflanke — *Zillertaler Alpen*

Gesamtcharakter Der Dreiecker liegt am Ende eines von der Reichenspitze nach Süden ziehenden Kammes. Der Aufstieg aus Nordtirol ist lang und, ehrlich gesagt, auch langweilig. Wesentlich kürzer und vor allem skiläuferisch genußvoll ist der Anstieg aus dem Ahrntal in Südtirol. Beides probiert, kein Vergleich!
Aufstiegszeit 3:30 Std.
Höhenunterschied 1300 m
Schwierigkeit skitechnisch anspruchsvoll
Lawinengefahr mitunter lawinengefährdet
Hangrichtung Südosten, Süden
Beste Jahreszeit Januar – April

Anfahrt *Auto:* Von Brixen oder aus Osttirol nach Bruneck im Pustertal. Von hier über Sand in Taufers nach Prettau im Ahrntal; *Bus/Bahn:* hierher auch mit öffentlichen Verkehrsmitteln.
Ausgangspunkt Ende der Fahrstraße bei Kasern (1595 m), 3 km von Prettau. Spät im Jahr ist es möglich, 1 km weiter bis zur Fahrverbotstafel vor Hl. Geist zu fahren.
Aufstieg Auf dem Fahrweg oder neben der Loipe zum Gehöft Prastmann in der Nähe des Kirchleins »Hl. Geist«. Rechts von einem schluchtartig eingeschnittenen Bachbett steil zu den sanften Böden der Schientalalm. Neuerlich steil rechts von der auffallenden Geiereggschneid bis in eine Höhe von etwa 2700 m. In der Grundrichtung Norden, zuletzt etwas von links zum Gipfel.
Abfahrt Wie Aufstieg.

Touristische Infos Tourismusbüro I-39030 Prettau, Tel. (0474) 65 41 88, Fax (0474) 65 42 99
Literatur, Gebietsführer Rudolf Weiss (1993): Alpenvereins-Skiführer Zillertaler und Tuxer Alpen, Bergverlag Rother; Rudolf und Siegrun Weiss u. a. (1998): Genuß-Schitourenatlas Südtirol & Österreich-Süd, Schall Verlag
Karten Tabacco 035 (Ahrntal, Rieserfernergruppe)

Tour 18: Blick vom Speikboden in die Rieserfernergruppe

20 Merbspitze (3090 m)

Von Prettau im Ahrntal über das Merbjoch — *Venedigergruppe*

Gesamtcharakter Bis zum Merbjoch kann man von einer (anspruchsvollen) Skitour sprechen. Viele Tourengeher lassen es mit dem Joch bewenden, zumal ein hölzernes Jochkreuz »gipfelähnliche Gefühle« vermittelt. Denn der Weiterweg ist schwierig. Gute Skibergsteiger, die den II. Schwierigkeitsgrad beherrschen, werden aber auf den schönen Gipfel nicht verzichten.
Aufstiegszeit 5 Std.
Höhenunterschied 1400 m
Schwierigkeit skitechnisch anspruchsvoll, Gipfelanstieg: Fels II
Lawinengefahr häufig lawinengefährdet
Hangrichtung Nordwesten
Beste Jahreszeit April – Mai

Anfahrt *Auto:* Von Brixen oder aus Osttirol nach Bruneck im Pustertal. Von hier über Sand in Taufers nach Prettau im Ahrntal; *Bus/Bahn:* hierher auch mit öffentlichen Verkehrsmitteln.
Ausgangspunkt Prettau (1476 m). Parkmöglichkeit gibt es vor dem Gemeindeamt oder beim Wartehäuschen der Bushaltestelle.
Aufstieg Zum Ahrnbach und über die Brücke. Steil zum Gehöft »Falkensteiner«, durch lichten Wald und neuerlich steil zur Merbalm (2006 m). Kurz gemütlicher, dann steil in ein Becken, in das der kleine Merbgletscher eingelagert ist. Über eine letzte Steilstufe ins Merbjoch (2828 m, Jochkreuz). Skidepot. Über den langen Grat in mäßig schwieriger Blockkletterei (II) zum Gipfel.
Abfahrt Wie Aufstieg.

Touristische Infos Tourismusbüro I-39030 Prettau, Tel. (0474) 65 41 88, Fax (0474) 65 42 99
Literatur, Gebietsführer Rudolf Weiss (1993): Alpenvereins-Skiführer Zillertaler und Tuxer Alpen, Bergverlag Rother; Rudolf und Siegrun Weiss u. a. (1998): Genuß-Schitourenatlas Südtirol & Österreich-Süd, Schall Verlag
Karten Tabacco 035 (Ahrntal, Rieserfernergruppe)

Tour 20: Abfahrt von der Merbspitze bzw. vom Skidepot im Merbjoch

21 Fünfte Hornspitze (3146 m)

Südanstieg aus dem Weißenbachtal — *Zillertaler Alpen*

Gesamtcharakter Die Südanstiege aus dem Weißenbachtal zum Zillertaler Hauptkamm sind lang, rauh und eher geeignet für Konditionsbolzen als für Abfahrtsgenießer, z. B. Turnerkamp oder Schwarzenstein. Auch der Anstieg zur Fünften Hornspitze zieht sich, ist aber vergleichsweise gemütlich und lohnt mit einer herrlichen Abfahrt.
Aufstiegszeit 5:30 Std.
Höhenunterschied 1800 m
Schwierigkeit skitechnisch anspruchsvoll, Gipfelaufstieg: Fels I
Lawinengefahr häufig lawinengefährdet
Sonstige Gefahren geringe Spaltengefahr
Hangrichtung Süden, Südosten
Beste Jahreszeit März – April

Anfahrt *Auto:* Von Brixen oder Osttirol ins Pustertal. Weiter über Sand in Taufers nach Luttach und nach Weißenbach; *Bus/Bahn:* hierher auch mit öffentlichen Verkehrsmitteln.
Ausgangspunkt Parkplatz 1 km westlich von Weißenbach (etwa 1350 m).
Aufstieg Auf einer Forststraße Richtung Nordwesten zur Mittleren Gögenalm (1852 m). Scharf nach links abbiegen und steil in ein weites Talbecken mit zwei Almhütten und einem Kirchlein (2027 m).
Richtung Norden zum Trattenbachkees und zum Trattenjoch. Vom Joch zu einem Vorgipfel, dann Skidepot. Auf einem Band in die Nordflanke und durch eine Rinne zum Gipfel.
Abfahrt Wie Aufstieg. Schöner: In einer Höhe von 2500 m nach links queren und unmittelbar zur Gögenalm abfahren.

Touristische Infos Tourismusbüro I-39030 Luttach, Tel. (0474) 67 11 36, Fax (0474) 67 16 66
Literatur, Gebietsführer Rudolf Weiss (1993): Alpenvereins-Skiführer Zillertaler und Tuxer Alpen, Bergverlag Rother; Rudolf und Siegrun Weiss u. a. (1998): Genuß-Schitourenatlas Südtirol & Österreich-Süd, Schall Verlag
Karten Tabacco 036 (Sand in Taufers)

22 Magerstein (3273 m)

Beliebtester Skigipfel im Tourenbereich der Kasseler Hütte — *Rieserfernergruppe*

Gesamtcharakter Beim Magerstein halten sich – im Gegensatz etwa zum Hochgall, dem höchsten Gipfel der Rieserfernergruppe – sowohl die skitechnischen als auch die alpinen Schwierigkeiten in Grenzen. Zudem teilt ein gemütlicher Stützpunkt, die Kasseler Hütte, den langen Anstieg angenehm auf. Das erklärt die Beliebtheit dieses Gipfels. Allerdings haben sich schon mehrmals Spaltenstürze ereignet, vor allem bei schlechter Sicht. Schlußfolgerung: Auch »leichte« Dreitausender dürfen nicht unterschätzt werden!
Aufstiegszeit 2:30 + 3 Std.
Höhenunterschied 700 + 1000 m
Schwierigkeit skitechnisch mittel
Lawinengefahr mitunter lawinengefährdet
Sonstige Gefahren erhebliche Spaltengefahr
Hangrichtung Norden, Nordosten
Beste Jahreszeit März – Mai

Anfahrt *Auto:* Von Brixen oder Osttirol ins Pustertal. Weiter über Bruneck nach Sand in Taufers. Auch mit öffentlichen Verkehrsmitteln erreichbar.
Ausgangspunkt Rein in Taufers (1596 m), 10 km von Sand.
Aufstieg Markierungen führen zur Hütte. Zur Bewirtschaftungszeit in der Regel auch gut gespurt. Östlich des Tristennöckls in ein Tälchen queren. Westlich vom Grat sanft über den Gletscher. Nach rechts ausholend – nunmehr steiler – in einem weiten Bogen zum Gipfel. Der steile Gipfelhang kann abgeblasen und sogar eisig sein. Dann ist Eisausrüstung angenehm.
Abfahrt Wie Aufstieg.

Touristische Infos Tourismusbüro I-39032 Sand in Taufers, Tel. (0474) 67 80 76, Fax (0474) 67 89 22
Literatur, Gebietsführer Rudolf und Siegrun Weiss u. a. (1998): Genuß-Schitourenatlas Südtirol & Österreich-Süd, Schall Verlag
Karten Tabacco 035 (Rieserfernergruppe)
Übernachtung Kasseler Hütte CAI (2276 m). Auch »Hochgallhütte« oder »Rifugio Roma«, bew. Mitte März – Mitte Mai, 75 Schlafplätze, I-39030 Sand in Taufers, Tel. (0474) 62 25 50 (Hütte) bzw. (0474) 67 75 21 (Tal)

Von den Villgratner Bergen zu den Karnischen Alpen

Siegfried Garnweidner

Die *Villgratner Berge,* einer der Hauptbereiche in diesem Kapitel, sind wesentlich ausgedehnter, als man es zunächst vermuten möchte. Dieses interessante Gebiet ist keineswegs auf die Berge rund um das Villgratental beschränkt, sondern dehnt sich von Olang das Antholzer Tal über den Staller Sattel aus, verläuft dann südlich des Defereggentals bis Hopfgarten und die Isel entlang bis Lienz. Im Süden ist diese Gebirgsgruppe durch das Pustertal, teils auf Osttiroler, teils auf Südtiroler Seite begrenzt. In den Villgratner Bergen finden wir eine Fülle von interessanten Skitouren. So beliebte Routen wie die aus dem Gsieser Tal oder auch die weniger überlaufenen Touren im Villgratental sind darin enthalten. Gerade diesen beiden Teilgebieten wollen wir einen breiten Raum widmen, aber auch Glanzlichter aus anderen Bereichen der Villgratner Berge vorstellen.

Sehr langgezogen ist der *Karnische Hauptkamm.* Er umfaßt den Kammverlauf zwischen Innichen und Thörl – Maglern. Das ist zugleich der Grenzkamm zwischen Ost- und Südtirol, ein Gebiet, das im Ersten Weltkrieg hart umkämpft war, und in dem wir heute, selbst im Schnee, noch zahlreiche verfallene Militäranlagen finden können. Da der Bergkamm von beiden Seiten recht steil ansteigt, scheint er sich nicht besonders als Skitourenarena zu eignen. Doch wenn man genauer hinschaut, wird man eine Fülle von lohnenden Routen ausmachen.

Weniger ausgedehnt sind die *Lienzer Dolomiten,* die sich südlich von Lienz und nördlich des Tiroler Gailtals schroff und felsig erheben. Die skitourenfreundlichere Seite dieses Bergstocks finden wir im Süden, und deshalb hat die hier vorgestellte Tour ihren Ausgangspunkt auf der Südseite.

Aufstieg auf die Kreuzspitze; im oberen Roßtal (Tour 13)

Anreise Pustertal, Gsies, Antholzer Tal und Sexten: Mit dem Auto oder Bahn und Linienbus von Bruneck durch das Pustertal oder aus Osttirol über Lienz – Sillian bis zu den Ausgangspunkten. Der Linienbus (Fa. Seiwald) ins Gsieser Tal verkehrt nur an Werktagen. Villgraten und Tiroler Gailtal: Mit dem Auto oder der Bahn von Bruneck durch das Pustertal oder über Lienz bis Sillian. Dann (mit Linienbus) das Villgratental oder das Tiroler Gailtal hinauf.

Zuständige regionale Tourismusverbände:
Für den Südtiroler Teil der Villgratner Berge und des Karnischen Hauptkamms: • Tourismusverband Hochpustertal, Pflegplatz 1, I-39038 Innichen, Tel. (0474) 913156, Fax (0474) 914361; für den Osttiroler Teil der Villgratner Berge und den Karnischen Hauptkamm: • Ferienregion Hochpustertal, A-9920 Sillian, Tel. (04842) 66660, Fax (04842) 6666115; für die Lienzer Dolomiten: • Lienzer-Dolomiten-Werbung, A-9900 Lienz, Tel. (04852) 65265, Fax (04852) 652652.

Skitour zum Golzentipp: ▷ Heuschober in Zilols; hinten der Hohe Bösring (Tour 22)

1 Rudlhorn (2448 m)

Hoch über dem Südtiroler Pustertal — *Villgratner Berge*

Gesamtcharakter Landschaftlich eindrucksvolle Skitour mit einer pfundigen Einkehrmöglichkeit. Nicht nach ergiebigeren Schneefällen riskieren!
Aufstiegszeit 3:30 Std.
Höhenunterschied 1000 m
Schwierigkeit skitechnisch mittel
Lawinengefahr mitunter lawinengefährdet
Sonstige Gefahren beim Gipfelanstieg auf Wächten achten!
Hangrichtung Südwesten und Nordwesten
Beste Jahreszeit Januar – März

Anfahrt *Auto:* Von Lienz oder Bruneck durch das Pustertal bis Taisten und auf schmaler Bergstraße zum Ausgangspunkt; *Bus:* Linienbusverbindung durch das Pustertal bis Taisten.
Ausgangspunkt Oberhäusl, etwas oberhalb der Ortschaft Jetzberg (1503 m).
Aufstieg Auf der Forststraße bis zu ihrem Ende gegen Norden hinauf, dann auf dem Sommerweg durch steilen, steinigen und dichten Hochwald zur Taistner Vorderalm (1992 m; auch im Winter bewirtschaftet). Möglich und bequemer, aber monoton, wäre auch der Anstieg vom Mudler (1590 m) auf dem Fahrweg (Rodelbahn) gegen Nordosten.
Ab der Taistner Vorderalm in offenem Gelände neben dem Taistner Bach gegen Nordosten und in weitem Rechtsbogen in die steile, lawinenbedrohte Flanke zwischen Rudlhorn und Eisatz. Mühsam die Steilflanke hinauf zur Scharte zwischen den beiden Gipfeln (2388 m). Dort Skidepot. Nach Südwesten zum Rudlhorn nur ein paar Minuten zu Fuß hinauf. Möglich, aber für den Skifahrer kaum interessant ist der Übergang zum Eisatz (2493 m). Dazu aus der Scharte gegen Nordosten über den Vorgipfel (2477 m) und dann am Grat relativ eben dahin (1 Std.)
Abfahrt Entlang der Aufstiegsroute.

Touristische Infos Tourismusverein I-39035 Welsberg/Monguelfo, Tel. (04 74) 94 41 18, Fax (04 74) 94 45 99
Literatur, Gebietsführer Hans Pescoller: Alpenvereins-Skiführer Ostalpen, Bd 6: Südtirol-Ost, Bergverlag Rother
Karten mapgraphic-Karte, Blatt 17
Einkehr in der Taistner Vorderalm

2 Golfen (2493 m) und Hochhorn (2623 m)

Pustertaler Gipfelduo — *Villgratner Berge*

Gesamtcharakter Beschauliche Skitour mit langer, genußreicher »Bequemabfahrt«. Der lange Rücken vom Golfen bis zum Hochhorn ist normalerweise nicht überwächtet, oft aber abgeblasen.
Aufstiegszeit 3 Std.
Höhenunterschied 1000 m
Schwierigkeit skitechnisch leicht
Lawinengefahr kaum lawinengefährdet
Hangrichtung Süden und Südwesten
Beste Jahreszeit Januar – März

Anfahrt *Auto:* Bis Toblach auf der Pustertaler Bundesstraße ab Lienz oder Bruneck. Dann durch das Silvestertal. Hinter der Enzianhütte links abbiegen, auf steiler Bergstraße zum Gasthaus »Kurterhof«; *Bus:* Linienbusverbindung ab Innichen bzw. Bruneck durch das Pustertal.
Ausgangspunkt Frondeigen (1650 m).
Aufstieg Vom Kurterhof in Frondeigen gemütlich am Toblacher Höhenweg gegen Norden in dichtem Fichtenwald dahin. Nur kurz wird es mal etwas steiler, dann wird bei den Golfwiesen der lange Höhenrücken erreicht, dem man über die Kotierungspunkte 2242 m, 2374 m und 2483 m zum Golfen folgt. Vom Golfen einfach dem Höhenzug noch etwa eine halbe Stunde gegen Nordosten zum Hochhorn folgen.
Abfahrt Entlang der Aufstiegsroute.

Touristische Infos Tourismusverein I-39034 Toblach/Dobbiaco, Tel. (04 74) 97 21 32, Fax (04 74) 97 27 30
Literatur, Gebietsführer Rudolf und Siegrun Weiss u. a. (1998): Genuß-Schitourenatlas Südtirol & Österreich-Süd, Schall Verlag; Hans Pescoller: Alpenvereins-Skiführer Ostalpen, Bd 6: Südtirol-Ost, Bergverlag Rother
Karten mapgraphic-Karte, Blatt 17

3 Toblacher Pfannhorn (2663 m)

Zwischen Pustertal und Villgratental — *Villgratner Berge*

Gesamtcharakter Bei vernünftiger Routenwahl und guter Schneelage nahezu ideale Tour auf einen sehr aussichtsreichen, beliebten Skigipfel. Streckenweise steil und anstrengend. Die Route ist aus dem Pustertal gut einzusehen.
Aufstiegszeit 3:30 Std.
Höhenunterschied 1100 m
Schwierigkeit skitechnisch mittel
Lawinengefahr kaum lawinengefährdet, solange man den Gipfelgrat nicht verläßt
Sonstige Gefahren Wächten am Gipfelgrat
Hangrichtung Südosten und Südwesten
Beste Jahreszeit Januar – März

Anfahrt *Auto:* Über Innichen oder Bruneck bis Toblach; für die Bergstraße von Toblach nach Kandellen Schneeketten mitnehmen; Parkplatz beim Hoferhof; *Bus:* Linienbus ab Innichen bzw. Bruneck durch das Pustertal bis Toblach.
Ausgangspunkt Kandellen (1604 m).
Aufstieg Vom Hoferhof der Forststraße nach Nordosten ins Golfental folgen, nach den fünf weiten Straßenkehren auf den Sommerweg links abbiegen und über einen bewaldeten Höhenrücken steil zur Waldgrenze hinauf. Am Punkt 2070 m und der ehem. Pfannhornhütte (Bonner Hütte; 2307 m) vorbei und in wechselnder Steigung, ab 2458 m in leichtem Rechtsbogen, über den Höhenzug zum Gipfel hinauf.
Abfahrt Entlang der Aufstiegsroute, mit Varianten bei sicherer Schneebeschaffenheit.

Touristische Infos Tourismusverein I-39034 Toblach/Dobbiaco, Tel. (04 74) 97 21 32, Fax (04 74) 97 27 30
Literatur, Gebietsführer Hans Pescoller: Alpenvereins-Skiführer Ostalpen, Bd 6: Südtirol-Ost, Bergverlag Rother
Karten mapgraphic-Karte, Blatt 17

4 Rote Wand (2818 m)

Aus dem Antholzer Tal über den Staller Sattel — *Villgratner Berge*

Gesamtcharakter Landschaftlich prächtige Skitour mit langem Anstieg und recht rasanter Abfahrtsvariante. Eindrucksvolle Gipfelrundschau.
Aufstiegszeit 4:30 Std.
Höhenunterschied 1200 m
Schwierigkeit skitechnisch anspruchsvoll; alpinistisch: Trittsicherheit für ein kurzes Stück am Gipfelgrat erforderlich
Lawinengefahr mitunter lawinengefährdet (insbes. die Abfahrtsvariante)
Sonstige Gefahren Wächten am Gipfelgrat
Hangrichtung Westen, Osten und Norden
Beste Jahreszeit Februar – April

Anfahrt *Auto:* Von Bruneck oder Innichen durch das Pustertal bis Niederrasen, dann durch das Antholzer Tal bis zum Ausgangspunkt; *Bus:* Linienbusverkehr durch das Antholzer Tal.
Ausgangspunkt Parkplatz am südlichsten Zipfel des Antholzer Sees (1640 m).
Aufstieg Über den See oder auf der Straße zur Enzianhütte und auf der (gesperrten) Paßstraße nach Osten mit einigen Abkürzungen hinauf. Kurz unter dem Staller Sattel rechts abbiegen und durch das Ackstal nach Südosten weiter. In weitem Rechtsschwenk auf die Staller Alm. Gegen Westen, unter der Gipfelflanke über eine kurze Steilstufe zum felsigen Südgrat hinauf. Auf ihm (mit geschulterten Brettln) zum Gipfel hinauf.
Abfahrt Möglich entlang der Aufstiegsroute oder (insgesamt recht rasant, aber lohnend) vom Gipfel ein paar Meter zu Fuß über den scharfen Grat nach Nordwesten und durch eine felsdurchsetzte Steilrinne pfiffig hinab. Der Hang flacht ab, die Route verläuft über die freien Hänge der Montalalm und bei der Unteren Steinzgeralm (1891 m) in den Wald hinein. Dieser Waldhang wird immer steiler und fällt zuletzt enorm zur Paßstraße ab. Auf ihr zum Ausgangspunkt.

Touristische Infos Tourismusverein I-39030 Antholz/Anterselva, Tel. (04 74) 49 21 16, Fax (04 74) 49 23 70
Literatur, Gebietsführer Rudolf und Siegrun Weiss u. a. (1998): Genuß-Schitourenatlas Südtirol & Österreich-Süd, Schall Verlag; Hans Pescoller: Alpenvereins-Skiführer Ostalpen, Bd 6: Südtirol-Ost, Bergverlag Rother
Karten mapgraphic-Karte, Blatt 17

Tour 6: Blick von der Kasermähder Alm zur Körlspitze

5 Geil (2494 m)

Geheimtip über dem Gsieser Tal — *Villgratner Berge*

Gesamtcharakter Selten durchgeführte Skitour im Schatten interessanter Skigipfel rund um das Gsieser Skitourenparadies. Aus den Felsenhängen zwischen Hochstein und Körlspitze mitunter erhebliche Lawinengefahr. Recht steiler Gipfelhang.
Aufstiegszeit 3 Std.
Höhenunterschied 1000 m
Schwierigkeit skitechnisch mittel
Lawinengefahr mitunter lawinengefährdet
Hangrichtung Nordwesten und Westen
Beste Jahreszeit Januar – April

Anfahrt *Auto:* Über Bruneck oder Innichen durch das Pustertal bis Welsberg und dann das Gsieser Tal zum Ausgangspunkt hinauf; *Bus/Bahn:* Linienbusverbindung ab Welsberg (nur an Werktagen).
Ausgangspunkt Parkplatz beim oberen Skilift in St. Magdalena-Obertal, Bruggen neben der Talschlußhütte (1465 m).
Aufstieg Vom Parkplatz über den Pidigbach, durch die Ansiedlung Pinter (1482 m) und auf der Rennrodelbahn in das Tal des Köflerbachs. Kurz vor dem Starthäuschen nach rechts den Wegweisern gegen Süden ins Tal des Tschernielbachs folgen. Abkürzungsmöglichkeit in der ersten Linkskehre der Straße. Weiter zur Oberen Tscherniedalm (1976 m). Unter den wilden Lawinenhängen zwischen Hochstein und Körlspitze zur Waldgrenze und in welligem Skigelände gegen Osten ins Kalksteiner Jöchl (2349 m). Gegen Nordosten nahe einem breiten Rücken über den Punkt 2450 m hinweg und zuletzt sehr steil zum Gipfel.
Abfahrt Entlang der Aufstiegsroute.

Touristische Infos Tourismusverein I-39030 Gsieser Tal/Valle di Casies, Tel. (0474) 978436; Fax (0474) 978226
Literatur, Gebietsführer Hans Pescoller: Alpenvereins-Skiführer Ostalpen, Bd 6: Südtirol-Ost, Bergverlag Rother
Karten mapgraphic-Karte, Blatt 17

6 Körlspitze (2612 m)

Stiller, aber steiler Gipfel im Gsies — *Villgratner Berge*

Gesamtcharakter Bis auf den Gipfelhang eine eher leichte, landschaftlich sehr schöne Tour. Im zeitigen Frühjahr ist im Gipfelhang mit Firn zu rechnen, dann muß man aber früh aufbrechen.
Aufstiegszeit 4 Std.
Höhenunterschied 1300 m
Schwierigkeit skitechnisch anspruchsvoll
Lawinengefahr häufig lawinengefährdet (vor allem im steilen Grashang am Gipfel)
Sonstige Gefahren Abrutschgefahr im Gipfelhang; Wächten am Gipfel
Hangrichtung Westen und Süden
Beste Jahreszeit Januar – März

Anfahrt *Auto:* Über Bruneck oder Innichen durch das Pustertal bis Welsberg und dann das Gsieser Tal zum Ausgangspunkt hinauf; *Bus/Bahn:* Linienbusverbindung ab Welsberg (nur an Werktagen).
Ausgangspunkt Gasthaus »Kircher« (1300 m) in St. Martin – Niedertal im Gsies.
Aufstieg Vom Wirtshaus auf dem Fahrweg gegen Osten in den Wald. In Kehren oberhalb einer Bachschlucht steil hinauf und ab der Außerhüttenalm (1640 m) flacher dahin. An der Schuheralm (1862 m) vorbei, nach dem Bach links abbiegen und zur Tura-Alm (2042 m) steil hinauf. In weitem Bogen von Ost nach Nord in den »Laninger« und zwischen den felsigen Punkten 2404 m und 2480 m hindurch. Den Sommerweg (Versellsteig) queren und (nur bei besten Bedingungen) über den arg steilen, südseitigen Grashang zum Gipfel hinauf.
Abfahrt Entlang der Aufstiegsroute.

Touristische Infos Tourismusverein I-39030 Gsieser Tal/Valle di Casies, Tel. (0474) 978436; Fax (0474) 978226
Literatur, Gebietsführer Tour erwähnt in Hans Pescoller: Alpenvereins-Skiführer Ostalpen, Bd 6: Südtirol-Ost, Bergverlag Rother
Karten mapgraphic-Karte, Blatt 17

7 Hochkreuz (2739 m)

Gsieser Tourenklassiker — *Villgratner Berge*

Gesamtcharakter Relativ lange, landschaftlich prächtige Skitour. Paradeberg des Gsieser Tals mit großartiger Landschaft, nicht nur am Gipfel! Herrliche Abfahrten mit zahllosen Varianten.
Aufstiegszeit 4 Std.
Höhenunterschied 1300 m
Schwierigkeit skitechnisch mittel
Lawinengefahr kaum lawinengefährdet (Abfahrtsvarianten mitunter lawinengefährdet bzw. häufig lawinengefährdet)
Hangrichtung Süden (Abfahrtsvariante Plankfeld: Nordwesten)
Beste Jahreszeit Januar bis März

Anfahrt *Auto:* Über Bruneck oder Innichen durch das Pustertal bis Welsberg und dann das Gsieser Tal zum Ausgangspunkt hinauf; *Bus:* Linienbusverbindung ab Welsberg (nur an Werktagen).
Ausgangspunkt Talstation des oberen Skilifts bei der Talschlußhütte in Bruggen (1465 m), St. Magdalena im Gsies.
Aufstieg Auf einer Brücke über den Gsieser Bach, am flachen Wiesenhang gegen Nordosten und in das Pfoital. Immer auf dem Sommerweg, bis bei etwa 1900 m der Fahrweg erreicht wird. Nun entweder durch steilen Wald gegen Nordwesten oder in weiten Kehren am Sträßchen zur Uwaldalm (2042 m). In freiem Gelände gegen Norden über den Spielbichl (2272 m) und die Platte (2304 m) aufsteigen und am breiten Rücken weiter, der sich oben deutlich verengt. Auf der Höhe von 2445 m nach rechts über den Grat und in die oberen Hänge des Hellbodens.
Nach Norden den steilen Hang hinauf, noch vor dem Pfoisattel links abdrehen und bis knapp unter das Mittlere Hochkreuz (2702 m). Rechts halten und gegen Norden (östlich des Grats) zum Gipfel hinauf.
Abfahrt Möglich entlang der Aufstiegsroute. Interessanter: vom Mittleren Hochkreuz nach Süden durch die Hellböden abfahren, in das Pfoital hinein und durch dieses zurück. Nur bei lawinensicherer Lage: vom Gipfel gegen Norden über den breiten Grat bis vor den Punkt 2741 m abfahren. Dann gegen Westen (links) über steile, lawinenbedrohte Hänge ins Plankfeld hinunter. Unter dem Gsieser Törl links und neben dem Pidigbach, ab der Waldgrenze auf dem Fahrweg, nach Süden zum Ausgangspunkt zurück.

Touristische Infos Tourismusverein I-39030 Gsieser Tal/Valle di Casies, Tel. (0474) 978436; Fax (0474) 978226
Literatur, Gebietsführer Hans Pescoller: Alpenvereins-Skiführer Ostalpen, Bd 6: Südtirol-Ost, Bergverlag Rother
Karten mapgraphic-Karte, Blatt 17

8 Karbacher Berg (2518 m) und Hoher Mann (2593 m)

Modetour im Doppelpack — *Villgratner Berge*

Gesamtcharakter Bei guten Verhältnissen sind die Routen unschwierig, weshalb diese Tour auch sehr beliebt ist. Gipfelanstiege bei hoher Schneelage und ohne Spur etwas anspruchsvoller. Großartige Gipfelrundschau.
Aufstiegszeit 3:45 Std.
Höhenunterschied 1150 m
Schwierigkeit skitechnisch mittel
Lawinengefahr mitunter lawinengefährdet
Sonstige Gefahren viele Löcher und Gräben in der Nähe der Pfinnschupfen selbst bei hoher Schneelage
Hangrichtung Osten (Gipfelanstiege auch Norden und Süden)
Beste Jahreszeit Dezember – März

Anfahrt *Auto:* Über Bruneck oder Innichen durch das Pustertal bis Welsberg und dann das Gsieser Tal zum Ausgangspunkt hinauf.
Bus: Linienbusverbindung ab Welsberg (nur an Werktagen).
Ausgangspunkt Talstation des oberen Schlepplifts bei der Talschlußhütte in Bruggen (1465 m), St. Magdalena im Gsies.
Aufstieg Mit Fellen oder mit dem Skilift zur Bergstation und nach links auf einem Fahrweg in den Wald hinein. Leicht ansteigend zur Aschtalalm dahin. Bei der letzten Almhütte ein wenig rechts und durch einen Bachgraben gegen Westen in die freien Hänge der Pfinn. An der Pfinnhütte (2152 m) vorbei und auf die Pfinnscharte zu. Zum Karbacher Berg noch vor der Pfinnscharte links abbiegen und im steilen Nordhang zur weiten Gipfelhochfläche.
Zum Hohen Mann durch die Pfinnscharte und nach rechts über den Südrücken, zuletzt recht steil, zum Gipfel.
Abfahrt Entlang einer der Aufstiegsrouten.

Touristische Infos Tourismusverein I-39030 Gsieser Tal/Valle di Casies, Tel. (0474) 978436; Fax (0474) 978226
Literatur, Gebietsführer Rudolf und Siegrun Weiss u. a. (1998): Genuß-Schitourenatlas Südtirol & Österreich-Süd, Schall Verlag; Hans Pescoller: Alpenvereins-Skiführer Ostalpen, Bd 6: Südtirol-Ost, Bergverlag Rother
Karten mapgraphic-Karte, Blatt 17

Tour 8: Skiabfahrt vom Karbacher Berg; hinten der Gipfel

9 Rotlahner (2735 m)

Populärer Skigipfel im Gsies — *Villgratner Berge*

Gesamtcharakter Landschaftlich sehr ansprechende und beliebte Skitour mit interessanter Abfahrt.
Aufstiegszeit 4:15 Std.
Höhenunterschied 1300 m
Schwierigkeit skitechnisch mittel
Lawinengefahr mitunter lawinengefährdet
Sonstige Gefahren Wächten am Gipfelrücken
Hangrichtung Westen und Südwesten
Beste Jahreszeit Januar – März

Anfahrt *Auto:* Über Bruneck oder Innichen durch das Pustertal bis Welsberg und dann das Gsieser Tal zum Ausgangspunkt hinauf; *Bus:* Linienbusverbindung ab Welsberg (nur an Werktagen).
Ausgangspunkt Talstation des oberen Schlepplifts bei der Talschlußhütte in Bruggen (1465 m), St. Magdalena im Gsies.
Aufstieg Auf der Brücke über den Pidigbach und gegen Osten zum Fahrweg. Auf ihm nach Südosten, an Pinter vorbei und bis zur Straßenverzweigung bei 1627 m Höhe auf der Rodelbahn nach Osten dahin, dann links abschwenken und zur Straßenkehre vor der Köfleralm (1806 m). Auf dem Sommerweg durch einen steilen, engen Bachgraben, links aus dem Tobel heraus und über einen steilen Hang zur Kasermähderalm (2048 m). In mäßiger Steigung gegen Nordosten durch das gestufte Tuffeld bis unter den steilen Schrofenrücken südlich des Rotlahners. Eine kurze Steilstufe hinauf, nach einem Mugel wieder flacher, bis sich der Hang unter dem Heimwaldjoch nochmals aufschwingt. Im Heimwaldjoch rechts und gegen Südosten über den breiten Gipfelrücken bequem zum Rotlahner.
Abfahrt Entlang der Aufstiegsroute.

Touristische Infos Tourismusverein I-39030 Gsieser Tal/Valle di Casies, Tel. (0474) 978436; Fax (0474) 978226
Literatur, Gebietsführer Rudolf und Siegrun Weiss u. a. (1998): Genuß-Schitourenatlas Südtirol & Österreich-Süd, Schall Verlag; Hans Pescoller: Alpenvereins-Skiführer Ostalpen, Bd 6: Südtirol-Ost, Bergverlag Rother
Karten mapgraphic-Karte, Blatt 17

10 Hohes Haus (2784 m)

Durch die Villponer Lenke — *Villgratner Berge*

Gesamtcharakter Lange Skitour. Paradegipfel in dieser Gegend wäre eigentlich das Hohe Kreuz. Es ist aber relativ stark von Lawinen bedroht, weshalb als weitaus sichereres Ziel das ebenfalls interessante und sehr aussichtsreiche, wenig bekannte Hohe Haus in Betracht kommt.
Aufstiegszeit 4:30 Std.
Höhenunterschied 1400 m
Schwierigkeit skitechnisch mittel
Lawinengefahr mitunter lawinengefährdet
Hangrichtung Süden, Westen und Norden
Beste Jahreszeit Januar – März

Anfahrt *Auto:* Von Sillian im Osttiroler Hochpustertal auf guter Straße durch das Villgratental zum Ausgangspunkt.
Bus/Bahn: Linienbusverbindung ab Bhf. Sillian.
Ausgangspunkt Innervillgraten (1402 m).
Aufstieg Vom Postamt Innervillgraten auf schmalem Sträßchen gegen Norden neben dem Ainetbach an einer alten Mühle vorbei, dann über einen Viehweg (Sommerwegmarkierung) steil zu einer Geschiebesperre. Aus dem Wald heraus, an der Taletalm (1810 m) vorbei und auf einem Fahrweg zur Schmidhoferalm (1909 m). Leicht abfallend in einen weiten Boden. Über ihn geradeaus hinweg und in weitem Bogen gegen Nordosten (rechts) weiter. Bei den untersten Hütten der Sandalm verzweigt sich die Route. Dort gegen Osten weiter, der Hang schwingt sich in Stufen auf. Durch ein Felslabyrinth in die Villponer Lenke (2556 m). Aus der Scharte nach rechts und über den mäßig steilen Nordhang zum Grat zwischen Hohem Kreuz und Hohem Haus zu. Am Grat links, durch eine Mulde und zum Gipfel hinauf.
Abfahrt Entlang der Aufstiegsroute.

Touristische Infos Tourismusverband A-9932 Innervillgraten, Tel. (04843) 5194, Fax (04843) 5136
Literatur, Gebietsführer Skitourenführer »Villgratental«, hrsg. von den Tourismusverbänden Außervillgraten und Innervillgraten
Karten Mayr Winterkarte, Blatt 80

11 Marchkinkele (2545 m)

Durch das Oberhofer Tal — *Villgratner Berge*

Gesamtcharakter Auf diesen beliebten Villgratner Skigipfel gibt es zwei interessante Routen. Anstieg und Abfahrt durch das Marchental von bzw. nach Kalkstein sind häufig lawinengefährdet und deshalb nur bei sehr sicheren Bedingungen anzuraten. Sicherer ist die hier vorgestellte Route von Innervillgraten durch das Oberhofer Tal.
Aufstiegszeit 3:30 Std.
Höhenunterschied 1150 m
Schwierigkeit skitechnisch leicht
Lawinengefahr mitunter lawinengefährdet
Sonstige Gefahren Wächten am Grat oberhalb der Marchenswand
Hangrichtung Nordosten
Beste Jahreszeit Januar – April

Anfahrt *Auto:* Von Sillian im Osttiroler Hochpustertal auf guter Straße durch das Villgratental zum Ausgangspunkt.
Bus/Bahn: Linienbusverbindung ab Bhf. Sillian.
Ausgangspunkt Innervillgraten, Sägewerk am Villgratenbach (1390 m).
Aufstieg Neben dem Sägewerk auf einer Brücke über den Villgratenbach und auf freien Hängen, die Straße mehrmals querend, nach Süden zum Waldrand. Dort rechts, am Noltenhof vorbei, bei der Straßenverzweigung links und auf schmaler Fahrspur zur Oberhofer Alm (1622 m). Dann etwas rechts halten und sanft ansteigend gegen Südwesten in das Oberhofer Tal. Nach Engstellen weitet sich das Oberhofer Tal. Zunächst auf der Nordwestseite des Tals aufsteigen und etwas unter dem Schwebaskofel zur Talmitte ausweichen. An einigen Heustadeln vorbei und gegen Westen zum Grat zwischen Gisser Törl und Marchkinkele. Dort links halten und auf der Scheitelstrecke des breiten Grates in einem leichten Linksschwenk relativ einfach an den Gipfelaufschwung heran. Die letzten Meter evtl. zu Fuß zum Gipfel.
Abfahrt Entlang der Aufstiegsroute.

Touristische Infos Tourismusverband A-9932 Innervillgraten, Tel. (04843) 5194, Fax (04843) 5136
Literatur, Gebietsführer Skitourenführer »Villgratental«, hrsg. von den Tourismusverbänden Außervillgraten und Innervillgraten
Karten Mayr Winterkarte, Blatt 80

12 Großes Degenhorn (2946 m)

Eine Firntour fürs Frühjahr — *Villgratner Berge*

Gesamtcharakter Lange und anstrengende Frühjahrs-Firntour. Unbedingt früh aufbrechen. Lawinen können aus den Schrofenhängen zwischen Roter Spitze und Storfenspitze, von der Kaschaswand und aus der Karlan (östlich der Storfenspitze) abgehen. Rundum einzigartige Gipfelaussicht.
Aufstiegszeit 4 Std.
Höhenunterschied 1300 m
Schwierigkeit skitechnisch mittel
Lawinengefahr häufig lawinengefährdet
Sonstige Gefahren Steilabbrüche unterhalb der Route südlich des Gipfelanstiegs
Hangrichtung Westen und Südwesten
Beste Jahreszeit Februar – April

Anfahrt *Auto:* Von Sillian im Osttiroler Hochpustertal auf guter Straße durch das Villgratental nach Lahnberg und dann auf schmalem Sträßchen (Schneeketten!) zum Langlaufzentrum; *Bus/Bahn:* Linienbusverbindung ab Bhf. Sillian bis Innervillgraten.
Ausgangspunkt Unterstalleralm (1673 m).
Aufstieg An der Jausenstation vorbei (im Winter geschlossen) und auf dem Fahrweg gegen Nordosten zur Feriensiedlung Oberstalleralm (1883 m). Auf der linken Seite des Ahrntals in geringer Steigung gegen Osten dahin. Hinter einem Schuttkegel auf der südlichen Talseite (2133 m; »Beim Garten«) nach links ein Seitental gegen Nordosten hinauf und bei etwa 2600 m über eine Rippe nach rechts zu einer weiteren Talmulde. In sie hineinrutschen und steil hinauf, um dann gegen Nordosten gleichmäßig aufzusteigen. Bei Harsch wegen der von oben nur schwer erkennbaren Abbrüche Harscheisen anlegen! Etwas links haltend gegen Norden abdrehen, auf den kurzen Gipfelgrat zu und zum Kreuz hinauf.
Abfahrt Entlang der Aufstiegsroute.

Touristische Infos Tourismusverband A-9932 Innervillgraten, Tel. (04843) 5194, Fax (04843) 5136
Literatur, Gebietsführer Rudolf und Siegrun Weiss u.a. (1998): Genuß-Schitourenatlas Südtirol & Österreich-Süd, Schall Verlag; Skitourenführer »Villgratental«, hrsg. von den Tourismusverbänden Außervillgraten und Innervillgraten
Karten Mayr Winterkarte, Blatt 80

Tour 10: In der Villponer Lenke, bei der Abfahrt vom Hohen Haus

Tour 14: Skitour auf das Gaishörndl. Blick aus dem Alfental zum Toblacher Pfannhorn (links) und zum Gipfelaufschwung des Gaishörndls (rechts)

13 Kreuzspitze (2624 m)

Skivergnügen der Extraklasse über dem Villgratental

Villgratner Berge

Gesamtcharakter Nahezu idealer Skiberg mit einer langen, zügigen Abfahrt, die allerdings von einigen ernstzunehmenden Lawinenstrichen gequert wird. Eindrucksvolle Gipfelrundschau bis in die Sextener Dolomiten.
Aufstiegszeit 3 Std.

Höhenunterschied 1000 m
Schwierigkeit skitechnisch mittel
Lawinengefahr mitunter lawinengefährdet
Hangrichtung Nordosten, Süden und Südwesten
Beste Jahreszeit Januar – April

Anfahrt *Auto:* Von Sillian im Osttiroler Hochpustertal auf guter Straße durch das Villgratental bis zum Ende der Straße in Kalkstein; *Bus/Bahn:* Linienbusverbindung ab Bhf. Sillian bis Innervillgraten.
Ausgangspunkt Kalkstein (1639 m).
Aufstieg Vom großen Parkplatz auf dem Fahrweg durch lockeren Lärchenwald kurz gegen Süden, dann Nordwesten und auf schmaler Fahrspur durch das Roßtal zur Lipperalm (1904 m). Im Talgrund gegen Norden und in weitem Bogen nach Nordosten.
Der Hang wird deutlich steiler. Die Lawinenstriche weiträumig umgehen und durch ein übersichtliches System von Rinnen und Mulden die Hänge nordwestlich der Kreuzspitze hinauf. Etwa 70 Höhenmeter unter dem Gipfel rechts abdrehen und gegen Südosten den steilen Gipfelhang zum höchsten Punkt hinauf queren.
Abfahrt Entlang der Aufstiegsroute.

Touristische Infos Tourismusverband A-9932 Innervillgraten, Tel. (04843) 5194, Fax (04843) 5136
Literatur, Gebietsführer Rudolf und Siegrun Weiss u.a. (1998): Genuß-Schitourenatlas Südtirol & Österreich-Süd, Schall Verlag; Skitourenführer »Villgratental«, hrsg. von den Tourismusverbänden Außervillgraten und Innervillgraten
Karten Mayr Winterkarte, Blatt 80

14 Gaishörndl (2615 m)

Firntour im hintersten Villgraten

Villgratner Berge

Gesamtcharakter Streckenweise steile Tour auf einen richtigen Genußskiberg. Sehr beliebt, deshalb mitunter pistenartig eingefahren. Kombinationsmöglichkeit mit dem Toblacher Pfannhorn (+ 1/2 Std. Aufstiegszeit).
Aufstiegszeit 2:40 Std.

Höhenunterschied 1000 m
Schwierigkeit skitechnisch mittel
Lawinengefahr kaum lawinengefährdet
Hangrichtung Osten und Südosten
Beste Jahreszeit Januar – April

Anfahrt *Auto:* Von Sillian im Osttiroler Hochpustertal auf guter Straße durch das Villgratental bis zum Ende der Straße in Kalkstein; *Bus/Bahn:* Linienbusverbindung ab Bhf. Sillian bis Innervillgraten.
Ausgangspunkt Kalkstein (1639 m).
Aufstieg Vom Parkplatz in Kalkstein in lichtem Lärchenwald nach Süden zu einem Sträßchen, das sich bald verzweigt. Dort geradeaus gegen Süden weiter zur Alfenalm. Bei der Verzweigung auf 1737 m (links zum Marchkinkele) gegen Südwesten in das Alfental. Auf schmalem Fahrweg bis kurz unter die Ruschletalm (1915 m). Nun durch das von Gräben und Rippen gegliederte Alfental steil hinauf. Auf der rechten Talseite über einen steilen, erlenbewachsenen Rücken zu einer Heuhütte hinauf. Der Hang flacht ab. Rund 500 m vor dem Pfanntörl rechts abbiegen. Über den langen Sonnenhang hinauf und kurz unter dem Gipfel auf die Schattenseite des Berges. Gleich darauf wird der Gipfel erreicht.
Abfahrt Entlang der Aufstiegsroute.

Touristische Infos Tourismusverband A-9932 Innervillgraten, Tel. (04843) 5194, Fax (04843) 5136
Literatur, Gebietsführer Rudolf und Siegrun Weiss u.a. (1998): Genuß-Schitourenatlas Südtirol & Österreich-Süd, Schall Verlag; Skitourenführer »Villgratental«, hrsg. von den Tourismusverbänden Außervillgraten und Innervillgraten
Karten Mayr Winterkarte, Blatt 80

15 Demut (2592 m)

Stiller Tourengipfel am Rande des Helmzugs

Karnischer Hauptkamm

Gesamtcharakter Wenig durchgeführte, einfache, aber arg weite Skitour für Tage, an denen mit Firn zu rechnen ist. Oft nicht gespurt. Beeindruckend ist die Rundschau auf die wilde Felsenkulisse der Sextener Dolomiten.

Aufstiegszeit 4:15 Std.
Höhenunterschied 1000 m
Schwierigkeit skitechnisch leicht
Lawinengefahr mitunter lawinengefährdet
Hangrichtung Süden
Beste Jahreszeit Januar – April

Anfahrt *Auto:* Von Bruneck oder Lienz durch das Pustertal über Sexten und zum Kreuzbergpaß hinauf; *Bus/Bahn:* Busverbindung ab Bhf. Innichen.
Ausgangspunkt Kreuzbergpaß (1636 m).
Aufstieg Auf dem Fahrweg gegen Norden mit etlichen Abkürzungsmöglichkeiten zur Nemes-alm (1877 m). Von der Alm nach Osten weiter und dann in einem weiten Bogen auf den Rücken hinauf, der vom Roteck nach Süden abfällt. Über die Gratschulter hinweg und zwischen Steinmann und Roteck auf der westlichen Seite des tiefen Taleinschnitts nach Norden zum Grat östlich des Rotecks (Anstiegsmöglichkeit über den Grat zum Roteck; 2390 m, leicht). Zum Demut geradewegs nach Nordwesten über die steilen Hänge steigen oder (einfacher, aber weiter) südöstlich des Grats das Steilgelände queren und in muldiges Gelände hinein. Dort links und in ein paar Kehren zum Gipfel hinauf.
Abfahrt Entlang der Aufstiegsroute.

Touristische Infos Tourismusverein I-39030 Sexten/Sesto, Tel. (0474) 71 03 10, Fax (0474) 71 03 18
Karten Mayr Winterkarte, Blatt 80

16 Hochgruben (2568 m)

Einsames im Helmzug

Karnischer Hauptkamm

Gesamtcharakter Landschaftlich prächtige Skitour in stiller Bergeinsamkeit. Grandiose Gipfelrundschau. Möglich sind Anstieg und Abfahrt auch auf der (schneesicheren) Nordseite von Sillian über die Leckfelder.
Aufstiegszeit 3:30 Std.

Höhenunterschied 1050 m
Schwierigkeit skitechnisch leicht
Lawinengefahr mitunter lawinengefährdet
Hangrichtung Südwesten
Beste Jahreszeit Februar – April

Anfahrt *Auto:* Von Bruneck oder Lienz durch das Pustertal und von Sexten zur Festung Mitterberg; keine öffentlichen Verkehrsmittel.
Ausgangspunkt Festung Mitterberg (1550 m).
Aufstieg Vom Parkplatz auf die Straße gehen, die oberhalb der Festung verläuft. Bei der Wegverzweigung im Wald am linken Wegast über die Skipiste zu den Hütten von Negerdorf. Das Sträßchen (Loipe) dreht gegen Nordosten. Beim Bachgraben links, neben dem Kampenbach dahin. Die Aufstiegsroute schwenkt nach links (Norden) ab. Am Waldrand weiter, durch einen Talgrund, wieder links und über steile Wiesen zu einigen Hütten hinauf. Links halten, in Lärchenwald hinein und über einen steilen Rücken gegen Nordosten zu einer westlich des Rückens steil aufsteigenden, breiten Mulde. Durch sie in Kehren hinauf, bis sie nach oben ausläuft. Nun auf einer Rippe kurz gegen Südwesten zu einem langen Rücken. Westlich seiner Scheitelstrecke zum Leckfeldsattel (2381 m) und weiter zur Sillianer Hütte (2447 m). Südlich des Grats, die letzten Meter gegen Norden, zum Gipfel hinauf.
Abfahrt Entlang der Aufstiegsroute. Bei sicherer Schneelage kann man etwas rassiger durch die Hangmulde zum Kampenbach abfahren. Und man erspart sich den Lärchenwaldrücken.

Touristische Infos Tourismusverein I-39030 Sexten/Sesto, Tel. (0474) 71 03 10, Fax (0474) 71 03 18
Karten Mayr Winterkarte, Blatt 80

17 Zenzerspitze (2393 m)

Auf scharfen Graten … *Karnischer Hauptkamm*

Gesamtcharakter Am scharfen Grat vor dem (einfachen) Gipfelanstieg sind Trittsicherheit, Schwindelfreiheit und guter Stapfschnee notwendig. Bei unsicheren Bedingungen wird also der Gipfel nicht erreicht. Interessant sind die verfallenen Militärstellungen aus dem Ersten Weltkrieg in der damals hart umkämpften Gebirgsregion.

Aufstiegszeit 2:30 Std.
Höhenunterschied 1050 m
Schwierigkeit skitechnisch leicht, alpinistisch: I
Lawinengefahr mitunter lawinengefährdet
Sonstige Gefahren Gipfelanstiege ausgesetzt, Wächten
Hangrichtung Norden
Beste Jahreszeit Februar – April

Anfahrt *Auto:* Von Lienz oder Bruneck – Vierschach durch das Hochpustertal bis Sillian. Das Tiroler Gailtal bis Kartitsch hinauf und auf guter Bergstraße nach Hollbruck. Oder auf der B 111 von Villach durch das Lesachtal; *Bus/Bahn:* Busverbindung ab Bhf. Sillian bzw. Villach bis Kartitsch.
Ausgangspunkt Hollbruck im Tiroler Gailtal (1360 m).
Aufstieg Von der Kirche in Hollbruck anfangs gegen Westen, später nach Südwesten und ziemlich steil zu einem Forstweg hinauf. Auf ihm bis zur Wegtafel, dann nach rechts und auf dem Sommerweg steil im Wald weiter. Einen Fahrweg queren und bei knapp 1800 m zum Höhenrücken, der sich von der Zenzerspitze herabzieht. Auf ihm bis etwa 2000 m, dann etwas flacher, auf der östlichen Seite des Grats um Felsen herum, zur Grathöhe hinauf. Auf ihr zu Stellungsanlagen aus dem Ersten Weltkrieg und weiter bis 2279 m. Dort abschnallen. Gipfelanstieg über einen 40° steilen und scharfen Grat nur bei optimalen Bedingungen ratsam. Nach einem Felsenkopf über weite Hänge (wieder mit Fellen) zur Zenzerspitze hinüber.
Abfahrt Entlang der Aufstiegsroute.

Touristische Infos Tourismusverein A-9941 Kartitsch, Tel. (04848) 6301, Fax (04848) 5429
Karten Mayr Winterkarte, Blatt 80

18 Reslerknollen (2306 m)

Aus dem Gailtal durch das Schöntal *Karnischer Hauptkamm*

Gesamtcharakter Stille, schöne Skitour, die sehr sichere Verhältnisse erfordert. Große Lawinengefahr besonders im Schöntal (Reißen auf beiden Talseiten) und im Gipfel-Südhang.
Aufstiegszeit 4 Std.
Höhenunterschied 1100 m

Schwierigkeit skitechnisch mittel
Lawinengefahr häufig lawinengefährdet
Hangrichtung Norden und Südwesten
Beste Jahreszeit Februar – April

Anfahrt *Auto:* Von Lienz oder Bruneck – Vierschach durch das Hochpustertal bis Sillian. Das Tiroler Gailtal über den Kartitscher Sattel bis Leiten oder von Villach durch das Lesachtal (B 111); *Bus/Bahn:* Busverbindung ab Bhf. Sillian bzw. Villach bis Leiten.
Ausgangspunkt Leiten im Tiroler Gailtal (1430 m).
Aufstieg Von der Bushaltestelle gegen Süden über den Gailbach, auf der Loipe nach Südwesten und um die Ausläufer des Mittelecks herum. Unmittelbar vor dem Schöntalbach die Straße auf der Höhe von 1460 m nach links verlassen. Auf schmalem Sommerweg neben dem Bach nach Süden dahin, später nach links aus dem Bachgraben heraus und weiter durch das Schöntal. Noch vor dem Schöntalsee durch einen Talkessel und auf der rechten (westlichen) Seite über licht bewaldete Hänge auf dem Sommerweg – wieder steiler – zu den Schöntalwiesen hinauf. An einem Heustadel auf etwa 2000 m vor der scharfgeschnittenen Liköfelwand ein wenig links und durch eine gegen Südosten ansteigende Mulde weiter. Dann gegen Süden deutlich flacher und zum Südwestgrat des Reslerknollens hinauf. Über ihn steil, aber einfach nach Nordosten zum Gipfel.
Abfahrt Entlang der Aufstiegsroute. Den Gipfel-Südhang nur bei sicherer Schneelage fahren.

Touristische Infos Tourismusverband A-9942 Obertilliach, Tel. (04847) 5255, Fax (04847) 5255
Karten Mayr Winterkarte, Blatt 80

19 Hoher Bösring (2324 m)

Beschauliche Tour mit rassiger Gipfelflanke *Karnischer Hauptkamm*

Gesamtcharakter Bis auf den Gipfelhang ist die Skitour leicht und wenig anspruchsvoll. Das letzte Stück unter dem Gipfel schwingt sich auf 40° Neigung auf. Es erfordert sichere Schneeverhältnisse und einen Tourengeher, der seine Ski bei Aufstieg und Abfahrt zuverlässig beherrscht.
Aufstiegszeit 2:45 Std.

Höhenunterschied 900 m
Schwierigkeit Gipfelhang skitechnisch anspruchsvoll, der Rest ist leicht
Lawinengefahr die Gipfelflanke ist mitunter lawinengefährdet
Sonstige Gefahren Abrutschgefahr bei Harsch im steilen Gipfelhang
Hangrichtung Norden
Beste Jahreszeit Januar – März

Anfahrt *Auto:* Von Lienz oder Bruneck – Vierschach durch das Hochpustertal bis Sillian. Im Tiroler Gailtal über den Kartitscher Sattel bis Flaß. Oder auf der B 111 von Villach durch das Lesachtal; *Bus/Bahn:* Busverbindung ab Bhf. Sillian bzw. Villach.
Ausgangspunkt Flaß (1420 m) westlich von Rodarm an der Karnischen Dolomitenstraße (B 111).
Aufstieg Neben dem Biathlonzentrum gibt es ein paar Parkplätze. Von dort eben zum Gailbach und auf dem Sommerweg nach Süden in den Mitterwald. Auf der Höhe von rd. 1500 m nach Osten (links) abbiegen. Mehrmals eine Forststraße queren, nach Südwesten abdrehen, auf etwa 1750 m an einer Jagdhütte vorbei und bei 1800 m aus dem Wald heraus. Über den Zwiesel (2089 m) und auf dem immer mehr abflachenden breiten Rücken an die steile Gipfelflanke heran. Über sie in Spitzkehren sportlich und sehr steil zum Kreuz hinauf.
Abfahrt Entlang der Aufstiegsroute mit etlichen Variationsmöglichkeiten. Auf den Jungwald achten!

Touristische Infos Tourismusverband A-9942 Obertilliach, Tel. (04847) 5255, Fax (04847) 5255
Karten Mayr Winterkarte, Blatt 80

Tour 21: Blick vom Runseck-Gipfel zum Karnischen Hauptkamm

20 Schwalbenkofel (2159 m) und Schulterhöhe (2424 m)

Gipfelauswahl für alle Bedingungen — *Karnischer Hauptkamm*

Gesamtcharakter Bis zum Schwalbenkofel ist die Skitour nicht besonders anstrengend und auch nicht besonders aufregend, aber schön. Der Weiterweg zur Schulterhöhe erfordert allerdings beste Verhältnisse.
Aufstiegszeit 3:30 Std. (zur Schulterhöhe 4:30 Std.)
Höhenunterschied 1050 m bzw. 1300 m
Schwierigkeit skitechnisch leicht; zur Schulterhöhe: mittel
Lawinengefahr Schwalbenkofel: kaum lawinengefährdet; Schulterhöhe: häufig lawinengefährdet
Hangrichtung Nordosten und Norden
Beste Jahreszeit Januar – März

Anfahrt *Auto:* Von Lienz oder Bruneck – Vierschach durch das Hochpustertal bis Sillian. Das Tiroler Gailtal über den Kartitscher Sattel bis Wacht. Oder von Villach durch das Lesachtal. Auf schmaler Bergstraße (Abzweigung bei der alten Mühle, vorbei am Sägewerk) zum Ausgangspunkt; *Bus/Bahn:* Busverbindung ab Bhf. Sillian bzw. Villach bis Maria Luggau im Lesachtal (1179 m).
Ausgangspunkt Tiefenbach (1127 m).
Aufstieg Auf dem Sträßchen nach Raut. Mitten durch das Dorf und zur Wasserfassung am Waldrand. Nun auf dem Sommerweg gegen Südwesten über das Schwendereck (1631 m) auf die Rauter Gossenwiesen (rd. 1700 m) und zum Waldrand auf rd. 1900 m. Über den oft abgeblasenen Hang zum Vermessungszeichen auf 2091 m und auf der Hochfläche zum ausgedehnten Schwalbenkofel. Nur bei sehr guten Bedingungen den Südosthang bis in den Sattel auf 2142 m queren, an einem Felsenzacken rechts vorbei und am rechten Rand einer steilen Hangmulde aufsteigen. Über den Ostgrat zur Schulterhöhe.
Abfahrt Wie Aufstiegsroute. Ab den Gossenwiesen kann man auch (sehr lang, teilweise eben) auf der Forststraße abfahren.

Touristische Infos Tourismusverband A-9653 Liesing – Lesachtal, Tel. (047 16) 242 12, Fax (047 16) 242 20
Literatur, Gebietsführer Rudolf und Siegrun Weiss u. a. (1998): Genuß-Schitourenatlas Südtirol & Österreich-Süd, Schall Verlag
Karten Mayr Winterkarte, Blatt 80

21 Runseck (2144 m)

Leichte Tour mit rassigem Gipfelhang — *Karnischer Hauptkamm*

Gesamtcharakter Bis auf den steilen Gipfelhang ist diese Tour einfach. Die Schau auf die Lienzer Dolomiten und die scharf geschnittenen Berge des Karnischen Hauptkamms sind Attraktionen dieser Tour.
Aufstiegszeit 3 Std.
Höhenunterschied 1100 m
Schwierigkeit Gipfelanstieg skitechnisch mittel, der Rest ist leicht
Lawinengefahr mitunter lawinengefährdet
Sonstige Gefahren Abrutschgefahr bei Harsch im Gipfelhang, Absturzgefahr bei den Steilabbrüchen unter dem Gipfel
Hangrichtung Norden
Beste Jahreszeit Januar – März

Anfahrt *Auto:* Von Lienz oder Bruneck – Vierschach durch das Hochpustertal bis Sillian. Das Tiroler Gailtal über den Kartitscher Sattel bis Birnbaum. Oder von Villach auf der B111 durch das Lesachtal. Auf schmaler, enger und steiler Bergstraße von Birnbaum zur Gail hinunter und steil nach Nostra hinauf (Schneeketten!); *Bus/Bahn:* Busverbindung ab Bhf. Sillian bzw. Villach bis Birnbaum.
Ausgangspunkt Nostra (1038 m).
Aufstieg Vom Südende des Bergdorfs Nostra auf dem Fahrweg gegen Westen in den Wald hinein und nach rechts zum Sommerweg abzweigen. Auf ihm gegen Südwesten, später Süden zu einem bewaldeten Höhenrücken. Auf rd. 1620 m Höhe an einer Jagdhütte vorbei und östlich der Nostra-Alm (rd. 1900 m) aus dem Wald heraus. Erst auf der östlichen Seite des Rückens dahin und auf der rechten (westlichen) Seite des Gipfels auf den oft abgeblasenen Grat, um einige Felsgebilde herum (Vorsicht, steile Abbrüche). Zum Schluß links halten und zum ausgedehnten Gipfel hinauf.
Abfahrt Entlang der Aufstiegsroute. Nur bei sehr sicheren Verhältnissen ist die Variante durch die Steilmulde östlich des Gipfels zur Aufstiegsspur hinab zu empfehlen. Wer mit dem Gelände gut vertraut ist, wird noch weitere Alternativrouten finden.

Touristische Infos Tourismusverband A-9653 Liesing – Lesachtal, Tel. (047 16) 242 12, Fax (047 16) 242 20
Karten Mayr Winterkarte, Blatt 80

22 Golzentipp (2317 m)

Am Rande des Obertilliacher Pistengebiets — *Lienzer Dolomiten*

Gesamtcharakter Firntour! Wegen der Südlage ist eine hohe Schneelage wünschenswert. Der Aufstieg ist relativ rassig. Ausweichmöglichkeit (bei der Abfahrt) auf die Skipiste.
Aufstiegszeit 2:45 Std.
Höhenunterschied 900 m
Schwierigkeit skitechnisch mittel
Lawinengefahr mitunter lawinengefährdet
Hangrichtung Süden
Beste Jahreszeit Januar – März

Anfahrt *Auto:* Von Lienz oder Bruneck – Vierschach durch das Hochpustertal bis Sillian. Im Tiroler Gailtal über den Kartitscher Sattel nach Obertilliach. Oder auf der B111 von Villach durch das Lesachtal; *Bus/Bahn:* Busverbindung ab Bhf. Sillian bzw. Villach.
Ausgangspunkt Obertilliach (1450 m).
Aufstieg Von Obertilliach kurz auf der Skipiste hinauf und bald schon nach links in den Wald hinein. Nun auf dem Sommerweg über einen Bach und auf dem Sträßchen gegen Westen nach Zilols. Im Wald mit etlichen Lichtungen gegen Norden zwischen dem tiefen Tal des Lahnbachs und dem »Gripp« flott hinauf und an malerischen Almhütten vorbei. Der Anstieg wird steiler, führt an den Hütten von Bukelin (2057 m) vorbei, und die stellenweise etwas enge Rippe weitet sich wieder. Über den Rücken, der nach oben flacher wird, zum Gipfel hinauf.
Abfahrt Entlang der Aufstiegsroute. Man kann vom Gipfel nach Osten zur Bergstation des Lifts hinüber queren und auf der präparierten Piste abfahren.

Touristische Infos Tourismusverband A-9942 Obertilliach, Tel. (048 47) 52 55, Fax (048 47) 52 55
Literatur, Gebietsführer Rudolf und Siegrun Weiss u. a. (1998): Genuß-Schitourenatlas Südtirol & Österreich-Süd, Schall Verlag
Karten Mayr Winterkarte, Blatt 80
Einkehr in der »Connyalm« (2070 m); Bergstation der Seilbahn

Kreuzeck- und Latschurgruppe

Rainer Petek

Die *Kreuzeckgruppe* liegt zwischen dem Iselsberg im Westen und Möllbrücke im Osten. Die nördliche Begrenzung bildet die Möll, im Süden wird sie durch das Drautal von den Gailtaler Alpen getrennt.
Obwohl ihre Gipfel fast bis an die 2800-Meter-Marke reichen und phantastische Tourenmöglichkeiten bieten, wird sie relativ wenig besucht. Dieser Umstand dürfte auf die Nähe der berühmteren Nachbarn zwischen Ankogel und Sonnblick zurückzuführen sein.

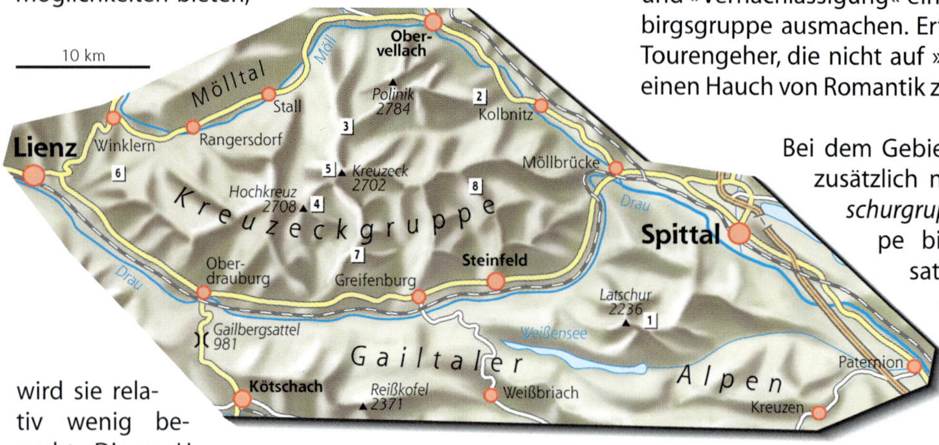

In den äußeren Randzonen bietet sie ein paar einfache und mittelschwere Touren, wie die Teuchlspitze, den Ederplan und den Knoten. Die hohen Gipfel im Kernbereich allerdings sind allesamt ernste, alpine Unternehmungen, wobei nicht nur die großen Höhenunterschiede und das Gelände, sondern vor allem auch die relative Abgeschiedenheit eine wesentliche Rolle spielen. Sie erfordern erfahrene und leistungsstarke Tourengeher. Über die aktuelle Lawinensituation informiert das Tonband des *Lawinenwarndienstes* der Kärntner Landesregierung unter der Telefonnummer (04 63) 15 88.

Von Süden werden die Ausgangspunkte von den jeweiligen Talorten im *Drautal* angesteuert, hier läßt sich kein zentraler Punkt nennen.
Für einen mehrtägigen Aufenthalt ist eindeutig das *Mölltal* auf der Nordseite der Kreuzeckgruppe vorzuziehen, vor allem wenn man Flexibilität und große Tourenauswahl schätzt. Die »Teuchl« und die »Wölla« werden am besten von einem Stützpunkt im Mölltal zwischen Außerfragant, Flattach und Obervellach erreicht. Will man Abwechslung, bieten Reißeckgruppe, Ankogelgruppe, Sadniggruppe und Sonnblickgruppe Alternativen.

Zusammenfassend kann man sagen, daß neben den tollen Möglichkeiten auch die relative Abgeschiedenheit und »Vernachlässigung« einen gewissen Reiz dieser Gebirgsgruppe ausmachen. Erfahrene und leistungsstarke Tourengeher, die nicht auf »fast food« stehen und auch einen Hauch von Romantik zulassen, sind hier richtig.

Bei dem Gebiet der Kreuzeckgruppe wird zusätzlich noch eine Tour aus der *Latschurgruppe* vorgestellt. Diese Gruppe bietet östlich des Gailbergsattels im Vergleich zur Kreuzeckgruppe deutlich weniger lohnende Möglichkeiten.

Touristische Informationen zu diesem Gebiet erhält man bei: • Urlaubsinformation A-9822 Mallnitz, Tel. (04784) 290 oder 522, Fax (04784) 635, E-Mail: mallnitzinfo@peak.at
• Tourismusgemeinschaft Mölltaler Gletscher, A-9831 Flattach 99, Tel. (04785) 615, Fax (04785) 617, E-Mail: flattachinfo@peak.at
• Ferienregion Oberdrautal A-9771 Berg im Drautal, Tel. (04712) 667, Fax 713.

Abfahrt vom Striedenkopf (Tour 3)

1 Eckwand (2221 m)

Kurze Tour auf der Rückseite des Goldecks Latschurgruppe

Gesamtcharakter Durch die Goldeckpanoramastraße rückt die Eckwand in leicht erreichbare Nähe. Nicht nur wegen des Tiefblicks zum südlich davon gelegenen Weißensee lohnt sich die Tour. Der Anstieg ist zwar kurz, sollte aber nicht unterschätzt werden.
Aufstiegszeit 2:30 Std.
Höhenunterschied insgesamt 700 m
Schwierigkeit skitechnisch mittel
Lawinengefahr mitunter lawinengefährdet
Hangrichtung Norden bis Osten, Gipfelanstieg: Süden
Beste Jahreszeit Januar – Anfang März

Anfahrt *Auto:* Von Villach oder Spittal an der Drau kommend bei Mauthbrücken nach Zlan abbiegen und die Goldeckpanoramastraße bis zu deren Ende beim Parkplatz Seetal.
Ausgangspunkt Parkplatz Seetal (1883 m).
Aufstieg Vom Parkplatz zuerst die Forststraße Richtung Südwesten abwärts bis zur Kapeller Alm. Weiter zur Gusenalm und zur Gusenscharte (1709 m). Nun auf der Höhe 1700 m Richtung Südwesten queren, bis man die Mulde erreicht, die zwischen Eckwand und Kopasnock herunterzieht. In ihr aufwärts, bis man zum Schluß gegen Westen auf ca. 2050 m den Kamm erreicht. Auf dem Südrücken zum Gipfel der Eckwand.
Abfahrt Die Abfahrt erfolgt in Anlehnung an die Aufstiegsroute, zum Schluß Gegenanstieg zurück zum Parkplatz.

Touristische Infos Tourismusbüro A-9800 Spittal an der Drau, Tel. (04762) 34200 oder (04762) 565048
Literatur, Gebietsführer
1. Kärntner Schitourenführer, Bd 1 von Manfred Korbaj, H. Weishaupt Verlag
Karten ÖK 182 (Spittal), ÖK 199 (Hermagor)

2 Teuchlspitze (2320 m)

Schöne Südosthänge über dem Teuchlgraben Kreuzeckgruppe

Gesamtcharakter Mittelschwere Genußtour über einem einsamen Seitental des Mölltales. Almwiesen und Forststraßen leiten auf schöne, freie Hänge. Vom Gipfel hat man einen umfassenden Überblick über die gegenüberliegende Reißeckgruppe. Die Abfahrt ist sehr genußreich.
Aufstiegszeit 3 bis 3:30 Std.
Höhenunterschied 1050 m
Schwierigkeit skitechnisch mittel
Lawinengefahr mitunter lawinengefährdet
Hangrichtung Südosten
Beste Jahreszeit Januar – März

Anfahrt *Auto:* Von Spittal an der Drau kommend bei Möllbrücke ins Mölltal. In Napplach Richtung Teuchl abzweigen und weiter bis Teuchl fahren.
Ausgangspunkt Teuchl (1260 m), Kehre unterhalb einer kleinen Kirche.
Aufstieg Richtung Norden über freie Wiesen zu einer Forststraße, die man anschließend Richtung Westen zur Pekastnig-Alm (1777 m) verfolgt. Bei der Alm wieder nach Norden auf den Rücken aufsteigen und über die schönen Südosthänge. Zum Schluß rechts halten zum Gipfel der Teuchlspitze.
Abfahrt Die Abfahrt erfolgt in Anlehnung an die Aufstiegsroute, wobei das Gelände einige Varianten zuläßt.

Touristische Infos Tourismusverein A-9821 Obervellach, Tel. (04782) 2510, Fax (04782) 2505
Literatur, Gebietsführer
1. Kärntner Schitourenführer, Bd 1 von Manfred Korbaj, H. Weishaupt Verlag; Rudolf und Siegrun Weiss u. a. (1998): Genuß-Schitourenatlas Südtirol & Österreich-Süd, Schall Verlag
Karten ÖK 181 (Obervellach)

3 Striedenkopf (2749 m)

Große Tour und einsame Hänge — *Kreuzeckgruppe*

Gesamtcharakter Mit dem Striedenkopf präsentiert uns die Kreuzeckgruppe eine große und ernste Tour auf einen ihrer höchsten Gipfel. Die rassigen Hänge lohnen den relativ langen Zugang auf den Forstwegen bei gutem Schnee allemal.
Aufstiegszeit 4:30 bis 5 Std.

Höhenunterschied 1500 m
Schwierigkeit skitechnisch anspruchsvoll
Lawinengefahr häufig lawinengefährdet
Hangrichtung Süden und Südosten
Beste Jahreszeit März und April

Anfahrt *Auto:* Von Spittal an der Drau kommend bei Möllbrücke ins Mölltal. In Napplach Richtung Teuchl abzweigen und die Straße weiter bis zum Gasthof »Alpenheim« im Talschluß.
Ausgangspunkt Gasthof »Alpenheim« (1179 m).
Aufstieg Entlang der Forststraße Richtung Westen immer dem Teuchlbach folgen. Der Forstweg führt fast bis auf 2000 m zur Bärenkopfhütte. Hier langsam Richtung Norden einschwenken und an der verfallenen Hainischhütte vorbei auf einen Rücken, der nach Norden zu Pkt. 2639 m aufwärts führt. Zum Kamm aufwärts in die Scharte zwischen Pkt. 2639 m und dem Striedenkopf. Über den Grat zum Gipfel.
Abfahrt Die Abfahrt kann dem Aufstiegsweg folgen. Bei günstigen Bedingungen kann man auch sehr steil direkt östlich des Gipfels abfahren. Bei Höhe 2600 m dann nach links (Osten) queren und über schöne Südosthänge weiter zum flachen Boden. Hier links halten und durch eine Rinne knapp westlich des Aufstiegsrückens in den Talboden abfahren. Ab der Bärenkopfhütte entweder der Aufstiegsroute folgen oder, wenn der Schnee paßt, weiter zuerst Richtung Osten und dann nach dem Bärenkopf die freien Hänge Richtung Nordosten über die Bärengrube zur Forststraße nehmen, die man bei ca. 1650 m erreicht.

Touristische Infos Tourismusverein A-9821 Obervellach, Tel. (04782) 2510, Fax (04782) 2505
Literatur, Gebietsführer 1. Kärntner Schitourenführer, Bd 1 von Manfred Korbaj, H. Weishaupt Verlag; Rudolf und Siegrun Weiss u. a. (1998): Genuß-Schitourenatlas Südtirol & Österreich-Süd, Schall Verlag
Karten ÖK 181 (Obervellach)

4 Hochkreuz (2709 m)

Noch ein versteckter Berg — *Kreuzeckgruppe*

Gesamtcharakter Die Tour ist bis zur Staller Wölla mit der Kreuzeckbesteigung identisch. Der Anstieg zum Hochkreuz ist allerdings bis auf die Höhe 2500 m unter dem Schwarzwandkopf etwas gemütlicher. Zum Schluß wird's wieder steiler, und der Gipfel wird ohne Ski erreicht.

Aufstiegszeit 5 Std.
Höhenunterschied 1500 m
Schwierigkeit skitechnisch anspruchsvoll
Lawinengefahr häufig lawinengefährdet
Hangrichtung Norden
Beste Jahreszeit Februar – April

Anfahrt *Auto:* Von Lienz über den Iselsberg oder von Spittal an der Drau kommend bis Stall im Mölltal. Bei Pußtratten Abzweigung und der Straße in die Wölla bis zum Kraftwerk folgen.
Ausgangspunkt Kraftwerk in der Wölla (1225 m).
Aufstieg Der Straße bis zum Staubecken (falls Anfahrt bis hierher möglich: 1 Std. Aufstieg weniger) folgen. Hier weiter Aufstieg zu den Gößnitzer Hütten (1684 m). Jetzt links halten und bei Höhe 1750 m Richtung Osten auf die Staller Wölla (2033 m). Nun Richtung Süden durch die Staller Weißen. Zum Schluß steil bis auf den Kamm und über den Nordwestgrat zum Gipfel.
Abfahrt Die Abfahrt erfolgt in Anlehnung an die Aufstiegsroute.

Touristische Infos Tourismusgemeinschaft Mölltaler Gletscher, A-9831 Flattach 99, Tel. (04785) 615, Fax (04785) 617, E-Mail: flattachinfo@peak.at
Literatur, Gebietsführer 1. Kärntner Schitourenführer, Bd 1 von Manfred Korbaj, H. Weishaupt Verlag; Rudolf und Siegrun Weiss u. a. (1998): Genuß-Schitourenatlas Südtirol & Österreich-Süd, Schall Verlag
Karten ÖK 181 (Obervellach), ÖK 180 (Winklern)

5 Kreuzeck (2701 m)

Der Berg, von dem die Gruppe ihren Namen hat — *Kreuzeckgruppe*

Gesamtcharakter Tolle Skitouren für den Spätwinter und das Frühjahr bietet die »Wölla«. Durch die Straße zum kleinen Kraftwerk in der Wölla rücken die großen, versteckten Berge in erreichbare Entfernung. Die steilen Hänge und die Windtätigkeit im Gebiet mahnen zur Vorsicht, und alle Touren setzen eine stabile Schneedecke voraus.

Aufstiegszeit 5 Std.
Höhenunterschied 1500 m
Schwierigkeit skitechnisch anspruchsvoll
Lawinengefahr häufig lawinengefährdet
Hangrichtung vorherrschend Westen
Beste Jahreszeit Februar – April

Anfahrt *Auto:* Von Lienz über den Iselsberg oder von Spittal an der Drau kommend bis Stall im Mölltal. Bei Pußtratten Abzweigung und der Straße in die Wölla bis zum Kraftwerk folgen.
Ausgangspunkt Kraftwerk in der Wölla (1225 m).
Aufstieg Der Straße bis zum Staubecken (falls Anfahrt bis hierher möglich: 1 Std. Aufstieg weniger) folgen. Hier weiter Aufstieg zu den Gößnitzer Hütten (1684 m). Bei den Hütten links halten und auf Höhe 1750 m Richtung Osten auf die Staller Wölla (2033 m). Weiter nach Osten Richtung Feldsee und dann aufwärts ins Wölla-Törl (2546 m). Hier meist Skidepot und über den Nordwestgrat zum Gipfel.
Abfahrt Die Abfahrt folgt dem Aufstiegsweg, im oberen Teil sind bei günstigen Verhältnissen einige Varianten möglich.

Touristische Infos Tourismusgemeinschaft Mölltaler Gletscher, A-9831 Flattach 99, Tel. (04785) 615, Fax (04785) 617, E-Mail: flattachinfo@peak.at
Literatur, Gebietsführer 1. Kärntner Schitourenführer, Bd 1 von Manfred Korbaj, H. Weishaupt Verlag; Rudolf und Siegrun Weiss u. a. (1998): Genuß-Schitourenatlas Südtirol & Österreich-Süd, Schall Verlag
Karten ÖK 181 (Obervellach), ÖK 180 (Winklern)

6 Ederplan (2062 m)

Gemütliche Hochwinter- und Ausweichtour — *Kreuzeckgruppe*

Gesamtcharakter Alle, die im Winter viel unterwegs sind, wissen, daß es Tage gibt, wo man eine Tour braucht, die »immer geht«. Sei es wegen des Wetters, sei es wegen des Schnees oder wegen anderer Umstände. Es schadet nicht, über ein kleines Repertoire derartiger Touren zu verfügen. Der Ederplan ist so eine. Was nicht heißen soll, daß sich seine Besteigung nicht auch bei idealen Tourenbedingungen auszahlt.

Aufstiegszeit 3 Std.
Höhenunterschied 950 m
Schwierigkeit skitechnisch leicht
Lawinengefahr kaum lawinengefährdet
Hangrichtung Nordwesten und Westen
Beste Jahreszeit Dezember – März

Anfahrt *Auto:* Von Lienz oder vom Mölltal kommend auf den Iselsberg und südlich der Paßhöhe nach Stronach abbiegen.
Ausgangspunkt Stronach (1106 m).
Aufstieg Von Stronach auf Forststraßen nach Osten Richtung Zwischenberger Sattel. Auf Höhe 1450 m nach einer Jagdhütte mit Bildbaum nach rechts aufwärts durch den Wald zur Ederalm (1620 m). Nach Osten über Lichtungen auf einen Rücken und ab Höhe 1800 m auf diesem Rücken Richtung Südosten zum Gipfel.
Abfahrt Die Abfahrt folgt dem Aufstiegsweg. Wenn's paßt, kann von der Jagdhütte noch einmal über den Zwischenberger Sattel aufgestiegen und der Stronachkogel (1831 m) über die Stronachalm mitgenommen werden.

Touristische Infos Tourismusgemeinschaft Mölltaler Gletscher, A-9831 Flattach 99, Tel. (04785) 615, Fax (04785) 617, E-Mail: flattachinfo@peak.at
Literatur, Gebietsführer 1. Kärntner Schitourenführer, Bd 1 von Manfred Korbaj, H. Weishaupt Verlag; Rudolf und Siegrun Weiss u. a. (1998): Genuß-Schitourenatlas Südtirol & Österreich-Süd, Schall Verlag
Karten ÖK 180 (Winklern)

Tour 8: Freie Hänge laden durchaus zu Varianten abseits der Aufstiegsroute ein

7 Knoten (2214 m)

Schöne Südhänge über dem Drautal — *Kreuzeckgruppe*

Gesamtcharakter Die Tour zum Knoten hat eher gemütlichen Charakter und ist während des gesamten Winters machbar. Man steigt über malerische Almen mit schönem Blick aufs Drautal und den gegenüberliegenden Reißkofel.
Aufstiegszeit 3:30 bis 4 Std.
Höhenunterschied 1200 m
Schwierigkeit skitechnisch leicht
Lawinengefahr kaum lawinengefährdet
Hangrichtung Süden
Beste Jahreszeit Dezember – Anfang März

Anfahrt *Auto:* Von Lienz oder Spittal an der Drau kommend bis Berg im Drautal. Hier abzweigen nach Oberberg und die Straße bis zu deren Ende.
Ausgangspunkt Oberberg (1020 m).
Aufstieg Die Forststraße und freie Wiesen entlang bis zur Oberberger Alm. Vom Hochtristenhaus dem freien Rücken folgen und auf die flache Schulter östlich des Knoten-Gipfels zu. Die letzten hundert Meter zu Fuß.
Abfahrt Die Abfahrt folgt dem Aufstiegsweg.

Touristische Infos Tourismusbüro A-9771 Berg im Drautal, Tel. (04712) 531; Tourismusbüro A-9761 Greifenburg, Tel. (04712) 21614, Fax (04712) 21630
Literatur, Gebietsführer 1. Kärntner Schitourenführer, Bd 1 von Manfred Korbaj, H. Weishaupt Verlag; Rudolf und Siegrun Weiss u. a. (1998): Genuß-Schitourenatlas Südtirol & Österreich-Süd, Schall Verlag
Karten ÖK 181 (Obervellach)

8 Kleiner Grakofel (2459 m)

Fulminante Hangfolgen über dem Rottensteiner Tal — *Kreuzeckgruppe*

Gesamtcharakter Von dem relativ langen Zugang über die Forststraße abgesehen, bieten die teilweise sehr steilen Süd- und Südwesthänge des Kleinen Grakofels genußreiche Abfahrten in großartiger Umgebung. Je nach Winterverlauf gibt es oft schon früh im Jahr sehr gute Tourenbedingungen.
Aufstiegszeit 4:30 Std.
Höhenunterschied 1200 m
Schwierigkeit skitechnisch anspruchsvoll
Lawinengefahr mitunter lawinengefährdet
Hangrichtung Südwesten bis Süden
Beste Jahreszeit Januar – März

Anfahrt *Auto:* Von Lienz oder Spittal an der Drau kommend durch das Drautal bis Steinfeld. Von Steinfeld Bergstraße über Mitterberg bis Rottenstein.
Ausgangspunkt Am Ende der Straße bei den Höfen von Rottenstein (1280 m).
Aufstieg Der Forststraße durch das Rottensteiner Tal folgen bis zur Unteren Orteralm. Hier steil aufwärts zur Oberen Orteralm (1886 m). Weiter dem Rücken folgen, der vom Lackenbichl nach Südwesten herunterzieht. Man erreicht den Kamm knapp westlich des Lackenbichls. Direkt über den Rücken nach Norden aufwärts zum Gipfel.
Abfahrt Die Abfahrt erfolgt in Anlehnung an die Aufstiegsroute, wobei die freien Hänge rechts und links bei günstigen Bedingungen durchaus zu Varianten einladen.

Touristische Infos Verkehrsamt A-9754 Steinfeld, Tel. (04717) 3015, Fax (04717) 6088; Tourismusbüro A-9761 Greifenburg, Tel. (04712) 21614, Fax (04712) 21630; Tourismusbüro A-9771 Berg im Drautal, Tel. (04712) 531
Literatur, Gebietsführer 1. Kärntner Schitourenführer, Bd 1 von Manfred Korbaj, H. Weishaupt Verlag; Rudolf und Siegrun Weiss u. a. (1998): Genuß-Schitourenatlas Südtirol & Österreich-Süd, Schall Verlag
Karten ÖK 181 (Obervellach)

Gurktaler und Lavanttaler Alpen

Rainer Petek/Günter und Luise Auferbauer

Das hier beschriebene Gebiet der *Nockberge* als Teil der *Gurktaler Alpen* liegt eingebettet zwischen dem Liesertal im Westen und der Linie Feldkirchen – Flattnitz im Osten. Ein Teil davon gehört zum Nationalpark Nockberge. Die *Lavanttaler Alpen* zwischen dem Gurktal und dem Lavanttal sind der Oberbegriff für Saualpe und Seetaler Alpen.
Das Gebiet ist durch einige Straßen und einige kleine sowie ein größeres Skigebiet gut erschlossen, ohne daß dadurch Winterrummelstimmung die Skitourenerlebnisse trübt. Das bedeutet, daß der Tourengeher auch im Hochwinter mit Straßen und Liften bequem hoch gelegene Tourenausgangspunkte erreichen kann und selten längere Zugänge durch skifahrerisch uninteressantes Waldgelände in Kauf nehmen muß. Folglich sind die Nockberge als ideale Einstiegsarena in den Tourenskilauf sehr beliebt. Dazu tragen auch die eher sanften Formen und gemäßigten Steilheiten bei.

Trotzdem sollte die Lawinengefahr immer berücksichtigt werden: Die Gegend ist dem Wind sehr ausgesetzt, und in steileren Kammlagen können sich im Handumdrehen labile Schneebretter bilden. Die Lawinenunfälle der letzten Jahre waren auch ausnahmslos auf extreme Windtätigkeit und nie auf riesige Schneemengen zurückzuführen. Der *Lawinenwarndienst* der Kärntner Landesregierung informiert unter der Telefonnummer (0463) 1588.
Andererseits sollte man sich von den oft abgewehten Rücken der Berge auch bei allgemein geringer Schneehöhe nicht zu sehr abschrecken lassen. Bei überlegter Geländewahl findet man den fehlenden Schnee in flachen Mulden, die schon früh im Winter gute Abfahrten ermöglichen. Die beste Zeit für Touren in den Nockbergen ist von Winterbeginn bis Anfang oder Mitte März, je nach Winter auch länger.
Auch die Höhenunterschiede sind sehr gemäßigt. Touren jenseits der 1000-Höhenmeter-Marke sind von einigen Ausnahmen abgesehen eigentlich »nur« durch die Kombination von mehreren kurzen Anstiegen möglich. Damit sind wir aber auch schon bei dem Umstand, der diese Berge auch für erfahrene und leistungsstarke Tourengeher attraktiv macht. Bei etwas Phantasie und dem nötigen Gespür für lohnende Hänge lassen sich die einzelnen Ziele zu ergiebigen Unternehmungen kombinieren. Einige Möglichkeiten sind erwähnt.

Im einzelnen wurden die Touren so ausgesucht, daß sich bei längerer Anreise auch ein mehrtägiger Aufenthalt in der Gegend lohnt. Zentren verstärkter Skitourentätigkeit sind:

- *Innerkrems – Schönfeld,* wo eine ganze Fülle von reizvollen Touren wartet und die Straße in eine Höhe von ca. 1750 m führt. Zudem sorgen kleine und ruhige Skigebiete mit ihren Liften da und dort für willkommenen Support. Man erreicht Innerkrems am besten über die Tauern-Autobahn über die Abfahrt »Gmünd« in Kärnten und fährt dann Richtung Kremsbrücke, wo man nach Innerkrems abbiegt. Ab Innerkrems, wo die im Winter gesperrte Nockalmstraße beginnt, findet man die Aus-

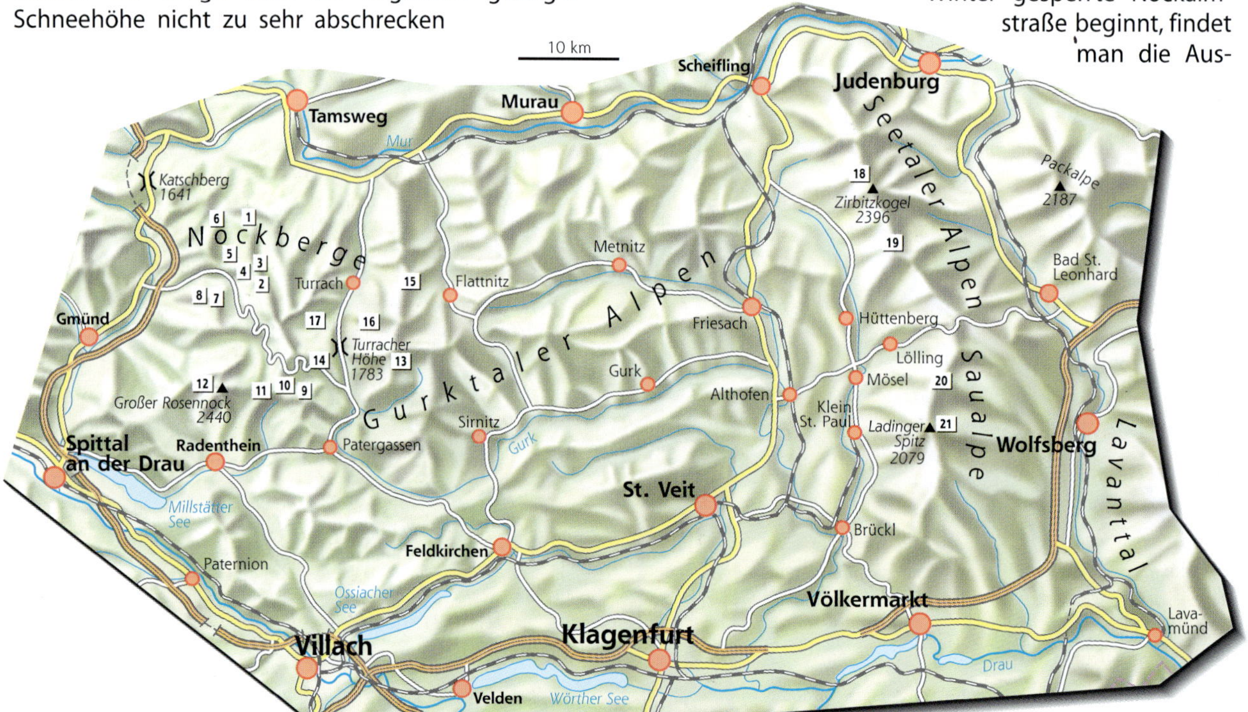

Am Königstuhl (Tour 2)

gangspunkte entlang der Straße, die über Schönfeld (1750 m) bis hinunter in den Lungau führt, bis Bundschuh.

• *Bad Kleinkirchheim* ist ein weiterer Ort, der einen geeigneten Ausgangspunkt für Touren bieten kann. Einerseits findet man hinter St. Oswald einige lohnende Touren, andererseits lassen sich Berge wie der Rosennock oder Großer Speikkofel mit kurzen Anfahrten erreichen. Nach Bad Kleinkirchheim kommt man entweder von der Tauern-Autobahn über den Millstätter See und Radenthein (hierher aus dem Bereich Villach auch über das Gegendtal) oder von Feldkirchen.

• Die *Turracher Höhe* erschließt dem Tourengeher mit einigen Liften die Möglichkeit für lohnende Touren und Variantenabfahrten. Auf die Turracher Höhe (1783 m) gelangt man von Süden über Feldkirchen und von Norden entweder über Murau oder Tamsweg.

Insgesamt kann man die Gurktaler und die Lavanttaler Alpen als eher gemütliches Tourengebiet bezeichnen, in dem Genießer auf ihre Kosten kommen werden. Ideal auch für einen Urlaubsaufenthalt im Hochwinter mit nicht tourengehenden Familienmitgliedern, denen sich eine Vielzahl alternativer Möglichkeiten bietet.

Touristische Informationen zu diesem Gebiet erhält man bei: • Tourismusverband Lieser-Maltatal, Hauptplatz, A-9853 Gmünd, Tel. (04732) 2222, Fax (04732) 3978, E-Mail: tourist-info@lieser-maltatal.or.at • Tourismusverband Bad Kleinkirchheim, A-9546 Bad Kleinkirchheim, Tel. (04240) 8212, Fax (04240) 8537, E-Mail: office@bkk.at • Tourismusverein A-9565 Turracher Höhe, Tel. (04275) 83920, Fax (04275) 839210 • Regionalverband Lavanttal, A-9400 Wolfsberg, Tel. (04352) 2878, Fax (04352) 52032, E-Mail: lavanttal@carinthia.org.

Die Tourenbeschreibungen Nr. 1 bis 5 und 7 bis 15 verfaßte Rainer Petek, Nr. 6 und 16 bis 21 stammen von Günter und Luise Auferbauer.

1 Klölingnock (2144 m)

Ideale Einsteigertour — *Nockberge*

Gesamtcharakter Kurze, nette Tour, die immer geht. Ideal für Einsteiger oder für den Anreisetag. Durch die unmittelbare Nähe zum Schilchernocklift kommt sicher kein Gefühl der Verlassenheit auf.
Aufstiegszeit 1:30 Std.
Höhenunterschied 450 m
Schwierigkeit skitechnisch leicht
Lawinengefahr kaum lawinengefährdet
Hangrichtung Südwesten – Westen
Beste Jahreszeit Dezember – März

Anfahrt *Auto:* Auf der Tauern-Autobahn zur Ausfahrt »Gmünd«, über Kremsbrücke nach Innerkrems und weiter nach Schönfeld.
Ausgangspunkt Parkplatz bei der Talstation des Schilchernockliftes in Schönfeld.
Aufstieg Beim Trafo die Straße aufwärts bis zum Gasthaus »Gruber«. Unmittelbar dahinter den Bach queren und über eine kurze Steilstufe in gemütliches, lichtes Waldgelände. Bei 1900 m erreicht man freies Gelände. Nun über flache Mulden zur Klölingscharte aufsteigen und über den Kamm zum Gipfel oder ab der kleinen Hütte die Südwesthänge queren und zum Schluß von Westen zum Gipfel ansteigen.
Abfahrt Wie Aufstieg oder schöner kurz unterhalb des Gipfels nach Westen über die Neumayeralm zur Straße abfahren. Zu Fuß in etwa 15 bis 20 Min. zum Auto.

Touristische Infos Fremdenverkehrsamt A-9862 Kremsbrücke, Tel. (04735) 515, Fax (04735) 517
Literatur, Gebietsführer 1. Kärntner Schitourenführer, Bd 1 von Manfred Korbaj, H. Weishaupt Verlag; Rudolf und Siegrun Weiss u. a. (1998): Genuß-Schitourenatlas Südtirol & Österreich-Süd, Schall Verlag
Karten ÖK183 (Radenthein)

2 Königstuhl (2336 m)

Weitblick am Dreiländereck — *Nockberge*

Gesamtcharakter Schöne und oft begangene Skitour mit großartigem Rundblick. Liegt am Dreiländereck der Bundesländer Kärnten, Salzburg und Steiermark. Bis zum Rosaninsee unter der Königstuhlscharte gemütliche Skiwanderung entlang der Langlaufloipe. Beim anschließenden Steilhang zur Scharte ist je nach den Verhältnissen Vorsicht angeraten.
Aufstiegszeit 2:30 Std.
Höhenunterschied 600 m
Schwierigkeit skitechnisch leicht bis mittel
Lawinengefahr kaum lawinengefährdet, Vorsicht unter der Königstuhlscharte
Hangrichtung Nordosten bzw. Nordwesten
Beste Jahreszeit Dezember – März

Anfahrt *Auto:* Auf der Tauern-Autobahn zur Ausfahrt »Gmünd«, über Kremsbrücke nach Innerkrems und weiter nach Schönfeld.
Ausgangspunkt Dr.-Josef-Mehrl-Hütte, ÖAV (1730 m).
Aufstieg Entlang der Langlaufloipe nach Süden hinein ins wunderschöne Rosanintal bis zum Rosaninsee unter der Königstuhlscharte. Den anschließenden Steilhang in einigen Spitzkehren nach oben und über den meist windgepreßten Nordwestrücken gemütlich zum Gipfel ansteigen. Der Steilhang zur Scharte ist oft hart, Harscheisen erweisen hier nützliche Dienste.
Abfahrt Entlang der Aufstiegsroute zurück zur Scharte. Vom letzten Stück des Steilhangs etwas Schuß mitnehmen und über das Plateau Richtung Nordosten fahren. So können einige lohnende Hänge links (im Sinne der Abfahrt) oberhalb der Loipe mitgenommen werden.
Zum Schluß über die Loipe zurück zur Hütte.

Touristische Infos Fremdenverkehrsamt A-9862 Kremsbrücke, Tel. (04735) 515, Fax (04735) 517
Literatur, Gebietsführer 1. Kärntner Schitourenführer, Bd 1 von Manfred Korbaj, H. Weishaupt Verlag – Graz; Rudolf und Siegrun Weiss u. a. (1998): Genuß-Schitourenatlas Südtirol & Österreich-Süd, Schall Verlag
Karten ÖK183 (Radenthein)

3 Rosaninhöhe (2280 m)

Aussichtsbalkon über dem Rosanintal — *Nockberge*

Gesamtcharakter Nette Skitour mit wunderschönem Blick auf das Rosanintal und die gegenüberliegenden Berge. Wird verhältnismäßig selten besucht. Sowohl das Steilstück im Wald als auch die stark dem Wind ausgesetzten freien Hänge verlangen eine überlegte Spuranlage.
Aufstiegszeit 2 Std.
Höhenunterschied 550 m
Schwierigkeit skitechnisch leicht bis mittel
Lawinengefahr mitunter lawinengefährdet
Hangrichtung Westen
Beste Jahreszeit Dezember – März

Anfahrt *Auto:* Auf der Tauern-Autobahn zur Ausfahrt »Gmünd«, über Kremsbrücke nach Innerkrems und weiter nach Schönfeld.
Ausgangspunkt Dr.-Josef-Mehrl-Hütte, ÖAV (1730 m).
Aufstieg Entlang der Langlaufloipe nach Süden hinein ins wunderschöne Rosanintal bis zur Rosaninalm (1810 m). Von den Hütten nach Westen durch den steilen Hochwald und später mit überlegter Spuranlage die Hangverflachungen ausnützen und über die freien Westhänge zum Kamm ansteigen. Über diesen weiter nach Westen zum höchsten Punkt.
Abfahrt Wie Aufstieg oder Richtung Südwesten ins Rosanintal auf Höhe 1850 m, um gleich die nächste Tour zu beginnen.

Touristische Infos Fremdenverkehrsamt A-9862 Kremsbrücke, Tel. (04735) 515, Fax (04735) 517
Literatur, Gebietsführer 1. Kärntner Schitourenführer, Bd 1 von Manfred Korbaj, H. Weishaupt Verlag; Rudolf und Siegrun Weiss u. a. (1998): Genuß-Schitourenatlas Südtirol & Österreich-Süd, Schall Verlag
Karten ÖK183 (Radenthein)

4 Seenock (2260 m)

Der Vielseitige — *Nockberge*

Gesamtcharakter Der Seenock liegt relativ unscheinbar inmitten der ihn umgebenden Berge. Er bietet viele lohnende Möglichkeiten, ihn zu besteigen und geizt auch nicht mit tollen Abfahrten. Von den vielen möglichen Varianten ist hier der Anstieg vom Grünleitennock beschrieben, andere werden an geeigneter Stelle erwähnt.
Aufstiegszeit 1 Std.
Höhenunterschied 200 m
Schwierigkeit Anstieg skitechnisch leicht, Abfahrt mittel
Lawinengefahr Anstieg kaum lawinengefährdet, Abfahrten je nach Variante mitunter lawinengefährdet
Hangrichtung Anstieg Westen, Abfahrten Süden, Südwesten bzw. Südosten
Beste Jahreszeit Dezember – März

Anfahrt *Auto:* Auf der Tauern-Autobahn zur Ausfahrt »Gmünd«, über Kremsbrücke nach Innerkrems bis zum Parkplatz bei den Liften.
Ausgangspunkt Grünleitennock-Sessellift.
Aufstieg Mit dem Sessellift auf den Grünleitennock und über die Piste zur Grünleitenscharte abfahren. Von hier über den meist windgepreßten Rücken zum Seenock ansteigen. (Auf den Seenock auch von der Dr.-Josef-Mehrl-Hütte über den Stubennock und den aussichtsreichen Kamm über den Saureggnock und Vogelsangberg in 2:30 bis 3 Std., anstrengender und anspruchsvoller, Achtung auf Wächten!)
Abfahrt Über den Südwesthang und den Friesenhalssee in die Senke zwischen Eisentalhöhe und Friesenhalshöhe. Hier kann entweder Richtung Königstuhlscharte gequert werden oder aber, die entsprechenden Verhältnisse vorausgesetzt, der steile Südhang ins Karlbachtal bis auf etwa 1900 m abgefahren werden. Hier die Tour nach Belieben fortsetzen: Entweder zum Königstuhl oder über die Eisentalhöhe (2180 m) zurück zum Grünleitennock.
Bei entsprechenden Verhältnissen bietet auch die Südostflanke direkt vom Gipfel Richtung Rosaninsee eine rassige Abfahrt.

Touristische Infos Fremdenverkehrsamt A-9862 Kremsbrücke, Tel. (04735) 515, Fax (04735) 517
Literatur, Gebietsführer 1. Kärntner Schitourenführer, Bd 1 von Manfred Korbaj, H. Weishaupt Verlag; Rudolf und Siegrun Weiss u. a. (1998): Genuß-Schitourenatlas Südtirol & Österreich-Süd, Schall Verlag
Karten ÖK 183 (Radenthein)

5 Gaipahöhe (2192 m)

Lange Abfahrt für wenig Aufstieg — *Nockberge*

Gesamtcharakter Lange, gemütliche Tourenabfahrt in das Bundschuhtal, bei der man sich den Aufstieg von den Liften abnehmen läßt. Im oberen Teil hauptsächlich freie, sanft geneigte Almen. Im unteren Teil folgt man den Forststraßen bis zum Forsthaus im Bundschuhtal.
Aufstiegszeit je nach Einfahrtsstelle 30 Min. bis 1 Std.
Höhenunterschied 50 m bis 100 m
Schwierigkeit skitechnisch leicht
Lawinengefahr kaum lawinengefährdet, Vorsicht bei der Einfahrt vom Kamm
Hangrichtung Norden bzw. Nordwesten
Beste Jahreszeit Dezember – März

Anfahrt *Auto:* Auf der Tauern-Autobahn zur Ausfahrt »Gmünd«, über Kremsbrücke nach Innerkrems bis zum Parkplatz bei den Liften.
Ausgangspunkt Blutige-Alm-Sessellift.
Aufstieg Mit dem Blutige-Alm-Sessellift und dem anschließenden Schlepplift fast bis zur Zechnerhöhe. Direkt über den Kamm nach Westen zur Gaipahöhe. Der Kamm ist oft abgeweht und die günstigste Einfahrtsstelle nach Norden unter Umständen erst von der Gaipahöhe aus zu beurteilen.
Abfahrt Je nach Verhältnissen am besten aus der Mulde zwischen Gaipahöhe und Zechnerhöhe in die jenseitigen Nordhänge einfahren und über sanfte, weite Hänge zur Grössingalm. Danach über Forststraßen durch die Weißseite zum Forsthaus. Anschließend zu Fuß ein kurzes Stück zum Alpengasthof »Bundschuh«, wo man auf das (bestellte) Taxi warten kann.

Touristische Infos Fremdenverkehrsamt A-9862 Kremsbrücke, Tel. (04735) 515, Fax (04735) 517
Literatur, Gebietsführer 1. Kärntner Schitourenführer, Bd 1 von Manfred Korbaj, H. Weishaupt Verlag; Rudolf und Siegrun Weiss u. a. (1998): Genuß-Schitourenatlas Südtirol & Österreich-Süd, Schall Verlag
Karten ÖK 183 (Radenthein) und ÖK 157 (Tamsweg)

6 Schwarzwand (2214 m)

Über die Bonner Hütte — *Nockberge*

Gesamtcharakter Der Zugang kann als schöne Skiwanderung gestaltet werden, indem man die Ebenwaldhöhe miteinbezieht. Die Abfahrt ist kürzer und entsprechend flott. Ab St. Margarethen auch kombinierbar mit den Liften am Aineck (2210 m), was jedoch ab Bundschuh einen Rücktransfer erfordert; diesen organisiert z. B. die Alpinschule »Firn-Sepp«.
Aufstiegszeit 3 bis 4 Std.
Höhenunterschied 1000 m mit Gegensteigungen
Schwierigkeit skitechnisch leicht bis mittel
Lawinengefahr kaum lawinengefährdet
Hangrichtung Nordwesten bis Nordosten
Beste Jahreszeit Januar – März

Anfahrt *Auto:* A 10 Tauern-Autobahn, Ausfahrt »St. Michael im Lungau«; B 95, 96, 97, 99 Richtung St. Michael; nahe Schloß Moosham Abzweigung nach St. Margarethen und weiter Richtung Bundschuh. Oder aus dem oberen Murtal bei Ramingstein von Madling nach Bundschuh.
Ausgangspunkt Hochofen in Bundschuh (1339 m).
Aufstieg Ab der Brücke den Ziehweg am Plareitbach aufwärts. Dem markierten Weg folgend um die Ebenwaldhöhe ostseitig herum zur Bonner Hütte (1713 m).
Ab dieser Hütte hält man sich südwärts, durchquert einen gut begehbaren Hochwald und gelangt in einer Rechtsschleife erst zu einer großen Lärche, die am Stamm zwei rote Flecken hat, sodann auf die Ebenwaldhöhe (1848 m).
Nun kurz abfahrend zur Ebenwaldhütte und in den oberen Plareitgraben (1730 m); Wegweiser. Den markierten Weg entlang bergan zur Laußnitzeralm (1839 m), zum Laußnitzsee (2001 m) und am Roten Riegel zur Schwarzwand. Ein Mini-Hochofen dient als Gipfelzeichen.
Abfahrt Durch die Weißseite. Zurück zum Roten Riegel, nun jedoch am nordostseitigen Rücken über die Ruppenhöhe (2050 m) zur Oberen Reifensteineralm (1711 m). Durch Wald zur Unteren Rueppenalm (1479 m) und auf einem Forstweg zum Parkplatz.

Touristische Infos Urlaubsregion Lungau, A-5582 St. Michael, Tel. (06477) 8988; Alpinschule »Firn-Sepp«, Mauterndorf, Tel. (06472) 7013
Karten ÖK157 (Tamsweg)
Einkehr/Übernachtung Bonner Hütte, Tel. (0043-663) 845191

Tour 7: Abfahrt zur Postmeisteralm

7 Peitlernock (2244 m)

Mit Ski über die Nockalmstraße — *Nockberge*

Gesamtcharakter Der Peitlernock ist eine Tour, die man nahezu immer machen kann. Zu Beginn folgt man der verschneiten und gesperrten Nockalmstraße, die im Winter auch von Rodlern und Pferdeschlitten benützt wird. Ab der Bärengrubenalm folgt lichter Hochwald. Das Schlußdrittel ist geprägt von flachen Mulden und einem meist abgewehten Rücken, der in angenehmer Steilheit zum Gipfel führt.
Aufstiegszeit 3 Std.
Höhenunterschied 750 m
Schwierigkeit skitechnisch leicht
Lawinengefahr kaum lawinengefährdet
Hangrichtung Norden bis Nordosten
Beste Jahreszeit Dezember – März

Anfahrt *Auto:* Auf der Tauern-Autobahn zur Ausfahrt »Gmünd«, über Kremsbrücke nach Innerkrems bis zur Abzweigung der Nockalmstraße.
Ausgangspunkt Beim Feuerwehrhaus am Beginn der Nockalmstraße. Nicht die Einfahrt desselben bzw. den Auslauf für die Rodelbahn verparken!
Aufstieg Zu Beginn gemütlich über die Nockalmstraße ansteigen. Nach etwa 1 Std. zweigt man nach dem Nockalmhof (im Winter geschlossen) bei einem Trafo rechts Richtung Peitlernock ab und folgt der Forststraße bis zu den Hütten auf der Bärengrubenalm. Unmittelbar vor Erreichen der Hütten hält man Richtung Südosten und steigt durch den lichten Hochwald zum freien Rücken auf. Zuerst in weiten Schleifen in den Mulden rechts des Rückens nach oben. Zum Schluß über den meist abgewehten und harten Rücken zum Gipfel.
Abfahrt Wie Aufstieg oder ab 1950 m rechts haltend (Richtung Osten) zur Postmeisteralm abfahren. Ab der Hütte wegen des Jungwalds unbedingt auf der Forststraße bleiben. Zum Schluß in Schußfahrt über die Nockalmstraße zurück zum Auto.

Touristische Infos Fremdenverkehrsamt A-9862 Kremsbrücke, Tel. (04735) 515, Fax (04735) 517
Literatur, Gebietsführer 1. Kärntner Schitourenführer, Bd 1 von Manfred Korbaj, H. Weishaupt Verlag; Rudolf und Siegrun Weiss u. a. (1998): Genuß-Schitourenatlas Südtirol & Österreich-Süd, Schall Verlag
Karten ÖK 183 (Radenthein)

8 Bärnaunock (2292 m)

Vernachlässigtes Gegenüber des Peitlernocks — *Nockberge*

Gesamtcharakter Die Tour zum Bärnaunock, der auch als Pernaunock bezeichnet wird, ist dem Peitlernock in vielem ähnlich. Allerdings ist der Rücken im oberen Teil dem Wind stärker ausgesetzt und bietet seltener gute Abfahrtsbedingungen als der Peitlernock.

Aufstiegszeit 3 bis 3:30 Std.
Höhenunterschied 800 m
Schwierigkeit skitechnisch leicht
Lawinengefahr kaum lawinengefährdet
Hangrichtung Norden, Osten
Beste Jahreszeit Dezember – März

Anfahrt *Auto:* Auf der Tauern-Autobahn zur Ausfahrt »Gmünd«, über Kremsbrücke nach Innerkrems bis zur Abzweigung der Nockalmstraße.
Ausgangspunkt Beim Feuerwehrhaus am Beginn der Nockalmstraße. Nicht die Einfahrt desselben bzw. den Auslauf für die Rodelbahn verparken!
Aufstieg Zu Beginn gemütlich über die Nockalmstraße ansteigen. Nach etwa 1 Std. zweigt man nach dem »Nockalmhof« (im Winter geschlossen) bei einem Trafo rechts Richtung Peitlernock ab und folgt der Forststraße bis zu den Hütten auf der Bärengrubenalm. Bei den Hütten vorbei und über die schönen Hänge Richtung Westen zum Rücken ansteigen, den man durch eine Mulde erreicht. Über den Rücken Richtung Süden zum Gipfel.
Abfahrt Die Abfahrt folgt dem Aufstiegsweg. Es besteht auch die Möglichkeit, den Kammverlauf zum Peitlernock zu überschreiten und so eine lohnende Rundtour zu machen. Die Hohe Pressing liegt in einer Winterruhezone des Nationalparks und darf im Winter nicht besucht werden.

Touristische Infos Fremdenverkehrsamt A-9862 Kremsbrücke, Tel. (04735) 515, Fax (04735) 517
Literatur, Gebietsführer 1. Kärntner Schitourenführer, Bd 1 von Manfred Korbaj, H. Weishaupt Verlag; Rudolf und Siegrun Weiss u. a. (1998): Genuß-Schitourenatlas Südtirol & Österreich-Süd, Schall Verlag
Karten ÖK 183 (Radenthein)

9 Steinnock (2197 m)

Tagesziel oder Auftakt — *Nockberge*

Gesamtcharakter Im Talwinkel hinter St. Oswald bietet sich eine ganze Reihe von Tourenmöglichkeiten an, die auch miteinander kombiniert werden können. Bis zum Hundsfeld geht es gemütlich dahin. Dann folgt ein steiler Südhang bis zum Gipfel.
Aufstiegszeit 3 Std.

Höhenunterschied 900 m
Schwierigkeit skitechnisch mittel
Lawinengefahr mitunter lawinengefährdet
Hangrichtung Süden bis Westen
Beste Jahreszeit Dezember – Anfang März

Anfahrt *Auto:* Von Spittal an der Drau oder Feldkirchen kommend nach Bad Kleinkirchheim und weiter nach St. Oswald. Vor der Brunnachalm-Bahn nach rechts in das Tal des St.-Oswald-Baches.
Ausgangspunkt Bei der Brücke über den St.-Oswald-Bach, Pkt. 1316 m nach der Schmiede.
Aufstieg Über Forstwege, später über Lichtungen und durch Hochwald in den Hundsfeldgraben; im Graben weiter bis ins freie Gelände. Nach links (Richtung Norden) und in Spitzkehren über den Südhang zum Kamm zwischen Hundshöhe und Steinnock. Dann linkshaltend zum Gipfel.
Abfahrt Die Abfahrt folgt dem Aufstiegsweg. Dient der Steinnock nur als Auftakt, könnte aus dem Hundsfeld noch der Falkert (2308 m) bestiegen werden und über den Saubuckel und den Tanzboden über schöne Westhänge zurück zum Auto geschwungen werden. Oder man fährt direkt vom Gipfel des Steinnocks über traumhafte Südwesthänge ca. 200 Höhenmeter ab, um anschließend zum Klomnock (2330 m) aufzusteigen.

Touristische Infos Tourismusverband A-9546 Bad Kleinkirchheim, Tel. (04240) 8212, Fax (04240) 8537
Literatur, Gebietsführer 1. Kärntner Schitourenführer, Bd 1 von Manfred Korbaj, H. Weishaupt Verlag; Rudolf und Siegrun Weiss u. a. (1998): Genuß-Schitourenatlas Südtirol & Österreich-Süd, Schall Verlag
Karten ÖK 183 (Radenthein)

10 Klomnock (2330 m)

Prachtabfahrten auf rassigen Südhängen — *Nockberge*

Gesamtcharakter Die Südseite des Klomnocks bietet traumhafte Hänge, die mit zu den schönsten Abfahrten der Nockberge gehören. Er kann von mehreren Seiten bestiegen werden. Kommt man vom Steinnock, braucht man eine zusätzliche Stunde nach der Abfahrt über die Südwesthänge, das macht dann insgesamt 4 Stunden.

Aufstiegszeit 4 Std.
Höhenunterschied 1200 m
Schwierigkeit skitechnisch mittel
Lawinengefahr mitunter lawinengefährdet
Hangrichtung Süden und Südwesten
Beste Jahreszeit Dezember – Mitte März

Anfahrt *Auto:* Von Spittal an der Drau oder Feldkirchen kommend nach Bad Kleinkirchheim und weiter nach St. Oswald. Vor der Brunnachalm-Bahn nach rechts in das Tal des St.-Oswald-Baches.
Ausgangspunkt Bei der Brücke über den St.-Oswald-Bach, Pkt. 1316 m nach der Schmiede.
Aufstieg Wie bei der Tour zum Steinnock beschrieben auf den Steinnock-Gipfel und anschließend über die Südwesthänge ca. 200 Höhenmeter abfahren. Erneut Felle anlegen und in angenehmer Steigung zum Steinhöhe-Kamm und weiter zum Klomnock aufsteigen.
Abfahrt Die Abfahrt folgt den rassigen Süd- und Südwesthängen (Vorsicht bei der Einfahrt im Kammbereich) je nach Verhältnissen hinunter ins Schönfeld und weiter etwas verzwickt durch steilen Hochwald zur Hoferalm und am Falkert-Schutzhaus vorbei. Zum Schluß über die Forststraße zurück zum Auto.

Touristische Infos Tourismusverband A-9546 Bad Kleinkirchheim, Tel. (04240) 8212, Fax (04240) 8537
Literatur, Gebietsführer 1. Kärntner Schitourenführer, Bd 1 von Manfred Korbaj, H. Weishaupt Verlag; Rudolf und Siegrun Weiss u. a. (1998): Genuß-Schitourenatlas Südtirol & Österreich-Süd, Schall Verlag
Karten ÖK 183 (Radenthein)

11 Mallnock (2226 m) und Klomnock (2330 m)

Großartige Überschreitung mit Panoramablick — *Nockberge*

Gesamtcharakter Der Mallnock kann durch die Liftunterstützung der Brunnachalm-Bahn sehr einfach erreicht werden. Es handelt sich um eine gemütliche Kammwanderung, die sich zum Schluß etwas aufsteilt. Die anschließende Überschreitung zum Klomnock ist anspruchsvoller.

Aufstiegszeit 2:30 Std.
Höhenunterschied 650 m
Schwierigkeit skitechnisch mittel
Lawinengefahr mitunter lawinengefährdet
Hangrichtung Süden bis Osten
Beste Jahreszeit Dezember – Mitte März

Anfahrt *Auto:* Von Spittal an der Drau oder Feldkirchen kommend nach Bad Kleinkirchheim und weiter nach St. Oswald bis zur Brunnachalm-Bahn.
Ausgangspunkt Brunnachalm-Bahn.
Aufstieg Von der Bergstation der Bahn auf ca. 1720 m hinauf auf die Brunnachhöhe und weiter über deren Rücken bis ca. 2020 m. Von dort über den steiler werdenden Südhang direkt zum Mallnock aufsteigen. Weiter in nordöstlicher bis östlicher Richtung, teilweise direkt am Kamm, teilweise südlich davon zum Klomnock.
Abfahrt Die Abfahrt folgt den rassigen Süd- und Südwesthängen (Vorsicht bei der Einfahrt im Kammbereich) je nach Verhältnissen hinunter ins Schönfeld und weiter etwas verzwickt durch steilen Hochwald zur Hoferalm, dann beim Falkert-Schutzhaus vorbei; zum Schluß über die Forststraße zurück zum Auto.
Vom Mallnock kann auch direkt abgefahren werden, jedoch weniger lohnend, oft instabil.

Touristische Infos Tourismusverband A-9546 Bad Kleinkirchheim, Tel. (04240) 8212, Fax (04240) 8537
Literatur, Gebietsführer 1. Kärntner Schitourenführer, Bd 1 von Manfred Korbaj, H. Weishaupt Verlag; Rudolf und Siegrun Weiss u. a. (1998): Genuß-Schitourenatlas Südtirol & Österreich-Süd, Schall Verlag
Karten ÖK 183 (Radenthein)

12 Großer Rosennock (2440 m)

Der höchste Nock mit oder ohne Liftunterstützung — *Nockberge*

Gesamtcharakter Der Rosennock ist nicht nur der höchste der Nocke, sondern er bietet auch schöne Hänge. Um in deren Genuß zu kommen, hat man zwei Möglichkeiten. Zum einen den langen Zustieg von Kaning über die Forststraße durchs Langalmtal. Oder man benutzt wieder die Brunnachalm-Bahn und gelangt von der Brunnachhöhe abfahrend in den Talschluß des Langalmtales. Bei dieser Variante hat man allerdings zum Schluß einen Gegenanstieg zu bewältigen, will man zurück zur Talstation.
Aufstiegszeit 4 Std.
Höhenunterschied 1250 m
Schwierigkeit skitechnisch mittel
Lawinengefahr mitunter lawinengefährdet
Hangrichtung Südosten bis Osten
Beste Jahreszeit Januar – März

Anfahrt *Auto:* Von Spittal an der Drau oder Feldkirchen kommend nach Bad Kleinkirchheim und weiter nach St. Oswald bis zur Brunnachalm-Bahn.
Ausgangspunkt Brunnachalm-Bahn.
Aufstieg Von der Bergstation der Bahn auf ca. 1720 m hinauf zur Brunnachhöhe und auf der anderen Seite abfahren zur Erlacher Hütte (1636 m). Weiter aufwärts zur Feldhütte und über freie Hänge und den Rücken Richtung Nordwesten zum Gipfel.
Abfahrt Die Abfahrt folgt dem Aufstiegsweg, wobei sich je nach Verhältnissen und Jahreszeit immer wieder lohnende Pulvermulden finden lassen. Von der Erlacher Hütte steigt man entlang der eigenen Abfahrtsspur wieder zur Brunnachhöhe auf und hat noch einmal 600 Höhenmeter Abfahrt (zum Schluß über Pisten) zum Auto.

Touristische Infos Tourismusverband A-9546 Bad Kleinkirchheim, Tel. (04240) 8212, Fax (04240) 8537
Literatur, Gebietsführer 1. Kärntner Schitourenführer, Bd 1 von Manfred Korbaj, H. Weishaupt Verlag; Rudolf und Siegrun Weiss u. a. (1998): Genuß-Schitourenatlas Südtirol & Österreich-Süd, Schall Verlag
Karten ÖK 183 (Radenthein)

13 Großer Speikkofel (2270 m)

Leichte Skiwanderung — *Nockberge*

Gesamtcharakter Die sanften Hänge des Großen Speikkofels bilden eine ideale Tour für Anfänger oder auch bei instabilen Schneedeckenverhältnissen. Bleibt man am breiten Rücken, so kann man die Tour bei nahezu allen Bedingungen durchführen.
Aufstiegszeit 2:30 bis 3 Std.
Höhenunterschied 800 m
Schwierigkeit skitechnisch leicht
Lawinengefahr kaum lawinengefährdet
Hangrichtung Süden
Beste Jahreszeit Dezember – Anfang März

Anfahrt *Auto:* Von Feldkirchen oder von der Turracher Höhe nach Ebene Reichenau und dort nach St. Lorenzen abzweigen.
Ausgangspunkt Parkplatz bei der Kirche in St. Lorenzen (1477 m).
Aufstieg Dem bezeichneten Weg Richtung Nordosten folgen, später Richtung Norden zum freien Rücken. Direkt auf diesem entlang, bis man über freie Hänge den Kleinen Speikkofel (2109 m) erreicht. Jenseits kurz absteigen und anschließend weiter hinauf zum Gipfel.
Abfahrt Die Abfahrt folgt der Aufstiegsroute, wobei man bei günstigen Verhältnissen in den Mulden beiderseits des Rückens auch noch einige lohnende Abfahrtsmeter »herausschinden« kann.

Touristische Infos Fremdenverkehrsamt A-9565 Ebene Reichenau, Tel. (04275) 21811, Fax (04275) 21810
Literatur, Gebietsführer 1. Kärntner Schitourenführer, Bd 1 von Manfred Korbaj, H. Weishaupt Verlag; Rudolf und Siegrun Weiss u. a. (1998): Genuß-Schitourenatlas Südtirol & Österreich-Süd, Schall Verlag
Karten ÖK 184 (Ebene Reichenau)

14 Rinsennock (2334 m)

Der 30-Minuten-Gipfel — *Nockberge*

Gesamtcharakter Durch die unmittelbare Nähe des Kornockliftes auf bequemste Art zu erreichen. Vom Rinsennock aus lassen sich einige lohnende Abfahrten ansteuern, welche aber fast ausnahmslos durch anspruchsvolles Gelände führen und absolut sichere Verhältnisse voraussetzen. Der Interessierte wird die attraktiven Möglichkeiten auf der Karte erkennen. Im Gegensatz dazu läßt sich die hier vorgestellte Eggenriegel-Abfahrt zwar fast immer machen, wird aber wahrscheinlich nur eingefleischte »Waldbahnfahrer« begeistern.
Aufstiegszeit 30 Min.
Höhenunterschied 150 m
Schwierigkeit skitechnisch leicht
Lawinengefahr kaum lawinengefährdet
Hangrichtung Südosten
Beste Jahreszeit Januar – März

Anfahrt *Auto:* Von Feldkirchen oder aus dem Murtal kommend auf die Turracher Höhe.
Ausgangspunkt Turracher Höhe (1783 m).
Aufstieg Mit dem Kornocklift bis auf 2190 m. Vom Kornock meist zu Fuß Richtung Südwesten über den Kammverlauf zum Rinsennock.
Abfahrt Vom Gipfel Richtung Südosten dem Rücken zum Eggenriegel folgen. Entweder dem Eggenriegel direkt am Rücken folgen oder über Forststraßen in die Südwesthänge ausweichen und über Winkl – Reichenau nach Unter Winkl. Mit Taxi zurück zur Turracher Höhe.

Touristische Infos Tourismusverein A-9565 Turracher Höhe, Tel. (04275) 83920, Fax (04275) 839210
Literatur, Gebietsführer 1. Kärntner Schitourenführer, Bd 1 von Manfred Korbaj, H. Weishaupt Verlag
Karten ÖK 184 (Ebene Reichenau)

15 Wintertalernock (2394 m)

Lohnende Abfahrt über Südosthänge — *Nockberge*

Gesamtcharakter Dem vielbesungenen Eisenhut benachbart präsentiert der nur um ca. 50 Höhenmeter niedrigere Wintertalernock dem Tourengeher eine schöne Südostflanke. Die rund 600 Höhenmeter freies Gelände ins Rapitzbachtal bieten bei gutem Schnee ideale Hangfolgen für angenehmes Schwingen.
Aufstiegszeit 3:30 Std.
Höhenunterschied 900 m (+ 200 m)
Schwierigkeit skitechnisch mittel
Lawinengefahr mitunter lawinengefährdet
Hangrichtung Osten bis Südosten
Beste Jahreszeit Januar – März

Anfahrt *Auto:* Von Süden kommend über Feldkirchen und Glödnitz nach Flattnitz. Von Norden kommend über das Murtal nach Stadl an der Mur und weiter nach Flattnitz.
Ausgangspunkt Flattnitz, 1400 m. Talstation des Hirnkopfliftes.
Aufstieg Mit Lifthilfe auf den Hirnkopf (1840 m). Auf der anderen Seite zuerst über Pisten zu den Gutenbrunnerhütten und weiter über Forststraßen in das Rapitzbachtal, das man ca. auf der Höhe von 1500 m erreicht. Jenseitig über Forststraßen zur Steringeralm aufsteigen. Weiter auf den Ostrücken und über diesen zum Gipfel.
Abfahrt Die Abfahrt kann auch dem Aufstiegsweg folgen. Wenn jedoch der Schnee »paßt«, ist die Südostflanke sicherlich vorzuziehen. Man fährt dann direkt vom Gipfel die Hangfolgen auf Höhe der Rapitzhütte, die man querend erreicht, hinunter. Zurück über die Joglhütte zum Fellanlegeplatz.
Nun entweder über die Gutenbrunnerhütten mit Lifthilfe zurück. Oder ein Stück weiter abfahren zur Fürstenhütte und von dort über den Kalkbrandsattel (1520 m) ansteigen. Abfahrt über Forststraßen zurück nach Flattnitz.

Touristische Infos Gemeindeamt A-9346 Glödnitz, Tel. (04265) 82220, Fax (04265) 822221
Literatur, Gebietsführer 1. Kärntner Schitourenführer, Bd 1 von Manfred Korbaj, H. Weishaupt Verlag
Karten ÖK 184 (Ebene Reichenau)

16 Eisenhut (2441 m)

Über die Geißeckhütte — *Nockberge*

Gesamtcharakter Der markante Eisenhut überragt das Skigebiet der Turracher Höhe sowohl in bezug auf Höhe als auch Exotik: Die weißen Flanken und tiefgrünen Zirbenwälder verlocken, dieses kontrastreiche landschaftliche Kleinod näher kennenzulernen.

Aufstiegszeit 3:30 Std.
Höhenunterschied 1050 m
Schwierigkeit skitechnisch mittel
Lawinengefahr mitunter lawinengefährdet
Hangrichtung Südwesten bis Norden
Beste Jahreszeit Januar – März

Anfahrt *Auto:* Im Norden (Murtal) von Predlitz; im Süden (Kärnten) von Ebene Reichenau auf der B95 Richtung Turracher Höhe. 1 km südlich des Ortes Turrach von der Paßstraße 2,5 km zum Turrach-Skilift.
Ausgangspunkt Talstation des Turrachliftes (1390 m).
Aufstieg Ab der Talstation auf dem bezeichneten Fahrweg am Geißeckbach taleinwärts und bergan zu einem kleinen Anger (1452 m). Einem markierten Ziehweg folgend im steilen Hochwaldgelände aufwärts zur Geißeckhütte (1664 m).
Oder man geht ab jenem kleinen Anger noch 1 km taleinwärts; sodann entweder dies- oder jenseits des Baches ansteigend zur Geißeckhütte. Ab der Hütte nordwärts. Einen Waldgürtel durchquerend bergan in das freie Gelände. An einem breiten, gleichmäßig geneigten Bergrücken zur Höhenkote 2233. Denselben Bergrücken aufwärts bis zum nordwestseitigen Gratrücken. Er leitet rechtshaltend zum Gipfelzeichen: Ein spitzer Eisenhut steht neben dem Kreuz.
Abfahrt Vom Gipfel in der breiten südwestseitigen Flanke durch Mulden und Hänge an die Waldgrenze; nach der Aufstiegsspur zur Geißeckhütte. Ab der Hütte den sonnseitigen Hang hinunter zum Fahrweg und am Geißeckbach talauswärts zur Talstation.

Touristische Infos Tourismusverein A-9565 Turracher Höhe, Tel. (04275) 83920, Fax (04275) 839210
Literatur, Gebietsführer Günter und Luise Auferbauer: Schitourenparadies Steiermark, Verlag Styria
Karten ÖK 184 (Ebene Reichenau)
Einkehr/Übernachtung Gasthaus »Zum Bergmann« (Haubenkoch Georg Meier), in Turrach, Tel. (03533) 275

17 Kilnprein (2408 m)

Über die Steinbachhütte — *Nockberge*

Gesamtcharakter Ein massiger Berg! Forststraßen und Waldgelände bis zur Steinbachhütte; im Almgelände mäßig steil, jedoch ein prächtiger Gipfelhang.
Aufstiegszeit 3 bis 4 Std.
Höhenunterschied 1140 m
Schwierigkeit skitechnisch mittel

Lawinengefahr ab der Steinbachalm mitunter lawinengefährdet; Vorsicht am ostseitigen Zustieg in den Steinbachsattel!
Hangrichtung Süden und Südosten
Beste Jahreszeit Januar – März

Anfahrt *Auto:* Im Norden (Murtal) von Predlitz, im Süden von Ebene Reichenau auf der B97 Richtung Turracher Höhe.
Ausgangspunkt Ort Turrach (1269 m).
Aufstieg Ab dem südlichen Ortsrand folgt man der schmalen Straße am Steinbach aufwärts zum Berghaus (1490 m). Dieselbe Straße führt als Forstweg weiter aufwärts zu einer Brücke am Steinbach (1630 m). Rechts vom Steinbach bergan und, das Waldgelände allmählich verlassend, zur Steinbachhütte (ca. 1650 m). Aus dem karähnlich geformten Almgelände den zunehmend steilen, ostseitigen Hang aufwärts in den Steinbachsattel (2042 m); im Sattel verläuft die Landesgrenze Steiermark/Salzburg. Auf der Salzburger Seite fast 400 Höhenmeter nordostwärts an einem prächtigen, von breiten Mulden durchzogenen Hang auf die Gipfelkuppe.
Abfahrt Wie Aufstieg. Auf Salzburger Seite evtl. auch beliebig tiefer als der Steinbachsattel, was jedoch mit einem entsprechend langen Gegenanstieg kompensiert werden muß.

Touristische Infos Tourismusverein A-9565 Turracher Höhe, Tel. (04275) 83920, Fax (04275) 839210
Literatur, Gebietsführer Günter und Luise Auferbauer: Schitourenparadies Steiermark, Verlag Styria
Karten ÖK 184 (Ebene Reichenau)
Einkehr/Übernachtung Gasthaus »Zum Bergmann« (Haubenkoch Georg Meier), in Turrach, Tel. (03533) 275

Tour 17: Auf dem Kilnprein mit Blick auf Eisenhut und Wintertalernock (links vom Kreuz)

18 Zirbitzkogel (2396 m)

Rundtour über das Scharfe Eck — *Seetaler Alpen*

Gesamtcharakter Wegen der zahlreichen Möglichkeiten, Aufstiegs- und Abfahrtsrouten zu kombinieren, zählt »der Zirbitz« zu den bekanntesten Skitourengipfeln in der Steiermark.
Aufstiegszeit 2:30 Std.
Höhenunterschied 850 m
Schwierigkeit skitechnisch mittel
Lawinengefahr kaum lawinengefährdet
Hangrichtung Nordosten
Beste Jahreszeit Januar – April

Anfahrt *Auto:* S 36, Ausfahrt »Judenburg-West«; aus dem Stadtzentrum auf die Schmelz; 16 km.
Ausgangspunkt Schmelz (1550 m); großer Parkplatz.
Aufstieg Man folgt der alten Heeresstraße oder – kürzer – dem markierten Weg durch das »Sterngassl« (Stromleitung) zur Winterleitenhütte (1782 m). Am Kleinen Winterleitensee über eine Geländestufe in das weite Kargelände beim Großen Winterleitensee (1843 m). Aus diesem Kar leitet eine Stangenmarkierung zu einem Akja-Depot (roter »Sarg«). Den Stangen folgend zum Scharfen Eck (2364 m, Radarstation). Auf dem Hauptrücken in einen Sattel und zum Zirbitzkogelhaus (2376 m) bzw. zum Gipfelkreuz.
Abfahrt Abfahrt wie Aufstieg.
Rundtour Von der Schmelz auf 3 km langer Forststraße zur Sabathyhütte(1620 m); durch das Lindertal zum Lindersee (2051 m) und Zirbitzkogel-Schutzhaus. Abfahrt vom Scharfen Eck zur Winterleitenhütte und Schmelz.

Touristische Infos Tourismusverband Steirisches Zirbenland, A-8742 Obdach, Tel. (03578) 3406, Fax (03578) 3495
Literatur, Gebietsführer Günter und Luise Auferbauer: Alpenvereins-Skiführer Ostalpen Bd 5, Bergverlag Rother
Karten ÖK 160 (Neumarkt), ÖK 161 (Knittelfeld)
Einkehr Zirbitzkogelhaus (ab Februar an Wochenenden geöffnet)
Übernachtung Winterleitenhütte, Tel. (03578) 8210; Gasthof »Sabathyhütte« (Hörmann), Tel. (03578) 8230

19 Fuchskogel (2214 m)

Von der Waldheimhütte — *Seetaler Alpen*

Gesamtcharakter Dieser Gipfel liegt 2 km südöstlich vom Zirbitzkogel, umgeben vom Lavantsee und Wildsee. Ausgesprochen schöne, breite Bergrücken ziehen vom Fuchskogel ostseitig in die Zirbenwald-Landschaft.
Aufstiegszeit 2:30 Std.
Höhenunterschied 800 m
Schwierigkeit leicht bis mittel
Lawinengefahr kaum lawinengefährdet
Hangrichtung Osten
Beste Jahreszeit Januar – April

Anfahrt *Auto:* Im Murtal S 36, Ausfahrt »Zeltweg-West«; im Lavanttal A 2 Südautobahn, Ausfahrt »Bad St. Leonhard«; jeweils auf der B 78 zum Obdacher Sattel; über St. Anna zur Waldheimhütte.
Ausgangspunkt Gasthaus Waldheimhütte (1614 m) auf der Kaseralm.
Aufstieg Ein markierter Weg leitet ab der Hütte in Richtung Köhlerhütte. Man durchquert das Waldgelände zunächst bis zum markanten Bildbaum »Maria in der Zirbe« (1720 m). Nur gering ansteigend und den Wald allmählich verlassend zum Türkenkreuz (1839 m). Ab diesem Kreuz südwärts. Am breiten, kegelähnlichen Osthang bergan zum Wildsee (1981 m). Danach auf den Hauptrücken (2113 m); daran exakt 101 Höhenmeter auf den Fuchskogel.
Abfahrt Erstens wie Aufstieg. Zweitens vom Fuchskogel nordostwärts, in Richtung Köhlerhütte. Oder durch das nordseitige Kar in Richtung Lavantsee und zur Köhlerhütte (1885 m). Und weitere Varianten. Ab der Waldgrenze jeweils Abfahrt wie Aufstieg.

Touristische Infos Tourismusverband Steirisches Zirbenland, A-8742 Obdach, Tel. (03578) 3406, Fax (03578) 3495
Karten ÖK 160 (Neumarkt), ÖK 161 (Knittelfeld)
Einkehr Zirbitzkogelhaus (ab Februar an Wochenenden geöffnet)
Übernachtung Winterleitenhütte, Tel. (03578) 8210; Gasthof »Sabathyhütte« (Hörmann), Tel. (03578) 8230
Einkehr/Übernachtung Gasthof »Waldheimhütte« (Grillitsch), Tel. (03578) 8205; Köhlerhütte, AV-Selbstversorgerhütte, Schlüssel anfordern unter Tel. (03124) 51919 (Herbert Kozak, Gratwein)

20 Kienberg (2050 m)

Vom Klippitztörl — *Saualpe*

Gesamtcharakter Einfache, aber empfehlenswerte Skiwanderung an einem 6 km langen Höhenrücken.
Aufstiegszeit 2:30 Std.
Höhenunterschied 600 m samt Gegensteigungen
Schwierigkeit skitechnisch leicht
Lawinengefahr kaum lawinengefährdet
Hangrichtung am Gratrücken Norden; in den gratnahen Flanken Westen
Beste Jahreszeit Februar – April (bzw. dann, wenn die Höhenrücken gut eingeschneit sind)

Anfahrt *Auto:* A 2 Süd-Autobahn, Ausfahrt »Bad St. Leonhard«; Bergstraße auf das Klippitztörl.
Ausgangspunkt Paßhöhe am Klippitztörl (1644 m); Parkplatz.
Aufstieg Ab der Paßhöhe folgt man südwärts dem Lavanttaler Höhenweg bzw. dem WW 08 an den Geierkogel heran. Man ersteigt diesen Gipfel an seinem steilen Nordrücken geradewegs und gelangt zu einem Kreuz; nahe davon der Gipfel (1917 m). Aus dem mit Steinblöcken besetzten Höhenrücken leicht südwestwärts in einen Sattel (1829 m). Den nächsten längeren, nordostseitigen Höhenrücken in seiner westseitigen Flanke bergan querend, weil hier die Schneelage zumeist besser ist als am Gratrücken. Dabei gelangt man zu einer interessanten Felsformation, die »Steinerne Hochzeit« genannt. Südwärts bergan steigend, erreicht man den Sattel auf der Forstalpe (2034 m). Nun eher dem Bergrücken entlang und über eine Vorkuppe zum Kienberg. Verlängerung der Tour: Den z. T. breiten Gratrücken südwärts, in Richtung Gertrusk – Kaiserofen – Ladinger Spitz; zusätzlich 4 km und Gegensteigungen.
Abfahrt und Rückweg Wie Aufstieg.

Touristische Infos Tourismusverband Lavanttal, A-9400 Wolfsberg, Tel. (04352) 2878, Fax (04352) 52032
Karten ÖK 187 (Bad St. Leonhard)
Einkehr/Übernachtung Gasthof »Hochegger«, Tel. (04350) 8167; Klippitztörlhütte der Naturfreunde (bew. Mitte Dezember – Ende Februar), Tel. (04350) 8123

21 Ladinger Spitz (2079 m)

Von der Gießlhütte — *Saualpe*

Gesamtcharakter Einfache Skiwanderung auf den höchsten Gipfel der Saualpe. Ab 1460 m Höhe Almgelände.
Aufstiegszeit 2:30 Std.
Höhenunterschied 740 m
Schwierigkeit skitechnisch leicht bis mittel
Lawinengefahr kaum lawinengefährdet
Hangrichtung Osten
Beste Jahreszeit Februar – April

Anfahrt *Auto:* A 2 Süd-Autobahn, Ausfahrt »Wolfsberg-Nord«; über St. Jakob – Hattendorf – und/oder St. Michael sowie Lading zur Gießlhütte.
Ausgangspunkt Gasthof »Gießlhütte« (1347 m).
Aufstieg Vom Gasthof entlang dem bezeichneten Forstweg 2 km westwärts zur Zechhütte (1512 m). Aus dem Almgelände wiederum westwärts durch ein kurzes Waldstück und in das freie Gelände der Scheuchereben. Ab der Offnerhütte (1668 m) über den breiten Rücken aufwärts zu den Felsen des Weichensteiner Ofen (1729 m). Nun entweder südwärts zur Wolfsberger Hütte (Saualpen-Schutzhaus, 1827 m), oder vom Weichensteiner Ofen geradewegs (ostseitig) bergan auf den Hauptrücken (2029 m); noch 50 Höhenmeter zum Gipfel.
Abfahrt Am besten durch den Ladinger Graben. Man hält sich südlich vom Gipfel, ab dem Zaun, südostwärts in jenes muldenartige Gelände, das sich als Ladinger Graben fortsetzt; schön und schneesicher. Bevor derselbe Graben in die Strauchzone mündet, rechtshaltend herausqueren und an einem ostseitigen Geländerücken direkt zur Offnerhütte; ab hier weiter wie Aufstieg.

Touristische Infos Tourismusverband Lavanttal, A-9400 Wolfsberg, Tel. (04352) 2878, Fax (04352) 52032
Karten ÖK 187 (Bad St. Leonhard)
Einkehr/Übernachtung Alpengasthof »Gießlhütte«, Tel. (04352) 61250

Steirisches Randgebirge

Günter und Luise Auferbauer

Dieser 150 km lange Gebirgsbogen enthält zwar in seinem südwestlichen Teil neun Zweitausender, jedoch dominieren über die gesamte Länge die unvergleichbaren *»Hohen Almen«*. Ihre geschmeidigen, weiten Anhöhen sind einmalig und aussichtsreich zugleich. Tourengeher erreichen in dieser Region mit geringem Aufwand hohe Erlebniswerte – vorausgesetzt, man findet Gefallen an diesen überwiegend sanften Formen.
Erhöhtes Interesse erwecken die mitunter skurril geformten, »Öfen« genannten Kristallinblöcke und Blockgruppen; sie prägen vor allem die *Koralpe* und *Stubalpe*. Der markanteste dieser geologischen Eremiten steht als »Teufelstein« inmitten der Fischbacher Alpen, nahe dem Schanzsattel.

Die topographischen Strukturen des *Steirischen Randgebirges* bedingen, daß Abfahrten eventuell auch mit Rückwegen oder sogar Gegenanstiegen gekoppelt sind. Wer sich auf diese Divergenz einzustellen versteht, erlebt Skitourenglück nahezu vor der Haustür: Aus dem Großraum Graz sind Tourenausgangspunkte innerhalb eines Radius von rund 60 bis 70 km erreichbar, wie z. B. jene am Gaberl (1515 m) oder auf der Weinebene (1668 m).
An der weststeirischen Seite der Koralpe liegt das gerühmte *Schilcherland,* ein Begriff, der alpin Außenstehenden ebenso geläufig ist und verständlich machen hilft, daß in diesem Bereich die Lust auf Touren nicht nur aus dem Kopf kommt, sondern ebenso durch die Kehle fließt und daher auch den Gaumen berührt: Die Weststeiermark strotzt vor Delikatessen. Und auch Skitourengeher sind in dieser Hinsicht emanzipierte Feinspitze.
Der südlichste Punkt des massigen Höhenrückens der *Koralpe* setzt im Bereich der waldreichen Soboth an und trägt auf seinem höchsten Punkt, dem Großen Speikkogel (2140 m), jene zwei weithin sichtbaren Radarstationen, die der Volksmund »Goldhauben« nennt. Überwiegend spenden Adria-Tiefs den von Skifans alljährlich sehnsüchtig erwarteten »Rohstoff«. Deshalb ist die sogenannte »beste Zeit« grundsätzlich jene, welche unmittelbar auf Frau Holles Segen folgt. Aber der Umstand, daß die baumfreien Flächen vom Wind mit der Wirkung eines Sandstrahlers bearbeitet werden, erfordert zusätzliches Gespür für den jeweils richtigen Tourenzeitpunkt. Er ist in dieser Region dann gegeben, wenn die Almflächen, Kare und Kuppen gut eingeschneit sind: Das kann bereits zu Weihnachten sein oder auch noch um Ostern.

Das nachhaltige Schauspiel der exogenen Kräfte prägt ebenso die *Stubalpe;* ihr entragt der höchste Gipfel des Steirischen Randgebirges: Der wie ein Satteldach geformte Amering (2187 m) steht inmitten von Weißenstein und Größenberg. Daß vom »Größing« mitunter noch Anfang Mai bis ins Tal bei Eppenstein abgefahren werden kann, zählt eher als Ausnahmesituation; sie bezeugt aber die Hartnäckigkeit des Winters während seiner Rückzugsgefechte.

Mit der *Gleinalpe* bahnen sich unzeitgemäße Probleme an: Das Steinplan- und Mugel-Schutzhaus sowie das Oskar-Schauer-Sattelhaus und der Gasthof »Krautwasch« stehen jeweils nur an den Randbereichen dieser rund 45 km langen Berggruppe. Folglich gibt es zwischen der Gaberl-Paßhöhe und Mugel keinen Stützpunkt. Skitouren an der Gleinalpe entführen also in unverhofft ursprüngliche Sphären. Weil eine alpintouristische Infrastruktur auch am Gleinalmspeik faktisch fehlt, kommen auch hier eher Pioniergeister auf Touren.

Die mehr als 50 km langen *Fischbacher Alpen* sind der nordöstliche Teil des Steirischen Randgebirges. Das Rennfeld bei Bruck an der Mur ist der in diesem lokalen Ausflugsraum populärste Gipfel, gewiß vor allem deshalb, weil das am Gipfel stehende Ottokar-Kernstock-Haus ganzjährig und dazu exzellent bewirtschaftet wird. Das klangvolle Prädikat »Roseggers Waldheimat« bezieht

Im Frühjahr von der Weinebene zum Großen Speikkogel (Tour 2)

sich auf jenen Landschaftsteil, der zwischen dem Schanzsattel und Alpl liegt.
Das Tourengelände verläuft parallel zum Mürztal in Richtung Semmering und steigert sich ab dem Alpl über die Pretul in bezug auf die Distanzen, denn das Stuhleck ist weit entfernt. An diesem vorläufigen Höhepunkt kulminiert das Tourengeschehen auf historischem Boden, nämlich im Einzugsbereich des »Skilauf-Geburtsortes« Mürzzuschlag.
Somit bleibt nur noch ein geheimer Zufallstreffer offen: Der Schöckl im Grazer Bergland, just vor den Toren der Landeshauptstadt Graz.

Anreise Als Hauptverkehrsachsen dienen die Südautobahn (A 2), die Pyhrn-Autobahn (A 9) sowie die Semmering-Schnellstraße (S 6) und die beiden Murtal-Schnellstraßen (S 35 und S 36).
Die Fischbacher Alpen werden am Eibeggsattel, Schanzsattel, Alpl (B 72) und Pfaffensattel von jeweils gut ausgebauten Straßen gequert. Die Gaberl-Bundesstraße (B 77) erschließt die Schnittstelle zwischen Stubalpe und Gleinalpe.
Auf die Weinebene führen gut ausgebaute Landesstraßen von Deutschlandsberg (Steiermark) und St. Gertraud im Lavanttal (Kärnten).
Die Soboth-Bundesstraße (B 69) verbindet die Weststeiermark mit dem südlichen Lavanttal bei Lavamünd.
Bahn, Bus, Seilbahnen: InterCity-Züge halten in Mürzzuschlag und Spital am Semmering; Transfer per Bus zu den Sesselbahnen am Stuhleck; Postbusse bedienen vorwiegend an Schultagen den Schanzsattel und das Alpl.
Im Bereich Schöckl können Postbus, Seilbahn und GVB-Bus kombiniert werden.
Skibusse verkehren z. B. von Graz und Wolfsberg zur Weinebene, auf die Koralpe und das Klippitztörl.

Auskünfte über Bus und Bahn in der Steiermark: Kostenlos bei Mobil Zentral, Schönaugasse 6, A-8010 Graz, Tel. (03 16) 8 20 60 60, Fax (03 16) 8 20 60 82, E-Mail: service@mobilzentral.at

Touristische Informationen:
• Fischbacher Alpen: Tourismusregionalverband Waldheimat-Mürztal, Wiener Straße 4, A-8680 Mürzzuschlag, Tel. (0 38 52) 47 70, Fax (0 38 52) 53 94, E-Mail: TourismusRegionwm@netway.at
• Gleinalpe Nord: Tourismusregionalverband Steirisches Oberland, Peter-Tunner-Straße 2, A-8700 Leoben, Tel. (38 42) 481 48, Fax (38 42) 483 41, E-Mail: leoben@steirer-oberland.co.at • Gleinalpe und Stubalpe, Murtalseite: Infobüro des Tourismusregionalverbandes Oberes Murtal, Hauptplatz 15a, A-8720 Knittelfeld, Tel. (0 35 12) 86 46 40, Fax (0 35 12) 86 46 46, E-Mail: tv.knittelfeld@freizeitarena.oberes murtal.at • Gleinalpe und Grazer Bergland: Graz-Tourismus, Kaiserfeldgasse 15, A-8011 Graz, Tel. (03 16) 807 50, Fax (03 16) 80 75 55, E-Mail: info@graztourismus.at
• Koralpe und Stubalpe: Tourismusregion Weststeiermark, Ettendorfer Straße 3, A-8510 Stainz, Tel. (0 34 63) 49 50, Fax (0 34 63) 59 50, E-Mail: weststeiermark-info @styria.com • Koralpe, Kärntner Seite: Tourismusverband Lavanttal, Minoritenplatz 1, A-9400 Wolfsberg, Tel. (0 43 52) 28 78, Fax (0 43 52) 5 20 32, E-Mail: lavanttal@carinthia.org.

1 Dreieckkogel (1528 m)

Über die Dreieckalm *Koralpe*

Gesamtcharakter Einfache Skiwanderung, großteils auf Waldwegen und Forststraßen. Ideal für Touren-Einsteiger.
Aufstiegszeit 2:30 Std.
Höhenunterschied 460 m
Schwierigkeit skitechnisch leicht
Hangrichtung Süden und Osten
Beste Jahreszeit Dezember – Februar

Anfahrt *Auto:* B69, bis Soboth; an der Ortseinfahrt abzweigen, zum Gasthof »Lindner« 1 km.
Ausgangspunkt Gasthof »Lindner« (1130 m).
Aufstieg Ab dem Wegkreuz vor dem Gasthaus über die Wiese nordwärts an den Waldrand. Man folgt dem markierten Ziehweg (Nr. 560) durch Hochwald bergan, quert eine Pipeline-Trasse und gelangt zur Loinig-Jagdhütte (1358 m). Nun eine zweite Pipeline-Trasse queren und geradeaus bzw. leicht nordwestwärts zu einem Forstweg nächst der Höhenkote 1362. Der leicht ansteigenden Forststraße entlang durch das ostseitige Waldgebiet, um den Narrenfelsen herum, zu den Almwiesen im Dreiecksattel und bei der Dreieckhütte (1452 m). Ab der Almhütte an der Landesgrenze Steiermark/Kärnten den südostseitigen Hang geradewegs noch rund 80 Höhenmeter bergan auf die kleine, baumfreie Gipfelkuppe.
Hinweis: Älteren Karten zufolge verläuft der Wanderweg 560 *über* den Narrenfelsen; das ist überholt: Infolge eines Wildgatters wurde dieser Weg verlegt. Die Route verläuft ostseitig und auf Forstwegen.
Abfahrt Wie Aufstieg; ab der Loinig-Jagdhütte besser auf Forstwegen (evtl. auch Loipe).

Touristische Infos Johann Maritschnegg (Gasthof »Messner«), A-8554 Soboth, Tel. (03460) 209
Literatur, Gebietsführer Günter und Luise Auferbauer: Schitourenparadies Steiermark, Styria Verlag
Karten ÖK 205 (St. Paul im Lavanttal)
Einkehr Gasthof »Lindner«
Übernachtung Alpengasthof »Messner« (Maritschnegg), Tel. (03460) 209; Gasthof »Deutsches Grenzland« (Mörth), Tel. (03460) 208; beide im Ort Soboth

2 Großer Speikkogel/Koralmspeik (2140 m)

Über die Jaukalm *Koralpe*

Gesamtcharakter Einfache Skiwanderung. Bis in den Jauksattel Forststraßen, danach weiträumige Almflächen. Nur bei sichtigem Wetter begehen!
Aufstiegszeit 3 bis 4 Std.
Höhenunterschied 740 m
Schwierigkeit skitechnisch leicht
Lawinengefahr kaum lawinengefährdet
Hangrichtung Süden
Beste Jahreszeit Februar und März

Anfahrt *Auto:* A2 Südautobahn, Ausfahrt »St. Paul«; B80, nach St. Paul im Lavanttal; über St. Georgen auf einer Bergstraße zum Gasthof »Kärntner Brandl«, 13 km.
Ausgangspunkt Gasthof »Kärntner Brandl« (1400 m).
Aufstieg Ab dem Gasthaus benutzt man jene Forststraße, die durch den schönen Sattel ostwärts führt. Kurz nach dem Forsthaus eine Abzweigung: Entlang dem Lavanttaler Höhenweg nordostwärts durch Hochwald zu einer Forststraße. Auf dieser umgeht man die Westseite des Kleinalpls, dann beständig leicht bergan durch Hochwald in den Jauksattel (1611 m). Im nun freien Gelände auf jenen breiten Bergrücken hinauf, der über die Jaukalm und Pontniger Alm in Richtung Krakaberg (2070 m) verläuft. Man umgeht jedoch die Gipfelkuppe des Krakaberges in rund 2000 m Höhe und gelangt in den Sattel zwischen dem Kleinen und Großen Speikkogel. Eventuell mit den aufgeschnallten Ski über gestuften Fels zur Radarstation («Goldhauben«) bzw. zum Gipfelkreuz auf dem Großen Speikkogel.
Abfahrt Wie Aufstieg; evtl. auch in Verbindung mit einer Schleife über das Koralpenhaus (1966 m); um 3 km länger und mit Gegenanstieg.

Touristische Infos Koralpenhaus, Tel. (04357) 2210
Karten ÖK 188 (Wolfsberg), ÖK 205 (St. Paul im Lavanttal)
Einkehr/Übernachtung Koralpenhaus, bew. von Weihnachten bis Ostern, Tel. (04357) 2210; Gasthof »Kärntner Brandl« (Kronthaler), Tel. (04357) 3245

3 Großer Speikkogel/Koralmspeik (2140 m)

Von der Weinebene *Koralpe*

Gesamtcharakter Einfache, jedoch bezüglich Wind und Wetter nicht zu unterschätzende alpine Skiwanderung. Durchwegs Almgelände und Bergrücken. Auch gut kombinierbar in Verbindung von »Tour, Lift und Piste«.
Aufstiegszeit 3 Std.
Höhenunterschied 640 m, samt Gegensteigungen
Schwierigkeit skitechnisch leicht
Lawinengefahr kaum lawinengefährdet
Hangrichtung Nordosten
Beste Jahreszeit Februar und März

Anfahrt *Auto:* Im Osten B76, Deutschlandsberg; im Westen B70, St. Gertraud im Lavanttal; jeweils auf Bergstraße zur Paßhöhe »Weinebene«.
Ausgangspunkt Parkplatz Weinebene (1668 m).
Aufstieg Ab der Paßhöhe entlang der Landesgrenze Steiermark/Kärnten südwärts über Almböden bergan zum Weinofen (1726 m) und zu den Liftstationen auf der Brandhöhe (1886 m). Entlang dem Almzaun, der parallel zur Landesgrenze verläuft, gelangt man durch einen Sattel zur Felsgruppe auf dem Moschkogel (1916 m), von dem man 170 Höhenmeter in einen Sattel (1748 m) abfährt. Nun auf der Kärntner Seite bzw. rechts vom Almzaun den nordseitigen Bergrücken der Hühnerstütze (1989 m) steil bergan. Darauf folgt ein fast ebener Übergang auf dem 2 km langen Höhenrücken in Richtung Seespitz (2066 m) und in den Speiksattel (2100 m). Zuletzt südostseitig über Gipfelfelsen zu den beiden »Goldhauben«. Vor der Radarstation steht das Gipfelkreuz.
Abfahrt Wie Aufstieg.
Oder aus dem Speiksattel in das Große Kar und über das Schäferkreuz (1800 m) zurück an die Landesgrenze; bergan zum Moschkogel. Abfahrt in Richtung Weinebene.

Touristische Infos Koralpenhaus, Tel. (04357) 2210
Literatur, Gebietsführer Günter und Luise Auferbauer: Schitourenparadies Steiermark, Styria Verlag; Günter und Luise Auferbauer: Alpenvereins-Skiführer Ostalpen Bd 5, Bergverlag Rother
Karten ÖK 188 (Wolfsberg)
Einkehr/Übernachtung Naturfreundehaus Weinebene, Tel. (04352) 71471; Göslerhütte, Tel. (04352) 712000; beide auf der Weinebene und allgem. ganzj. bew.

Tour 4: Am Größenberg. Im Hintergrund die Seetaler Alpen. In der Tonne ist ein Akja deponiert.

4 Größenberg/Größing (2154 m)

Über die Kickerlochhütte *Stubalpe*

Gesamtcharakter Rund 8 km langer Anstieg auf Forstwegen. Ab der Waldgrenze ein mit Kristallinblöcken durchsetzter Bergrücken. Abfahrt durch das »Kickerloch« (Steilmulde).
Aufstiegszeit 4:30 Std.
Höhenunterschied 1430 m
Schwierigkeit skitechnisch mittel
Lawinengefahr kaum lawinengefährdet
Hangrichtung Nordwesten
Beste Jahreszeit Januar – März

Anfahrt *Auto:* Im Murtal S36, Ausfahrt »Zeltweg-West«; im Lavanttal A2 Südautobahn, Ausfahrt »St. Leonhard«; B78, nach Eppenstein.
Ausgangspunkt Parkplatz vor der Bahnhaltestelle Eppenstein (722 m).
Aufstieg Die Bahnunterführung hindurch und auf einer Hofzufahrt bzw. über eine Wiese bergan zum Waldrand. Man unterquert die Hochspannungsleitung und folgt jenem Forstweg, der zu einem kleinen Anger (918 m) führt. Im weiteren stets am Granitzenbach grabeneinwärts. Man gelangt zur Granitzhütte, durchquert den Buchwald und erreicht über zwei Brücken aus dem oberen Granitzengraben den Brombachriegel. Der Forstweg zieht in einer Rechtskehre wiederum südwärts zur Brombachhütte und zum Eichdorfer Trempel. Im Graben aufwärts zur Kickerloch-Jagdhütte (1517 m). Nun rechtshaltend, westwärts, auf dem ebenen Forstweg zum freien Bergrücken (1629 m). Den nordwestseitigen Rücken bergan zu markanten Felsgruppen (sogenannten »Öfen«), auf den Wetterkopf (1900 m) und noch rund 250 Höhenmeter auf den Gipfel.
Abfahrt Vom Gipfelkreuz nordwestwärts bis auf 2000 m. Nun linkshaltend die Einfahrt in das markante und steil geformte »Kickerloch«; durch die gut befahrbare Steilmulde zur Kickerlochhütte. Weiter wie Aufstieg.

Touristische Infos Bernd Pfandl, für die Region Weißkirchen, Tel. (0 35 77) 8 22 84; Gemeindeamt Eppenstein, Tel. (0 35 77) 8 22 5 90
Literatur, Gebietsführer Günter und Luise Auferbauer: Schitourenparadies Steiermark, Styria Verlag; Günter und Luise Auferbauer: Alpenvereins-Skiführer Ostalpen Bd 5, Bergverlag Rother
Karten ÖK 161 (Knittelfeld)
Einkehr Gasthof »Eppensteiner Hof«; »Didi's Heuriger«, Großfeistritz
Übernachtung zahlreiche Gasthöfe in Weißkirchen

5 Ameringkogel (2187 m) und Weißenstein (2160 m)

Über die Weißensteinhütte — *Stubalpe*

Gesamtcharakter Bis zur Weißensteinhütte Flur- und Forstwege; am Weißenstein und Amering bis zu 450 m hohe sonnseitige Hänge.
Aufstiegszeit 3:30 Std.
Höhenunterschied bis 1190 m
Schwierigkeit skitechnisch leicht bis mittel
Lawinengefahr kaum lawinengefährdet
Hangrichtung Süden und Westen
Beste Jahreszeit Januar – März

Anfahrt *Auto:* Im Murtal S36, Ausfahrt »Zeltweg-West«; im Lavanttal A2 Südautobahn, Ausfahrt »St. Leonhard«; B78, nach Obdach. Aus der Ortsmitte von der Südseite des Turmes 4,5 km durch den Lauslinggraben zum »Tiroler Wirt«; evtl. bis zum Gehöft »Glatz« vlg. Schlacher.
Ausgangspunkt Gasthof »Tiroler Wirt« (1000 m); oder Gehöft »Glatz« (1130 m) in Kleinprethal.
Aufstieg Entlang der Flurstraße vom »Tiroler Wirt« zum Gehöft »Glatz«. Ab dem Wegkreuz auf einem breiten Wiesenrücken zum Gehöft »Dietrich«. Auf dem Fahrweg durch Wald zu einem freien Rücken beim Gehöft »Kothmoar«. An zwei Kapellen aufwärts und wieder in ein Waldstück. In der Weißensteineben (1542 m) erreicht man ein Wegkreuz. Der Fahrweg leitet nun ostwärts zur Weißensteinhütte (1702 m); sie steht am Waldrand. Aus dem Umgebungsbereich der Hütte südwestseitig in den freien Hängen geradewegs bergan auf den Höhenrücken beim Weißenstein. Auf den markant planen Rücken nordwestwärts zum Gipfelkreuz.
Abfahrt Wie Aufstieg.
Oder als Rundtour Vom Amering-Gipfel nordwestwärts zur Riegelhütte (1802 m). Nun den schütter bewaldeten Bergrücken abfahrend bis auf 1500 m im hinteren Lauslinggraben (Tultschgraben): Entlang des Lauslingbaches am Forstweg zum Gehöft »Kasparthoma« (1094 m). Auf der Straße, 20 Min. die Ski tragend, zum »Tiroler Wirt«.

Touristische Infos Tourismusverband Steirisches Zirbenland, A-8742 Obdach, Tel. (0 35 78) 34 06, Fax (0 35 78) 34 95
Literatur, Gebietsführer Günter und Luise Auferbauer: Schitourenparadies Steiermark, Styria Verlag; Günter und Luise Auferbauer: Alpenvereins-Skiführer Ostalpen Bd 5, Bergverlag Rother
Karten ÖK 161 (Knittelfeld)
Einkehr/Übernachtung Gasthof »Tiroler Wirt« (Zarfl), Tel. (0 35 78) 25 40

6 Hirschegger Alpe (1871 m)

Über St. Bartholomä — *Stubalpe*

Gesamtcharakter Leichte Skiwanderung; bis zum Bartholomä-Kircherl großteils Forstwege; außerhalb der Waldzone überwiegend sanft geneigte Hänge, Berg- und Höhenrücken.
Aufstiegszeit 3 Std.
Höhenunterschied 970 m
Schwierigkeit skitechnisch leicht
Lawinengefahr kaum lawinengefährdet
Hangrichtung Osten
Beste Jahreszeit Januar – März

Anfahrt *Auto:* A2 Süd-Autobahn, Ausfahrt »Modriach«; nach Hirschegg 16 km; oder B70 bis Stampf; nach Hirschegg 6 km.
Ausgangspunkt Hirschegg (899 m).
Aufstieg Man hält sich aus der Ortsmitte von Hirschegg ab der Straße, die zum Pongratzwirt führt, z. T. über schöne Bergwiesen aufwärts zum Gehöft »Seiner« und zur Emil-Stöhr-Hütte; die kleine Selbstversorgerhütte steht neben dem Pongratzwirt (1170 m). Dem Almweg folgend durch Waldgelände zur Franzlhütte und zur kleinen Bergkirche St. Bartholomä (1587 m). Ab der Waldgrenze rund 200 Höhenmeter den ostseitigen Bergrücken aufwärts zum Seinerkreuz (1779 m). Über die Bartholomä-Alpe zur Landesgrenze Steiermark/Kärnten. Den Almzaun südwärts entlang und auf den höchsten Punkt der Hirschegger Alpe.
Abfahrt Südostwärts, der Landesgrenze folgend, zur Bernsteinhütte (1559 m). Auf dem markierten Sommerweg durch Hochwald nordseitig abfahrend und zu den Forststraßen beim Gehöft »Hansbauer« (1240 m). An den Wiesen in das Skiliftgebiet von Hirschegg. Von den Lift-Bergstationen entlang den Pisten zum Gasthof »Hirschegger Hof«.

Touristische Infos Gemeindeamt Hirschegg, Tel. (0 31 41) 2 20 70
Literatur, Gebietsführer Günter und Luise Auferbauer: Alpenvereins-Skiführer Ostalpen Bd 5, Bergverlag Rother; Wanderatlas Steirische Bergwelt, Verlag Freytag & Berndt
Karten ÖK 162 (Köflach)
Einkehr/Übernachtung Gasthof »Pongratzwirt« (Riedl), Tel. (0 31 41) 23 11; Gasthof »Hirschegger Hof« (Kinzer), Tel. (0 31 41) 22 17

7 Steinplan (1670 m)

Über das Gehöft »Oberkamper« — *Gleinalpe*

Gesamtcharakter Einfache Skiwanderung; Forstwege, sonnseitige Bergwiesen und zuletzt 200 Höhenmeter durch Hochwald.
Aufstiegszeit 3 Std., ab Oberkamper 1:15 Std.
Höhenunterschied bis 880 m
Schwierigkeit skitechnisch leicht
Hangrichtung Südwesten
Beste Jahreszeit Dezember – März

Anfahrt *Auto:* Im Murtal S36, Ausfahrt »Knittelfeld-Ost«; über Landschach, Großlobming und Kleinlobming zum Gasthof »Glatz«; evtl. bis zum Gehöft »Oberkamper«.
Ausgangspunkt Gasthof »Glatz« (792 m); evtl. »Oberkamper« (1200 m).
Aufstieg Ein Fahrweg führt am Kamperbach grabeneinwärts und ist identisch mit dem Sommerweg. Er leitet zum Gehöft »Kampbacher« und links vom Kamperbach zu jenen Bergwiesen, die man im Bereich vom Gehöft »Unterkamper« in rund 1100 m Höhe erreicht. Der alte Fahrweg führt aus dem Kampergraben an sonnseitigen Bergwiesen aufwärts zum »Oberkamper« (1200 m). Ab diesem stattlichen Gehöft orientiert man sich am Weg 21 und steigt die südwestseitige Wiese bergan zu einem Almtor; darüber steht die Stadlmoarhütte. Im anschließenden Almgelände geradewegs bergauf. In rund 1400 m Höhe über Wiesenhänge halb rechts, in Richtung Waldrand, nächst einem Hochsitz auf einen Fahrweg. Entlang der Markierung zum Steinplan-Schutzhaus.
Abfahrt Wie Aufstieg.

Touristische Infos Tourismusbüro A-8734 Kleinlobming, Tel. (0 35 16) 2 21 413, Fax (0 35 16) 2 21 44
Literatur, Gebietsführer Günter und Luise Auferbauer: Alpenvereins-Skiführer Ostalpen Bd 5, Bergverlag Rother; Wanderatlas Steirische Bergwelt, Verlag Freytag & Berndt
Karten ÖK 162 (Köflach)
Übernachtung Gasthof »Hubmann«, A-8734 Kleinlobming, Tel. (0 35 16) 2 23 80

8 Roßbachkogel (1848 m)

Über den Brendlstall — *Gleinalpe*

Gesamtcharakter Leichte Skiwanderung; Zugang auf einem Forstweg, ab 1500 m Höhe ein weiträumiges Almgelände.
Aufstiegszeit 2:30 Std.
Höhenunterschied 830 m
Schwierigkeit leicht
Lawinengefahr kaum lawinengefährdet
Hangrichtung Süden und Osten
Beste Jahreszeit Dezember – März

Anfahrt *Auto:* A 2 Südautobahn, Ausfahrt »Mooskirchen«; B 70, Voitsberg; über Bärnbach, Kainach und Gallmannsegg zum Gasthof »Kapitel«. Aus Graz auch über Friesach, Stübing, Geistthal und den Almsattel.
Ausgangspunkt Gasthof »Kapitel« (1021 m).
Aufstieg Vom Gasthaus am Weg oder auf der Wiese bergwärts zur Helden- und Hubertuskapelle. Der markierte Forst-Aufschließungsweg leitet an der Westseite des Dornerkogels nordwärts bergan zu den ersten Almwiesen am Ochsenkogel. Man erreicht den markierten Höhenweg (Nr. 535). Nun hält man sich westwärts, die weiten Almböden querend, und gelangt in jenen Sattel mit dem Sandebenkreuz. Aus diesem Sattel am Waldrand und oberhalb des Brendlstalles (1497 m) den Bergrücken aufwärts. An demselben Rücken weiter bergan und in einem leichten Linksbogen von Norden her auf den Gipfel.
Abfahrt Wie Aufstieg.
Oder vom Gipfel nordostwärts in das Quellgebiet der Kainach; aus diesem Almboden zum Brendlstall und weiter wie Aufstieg.

Touristische Infos Familie Ulz (Gasthof »Kapitel«), Tel. s. u.
Literatur, Gebietsführer Günter und Luise Auferbauer: Schitourenparadies Steiermark, Styria Verlag
Karten ÖK 162 (Köflach), ÖK 163 (Voitsberg)
Einkehr Alpengasthaus »Kapitel« (Ulz), Tel. (0 31 48) 72 22

9 Speikkogel/Gleinalmspeik (1988 m)

Über Tiefsattel und Gleinalmsattel — *Gleinalpe*

Gesamtcharakter Insgesamt rund 20 km lange Skiwanderung auf Forst- und Almwegen; ab dem Ochsenkogel z. T. weite Almflächen; 400 m hoher Gipfelhang mit Firnrinnen.
Aufstiegszeit 3:30 Std.; Abfahrt und Rückweg 3 Std.; insgesamt 6 bis 7 Std.
Höhenunterschied bis 900 m
Schwierigkeit skitechnisch leicht
Lawinengefahr kaum lawinengefährdet
Hangrichtung Süden und Osten
Beste Jahreszeit Dezember – März

Anfahrt *Auto:* A 9 Pyhrn-Autobahn, Ausfahrt »Übelbach«; über Neuhof zum Gasthof »Krautwasch«. Aus Graz auch über Friesach, Großstübing und Abraham.
Ausgangspunkt Gasthof »Krautwasch« (1126 m); großer Parkplatz.
Aufstieg Diese Route leitet durchwegs sonnseitig zu zahlreichen prachtvollen Aussichtspunkten. Man folgt überwiegend dem Wanderweg Nr. 535. Er führt anfangs im Waldgelände leicht bergan, danach kurz abwärts, jedoch ab der Walzkogel-Jagdhütte (1240 m) fast nur noch beständig, aber nur mäßig aufwärts. Abwechselnd durch Lichtungen und an Waldrändern entlang gelangt man zunächst zum Kalkkreuz (1364 m). Davon 2 km entfernt, steht im Tiefsattel das Schanzkreuz (1349 m). In leichtem Aufstieg wird der Ochsenkogel südseitig gequert, zugleich betritt man ein weitläufiges Almgelände. Noch vor dem Brendlstall, nämlich beim Sandebenkreuz (1520 m), quert man nordseitig durch Hochwald zum Kirchlein Maria Schnee im Gleinalmsattel (1586 m). Neben dem Schutzhaus (im Winter geschlossen) ist im Nebengebäude ein mit Funktelefon und Betten ausgestatteter Notraum frei zugänglich.
Aus dem Gleinalmsattel wird der 400 m hohe südseitige Gipfelhang geradewegs erstiegen.
Abfahrt und Rückweg Wie Aufstieg.

Touristische Infos Familie Scheer (Gasthof »Krautwasch«), Tel. (0 31 49) 22 21
Karten ÖK 162 (Köflach), ÖK 163 (Voitsberg)
Einkehr/Übernachtung Gasthof »Krautwasch« (Scheer), Tel. (0 31 49) 22 21

10 Mugel (1630 m)

Über Schmollhube und Gstattmoaralm — *Gleinalpe*

Gesamtcharakter Einfache Skiwanderung auf Forstwegen bis in 1200 m Höhe; die »Platte« – ein 300 m hoher Westhang – wurde während vieler Jahre als Skirennstrecke genutzt.
Aufstiegszeit 3 Std.
Höhenunterschied bis 850 m
Schwierigkeit skitechnisch leicht bis mittel
Lawinengefahr kaum lawinengefährdet
Hangrichtung Westen und Süden
Beste Jahreszeit Dezember – März

Anfahrt *Auto:* Im Murtal S 6, Ausfahrt »Leoben-West«; gegenüber dem Stift Göß (Brauerei) durch die Kaltenbrunnstraße in den Kleingößgraben bis zum bezeichneten Parkplatz (ca. 500 m nach dem Gehöft »Schwaiger«; Schranken).
Ausgangspunkt Kleingößgraben, Parkplatz Schmollhube (813 m).
Aufstieg Zunächst, nach dem Wegweiser, auf der Forststraße bergan. In 900 m Höhe zweigt der stets gut ausgetretene »Jagersteig« ab. Auf ihm zum Gasthof »Schmollhube« (ca. 1140 m). Nun durchquert man ostwärts die mehr als 200 Jahre alte Zirbenallee (ein Naturdenkmal!). Auf dem fast ebenen Höhenrücken zur Gstattmoaralm (1198 m). Es folgt der weitere Aufstieg im nordwestseitigen, »Platte« genannten, 300 m hohen Berghang. Ab ca. 1500 m Höhe folgt man dem südwestseitigen Bergrücken und erreicht nach einigen Lichtungen die baumfreie Kuppe. Unmittelbar neben dem Gipfel steht das nach Hans Prosl benannte Schutzhaus des Österreichischen Touristenklubs (ÖTK).
Abfahrt Wie Aufstieg bis zur Gstattmoaralm. Dann südwärts auf einer Forststraße hinunter zur Gstattmoarhube (860 m) und kurz talaus zum Parkplatz.

Touristische Infos Familie Zisser (Mugel-Schutzhaus), Tel. (0 38 42) 8 26 80
Karten ÖK 133 (Leoben)
Einkehr Gasthof und Bauernhof »Schmollhube« (Proll), Tel. (0 6 63) 9 23 51 09
Übernachtung Mugel-Schutzhaus, Tel. (0 38 42) 8 26 80

11 Aibel (1394 m) und Ebenschlag (1520 m)

Vom Eibeggwirt — *Fischbacher Alpen*

Gesamtcharakter Bergwiesen, Schneisen und Kuppen – ideal bei jedem Wetter, am besten bei viel Neuschnee. Beliebteste Kurztouren in der Mürztaler Region.
Aufstiegszeit 2:30 Std.
Höhenunterschied bis 820 m
Schwierigkeit skitechnisch leicht
Lawinengefahr kaum lawinengefährdet
Hangrichtung Nordwesten
Beste Jahreszeit Dezember – Februar

Anfahrt *Auto:* Im Mürztal S 6, Ausfahrt »Mürzhofen«; von Allerheiligen zum Gasthof »Eibeggwirt« 6 km.
Ausgangspunkt Gasthof »Eibeggwirt« (750 m).
Aufstieg Die Schneelage sollte so gut sein, daß man ab dem Eibeggwirt mit Fellen aufsteigen kann. Südlich vom Gasthaus hält man sich bergan zu schönen, nordwestseitigen Wiesen und steigt zum Gehöft »Heidegger« vlg. Miesel an (940 m). Ab dem Gehöft »Miesel« eher rechts halten: Durch zum Teil baumfreies Gelände zu einer schmalen, jedoch hindernisfreien Passage und daraus bergan zur 100 m hohen Gipfelwiese am Aibel. Von dieser Kuppe ostseitig rund 50 Höhenmeter abfahren zur Hofbauernalm; im Sattel steht die Hofbauernhütte (1350 m). Ab dem Wegkreuz aus dem Sattel leicht rechtshaltend an den nordwestseitigen Höhenrücken heran. Dem Weg 740 folgen, auf dem Rücken noch rund 150 Höhenmeter bergan zum Ebenschlag, auf dem ein großes Gipfelkreuz steht.
Abfahrt Wie Aufstieg.

Touristische Infos Familie Heidegger (»Eibeggwirt«), Tel. (0 38 64) 61 11
Literatur, Gebietsführer Günter und Luise Auferbauer: Schitourenparadies Steiermark, Styria Verlag
Karten ÖK 134 (Passail)
Einkehr Gasthof »Eibeggwirt« (Heidegger), ganzj.; Hofbauernhütte (Heinz Klammer), bew. an Wochenenden (Fr, Sa, So), bei guter Schneelage auch an sonstigen Tagen; Tel. (0 38 66) 26 86
Übernachtung Gasthof »Reitbauer« (Taferner), Jasnitz, Tel. (0 38 64) 23 95

12 Amundsenhöhe (1666 m)

Über die Pretulalpe — *Fischbacher Alpen*

Gesamtcharakter Einfache Skiwanderung; großteils Forstwege, dennoch ein Gelände, das hervorragende Aussicht gewährt.
Aufstiegszeit 2 bis 3 Std.
Höhenunterschied bis 800 m
Schwierigkeit skitechnisch leicht
Lawinengefahr kaum lawinengefährdet
Sonstige Gefahren Außerhalb der Waldzone herrschen mitunter Sturm und/oder Nebel! Die Höhenrücken nur bei sichtigem Wetter überschreiten.
Hangrichtung Westen bis Nordwesten
Beste Jahreszeit Dezember – März

Anfahrt *Auto:* S6, Ausfahrt »Langenwang«; auf der Pretulstraße Richtung Steinbruch und in den Talschluß, 7 km.
Ausgangspunkt Parkplatz im Pretulgraben (886 m); gegenüber der Eisbahn.
Aufstieg Man folgt zunächst dem Schild »Hesele«. Kurz oberhalb dieses Bauernhofes (1020 m) ein grüner Wegschranken. Auf dem Forstweg durch eine Linkskehre (1140 m), dann unterhalb von einer Wildfütterung zu einer Drei-Wege-Gabelung (1160 m). Nun die rechte Forststraße bergan.
An der Kehre im Hinteren Eschwald (1320 m) linkshaltend zu einem Anger an der Waldgrenze; zwei Hochsitze. Auf dem »Maißangerweg« geradewegs bergan, durch baumfreies Gelände ostwärts zum Pretulstall (1560 m). Auf dem markierten Weg ca. 500 m ostwärts zum Roseggerhaus (1586 m) auf der Pretulalpe. Von der Hütte nordwärts zu einem Almzaun; parallel zum Weg 742 nordwestwärts auf die Amundsenhöhe mit schöner Aussicht ringsum.
Abfahrt Durch lockeren Baumbestand nordwestseitig zur »Karlruhe« (1500 m) und auf dem präparierten Weg zum Ganzalmhaus (1389 m). Weiter in Richtung Bärenkogel; jedoch nach der ersten Kehre nur noch bis auf 1250 m Höhe abfahren. Links abzweigen: Ab der Tafel »Privatweg« diesem folgen zu den Wiesen beim Gehöft »Allabauer«. Durch ein Waldstück zur Wiese beim Gehöft »Magerl« und direkt zum Parkplatz.

Touristische Infos Familie Fischer (Roseggerhaus), Tel. (03170) 522
Literatur, Gebietsführer Günter und Luise Auferbauer: Alpenvereins-Skiführer Ostalpen Bd 5, Bergverlag Rother
Karten ÖK 104 (Mürzzuschlag)
Einkehr/Übernachtung Roseggerhaus, Tel. (03170) 522; Ganzalmhaus (G. Allerbauer), Tel. (03854) 3270

13 Stuhleck (1782 m)

Abfahrt über Gehöft »Bettelbauer« — *Fischbacher Alpen*

Gesamtcharakter Beliebte Ski-Rundtour auf die höchste Kuppe in den Fischbacher Alpen. In Verbindung mit der Seilbahn kurzer Anstieg, jedoch 12 km lange Abfahrt.
Aufstiegszeit 0:30 Std.; Gesamtzeit 3 Std.
Höhenunterschied 150 m Aufstieg, 1100 Höhenmeter Abfahrt
Schwierigkeit skitechnisch leicht
Lawinengefahr kaum lawinengefährdet
Hangrichtung Süden, Westen und Norden
Beste Jahreszeit Januar – März

Anfahrt *Auto:* Im Mürztal S6, Ausfahrt »Spital am Semmering«; Vierersesselbahn («Promi«-Bahn) zur Friedrichshütte und Schlepplifte.
Ausgangspunkt Bergstation Weißenelfschlaglift (1640 m).
Aufstieg Die Route leitet nordwestseitig durch das einfach begehbare Almgelände auf die flache, meist abgewehte Stuhleck-Gipfelkuppe; Gipfelkreuz und Alois-Günther-Haus stehen eng nebeneinander.
Abfahrt Die »Mürzzuschlager Abfahrt« ist die klassische und längste Strecke. Sie führt den breiten Höhenrücken entlang, erst südwärts, dann allmählich gegen Westen zum Schwarzriegel (1593 m). Von dieser Anhöhe nordwestwärts zur Schwarzriegelalm (1461 m). Je nach Schneeverhältnissen entweder direkt durch den Wald oder auf der Forststraße zur Hochreith-Jagdhütte (1230 m). Auf einem Ziehweg zu einem Anger und einer Kapelle (1114 m) sowie zu den Wiesen beim ehemaligen Gehöft »Bettelbauer« (1080 m). Auf dem mit »Schöneben« bezeichneten nordwestseitigen Geländerücken über Wiesen in Richtung Schallerkogel, den man ostseitig umfährt. Nahe beim Ostportal des Ganzstein-Straßentunnels unterquert man die Schnellstraße und erreicht alsbald die Eisenbahnersiedlung am östlichen Stadtrand von Mürzzuschlag (670 m). In der Wiener Straße zum nahen Wintersportmuseum. Per Taxi oder Bus ca. 5 km nach Spital am Semmering.

Touristische Infos Tourismusregionalverband Waldheimat-Mürztal, A-8680 Mürzzuschlag, Tel. (03852) 4770, Fax (03852) 5394
Literatur, Gebietsführer Günter und Luise Auferbauer: Schitourenparadies Steiermark, Styria Verlag; Günter und Luise Auferbauer: Alpenvereins-Skiführer Ostalpen Bd 5, Bergverlag Rother
Karten ÖK 104 (Mürzzuschlag)
Einkehr/Übernachtung Alois-Günther-Haus auf dem Stuhleck, Tel. (03853) 300

Tour 14: Am Gipfel des Schöckl

14 Schöckl (1445 m)

Über den Langen Weg — *Grazer Bergland*

Gesamtcharakter Einfache, aber intensive Skiwanderung im Naherholungsraum der Landeshauptstadt Graz. Die Seilbahn und Schlepplifte werden auch bei zusätzlichen Geländeabfahrten gerne genutzt.
Aufstiegszeit 2:30 Std.
Höhenunterschied 970 m
Schwierigkeit skitechnisch leicht
Hangrichtung Westen, Südwesten
Beste Jahreszeit Januar und Februar bzw. bei Schneelage bis ins Tal

Anfahrt *Auto:* Aus dem Stadtgebiet über Andritz und Stattegg zum Fuß der Leber. *Bus:* GVB-Buslinie Andritz (Tram-Endhaltestelle der Linien 4 und 5), bis zum Fuß der Leber.
Ausgangspunkt Fuß der Leber (481 m).
Aufstieg Man folgt dem mit Nr. 20a bezeichneten Wanderweg und durchquert sogleich das Gehöft »Ossegger« (Reitstall) grabeneinwärts. Bei guter Schneelage ist es besser, linkshaltend zur großen »Arosa-Wiese« anzusteigen. An ihr aufwärts zu jener Straße, die den Weiler Buch mit der Leber verbindet. Auf dem Weg 20a in einem Waldstück bergan zu einem Wasserreservoir am »Langen Weg«; nahe davon ein Wegschranken. Den Langen Weg aufwärts zum Göstinger Forsthaus (1119 m) und evtl. in einem Abstecher zur Johann-Waller-Hütte (1200 m). Im gut erschlossenen Hochwald bergauf zum Schöcklsattel (1289 m); Wegweiser. Die mäßig steile Schöcklschneid aufwärts zu dem Erzherzog Johann gewidmeten Gipfelkreuz. Auf der Hochfläche zu den Gaststätten, zur Gondelbahn-Bergstation und zum Schöcklkopf bzw. Ostgipfel.
Abfahrt Ab dem Gipfelkreuz wie Aufstieg.

Touristische Infos Tourismusbüro A-8061 St. Radegund, Tel. (03132) 2334, Fax (03132) 23019
Literatur, Gebietsführer Günter und Luise Auferbauer: Schitourenparadies Steiermark, Styria Verlag; Günter und Luise Auferbauer: Alpenvereins-Skiführer Ostalpen Bd 5, Bergverlag Rother
Karten ÖK 164 (Graz)
Einkehr Johann-Waller-Hütte; Gondelbahn-Bergstation
Übernachtung Stubenberghaus, Tel. (03132) 2210; Alpengasthof »Kreiner«, Tel. (03132) 2372; jeweils auf dem Schöckl

Adamello-Presanella-Alpen, Brentagruppe

Rudolf und Siegrun Weiss

Nur mit wenigen Tourenbeispielen werden Gebirgsgruppen südlich des Sulztales (Val di Sole) berücksichtigt: Brentagruppe, Presanella-Adamello-Alpen. Sie bieten wenig Tourenmöglichkeiten (Brenta) oder sind etwas »sperrig«, weil für sehr lange Anstiege keine bewirtschafteten Stützpunkte zur Verfügung stehen.

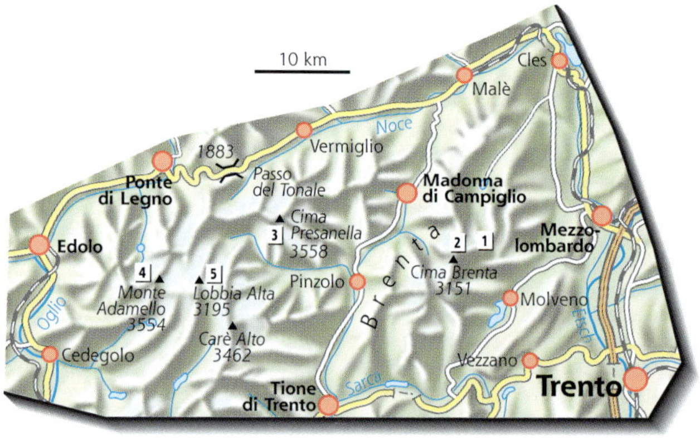

Anreise Die wichtigsten Anreiserouten aus dem Norden und aus dem Süden führen über die Brenner-Autobahn von Innsbruck nach Bozen bzw. über Trient nach Mezzocorona in das Brentagebiet.

Touristische Informationen erhält man bei: • Azienda di Promozione Turistica I-38084 Madonna di Campiglio, Tel. (0465) 442000, Fax (0465) 440404.

1 Cima Roma (2838 m)

Vom Passo del Grosté auf einen der wenigen Skigipfel in der Brenta — *Brentagruppe*

Gesamtcharakter Brenta, das ist eine wilde Felskulisse, in der sich Kletterer und Klettersteigler wohlfühlen. Für Skitourengeher ist hier nicht viel zu holen. Eine Ausnahme ist die Cima Roma. Eine Seilbahn verkürzt den Aufstieg. Es folgt eine lange und keineswegs schwierige Abfahrt zum Lago di Tovel.

Aufstiegszeit 1:30 Std.
Höhenunterschied Aufstieg 400 m, Abfahrt 1600 m
Schwierigkeit skitechnisch mittel
Lawinengefahr mitunter lawinengefährdet
Hangrichtung Norden, Nordosten
Beste Jahreszeit Januar – März

Anfahrt *Auto:* Von Innsbruck über den Brenner und auf der Autobahn zur Abfahrt »San Michele/Mezzocorona« und in das Sulztal (Val di Sole).
In Dimaro nach Madonna di Campiglio abzweigen; *Bus/Bahn:* hierher auch mit öffentlichen Verkehrsmitteln.
Ausgangspunkt Passo del Grosté (2446 m). Mit Aufstiegshilfen von Madonna di Campiglio erreichbar.
Aufstieg In den Sattel und ohne Höhengewinn um den nordöstlichen Sporn der Cima Grosté. Kurz in eine Mulde abfahren, wo der eigentliche Aufstieg beginnt. In wechselnder Steilheit zu einem Sattel mit einem kleinen Metallkreuz. Von hier unschwierig mit Ski zum Gipfel.
Abfahrt Zurück zum Sattel. Nun aber rechts von der Aufstiegsspur durch das Flavonatal (Valle di Santa Maria Flavona) zur gleichnamigen Alm und, zuletzt nach rechts einschwenkend, zum Lago di Tovel (1178 m); hierher kann man sich ein Taxi bestellen, mit dem man nach Madonna di Campiglio zurückkehrt.

Touristische Infos Azienda di Promozione Turistica I-38084 Madonna di Campiglio, Tel. (0465) 442000, Fax (0465) 440404
Literatur, Gebietsführer Luciano Navarini (1984) und Claudio Detassis: 45 Itinerari di sci alpinismo nel Trentino, Verlag Manfrini. Calliano
Karten AV-Karte 51 (Brentagruppe)

2 Bocca del Tuckett (2649 m)

Über die Tuckethütte und den Brentagletscher — *Brentagruppe*

Gesamtcharakter Zu den wenigen Skizielen in der Brenta gehört neben der beliebten Cima Roma die anspruchsvollere Tuckettscharte (Bocca del Tuckett). Ausgezeichnete Alpinisten können sich bei günstigen Verhältnissen an die Cima Brenta (3150 m) wagen. Der Sommer-Normalweg quert allerdings eine Felsflanke und wird bei Schnee und Vereisung ungangbar. Der Aufstieg über die Nordflanke ist zwar »skigemäßer«, doch artet er im Regelfall in eine mittelschwere Eistour aus.
Aufstiegszeit 3:30 Std.
Höhenunterschied 1150 m
Schwierigkeit skitechnisch anspruchsvoll
Lawinengefahr häufig lawinengefährdet
Hangrichtung Nordwesten
Beste Jahreszeit März – April

Anfahrt *Auto:* Von Innsbruck über den Brenner und auf der Autobahn zur Abfahrt »San Michele/Mezzocorona« und in das Sulztal (Val di Sole). In Dimaro nach Madonna di Campiglio abzweigen; *Bus/Bahn:* hierher auch mit öffentlichen Verkehrsmitteln.
Ausgangspunkt Malga Vallesinella di sotto (1513 m). Erreichbar von Madonna di Campiglio auf einer Bergstraße. Erst im Frühjahr befahrbar. Die gleichnamige Hütte (Rifugio Vallesinella, privat) ist nur im Sommer bewirtschaftet.
Aufstieg Man überquert den Bach und steigt durch Wald zum Rifugio Casinei (1825 m, Sommerbewirtschaftung) auf. Durch eine Schneise in ein schönes Hochtal und zum Rifugio Tuckett e Sella (2271 m, Sommerbewirtschaftung). Weiter durch das Tal zur Vedretta di Brenta inferiore. Man hält sich am orographisch rechten Rand des Gletschers und erreicht über ihn problemlos die Tuckettscharte.
Abfahrt Wie Aufstieg.

Touristische Infos Azienda di Promozione Turistica I-38084 Madonna di Campiglio, Tel. (0465) 442000, Fax (0465) 440404
Literatur, Gebietsführer Luciano Navarini (1984) und Claudio Detassis: 45 Itinerari di sci alpinismo nel Trentino, Verlag Manfrini, Calliano
Karten AV-Karte 51 (Brentagruppe)
Übernachtung Im Rifugio Sella gibt es einen Winterraum mit 20 Lagern. Eine Nächtigung ist jedoch auf dem kurzen Anstieg kaum erforderlich.

3 Cima Presanella (3556 m)

Langer Aufstieg auf einen eindrucksvollen Gipfel

Adamello-Presanella-Alpen

Gesamtcharakter Bei der Fahrt durch das Sulztal (Val di Sole) beeindruckt die mächtige Nordflanke der Presanella. Noch wuchtiger wirkt sie von einem der Südanstiege aus dem Sulztal. Von ihrer Rückseite kann man sie mit Ski besteigen, doch ist der Aufstieg sehr lang und im unteren Teil lawinengefährdet. Ohne Nächtigung im Bivacco Presanella werden nur wenige Skibergsteiger dieses hohe Ziel erreichen.
Aufstiegszeit 4 + 4 Std.
Höhenunterschied 1350 + 1350 m
Schwierigkeit skitechnisch anspruchsvoll, Gipfelaufstieg: Fels I, mitunter auch Eis 35°
Lawinengefahr häufig lawinengefährdet
Hangrichtung Südosten
Beste Jahreszeit April – Mai

Anfahrt *Auto:* Von Innsbruck über den Brenner und auf der Autobahn zur Abfahrt »San Michele/Mezzocorona« und in das Sulztal (Val di Sole).In Dimaro zweigt die Straße nach Madonna di Campiglio ab. Über Madonna nach Pinzolo; *Bus/Bahn:* hierher auch mit öffentlichen Verkehrsmitteln.
Ausgangspunkt Val Genova (etwa 900 m). 1 km vor Pinzolo, in Carisolo, zweigt ein Fahrsträßchen ins Genovatal (Val Genova) ab, das man im günstigsten Falle bis zur Abzweigung des Sommerweges zum Bivacco Presanella (vor den Nardis-Wasserfällen) befahren kann.
Aufstieg Kurz vor einem Wasserfall nach rechts (Wegtafel) steil ins Nardistal (Val Nardis). Weiter mit aufgeschnallten Ski durch den Wald zur Malga di Nardis (1474 m) und im Anstiegsinne rechts vom Bach zum Bivacco Presanella (2205 m) aufsteigen.
Vom Biwakhüttchen auf der Moräne weiter zum Nardisgletscher (Vedretta di Nardis). Über ihn zum Bivacco Orobica, einem einfachen Unterstand unterhalb des Gipfels; hierher recht steil, bei Hartschnee sind Pickel und Steigeisen nützlich. Zuletzt je nach Schneelage früher oder später über unschwierige Blöcke zum Gipfel.
Abfahrt Wie Aufstieg.

Touristische Infos Azienda di Promozione Turistica I-38086 Pinzolo, Tel. (0465) 501007, Fax (0465) 502778
Literatur, Gebietsführer Luciano Navarini (1984) und Claudio Detassis: 45 Itinerari di sci alpinismo nel Trentino, Verlag Manfrini, Calliano
Karten Carta delle zone turistiche d'Italia des TCI, D 63 (Gruppo Adamello-Presanella)
Übernachtung Bivacco Presanella Vittorio Roberti CAI-SAT (2205 m), 12 Lager

4 Monte Adamello (3554 m)

Vom Mandronehaus auf den höchsten Gipfel der Adamellogruppe

Adamellogruppe

Gesamtcharakter Der Anstieg über den endlosen, flachen Gletscher nervt ganz schön. Man versteht auch den Sinn der Glocke auf dem Gipfel, denn wenn Nebel einfällt, wird es in diesem Gelände reichlich ungemütlich. Hat man aber den Gipfel erreicht, ist man zufrieden und genießt den großartigen Blick auf die umliegende Bergwelt. Eine leichte, aber lange Skitour.
Aufstiegszeit 2 + 5 Std.
Höhenunterschied 600 + 1200 m
Schwierigkeit skitechnisch mittel
Sonstige Gefahren geringe Spaltengefahr
Lawinengefahr mitunter lawinengefährdet
Hangrichtung Südosten, Nordosten
Beste Jahreszeit Februar – Mai

Anfahrt *Auto:* Von Innsbruck über den Brenner und auf der Autobahn zur Abfahrt »San Michele/Mezzocorona« und in das Sulztal (Val di Sole). Durch das Sulztal bis zum Tonalepaß (Passo Tonale).
Ausgangspunkt Bergstation der Seilbahn zum Passo di Paradiso (2573 m).
Aufstieg Mit Aufstiegshilfen oder zu Fuß auf Pisten zum Passo di Presena (2999 m). Auf den kurzen Abstecher zur Cima di Presena (3068 m) wird man nicht verzichten. Abfahrt über schöne Südhänge zum Rifugio Città di Trento (Mandronehaus, 2449 m). Von der Hütte mit etwas Höhenverlust zum Mandronegletscher (Vedretta del Mandrone). An seinem westlichen Rand sehr flach, nur kurzzeitig durch eine etwas steilere Stufe unterbrochen, in Richtung Südosten über den Gletscher. Um den Corno Bianco herum, dann rechtshaltend (Richtung Westen) auf den Gipfel zu, den man zuletzt über eine kurze Steilstufe erreicht.
Abfahrt Wie Aufstieg.

Touristische Infos Azienda di Promozione Turistica I-25056 Ponte di Legno, Tel. (0364) 91122, Fax (0364) 91949; Ufficio Turistico I-38020 Passo del Tonale, Tel. (0364) 903838, Fax (0364) 903895
Karten Carta delle zone turistiche d'Italia des TCI, D 63 (Gruppo Adamello-Presanella)
Übernachtung Rifugio Città di Trento-Mandrone CAI-SAT (2449 m). Gegenwärtig nur Sommerbewirtschaftung, Winterraum stets offen, 6 Lager

Tour 2: Cima-Brenta – ein Berg für ausgezeichnete Skibergsteiger

5 Lobbia alta (3195 m)

Verhältnismäßig kurze Skitour für den Heimreisetag

Adamellogruppe

Gesamtcharakter Nach dem langen Aufstieg zum Adamello ist eine kürzere und skiläuferisch schönere Skitour angebracht, die mit einem zweistündigen Aufstieg verbunden ist. Unterhalb dieses Gipfels steht zwar eine Hütte, sie liegt aber so hoch, daß eine Zwischennächtigung nicht sinnvoll ist.
Aufstiegszeit 2 + 3 Std.
Höhenunterschied 600 + 800 m
Schwierigkeit skitechnisch mittel
Sonstige Gefahren geringe Spaltengefahr
Lawinengefahr mitunter lawinengefährdet
Hangrichtung Nordwesten, Nordosten
Beste Jahreszeit Januar – Mai

Anfahrt *Auto:* Von Innsbruck über den Brenner und auf der Autobahn zur Abfahrt »San Michele/Mezzocorona« und in das Sulztal (Val di Sole). Durch das Sulztal bis zum Tonalepaß (Passo Tonale).
Ausgangspunkt Bergstation der Seilbahn zum Passo di Paradiso (2573 m).
Aufstieg Mit Aufstiegshilfen oder zu Fuß auf Pisten zum Passo di Presena (2999 m). Auf den kurzen Abstecher zur Cima di Presena (3068 m) wird man nicht verzichten. Abfahrt über schöne Südhänge zum Rifugio Città di Trento (Mandronehaus, 2449 m). Richtung Süden zum Mandronegletscher (Vedretta del Mandrone) und am westlichen Rand aufsteigen. In einer Höhe von etwa 2550 m zweigt man nach links ab und quert den Gletscher auf die südlichste und höchste der drei »Lobbien« (Lobbia bassa, Lobbia di mezzo, Lobbia alta) zu. An den Ausläufern des Ostgrates vorbei, dann zum Passo della Lobbia alta (3015 m) aufsteigen. Nur wenig oberhalb der Einsattelung steht das Rifugio ai Caduti d'Adamello (= Rifugio Lobbia alta, 3020 m, Sommerbewirtschaftung, Winterraum mit 8 Lagern). Von der Hütte über die Südflanke, zuletzt meist zu Fuß über Geröll zum Gipfel.
Abfahrt Wie Aufstieg.

Touristische Infos Azienda di Promozione Turistica I-25056 Ponte di Legno, Tel. (0364) 91122, Fax (0364) 91949; Ufficio Turistico I-38020 Passo del Tonale, Tel. (0364) 903838, Fax (0364) 903895
Karten Carta delle zone turistiche d'Italia des TCI, D 63 (Gruppo Adamello-Presanella)
Übernachtung Rifugio Città di Trento-Mandrone CAI-SAT (2449 m). Gegenwärtig nur Sommerbewirtschaftung, Winterraum stets offen, 6 Lager

Dolomiten

Rudolf und Siegrun Weiss

Die *Dolomiten* sind Bergsteigern als Wander- und Klettergebiet von hervorragender Schönheit bekannt. Sie bieten aber nicht nur Wanderungen und Kletterfahrten in allen Schwierigkeitsgraden, sondern auch großartige Skitouren. Die Anstiege führen neben bizarren Felstürmen oder eindrucksvollen Wänden zum Ziel, in aller Regel mit prachtvoller Aussicht auf berühmte Dolomitengipfel.

Unüberbietbar ist in den Dolomiten allerdings auch die Erschließung durch Aufstiegshilfen. Mit einem einzigen Skipaß, dem »Dolomiti Superski«, kann man fast 500 (!) Aufstiegshilfen und über 1000 km Pisten benützen. Mit Recht sprechen die Betreiber vom »größten Skikarussell der Welt«. Die Erschließungen betreffen jedoch schwerpunktmäßig bestimmte Bereiche, z.B. den Talkessel von Cortina d'Ampezzo oder das Grödental. Daneben gibt es zahlreiche unberührte Landschaften wie die Fanes oder das Campilltal.

Die *Lagoraikette* (Catena dei Lagorai) wird nicht von allen Geographen zu den Dolomiten gezählt. Wir wollten aber auf Tourenbeispiele aus dieser Gruppe nicht verzichten: Cima di Cece, Cima Bocchè oder Colbricon sind Skigipfel der Sonderklasse!

Die Dolomiten sind ein großes Gebiet, flächenmäßig z.B. größer als Ötztaler und Stubaier Alpen zusammen. Das erklärt vielleicht, daß es trotz der vielen Aufstiegshilfen unglaublich viele, großteils sogar sehr einsame Skitouren gibt.

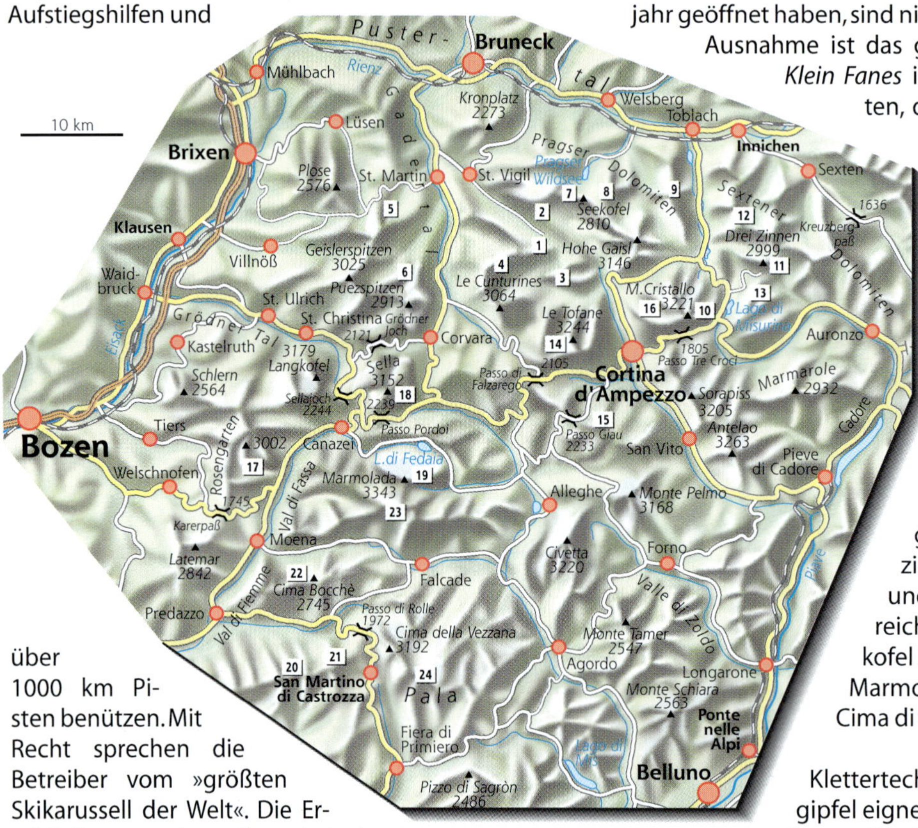

Wir haben versucht, in Tourenbeispielen die Vielfalt dieser Anstiege aufzuzeigen. Sie liegen in deutschsprachigen (z.B. Sexten), ladinischen (z.B. Fanes) und italienischen (z.B. San Martino di Castrozza) Gebieten. Verständigungsprobleme gibt es für Tourengeher aus deutschsprachigen Ländern kaum: Deutsch wird auf Schutzhütten, in Geschäften usw. überall verstanden, nicht nur in Südtirol und den ladinischen Landesteilen, sondern auch in Belluno und Trient.

Die Touren in den Dolomiten werden zumeist vom Tal aus unternommen. Schutzhütten, die im Winter oder Frühjahr geöffnet haben, sind nicht sehr häufig zu finden. Eine Ausnahme ist das großartige Tourengebiet von *Klein Fanes* im Gadertal. Zwei Schutzhütten, die große Fanishütte und die wesentlich kleinere Lavarellahütte, sind hervorragende Stützpunkte für längere Aufenthalte. Allenfalls wäre auch die Gardeccia in der Rosengartengruppe zu nennen. Skitechnisch leichte Anstiege sind in den Dolomiten eher selten. Ein Tourenbeispiel ist der Zwischenkofel im reizvollen Bergdorf *Campill.* Viel häufiger sind anspruchsvolle Skiziele wie etwa Tofana di Rozes und Cresta Bianca im Tourenbereich *Cortina d'Ampezzo,* der Seekofel in den Pragser Dolomiten, die Marmolada im Fassatal oder die Cima di Cece im Fleimstal.

Klettertechnisch schwierige Dolomitengipfel eignen sich natürlich nicht für eine Skitour. Die Ski dienen hier allenfalls dazu, um den Einstieg für eine Winterbegehung zu erreichen. Allerdings gibt es eine Besonderheit in den Dolomiten, die Verbindung von Skitour und (leichten) Klettersteigen. Beispiele sind die Zehnerspitze (Klein Fanes) und der Peitlerkofel (von Villnöß oder Campill).

Umrundung der Drei Zinnen ▷
– ein großartiges Landschaftserlebnis bei bescheidenem Skivergnügen (Tour 11)

Anreise Die wichtigsten Anreiserouten aus dem Norden und aus dem Süden führen über die Brenner-Autobahn. Von dieser Nord-Süd-Achse zweigt man in Brixen ab (z. B. ins Gadertal, nach Sexten oder Cortina d'Ampezzo), in Bozen oder in Auer (z. B. ins Fleimstal, Fassatal, zum Rollepaß).
Aus dem Osten (Osttirol, Kärnten) kommt man rasch ins Pustertal und damit nach Sexten, Cortina d'Ampezzo oder auch ins Gadertal.

Touristische Informationen erhält man bei: • Tourismusverband Eisacktal, Großer Graben 28a, I-39042 Brixen, Tel. (04 72) 80 22 32, Fax (04 72) 80 13 15 • Ferienregion Kronplatz, Herzog-Siegmund-Straße 4/a, I-39031 Bruneck, Tel. (04 74) 55 54 47, Fax (04 74) 53 00 18 • Tourismusverband Hochpustertal, Pflegplatz 1, I-39038 Innichen, Tel. (04 74) 91 31 56, Fax (04 74) 91 43 61.

1 Äußere Eisengabelspitze (2534 m)

Von Pederü durch den »Trichter« — *Fansesgruppe*

Gesamtcharakter Erfreulich angenehm die bequeme Anreise zum Ausgangspunkt, die Nächtigung in der Pederühütte und schließlich eine Skitour in großartiger Dolomitenlandschaft. Bei einigem Glück kommt dann noch »Butterfirn« vom Skidepot bis nach Pederü dazu.
Aufstiegszeit 3 Std.
Höhenunterschied 1000 m
Schwierigkeit skitechnisch anspruchsvoll, Gipfelaufstieg: Fels unter I
Lawinengefahr häufig lawinengefährdet
Hangrichtung Süden, Südosten
Beste Jahreszeit Februar – April

Anfahrt *Auto:* Von St. Lorenzen im Pustertal ins Gadertal und nach Zwischenwasser. Hier links abzweigen und durch das Rautal nach St. Vigil. *Bus:* Bis hierher Busverbindung mit Bruneck.
Ausgangspunkt Pederühütte (1540 m). Bergstraße von St. Vigil, 12 km. Großer Parkplatz.
Aufstieg Auf der Ratrakspur Richtung Fanishütte. Noch vor einer Ebene nach rechts abzweigen. Erst sanft, dann steil durch den »Trichter«, ein schluchtartig eingeschnittenes Tälchen. Weiter zu einer Einsattelung zwischen den beiden Eisengabelspitzen. Nach rechts über den Gratrücken bis unter einen felsigen Vorgipfel. Skidepot. Unschwierig zum höchsten Punkt.
Abfahrt Wie Aufstieg.

Touristische Infos Tourismusbüro I-39030 St. Vigil, Tel. (0474) 501037, Fax (0474) 501566
Literatur, Gebietsführer Rudolf und Siegrun Weiss (1996): Skitouren Dolomiten, Steiger Verlag; Rudolf und Siegrun Weiss u. a. (1998): Genuß-Schitourenatlas Südtirol & Österreich-Süd, Schall Verlag
Karten Tabacco 031 (Pragser Dolomiten)
Übernachtung Pederühütte (1540 m), privat, während der Tourensaison geöffnet, 24 Betten, I-39030 St. Vigil, Tel. (0474) 501086

Tour 1: Blick von der Eisengabelspitze zum Dreitausender La Varella

2 Monte Sella di Sennes (2787 m)

Von Pederü über die Senneshütte — *Pragser Dolomiten*

Gesamtcharakter Die private Senneshütte erschließt ein hübsches sonnseitiges Tourengebiet mit dem mächtigen Seekofel als prominentestem Ziel. Leider ist die Hütte nicht durchgehend geöffnet und verfügt auch über keinen Winterraum. Der Monte Sella di Sennes läßt sich jedoch durchaus als Tagestour bewältigen, eine eher leichte und kaum lawinengefährdete Unternehmung.
Aufstiegszeit 2 + 2:30 Std.
Höhenunterschied 600 + 650 m
Schwierigkeit skitechnisch mittel
Lawinengefahr mitunter lawinengefährdet
Hangrichtung Südosten, Süden, Westen
Beste Jahreszeit Januar – März

Anfahrt *Auto:* Von St. Lorenzen im Pustertal ins Gadertal und nach Zwischenwasser. Hier links abzweigen und durch das Rautal nach St. Vigil. *Bus:* Bis hierher Busverbindung mit Bruneck.
Ausgangspunkt Pederühütte (1540 m). Bergstraße von St. Vigil, 12 km. Großer Parkplatz.
Aufstieg Auf einem alten Militärweg durch eine Schlucht, dann links haltend zur Senneshütte (2122 m). Weiter in Richtung Nordwesten über die Hochfläche. Über eine Steilstufe zum Südrücken. Über diesen erreicht man den Gipfel. Oder: Nach der Sennesalpe Richtung Norden und durch ein Tälchen von Osten her steil zum Gipfel.
Abfahrt Wie Aufstieg. Viele Varianten möglich.

Touristische Infos Tourismusbüro I-39030 St. Vigil, Tel. (0474) 501037, Fax (0474) 501566
Literatur, Gebietsführer Rudolf und Siegrun Weiss (1996): Skitouren Dolomiten, Steiger Verlag; Rudolf und Siegrun Weiss u. a. (1998): Genuß-Schitourenatlas Südtirol & Österreich-Süd, Schall Verlag
Karten Tabacco 031 (Pragser Dolomiten)
Übernachtung Pederühütte (1540 m), privat, während der Tourensaison geöffnet, 24 Betten, I-39030 St. Vigil, Tel. (0474) 501086. Senneshütte (2122 m), privat, nicht durchgehend geöffnet, kein Winterraum, I-39030 St. Vigil, Tel. (0474) 501092

3 Col Becchei (2794 m)

Von Klein Fanes über das Limojoch — *Fansesgruppe*

Gesamtcharakter Über das Limojoch führt nicht nur der Aufstieg zum Col Becchei (genauer müßte man sagen: Col Becchei di sopra, »Oberer Col Becchei«), sondern auch zur Großen Fanes-Alpe, einer »Drehscheibe« für eine ganze Reihe von Skitouren wie Furcia Rossa, Castello, Monte Casale, Monte Cavallo und La Varella. Von unserem Ziel kann man die Anstiege auf diese Gipfel studieren, bevor man über die herrliche Südflanke abfährt.
Aufstiegszeit 2 + 2:30 Std.
Höhenunterschied 520 + 750 m
Schwierigkeit skitechnisch anspruchsvoll
Lawinengefahr mitunter lawinengefährdet
Hangrichtung Süden, Südwesten
Beste Jahreszeit Januar – April

Anfahrt *Auto:* Von St. Lorenzen im Pustertal ins Gadertal und nach Zwischenwasser. Hier links abzweigen und durch das Rautal nach St. Vigil. *Bus:* Bis hierher Busverbindung mit Bruneck.
Ausgangspunkt Pederühütte (1540 m). Bergstraße von St. Vigil, 12 km. Großer Parkplatz.
Aufstieg Von Pederü auf breiter Ratrakspur zur Fanes- oder Lavarellahütte auf Klein Fanes (etwa 2050 m). Weiter zum Limojoch (2172 m) und Richtung Osten zu einer Schulter (2565 m). Über einen prachtvollen Steilhang erreicht man einen Vorgipfel. Ein kurzer Grat führt zum Hauptgipfel mit Kreuz; mit Ski möglich, aber etwas ausgesetzt.
Abfahrt Wie Aufstieg. Das hindernislose Gelände ermöglicht zahlreiche Abfahrtsvarianten.

Touristische Infos Tourismusbüro I-39030 St. Vigil, Tel. (0474) 501037, Fax (0474) 501566
Literatur, Gebietsführer Rudolf und Siegrun Weiss (1996): Skitouren Dolomiten, Steiger Verlag; Rudolf und Siegrun Weiss u. a. (1998): Genuß-Schitourenatlas Südtirol & Österreich-Süd, Schall Verlag
Karten Tabacco 031
Übernachtung Pederühütte (1540 m), privat, während der Tourensaison geöffnet, 24 Betten, I-39030 St. Vigil, Tel. (0474) 501086; Faneshütte (2060 m), privat, bew. Weihnachten – Mitte Mai, I-39030 St. Vigil, Tel. (0474) 501097. Lavarellahütte (2050 m), privat, bew. März – April, I-39030 St. Vigil, Tel. (0474) 501079

4 Zehnerspitze (3026 m)

Von Klein Fanes zu einer Skitour mit Klettersteig — *Fanesgruppe*

Gesamtcharakter Das gibt es nicht allzu oft: Eine Skitour auf einen Dreitausender in den Dolomiten mit einem Klettersteig als Abschluß. Der Klettersteig ist nicht besonders schwierig und macht die Tour interessant, denn die Abfahrt ist für gute Skifahrer nicht übermäßig reizvoll. Das gilt auch für den häufig bestiegenen Heiligkreuzkofel (2907 m).

Aufstiegszeit 2 + 3:30 Std.
Höhenunterschied 520 + 1000 m
Schwierigkeit skitechnisch leicht, Gipfelaufstieg: Fels I
Lawinengefahr kaum lawinengefährdet
Hangrichtung Süden, Südosten
Beste Jahreszeit Dezember – April

Anfahrt *Auto:* Von St. Lorenzen im Pustertal ins Gadertal und nach Zwischenwasser. Hier links abzweigen und durch das Rautal nach St. Vigil. *Bus:* Bis hierher Busverbindung mit Bruneck.
Ausgangspunkt Pederühütte (1540 m). Bergstraße von St. Vigil, 12 km. Großer Parkplatz.
Aufstieg Von Pederü in breiter Ratrakspur nach Klein Fanes und zu einer der beiden Hütten. Für diesen Aufstieg liegt die Lavarellahütte etwas günstiger. Richtung Norden in sanftem Aufstieg zu einer großen Mulde. Nun geht es in einigem Auf und Ab Richtung Nordwesten über die Hochfläche, vorbei an der »Schildkröte« (Col Toron) und dem »Fanesschloß« (Ciastel de Fanes) zu einem Osthang. Über ihn erreicht man eine Einsattelung. Hier setzt der Südgrat (ganz genau: Südsüdwestgrat) der Zehnerspitze an. Skidepot. Ein leichter Klettersteig, anfangs etwas steil, führt zunächst auf der Kante, dann in einer Rinne zum riesigen Holzkreuz.
Abfahrt Wie Aufstieg.

Touristische Infos Tourismusbüro I-39030 St. Vigil, Tel. (0474) 501037, Fax (0474) 501566
Literatur, Gebietsführer Rudolf und Siegrun Weiss (1996): Skitouren Dolomiten, Steiger Verlag; Rudolf und Siegrun Weiss u. a. (1998): Genuß-Schitourenatlas Südtirol & Österreich-Süd, Schall Verlag
Karten Tabacco 031 (Pragser Dolomiten)
Übernachtung Pederühütte (1540 m), privat, während der Tourensaison geöffnet, 24 Betten, I-39030 St. Vigil, Tel. (0474) 501086; Faneshütte (2060 m), privat, bew. Weihnachten – Mitte Mai, I-39030 St. Vigil, Tel. (0474) 501097. Gepäck- und auch Personentransport möglich; Lavarellahütte (2050 m), privat, bew. März – April, I-39030 St. Vigil, Tel. (0474) 501079

5 Peitlerkofel (2875 m)

Aus dem Villnößtal über die Schlüterhütte — *Geislergruppe*

Gesamtcharakter Im Villnößtal, in dem der bedeutende Bergsteiger Reinhold Messner seine Kindheits- und Jugendjahre verbrachte, gibt es einige durchaus reizvolle Skitouren wie den Zendleser Kofel oder Scharten in der Geislergruppe. Ein Ziel für gute Skibergsteiger ist der Peitlerkofel. Von Norden wirkt er unzugänglich. Von Süden hat er eine Schwachstelle; mit Hilfe eines leichten Klettersteiges, der wegen der Südlage rasch ausapert, kann er auch im Rahmen einer Skitour bestiegen werden.

Aufstiegszeit 2 + 2:15 Std.
Höhenunterschied 560 + 660 m
Schwierigkeit skitechnisch mittel, Gipfelaufstieg: Fels I
Lawinengefahr mitunter lawinengefährdet
Hangrichtung Süden, Südwesten, Westen
Beste Jahreszeit März – April

Anfahrt *Auto:* Von Innsbruck oder Bozen auf der Brenner-Autobahn zur Ausfahrt »Klausen«. Weiter ins Villnößtal und zum Ortsteil St. Peter; *Bus:* hierher auch mit öffentlichen Verkehrsmitteln.
Ausgangspunkt Zanser Alm (1685 m), 8 km von St. Peter, dem Hauptort der Gemeinde Villnöß. Zu Fuß von der letzten Bushaltestelle (St. Magdalena) 1:30 Std.
Aufstieg Wie Sommerweg (Hinweisschilder) zur Schlüterhütte (2237 m, nur im Sommer bewirtschaftet). Über eine Hochfläche in nördlicher Richtung in die Peitlerscharte (2361 m). (Hierher auch über schönes sonnseitiges Skigelände aus dem Hochtal von Campill.) Von der Scharte hält man auf den Großen Peitlerkofel zu und errichtet am Beginn der Felsen das Skidepot. Sind die Felsen aper, erreichen erfahrene Skibergsteiger auf dem gut versicherten Klettersteig ohne besondere Schwierigkeiten den Gipfel. Liegt in den Felsen zu viel Schnee oder sind sie vereist, kann man auf gemütlichere Ziele ausweichen, z. B. auf den Kleinen Peitlerkofel (2813 m), die Westschulter des Großen Bruders.
Abfahrt Wie Aufstieg.

Touristische Infos Tourismusbüro I-39040 Villnöß, Tel. (0472) 840180, Fax (0472) 840312
Literatur, Gebietsführer Rudolf und Siegrun Weiss (1996): Skitouren Dolomiten, Steiger Verlag; Rudolf und Siegrun Weiss u. a. (1998): Genuß-Schitourenatlas Südtirol & Österreich-Süd, Schall Verlag
Karten Tabacco 030 (Brixen, Villnöß)

6 Zwischenkofel (2471 m)

Von Campill über die Zwischenkofelalm — *Puezgruppe*

Gesamtcharakter Campill ist ein wenig bekanntes Bergdorf in einem Seitental des Gadertales. Es ist Ausgangspunkt für eine ganze Reihe von Skitouren, vor allem in der Puezgruppe. Ein hübsches Ziel, von dem aus man sich einen Überblick über weitere Anstiege verschaffen kann, ist der Zwischenkofel. Eine leichte Skitour, bei vernünftiger Spurwahl kaum lawinengefährdet.

Aufstiegszeit 3 Std.
Höhenunterschied 1050 m
Schwierigkeit skitechnisch leicht
Lawinengefahr kaum lawinengefährdet
Hangrichtung Südosten, Nordosten
Beste Jahreszeit Dezember – April

Anfahrt *Auto:* Von Osttirol oder von Brixen ins Pustertal. Bei St. Lorenzen ins Gadertal abzweigen und von hier Richtung Westen nach Campill; *Bus:* hierher auch mit öffentlichen Verkehrsmitteln.
Ausgangspunkt Brücke am Eingang zum Zwischenkofeltal (etwa 1430 m); hierher von Campill auf Fahrstraße Richtung Süden, bis diese Straße nach rechts abbiegt. Auf dem Fahrweg weiter talein bis zur erwähnten kleinen Brücke.
Aufstieg Richtung Süden über Wiesen und lichten Wald zur Zwischenkofelalm (2084 m). Schon unterhalb der Alm nach rechts abbiegen. In wechselnder Steilheit erreicht man einen breiten Sattel und steigt von hier mit Ski zum Gipfel auf.
Abfahrt Wie Aufstieg.

Touristische Infos Tourismusbüro I-39030 St. Martin in Thurn, Tel. (0474) 523175, Fax (0474) 523474
Literatur, Gebietsführer Rudolf und Siegrun Weiss (1996): Skitouren Dolomiten, Steiger Verlag; Rudolf und Siegrun Weiss u. a. (1998): Genuß-Schitourenatlas Südtirol & Österreich-Süd, Schall Verlag
Karten Tabacco 07 (Alta Badia)

Tour 6: Anstieg zum Zwischenkofel. Im Bild die Kapuzinerspitze, gleichfalls ein Skiziel im Hochtal von Campill

7 Seekofel (2810 m)

Vom Pragser Wildsee durch das »Nabige Loch« und über den Südostgrat Pragser Dolomiten

Gesamtcharakter In den Pragser Dolomiten gehen einem die Skiziele nicht so schnell aus. Eine schwierige Skitour führt auf den höchsten Gipfel dieser Gruppe, den Seekofel. Sie erfordert eine gute Kondition, denn die Seekofelhütte wird nur im Sommer bewirtschaftet und hat auch keinen Winterraum. Auch die Lawinengefahr darf nicht unterschätzt werden. Gefährdet ist vor allem die »Schlüsselstelle« des Anstiegs, das »Nabige Loch«, eine steile und enge Rinne.
Aufstiegszeit 4:30 Std.
Höhenunterschied 1300 m
Schwierigkeit skitechnisch anspruchsvoll, Gipfel: unter I
Lawinengefahr häufig lawinengefährdet
Hangrichtung Südosten, Nordosten, Norden
Beste Jahreszeit März – Mai

Anfahrt *Auto:* Von Brixen oder aus Osttirol ins Pustertal. Zwischen Welsberg und Niederdorf zweigt die Straße nach Prags ab.
Ausgangspunkt Hotel »Pragser Wildsee« (1494 m, Sommerbewirtschaftung). Große Parkplätze. 9 km von der Abzweigung aus dem Haupttal.
Aufstieg Am westlichen Ufer oder über den zugefrorenen Pragser Wildsee, dann links haltend zunehmend steil, dann auch eng zum »Nabigen Loch«. Weiter zum Seebel (kleiner Bergsee). Erst Richtung Südosten, dann scharf nach Westen abbiegend in eine Mulde. Aus ihr zu einer Einsattelung (2388 m), etwas unterhalb die in der Tourensaison nicht bewirtschaftete Seekofelhütte (2327 m). Über den Ostgrat steil zu Fuß. Es empfiehlt sich, die Ski aufzuschnallen, denn im letzten Teil des Anstiegs geht es erstaunlich leicht über den mäßig steilen Rücken zum Gipfelkreuz.
Abfahrt Wie Aufstieg.

Touristische Infos Tourismusbüro I-39030 Prags, Tel. (0474) 748660, Fax (0474) 748660
Literatur, Gebietsführer Rudolf und Siegrun Weiss (1996): Skitouren Dolomiten, Steiger Verlag; Rudolf und Siegrun Weiss u.a. (1998): Genuß-Schitourenatlas Südtirol & Österreich-Süd, Schall Verlag
Karten Tabacco 031 (Pragser Dolomiten, Enneberg)

8 Großer Jaufen (2477 m)

Vom Gasthof »Brückele« über die Roßhütte Pragser Dolomiten

Gesamtcharakter Hält man sich bei der Straßengabelung vor Prags links, erreicht man über eine Bergstraße die hochgelegene Plätzwiese, die vor allem von Langläufern viel besucht wird. Ungleich einsamer geht es zu, wenn wir noch vor den Kehren, beim Gasthof »Brückele«, zum Großen Jaufen aufsteigen. Der Gipfel liegt auf einem weitläufigen Plateau, von dem Gipfelsammler mit geringem Zeitaufwand auch den Gamezalpenkopf, den Großen Roßkopf und den Kleinen Jaufen erreichen.
Aufstiegszeit 3:30 Std.
Höhenunterschied 1050 m
Schwierigkeit skitechnisch mittel
Lawinengefahr mitunter lawinengefährdet
Hangrichtung Nordosten
Beste Jahreszeit Januar – April

Anfahrt *Auto:* Von Brixen oder aus Osttirol ins Pustertal. Zwischen Welsberg und Niederdorf nach Prags abzweigen.
Ausgangspunkt Gasthof »Brükkele« (1491 m). Bei der Straßengabelung vor Prags nach links bis zum Gasthof. Er liegt etwas von der Straße entfernt hinter einem Wäldchen. Große Parkplätze.
Aufstieg Im Tal des Kaserbaches auf einem Fahrsträßchen talein. Bevor das Tal nach rechts einbiegt, nach links abzweigen und steil über einen Hang. Querung nach rechts wie Sommerweg (mitunter lawinengefährdet). Weiter über eine Hochfläche, dann wieder etwas steiler zur Roßhütte (2164 m). Richtung Nordwesten auf eine eigenartige hügelige Hochfläche und zum Gipfel.
Abfahrt Wie Aufstieg.

Touristische Infos Tourismusbüro I-39030 Prags, Tel. (0474) 748660, Fax (0474) 748660
Literatur, Gebietsführer Rudolf und Siegrun Weiss (1996): Skitouren Dolomiten, Steiger Verlag; Rudolf und Siegrun Weiss u.a. (1998): Genuß-Schitourenatlas Südtirol & Österreich-Süd, Schall Verlag
Karten Tabacco 031 (Pragser Dolomiten, Enneberg)

Tour 9: Auf dem Dürrenstein. Beherrschend im Bild die Hohe Gaisl

9 Dürrenstein (2839 m)

Beliebteste Skitour in den Pragser Dolomiten Pragser Dolomiten

Gesamtcharakter »Das soll eine Skitour sein?« Diese Frage stellt man sich, wenn man den Dürrenstein nach der Abzweigung aus dem Pustertal erblickt. Tatsächlich hat dieser Felsklotz eine Südflanke, die zwar ziemlich steil und bei Hartschnee nicht ungefährlich ist, aber doch ohne besondere Schwierigkeiten zum Gipfel führt. Zur Beliebtheit des Dürrensteins trägt der kurze und direkte Aufstieg bei. Die Straße zum hochgelegenen Ausgangspunkt wird geräumt und ist während der ganzen Tourensaison befahrbar.
Aufstiegszeit 2:30 Std.
Höhenunterschied 900 m
Schwierigkeit skitechnisch anspruchsvoll
Lawinengefahr mitunter lawinengefährdet
Sonstige Gefahren Abrutschgefahr bei Hartschnee
Hangrichtung Süden
Beste Jahreszeit Februar – April

Anfahrt *Auto:* Von Brixen oder aus Osttirol ins Pustertal. Zwischen Welsberg und Niederdorf nach Prags abzweigen.
Ausgangspunkt Gasthof »Plätzwiese« (1993 m). Bei der Straßenverzweigung vor Prags nach links. Bergstraße bis vor den Gasthof (11 km). Große Parkplätze.
Aufstieg Über die großartige Südflanke zu einem Vorgipfel. Bei guter Sicht ist dieser Aufstieg problemlos. Bei schlechter Sicht ist Vorsicht ratsam: Rechts Wächten! Vom Vorgipfel über eine ausgesetzte schmale Einsattelung zum mächtigen Gipfelkreuz. Sie ist mit Fellen etwas heikel, zu Fuß aber unschwierig zu bewältigen.
Abfahrt Wie Aufstieg. Der ungemein breite Hang läßt zahlreiche Varianten zu.

Touristische Infos Tourismusbüro I-39030 Prags, Tel. (0474) 748660, Fax (0474) 748660
Literatur, Gebietsführer Rudolf und Siegrun Weiss (1996): Skitouren Dolomiten, Steiger Verlag; Rudolf und Siegrun Weiss u.a. (1998): Genuß-Schitourenatlas Südtirol & Österreich-Süd, Schall Verlag
Karten Tabacco 031 (Pragser Dolomiten, Enneberg)
Einkehr Außer dem Gasthof »Plätzwiese« auch die »Dürrensteinhütte« und für Anspruchsvolle das Hotel »Hohe Gaisl«

10 Cristalloscharte (2808 m)

Über den Cristallogletscher — *Cristallogruppe*

Gesamtcharakter Das Höhlensteintal führt von Toblach in Richtung Cortina d'Ampezzo. Der Ausgangspunkt für unseren Anstieg liegt noch in Südtirol, der Gipfel bereits in der Provinz Belluno. Die Scharte läßt sich bedeutend kürzer vom Süden, vom Passo Tre Croci (1805 m) erreichen – mit einer Abfahrt nach Schluderbach eine großartige Überschreitung. Der Gletscher unterhalb der Scharte ist zu einem kümmerlichen Rest abgeschmolzen. In der Frühzeit des Alpinismus muß er jedoch gefährlich gewesen sein, denn hier verunglückte der berühmte Bergführer Michel Innerkofler tödlich.
Aufstiegszeit 4:30 Std.
Höhenunterschied 1400 m
Schwierigkeit skitechnisch anspruchsvoll
Lawinengefahr häufig lawinengefährdet
Hangrichtung Norden
Beste Jahreszeit März – Mai

Anfahrt *Auto:* Von Brixen oder aus Osttirol in das Pustertal und nach Toblach. *Bus:* Bis Schluderbach auch mit öffentlichen Verkehrsmitteln.
Ausgangspunkt Ponte della Marogna (1478 m). Von Toblach durch das Höhlensteintal nach Schluderbach. Richtung Misurina nach links abzweigen. Parkmöglichkeit unmittelbar vor der Brücke. Mit öffentlichen Verkehrsmitteln nur bis Schluderbach (1437 m) möglich. Von hier 0:30 Std. zu Fuß.
Aufstieg Im ebenen Talboden zum Eingang in das Fondatal (Val Fonda). Ohne besondere Schwierigkeiten weiter. Eine Engstelle kann links umgangen werden. Beim Talschluß muß ein Durchschlupf durch den Felsgürtel gefunden werden, der das Tal absperrt. Der Durchschlupf ist eine steile Rinne an der linken Seite. Mit aufgeschnallten Ski erreicht man eine weite Mulde und später den winzigen Cristallogletscher. Hier hält man sich links und steigt – zunehmend eng und steil – zur Scharte auf.
Abfahrt Wie Aufstieg. Die Abfahrt ist anspruchsvoll, bei Hartschnee extrem und gefährlich.

Touristische Infos Tourismusbüro I-39034 Toblach, Tel. (0474) 972132, Fax (0474) 972730
Literatur, Gebietsführer Rudolf und Siegrun Weiss (1996): Skitouren Dolomiten, Steiger Verlag; Rudolf und Siegrun Weiss u. a. (1998): Genuß-Schitourenatlas Südtirol & Österreich-Süd, Schall Verlag
Karten Tabacco 03 (Cortina d'Ampezzo)

11 Drei-Zinnen-Umrundung

Einsamkeit in einer berühmten Landschaft — *Sextener Dolomiten*

Gesamtcharakter Natürlich handelt es sich bei dieser Tour eher um eine großartige Skiwanderung, obwohl die »Hauptabfahrt« durchaus auch skiläuferischen Ansprüchen genügt. Der größte Eindruck ist jedoch die Einsamkeit rund um die Drei Zinnen, die jeden überrascht, der sie vom Sommer her kennt.
Aufstiegszeit Insgesamt 5 Std.
Höhenunterschied 1100 m
Schwierigkeit skitechnisch mittel
Lawinengefahr mitunter lawinengefährdet
Hangrichtung Norden, Süden, Osten, Westen
Beste Jahreszeit Januar – April

Anfahrt *Auto:* Von Brixen oder aus Osttirol ins Pustertal und nach Toblach; *Bus/Bahn:* hierher auch mit öffentlichen Verkehrsmitteln. Busverbindung Toblach-Cortina, doch keine Haltestelle.
Ausgangspunkt Hotel »Drei Zinnen«, 10 km von Toblach. Kurz nach dem Hotel Parkmöglichkeit (1406 m) an der linken Straßenseite.
Aufstieg Auf einem Fahrweg durch das Rienztal. Eine felsdurchsetzte Steilstufe wird links überwunden. Über die Hochfläche am Fuße der Nordwände und zur Drei-Zinnen-Hütte (2405 m). Kurz abfahren und unterhalb der Westflanke des Paternkofels zum Paternsattel (2457 m) queren bzw. aufsteigen. Zum Rifugio Lavaredo (2344 m) abfahren. Unterhalb der Südwände der Drei Zinnen zum Rifugio Auronzo (2330 m). Oberhalb der Fahrstraße zur Forcella del Col di Mezzo (2315 m) queren. Zum Col di Mezzo (2354 m) aufsteigen.
Abfahrt Zunächst zur Forcella de l'Arghena (2087 m). Die einzige größere Abfahrt führt nun Richtung Norden zum Fahrweg hinunter und wie Aufstieg zum Ausgangspunkt zurück.

Touristische Infos Tourismusbüro I-39034 Toblach, Tel. (0474) 972132, Fax (0474) 972730
Literatur, Gebietsführer Rudolf und Siegrun Weiss (1996): Skitouren Dolomiten, Steiger Verlag; Rudolf und Siegrun Weiss u. a. (1998): Genuß-Schitourenatlas Südtirol & Österreich-Süd, Schall Verlag
Karten Tabacco 010 (Sextener Dolomiten)
Übernachtung In Notfällen Winterraum der Drei-Zinnen-Hütte (2045 m), 6 Lager. Die beiden italienischen Hütte (Rifugio Lavaredo und Rifugio Auronzo) geschlossen, kein Winterraum

12 Schusterplatte (2957 m)

Von Sexten durch das Fischleintal und das Altensteintal — *Sextener Dolomiten*

Gesamtcharakter Die Schusterplatte liegt südlich der Dreischusterspitze, einem der höchsten Gipfel der Dolomiten (3152 m). Dieser mächtige Felsklotz ist – im Gegensatz zu unserer Schusterplatte – kein Skigipfel. Die Schusterplatte läßt sich bei günstigen Verhältnissen mit Ski erreichen, der Aufstieg führt jedoch über eine steile und felsdurchsetzte Südwestflanke. Ein lohnendes Ausweich- oder Zusatzziel in der Nähe ist Sextener Stein gegenüber den Nordwänden der Drei Zinnen.
Aufstiegszeit 5 Std.
Höhenunterschied 1500 m
Schwierigkeit skitechnisch anspruchsvoll
Lawinengefahr häufig lawinengefährdet
Hangrichtung Südwesten, Osten
Beste Jahreszeit Februar – April

Anfahrt *Auto:* Von Brixen oder aus Osttirol in das Pustertal und nach Innichen. Weiter nach Sexten; *Bus:* hierher auch mit öffentlichen Verkehrsmitteln (Endstation im Ortsteil Moos).
Ausgangspunkt Parkplatz beim Dolomitenhof (1454 m). Bis hierher ist die Fahrstraße ins Fischleintal auch im Winter befahrbar (3 km von Moos).
Aufstieg Neben der Loipe fast eben zur Talschlußhütte (1526 m, Sommerbewirtschaftung). Bei der Talverzweigung nach rechts und durch das Altensteintal zu der Hochfläche unterhalb des Toblinger Knotens. Steil über die Südwestflanke und weiter Richtung Altensteinscharte (2886 m). Unterhalb der Scharte nach links, über eine Rampe, dann über den Südostrücken zum Gipfel.
Abfahrt Wie Aufstieg.

Touristische Infos Tourismusbüro I-39030 Sexten, Tel. (0474) 710310, Fax (0474) 710318
Literatur, Gebietsführer Rudolf und Siegrun Weiss (1996): Skitouren Dolomiten, Steiger Verlag; Rudolf und Siegrun Weiss u. a. (1998): Genuß-Schitourenatlas Südtirol & Österreich-Süd, Schall Verlag
Karten Tabacco 010 (Sextener Dolomiten, Hochpustertal)

Tour 12: Großartige Felskulisse beim Aufstieg zur Schusterplatte. Rechts Einser, dahinter Rotwand

13 Forcella del Nevaiolo (2624 m)

Skitour zwischen Klettertürmen der Cadinigruppe — *Cadinigruppe*

Gesamtcharakter Die Cadinigruppe in den Dolomiten ist Kletterern und Klettersteiggehern bekannt, für Skibergsteiger wird es sich zumeist um Neuland handeln. Unsere Skitour führt natürlich nicht auf einen der bizarren Türme, sondern in eine Scharte, immerhin aber neben den Seilversicherungen und Leitern, die bei geringer Schneelage sogar zu einem besonders schnellen Aufstieg mit aufgeschnallten Ski benützt werden können.
Aufstiegszeit 3 Std.
Höhenunterschied 900 m
Schwierigkeit skitechnisch anspruchsvoll
Lawinengefahr häufig lawinengefährdet
Hangrichtung Norden, Westen
Beste Jahreszeit Februar – Mai

Anfahrt *Auto:* Von Brixen oder aus Osttirol in das Pustertal und nach Toblach, über Schluderbach nach Misurina. Oder: Von Cortina d'Ampezzo über den Passo Tre Croci; *Bus:* hierher auch mit öffentlichen Verkehrsmitteln.
Ausgangspunkt Ristorante Lago d'Atorno (1866 m). Bis hierher ist die Mautstraße zum Rifugio Auronzo auch im Winter befahrbar. Großer Parkplatz in der Nähe der Bergstation eines Schlepplifts.
Aufstieg Vom Parkplatz etwa 500 m zurück in Richtung Misurina. Auf einem Fahrweg zu einer Materialseilbahn. Richtung Osten hindernislos, aber teilweise ziemlich steil zu einem Rücken. Kurz hinunter und durch eine weite Mulde, dann steil zum Rifugio Fonda Savio (2367 m). Von der Hütte Richtung Süden über einen Rücken und in der rechten Flanke, bis man in ein großes Kar (Cadin del Nevaio) einqueren kann. Durch das Kar zum Beginn einer steilen Rinne (in der Mitte Seilversicherungen und Leitern des Sommerweges). Auf der linken Seite zur Scharte aufsteigen.
Abfahrt Wie Aufstieg.

Touristische Infos Tourismusbüro I-32040 Misurina, Tel. (04 36) 3 90 16
Literatur, Gebietsführer Rudolf und Siegrun Weiss (1996): Skitouren Dolomiten, Steiger Verlag
Karten Tabacco 017 (Dolomiti di Auronzo e del Comelico)
Übernachtung Ristorante Lago d'Atorno (1866 m), privat, geöffnet Weihnachtszeit, Februar – Ostern, I-32040 Misurina, Tel. (04 36) 3 91 48; Rifugio Fonda Savio (2367 m) CAI, Sommerbewirtschaftung, Winterraum mit 2 Lagern

14 Tofana di Rozes (3225 m)

Auf die formschönste der drei Tofanen — *Ampezzaner Dolomiten*

Gesamtcharakter Kletterer kennen die Tofana di Rozes zumeist von ihrer Südwand, auch ein interessanter Klettersteig führt zum Gipfel. Die Tofana di Rozes ist jedoch auch eine großartige Skitour für gute Skibergsteiger. Die Anstiegszeit kann man durch Benützung von Liftanlagen halbieren, die skitechnische Schwierigkeit wird dadurch allerdings gesteigert.
Aufstiegszeit 5 Std.
Höhenunterschied 1600 m
Schwierigkeit skitechnisch anspruchsvoll
Lawinengefahr häufig lawinengefährdet
Hangrichtung Nordosten, Süden, Abfahrt vom »Felsentor«: Südwesten
Beste Jahreszeit März – Mai

Anfahrt *Auto:* Von Toblach im Pustertal durch das Höhlensteintal nach Schluderbach und über das »Gemärk« (Cimabanche) nach Cortina d'Ampezzo. Von Bozen über Dolomitenpässe; *Bus:* hierher auch mit öffentlichen Verkehrsmitteln.
Ausgangspunkt Abzweigung des Fahrweges zum Rifugio Dibona (1687 m), 9 km von Cortina in Richtung Falzaregopaß.
Aufstieg Auf dem Fahrweg zum Rifugio Dibona (2083 m, Sommerbewirtschaftung, kein Winterraum). Spät im Jahr bis hierher mit Pkw. Durch ein weites Kar Richtung Norden, dann rechts in der Mulde zum Rifugio Giussani (2580 m, Sommerbewirtschaftung, kein Winterraum). In einem weiten Bogen zur Nordostflanke der Tofana di Rozes. Durch felsdurchsetztes Gelände in zunehmender Steilheit ohne besondere Schwierigkeiten zum Gipfel, zuletzt meist zu Fuß. Oder: Mit dem »Himmelspfeil« und dem Doppelsessellift »Bus de Tofana« zur Bergstation. Zu einem eigenartigen Felsentor aufsteigen, auf der Südseite steil und felsdurchsetzt (skitechnisch extrem) in sanfteres Gelände und nach rechts zum Rifugio Giussani aufsteigen. Weiter wie beschrieben.
Abfahrt Wie Aufstieg zur Abzweigung des Fahrweges zum Rifugio Dibona.

Touristische Infos Azienda di Promozione Turistica I-32043 Cortina d'Ampezzo, Tel. (04 36) 32 31
Literatur, Gebietsführer Rudolf und Siegrun Weiss (1996): Skitouren Dolomiten, Steiger Verlag
Karten Tabacco 03 (Cortina d'Ampezzo e Dolomiti Ampezzane)

15 Monte Formin (2657 m)

Von der Falzaregopaßstraße auf den »Skigipfel der Croda da Lago« — *Ampezzaner Dolomiten*

Gesamtcharakter Die großartige Umrahmung des Talkessels von Cortina (Tofanen, Cristallostock, Sorapissgruppe, Antelao, Pelmo, Croda da Lago) lädt nicht zu Skitouren ein. Die wenigen Möglichkeiten für den Skilauf sind durch Aufstiegshilfen erschlossen. Dennoch gibt es einige Gipfel, die mit Ski erstiegen werden können, z. B. der Monte Formin, ein behäbiger Gipfel neben der formenreichen Croda da Lago.
Aufstiegszeit 4 Std.
Höhenunterschied 1200 m
Schwierigkeit skitechnisch mittel
Lawinengefahr mitunter lawinengefährdet
Hangrichtung Nordosten, Norden
Beste Jahreszeit Dezember – April

Anfahrt *Auto:* Von Toblach im Pustertal durch das Höhlensteintal nach Schluderbach und über das »Gemärk« (Cimabanche) nach Cortina d'Ampezzo. Von Bozen über Dolomitenpässe; *Bus:* hierher auch mit öffentlichen Verkehrsmitteln.
Ausgangspunkt Abzweigung eines Fahrweges (etwa 1510 m) von der Straße zum Passo Giau. Von Cortina d'Ampezzo Richtung Falzaregopaß zum Ortsteil Pocol (1530 m, 6 km von Cortina). Unterhalb zweigt die Straße zum Passo Giau ab, der man 2 km folgt.
Aufstieg Auf einem Fahrweg in den Talboden, über eine Brücke und Richtung Süden auf der orographisch rechten Talseite aufsteigen. In 1800 m Höhe auf die andere Bachseite des Formintales (Val Formin) und zum Talschluß. Über eine große, sanft geneigte Hochfläche (Lastoni di Formin) erreicht man den Gipfel.
Abfahrt Wie Aufstieg.

Touristische Infos Azienda di Promozione Turistica I-32043 Cortina d'Ampezzo, Tel. (04 36) 32 31
Literatur, Gebietsführer Rudolf und Siegrun Weiss (1996): Skitouren Dolomiten, Steiger Verlag
Karten Tabacco 03 (Cortina d'Ampezzo e Dolomiti Ampezzane)

Tour 15: Monte Formin, ganz rechts im Bild mit dem langen Rücken. Im Mittelgrund Croda da Lago, hinten links Antelao

16 Cresta Bianca (2932 m)

Von Cimabanche (»Im Gemärk«) auf einen schwierigen Skigipfel *Cristallogruppe*

Gesamtcharakter Die Cresta Bianca ist ein unbedeutender Gipfel, der von der Forcella Staunies (Skigebiet Passo Tre Croci) rasch erreicht werden kann. Allerdings ist der Lift zur Scharte häufig nicht in Betrieb. Die Abfahrt ist jedoch so schwierig, daß empfohlen wird, sie im Aufstieg kennen zu lernen. Eine leichtere Aufstiegs- bzw. Abfahrtsvariante führt vom Rifugio Ospitale über die Forcella Verde auf unseren Gipfel.
Aufstiegszeit 4:30 Std.
Höhenunterschied 1400 m
Schwierigkeit skitechnisch extrem
Lawinengefahr häufig lawinengefährdet
Hangrichtung Norden
Beste Jahreszeit März – Mai

Anfahrt *Auto:* Von Brixen oder aus Osttirol ins Pustertal, nach Toblach und weiter in Richtung Cortina d'Ampezzo.
Ausgangspunkt Cimabanche (»Im Gemärk«, 1525 m), Grenze zwischen Südtirol und der Provinz Belluno.
Aufstieg Auf einem Waldweg (Hinweistafel »Schönleitenschneid«) Richtung Süden zur Pra del Veccio (= alte Weide). Eine sperrende Steilstufe wird rechts auf einem Steig umgangen. Weiter in der Schlucht, in etwa 2200 m Höhe nach links zu einer großen Mulde queren. In diesem Hochtal Richtung Südosten durch hügeliges Gelände zu den Resten eines kleinen Gletschers (Ghiacciaio di Cresta Bianca). Richtung Süden, schließlich durch eine Rinne in eine Einsattelung östlich der Cresta Bianca. Von hier in wenigen Minuten zum Gipfel. Oder leichter: Von Cortina oder Toblach zum Rifugio Ospitale (1490 m). Über die Forcella Verde (2380 m) in das erwähnte Hochtal und wie beschrieben zum Gipfel.
Abfahrt Wie Aufstieg.

Touristische Infos Tourismusbüro I-39034 Toblach, Tel. (0474) 972132, Fax (0474) 972730; Azienda di Promozione Turistica I-32043 Cortina d'Ampezzo, Tel. (0436) 3231
Literatur, Gebietsführer Rudolf und Siegrun Weiss (1996): Skitouren Dolomiten, Steiger Verlag; Rudolf und Siegrun Weiss u.a. (1998): Genuß-Schitourenatlas Südtirol & Österreich-Süd, Schall Verlag
Karten Tabacco 03 (Cortina d'Ampezzo e Dolomiti Ampezzane)

17 Cima Scaliaret (2887 m)

Skitour in der Rosengartengruppe *Rosengartengruppe*

Gesamtcharakter Es liegt in der Eigenart der Dolomiten, daß man mit Ski durch eine eindrucksvolle Landschaft von Kletterwänden und Klettertürmen aufsteigt. Man ist immer wieder erstaunt, daß man doch einige Gipfel (beinahe) mit Ski erreichen kann.
Aufstiegszeit 3:30 Std.
Höhenunterschied 950 m
Schwierigkeit skitechnisch mittel, Variante skitechnisch anspruchsvoll, Gipfelaufstieg: unter I
Lawinengefahr mitunter lawinengefährdet
Hangrichtung Westen, Süden
Beste Jahreszeit Februar – April

Anfahrt *Auto:* Von der Ausfahrt »Bozen-Nord« der Autobahn durch das Eggental und über den Karerpaß ins Fassatal; oder über die Abfahrt »Neumarkt« und durch das Fleimstal (kein hoher Paß, aber erheblich länger).
Ausgangspunkt Rifugio Gardeccia (1949 m); hierher von Pozza di Fassa bis zu einem Fahrverbot nach dem Weiler Monzon (1511 m). Von hier 1:30 Std. Oder bequemer: Von Vigo di Fassa mit der Gondelbahn und dem Sessellift »Cigolade« (Bergstation 2050 m). Abfahrend, aber mit einigen kleinen Gegenanstiegen, zur Gardeccia.
Aufstieg Mit geringem Höhengewinn talein, dann etwas steiler zum Rifugio Vajolet CAI (2243 m). Daneben in aufregender Lage über einer Felswand die kleine Preußhütte. Links oberhalb einer Bachschlucht quert man die mäßig steilen Hänge zum Talschluß bis unterhalb des Grasleitenpasses und weiter zum Antermoiapaß. Der Paß ist eine weite Fläche, aus der man unschwierig nach rechts zum Scaliaretpaß weitersteigen kann. So weit wie möglich mit Ski, dann zu Fuß über den langen Gratrücken.
Abfahrt Wie Aufstieg. Bei sicheren Schneeverhältnissen können

Tour 17: Abfahrt von der Cima Scaliaret

gute Skifahrer direkt ins Vajolettal abfahren. Weiter, etwas schwieriger, aber reizvoller im teilweise schluchtartig eingeschnittenen Vajolettal links von den beiden Hütten. Von der Gardeccia leicht ansteigend querend zurück ins Liftgebiet und Abfahrt auf der Piste, oder auf der im Winter nicht geräumten Hüttenzufahrt nach Pozza di Fassa.

Touristische Infos Verkehrsbüro I-38039 Vigo di Fassa, Tel. (0462) 64093; Verkehrsbüro I-38036 Pozza di Fassa, Tel. (0462) 64117
Literatur, Gebietsführer Rudolf und Siegrun Weiss (1996): Skitouren Dolomiten, Steiger Verlag
Karten Tabacco 06 (Val di Fassa e Dolomiti Fassane)
Übernachtung Rifugio Gardeccia (1949 m), privater Berggasthof. Von Mitte Februar – Ende der Liftsaison (meist Sonntag nach Ostern) geöffnet, I-38936 Pozza di Fassa; Vajolethütte CAI (2243 m), Sommerbewirtschaftung, Winterraum mit 12 Lagern

18 Piz Boè (3152 m)

Vom Pordoijoch zum Gipfel – durch das Mittagstal nach Kolfuschg *Sellagruppe*

Gesamtcharakter Die Abfahrt durch das Mittagstal (ladinisch »Val de Mesdi«) ist berühmt und beliebt. Der Grund: Die Abfahrt ist in Pistenausrüstung möglich, nach einer Querung von der Forcella Pordoi zur Einfahrt ins Mittagstal. Natürlich kann man durch das Mittagstal auch aufsteigen. Wer schätzt es aber, wenn ihm beim Aufstieg die Pistenfahrer scharenweise entgegenkommen? Da ist es zweckmäßiger, gleichfalls die Seilbahn zu benützen, aber natürlich nicht auf den Gipfel zu verzichten.
Aufstiegszeit 1 Std.
Höhenunterschied Aufstieg 300 m; Abfahrt 1500 m
Schwierigkeit skitechnisch anspruchsvoll, Gipfelaufstieg: unter I
Lawinengefahr häufig lawinengefährdet
Sonstige Gefahren Abrutschgefahr bei Hartschnee
Hangrichtung Aufstieg Süden, Abfahrt Norden
Beste Jahreszeit Februar – April

Anfahrt *Auto:* Von Brixen oder aus Osttirol ins Pustertal. Von St. Lorenzen ins Gadertal abzweigen und über Corvara nach Kolfuschg.
Ausgangspunkt Bergstation der Pordoi-Seilbahn (2850 m). Von Kolfuschg mit Taxi oder Bus zum Pordoijoch (Passo Pordoi, 2242 m). Weiter mit der Gondelbahn zur Bergstation.
Aufstieg Kurze Abfahrt in die Pordoischarte. Zum deutlich ausgeprägten Südwestrücken des Piz Pordoi queren. Über diesen Rücken, teilweise mit Ski, großteils zu Fuß mit aufgeschnallten Ski, zum Gipfel. »Gipfelhütte« (Capanna Piz Fassa, Sommerbewirtschaftung).
Abfahrt Zu Fuß kurz über den Nordgrat, bis man in den steilen Westhang einfahren kann. Der einzig mögliche Durchschlupf zwischen den Felsen, ein enges Kar in einer Höhe von etwa 3000 m, darf nicht verfehlt werden. Weiter zur Bamberger Hütte (Rifugio Boè, 2871 m, im Winter nicht bewirtschaftet). Richtung Norden steil und eng ins Mittagstal. Vorsicht bei Hartschnee! In einer Höhe von 2600 m weitet sich das Tal. Letzte Schwierigkeit eine schluchtartige Engstelle (etwa 2000 m). Rechts vom Bach erreicht man den Talboden und auf einem Fahrweg Kolfuschg. Eine (gleichfalls schwierige) Abfahrt ist auch nach Corvara möglich. Schlüsselstelle ist die »Pigolerzrinne«, ein schmaler Durchschlupf zwischen den Felsen.

Touristische Infos Verkehrsbüro I-39030 Kolfuschg, Tel. (0471) 836145, Fax (0471) 836744
Literatur, Gebietsführer Rudolf und Siegrun Weiss (1996): Skitouren Dolomiten, Steiger Verlag; Rudolf und Siegrun Weiss u.a. (1998): Genuß-Schitourenatlas Südtirol & Österreich-Süd, Schall Verlag
Karten Tabacco 07 (Hochabtei/Alta Badia)

19 Marmolada – Punta Penia (3343 m)

Vom Fedaia-Stausee auf den höchsten Gipfel der Dolomiten

Marmoladagruppe

Gesamtcharakter Fast bis zum Ostgipfel (Marmolada – Punta Rocca) führt eine große Seilbahn. Der schwierigere Westgipfel ist deshalb für Skibergsteiger das einzig sinnvolle Ziel geworden. Bis zum Ende der Skisaison im April wird der Anstieg durch einen Korblift verkürzt. Die schwierigste Stelle ist eine enge und steile Rinne, die je nach Verhältnissen etwas Kletterfertigkeit oder (bei Vereisung) auch entsprechende Ausrüstung erfordert. Ungeübte sollten angeseilt werden. Die prachtvolle Aussicht auf einen großen Teil der Dolomitenberge entspricht der bedeutenden Höhe des Gipfels.
Aufstiegszeit 4 Std.
Höhenunterschied 1300 m
Schwierigkeit skitechnisch mittel, Gipfelaufstieg: Fels I
Lawinengefahr mitunter lawinengefährdet
Hangrichtung Norden
Beste Jahreszeit März – Mai

Anfahrt *Auto:* Von der Ausfahrt »Bozen-Nord« durch das Eggental und über den Karerpaß ins Fassatal und nach Canazei. Oder etwas kürzer: Von der Abfahrt »Klausen« der Autobahn durch das Grödental und über das Sellajoch.
Ausgangspunkt Staumauer des Fedaia-Stausees (2095 m); hierher gut ausgebaute, im Winter geräumte Bergstraße, 10 km von Canazei.
Aufstieg Über die Staumauer zur Talstation eines Lifts. Benützung erspart 1:30 Std. Spät im Jahr steigt man am besten über den Sommerweg oder die Piste zur Bergstation auf. Richtung Süden über den Ghiacciaio della Marmolada bis in etwa 3100 m Höhe. Hier nach rechts und ziemlich steil zum Beginn einer Rinne. Sie wird zu Fuß durchstiegen (I). Man erreicht das sanfte Gipfeldach und kurze Zeit später das Gipfelkreuz. Wenige Meter tiefer die Capanna Punta Penia CAI (Sommerbewirtschaftung, kein Winterraum).
Abfahrt Wie Aufstieg.

Touristische Infos Azienda Autonoma di Soggiorno e Turismo I-38032 Canazei, Tel. (0462) 61113
Literatur, Gebietsführer Rudolf und Siegrun Weiss (1996): Skitouren Dolomiten, Steiger Verlag
Karten Tabacco 06 (Val di Fassa e Dolomiti Fassane)
Übernachtung Rifugio Ettore Castiglioni CAI, ganzj. bew., I-38032 Canazei, Tel. (0462) 61117

20 Cima di Cece (2754 m)

Aus dem Fleimstal auf die höchste Erhebung in der Lagorai-Kette

Catena dei Lagorai

Gesamtcharakter Das Fleimstal (Val di Fiemme) ist der mittlere Teil des Avisio-Tales. Predazzo, der größte Ort des Tales, wurde als Veranstalter nordischer Ski-Weltmeisterschaften bekannt. Im Fleimstal gibt es aber nicht nur hervorragende Loipen. Auch Tourengeher und Skibergsteiger kommen auf ihre Rechnung. Ein großartiger Skigipfel ist z.B. die Cima di Cece, eine Genuß-Skitour allerdings erst etwa ab April, wenn man bereits auf einem Fahrweg zur Malga di Valmaggiore hinauffahren kann.
Aufstiegszeit 3:30 Std.
Höhenunterschied 1150 m
Schwierigkeit skitechnisch anspruchsvoll
Lawinengefahr mitunter lawinengefährdet
Hangrichtung Westen, Nordwesten
Beste Jahreszeit Februar – Mai

Anfahrt *Auto:* Von Bozen auf der Autobahn oder Staatsstraße Richtung Süden nach Auer. Richtung Osten auf gut ausgebauter Bergstraße ins Fleimstal und nach Predazzo; *Bus:* hierher auch mit öffentlichen Verkehrsmitteln.
Ausgangspunkt Malga Valmaggiore (1620 m). Von Predazzo zur Brücke über den Avisio. Auf einem Fahrsträßchen (Weg Nr. 3349), dann auf einem Fahrweg zur Malga di Valmaggiore. Großer Parkplatz kurz vor der Alm (1608 m). Zu Fuß von Predazzo 3 Std.
Aufstieg Bei der Alm verzweigt sich das Tal. Wir halten uns links und steigen erst durch Wald, dann im Almgelände zu den »Laghetti« (kleine Seen) auf. Weiter Richtung Süden, unterhalb der Forcella Valmaggiore aber Richtung Südosten über einen steilen Hang zwischen Felsen in prachtvolles, mittelsteiles Skigelände. Eindrucksvoll der wilde Campanile di Cece! In einem weiten Bogen zu einer Ebene und durch eine kurze Steilrinne auf eine Rampe. Sie führt zum langen Nordostgrat der Cima di Cece. Der Grat steilt ganz gehörig auf, kann aber bei günstigen Verhältnissen und guter Felltechnik mit Ski bis zum kleinen schmiedeeisernen Gipfelkreuz begangen werden.
Abfahrt Wie Aufstieg.

Touristische Infos Azienda di Promozione Turistica della Val di Fiemme I-38037 Predazzo, Tel. (0462) 51237
Literatur, Gebietsführer Rudolf und Siegrun Weiss (1996): Skitouren Dolomiten, Steiger Verlag
Karten Tabacco 014 (Val di Fiemme, Lagorai, Latemar)

Tour 20: Aufstieg zur Cima di Cece an einem herrlichen Tourentag im Mai

21 Colbricon (2602 m)

Großartige Skitour in der Nähe des Rollepasses (Passo di Rolle)

Catena dei Lagorai

Gesamtcharakter Was den Münchnern ihr »Zwieselbacher« oder »Rietzer«, sind offenbar für Venezianer Bocchè und Colbricon. Tatsächlich ist der Colbricon eine wunderschöne mittelschwere Skitour am östlichen Ende der Lagoraikette.
Aufstiegszeit 3:30 Std.
Höhenunterschied 1000 m
Schwierigkeit skitechnisch mittel
Lawinengefahr mitunter lawinengefährdet
Hangrichtung Nordosten
Beste Jahreszeit Januar – April

Anfahrt *Auto:* Von Bozen auf der Autobahn oder Staatsstraße Richtung Süden nach Auer. Richtung Osten auf gut ausgebauter Bergstraße ins Fleimstal und nach Predazzo; *Bus:* hierher auch mit öffentlichen Verkehrsmitteln.
Ausgangspunkt Fahrverbot und Schranken am Beginn einer Forststraße unterhalb des Passo di Rolle (1630 m). Hierher von Predazzo in Richtung Rollepaß, an der Abzweigung zum Passo di Valles vorbei, über eine Brücke und noch etwa 1 km bis zu einer scharfen Linkskurve. Unmittelbar vor der Kurve zweigt nach rechts eine Forststraße ab, an deren Beginn man parkt. Sicherheit, daß man richtig ist, gibt ein Hinweisschild: »Malga Colbricon, Laghi del Colbricon«.
Aufstieg Kurz auf der Forststraße, dann im Talboden zur Waldgrenze. In einer Höhe von etwa 1850 m hält man sich rechts und geht auf den eindrucksvollen Felskamm zu, der vom Colbricon Piccolo herabzieht. Durch eine steile Mulde in sanfteres Gelände. Nun steht man vor zwei Gipfeln mit genau gleicher Höhe (2602 m). Der etwas vorgeschobene Nordostgipfel ist schwieriger: Auf der rechten Seite der Gipfelflanke möglichst hoch mit Ski, dann entweder steil in der Schneeflanke oder über den felsigen Grat zum Gipfel. Der Südwestgipfel ist mit Ski erreichbar und daher unser »Wintergipfel«.
Abfahrt Wie Aufstieg.

Touristische Infos Azienda di Promozione Turistica della Val di Fiemme I-38037 Predazzo, Tel. (0462) 51237
Literatur, Gebietsführer Rudolf und Siegrun Weiss (1996): Skitouren Dolomiten, Steiger Verlag
Karten Tabacco 014 (Val di Fiemme, Lagorai, Latemar)

22 Cima Bocchè (2745 m)

Sonniger Aufstieg von Paneveggio zu einem aussichtsreichen Gipfel

Catena di Bocchè

Gesamtcharakter Die Cima Bocchè ist eine leichte Skitour und kaum einmal lawinengefährdet. Man genießt die Sonne auf den Südosthängen und auch die ungewöhnlich umfassende Aussicht auf mehrere Gebirgsgruppen der Dolomiten wie Pala, Lagorai, Latemar, Rosengarten und Sellastock.

Aufstiegszeit 3 Std.
Höhenunterschied 1000 m
Schwierigkeit skitechnisch leicht
Lawinengefahr kaum lawinengefährdet
Hangrichtung Südosten
Beste Jahreszeit Dezember – April

Anfahrt *Auto:* Von Bozen auf der Autobahn oder Staatsstraße Richtung Süden nach Auer. Richtung Osten auf gut ausgebauter Bergstraße ins Fleimstal und nach Predazzo; *Bus:* hierher auch mit öffentlichen Verkehrsmitteln.
Ausgangspunkt Brücke über den Rio di Juribrutto (1757 m). Von Predazzo Richtung Rollepaß bis zur kleinen Siedlung Paneveggio. Wenig später nach links in Richtung Passo di Valles abzweigen und zur erwähnten Brücke. Parkmöglichkeit vor der Brücke rechts. Wegtafel (»Malga Juribrutto«).
Aufstieg Auf einem Waldweg in mehreren Kehren zur Malga Juribrutto (1912 m). Orographisch rechts vom Bach in eine Höhe von etwa 2000 m. Hier scharf nach links abzweigen. Unterhalb einer Felswand quert man in einem Bogen in weites Almgelände. Der Südostgrat der Cima Bocchè bricht steil in das Juribrutto-Tal (Val Juribrutto) ab. In respektvoller Entfernung von diesem Abbruch erreichen wir ganz gemütlich in der Grundrichtung Nordwesten den Gipfel.
Abfahrt Wie Aufstieg.

Touristische Infos Azienda di Promozione Turistica della Val di Fiemme I-38037 Predazzo, Tel. (0462) 51237
Literatur, Gebietsführer Rudolf und Siegrun Weiss (1996): Skitouren Dolomiten, Steiger Verlag
Karten Tabacco 014 (Val di Fiemme, Lagorai, Latemar)

23 Cima Cadine (2885 m)

Anspruchsvolle Skitour im Bereich des Pellegrinopasses

Marmoladagruppe

Gesamtcharakter Der Pellegrinopaß, den man aus dem Fassatal erreicht, ist ein Liftzentrum mit zahlreichen Aufstiegshilfen. Daneben gibt es jedoch eine ganze Reihe schöner und zumeist recht einsamer Skitouren. Eine davon ist die Cima Cadine südlich der Marmolada.
Aufstiegszeit 3:30 Std.
Höhenunterschied 1050 m
Schwierigkeit skitechnisch anspruchsvoll
Lawinengefahr häufig lawinengefährdet
Hangrichtung Süden, Südosten
Beste Jahreszeit Februar – April

Anfahrt *Auto:* Von Bozen auf der Autobahn oder Staatsstraße Richtung Süden nach Auer. Nun Richtung Osten abzweigen und in vielen Kehren nach Kaltenbrunn, ins Fleimstal (mittlerer Teil des Avisio-Tales) und weiter ins Fassatal (oberer Teil des Avisio-Tales) bis Moena; *Bus:* hierher auch mit öffentlichen Verkehrsmitteln.
Ausgangspunkt Rifugio Floralpina (etwa 1840 m). Von Moena zum Pellegrinopaß (12 km). 2 km weiter in Richtung Osten zur Abzweigung einer breiten Asphaltstraße zum Rifugio Floralpina.
Aufstieg Auf der Piste im linken Teil zur Waldgrenze und in den Talboden einqueren. Oder: Von der Bergstation mit leichtem Höhenverlust Richtung Norden einqueren. Die zahlreichen Almhütten werden nicht berührt, denn man überquert das Talbecken erst bei einer schluchtartigen Verengung, die zu einem weiten Talboden führt. Von hier links in das Val Tasca und steil in Richtung Nordwesten. In etwa 2300 m wird das Gelände sanfter. Richtung Norden neuerlich steil, eine Felsbarriere umgehend, in den Passo delle Cirelle (2683 m). Über den breiten Ostrücken unschwierig zum Ostgipfel.
Abfahrt Wie Aufstieg.

Tour 23: Aufstieg zur Cima Cadine. Hinten Gipfel der Palagruppe

Touristische Infos Verkehrsbüro I-38035 Moena, Tel. (0462) 53122
Literatur, Gebietsführer Rudolf und Siegrun Weiss (1996): Skitouren Dolomiten, Steiger Verlag
Karten Tabacco 06 (Val di Fassa e Dolomiti Fassane)
Übernachtung Rifugio Floralpina (etwa 1840 m), privat, während der Liftsaison bew., I-38035 Moena, Tel. (0437) 59150

24 Cima Fradusta (2939 m)

Von San Martino di Castrozza zu einem gemütlichen Gipfel mit rassiger Abfahrt

Palagruppe

Gesamtcharakter Die Palagruppe ist ein Paradies für Kletterer in den oberen Schwierigkeitsgraden. Auch Klettersteigliebhaber kommen auf ihre Rechnung. Skitourenmöglichkeiten sind nicht allzu zahlreich, aber Monte Mulaz, Cima della Vezzana oder Cima Fradusta müssen keinen Vergleich scheuen. Die Besonderheiten der Cima Fradusta sind ein durch Aufstiegshilfen verkürzter Aufstieg mit Nahblicken auf schroffe Türme und Wände, dann eine lange und sehr rasante Abfahrt, die eine Gruppe von Sportstudenten einhellig als die schönste ihres Lebens bezeichnet hat.
Aufstiegszeit 2 Std.
Höhenunterschied 400 m im Aufstieg; 1800 m Abfahrt
Schwierigkeit skitechnisch anspruchsvoll
Lawinengefahr häufig lawinengefährdet
Hangrichtung Aufstieg Nordwesten, Abfahrt Süden, Südosten
Beste Jahreszeit März – April

Anfahrt *Auto:* Von Bozen Richtung Süden nach Auer. Ins Fleimstal und weiter zum Rollepaß. Über den Paß nach San Martino di Castrozza.
Ausgangspunkt Bergstation der Gondelbahn »Rosetta« (2639 m).
Aufstieg Von der Bergstation aus sieht man bereits den Gipfel und überblickt große Teile des Anstiegs. Dennoch ist die Orientierung bei schlechter Sicht schwierig (unübersichtliche, hügelige Hochfläche). Von der Bergstation Richtung Südosten in den Talkessel abfahren. Weiter Richtung Osten, dann Südosten zum Passo Pradidali Basso (2658 m). Weiter in der Grundrichtung Südosten zum Ghiacciaio di Fradusta. Über den Gletscher erst flach, dann steiler in eine Einsattelung nordöstlich des Gipfels. Über den breiten Rücken unschwierig zum höchsten Punkt.
Abfahrt Zurück zum Passo Pradidali. Bereits vor dem Paß kann man von der Seite her einfahren und steil Richtung Süden zum Rifugio Pradidali (2278 m, Sommerbewirtschaftung, Winterraum mit 2 Lagern) abfahren. Durch eine enge Steilrinne in den weiten Talboden des Pradidali-Tales (Val Pradidali). Durch dieses Tal zum Rifugio Cant del Gal (1160 m). Von diesem großen Restaurant aus kann man sich ein Taxi nach Fiera di Primiero bestellen (Busverbindung mit San Martino di Castrozza). Zu Fuß etwa 2 Std.
Eine etwa leichtere, aber orientierungsmäßig schwierigere Abfahrt führt (mit leichten Gegenanstiegen) über die Forcella la Fradusta (2716 m) und den Passo di Canali (2469 m) über traumhaftes Skigelände zum Rifugio Treviso (1631 m, Sommerbewirtschaftung) und gleichfalls zum Rifugio Cant del Gal (am besten etwas südlich der Hütte durch eine Lawinenrinne in den Talboden).

Touristische Infos Verkehrsbüro I-38058 San Martino di Castrozza, Tel. (0439) 68101
Literatur, Gebietsführer Rudolf und Siegrun Weiss (1996): Skitouren Dolomiten, Steiger Verlag
Karten Tabacco 022 (Pale di San Martino)

Julische Alpen

Rainer Petek

Die *Julischen Alpen* erstrecken sich von der Linie Pontebba – Gemona im Westen über die Staatsgrenze nach Slowenien bis etwa zur Linie Bled – Skofja Loka im Osten. Im Norden werden sie durch das Kanaltal und das Tal der Wurzener Save von den Karnischen Alpen und Karawanken getrennt.
Sie erreichen mit dem *Triglav* eine Höhe von über 2800 m, und der höchste mit Ski erreichbare Gipfel, der *Kanjavec,* schlägt immerhin mit über 2500 m zu Buche. Was diese Berge allerdings vielfach zu echten Sonderprüfungen macht, sind die gewaltigen Höhenunterschiede und die Steilheit des Geländes. Dies trifft vor allem für den östlichen Teil in Slowenien zu. Die Touren im westlichen – italienischen – Teil sind durchaus auch dem Genießer zu empfehlen. Im östlichen Teil käme der neutrale Betrachter auf weite Strecken sicherlich nicht auf die Idee, diese Berge als Skitourengebiet zu bezeichnen.

Wie die Karawanken und Karnischen Alpen sind die Julier gewöhnlich ausgesprochen schneereich, vorausgesetzt, die Adria- und Genua-Tiefs bleiben nicht den ganzen Winter aus. Durch die unglaubliche Vielfalt von Geländeformationen und Hangexpositionen können von Winterbeginn bis Mai Skitouren unternommen werden. Hartnäckige Fans schleppen oft noch im Juni ihre Bretter zu den Firnresten. Viele der vorgestellten Touren können nur bei günstigen Bedingungen durchgeführt werden. Das kann durchaus auch im Hochwinter sein, jedoch sollte man in diesem Fall den Winterverlauf genau beobachtet haben oder über zuverlässige Informationen verfügen. Andernfalls sind Erkundungstouren in Betracht zu ziehen.

Als ideales Gebiet zur Kontaktaufnahme empfehle ich die Touren rund um den *Sella-Nevea-Paß.* Nicht allzu weit und nicht allzu steil bieten die Berge rings über den »charmanten« Hotelburgen ausgesprochene Genußtouren, die oft schon früh im Winter auffirnen. Man reist hier über Tarvisio bis auf etwa 1200 m Höhe an.

Ebenfalls noch eher zahm sind die südseitigen Touren in Slowenien, die von der *Pokljuka-Hochfläche* aus starten. Man erreicht hier von Bled kommend mit dem Auto eine Höhe von 1340 m. Als Stützpunkt für einen mehrtägigen Aufenthalt könnte Bled dienen, von wo aus man auch zu den Touren über dem Wocheiner See fahren kann.
Für die Touren aus dem *Krmatal* gilt vor allem eines: weit, weit, weit. Der Anstieg zur Kredarica hat schon 1600 Höhenmeter, und der Superhammer Kanjavec verlangt gar 2200 Aufstiegshöhenmeter. Dazu kommen noch beträchtliche Horizontalentfernungen.

Die Anstiege aus dem *Vratatal* sind nicht nur weit, sondern fast ausnahmslos auch sehr, sehr steil. Hin und wieder gibt es Abstürze mit fatalen Folgen. Steigeisen und das nötige Können sollten generell mit auf Tour sein.
Wer hier längere Zeit bleiben will, sucht vielleicht in der Gegend von Kranjska Gora und Gozd – Martuljek Unterkunft. Damit sind auch die Touren vom Planicatal und von der Vršičpaßstraße im Handumdrehen erreicht.

Für echte Fans bietet noch die *Triglav-Magistrale* die Möglichkeit, sich das Herzstück des Gebietes sozusagen »ungefiltert« hineinzuziehen. Insgesamt eine Traumgegend für leidenschaftliche Tourengeher, mit einer Vielzahl von Anstiegen, die man sich zwar hart erkaufen muß, die aber dafür faszinierende Möglichkeiten eröffnen.

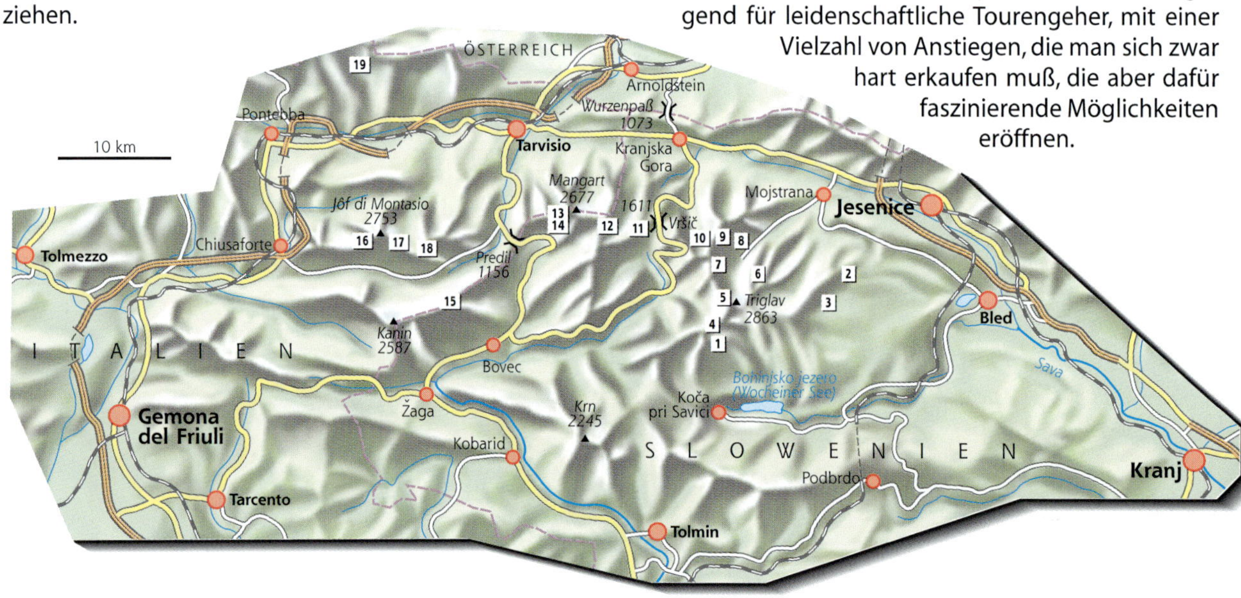

Touristische Informationen erhält man bei: • Gorenjska Turisticna Zveza, Koroska Cesta 27, SL-4000 Kranj, Tel. (00386-64) 223550, Fax (00386-64) 222525, Internet: www.gorenjska.si, E-Mail: gtz@siol.net.

Blick von der Kredarica in die Sovatnasenke (Tour 5) ▷

1 Die Triglav-Magistrale

Die Durchquerung der östlichen Julischen Alpen *Julische Alpen*

Gesamtcharakter Ein drei bis vier Tage dauerndes Skiunternehmen, buckelig und gemütlich zu Beginn, steil und kratzbürstig dem Ende zu. Die Tour beginnt am Wocheiner See mit der Auffahrt zum Skigebiet Vogel, quert zur Komna-Hochfläche und führt dann durch das Sieben-Seen-Tal zum Kanjavec. Vom Kanjavec fährt man nach Velo Polje ab und steigt über den Konjsko Sedlo zur Kredarica. Nach der Triglav-Besteigung hat man die Möglichkeit, entweder ins Krmatal oder steiler ins Vratatal abzufahren. Insgesamt landschaftlich großartig.

Dauer des Aufstiegs 3 bis 4 Tage
Höhenunterschied rund 3000 m
Schwierigkeit skitechnisch anspruchsvoll; Triglav-Besteigung verlangt leichte Kletterei auf einem winterlichen Klettersteig
Lawinengefahr teilweise häufig lawinengefährdet, am besten bei sicheren Firnverhältnissen
Sonstige Gefahren für die Triglav-Besteigung sind Pickel, Steigeisen, Kletterfertigkeit und Seilsicherung notwendig
Hangrichtung alle Expositionen
Beste Jahreszeit März – Mai

Anfahrt *Auto:* Von der Karawanken-Autobahn oder vom Loiblpaß kommend über Bled zum Wocheiner See und zur Vogel-Seilbahn. Es empfiehlt sich, ein Auto beim geplanten Endpunkt der Tour abzustellen oder Vorkehrungen für die Organisation eines Taxis zu treffen.
Ausgangspunkt Bergstation der Vogel-Seilbahn (1540 m).
Tourenverlauf Von der Bergstation zuerst noch im Pistenbereich in südwestlicher Richtung zur hinteren Vogel-Alm. Hier beginnt die Tour.
Der *erste Tourentag* ist durch kupiertes Gelände gekennzeichnet, man läßt sich durch das Gelände und Markierungsstangen leiten. Fixpunkt ist der Konjasko Sedlo (1782 m) sowie als Tagesziel das Komnahaus, ganzjährig bewirtschaftet. (1. Etappe 6 bis 7 Std.)
Am *zweiten Tag* geht's weiter durch das Sieben-Seen-Tal (bis zur Sieben-Seen-Hütte immer wieder Markierungsstangen) zur Zasavska Koča, auch Prehodavcihütte genannt. Nächtigung im Winterraum, Decken vorhanden, Schlafsack unter Umständen vorteilhaft, Selbstversorgung. (2. Etappe ca. 7 Std.)
Der *dritte Tag* bringt mit der Kanjavec-Besteigung gleich den höchsten Punkt mit Ski. Die Abfahrt über den Hribaricesattel nach Velo Polje ist auch mit schweren Rucksäcken ein Genuß. Bei ungefähr 1720 m steigt man zuerst Richtung Norden und nach ca. 150 Höhenmeter Richtung Nordosten steil zum Konjsko Sedlo (2020 m) auf. Von hier über weite Hänge Richtung Norden zum Triglavhaus auf der Kredarica. Nächtigung und einfache Verpflegung durch Wetterwarte möglich. (3. Etappe ca. 7 bis 8 Std.)
Am *vierten Tag* steht der Triglav auf dem Programm. Ohne die schweren Rucksäcke fast ein Genuß.
Danach folgt die letzte Abfahrt Je nach Verhältnissen und Lust kann man ins Krmatal zur Kovinarska Koča oder auch über das Hochkar Za Cmirom ins Vratatal abfahren. Die Original-Route führt allerdings über die Stanichütte das Kottal hinunter bis nach Zgornje Radovna.

Touristische Infos Fremdenverkehrsverein Bohinj, Tel. (00386-64) 723370, Fax (00386-64) 723330
Literatur, Gebietsführer Igor Jenčič: Slovenija. Turnosmučarski vodnik, Sidarta Verlag, Ljubljana 1998
Karten Karte des Slowenischen Alpenvereins, Triglav, 1:25000, PZS Ljubljana
Übernachtung Komnahaus, Tel. (00386-64) 721475 oder (00386-609) 611221; Zasavska Koča (Prehodavcihütte), mit Winterraum; Triglavhaus, Tel. (00386-64) 223181 oder 223603

2 Viševnik (2050 m)

Kurz und steil *Julische Alpen*

Gesamtcharakter Der Viševnik ist eine kurze, nette Tour über der Pokljuka-Hochfläche. Er ist zwar steil, aber durch seine Exposition fast den ganzen Winter machbar. Ein weiterer Vorteil ist, daß die Straße für slowenische Verhältnisse hoch hinauf führt.

Aufstiegszeit 2 bis 2:30 Std.
Höhenunterschied 700 m
Schwierigkeit skitechnisch mittel
Lawinengefahr mitunter lawinengefährdet
Hangrichtung Südosten
Beste Jahreszeit Januar – März

Anfahrt *Auto:* Von der Karawanken-Autobahn oder vom Loiblpaß kommend nach Bled. In Bled Richtung Pokljuka abzweigen und weiter bis Rudno Polje.
Ausgangspunkt Rudno Polje (1340 m).
Aufstieg Von den Kasernengebäuden einem Weg Richtung Nordwesten folgen zu den Liften und entlang dieser bis zur Zlata voda.
Hier nach Westen durch den lichter werdenden Hochwald aufwärts auf den Rücken, den man bei 1780 m erreicht. Über diesen Rücken in nordwestlicher Richtung zum Gipfel.
Abfahrt Die Abfahrt folgt dem Aufstiegsweg.

Touristische Infos Fremdenverkehrsverein Bled, Tel. (00386-64) 741122, Fax (00386-64) 741555; Fremdenverkehrsverein Kranjska Gora, Tel. (00386-64) 881768, Fax (00386-64) 881125
Literatur, Gebietsführer Igor Jenčič: Slovenija. Turnosmučarski vodnik, Sidarta Verlag, Ljubljana 1998
Karten Karte des Slowenischen Alpenvereins, Triglav, 1:25000, PZS Ljubljana

3 Veliki Draški Vrh (2243 m)

Klassische Tour mit grandiosem Tiefblick *Julische Alpen*

Gesamtcharakter Die Tour zum Veliki Draški Vrh ist nicht nur vom Höhenunterschied und vom Zeitaufwand eine Nummer größer. Die Linienführung und der landschaftliche Gesamteindruck machen den Anstieg zu einem echten Klassiker, mit allem, was das Herz begehrt: verträumte Almen, steile Traversen, bizarre Szenerie, ein wuchtiger Tiefblick und eine rasante Abfahrt.

Aufstiegszeit 3 bis 3:30 Std.
Höhenunterschied 1000 m
Schwierigkeit skitechnisch mittel bis anspruchsvoll
Lawinengefahr mitunter lawinengefährdet
Hangrichtung Südosten bzw. Nordosten
Beste Jahreszeit Januar – April

Anfahrt *Auto:* Von der Karawanken-Autobahn oder vom Loiblpaß kommend nach Bled. In Bled Richtung Pokljuka abzweigen und weiter bis Rudno Polje.
Ausgangspunkt Rudno Polje (1340 m).
Aufstieg Von den Kasernengebäuden einem Weg Richtung Nordwesten folgen zu den Liften und unmittelbar davor Richtung Westen durch den Wald zum Rücken ansteigen. Jenseits der Höhe 1520 m die Südwesthänge leicht fallend zur Alm Konscica queren. Sollte die Querung großteils aper sein, besteht die Möglichkeit, 100 Höhenmeter höher vom Rücken über eine Lichtung zur Alm abzufahren. Von der Alm Richtung Nordosten durch die Mulde Klanci in den Einschnitt aufsteigen und dann nach links und Richtung Südosten bis kurz unter den Sattel Studorski Preval. Hier wieder nach Norden und über eine Rampe unter den Gipfelaufschwung und weiter nach oben.
Abfahrt Die Abfahrt folgt dem Aufstiegsweg. Sie ist ausgesprochen abwechslungsreich und bietet verschiedene Hangexpositionen und Geländeformationen.

Touristische Infos Fremdenverkehrsverein Bled, Tel. (00386-64) 741122, Fax (00386-64) 741555; Fremdenverkehrsverein Kranjska Gora, Tel. (00386-64) 881768, Fax (00386-64) 881125
Literatur, Gebietsführer Igor Jenčič: Slovenija. Turnosmučarski vodnik, Sidarta Verlag, Ljubljana 1998
Karten Karte des Slowenischen Alpenvereins, Triglav, 1:25000, PZS Ljubljana

Tour 1: Typisches Gelände am Beginn der Triglav-Magistrale

4 Kanjavec (2568 m)

Der höchste Skigipfel der Julier — Julische Alpen

Gesamtcharakter Als Tagestour das Skiunternehmen der Superlative in den Juliern. Bei insgesamt mehr als 2000 Höhenmetern sollten nicht nur der Schnee, sondern auch die Schuhe und die Partner passen, damit das Abenteuer ein Erfolg wird, an den man sich mit Freude erinnert. Insgesamt muß dreimal angefellt werden, ein zuverlässiger Klebebelag oder ein paar Reservefelle sind von Vorteil.
Aufstiegszeit 6 bis 7 Std. + 1 Std. Gegenanstieg
Höhenunterschied insgesamt 2200 m
Schwierigkeit skitechnisch anspruchsvoll
Lawinengefahr häufig lawinengefährdet
Hangrichtung alle Hangrichtungen, Nordosten bis Südosten vorherrschend
Beste Jahreszeit Februar – April

Anfahrt *Auto:* Vom Wurzenpaß oder Karawankentunnel kommend nach Mojstrana, hier ins Krmatal abzweigen. Je nach Bodenfreiheit und Straßenzustand ins Krmatal hinein, wenn möglich bis zur Kovinarska Koča. Muß das Auto bei den Häusern in Krma gelassen werden, ist zusätzlich 1 Std. zu veranschlagen.
Ausgangspunkt Kovinarska Koča im Krmatal (870 m).
Aufstieg Das Krmatal aufwärts bis 1500 m. Hier weiter Richtung Südwesten zur Wocheiner Scharte (Bohinjska Vrtaca, 1979 m). Jenseitig über die Vodnikovahütte zur Alm Velo Polje abfahren. Weiter durch die Velska Dolina; zum Schluß sehr steil zum Hribaricesattel (2358 m) ansteigen. Vom Sattel kurz abfahren und je nach Verhältnissen meist knapp links des Südostgrates durch die Südflanke zum Gipfel.
Abfahrt Die Abfahrt folgt in Anlehnung an die Aufstiegsroute, wobei man sich die Hangkombinationen schon im Aufstieg zurechtlegt (aus reinem Zeitvertreib). Da der Gegenanstieg von Velo Polje zur Wocheiner Scharte noch einmal fordert, ist es empfehlenswert, sich bei der Abfahrt die Kräfte gut einzuteilen.

Touristische Infos Fremdenverkehrsverein Kranjska Gora, Tel. (003 86-64) 88 17 68, Fax (003 86-64) 88 11 25
Literatur, Gebietsführer Igor Jenčič: Slovenija. Turnosmučarski vodnik, Sidarta Verlag, Ljubljana 1998
Karten Karte des Slowenischen Alpenvereins, Triglav, 1:25 000, PZS Ljubljana

5 Triglav (2864 m) bzw. Kredarica (2541 m)

Lange Skitour in grandioser Umgebung — Julische Alpen

Gesamtcharakter Rund 1600 Höhenmeter sind es bis zum Triglavhaus auf der Kredarica. Bis dahin wechseln Waldgelände, Steilstufen, Plateaus und Querungen ab. Das Triglavhaus ist während des Winters von Wetterwarten besetzt, man bekommt etwas zu trinken oder eine einfache Suppe. Für viele ist das bereits der Gipfel. Wer ganz hinauf will, braucht Pickel, Steigeisen und Kletterfertigkeit, um über den winterlichen Ostgrat zum Gipfel zu gelangen.
Aufstiegszeit 5 bzw. 6 Std.
Höhenunterschied 1600 bzw. 1950 m
Schwierigkeit skitechnisch anspruchsvoll, Gipfelanstieg: Klettersteig über den Ostgrat
Lawinengefahr mitunter lawinengefährdet
Hangrichtung Südosten bis Nordosten
Beste Jahreszeit Februar – April

Anfahrt *Auto:* Vom Wurzenpaß oder Karawankentunnel kommend nach Mojstrana, hier ins Krmatal abzweigen. Je nach Bodenfreiheit und Straßenzustand ins Krmatal hinein, wenn möglich bis zur Kovinarska Koča. Muß das Auto bei den Häusern in Krma gelassen werden, ist zusätzlich 1 Std. zu veranschlagen.
Ausgangspunkt Kovinarska Koča im Krmatal (870 m).
Aufstieg Das Krmatal aufwärts bis 1500 m. Hier in einer Rechtsschleife zuerst relativ flach Richtung Norden. Dann steil Richtung Westen zur Unterstandshütte auf der Planina Zgornja Krma (1700 m). Hinter der Hütte nach Norden queren, den Punkt Arnova Glava (1944 m) über eine steile Rinne nordseitig umgehen. Weiter Richtung Nordwesten über den Kalvarienberg zur Kredarica. Gipfelanstieg über den Klettersteig am Grat.
Abfahrt Die Abfahrt folgt in Anlehnung an den Aufstiegsweg, wobei auf den ersten 600 Höhenmetern großzügige Varianten möglich sind. Ab 1500 m hat man bei günstigen Bedingungen die Möglichkeit, unter die schattigen Nordwände des Draški Vrh zu queren und über die steilen Nordkare, teils in der Fallinie, teils querend, ins Krmatal zu schwingen.

Touristische Infos Fremdenverkehrsverein Kranjska Gora, Tel. (003 86-64) 88 17 68, Fax (003 86-64) 88 11 25
Literatur, Gebietsführer Igor Jenčič: Slovenija. Turnosmučarski vodnik
Karten Karte des Slowenischen Alpenvereins, Triglav, 1:25 000, PZS Ljubljana

Tour 5: Das Triglavhaus mit dem Triglav

6 Begunjski Vrh (2461 m)

Aus dem Vratatal durch das Hochkar Za Cmirom — Julische Alpen

Gesamtcharakter Eine typische Julische-Alpen-Skitour: lang und steil. Je nach Straßenzustand entweder beim Peričnikhaus parken oder bis zur Abzweigung des Weges ins Vratatal hinein. Die Tour braucht unbedingt stabile Schneedeckenverhältnisse. Hat man den Wald und das Vratatal hinter sich gelassen, empfängt die Szenerie den Tourengeher mit ungeheurer Wucht.
Aufstiegszeit 5 Std.
Höhenunterschied 1500 m
Schwierigkeit skitechnisch anspruchsvoll
Lawinengefahr häufig lawinengefährdet
Sonstige Gefahren oft hart und ausgeblasen, Abrutschgefahr auf den Steilhängen. Harscheisen und Steigeisen gehören zur Standardausrüstung; rechtzeitig anlegen!
Hangrichtung Norden und Nordosten, Gipfelaufschwung: Südosten
Beste Jahreszeit Februar – April

Anfahrt *Auto:* Vom Wurzenpaß oder der Karawanken-Autobahn kommend bis Mojstrana, wo man ins Vratatal abbiegt. Der Straße bis zum Peričnikhaus und je nach Verhältnissen weiter bis 950 m, wo eine kleine Brücke links über das Bachbett führt.
Ausgangspunkt Kleine Brücke, kurz vor Turkov Rovt (950 m). Bis hierher mit Auto oder mit Ski vom Peričnikhaus ca. 1 Std.
Aufstieg Dem markierten Steig durch das steile Waldgelände folgen, bis man die freien Flächen erreicht. Meist werden erst hier die Ski angelegt. Im rechten Teil Richtung Süden auf die Felsen zu und unter ihnen ins Kar queren. Nun weiter Richtung Südwesten durch das Hochkar. Zum Schluß sehr steil in Spitzkehren auf die Scharte (2342 m). Jetzt Richtung Westen und dann über den steiler werdenden Südhang zum Begunjski Vrh.
Abfahrt Die Abfahrt folgt dem Anstiegsweg, wobei je nach Geschmack und Verhältnissen einige Varianten möglich sind. Die letzten Meter durch den Wald werden die Ski dann meist wieder getragen.

Touristische Infos Fremdenverkehrsverein Kranjska Gora, Tel. (003 86-64) 88 17 68, Fax (003 86-64) 88 11 25
Literatur, Gebietsführer Igor Jenčič: Slovenija. Turnosmučarski vodnik, Sidarta Verlag, Ljubljana 1998
Karten Karte des Slowenischen Alpenvereins, Triglav, 1:25 000, PZS Ljubljana

7 Luknjapaß (1758 m)

Große Eindrücke für gemäßigten Aufwand — *Julische Alpen*

Gesamtcharakter Auf dieser für julische Verhältnisse eher gemütlichen Tour dominiert eindeutig der Anblick des Triglav mit seiner mächtigen Nordwand das Geschehen und macht diese sonst eher durchschnittliche Tour zum großartigen Erlebnis.
Aufstiegszeit 2:30 bis 3:30 Std.
Höhenunterschied 800 bis 1000 m
Schwierigkeit skitechnisch mittel, Schlußanstieg zum Sattel steil
Lawinengefahr mitunter lawinengefährdet
Hangrichtung Nordosten
Beste Jahreszeit Februar – April

Anfahrt *Auto:* Vom Wurzenpaß oder der Karawanken-Autobahn kommend bis Mojstrana, wo man ins Vratatal abbiegt. Auf der Straße bis zum Peričnikhaus und je nach Verhältnissen weiter bis 950 m, wo eine kleine Brücke links über das Bachbett führt.
Ausgangspunkt Aljažhaus (1015 m). Bis hierher mit Auto oder mit Ski vom Peričnikhaus ca. 1 Std.
Aufstieg Dem Weg Richtung Triglav weiter folgen. Beim Bergsteigerdenkmal vorbei und weiter in Richtung Südwesten bis auf eine Höhe von 1400 m. Hier nach Westen unter den Luknjapaß queren und dann in der Mulde zum Sattel. Wer hier noch nicht genug hat, kann Richtung Norden weiter bis ca. 2100 m unter die Wände des Gamsovec ansteigen (+ 1 Std.).
Abfahrt Die Abfahrt folgt dem Anstiegsweg. Ein schneller Ski ist im Talboden von Vorteil.

Touristische Infos Fremdenverkehrsverein Kranjska Gora, Tel. (0 03 86-64) 88 17 68, Fax (0 03 86-64) 88 11 25
Literatur, Gebietsführer Igor Jenčič: Slovenija. Turnosmučarski vodnik, Sidarta Verlag, Ljubljana 1998
Karten Karte des Slowenischen Alpenvereins, Triglav, 1:25 000, PZS Ljubljana

8 Stenar (2501 m)

Aus dem Vratatal durch die Sovatna-Senke — *Julische Alpen*

Gesamtcharakter Wieder ein Unternehmen ernsterer Prägung. Nach dem obligaten langen Zugang durchs Tal ist Spürsinn gefordert, bevor die Botanik den Tourengeher in die Sovatna-Senke entläßt. Der Name »Senke« sollte nicht darüber hinwegtäuschen, daß es sich um Steilgelände handelt, wo sichere Geh- und Skitechnik gefragt ist sowie der Einsatz von Steigeisen und/oder Harscheisen angebracht sein kann.
Aufstiegszeit 5 Std.
Höhenunterschied 1500 m
Schwierigkeit skitechnisch extrem
Lawinengefahr häufig lawinengefährdet
Sonstige Gefahren Ausrutschgefahr sowohl in der Sovatna-Senke als auch im Anstieg zum Stenar-Gipfel
Hangrichtung Südosten
Beste Jahreszeit März – April

Anfahrt *Auto:* Vom Wurzenpaß oder der Karawanken-Autobahn kommend bis Mojstrana, wo man ins Vratatal abbiegt. Auf der Straße bis zum Peričnikhaus und je nach Verhältnissen weiter bis zum Aljažhaus.
Ausgangspunkt Aljažhaus (1015 m). Bis hierher mit Auto oder mit Ski vom Peričnikhaus ca. 1 Std.
Aufstieg Den Weg Richtung Triglav einschlagen. Bei 1060 m rechts einem Weg folgen und durch den Wald ansteigen, bis man auf Höhe 1400 m die ersten freien Hänge erreicht. Durch die Senke steil empor bis zur Stenar-Scharte (2295 m). Hier nach rechts Richtung Südosten queren, bis man direkt zum Gipfel ansteigen kann.
Abfahrt Die Abfahrt folgt dem Anstiegsweg. Die Steilheit verlangt sichere Skitechnik und eine verläßliche Ausrüstung.

Touristische Infos Fremdenverkehrsverein Kranjska Gora, Tel. (0 03 86-64) 88 17 68, Fax (0 03 86-64) 88 11 25
Literatur, Gebietsführer Igor Jenčič: Slovenija. Turnosmučarski vodnik, Sidarta Verlag, Ljubljana 1998
Karten Karte des Slowenischen Alpenvereins, Triglav, 1:25 000, PZS Ljubljana

Tour 7: Abfahrt vom Lukjnapaß

9 Križ (2410 m)

Aus dem Vratatal über das Biwak 4 — Julische Alpen

Gesamtcharakter Wie die Tour zum Stenar verlangt der Križ neben solidem skitechnischem Können auch Waldkampfqualitäten.
Einerseits wünscht man sich in diesem Gelände eine bereits vorhandene richtige Spur, andererseits hat die absolute Einsamkeit auch was für sich. Insgesamt nicht ganz so anspruchsvoll wie die Tour zum Stenar, aber trotzdem lang und ernst.
Aufstiegszeit 4:30 bis 5 Std.
Höhenunterschied 1400 m
Schwierigkeit skitechnisch anspruchsvoll
Lawinengefahr häufig lawinengefährdet
Hangrichtung Osten bis Südosten
Beste Jahreszeit März – April

Anfahrt *Auto:* Vom Wurzenpaß oder der Karawanken-Autobahn kommend bis Mojstrana, wo man ins Vratatal abbiegt. Auf der Straße bis zum Peričnikhaus und je nach Verhältnissen weiter bis zum Aljažhaus.
Ausgangspunkt Aljažhaus (1015 m). Bis hierher mit Auto oder mit Ski vom Peričnikhaus ca. 1 Std.
Aufstieg Vom Aljažhaus Richtung Nordwesten in den Wald und rechts einer steilen Rinne bis knapp unter die Felsen der Dolkova Glava. Auf ca. 1300 m in die Rinne queren und in ihr nach oben, wo sie deutlich flacher wird. Weiter Richtung Westen, bis man auf Höhe 1850 m nach Norden steile Hänge zum Biwak 4 queren kann. Vom Biwak 4 über kupiertes Gelände in einer Schleife über Pkt. 2289 und Pkt. 2375 zum Gipfel des Križ.
Abfahrt Die Abfahrt erfolgt in Anlehnung an die Aufstiegsroute, wobei es keine zwingende Linie gibt und bis Höhe 1400 m einige Varianten möglich sind.

Touristische Infos Fremdenverkehrsverein Kranjska Gora, Tel. (0 03 86-64) 88 17 68, Fax (0 03 86-64) 88 11 25
Literatur, Gebietsführer Igor Jenčič: Slovenija. Turnosmučarski vodnik, Sidarta Verlag, Ljubljana 1998
Karten Karte des Slowenischen Alpenvereins, Triglav, 1:25 000, PZS Ljubljana

10 Križkar (ca. 2000 m)

Schattige Nordabfahrt ohne Gipfel — Julische Alpen

Gesamtcharakter Von der Vršičpaßstraße führt dieser Anstieg direkt unter die Nordabbrüche des Križ. Im Mittelteil kann das Steilstück je nach Verhältnissen den Einsatz von Steigeisen notwendig machen. Da es sich um eine Nordabfahrt handelt, gibt es günstige Firnbedingungen meist erst später im Jahr. Manchmal trifft man allerdings auch schon im Hochwinter gute Pulverschneehänge an. Die Vršičpaßstraße war nach einem Rodelunfall für Kfz gesperrt und nur bis zum Hotel »Erika« befahrbar. Sollte sie wieder wie früher bis zum Mihov Dom oder zur Koča na Gozdu befahrbar sein, spart man sich bis zu 1 Std. Anmarsch.
Aufstiegszeit 4 Std.
Höhenunterschied 1150 m
Schwierigkeit skitechnisch anspruchsvoll
Lawinengefahr häufig lawinengefährdet
Hangrichtung Norden und Nordwesten
Beste Jahreszeit März – Mai

Anfahrt *Auto:* Vom Wurzenpaß oder von der Karawanken-Autobahn kommend nach Kranjska Gora und weiter Richtung Vršič bis zum Hotel »Erika«. Wenn möglich, auch weiter.
Ausgangspunkt Hotel »Erika« (850 m).
Aufstieg Durch das Pišnicatal zur Krnicahütte und von ihr auf den steilen Rücken zu. An ihm steil nach oben und weiter ohne andere Möglichkeiten bis unter die Nordwände des Križ.
Abfahrt Die Abfahrt folgt dem Aufstiegsweg.

Touristische Infos Fremdenverkehrsverein Kranjska Gora, Tel. (0 03 86-64) 88 17 68, Fax (0 03 86-64) 88 11 25
Literatur, Gebietsführer Igor Jenčič: Slovenija. Turnosmučarski vodnik, Sidarta Verlag, Ljubljana 1998
Karten Karte des Slowenischen Alpenvereins, Triglav, 1:25 000, PZS Ljubljana

11 Mala Mojstrovka (2332 m)

Supertour über dem Vršičpaß — Julische Alpen

Gesamtcharakter Der erste Teil des Anstieges ist geprägt von der wuchtigen Gestalt des Prisank mit seinem berühmten Fenster, durch das der ebenso berühmte Klettersteig führt. Den Vršičpaß erreicht man bequem auf der im Winter gesperrten Straße. Dann wird's steiler und in Spitzkehren geht's auf eine Scharte. Die nachfolgende Querung erschließt dem Begeher einen traumhaften Südhang, der Freude auf die Abfahrt aufkommen läßt.
Aufstiegszeit 4:30 Std.
Höhenunterschied 1500 m
Schwierigkeit skitechnisch anspruchsvoll
Lawinengefahr häufig lawinengefährdet
Hangrichtung Süden und Nordosten
Beste Jahreszeit Februar – April

Anfahrt *Auto:* Vom Wurzenpaß oder von der Karawanken-Autobahn kommend nach Kranjska Gora und weiter Richtung Vršič bis zum Hotel »Erika«. Wenn möglich auch weiter.
Ausgangspunkt Hotel »Erika« (850 m).
Aufstieg Über die Straße auf den Vršičpaß. Dann Richtung Südwesten queren und den steiler werdenden Hang in Spitzkehren auf eine Scharte, Höhe 1920 m. Von der Scharte in nordwestlicher Richtung ansteigend bis unter die Gipfelfallinie queren und dann nach oben.
Abfahrt Die Abfahrt folgt dem Aufstiegsweg. Sollten es die Schneeverhältnisse lohnen, kann man auch von der Höhe 2000 m direkt nach Süden auf die Trenta-Seite abfahren und auf Höhe 1600 m zur Paßstraße queren.

Touristische Infos Fremdenverkehrsverein Kranjska Gora, Tel. (0 03 86-64) 88 17 68, Fax (0 03 86-64) 88 11 25
Literatur, Gebietsführer Igor Jenčič: Slovenija. Turnosmučarski vodnik, Sidarta Verlag, Ljubljana 1998
Karten Karte des Slowenischen Alpenvereins, Triglav, 1:25 000, PZS Ljubljana

12 Kotsattel (2134 m)

Vielbegangener Klassiker über dem Planicatal — Julische Alpen

Gesamtcharakter Typische nordseitige Frühjahrskitour, die ab der Räumung der Straße zum Tamarhaus an Wochenenden besonders stark besucht wird. Muß man bei den Sprungschanzen parken, verlängert sich die Tour um etwa 1 Std. Dafür sind sicher weniger Leute unterwegs.
Aufstiegszeit 3 bis 4 Std.
Höhenunterschied 1000 bis 1200 m
Schwierigkeit skitechnisch anspruchsvoll
Lawinengefahr häufig lawinengefährdet
Sonstige Gefahren Abrutschgefahr: Die steilen Hänge können oft pickelhart sein. Mit der notwendigen Ausrüstung sollte man auch umgehen können.
Hangrichtung Osten und Nordosten
Beste Jahreszeit März – Mai

Anfahrt *Auto:* Vom Wurzenpaß, von der Karawanken-Autobahn oder auch von Tarvisio kommend nach Ratece und ins Planicatal hinein. Vorbei an den berühmten Sprung- und Flugschanzen und, wenn möglich, bis zum Tamarhaus hinein.
Ausgangspunkt Tamarhaus (1108 m).
Aufstieg Das Tal hinein und das immer steiler werdende Kar hinauf. Bevor das Jalovec-Couloir beginnt, quert man ca. auf Höhe 2000 m nach rechts Richtung Kotsattel.
Abfahrt Die Abfahrt folgt dem Aufstiegsweg. Durch die unterschiedlichen Expositionen und Steilheiten ist die Wahl des Zeitpunktes für die Abfahrt besonders wichtig.

Touristische Infos Fremdenverkehrsverein Kranjska Gora, Tel. (0 03 86-64) 88 17 68, Fax (0 03 86-64) 88 11 25
Literatur, Gebietsführer Igor Jenčič: Slovenija. Turnosmučarski vodnik, Sidarta Verlag, Ljubljana 1998
Karten Karte des Slowenischen Alpenvereins, Triglav, 1:25 000, PZS Ljubljana

13 Lahnscharte (2072 m)

Prachtabfahrt über den Weißenfelser Seen — *Julische Alpen*

Gesamtcharakter Typische Frühjahrsskitour durch das nordseitige steile Valle della Lavinia. Ausgesprochen lohnend, da es bald zur Sache geht. Harscheisen und eventuell auch Steigeisen sind notwendig. Die Rinne wird nach oben hin immer steiler und endet am Kamm, dessen sanfte Rückseite man im Sommer über die Mangartstraße erreicht.

Aufstiegszeit 3:30 Std.
Höhenunterschied 1100 m
Schwierigkeit skitechnisch anspruchsvoll
Lawinengefahr häufig lawinengefährdet
Hangrichtung Norden und Nordosten
Beste Jahreszeit Ende März – Mai

Anfahrt *Auto:* Von Tarvisio weiter Richtung Slowenien und kurz nach Fusine. In Valromana rechts abbiegen zu den Laghi di Fusine, Parkplatz am Ende der Straße.
Ausgangspunkt Parkplatz bei den Weißenfelser Seen, ca. 950 m.
Aufstieg Hinter der Hütte in südwestlicher Richtung zur Alpe del Lago und bei der ersten Gabelung nach links durch den Wald, bis man in freies Gelände kommt. Immer in südwestlicher Richtung weiter über bachbettartiges Gelände, das schließlich zur Rinne wird. Zwischen Felsblöcken immer steiler aufwärts, in Spitzkehren durch die rechte Rinne zum Kamm. Wer will und kann, hat die Möglichkeit, über den italienischen Normalweg auf den Mangart zu steigen. Die Abfahrt über die sogenannten »Leichenbretter« verlangt allerdings scharfe Kanten und starke Nerven.
Abfahrt Die Abfahrt folgt dem Aufstiegsweg, die enge Rinne läßt nichts anderes zu.

Touristische Infos Fremdenverkehrsverein Tarvisio, Tel. (00 39-04 28) 21 35
Karten Tabacco 1:25 000, 019 (Alpi Giulie)

14 Mangartplateau (ca. 2000 m)

Gemütliche Sonnenseite — *Julische Alpen*

Gesamtcharakter Mit dieser Tour beginnt eine Reihe zahmerer Anstiege, die allesamt in der Sonne liegen und je nach Winterverlauf oft schon sehr früh mit Firn aufwarten können.
Man hält sich beim Aufstieg im großen und ganzen an die Mangartstraße und umgeht einige Tunnels über bewaldetete Steilstufen. Insgesamt eine eher gemütliche Tour.

Aufstiegszeit 3 Std.
Höhenunterschied 900 m
Schwierigkeit skitechnisch mittel
Lawinengefahr kaum lawinengefährdet
Hangrichtung Südwesten
Beste Jahreszeit Januar – März

Anfahrt *Auto:* Von Tarvisio über den Predilpaß und abwärts bis zur Abzweigung der Mangartstraße.
Ausgangspunkt Parkplatz am Beginn der im Winter nicht geräumten Mangartstraße (1100 m).
Aufstieg Zuerst entlang der Straße und ab der Mangartalm dem Sommerweg über Lichtungen folgen. Bei 1500 m über einige Steilstufen durch lichten Hochwald oberhalb der Tunnels. Später über freie Südhänge ansteigend zum Mangartplateau bis zum Endpunkt der eigenen Wahl.
Abfahrt Die Abfahrt erfolgt in Anlehnung an die Aufstiegsroute, da und dort sind einige Varianten möglich.

Touristische Infos Fremdenverkehrsverein Tarvisio, Tel. (00 39-04 28) 21 35
Karten Tabacco 1:25 000, 019 (Alpi Giulie)

Tour 14: Der Mangart von Süden

15 Prestreljenek (2499 m)

Kurze Tour mit Seilbahnunterstützung — *Julische Alpen*

Gesamtcharakter Mit dem Prestreljenek haben wir eine relativ kurze Tour vor uns, die dennoch nicht unterschätzt werden darf. Der Zugang zum Prevalasattel ist oft von Lawinen bedroht, und der Gipfelaufschwung ist steil und meist hart – auch hier sollten die Steigeisen nicht zu Hause gelassen werden.

Aufstiegszeit 2:30 Std.
Höhenunterschied 700 m
Schwierigkeit skitechnisch anspruchsvoll
Lawinengefahr mitunter lawinengefährdet
Hangrichtung Nordwesten bis Nordosten
Beste Jahreszeit Januar – März

Anfahrt *Auto:* Von Tarvisio die Straße zum Predilpaß und nach Cave del Predil. Vor dem Raibler See nach Sella Nevea abbiegen und weiter bis zur Seilbahn. Mit ihr auf ca. 1800 m.
Ausgangspunkt Seilbahn-Bergstation, ca. 1800 m.
Aufstieg Zuerst in den Prevalakessel abfahren und dann zum Prevalasattel aufsteigen. Vom Sattel den Osthang schräg links aufwärts zu den Liften queren und dann schräg rechts durch die steile Gipfelflanke nach oben.
Abfahrt Die Abfahrt folgt dem Aufstiegsweg. Wenn man Zeit und Lust hat, kann man vor Erreichen des Prevalasattels die schöne Krnicamulde Richtung Südosten nach Slowenien bis auf eine Höhe von 1600 m oder 1500 m abfahren. Man steigt dann entlang der Abfahrtsroute wieder auf. Bei guter Schneelage kann auch zu den Liften von Bovec gequert werden, über die man wieder die Schulter am Prestreljenek erreicht (vorher erkundigen). Vom Prevalasattel abwärts in den Kessel, mit einem kurzen Schlepplift hinauf zur Bergstation und über die Piste rasant zurück zum Auto.

Touristische Infos Fremdenverkehrsverein Tarvisio, Tel. (00 39-04 28) 21 35
Karten Tabacco 1:25 000, 019 (Alpi Giulie)

16 Forca dei Disteis (2202 m)

Genußtour über Traumalmen — *Julische Alpen*

Gesamtcharakter Die Tour über die Pecolalm zur Forca dei Disteis, einer kleinen Scharte unter dem Montasch-Stock, zählt zu den genußreichsten Skitouren der Julischen Alpen. Bequem zu erreichen, kein allzu langer Zugang und nirgends extrem steil. Egal, ob Pulver oder Firn, die Pecolalm ist ein Hit. Sollte der Schnee einmal schlechter sein, kann man sich mit der wunderschönen Landschaft trösten.

Aufstiegszeit 3:30 bis 4 Std.
Höhenunterschied 1100 m
Schwierigkeit skitechnisch mittel
Lawinengefahr mitunter lawinengefährdet
Hangrichtung Süden und Südwesten
Beste Jahreszeit Januar – März

Anfahrt *Auto:* Von Tarvisio die Straße zum Predilpaß und nach Cave del Predil. Vor dem Raibler See nach Sella Nevea und weiter bis zu den Parkplätzen neben den Hotels.
Ausgangspunkt Kehre in Sella Nevea, ca. 1100 m.
Aufstieg Die Straße, die von der Kehre in Sella Nevea Richtung Nordwesten führt, entlang und in einer guten Stunde auf die freien Almflächen der Pecolalm, die in manchen Karten auch als »Altipiano del Montasio« bezeichnet ist. Nun ziemlich genau in nördlicher Richtung auf die Scharte zwischen Monte Curtissons und Montasch zu. Zum Schluß in Kehren zur Scharte, eventuell noch weiter bis unter die Felsen.
Abfahrt Die Abfahrt kann meist beliebig gewählt werden, auf jeden Fall stehen auch bei starkem Besuch jede Menge freie Hänge zur Verfügung.

Touristische Infos Fremdenverkehrsverein Tarvisio, Tel. (00 39-04 28) 21 35
Karten Tabacco 1:25 000, 019 (Alpi Giulie)

Tour 18: Blick von der Forca del Val zum Pestreljenek

17 Forca del Palone (2242 m)

Pecolalm, die Zweite, diesmal rassiger — *Julische Alpen*

Gesamtcharakter Ähnlich wie der Anstieg zur Forca dei Disteis gestaltet sich auch der Anstieg zur Forca del Palone. Die Rinne, die zur Scharte emporzieht, ist allerdings steiler, und verlangt günstige Bedingungen. Das Emporsteigen in der Rinne ist ausgesprochen eindrucksvoll: rechts und links helle Felsen, unter Dir viel Weiß und über Dir blauer Himmel, wenn Du Dir den richtigen Tag ausgesucht hast.
Aufstiegszeit 3:30 bis 4 Std.
Höhenunterschied 1150 m
Schwierigkeit skitechnisch anspruchsvoll
Lawinengefahr mitunter lawinengefährdet
Hangrichtung Südwesten
Beste Jahreszeit Februar – März

Anfahrt *Auto:* Von Tarvisio die Straße zum Predilpaß und nach Cave del Predil. Vor dem Raibler See nach Sella Nevea und weiter bis zu den Parkplätzen bei den Hotels.
Ausgangspunkt Kehre in Sella Nevea, ca. 1100 m.
Aufstieg Die Straße, die von der Kehre in Sella Nevea Richtung Nordwesten führt, entlang und in einer guten Stunde auf die freien Almflächen der Pecolalm, die in manchen Karten auch als »Altipiano del Montasio« bezeichnet ist. Hier jetzt in Richtung Nordosten zur Brazzahütte und dann Richtung Norden zum Beginn der breiten Rinne. Steil in Spitzkehren aufwärts, weiter oben rechts haltend zum Kamm.
Abfahrt Die Abfahrt führt entlang des Aufstiegsweges und gestaltet sich bei den richtigen Schneebedingungen ausgesprochen genußreich.

Touristische Infos Fremdenverkehrsverein Tarvisio, Tel. (00 39-04 28) 21 35
Karten Tabacco 1:25 000, 019 (Alpi Giulie)

18 Forca del Val (2352 m)

Eine Sensation bei Firn — *Julische Alpen*

Gesamtcharakter Die Tour auf die Forca del Val, die von den Tourengehern auch gerne als Cregnedulscharte bezeichnet wird, ist bei Firn ein absoluter Hammer. Die freien, weiten Karflächen und die optimale Steilheit werden auch jene trösten, die dichten Wald wie den, durch den man hindurch muß, hassen. Eine wirkliche Klasse-Tour, die sich auszahlt.
Aufstiegszeit 4 Std.
Höhenunterschied 1150 m
Schwierigkeit skitechnisch mittel bis anspruchsvoll
Lawinengefahr mitunter lawinengefährdet
Hangrichtung Süden und Südwesten
Beste Jahreszeit Januar – März

Anfahrt *Auto:* Von Tarvisio die Straße zum Predilpaß und nach Cave del Predil. Vor dem Raibler See nach Sella Nevea und weiter bis zu einem Parkplatz kurz nach der Paßhöhe bei einem Lift rechts der Straße.
Ausgangspunkt Parkplatz rechts (nördlich) der Straße.
Aufstieg Entlang der Piste aufwärts und nach wenigen Minuten rechts in den Wald, dem Weg folgend, der zur Oberen Cregnedulalm führt. Hier Beginn der freien Hänge. Je nach Verhältnissen zuerst in weiten Schleifen und später in Kehren aufwärts. Zum Schluß relativ steil in die Scharte, die wie geschaffen zum Rasten und Sonnen ist.
Abfahrt Je nach Verhältnissen, bei günstigen Firnbedingungen kann man sich beiderseits der Mulde in den Hängen austoben, die je nach Tageszeit und Sonneneinstrahlung den besten Schnee bieten. Zum Schluß wieder durch den Waldgürtel zurück zum Auto.

Touristische Infos Fremdenverkehrsverein Tarvisio, Tel. (00 39-04 28) 21 35
Karten Tabacco 1:25 000, 019 (Alpi Giulie)

19 Cima Bella (Schönwipfel, 1912 m)

Ideale Einsteiger- und Schlechtwettertour — *Karnische Alpen*

Gesamtcharakter Der Schönwipfel zählt zwar zu den Karnischen Alpen, aber da die Anreise ähnlich wie bei den vorhergehenden Touren über die Kanaltal-Autobahn erfolgt, wird sie im Zusammenhang mit den Julischen Alpen beschrieben. Es handelt sich um eine ausgesprochen gemütliche Einsteigertour, die durch lichtes Waldgelände führt und immer gemacht werden kann.
Aufstiegszeit 2:30 Std.
Höhenunterschied 800 m
Schwierigkeit skitechnisch leicht
Lawinengefahr kaum lawinengefährdet
Hangrichtung Osten
Beste Jahreszeit Dezember – März

Anfahrt *Auto:* Über die Autobahn nach Tarvisio und weiter nach Ugovizza im Kanaltal. Hier im Ort rechts abbiegen und der Straße folgen, die ins Valle Ugovizza zur Osteria del Camoscio führt.
Ausgangspunkt Osteria del Camoscio (Gasthaus »Gemse«, 1130 m).
Aufstieg Zuerst dem Forstweg, dann gemütlich den freien Flächen Richtung Westen folgen, bis man in 1815 m auf einen Sattel trifft, der zwischen Monte Cocco im Süden und Schönwipfel im Norden liegt. Nun nach rechts in 20 Min. sanft zum Gipfel.
Abfahrt Die Abfahrt erfolgt entlang der Aufstiegsroute, wobei einige Varianten möglich sind, die man sich am besten schon während des Anstiegs zurechtlegt.

Touristische Infos Fremdenverkehrsverein Tarvisio, Tel. (00 39-04 28) 21 35
Karten Tabacco 1:25 000, 019 (Alpi Giulie)

Karawanken und Steiner Alpen

Rainer Petek

Die *Karawanken* bilden einen Teil der südlichen Landesgrenze Kärntens mit dem Wurzenpaß im Westen und der Petzen im Osten. Der für Tourengeher interessanteste Abschnitt ist zwischen dem Mittagskogel und Bad Eisenkappel. Zwischen Bad Eisenkappel und Kranj liegen Österreichs Südzipfel vorgelagert noch die Steiner Alpen, größtenteils auf slowenischem Staatsgebiet.
Die wichtigsten Übergänge nach Slowenien sind der *Wurzenpaß*, der *Karawankentunnel*, der *Loiblpaß* und der *Seebergsattel*. Im Winter führen die geräumten Straßen nirgendwo wesentlich über die 1000-Meter-Marke hinauf. Das bedeutet in den meisten Fällen einen Zugang über Waldbereiche und Forststraßen, bis man das freie Skigelände erreicht. Die Gipfel erreichen überwiegend eine Höhe von 2000 bis 2200 m.

Trotzdem sind die Karawanken im Verhältnis zu anderen Kärntner Gebieten eher schneereich. Der Grund ist die Südstaulage, die bei den entsprechenden »Tiefs« meist für ergiebige Niederschläge sorgt. Da die Touren durch steiles Gelände führen, ist entsprechende Vorsicht angesagt. Vor allem in den Kammlagen kommt es immer wieder zu großen Schneebrettabgängen in den schattseitigen Hängen. Der *Lawinenwarndienst* der Kärntner Landesregierung informiert unter (0463) 1588.

Die steilen nordseitigen Ziele, wie das *Vertatschakar*, zählen zu den großen Klassikern der Gruppe. Noch vor zehn, fünfzehn Jahren wurden Anstiege dieser Prägung ausnahmslos im Frühjahr bei sicheren Firnbedingungen unternommen. Doch die Tourentätigkeit hat sich stark gewandelt, und heute wird das Vertatschakar nach nahezu jedem Schneefall angespurt. Es kann vorkommen, daß nachfolgende Pilgerscharen die Route regelrecht »präparieren«, was den Anstieg zwar relativ »sicherer« macht. Probleme können sich allerdings ergeben, wenn die hier üblichen Verhaltensmuster eins zu eins auf andere, selten begangene Touren übertragen werden.
Wer den Winterverlauf aufmerksam verfolgt, wird in den Karawanken im allgemeinen von Weihnachten bis Ostern geeignete Touren finden.

Die Touren in den *Steiner Alpen* haben ernsteren Charakter, sie sind sowohl ausnahmslos steil als auch sehr lang. Hier hat man erst im Frühjahr bei entsprechend stabiler Schneedecke etwas verloren. Immer wieder kam es in der Vergangenheit zu tödlichen Abstürzen bei Skitouren. Der Grund ist, daß einige Anstiege oberhalb von steilen Felsabbrüchen absolut keinen Fehler verzeihen.

Sichere Spitzkehrentechnik, solide Ausrüstung und das nötige Können sind hier unabdingbar. Steigeisen sollten ebenfalls generell mit auf Tour sein. Auch skifahrerisch sind die Steiner Alpen kein Gelände für Experimente.

Als zentrale Stützpunkte für mehrtägige Aufenthalte in den Karawanken bietet sich das *Rosental* an. Vom Raum *Ferlach* können alle Skitourenausgangspunkte in kurzer Zeit mit dem Auto erreicht werden. Für den ergiebigsten Tourenbereich zwischen Bärental und Loiblpaß bietet sich auch ein Stützpunkt im höher gelegenen *Bodental* an (eventuell in Kombination mit der Klagenfurter Hütte). Der Berggasthof »Lausegger«, Tel. (04227) 6260, ist nicht nur wegen der Transfermöglichkeit mit Allradbus, sondern auch wegen des traumhaften Panoramas und der guten Küche ein heißer Tip.
Für Touren in den Steiner Alpen können auch *Bad Eisenkappel* oder *Zgornje Jezersko* auf der Südseite des Seebergsattels als Basislager gewählt werden.

Zusammenfassend kann man sagen, daß jeder, der Skitouren gerne in anspruchsvollem Gelände und in Umgebung bizarrer Felsformationen unternimmt, während des gesamten Winters in den Karawanken glücklich werden kann. Wer über das nötige Können und die erforderliche Kraft verfügt, sollte im Frühjahr unbedingt den einen oder anderen Abstecher in die Steiner Alpen wagen.

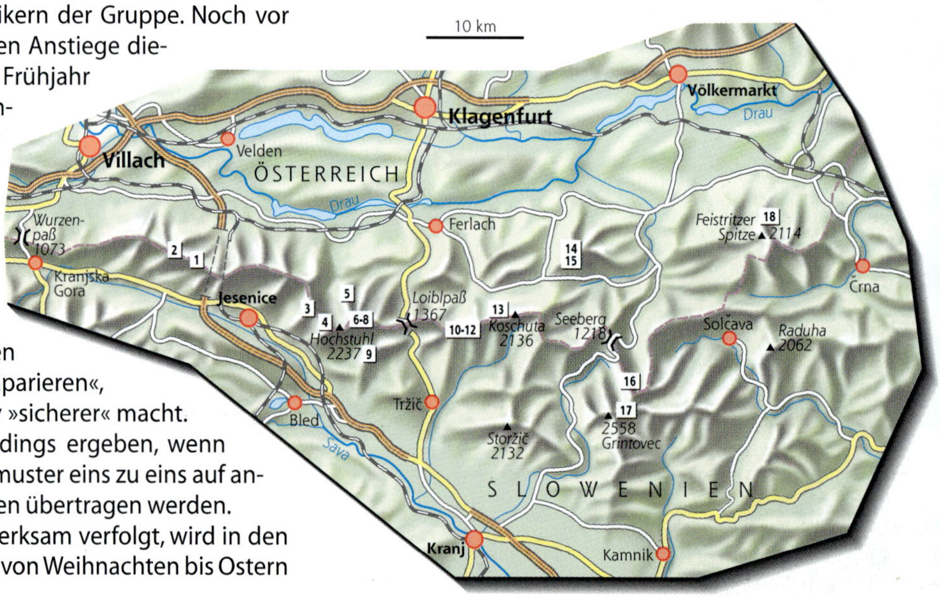

Touristische Informationen zu diesem Gebiet erhält man bei: • Carnica Region Rosental, Sponheimer Platz 1, A-9170 Ferlach, Tel. (04227) 5119, Fax (04227) 4970, E-Mail: rosental@carinthia.com.

Die Tourenbeschreibungen 1 bis 17 verfaßte Rainer Petek, Nr. 18 Günter und Luise Auferbauer.

Der Hochobir in den Karawanken von Westen (Tour 14), davor der Kuhberg (Tour 15) ▷

1 Rosenkogel (1776 m)

Gemütliche, aber lange Tour aus dem Bärengraben *Karawanken*

Gesamtcharakter Der Rosenkogel ragt mit seinen knapp 1800 m nur wenig aus dem Wald heraus. Trotzdem bieten seine auf der Nordseite gelegenen Almen Raum für einige schöne Schwünge. Vom Gipfel macht der Blick auf die imposante Szenerie der Julischen Alpen Lust auf mehr. Insgesamt muß man einen relativ langen Forststraßen-»Aufenthalt« in Kauf nehmen.
Aufstiegszeit 3:30 bis 4 Std.
Höhenunterschied 1150 m
Schwierigkeit skitechnisch leicht
Lawinengefahr kaum lawinengefährdet
Hangrichtung Nordosten
Beste Jahreszeit Dezember – Mitte März

Anfahrt *Auto:* Über die Rosental-Bundesstraße oder die Karawanken-Autobahn nach St. Jakob im Rosental und weiter nach Rosenbach.
Ausgangspunkt Von Rosenbach weiter in den Bärengraben bis zu einem kleinen Kraftwerk (626 m).
Aufstieg Entlang der markierten Forststraße nach Süden in den Bärengraben und diese immer entlang, bis man auf etwa 1400 m (hierher auch steiler dem markierten Sommerweg durch den Bärengraben folgend) in freieres Gelände kommt, über das man in südöstlicher Richtung zum Rosenbachsattel (1594 m) aufsteigen kann. Nun in westlicher Richtung über den Kamm zum Gipfel.
Abfahrt Die Abfahrt folgt entweder dem Aufstiegsweg oder führt uns bei stabiler Schneedecke direkt vom Gipfel auf die Roschitzaalm hinunter. Wo die Almflächen in Waldgelände übergehen, kann man sich schon während des Aufstiegs die lohnendsten Hangkombinationen überlegen.

Touristische Infos Carnica Region Rosental, Sponheimer Platz 1, A-9170 Ferlach, Tel. (04227) 5119, Fax (04227) 4970, E-Mail: rosental@carinthia.com
Literatur, Gebietsführer 1. Kärntner Skitourenführer, Bd 2 von Manfred Korbaj, H. Weishaupt Verlag; Rudolf und Siegrun Weiss u.a. (1998): Genuß-Schitourenatlas Südtirol & Österreich-Süd, Schall Verlag; Igor Jenčič: Slovenija. Turnosmučarski vodnik, Sidarta Verlag, Ljubljana 1998
Karten ÖK 201 (Villach), ÖK 210 (Aßling)

2 Frauenkogel (Dovška Baba, 1892 m)

Anstieg von Slowenien *Karawanken*

Gesamtcharakter Der Frauenkogel wird von den Kärntner Tourengehern meist aus dem Bärengraben angegangen. Entweder direkt oder in einer Kombination mit dem Rosenkogel. Kaum bekannt ist jedoch die reizvolle Südseite der »Baba« – wie der Frauenkogel in slowenischer Kurzform genannt wird.
Aufstiegszeit 4 Std.
Höhenunterschied 1200 m
Schwierigkeit skitechnisch mittel
Lawinengefahr mitunter lawinengefährdet
Hangrichtung Süden bis Südosten
Beste Jahreszeit Dezember – März

Anfahrt *Auto:* Vom Wurzenpaß oder Karawankentunnel kommend nach Mojstrana bzw. Dovje.
Ausgangspunkt Am Nordostrand von Dovje (706 m).
Aufstieg Entlang der Forststraße in östlicher Richtung zu den Hütten auf der Ravne. Bei 1100 m nach Norden schwenken und über freie Flächen und Waldgelände aufwärts bis ca. 1500 m. Nun in einer Ost-West-Schleife zum Gipfel.
Abfahrt Die Abfahrt folgt dem Aufstiegsweg. Wer über Zeit, Lust und Kraft verfügt, kann bei guten Bedingungen nordseitig abfahren, um etwas Pulverschnee zu fahren, wieder ansteigen, um anschließend vielleicht schon im Firn zurück zu schwingen.

Touristische Infos Fremdenverkehrsverein Kranjska Gora, Tel. (00386-64) 881768, Fax (00386-64) 881125
Literatur, Gebietsführer 1. Kärntner Schitourenführer, Bd 2 von Manfred Korbaj, H. Weishaupt Verlag; Rudolf und Siegrun Weiss u.a. (1998): Genuß-Schitourenatlas Südtirol & Österreich-Süd, Schall Verlag; Igor Jenčič: Slovenija. Turnosmučarski vodnik, Sidarta Verlag, Ljubljana 1998
Karten ÖK 201 (Villach), ÖK 210

Tour 3: Am Ende des Weinaschkares; hinten der Hochstuhl

3 Weinasch (2104 m)

Rassiges Skiziel über dem Bärental *Karawanken*

Gesamtcharakter Das von Feistritz im Rosental nach Süden ziehende Bärental bietet sich als Ausgangspunkt für eine ganze Reihe von attraktiven Skitouren an. Der erste Gipfel in dieser Reihe ist der Weinasch. Seine Besteigung setzt jedoch absolut sichere Schneeverhältnisse und einen im Steilgelände versierten Tourengeher voraus.
Aufstiegszeit 3:30 bis 4 Std.
Höhenunterschied 1150 m
Schwierigkeit skitechnisch anspruchsvoll
Lawinengefahr häufig lawinengefährdet
Sonstige Gefahren Der Ausstieg aus dem Kar kann je nach Schneelage den Einsatz von Steigeisen nötig machen. Im Kar werden häufig Harscheisen benötigt.
Hangrichtung Osten und Nordosten
Beste Jahreszeit Februar – März

Anfahrt *Auto:* Von Klagenfurt oder der Karawanken-Autobahn kommend nach Feistritz im Rosental. Hier die Straße ins Bärental nehmen und weiter bis zur Stouhütte. Winterausrüstung bzw. Ketten u. U. erforderlich.
Ausgangspunkt Parkplatz bei der Stouhütte (960 m).
Aufstieg Auf der markierten Forststraße weiter über die Johannsenruhe bis zur 3. Kehre, welche fast das vom Hochstuhl herunterziehende Kar berührt. Nun rechts haltend schräg ansteigen und über einen Baumriegel in das Weinaschkar queren. In Spitzkehren steil aufwärts und dann durch eine schmale Rinne auf den Kamm. Zum Schluß wieder gemütlich auf den Gipfel.
Abfahrt Die Abfahrt folgt dem Aufstiegsweg und bietet weite, steile Hänge zum Austoben. Wenn man noch Zeit und Lust hat, ist es an Wochenenden empfehlenswert, in 20 bis 30 Min. zur Klagenfurter Hütte aufzusteigen, welche im Winter an Wochenenden bewirtschaftet ist.

Touristische Infos Carnica Region Rosental, Sponheimer Platz 1, A-9170 Ferlach, Tel. (04227) 5119, Fax (04227) 4970, E-Mail: rosental@carinthia.com
Literatur, Gebietsführer 1. Kärntner Schitourenführer, Bd 2 von Manfred Korbaj, H. Weishaupt Verlag; Rudolf und Siegrun Weiss u.a. (1998): Genuß-Schitourenatlas Südtirol & Österreich-Süd, Schall Verlag; Igor Jenčič: Slovenija. Turnosmučarski vodnik, Sidarta Verlag, Ljubljana 1998
Karten ÖK 211 (Windisch Bleiberg)

4 Hochstuhl (2238 m)

Der höchste Karawankengipfel — *Karawanken*

Gesamtcharakter Wie schon beim Weinasch handelt es sich auch beim Hochstuhl um ein ausgesprochen anspruchsvolles und lohnendes Skiziel. Die hier beschriebene Rundtour mit Aufstieg über den Bielschitzasattel und anschließender Superabfahrt über die »Grüne Riese« setzt absolut sichere Verhältnisse voraus. Es kann aber auch ratsam sein, dort abzufahren, wo man aufgestiegen ist bzw. dort aufzusteigen, wo man später abfahren will.

Aufstiegszeit 4 bis 4:30 Std.
Höhenunterschied 1300 m
Schwierigkeit skitechnisch anspruchsvoll
Lawinengefahr häufig lawinengefährdet
Sonstige Gefahren Sowohl das Hochstuhlkar als auch die Grüne Riese sind häufig pickelhart und machen aufgrund ihrer Steilheit den Einsatz von Harscheisen und Steigeisen erforderlich.
Hangrichtung Nordwesten, Nordosten und Norden
Beste Jahreszeit Januar – April

Anfahrt *Auto:* Von Klagenfurt oder der Karawanken-Autobahn kommend nach Feistritz im Rosental. Hier die Straße ins Bärental nehmen und weiter bis zur Stouhütte. Winterausrüstung bzw. Ketten u. U. erforderlich.
Ausgangspunkt Parkplatz bei der Stouhütte (960 m).
Aufstieg Auf der markierten Forststraße über die Johannsenruhe bis zur Klagenfurter Hütte. Hinter der Hütte ins Bielschitzakar queren und in Spitzkehren zum Bielschitzasattel. Oberhalb der Gamsgrube Richtung Süden queren und zuerst leicht absteigend bzw. abfahrend auf Südhängen in das Hochstuhlkar einqueren. Steil aufwärts in den Sattel zwischen Hochstuhl und Kleinsuhl. Über den Südrücken zum Gipfel.
Abfahrt Man folgt entweder dem Aufstiegsweg oder fährt bei günstigen Verhältnissen den Kamm Richtung Westen ab, bis man steil nach Norden in die Grüne Riese einfahren kann. Die nun folgende Abfahrt ist bei gutem Schnee eine der rassigsten und lohnendsten der Karawanken.

Touristische Infos Carnica Region Rosental, Sponheimer Platz 1, A-9170 Ferlach, Tel. (04227) 5119, Fax (04227) 4970, E-Mail: rosental@carinthia.com
Literatur, Gebietsführer 1. Kärntner Schitourenführer, Bd 2 von Manfred Korbaj, H. Weishaupt Verlag; Rudolf und Siegrun Weiss u. a. (1998): Genuß-Schitourenatlas Südtirol & Österreich-Süd, Schall Verlag; Igor Jenčič: Slovenija. Turnosmučarski vodnik, Sidarta Verlag, Ljubljana 1998
Karten ÖK 211 (Windisch Bleiberg)
Einkehr/Übernachtung Die Klagenfurter Hütte, ÖAV Klagenfurt, wird von Hüttenwirt Mak Friedl während der Wintersaison an Wochenenden sowie während der Weihnachts- und Osterferien bewirtschaftet. Tel. im Tal (04227) 4309. Friedl kann auch über die aktuellen Verhältnisse informieren.

5 Kosiak (2024 m)

Hausberg der Klagenfurter Hütte — *Karawanken*

Gesamtcharakter Etwas sanfterer Karawanken-Vorberg, der nicht unterschätzt werden sollte. Sein Gipfel wird von der Klagenfurter Hütte aus in einer guten Stunde erreicht, der Anstieg ist nahezu immer gespurt. Durch die Einkehr bei der Klagenfurter Hütte auch ein gutes Alternativziel bei fraglichen Bedingungen.

Aufstiegszeit 3 bis 3:30 Std.
Höhenunterschied 1100 m
Schwierigkeit skitechnisch mittel
Lawinengefahr mitunter lawinengefährdet
Hangrichtung Südwesten, Varianten: Süden bis Südosten
Beste Jahreszeit Dezember – März

Anfahrt *Auto:* Von Klagenfurt oder der Karawanken-Autobahn kommend nach Feistritz im Rosental. Hier die Straße ins Bärental nehmen und weiter bis zur Stouhütte. Winterausrüstung bzw. Ketten u. U. erforderlich.
Ausgangspunkt Parkplatz bei der Stouhütte (960 m).
Aufstieg Auf der markierten Forststraße über die Johannsenruhe bis zur Klagenfurter Hütte. Von der Hütte die Südhänge des Kosiak auf die sogenannte Westschulter queren, hierher auch direkt von der Matschacher Alm. Auf der Schulter steiler werdend in Spitzkehren zum Gipfel.
Abfahrt Man folgt entweder dem Aufstiegsweg oder fährt bei günstigen Verhältnissen (Firn) direkt über die steile Südflanke ab. Es besteht auch die Möglichkeit, über die Ostschulter abzufahren. Bei der weiteren Abfahrt folgt man ab der Hütte nicht dem Aufstiegsweg, sondern steuert auf die Hütten der Matschacher Alm zu und kurvt über den sogenannten »Ölberg« Richtung Südwesten ins Kar. Über dieses erreicht man die Forststraße, die zurück zur Stouhütte führt.

Touristische Infos Carnica Region Rosental, Sponheimer Platz 1, A-9170 Ferlach, Tel. (04227) 5119, Fax (04227) 4970, E-Mail: rosental@carinthia.com

Literatur, Gebietsführer 1. Kärntner Schitourenführer, Bd 2 von Manfred Korbaj, H. Weishaupt Verlag; Rudolf und Siegrun Weiss u. a. (1998): Genuß-Schitourenatlas Südtirol & Österreich-Süd, Schall Verlag; Igor Jenčič: Slovenija. Turnosmučarski vodnik, Sidarta Verlag, Ljubljana 1998
Karten ÖK 211 (Windisch Bleiberg)
Einkehr/Übernachtung Die Klagenfurter Hütte, ÖAV Klagenfurt, wird von Hüttenwirt Mak Friedl während der Wintersaison an Wochenenden sowie während der Weihnachts- und Osterferien bewirtschaftet. Tel. im Tal (04227) 4309. Friedl kann auch über die aktuellen Verhältnisse informieren.

6 Bielschitza (1958 m)

Paradeskitour über das Vertatschakar — *Karawanken*

Gesamtcharakter Neben dem Kosiak wohl mit die beliebteste Skitour der Karawanken. Eine Tour, die früher erst zur Firnzeit gemacht wurde, seit einigen Jahren aber schon ab Beginn des Winters regelmäßig stark befahren wird. Trotzdem aufgrund der Steilheit, der fehlenden Ausweichmöglichkeiten und der Kammlage absolute Vorsicht.

Aufstiegszeit 3 Std.
Höhenunterschied 900 m
Schwierigkeit skitechnisch mittel
Lawinengefahr häufig lawinengefährdet
Hangrichtung Nordosten und Süden
Beste Jahreszeit Januar – April

Anfahrt *Auto:* Von Klagenfurt auf der Loiblpaß-Bundesstraße bis zur Sapotnitza. Abzweigung ins Bodental, weiter bis zum Gasthof »Bodenbauer« im Talschluß.
Ausgangspunkt Gasthof »Bodenbauer« (1056 m).

Tour 6: Aufstieg zur Bielschitza

Aufstieg Vom Bodebauer zuerst entlang der Langlaufloipe bis zur Märchenwiese. Rechts vorbei und einem Forstweg, der zum Hohlweg wird, folgen, bis man nach links ins Vertatschakar einqueren kann. Nun zuerst in weiten Schleifen, später in Spitzkehren aufwärts bei den Adlerfelsen rechts vorbei in den Bielschitzasattel. Rechts haltend über die Südflanke empor bis auf die Schulter, Skidepot. Über schmalen Felsgrat unschwierig zum Gipfel.
Abfahrt Die Abfahrt folgt dem Aufstiegsweg. Sichere Schneedeckenverhältnisse gestatten auch die Nutzung der Hänge links und rechts der Mulde. Gerne wird auch zuerst durch das Bielschitzakar Richtung Nordwesten zur Klagenfurter Hütte abgefahren. Das bringt einige schöne Hänge, und der Wiederaufstieg nach der Einkehr dauert nur ca. 40 Min.

Touristische Infos Carnica Region Rosental, Sponheimer Platz 1, A-9170 Ferlach, Tel. (04227) 5119, Fax (04227) 4970, E-Mail: rosental@carinthia.com
Literatur, Gebietsführer 1. Kärntner Schitourenführer, Bd 2 von Manfred Korbaj, H. Weishaupt Verlag; Rudolf und Siegrun Weiss u. a. (1998): Genuß-Schitourenatlas Südtirol & Österreich-Süd, Schall Verlag; Igor Jenčič: Slovenija. Turnosmučarski vodnik, Sidarta Verlag, Ljubljana 1998
Karten ÖK 211 (Windisch Bleiberg)

7 Selenitza (2026 m)

Spitzkehrenfestival und Steilrinnenrodeo in der Pautzrinne

Karawanken

Gesamtcharakter Rassige Rinnenabfahrt, die sichere Spitzkehrentechnik und solides Kurzschwingen in steilem und engem Gelände fordert. Der Ausstieg in die Scharte ist meist vereist und verlangt den Einsatz von Steigeisen.
Der weitere Aufstieg zur Selenitza wird mit aufgeschnallten Ski zu Fuß zurückgelegt und verlangt leichte Kletterei.
Aufstiegszeit 3:30 Std.
Höhenunterschied 960 m
Schwierigkeit je nach Verhältnissen skitechnisch anspruchsvoll bis extrem; Ausstieg aus der Rinne ca. 40°, Felsen am Südostgrat: I
Lawinengefahr häufig lawinengefährdet
Sonstige Gefahren aufgrund der ununterbrochenen Steilheit besteht Ausrutschgefahr, auch die Steinschlaggefahr bei starkem Wind oder Warmlufteinbrüchen sollte nicht unterschätzt werden
Hangrichtung Nordwesten und Norden
Beste Jahreszeit Februar – April

Anfahrt *Auto:* Von Klagenfurt kommend auf der Loiblpaß-Bundesstraße bis zur Sapotnitza. Abzweigung ins Bodental, weiter bis zum Gasthof »Bodenbauer« im Talschluß.
Ausgangspunkt Gasthof »Bodenbauer« (1056 m).
Aufstieg Vom »Bodenbauer« zuerst entlang der Langlaufloipe bis zur Märchenwiese. Rechts vorbei und bald darauf links durch den Buchenwald in das Kar, das links aus der Rinne zwischen Selenitza und Pautz herunterzieht. In immer steiler werdenden Spitzkehren durch die Rinne bis zu dem Punkt, wo sie für einen weiteren Aufstieg mit Ski zu steil und zu eng wird. Skidepot. Mit Steigeisen in die Scharte, die Südflanke der Selenitza queren und über die Felsen des Südostgrates zum Gipfel.
Abfahrt Die Abfahrt folgt dem Aufstiegsweg und läßt eigentlich keine anderen Möglichkeiten zu. Auch im unteren Waldbereich hält man sich am besten an die Aufstiegsroute.

Touristische Infos Carnica Region Rosental, Sponheimer Platz 1, A-9170 Ferlach, Tel. (04227) 5119, Fax (04227) 4970, E-Mail: rosental@carinthia.com
Literatur, Gebietsführer 1. Kärntner Schitourenführer, Bd 2 von Manfred Korbaj, H. Weishaupt Verlag; Rudolf und Siegrun Weiss u. a. (1998): Genuß-Schitourenatlas Südtirol & Österreich-Süd, Schall Verlag; Igor Jenčič: Slovenija. Turnosmučarski vodnik, Sidarta Verlag, Ljubljana 1998
Karten ÖK 211 (Windisch Bleiberg)

8 Vertatscha (2180 m)

Extremer Skigipfel mit Butterseite

Karawanken

Gesamtcharakter Wer die Vertatscha, übrigens zweithöchster Berg der Karawanken, von Norden sieht, denkt sicher nicht an eine Skitour.
Die slowenische Südseite bietet jedoch eine noch immer anspruchsvolle, aber doch sanftere Möglichkeit für ein Skiabenteuer, das zudem noch durch einen Lift verkürzt werden kann, sofern er wieder einmal in Betrieb ist.
Doch auch diese Tour verlangt den Einsatz von Pickel und Steigeisen.
Aufstiegszeit 4 Std. bzw. 2:30 Std.
Höhenunterschied 1100 bzw. 650 m
Schwierigkeit skitechnisch anspruchsvoll
Lawinengefahr mitunter lawinengefährdet
Hangrichtung Süden und Osten
Beste Jahreszeit Januar – März

Anfahrt *Auto:* Über die Loiblpaß-Bundesstraße zum Loibltunnel-Südportal.
Ausgangspunkt Talstation des Zelenica-Sesselliftes (1082 m).
Aufstieg Entweder mit dem Lift oder entlang der Lifttrasse bis zum Planinski Dom na Zelenici (1536 m, Schutzhaus, gewöhnlich bewirtschaftet). Entlang der Südhänge der Na Mozeh ansteigen und bei ca. 1600 m die steilen Vertatscha-Südhänge leicht ansteigend queren. Nach einer langen Querung erreicht man einen Rücken, der aus einem tieferliegenden Sattel nach oben zieht und den Anstieg bis zum Gipfelgrat vermittelt. Am Grat Skidepot und zu Fuß einige Aufschwünge südseitig umgehend mit Steigeisen zum Gipfel.
Abfahrt Die Abfahrt folgt zuerst dem Anstiegsweg, bleibt dann aber am Rücken und führt über den Sattel auf ca. 1680 m und dann links entlang eines Weges zu den Hütten auf der Zelenica-Alm (ca. 1400 m). Eine halbe Stunde Gegenanstieg und zum Schluß entlang der Lifttrasse zurück zum Auto.

Touristische Infos Carnica Region Rosental, Sponheimer Platz 1, A-9170 Ferlach, Tel. (04227) 5119, Fax (04227) 4970, E-Mail: rosental@carinthia.com
Literatur, Gebietsführer 1. Kärntner Schitourenführer, Bd 2 von Manfred Korbaj, H. Weishaupt Verlag
Karten ÖK 211 (Windisch Bleiberg)

Tour 8: Am Kamm der Vertatscha

9 Begunjschitza (2060 m)

Beliebte Abfahrten, mit Lifthilfe ausgesprochen lohnend

Karawanken

Gesamtcharakter Die Begunjschitza ist der einzige hier beschriebene Karawanken-Skigipfel, der zur Gänze in Slowenien liegt. Er ist zwar weniger extrem als die unmittelbar vorher beschriebenen Anstiege auf die Vertatscha und auf die Selenitza, sollte aber trotzdem nicht unterschätzt werden, weil in seinen Karen auf der Nord- und Westseite oft mächtige Mengen Triebschnee abgelagert werden.
Aufstiegszeit 2 Std. (ohne Lift + 1:30 Std.)
Höhenunterschied 530 m (ohne Lift 980 m)
Schwierigkeit skitechnisch anspruchsvoll
Lawinengefahr mitunter lawinengefährdet
Hangrichtung Osten, Nordosten bzw. Nordwesten
Beste Jahreszeit Januar – März

Anfahrt *Auto:* Über die Loiblpaß-Bundesstraße zum Loibltunnel-Südportal.
Ausgangspunkt Talstation des Zelenica-Sesselliftes (1082 m).
Aufstieg Entweder mit dem Lift oder entlang der Lifttrasse bis zum Planinski Dom na Zelenici (1536 m, Schutzhaus, gewöhnlich bewirtschaftet). Nun zuerst Richtung Südosten und später Richtung Süden das steile Kar aufwärts. Im oberen Teil wendet man sich Richtung Südwesten und gelangt so auf den Kamm, über den der Gipfel erreicht wird.
Abfahrt Die Abfahrt folgt dem Anstiegsweg. Bei stabiler Schneedecke kann auch von einer Schulter unterhalb des Gipfels in die steile Nordwestrinne eingefahren werden. Man schwingt dann das weiter werdende Kar bis auf die Zelenica-Alm hinunter. Für die ca. 150 Höhenmeter zurück zur Bergstation des Liftes braucht man eine gemütliche halbe Stunde. Zurück zum Auto entlang der Lifttrasse.

Touristische Infos Carnica Region Rosental, Sponheimer Platz 1, A-9170 Ferlach, Tel. (04227) 5119, Fax (04227) 4970, E-Mail: rosental@carinthia.com
Literatur, Gebietsführer 1. Kärntner Schitourenführer, Bd 2 von Manfred Korbaj, H. Weishaupt Verlag; Rudolf und Siegrun Weiss u. a. (1998): Genuß-Schitourenatlas Südtirol & Österreich-Süd, Schall Verlag; Igor Jenčič: Slovenija. Turnosmučarski vodnik, Sidarta Verlag, Ljubljana 1998
Karten ÖK 211 (Windisch Bleiberg)

Tour 10: Abfahrtsvergnügen bei schönstem Tiefschnee in den Karawanken

10 Hochturm (Veliki Vrh, 2088 m)

Firntour im Hochwinter — *Karawanken*

Gesamtcharakter Mit dem Hochturm beginnt der schroffe Grenzkamm der Koschuta im Westen und hier im Führer eine kleine Auswahl von Skitouren auf der sanfteren Karawanken-Südseite. Diese Touren starten in Slowenien und bieten oft schon im Hochwinter traumhafte Firnverhältnisse. Als Skifahrer benötigt man etwas »Waldbahntauglichkeit« und als Autofahrer genügend Bodenfreiheit, Allradantrieb oder Ketten und einen kleinen Wendekreis.
Aufstiegszeit je nach Parkplatz zwischen 3 Std und 3:30 Std.
Höhenunterschied 900 bis 1100 m
Schwierigkeit skitechnisch mittel
Lawinengefahr mitunter lawinengefährdet
Hangrichtung Süden und Südosten
Beste Jahreszeit Januar – März

Anfahrt *Auto:* Von Trzic in das enge Tal der Dolžanova Soteska bis Jelendol (726 m). Hier nach Norden abzweigen und die Forststraße je nach Schneelage und Autopotential entlang. Bei einer möglichen Abzweigung nach links und alsbald parken.
Ausgangspunkt Je nach Parkmöglichkeit zwischen 1000 m und 1200 m.
Aufstieg Zuerst entlang der Forststraße und später in Richtung Nordwesten aufwärts zur Kofcehütte (1488 m). Von der Hütte dem Rücken Richtung Norden folgen und später allmählich Richtung Nordwesten einschwenken und die steiler werdende Südostflanke des Hochturms in Spitzkehren empor.
Abfahrt Die Abfahrt folgt dem Aufstiegsweg und sollte zeitlich der Jahreszeit und Temperatur entsprechend nicht zu spät am Tag angesetzt werden.

Touristische Infos Carnica Region Rosental, Sponheimer Platz 1, A-9170 Ferlach, Tel. (04227) 5119, Fax (04227) 4970, E-Mail: rosental@carinthia.com
Literatur, Gebietsführer 1. Kärntner Schitourenführer, Bd 2 von Manfred Korbaj, H. Weishaupt Verlag; Rudolf und Siegrun Weiss u. a. (1998): Genuß-Schitourenatlas Südtirol & Österreich-Süd, Schall Verlag; Igor Jenčič: Slovenija. Turnosmučarski vodnik, Sidarta Verlag, Ljubljana 1998
Karten ÖK 211 (Windisch Bleiberg)

11 Hainschturm (Kladvo, 2092 m)

Noch mehr Firn — *Karawanken*

Gesamtcharakter Wie beim Hochturm ist auch beim Hainschturm oft schon früh im Winter Firn anzutreffen. Aber auch während beißend kalter Hochwintertage, wenn die Sonne die steilen Nordkare auf der Kärntner Seite keines Blickes würdigt, ist die Koschuta-Südseite ein heißer Tip für Sonnenanbeter.
Aufstiegszeit je nach Parkplatz zwischen 3 und 3:30 Std.
Höhenunterschied 900 bis 1100 m
Schwierigkeit skitechnisch mittel
Lawinengefahr mitunter lawinengefährdet
Hangrichtung Süden und Südosten
Beste Jahreszeit Januar – März

Anfahrt *Auto:* Von Trzic in das enge Tal der Dolžanova Soteska bis Jelendol (726 m). Hier nach Norden abzweigen und die Forststraße je nach Schneelage und Autopotential entlang. Bei einer möglichen Abzweigung nach links und alsbald parken.
Ausgangspunkt Je nach Parkmöglichkeit zwischen 1000 m und 1200 m.
Aufstieg Entlang der Forststraße, bis auf ca. 1250 m direkt Richtung Norden durch Wald zum Planinski Dom na Šiji (1531 m) aufgestiegen werden kann. Hier weiter Richtung Nordosten und die steiler werdende Südflanke zum Kamm, den man westlich des Gipfels erreicht. Skidepot. Zu Fuß über einige Steilstufen zum Gipfel, Steigeisen machmal erforderlich.
Abfahrt Die Abfahrt folgt dem Aufstiegsweg und bietet bei gutem Schnee und richtigem Timing optimalen Genuß. Der Hainschturm wird deutlich weniger besucht als der durch die Kofce Gora im Koschutakamm getrennte Hochturm.

Touristische Infos Carnica Region Rosental, Sponheimer Platz 1, A-9170 Ferlach, Tel. (04227) 5119, Fax (04227) 4970, E-Mail: rosental@carinthia.com
Literatur, Gebietsführer 1. Kärntner Schitourenführer, Bd 2 von Manfred Korbaj, H. Weishaupt Verlag; Rudolf und Siegrun Weiss u. a. (1998): Genuß-Schitourenatlas Südtirol & Österreich-Süd, Schall Verlag; Igor Jenčič: Slovenija. Turnosmučarski vodnik, Sidarta Verlag, Ljubljana 1998
Karten ÖK 212 (Vellach)

12 Windhöhe (Tegoška Gora, 1999 m)

Aller guten Dinge sind drei — *Karawanken*

Gesamtcharakter Von den drei vorgestellten Koschuta-Südseitentouren ist diese die am wenigsten besuchte, bietet aber landschaftlich und skifahrerisch alles, was das Herz begehrt. Durch die eher südwestliche Hangexposition der Tour kann man zeitlich etwas großzügiger disponieren als beim Hainschturm und beim Hochturm.
Aufstiegszeit je nach Parkplatz zwischen 3 und 3:30 Std.
Höhenunterschied 800 bis 1000 m
Schwierigkeit skitechnisch mittel
Lawinengefahr mitunter lawinengefährdet
Hangrichtung Süden und Südwesten
Beste Jahreszeit Januar – März

Anfahrt *Auto:* Von Trzic in das enge Tal der Dolžanova Soteska bis Jelendol (726 m). Hier nach Norden abzweigen und die Forststraße je nach Schneelage und Autopotential entlang. Bei einer möglichen Abzweigung nach rechts und alsbald parken.
Ausgangspunkt Je nach Parkmöglichkeit zwischen 1000 m und 1200 m.
Aufstieg Bei der Weggabelung der Forststraße nach rechts (Osten) und weiter, zum Schluß leicht abwärts, bis links ein Ziehweg abbiegt, über den die Forststraße wieder erreicht wird. Ihr entlang bis zur malerisch gelegenen Pungratalm. Nun zuerst Richtung Osten und später steil in Spitzkehren über die Südwestflanke auf den Südrücken, den man zum Gipfel verfolgt.
Abfahrt Die Abfahrt folgt dem Aufstiegsweg. Ebenfalls sehr lohnend ist die Überschreitung nach Osten zur Hohen Spitze (2044 m), von der über die rassige Südwestflanke zur Tegoška Planina und weiter zum Forstweg abgefahren werden kann. In diesem Fall hat man einen flachen Gegenanstieg von ca. 30 Min. zu bewältigen, bevor es wieder im Schuß zum Auto geht.

Touristische Infos Fremdenverkehrsverein Trzic, Tel. (00386-64) 564524, Fax (00386-64) 561174; Carnica Region Rosental, Sponheimer Platz 1, A-9170 Ferlach, Tel. (04227) 5119, Fax (04227) 4970, E-Mail: rosental@carinthia.com
Literatur, Gebietsführer 1. Kärntner Schitourenführer, Bd 2 von Manfred Korbaj, H. Weishaupt Verlag; Rudolf und Siegrun Weiss u. a. (1998): Genuß-Schitourenatlas Südtirol & Österreich-Süd, Schall Verlag; Igor Jenčič: Slovenija. Turnosmučarski vodnik, Sidarta Verlag, Ljubljana 1998
Karten ÖK 212 (Vellach)

13 Koschutnikturm (2136 m)

Mit Ski auf den Kletterberg — *Karawanken*

Gesamtcharakter Die Tour auf den Koschutnikturm ist ein Skiunternehmen schärferer Prägung. Allein der Weg durchs Dickicht, bis man in die freien Kare kommt, wird nur den leidenschaftlichen Kämpfer ansprechen. Die freien Hänge bis zum Beginn der Ostschlucht lassen dann zwischendurch Freude aufkommen. Durch die Ostschlucht bis zum Gipfel muß man gewöhnlich mit Steigeisen gehen. Viele, die ihre Ski bis auf die Scharte tragen, tragen sie auch wieder herunter: Die Ostschlucht ist steil und eng und nur bei sehr viel Schnee und sicherem Schneedeckenaufbau von sehr guten Skiläufern zu befahren. Verhältnisse also vorher checken und die Bretter gegebenenfalls lieber unten lassen. Den Gipfel erreicht man ab der Scharte unschwierig über den Steig entlang des Südostgrates.
Aufstiegszeit 4 Std.
Höhenunterschied 1150 m
Schwierigkeit skitechnisch extrem
Lawinengefahr häufig lawinengefährdet
Sonstige Gefahren In der Ostschlucht besteht aufgrund der Steilheit Abrutschgefahr, einige Aufschwünge verlangen je nach den aktuellen Verhältnissen Kletterfertigkeit mit Steigeisen. Bei starkem Wind und Warmlufteinbrüchen zudem erhöhte Steinschlaggefahr
Hangrichtung Norden bis Nordosten
Beste Jahreszeit Februar bis April

Anfahrt *Auto:* Mit dem Auto von Ferlach oder St. Margarethen im Rosental kommend bis Zell-Terkl unterhalb des Schaidasattels. Der Straße zum Sportplatz folgen und mit dem Auto weiter ins Koschutniktal.
Ausgangspunkt Am Beginn des Fahrverbots im Koschutniktal (ca. 980 m).
Aufstieg Der Forststraße folgen, auf Höhe 1020 m kurz vor einer Weggabelung mit Brücke nach links (Richtung Süden) in den dichten Wald abbiegen. Durch eine baumfreie Zeile so lange aufwärts, bis die Steilheit die Ski auf den Rucksack verbannt. Entlang eines Rückens im Wald aufwärts und dann einigermaßen annehmbar nach links durch einen Krummholzgürtel, oft über Lawinenreste, in die freien Kare. In Spitzkehren die Traumhänge bis zum Beginn der Ostschlucht aufwärts. Dort gewöhnlich Skidepot. Weiter durch die Schlucht bis auf den Südostgrat und auf dessen Südseite zum Gipfel.
Abfahrt Die Abfahrt folgt dem Aufstiegsweg und bietet abgesehen von der Krummholz- und Waldpassage herrliches Schwingen in rassiger Steilheit.

Touristische Infos Carnica Region Rosental, Sponheimer Platz 1, A-9170 Ferlach, Tel. (04227) 5119, Fax (04227) 4970, E-Mail: rosental@carinthia.com
Literatur, Gebietsführer 1. Kärntner Schitourenführer, Bd 2 von Manfred Korbaj, H. Weishaupt Verlag; Rudolf und Siegrun Weiss u. a. (1998): Genuß-Schitourenatlas Südtirol & Österreich-Süd, Schall Verlag; Igor Jenčič: Slovenija. Turnosmučarski vodnik, Sidarta Verlag, Ljubljana 1998
Karten ÖK 212 (Vellach)

14 Hochobir (2139 m)

Paradetour aus dem Freibachtal — *Karawanken*

Gesamtcharakter Der Anstieg auf den Hochobir aus dem Freibachtal ist eine überaus lohnende Tour für Steilrinnenfahrer. Der Zugang über die Forststraße hält sich vom zeitlichen Aufwand in Grenzen und leitet direkt und ohne Hindernisse in Super-Skigelände über. In der immer enger und steiler werdenden Gipfelrinne müssen dann je nach Verhältnissen alle Register gezogen werden. Am Gipfel hat man eine einmalige Aussicht, dann kann der wilde Ritt beginnen …
Aufstiegszeit 4:30 Std.
Höhenunterschied 1350 m
Schwierigkeit skitechnisch anspruchsvoll bis extrem, je nach Verhältnissen
Lawinengefahr häufig lawinengefährdet
Sonstige Gefahren Ausrutschgefahr. Die Begehung der Tour verlangt sichere Spitzkehrentechnik und unter Umständen den Einsatz von Steigeisen
Hangrichtung Westen
Beste Jahreszeit Februar – April

Anfahrt *Auto:* Aus dem Rosental kommend nach St. Margareten ins Freibachtal abbiegen. Beim Freibacher Stausee vor Erreichen des Gasthofes »Kaiser« die Forststraße nach links nehmen und weiter bis zur Schranke oberhalb des Gehöftes »Jagoutz«.
Ausgangspunkt Schranken bei Wendeplatz und Hütte (ca. 800 m).
Aufstieg Die markierte Forststraße weiter bis zu deren Ende bei einer Jagdhütte (1200 m). Hier direkt aufwärts über latschendurchsetztes Skigelände auf den Beginn der Rinne zu. In ihr aufwärts, bis sie sich teilt. Über den rechten Rinnenast zum Kamm und über ihn zum Gipfel.
Abfahrt Die Abfahrt folgt dem Aufstiegsweg. Ob die Rinne vom Kamm durchgängig befahren wird, hängt stark von den Verhältnissen ab und sollte erst vor Ort entschieden werden. Oft ist es besser, ein Stück zu Fuß abzusteigen und die Ski erst weiter unten anzuschnallen.

Touristische Infos Carnica Region Rosental, Sponheimer Platz 1, A-9170 Ferlach, Tel. (04227) 5119, Fax (04227) 4970, E-Mail: rosental@carinthia.com
Literatur, Gebietsführer 1. Kärntner Schitourenführer, Bd 2 von Manfred Korbaj, H. Weishaupt Verlag; Rudolf und Siegrun Weiss u. a. (1998): Genuß-Schitourenatlas Südtirol & Österreich-Süd, Schall Verlag; Igor Jenčič: Slovenija. Turnosmučarski vodnik, Sidarta Verlag, Ljubljana 1998
Karten ÖK 212 (Vellach), ÖK 203 (Maria Saal)

15 Kuhberg (2026 m)

Aufstieg vom Schaidasattel, Abfahrt ins Freibachtal — *Karawanken*

Gesamtcharakter Bei dieser Kombination sind zwei Autos von Vorteil: Eines stellt man beim Stauseewirt ab, mit dem zweiten startet man vom Schaidasattel, womit man einige Höhenmeter gewinnt. Zudem läßt sich der Anstieg auf den Kuhberg bzw. bis zur Einfahrt in die Breite Rinne ausgesprochen gemütlich gestalten. Nicht immer folgt auf einen flachen Anstieg wie diesen eine ausgesprochen rasante Abfahrt über nichtendenwollende Hänge in optimaler Steilheit.
Aufstiegszeit 3 Std.
Höhenunterschied ca. 1000 m
Schwierigkeit skitechnisch mittel
Lawinengefahr Abfahrt ins Freibachtal häufig lawinengefährdet
Hangrichtung Norden und Nordwesten
Beste Jahreszeit Januar – März/April

Anfahrt *Auto:* Von Ferlach über St. Margareten im Rosental nach Zell-Freibach; ein Auto beim Gasthof »Kaiser« abstellen. Weiter nach Zell-Terkl und zum Schaidasattel.
Ausgangspunkt Schaidasattel (1068 m).
Aufstieg Der Anstieg folgt dem markierten Simon-Rieger-Steig auf der Südseite des Kuhbergs. Mittlerweile führt eine neue Forststraße höher als auf der Karte eingezeichnet. Man kann zwischen dem steileren Wanderweg und der gemütlicheren Forststraße wählen. Auf etwa 1900 m kommt man in flacheres freies Gelände. Hier entweder weiter kurz zum Gipfel des Kuhbergs aufsteigen oder gleich direkt Richtung Nordosten in die flache Senke zwischen Kuhberg und Hochobir, wo man sich bei einem markanten Felsblock auf der Nordostseite des Kamms auf ca. 1960 m zur Abfahrt vorbereiten kann.
Abfahrt Direkt vom Felsblock Richtung Nordwesten rund 200 Höhenmeter in die anfangs noch flache Mulde hinunter und linkshaltend zu einer kleinen Einsattelung, von der man in die Breite Rinne einqueren kann (Vorsicht Schneebrettgefahr!). Nun in der Fallinie in nahezu gleichmäßiger Steilheit auf die Forststraße hinunter, die man bei ca. 1100 m erreicht. Über die Forststraße ins Freibachtal, das man unweit vom Gasthof »Kaiser« erreicht.

Touristische Infos Carnica Region Rosental, Sponheimer Platz 1, A-9170 Ferlach, Tel. (04227) 5119, Fax (04227) 4970, E-Mail: rosental@carinthia.com
Literatur, Gebietsführer 1. Kärntner Schitourenführer, Bd 2 von Manfred Korbaj, H. Weishaupt Verlag; Rudolf und Siegrun Weiss u. a. (1998): Genuß-Schitourenatlas Südtirol & Österreich-Süd, Schall Verlag; Igor Jenčič: Slovenija. Turnosmucarski vodnik, Sidarta Verlag, Ljubljana 1998
Karten ÖK 212 (Vellach), ÖK 203 (Maria Saal)

16 Baba (2127 m)

Steile Skitour an Österreichs Südzipfel — *Steiner Alpen*

Gesamtcharakter Ernste Skitour, die man nur bei ausreichender Schneelage im Frühjahr machen sollte. Ein gemütlicher Talzugang, ein Steilaufschwung, bei dem durchaus Absturzgefahr besteht, dann weite Karmulden und zum Schluß ein steigeisenbewehrter Gratanstieg sind die markanten Merkmale einer auch landschaftlich großartigen Tour.
Aufstiegszeit 4 bis 4:30 Std.
Höhenunterschied 1200 m
Schwierigkeit skitechnisch anspruchsvoll bis extrem
Lawinengefahr häufig lawinengefährdet
Sonstige Gefahren bei der Steilstufe und der anschließenden Querung oberhalb der Felsen ist Stürzen verboten, sowohl im Aufstieg als auch bei der Abfahrt. Anstieg zur Baba verlangt leichte Kletterei
Hangrichtung Nordwesten bis Nordosten
Beste Jahreszeit März – April

Anfahrt *Auto:* Aus dem Rosental nach Bad Eisenkappel und weiter Richtung Seebergsattel. Bei Bad Vellach kurz vor den Kehren des Seebergsattels ins Kotschnatal abbiegen und auf dem Forstweg bis zum Fahrverbot.
Ausgangspunkt Ende der Fahrmöglichkeit im Kotschnatal (968 m).
Aufstieg Das Tal einwärts, bis die Felsbarriere nach links aufwärts zwingt. Oberhalb der Felsen steiles Gelände queren. Dann über kupiertes Gelände Richtung Südwesten in die Kare.. Bei 1600 m hat man je nach Verhältnissen zwei Möglichkeiten: weiter Richtung Süden auf den Seeländer Sattel (2034 m) oder Richtung Südwesten durch eine Rinne zu einem Sattel im Kamm auf ca. 1960 m. Von hier über den Südostgrat in leichter Kletterei zum Gipfel.
Abfahrt Die Abfahrt folgt dem Aufstiegsweg. Die Schlüsselstelle bildet sicher wiederum die Querung oberhalb der Tepke-Felsen, wo ein Sturz fatale Folgen haben könnte.

Touristische Infos Carnica Region Rosental, Sponheimer Platz 1, A-9170 Ferlach, Tel. (04227) 5119, Fax (04227) 4970, E-Mail: rosental@carinthia.com
Literatur, Gebietsführer 1. Kärntner Schitourenführer, Bd 2 von Manfred Korbaj, H. Weishaupt Verlag; Rudolf und Siegrun Weiss u. a. (1998): Genuß-Schitourenatlas Südtirol & Österreich-Süd, Schall Verlag; Igor Jenčič: Slovenija. Turnosmučarski vodnik, Sidarta Verlag, Ljubljana 1998
Karten ÖK 212 (Vellach)

17 Grintavec (Grintoutz, 2558 m)

Der höchste der Steiner Alpen — *Steiner Alpen*

Gesamtcharakter Langdauerndes, ernstes alpines Unternehmen. Der große Höhenunterschied und der Umstand, daß die Steilheit der Tour ihre Durchführung erst im Frühjahr ratsam macht, kann bedeuten, daß die Ski zwischendurch eventuell auch getragen werden müssen. Die Tour ist sehr steil, und bei den Querungen sollte man weder bei den Spitzkehren das Gleichgewicht verlieren, noch sollte sich bei der Abfahrt die Bindung ungewollt öffnen. Insgesamt äußerst eindrucksvoll.
Aufstiegszeit 6 bis 7 Std.
Höhenunterschied 1950 m
Schwierigkeit skitechnisch extrem
Lawinengefahr häufig lawinengefährdet
Sonstige Gefahren Absturz- bzw. Ausrutschgefahr, Steigeisen sind Pflicht
Hangrichtung Südwesten bis Südosten bzw. Osten
Beste Jahreszeit März – April

Anfahrt *Auto:* Von Kranj nach Kamnik und weiter nach Kamniska Bistrica.
Ausgangspunkt Dom na Kamniski Bistrici (600 m).
Aufstieg Den Forstweg taleinwärts bis zur Talstation der Materialseilbahn. Nun steil nach Westen aufwärts zur Cojzova Koca auf dem Kokrko Sedlo (Hierher auch etwas kürzer, aber mit Seilgeländer-Steilstufe von der westlichen Bergseite vom Gehöft Suhadolnik, 902 m). Vom Sattel zuerst Richtung Norden, dann Nordwesten, bis man aus der Mulde steil zwischen Felsen auf den Rücken hinaus queren kann. Auf ihm zum Gipfel.
Abfahrt Die Abfahrt folgt dem Aufstiegsweg und verlangt neben voller Konzentration auch eine bis zum Anschlag zugedrehte Tourenbindung.

Touristische Infos Fremdenverkehrsverein Kamnik, Tel. (00386-61) 831470, Fax (00386-61) 817388; Fremdenverkehrsverein Jezersko, Tel. (00386-64) 441177, Fax (00386-64) 441197
Literatur, Gebietsführer 1. Kärntner Schitourenführer, Bd 2 von Manfred Korbaj, H. Weishaupt Verlag; Rudolf und Siegrun Weiss u. a. (1998): Genuß-Schitourenatlas Südtirol & Österreich-Süd, Schall Verlag; Igor Jenčič: Slovenija. Turnosmucarski vodnik, Sidarta Verlag, Ljubljana 1998
Karten ÖK 212 (Vellach), ÖK 213 (Bad Eisenkappel)

Tour 18: Ausblick vom Knieps zur Feistritzer Spitz

18 Feistritzer Spitze/Hochpetzen (2113 m) Kordeschkopf (2126 m)

Durch den Kniepssattel — *Petzen*

Gesamtcharakter Seilbahn und Lifte ermöglichen ein mit 1: 5 optimales Verhältnis zwischen Aufstiegs- und Abfahrts-Höhenmetern!
Wichtiger Hinweis: Die Staatsgrenze Österreich/Slowenien ist EU-Außengrenze. Sie wird entsprechend verstärkt überwacht und darf nur mit einem Reisepaß bzw. Grenzdokument überquert werden.
Aufstiegszeit jeweils 1 : 30 Std.
Höhenunterschied jeweils 300 m Aufstieg, bis zu 1500 m Abfahrt
Schwierigkeit skitechnisch leicht bis mittel
Lawinengefahr kaum lawinengefährdet
Hangrichtung überwiegend Norden
Beste Jahreszeit Dezember – März

Anfahrt *Auto:* A 2 Süd-Autobahn, Ausfahrt »Griffen«; über Ruden, Bleiburg und Feistritz zur Petzenbahn-Talstation; Auffahrt per Seilbahn.
Ausgangspunkt Petzenbahn-Bergstation (1692 m).
Aufstieg Der Schlepplift erspart 220 Höhenmeter. Von der Schlepplift-Bergstation (1920 m) den deutlich ausgeprägten nordseitigen, teilweise mit Latschen bedeckten Rücken bergan in den Kniepssattel (2012 m); Staatsgrenze. Im weiteren auf slowenischer Seite zu den beiden Tourenzielen.
Feistritzer Spitze: Aus dem Kniepssattel westwärts bergan auf den Knieps (2110 m) oder an ihm südseitig an der Höhenschichtlinie 2060 m eben herum an den Gratrücken; Staatsgrenze. Nun wieder auf Kärntner Boden nahe am Gratrücken bzw. an dessen Südseite querend abfahren bis auf ca. 2000 m Höhe. Ebenfalls südseitig den mäßig steilen Gipfelhang bergan zum Kreuz auf der Feistritzer Spitze.
Kordeschkopf: Aus dem Kniepssattel ostwärts bergan und über eine Kuppe (ca. 2060 m); dahinter in einen Karboden (ca. 2000 m). Aus diesem Boden westseitig bergan auf den Kordeschkopf.
Abfahrten und Rückwege Jeweils wie Aufstiege. Ab der Schlepplift-Bergstation entweder entlang den Pisten oder im Gelände zu den Talabfahrten. Je nach Schneelage auf der Forststraße (leicht) oder z. T. auf den schwarzen Pisten ins Tal.

Touristische Infos Tourismusbüro A-9143 Feistritz ob Bleiburg, Tel. (04235) 2257; Petzen-Kabinenbahn, Schnee-Info, Tel. (04235) 224613
Karten ÖK 204 (Völkermarkt)
Einkehr Gasthof »Siebenhütten«, nahe Petzenbahn-Bergstation
Übernachtung Familienhotel »Petzenkönig« (Neubersch), nächst der Petzenbahn-Talstation, Tel. (04235) 2087

Glossar

Rudolf und Siegrun Weiss

Erläutert werden Fachwörter und Abkürzungen im Zusammenhang mit »Tourenskilauf« und »Skibergsteigen«.
»→« bedeutet: Nachschlagen unter diesem Stichwort.

Abbauende Schneeumwandlung Führt durch »Setzung« des Schnees zu größerer Lawinensicherheit. → Aufbauende Schneeumwandlung, → Schmelzumwandlung.

Abfahren am Seil (auf Gletschern) »... verdirbt die besten Freundschaften« (Bergsteigerspruch). Verzicht auf Anseilen u. U. auf spaltenarmen Gletschern, im Frühjahr nach schneereichen Wintern, bei mächtiger und gut durchfrorener Schneedecke, bei rechtzeitiger Abfahrt.

Abfahrtstechnik Schwungauslösung durch Hochentlastung (einschl. Umspringen), Tiefentlastung, Gewichtsverlagerung (Stemmschwünge, Schneepflugbögen). Weitere Techniken: Bogentreten, Abrutschen, Abtreppen. Entscheidung für eine bestimmte Technik nach Können, Schwierigkeit, Gelände, weiteren Faktoren (Rucksack, Ermüdung, Absturzgefahr).

ABS Lawinen-Airbag-System. Treibgaspatrone wird durch Reißleine ausgelöst, füllt einen Ballon. Verschüttete haben bessere Chancen, an der Oberfläche einer Lawine zu bleiben. Sinnvoll vor allem beim → Variantenfahren, wenn das Gewicht eine geringere Rolle spielt.

Alpenvereine Anschriften, Telefon- und Faxnummern bei den jeweiligen Kürzeln der Vereinsbezeichnung: → DAV, → ÖAV, → AVS, → SAC.

Amtliche Karten Genaue Karten, meist im Maßstab 1:50 000; Beispiele: Topographische Karten des Bayerischen Landesvermessungsamtes, Österreichische Karte, Schweizer Landeskarte, Carta d'Italia. → Orientierungshilfen.

Anseilen Auf Skitouren Abrutsch- und Absturzgefahr auch bei leichten Klettereien, da Vereisung häufig. Wichtig ist Anseilen auf Gletschern wegen der Gefahr eines → Spaltensturzes. → Abfahren am Seil.

Aufbauende Schneeumwandlung Führt zur Schwimmschneebildung und erhöht die Lawinengefahr. → Abbauende Schneeumwandlung, → Schmelzumwandlung.

Aufstiegsspur Kriterien: lawinensicher (Ausnützen des Geländes) und ökonomisch (vernünftige Steilheit).

Auslösebindung Gibt bei richtiger Einstellung bei einem Sturz ab einer bestimmten Belastung den Fuß frei – leider nicht immer, ist daher keine »Sicherheitsbindung«.

Ausrüstung Kompromiß zwischen Sicherheit und Bequemlichkeit (geringes Rucksackgewicht erhöht das Skivergnügen). VS-Gerät und Lawinenschaufel für jeden Teilnehmer; Karte, Bussole und Höhenmesser, Erste-Hilfe-Box für jede Gruppe; Biwaksäcke in ausreichender Zahl.

AVS Alpenverein Südtirol, Pfarrplatz 1, I-39100 Bozen, Tel. (0471) 978141, Fax (0471) 980011.

Bergschrund Abreißkluft beim Übergang vom flacheren Gletscher zur Aufsteilung vor den Felsen. Nicht zu verwechseln mit → Randkluft, → Gletscher.

Biwaksack Perlonhülle, evtl. → Goretex, je nach Größe und Material 300 bis 600 g. Bleibt im Rucksack, wird auf allen Touren mitgeführt, ebenso wie eine → Erste-Hilfe-Box. → Biwaksackschlitten.

Biwaksackschlitten Schlitten zum behelfsmäßigen Abtransport von Verletzten; einfacher Bau aus Biwaksack, Reepschnüren und Polstetungsmaterial.

Bogengehen Kraftsparender beim Aufstieg als → Spitzkehren, durch geschicktes Ausnützen des Geländes auch in steilerem Gelände möglich.

Breitski Besonders breite Tourenski mit guter Eignung im Tiefschnee und Problemen bei Hartschnee. Vor allem in der Schweiz verbreitet.

Bussole Flüssigkeitsgedämpfte Nadel in einer drehbaren Dose (ital. bussola). Wichtig: gute Visiereinrichtung, evtl. mit ausklappbarem Spiegel, günstig durchsichtiger Boden und eingebauter Neigungsmesser. → Orientierungshilfen, → GPS.

CAI Club Alpino Italiano, Italienischer Alpenverein.

Carta d'Italia Amtliche italienische Karte. Standardmaßstab 1:25 000. Nachteil für deutschsprachige Benützer: verwendet in Südtirol ausschließlich (oft plump) italianisierte Bezeichnungen. Benützerfreundlich in dieser Hinsicht: Landkarten von Tabacco.

Carvingski Ski mit stärkerer Taillierung; erleichtert Schwungauslösung bei bestimmten Radien. Für Skitouren allenfalls als Zweitski für gute Skiläufer zu empfehlen.

CAS Club Alpino Svizzero, Bezeichnung des Schweizer Alpen Clubs (SAC) in italienischsprachigen Gebieten der Schweiz.

DAV Deutscher Alpenverein, Von-Kahr-Straße 2–4, D-80997 München, Tel. (089) 140030, Fax (089) 400311.

Drei-Filter-Strategie Methode zur Beurteilung der Lawinengefährdung. Vom Schweizer Bergführer Werner Munter entwickelt. → Lehrbuch, → Reduktionsmethode.

Erste-Hilfe-Box Sinnvolle Zusammenstellung durch einen Fachmann zweckmäßig. Wichtig ist eine → Rettungsdecke.

Felle Verhindern das Zurückrutschen beim Aufstieg. Heute durchwegs Klebefelle, zumeist mit Spannvorrichtung an der Schaufel und Endhaken.

Ferner → Gletscher.

Festschneelawinen Kennzeichen linienförmiger Anriß. Nasse und trockene Festschneelawinen (»Schneebretter«). Für den Aufbau der besonders gefährlichen trockenen Schneebrettlawinen spielt der Wind eine besondere Rolle (»Baumeister der Lawinen«).

Gelände und Lawinengefahr Besonders gefährlich ist eine Hangneigung zwischen 25° und 45°. Die meisten Lawinenunfälle ereignen sich auf nach Nordosten bis Südosten gerichteten Hängen.

Ghiacciaio Italien. Bezeichnung für → Gletscher.

Gletscher Entsteht oberhalb der Schneegrenze (Nährgebiet) und fließt langsam abwärts. Wegen der Spaltengefahr anseilen! → Abfahren am Seil.

Gletscherzunge Talnächster Bereich eines Gletschers (Zehrgebiet).

Goretex Membrane zwischen Stoffschichten mit »Löchern«, die so klein sind, daß Wasser nicht eindringen kann, aber groß genug, um Wasserdampf (Schweiß) durchzulassen. Dadurch wasserdicht und atmungsaktiv. Inzwischen gibt es auch andere Materialien mit diesen Eigenschaften.

GPS Global Positioning System. Geräte, die mit Hilfe von Satellitensignalen den Standort bestimmen und auf einem Display darstellen. Aus militärischen Gründen werden Daten künstlich verzerrt, so daß die erzielbare Genauigkeit nicht erreicht wird. Die Geräte sind inzwischen leicht (ab 300 g) und preiswert (ab 700 DM) geworden.

Handprofil Schneedecke wird an einer für den Hang vermutlich repräsentativen Stelle aufgegraben und die Härte der einzelnen Schichten ermittelt. Probleme vgl. → Schneedeckenuntersuchung.

Handy (Mobiltelefon) Ermöglicht wirkungsvollen Notruf im Gebirge.

Harscheisen Erleichtern den Aufstieg mit Fellen bei Hartschnee oder in vereister Spur.

Höhenmesser Auf Skitouren wichtiger als → Bussole. Heute zumeist »Höhenmesseruhren« mit zahlreichen weiteren Funktionen. → Temperaturkompensation.

Kameradenrettung Rettung aus einer Gletscherspalte in einfachen Fällen durch Mannschaftszug, meist durch einfachen Flaschenzug (»Lose Rolle«). → Steigbügeltechnik.

Kees → Gletscher.

Kickkehre Sonderform der → Spitzkehre. Ermöglicht schnelleres Nachsetzen des Talskis und einen flüssigen Bewegungsablauf. Vorteilhaft beim Spuren im Tiefschnee und ungünstigem Drehpunkt der Bindung (herabhängende Ski).

Landkarten Für den Tourenskilauf erforderliche Karten im Maßstab 1:50000 (oder 1:25000), genaue und detailreiche Darstellung, 20-Meter-Höhendistanzen. → Amtliche Karten.

Lawinen Grobunterscheidung in → Festschneelawinen (»Schneebretter«) und → Lockerschneelawinen. Für den Tourengeher sind Schneebrettlawinen besonders gefährlich. Wichtige Einflußfaktoren sind → Schneedecke, → Wetter und → Gelände.

Lawinenlagebericht Auskunft über den Grad der Lawinengefährdung in einem bestimmten Gebiet. In den Alpenländern seit 1993 einheitliche Skala mit fünf Gefahrenstufen.

Lawinenschaufel Dient nicht nur zum Ausgraben eines Lawinenverschütteten, sondern auch zur → Schneedeckenuntersuchung, zum Bau einer Schneehöhle oder eines behelfsmäßigen Schlittens für den Abtransport eines Verletzten. → Ausrüstung, → Biwaksackschlitten.

Lehrbuch Ein Lehrbuch kann eine gediegene Ausbildung nicht ersetzen, wohl aber ergänzen. Gegenwärtig können vor allem empfohlen werden: • Peter Geyer und Wolfgang Pohl: Alpin-Lehrplan 4. Skibergsteigen, Variantenfahren. BLV 1998 • Christian Schneeweiß und Bernd Ritschel: Skitouren. Ausrüstung, Technik, Gefahrenkunde. Bruckmann Verlag 1999, 2. A. • Werner Munter: 3 x 3 Lawinen. Entscheiden in kritischen Situationen. Bergverlag Rother 1998, 2. A. • Pit Schubert: Sicherheit und Risiko in Fels und Eis. Bergverlag Rother 1997, 4. A.

LKS Landeskarte der Schweiz. »Standardmaßstab« 1:50000, auch im Maßstab 1:25000 erhältlich. »S« nach der Blattnummer bedeutet: »Mit eingezeichneten Skirouten«.

Lockerschneelawinen Kennzeichen punktförmiger Anriß. Möglich sind nasse und trockene Lockerschneelawinen.

Mobiltelefon → Handy

Munter-Methode → Reduktionsmethode.

Norwegertest Von dem Norweger Nils Faarlund entwickelt. An einer für den Hang repräsentativen Stelle wird ein Trapez mit festgelegten Maßen abgestochen, wobei die kritischen Schichten (harte Schichten) nicht durchstoßen werden. Mit der abgewinkelten Schaufel wird versucht, das abgestochene Trapez aus der Schneedecke zu ziehen. Probleme vgl. → Schneedeckenuntersuchung.

Notruf, alpiner Sechs akustische oder optische Signale in der Minute; Rettungsmannschaft antwortet mit drei akustischen oder optischen Signalen in der Minute. Heute weitgehend abgelöst durch Notruf über → Handy (Mobiltelefon).

ÖAK Österreichischer Alpenklub

ÖAV Österreichischer Alpenverein, Wilhelm-Greil-Straße 15, A-6010 Innsbruck, Tel. (0512) 59547, Fax (0512) 575528.

ÖK Amtliche Österreichische Karte. Standardmaßstab 1:50000. Blätter 1:25000 V sind Vergrößerungen dieser Karte.

Orientierungshilfen → Landkarten, → Höhenmesser, → Bussole, allenfalls → GPS.

Orographisch im Sinne der Fließrichtung eines Gewässers, auf einer Skitour also: im Sinne der Abfahrt.

ÖTK Österreichischer Touristen Klub

Randkluft Abschmelzkluft zwischen Gletscher und Felswand durch die Sonnenerwärmung des Gesteins. → Gletscher, → Bergschrund.

Reduktionsmethode Methode des Schweizer Bergführers Werner Munter zur Beurteilung der Wahrscheinlichkeit einer Lawinengefährdung. Risikofaktoren werden quantifiziert und in einer Formel verrechnet. → Lehrbuch.

Rettungsdecke Aluminiumfolie mit großer Wärmereflexion. Verhindert Unterkühlung nach einem Unfall.

Rucksack (Tourenskilauf) Schmal und hoch; Hüft- und evtl. auch Brustgurt gegen Verrutschen bei der Abfahrt; Rückenpolsterung statt Traggestell; Befestigungsmöglichkeit für Ski, Pickel und Steigeisen.

Rückwärtseinschneiden Bestimmen des eigenen Standortes mit Hilfe von → Landkarte und → Bussole durch Anpeilen von zwei bekannten Geländepunkten.

Rutschblock An einer repräsentativen Stelle eines Hanges aus der Schneedecke abgegrabener bzw. mit einer Reepschnur abgesägter Block wird zunehmender Belastung ausgesetzt. Probleme vgl. → Schneedeckenuntersuchung.

SAC Schweizer Alpen Club, Helvetiaplatz 4, Ch-3000 Bern, Tel. (031) 3513611, Fax (031) 3526063.

SAT Società Alpinistica Tridentina, Alpenverein der Provinz Trient, in den CAI (Club Alpino Italiano) eingegliedert.

Schmelzumwandlung Führt durch den Wechsel von Sonneneinstrahlung am Tag und Frost in der Nacht zu besonders sicheren Verhältnissen im Frühjahr. → Abbauende Schneeumwandlung, → Aufbauende Schneeumwandlung.

Schneebrett → Festschneelawinen.

Schneedecke Günstig ist eine ausreichende und gut gesetzte (→Schneeumwandlung) Schneedecke.

Schneedeckenuntersuchung Verfahren reichen vom (wenig wirkungsvollen) Stochern mit dem Skistock über das → Handprofil und den → Norwegertest bis zum → Rutschblock und einer → Schneeprofilaufnahme. Alle Verfahren sind problematisch, weil nach neueren Erkenntnissen der Lawinenforschung der Schneedeckenaufbau innerhalb eines Hanges stark wechseln kann.

Schneeprofilaufnahme Erhoben werden alle wesentlichen Kriterien wie Gesamtschneehöhe, Mächtigkeit und Härte der einzelnen Schneeschichten, Kristallformen, Temperaturverlauf. Probleme vgl. → Schneedeckenuntersuchung.

Schneeumwandlung und Lawinengefahr Mechanische Schneeumwandlung beginnt beim Schneefall (Zusammenstöße der einzelnen Schneekristalle). → Abbauende Schneeumwandlung, → Aufbauende Schneeumwandlung, → Schmelzumwandlung.

Selbstrettung Selbstrettung aus einer Gletscherspalte durch Aufprusiken. Hauptschwierigkeit ist der Ausstieg aus der Spalte. Das Seil schneidet durch das Gewicht des Gestürzten ein, und es sind zusätzliche Techniken (Kurzprusik, Raupentechnik) erforderlich.

Sicherheitsbindung → Auslösebindung.

Ski → Tourenski.

Skibindung → Tourenbindung.

Skidurchquerung Verbindung mehrerer Skitouren zu einer Durchquerung eines größeren Gebiets, z. B. Haute Route (Hohe Route) von Chamonix nach Zermatt oder Saas Fee.

Skihochtour Aufstieg und Abfahrt im Hochgebirge ohne Berücksichtigung der Schwierigkeit. Gletschertouren sind daher in jedem Falle Skihochtouren.

Ski-Plus → Variantenfahren. Abfahrten abseits gesicherter Pisten mit Start bei Seilbahnstationen oder nach kurzen Aufstiegen mit Fellen. Ziel ist »viel Abfahrt für möglichst wenig Aufstieg«.

Skischuhe → Tourenskischuhe.

Skistöcke → Tourenstöcke.

Skitour Aufstieg und Abfahrt mit Ski in unvergletschertem Gelände und geringerer Höhe. → Skihochtour.

Sonnenbrille Stärke der → UV-Strahlen nimmt mit der Seehöhe zu und wird auf Skitouren durch Reflexion verstärkt, daher gute Sonnenbrille wichtig.

Spaltenbergung → Selbstrettung oder → Kameradenrettung.

Spaltensturz Spaltenstürze lassen sich auf → Gletschern nicht völlig ausschließen, schlimme Folgen jedoch durch Anseilen verringern, auch wenn → Abfahren am Seil nicht beliebt ist.

Spitzkehre Beim Aufstieg mit Fellen in steilem Gelände, wenn → Bogengehen nicht mehr möglich ist. Zumeist werden Spitzkehren bergwärts durchgeführt. In besonders steilem Gelände sind nur mehr Spitzkehren talwärts möglich. Eine Sonderform der Spitzkehre ist die → Kickkehre.

Steigbügeltechnik Verfahren zur Bergung nach einem → Spaltensturz. Wird vor allem von Zweierseilschaften (ungünstig auf Gletschern) angewendet. Erforderlich sind zwei Halbseile, zwei Reepschnüre mit Prusikknoten oder zwei Steigklemmen.

Steigfelle → Felle.

Steighilfe Stützen unter den Fersen, die beim Aufstieg mit Fellen den Winkel zwischen Schienbein und Fußsohle vergrößern. Entlastet die Achillessehne.

Temperaturkompensation Gute Höhenmesser berücksichtigen die Veränderung der sog. »Normaltemperatur« (0,65° pro 100 m Höhenzunahme). Temperaturkompensation kann bei → Temperaturumkehr zu Fehlern führen.

Temperaturumkehr Die Temperatur nimmt im Normalfall mit zunehmender Höhe um bis zu 1° Celsius (bei Föhnlagen auch mehr) ab. Temperaturumkehr im Frühwinter häufig, Kälteseen unter einer Nebeldecke im Tal, angenehme Wärme in der sonnigen Höhe. Höhenmesser zeigen in diesem Falle zu wenig Höhe an.

Tourenbindung Durchgesetzt haben sich vor allem drei Bindungssysteme: Dynafit Tourlite, Fritschi Diamir und Silvretta Easy Go. Alle drei sind TÜV-geprüfte → Auslösebindungen. → Harscheisen gegen Aufpreis. Tourlite besticht durch ihr geringes Gewicht, Diamir und Easy Go durch bequemes Ein- und Aussteigen sowie Bedienung der → Steighilfe mit dem Skistock (also ohne Bücken).

Tourenski Weichere Schaufel, kürzer, geringer tailliert als Pistenski. Ein Loch in der Schaufel soll den Bau einer Skiverschraubung zum behelfsmäßigen Abtransport eines Verletzten erleichtern. → Breitski, → Carvingski.

Tourenskischuhe Kompromiß zwischen der Bequemlichkeit eines Bergschuhs und der exakten Steuerung bei einem Pistenskischuh. Bei größerer Eignung für den Aufstieg leichter, weicher, weniger Verstellmöglichkeiten (z. B. Dynafit Tourlite); für die Abfahrt schwerer, härter, viele Verstellmöglichkeiten (z. B. Nordica).

Tourenstöcke Pistenstöcke genügen für einfache Skitouren. Für alpin anspruchsvolle Touren sind zwei- und dreiteilige Skistöcke vorteilhaft (verschiedene Höhe für Aufstieg und Abfahrt, leichtere Befestigung am Rucksack beim Klettern).

UIAA Union Internationale des Associations d'Alpinisme (Internationale Vereinigung der Bergsteigerverbände), beschließt wichtige Regelungen (Sicherheitsstandards, Schwierigkeitsbewertung).

UV-Strahlen Schnee erhöht durch Reflexion die Strahlenbelastung. UV-Strahlung führt zu Entzündungen der Hornhaut und Bindehaut, in schweren Fällen zu Schneeblindheit. Wichtig: Sonnenbrille mit ausreichender Absorption, seitlichem Schutz und guter Belüftung.

Variantenfahren Abfahrten im freien Skiraum nach Benützung von Aufstiegshilfen. Variantenfahren setzt beim Fehlen verläßlicher Spuren Tourenerfahrung voraus. → Ski-Plus.

Vedretta Rätorom. Bezeichnung für → Gletscher.

Verschütteten-Suchgerät Erleichtert die Suche von Lawinenverschütteten durch Kameradenhilfe unmittelbar nach dem Unfall, dadurch bessere Überlebenschancen. Sender und Empfänger arbeiten auf der Frequenz 457 kHz. Zweifrequenzgeräte können auch veraltete Geräte (2,275 kHz) orten. Digitalgeräte (z. B. Ortovox m1) haben neben der akustischen auch eine optische Anzeige und »führen« zum Verschütteten.

Vorwärtseinschneiden Bestimmen eines unbekannten Geländepunktes mit Hilfe von → Landkarte und → Bussole, wenn der eigene Standort bekannt ist. → Orientierungshilfen.

VS-Gerät → Verschütteten-Suchgerät.

Wetter und Lawinengefahr Lawinengefahr erhöht sich nach ergiebigen Schneefällen, durch den Einfluß des Windes, bei plötzlicher starker Erwärmung. Lang anhaltende große Kälte erhöht die Lawinengefahr durch Verzögerung der abbauenden Schneeumwandlung.

Register

Die Autoren

Günter und Luise Auferbauer, Jahrgang 1940 bzw. 1942. Bergsteigerehepaar und Autoren. Spezialisiert auf Skitouren sowie Rad- und Bergtouren in Kombination mit der Bahn. Einige ihrer Buchtitel: »Trekking in den Pyrenäen«, »Hochschwab«, »Gesäuse«, »Schitourenparadies Steiermark«, »Bergtourenparadies Österreich«. Ständige freie Mitarbeiter für die »Kleine Zeitung«, Graz.

Siegfried Garnweidner, Jahrgang 1948, hat sich in seiner Freizeit ganz den Bergen verschrieben. Am liebsten ist er im Winter mit Ski und Steigfellen (und im Frühsommer mit Firngleitern) auf Tour. Rund 1000 Tourenbeschreibungen hat er bisher veröffentlicht. Daneben sind von ihm einige Bücher und die CD-ROM »Münchner Wanderberge« sowie »Tiroler Wanderberge« erschienen.

Rainer Petek, Jahrgang 1965. Staatlich geprüfter Berg- und Schiführer sowie staatlich geprüfter Sportklettertrainer. Geht seit 20 Jahren in die Berge, seit 12 Jahren als hauptberuflicher Bergführer. Seine Lieblingsmetiers sind tiefer Schnee und steiler Fels. Leitet seit 1990 gemeinsam mit Partner Gerald Sagmeister die Alpinschule »high life« in Ferlach in Kärnten.

Rudolf Weiss, Jahrgang 1932, lebt und arbeitet in Innsbruck. Professor für Erziehungswissenschaft und langjähriger Ausbildungsleiter für Tourenskilauf am Sportinstitut der Universität Innsbruck. Zahlreiche Veröffentlichungen, vor allem zum Tourenskilauf. Seine Frau *Siegrun Weiss* arbeitet mit beim Erkunden, Fotografieren und Bücherschreiben.

Einband-Titel:
Aufstieg zur Lampsenspitze in den Stubaier Alpen (Sellrainer Berge)

Einband-Rückseite:
Abfahrt von der Vorderen Karlesspitze in den Stubaier Alpen. Hinten der Acherkogel

Eine Produktion des
Bruckmann-Teams, München
Konzeption: Dr. Gerhard Hirtlreiter
Lektorat: Jutta Hemminger
Umschlaggestaltung: Andrea Pfeifer, München
Layout/DTP-Produktion: AVAK Publikationsdesign, München
Kartographie: Ingenieurbüro für Kartographie C. Rolle, Holzkirchen

Alle Angaben dieses Werkes wurden von den Autoren sorgfältig recherchiert und auf den aktuellen Stand gebracht sowie vom Verlag auf Stimmigkeit geprüft. Für die Richtigkeit der Angaben kann jedoch keine Haftung übernommen werden. Für Hinweise und Anregungen sind wir jederzeit dankbar. Bitte richten Sie diese an den Bruckmann Verlag, Lektorat, Nymphenburger Str. 86, D-80636 München.

Bildnachweis
Einband-Titel: Siegfried Garnweidner; *Einband-Rückseite:* Siegfried Garnweidner; *Innenteil:* Günter und Luise Auferbauer, Graz: S. 5, 6, 51, 55, 57–67, 119–131, 188/189, 191, 198, 201, 202, 205, 233; *Siegfried Garnweidner,* Buchenhain: S. 2, 9 oben, 10, 11, 13–21, 22–31, 32–41, 42–49, 178–187, 236; *Rainer Petek,* Ferlach: S. 193, 195, 219–225, 227–231; *Rudolf und Siegrun Weiss:* Innsbruck: S. 3, 4, 8, 9 unten, 69–77, 79–88, 91, 93, 94, 97, 99, 100, 102, 103, 105, 107–116, 133–136, 141–149, 151–157, 159–167, 169–177, 207, 209–217

Gedruckt auf chlorfrei gebleichtem Papier

Die Deutsche Bibliothek – CIP-Einheitsaufnahme
Ein Titelsatz für diese Publikation ist bei Der Deutschen Bibliothek erhältlich.

2. durchgesehene Auflage 2000

Printed in Italy by Canale
ISBN 3-7654-3464-7

München
Isar
Inn
Lech
Iller
Bodensee
Rhein
Bregenz
Feldkirch
Bludenz
Füssen
Garmisch-Partenkirchen
Zugspitze 2962
Bayerische Alpen 22
Chiemgauer Alpen, Berchtesgadener Alpen
Kufstein
Karwendel und Rofan 32
Kitzbüheler Alpen 96
Innsbruck
Vorarlberg, Allgäuer und Lechtaler Alpen, Mieminger Gruppe 12
Landeck
Ötztaler und Stubaier Alpen 78
Zillertaler und Tuxer Alpen 88
Großvenediger 3666
Silvretta und benachbarte Gebirgsgruppen 68
Wildspitze 3774
Zuckerhütl 3507
Hochfeiler 3509
Chur
Davos
Piz Linard 3411
Landschaft Davos und Unterengadin 150
Zwischen Splügenpaß und Rätikon 132
Sarntaler Alpen, Eisack- und Pustertal 168
Brixen
Meran
Oberengadin 140
St. Moritz
Piz Bernina 4049
Vinschgau, Passeiertal, Ortleralpen 158
Ortler 3905
Bozen
Marmolada 3343
Dolomiten 208
Etsch
Adamello 3554
Adamello-Presanella-Alpen, Brentagruppe 206
Trento
Belluno
Feltre
Como
Bergamo
Milano
Adda
Brescia
Lago di Garda
Verona
Vicenza
Padova
Venezia